Michail Lermontow, geboren am 15. Oktober 1814 in Moskau, ist am 27. Juli 1841 im Duell in Pjatigorsk gefallen.
»Und einsam und traurig, und niemand steht helfend bereit, im Leide die Hand dir zu reichen.« In seiner Lyrik, in der Prosa, im Drama *Maskerade*, in den Poemen, die in den *Ausgewählten Werken* versammelt sind, wagte Michail Lermontow, das zu bekennen, was er im Leben hinter der Maske des Menschenverächters verbarg. Die Einsamkeit des Menschen, der sich aus der Gesellschaft ausgrenzt und dennoch auf sie angewiesen ist; den für die Gegenwart vergeblichen Kampf des Dichterpropheten, dessen Worte mit Zensur und Strafe geahndet werden. Lermontows formenreiches Werk vereinheitlichen Themen wie die menschliche Gleichgültigkeit, die Leere, die Unfähigkeit zur Liebe und die Hoffnung, das Böse ließe sich durch die Liebe wandeln und das Himmlische könne das Dämonische besiegen; der Tod, den er mit 27 Jahren im Duell erlitt.
Es sind Gedanken und Motive, die den russischen Romantiker mit der westeuropäischen Romantik verbanden. »Lermontow war natürlich Byronist, aber infolge seiner überragenden, eigenständigen poetischen Kraft ein Byronist besonderer Art – spöttisch, kapriziös und mürrisch, immer ungläubig, sogar hinsichtlich seiner eigenen Inspiration, seines eigenen Byronismus.« (Fjodor Dostojewski)

insel taschenbuch 1223
Michail Lermontow
Ausgewählte Werke
Band 2

Michail Lermontow
Ausgewählte Werke in zwei Bänden

Herausgegeben von
Roland Opitz

Insel Verlag

Michail Lermontow
Prosa und Dramatik

Insel Verlag

insel taschenbuch 1223
Erste Auflage 1989
Insel Verlag Frankfurt am Main

Hinweise zu dieser Ausgabe am Schluß des Bandes
Vertrieb durch den Suhrkamp Taschenbuch Verlag
Umschlag nach Entwürfen von Willy Fleckhaus
Druck: Nomos Verlagsgesellschaft, Baden-Baden
Printed in Germany

1 2 3 4 5 6 – 94 93 92 91 90 89

PROSA

WADIM

Romanfragment

TEIL 1

Kapitel 1

Der Tag war am Erlöschen; kaum ließen die im Westen lagernden violetten Wolken die roten Strahlen hindurch, die sich auf den Dachsteinen der Türme und den leuchtenden Kuppeln des Klosters spiegelten. Man läutete den Abendgottesdienst ein; Mönche und Klosterdiener liefen auf den Steinplatten, die von der Klause des Archimandriten zum Gotteshaus führten, hin und her; rauschend fegte der lange, schwarze Mandyas hinter ihnen den Staub; und mit so dünkelhafter Miene stießen sie die Gläubigen zur Seite, als sei dies ihr wichtigstes Amt. Unter dem Dunstschleier des Weihrauchs schien das flakkernde Licht der Kerzen trüb und rot; die Kirchgänger drängten sich um die klammen Säulen, und das dumpfe, feierliche Raunen der Menge, das von den Bögen wiederholt wurde, zeigte an, daß der Gottesdienst noch nicht begonnen hatte.

Am Klostertor bot sich ein anderes Bild dar. Ein paar Bettler und Krüppel warteten auf die Almosen der Gläubigen; sie stritten, schimpften, teilten die Kupfermünzen, die in den großen hanfenen Säcken klimperten; es waren von der Natur und Gesellschaft Ausgestoßene (nur in diesem Fall pflegt die Gesellschaft mit der Natur im Einvernehmen zu sein); es waren Menschen, die an dem Mangel oder der Verstiegenheit ihrer Hoffnungen zugrunde gegangen waren, fleischgewordene Vorwürfe wider die Vorsehung; Geschöpfe, die das Recht eingebüßt hatten, Mitleid zu fordern, weil sie keine einzige Tugend besaßen, und die keine

Tugend ihr eigen nannten, weil sie niemals der Barmherzigkeit begegnet waren.

Ihre Kleider waren das Abbild ihrer Seelen: schwarz und zerrissen. Die Strahlen der untergehenden Sonne verweilten auf den Köpfen, den Schultern und den gebeugten spitzen Knien; die Höhlungen der Gesichter schienen schwärzer als gewöhnlich; mit unvergänglichen Lettern war auf jede Stirn das Wort *Elend!* geschrieben – hätte sich doch nur die flüchtigste Spur, der flüchtigste Rest von Stolz in den Blicken oder in einem Lächeln abgezeichnet!

Einer befand sich in dem Haufen der Bettler – er mischte sich nicht in ihre Unterhaltung ein und sah reglos auf die bemalte Heilige Pforte; er war bucklig und krummbeinig; doch seine Gliedmaßen wirkten kräftig und schienen an die Mühsal dieser schimpflichen Lage gewöhnt; länglich und dunkel war sein Gesicht; die Nase gerade, das Haar kraus; seine breite Stirn war gelb wie die Stirn eines Gelehrten, düster wie eine Wolke, die am Tag des Sturmes die Sonne verdeckt; eine dunkelblaue Ader kreuzte ihre unregelmäßigen Furchen; die schmalen, bleichen Lippen wurden mit einer krampfhaften Bewegung in die Breite gezogen oder zusammengepreßt, und aus den Augen leuchtete eine ganze Zukunft; seine Gefährten wußten nicht, wer er war; Seelenstärke aber offenbart sich überall: sie fürchteten seine Stimme und seinen Blick; sie achteten in ihm irgendein außerordentliches Laster, nicht aber das grenzenlose Unglück, einen Dämon – nicht aber den Menschen; er war häßlich und abstoßend, nicht dies schüchterte sie ein; in seinen Augen waren so viel Feuer und Geist, so viel Überirdisches, daß sie, da sie nicht wagten, ihrem Ausdruck zu trauen, in dem Unbekannten einen phantastischen Betrüger ehrten. Er mochte nicht älter sein als achtundzwanzig Jahre; das Gesicht war von unendlichem, bitterem Hohn geprägt; einem Zauberkreis, der das Weltall einschloß; seine Seele lebte noch nicht wirklich, sie sammelte alle ihre Kräfte, um das Leben bis an den Rand zu füllen und vor der Zeit in die Ewigkeit fortzuschnellen – der Bettler stand mit verschränkten Armen und betrachtete den Teufel, der in verblichenen Farben auf der Heiligen Pforte dargestellt war, und bedauerte ihn im stillen. Er dachte: Wenn ich der Teufel wäre, würde ich die Menschen nicht quälen, sondern sie verachten; sind sie es denn wert, daß der Vertriebene des Paradieses, Gottes Rivale, sie verführt ... Doch beim Menschen ist es anders; um mit Verachtung zu enden, muß er mit Haß beginnen!

Seine Augen glänzten unter den ruhelosen Brauen, und die mageren Wangen bedeckten sich mit roten Flecken, alles in den Zügen des Bettlers stimmte überein: Nur eine Leidenschaft beherrschte sein Herz, oder besser, er beherrschte nur eine Leidenschaft – diese aber vollkommen!

»Um Christi willen, Herr – für die Brandopfer, für die Verkrüppelten, für einen Blinden ... Um Christi willen eine Kopeke!« tönte der Ruf seiner Gefährten; er fuhr zusammen, drehte sich um – und im gleichen Augenblick entschied sich sein Schicksal. Was hatte er denn gesehen? Einen russischen Edelmann, Boris Petrowitsch Palizyn. Nicht mehr.

Kapitel 2

Stellen Sie sich einen hochgewachsenen Mann von etwa fünfzig Jahren vor, noch gesund aussehend, doch mit grauem Haar und erloschenem Blick, bekleidet mit einem dunkelblauen Waffenrock, das Annenkreuz im Knopfloch; seine in riesigen Stiefeln verborgenen Füße erzeugten einen unangenehmen Laut, wenn sie auf die staubigen Steine traten; er ging, mit den Händen bedeutungsvoll durch die Luft fahrend, und runzelte jedesmal die hohe Stirn, wenn ihn die zudringlichen Bettler umringten; kriecherisch folgten ihm zwei Diener. Palizyn warf einen silbernen Rubel in die Klosterkollekte und rief, indes er die Bettler beiseite stieß: »Weg da! – Faulpelze. – Solche Kerle – und betteln; warum arbeitet ihr nicht? Gebe Gott, daß eine Zeit kommt, wo man diese Landstreicher ohne Scham hungern läßt. Hier habt ihr einen Rubel für den ganzen Klüngel. – Aber beißt euch nicht darum.«

Unterdessen näherte sich schweigend der bucklige Bettler und richtete die lebhaften schwarzen Augen auf den großmütigen Herrn; dieser Blick war ein aufgehaltener Blitz, und der seiner geheimnisvollen Wirkung ausgesetzte Mensch mußte erbeben und konnte ihn nicht ebenbürtig erwidern, ein bleiernes Siegel schien seine Augenlider niederzudrücken; wenn es Magnetismus gibt, dann war der Blick des Bettlers der stärkste Magnetismus.

Als sich der alte Herr von der Menge entfernte, eilte er, ihn einzuholen.

Palizyn wandte sich um.

»Was willst du?«

»Sehr wenig! Ich möchte Arbeit ...«

Mit einem boshaften Lächeln musterte der Alte den Bettler, seinen Buckel und die mißgestalten Beine ... der arme Teufel wurde jedoch gar nicht verlegen, er blieb kaltblütig wie Sokrates, als seine Frau ihm einen Krug Wasser über den Kopf schüttete, aber es war nicht die Kaltblütigkeit eines Weisen – der Bettler ähnelte eher einem Duellanten, der von der Treffsicherheit seiner Hand überzeugt ist.

»Wenn du glaubst, Herr, ich könnte die Arbeit nicht aushalten, so will ich dich diesbezüglich beruhigen.« Er hob einen großen Stein auf und spielte damit wie mit einem Ball; Palizyn war erstaunt.

»Willst du mein Diener sein?«

Im Handumdrehen nahm der Bettler den Ausdruck der Demut an und küßte feurig die Hand seines neuen Schirmherrn ... der Freie willigte ein, Sklave zu sein – wirklich ohne Grund? – und welch sonderbarer Einfall, zwei Monate vor Pugatschow den Namen eines Sklaven anzunehmen.

»Beim Haupt meines Vaters schwöre ich, daß ich meine Pflicht erfüllen werde!« rief der Bettler – eine höllische Freude flackerte in dem blassen Gesicht auf.

»Dein Name?«

»Wadim!«

»Ein vortrefflicher Name für eine solche Mißgeburt!«

Die Diener griffen den Scherz des Gutsherrn auf und prusteten los; der Bettler maß sie mit verächtlichem Blick, und die unpassende Heiterkeit verstummte; gemeine Seelen neiden alles, sogar Kränkungen, die eine gewisse Aufmerksamkeit von seiten des Vorgesetzten erkennen lassen.

»Folge mir!« sagte Palizyn, und alle verließen das Kloster. Immer wieder drehte Wadim sich um. Am dämmerigen Horizont zeichneten sich die zinnenbewehrten Mauern, die Türme und die Kirche ab, als flache schwarze Festungen ohne jeden Übergang; in diesem Schauspiel aber lag etwas Erhabenes, das die Seele drängte, sich zu versenken und über die Ewigkeit, über irdische und himmlische Größe zu meditieren, bis sich Gedanken einstellten, dunkel und wunderbar wie das einsame Kloster, das unbewegte Denkmal der Schwäche von Menschen, die nicht begriffen haben, daß dort, wo sich die Tugend verbirgt, auch der Frevel verborgen liegen kann.

Kapitel 3

Spät am Abend kam Boris Petrowitsch nach Hause; die Hunde empfingen ihn mit lautem Gebell, und nur an den schimmernden Fenstern war das Gebäude zu erkennen; der Wind wiegte rauschend die kleinen Silberweiden, die rund um den Herrenhof gepflanzt waren, und als das Pferdegetrappel ertönte, kamen die Diener mit Laternen herausgelaufen; sie lächelten und verwünschten im stillen ihren Herrn, dem zuliebe sie die warmen Betten und vielleicht etwas Besseres verlassen hatten. Palizyn trat ins Haus; in der Halle war es finster; die Fensterrahmen bebten vom Wind und den Regengüssen; im Salon brannte eine Kerze; der Raum war ganz im Geschmack des 18. Jahrhunderts eingerichtet: bunte Tapeten, drei runde Tische; vor jedem ein kleines Kanapee; die fensterlose Wand, die zwischen zwei hohen, mit häßlichen Statuetten geschmückten Öfen verlief, war bemalt; in verblichenen Farben war dort der triumphale Einzug Peters I. in Moskau nach der Schlacht von Poltawa zu sehen. Man hätte das Bild ein gezeichnetes Programm nennen können.

Vor dem spiegelglatten Nußbaumtisch saß eine dicke Frau, die träge in die Runde blickte, eine gute Frau ... Fett anzusetzen, Maulaffen feilzuhalten, mit den Dienstmädchen zu zanken, mit dem Gutsverwalter, dem Dorfältesten, dem Ehemann, wenn er gute Laune hatte ... welch beneidenswertes Leben! Und dies alles schon vierzig Jahre lang, und noch einmal so viele Jahre werden folgen ... und man wird ihren Tod beweinen ... und ihrer gedenken, ihr engelhaftes Wesen preisen und sie bedauern ... ein wahres Wunder, so ein Leben! Vor allem, wenn man es mit unseren Stürmen vergleicht, die ganze Jahre verschlingen und – was noch furchtbarer ist – die Gefühle des Menschen, eins nach dem anderen, wie Blätter vom Baum pflücken.

Auf einer Bank, Natalja Sergewna (so will ich Palizyns Frau nennen) zu Füßen, saß ein junges Mädchen, ihr Pflegekind. Es war ein Engel, der aus dem Paradies vertrieben worden war, weil er zuviel Mitleid mit der Menschheit hatte. Das auf dem Tisch brennende Talglicht beleuchtete ihre unschuldige, offene Stirn und eine Wange, auf der man bei genauem Hinsehen einen feinen goldenen Flaum gewahrt hätte; die andere Gesichtshälfte war von dichtem Schatten bedeckt; und nur, wenn sie ihre großen Augen aufhob, lösten sich manchmal zwei Lichtpünktchen aus der Finsternis; es war eines von jenen Gesichtern, die wir selten im Traum und fast nie im Wachen sehen. Ihre Brust wogte sacht, hin und wieder neigte sie, wenn sie sich in ihre Arbeit vertiefte, den Kopf, und lange Haarsträhnen stahlen sich hinter den Ohren hervor und fielen ihr über die Augen; dann tauchte stets eine weiße Hand mit schmalen Fingern ins Licht; eine solche Hand allein könnte ein Bild füllen!

Boris Petrowitsch trat ein; beide erhoben sich.

»Ich habe einen neuen Knecht mitgebracht«, sagte er. »Eine Perle – ein Bettler, der arbeiten möchte! Er wird nicht übertrieben schnell sein – man sieht es an seinem

Gesicht – aber dafür gehorsam! Du wirst es selbst sehen – hej! – Wadimka – ein bißchen flink.«

Herein kam der häßliche Bettler. Die Frau musterte ihn gleichgültig, wie etwas Gestohlenes ... »Was für ein Scheusal!« rief sie. Doch Wadim hörte es nicht – seine Seele war ganz in den Blicken.

Lange unterhielten sich die Eheleute über die Ernte, den Flachs, über Angelegenheiten der Wirtschaft; und sie vergaßen darüber völlig den Bettler; eine geschlagene Stunde stand er in der Tür. Wohin sah er? Was dachte er? Er entdeckte eine neue Saite in seiner Seele und für sein Dasein ein neues Ziel. Er stand eine volle Stunde; niemand bemerkte es; Natalja Sergewna begab sich auf ihr Zimmer, und da trat Palizyn zu ihrem Pflegekind.

»Wie gefällt dir mein neuer Knecht?«

»Er ist ein Scheusal!« antwortete Olga, und etwas wie Zähneknirschen schien plötzlich an ihr Ohr zu dringen. »Es muß Spaß machen, solche Vogelscheuchen mitzubringen«, fuhr sie fort, »wir armen gefangenen Vögel fühlen uns ohnedies schlimm genug!«

»Doch nur deshalb, weil du nicht einwilligen willst«, entgegnete Boris Petrowitsch und suchte sie zu umfassen.

Olga errötete und stieß seinen Arm weg; für eine einfache Frau war diese Geste zu edel.

»Du kleines Luder! Wenn du wüßtest, wie schön du bist: haben denn alte Männer nicht auch ein Herz und einen Winkel darin, wo das Blut siedet und braust? Es wäre gut für dich, wenn du – höre ... ich habe goldene Ohrgehänge mit großen Perlen, persische Tücher, ich habe Geld, viel Geld ...«

»Sie sind schamlos!« antwortete Olga; Palizyn sah sie an, und sein Gesicht flammte auf; doch da er ein Rascheln im Nebenzimmer hörte, drohte er ihr mit dem Finger und ging hinaus.

»Himmel!« Unwillkürlich entschlüpfte der Ausruf ihrer Brust; er war zugleich Gebet und Vorwurf.

Der häßliche Bettler stand noch immer in der Tür, die Arme verschränkt, stumm und regungslos – an seinen

Wimpern glitzerte eine Träne: die erste vielleicht – und eine Träne der Verzweiflung! Solche Tränen zehren an der Seele, sie stehlen uns ganze Lebensjahre, in einem Augenblick können sie eine Million süßer Hoffnungen ertränken! Sie sind für den einzelnen, was Napoleon für die Welt war: in zehn Jahren trieb er uns ein ganzes Jahrhundert voran.

»Kennst du deine Eltern, Olga?« sagte Wadim.

»Eine sonderbare Frage!« antwortete sie.

»Kennst du sie?«, wiederholte er mit einer Stimme, die sie zusammenfahren ließ; sie sah ihn unverwandt an, während sie sich auf etwas längst Vergangenes zu besinnen schien.

»Ich bin eine Waise; mein Vater verließ mich, als ich noch ein Kind war – und begab sich Gott weiß wohin – gewiß sehr weit fort, denn er kehrte niemals zurück.« Wadims Stirn umwölkte sich, und ein giftiges, bitteres Lächeln verlieh seinen vom niederbrennenden Licht schwach erhellten Zügen etwas Dämonisches.

»Möchtest du wissen, wohin?«

»Ja!« Ihre feuchten Augen blitzten auf.

»Bedenke – ich bin für dich ein Fremder; vielleicht scherze ich, spotte über dich! Bedenke – es gibt Geheimnisse, auf deren Grund ein Gift ist, Geheimnisse, durch die zwei Geschicke untrennbar verknüpft sind; es gibt Menschen, die mit ihrem Atem das Glück anderer verpesten; alles, was diese liebt und haßt, ist dem Untergang geweiht . . . Hüte dich vor dem einen wie dem anderen! Wenn du mein Geheimnis kennst, gibst du dein Schicksal einem gefährlichen Menschen in die Hand; er ist nicht imstande, diese Blume zu hegen; er wird sie zerdrücken . . .«

»Ich will es auf jeden Fall wissen . . .«, rief das unerfahrene Mädchen.

Sie blickte auf und sah sich um – der Bettler war aus dem Zimmer verschwunden.

Kapitel 4

Zwei Tage waren vergangen. Wadim hatte sein Geheimnis noch nicht verraten ... Ob er nur die weibliche Neugier anstacheln wollte? Wenn es so war, dann hatte er sein Ziel vollkommen erreicht. Unter wechselnden Vorwänden lief Olga, ohne den Zorn ihrer Herrin zu beachten, von ihrer langweiligen Arbeit fort und bemühte sich, irgendwo, in einem abgelegenen leeren Zimmer, Wadim zu begegnen; und merkwürdig, sie fand ihn fast immer dort, wo sie ihn zu finden glaubte – jede List, Bitten, Zärtlichkeiten wurden aufgeboten, um ihm das ersehnte Geheimnis zu entlokken, er aber blieb unbeugsam. Er wußte das Gespräch auf einen andern Gegenstand zu lenken, unterhielt sie mit allerlei Geschichten – vom Geheimnis aber keine Spur; sie war verwundert über seinen Geist, sein leidenschaftliches Gemüt, sie begann in seine düstere Seele einzudringen und bemerkte, daß dieser Mensch nicht zur Knechtschaft geboren war, und so gewann sie Vertrauen zu ihm. Das war kein Wunder; die Macht trennt stolze Seelen, die Unfreiheit vereint sie.

Einmal nahm sie seine Hand.

»Nicht wahr, ich bin sehr häßlich!« rief Wadim aus. Sie ließ seine Hand los. »Ja«, fuhr er fort. »Ich weiß es selbst. Der Himmel hat nicht gewollt, daß mich jemand auf Erden liebgewönne, denn er hat mich für den Haß geschaffen. Morgen wirst du alles erfahren: weshalb sollte ich dich schonen? Oh, wenn du ... halte mir nicht mein langes Schweigen vor. Vielleicht kommt einmal die Zeit, da denkst du: warum ist dieser Mensch nicht stumm, blind und taub geboren, wenn er krumm und bucklig zur Welt kommen konnte?«

Wadims Verhalten zu den übrigen Dienern war unverständlich, da niemand sein Ziel kannte. Ich will es, so gut es geht, mit dem folgenden Gespräch verdeutlichen; auf der Vortreppe des Hauses saßen zwei Diener, der eine war alt, der andere etwa zwanzig Jahre alt; dies waren ihre Worte:

»Merke dir, Fedka, wer aus der Gosse gekommen ist, der macht sich ans Gold heran! Wie dieser Wadimka die Nase hoch trägt – eine solche Mißgeburt – mir gegenüber läßt er es ständig an Ehrerbietung fehlen, wo mich selbst der Verwalter immer auszeichnet – und wie er es versteht, sich beim Herrn lieb Kind zu machen: wie ein junger Hund! Ach, was für ein unchristliches Jahrhundert.«

»Das kann ich nicht sagen, Onkel Ipat! Zu mir ist er immer freundlich – ein verwegener Bursche; bei dem muß man die Ohren steifhalten; im Nu hat er einen an der Angel – also zum Beispiel gestern . . .«

»Was war denn gestern?«

»Ich will dir diesen Streich schildern, Onkel . . . Hör zu: Gestern kriegte der Herr die Wut auf Oleschka Schuscherin und befahl, ihm fünfundzwanzig Stockhiebe zu geben; man führte Oleschka in den Pferdestall – der Verwalter selbst begann ihn zu prügeln; fünfundzwanzigmal schlug er zu, und dann sagte er: das für den Herrn – und das hier für mich – und hob den Arm. Wadim hatte die ganze Zeit ein wenig abseits in der Ecke gestanden; seine Brauen hoben und senkten sich. Im gleichen Augenblick war er mit einem Satz beim Verwalter und schleuderte ihn mit einem Schlag zu Boden. Er raste vor Wut, daß sich auf seinen Lippen der Schaum kräuselte, er wollte etwas sagen – und brachte nichts heraus.«

»Schade!« entgegnete der Alte. »Dieser Mensch wird nicht mit grauem Haar sterben.« Er beklagte ihn von Herzen, so gut er es vermochte, wie Greise gewöhnlich die vor der Zeit, in der Blüte des Lebens dahingehenden Jünglinge beklagen, die der Tod statt ihrer fortrafft, wie der Sturm öfter die schlanken hohen Bäume bricht und die hundertjährigen Stümpfe verschont.

Was lag Wadim daran, die Liebe und das Zutrauen der jungen Diener zu gewinnen? Darauf antworte ich: Die von mir beschriebenen Ereignisse trugen sich zwei Monate vor dem Pugatschowaufstand zu.

Die Gemüter ahnten eine Wende und waren erregt; jede alte und neue Grausamkeit des Herrn wurde von seinen

Knechten ins Buch der Rache geschrieben, und nur sein Blut konnte diese schändlichen Annalen auslöschen. In der Regel sind die Menschen gefügig, wenn sie leiden; wenn es ihnen aber einmal gelungen ist, ihre Last abzuwerfen, verwandelt sich das Lamm in einen Tiger: der Unterdrückte wird zum Unterdrücker, hundertfältig ist seine Vergeltung – und dann wehe den Besiegten!

Das russische Volk, dieser hundertarmige Riese, erträgt lieber die Grausamkeit und Anmaßung seines Gebieters als seine Schwäche; es wünscht bestraft zu werden, aber gerecht, es ist bereit zu dienen – aber es will stolz sein auf seine Knechtschaft, es will das Haupt erheben, um auf seinen Herrn zu blicken, und eher verzeiht es ihm ein Übermaß an Lastern als den Mangel an Tugenden! Im 18. Jahrhundert war der Adel – der seine ehemals unbegrenzte Macht und die Mittel, sie aufrechtzuerhalten, schon eingebüßt hatte – nicht imstande, seine Lebensart zu ändern. Dies war eine der geheimen Ursachen, durch die das Pugatschowjahr heraufbeschworen wurde!

Kapitel 5

Doch zurück zu unserer Erzählung.

Boris Petrowitschs Haus stand am Ufer der Sura, auf einem hohen Berg, der flußwärts mit einer lehmfarbenen Steilwand endete, rings um den Hof und längs des Ufers waren verrauchte, schwarze, niedergebeugte Bauernhäuser errichtet, die sich in zwei Zeilen zu beiden Seiten des Weges dahinzogen, wie Bettler, die sich vor den Vorübergehenden verneigen. Auf der anderen Flußseite sah man in einiger Entfernung Birkenhaine und dahinter bewaldete Hügel mit schwarz schimmernden Tannen, links dehnte sich das niedrige, dicht mit Buschwerk besetzte Ufer als glatte Schräge – und weit, weit hinten blauten Hügel wie Wogen. Die Abendsonne spielte zuweilen goldschillernd auf dem Bretterdach und in den Glasscheiben, die vom Wind gerüttelten buntbemalten und geschnitzten Fensterläden klopften und knarrten, wenn sie in den rostigen Angeln schwangen. Rund um das altertümliche Haus führte eine hölzerne, die Stelle eines Balkons vertretende Galerie mit Schnitzwerk. Wenn Olga hier bei der Arbeit saß, vergaß sie oft ihre Stickerei und beobachtete die wandernden blauen Wasser und die Boote mit den weißen Segeln und vielfarbigen Wimpeln. Dort sind die Menschen frei und glücklich! Jeden Tag sehen sie ein neues Ufer – und neue Hoffnungen! Die Lieder der von der Heumahd zurückkehrenden Bauern oder ein fernes Glöckchen lenkten ihre Aufmerksamkeit immer wieder ab – wer fuhr dort: ein Kaufmann, ein Herr, die Post? Aber was sollte ihr das! War es nicht gleichgültig . . . und doch wäre es nicht übel gewesen, diese Dinge zu wissen.

Was für ein unterhaltsames, erfülltes Leben, nicht wahr?

Jetzt fällt sie von einem Extrem ins andere: in eine lange schwarze, hasenfellbesetzte Samtweste gehüllt, öffnet sie jetzt bebend die Tür zur Galerie. Was hast du zu fürchten, du unerfahrenes Mädchen: Boris Petrowitsch ist in die Stadt gefahren und seine Frau ins Kloster, um die Belehrungen der Mönche und die Neuigkeiten aus dem Mund der Wallfahrerinnen anzuhören, die sie nicht weniger verehrt.

Wer tritt ihr entgegen? Wadim. Sie zuckt zusammen – sie erbleicht, denn der schicksalhafte Augenblick ist gekommen.

»Was hast du?«, sagte er.

»Nichts . . .«

»Ah! Ich verstehe!« Er biß sich auf die Lippen. »Du bist vor mir erschrocken . . .«

»Weshalb sollte ich Angst vor dir haben«, antwortete Olga stolz.

»Um so besser!« fuhr er fort. »Es bedeutet schon viel – ich bin also nicht furchterregend für dich, nicht widerwärtig . . . o mein Schöpfer! Welche Seligkeit! Wahrhaftig, ich glaube, es ist die erste . . .« Er hielt inne . . .

»Höre, wenn meine Seele nun übler wäre als mein Äußeres? Bin ich denn aber schuld . . . ich habe die Menschen um nichts gebeten als um Brot – sie aber haben ihm Verachtung und Hohn hinzugefügt. Ich besaß den Himmel, die Erde und mich, ich war reich an allen Gefühlen. Ich sah die Sonne und war zufrieden, aber allmählich ist alles dahingegangen: ein einziger Gedanke, eine Enthüllung, ein Tropfen Gift – hüte dich vor dem Gedanken, Olga.«

»Weshalb sind wir hier?« fragte sie voll Ungeduld.

»Ich bin hier, um dich zu sehen.«

»Ich aber keineswegs . . .«

»Wieder, wieder!« rief Wadim aus. »Hör zu, wenn du mir etwas abtrotzen willst, dann laß die Anspielungen auf meine Häßlichkeit: Ich bin neidisch, ich bin böse, ich bin alles, was du willst . . . aber schone mich.« Er bedeckte das Gesicht mit den Händen. Er tat ihr leid. Dieser Mensch, der mit der größten Eigenliebe ausgestattet war, bat sie, das schwache Mädchen, sie, die noch schutzloser war als er, um Mitleid – oder nein . . . um weniger . . . Er bat, daß sie ihn nicht beleidigte.

Solche Worte rühren manchmal an das Frauenherz.

Sie brach das peinliche Schweigen.

»Wadim, du hast gesagt, du wüßtest, wo mein Vater ist?«

Er wurde nachdenklich.

»Versprich, mir niemals vorzuwerfen, daß ich dir das Geheimnis enthüllt habe.«

»Niemals.«

»So höre: Dein Vater war ein Edelmann – reich und glücklich – und wie viele andere hat er sein Leben auf dem Strohlager beschlossen. Du zuckst zusammen . . . aber es kommt noch schlimmer! . . .«

»Oh, wenn es noch schlimmer kommt, dann fahre nicht fort.«

»Nein, hör zu: Er hatte einen guten Nachbarn, Freund und Kameraden, der den Ehrenplatz an seiner Tafel innehatte, ein Jagdgenosse, der seine Kinder herzte – ein aufrichtiger, treuherziger Nachbar, der in der Kirche stets neben ihm stand, ihm im Notfall mit Geld aushalf und für ihn die Hand ins Feuer gelegt hätte . . . reicht das denn nicht aus für den Untergang eines Menschen? Warte noch ... erblasse nicht! Gib mir die Hand: das Feuer, das in meinen Adern strömt, wird auf dich übergehen. Höre weiter: Während einer Jagd überholte der Hund deines Vaters einst den Hund seines Freundes; er lachte ihn aus. In diesem Augenblick begann eine unversöhnliche Feindschaft – fünf Jahre danach lachte dein Vater nicht mehr. Weh dem, der dieses Lachen mit Tränen vergolten hat! Der Freund deines Vaters grub einen alten Rechtsstreit um Ländereien aus, er gewann ihn und brachte deinen Vater um sein Hab und Gut; ich sah ihn vor dem Tod; sein regloses ergrautes, ausgedörrtes Haupt, das einem weißen Stein glich, ließ seinen bohrenden Blick auf mir ruhen, in dem der letzte Funke von Leben und Haß glühte ... Mir ist er zum Erbteil geworden; und sein Fluch lebt und lebt und treibt jedes Jahr neue Schößlinge, zieht jedes Jahr mit seinem Schatten engere Kreise um die Familie des Schurken. Ich weiß nicht, wie alles dies geschehen konnte ... aber, was glaubst du, wer war dieser zärtliche Freund? – Himmel! Im Verlauf von siebzehn Jahren hat keine einzige Zunge ihr zugeflüstert: dieses Brot ist um den Preis des Blutes erkauft – deines – seines Blutes! Und ohne mich, ein elendes Geschöpf, in dem statt der Seele nur das unstillbare Begehren nach Rache lebt, ohne den mißgestalten Bettler, würde das unschuldige Herz vor lauter Dankbarkeit für ihn schlagen.«

»Wadim, was hast du gesagt.«

»Dankbarkeit!« fuhr er mit bitterem Lachen fort. »Dankbarkeit! Ein Wort, das erfunden wurde, um ehrliche Menschen zu betrügen! Ein in Gefühl verwandeltes Wort! O himmlische Weisheit! Wie leicht ist es dir, aus einem Nichts das heiligste Gefühl entstehen zu lassen! Nein, lieber vor Hunger und Durst in der Einöde verschmachten, als das Werkzeug eines Narren zu sein und die Hand zu lecken, die mir die Reste der Mahlzeit hinwirft – oh, Dankbarkeit!«

Mit gekreuzten Armen ging er schnellen Schritts auf und ab – und schien vergessen zu haben, daß er den Namen des heimtückischen Schurken nicht ausgesprochen hatte. Er schien die angstvolle Ungewißheit und Erwartung im Gesicht des unglücklichen Mädchens nicht bemerkt zu haben. Er war ganz in sich selbst vergraben, ein Grab, dem ebenfalls niemand entsteigt – das lebendige Grab, in dem ebenfalls ein ewig nagender, ewig unersättlicher Wurm haust.

Wadims unschöne Gesichtszüge belebten sich auf wunderbare Weise, ein Genius erstrahlte auf seiner Stirn – und wären seine Augen in dieser Minute auf einen Menschen geheftet gewesen, hätten sie die Wirkung von Basiliskenaugen gehabt, doch sie waren nach oben gerichtet!

»Ich habe es erraten!« rief das junge Mädchen, gefaßt näherte sie sich Wadim. »Ich habe dich verstanden ... es war Boris Petrowitsch!«

Sie hatte es wirklich erraten: große Seelen genießen den Vorrang, einander zu verstehen; sie lesen im Herzen der ihnen Ähnlichen wie in einem längst vertrauten Buch; zwischen ihnen gibt es Zeichen, die nur sie kennen und die für die Menge dunkel sind; in ihrem Mund kann ein Wort eine ganze Geschichte sein, eine ganze Leidenschaft mit all ihren Schattierungen.

Palizyn war jener falsche Freund, der den Vater der jungen Olga zugrunde gerichtet – und die Tochter im Alter von drei Jahren zu sich genommen hatte, um ein paar Adlige, die seine Tat verurteilten, zum Schweigen zu bringen. Er zog sie auf wie eine Sklavin und rühmte sich seiner Wohltätigkeit; vor zehn Jahren hatte er mit ihren Locken gespielt, sich über ihre Kindereien amüsiert, jetzt bereitete er sie in Gedanken auf schändliche Ausschweifungen vor. Dies war eine Rache eigener Art ... Wer hätte es für möglich gehalten! So viel Qualen dafür, daß ein Hund einen andern überholt hatte ... Wie nichtswürdig ist doch der Mensch! Wie soll man der allgemeinen Meinung trauen! Palizyn galt als der rechtschaffenste Mensch in der Gegend – und in der Tat: er hatte nur eine Familie ins Verderben gestürzt.

Ich sagte, große Seelen verstehen einander, deshalb sah Wadim sie ohne Verwunderung, aber mit heimlichem Entzücken an.

Sie nahm ihn bei der Hand und zog ihn ins Zimmer, wo das Kristallämpchen vor den Heiligenbildern brannte und sein Strahl auf ihren mit Perlen und Edelsteinen übersäten Goldmänteln mit dem Strahl der untergehenden Sonne verschmolz. Vor der Ikone der Muttergottes fiel Olga auf die Knie, ihr Rücken und ihre Schultern hoben sich im verblassenden Licht des Abendrots von den dunklen Wänden ab, und der rötliche Schimmer des flackernden Lämpchens erhellte ihr beseeltes, schönes, für die in ihrer Brust widerstreitenden Gefühle zu schönes Gesicht. Wadim konnte den Blick nicht von dem überirdischen Wesen wenden, er schien glücklich.

Olga riß sich die prächtige Kette vom Halse und warf sie zu Boden.

»So zerstöre ich das letzte, was mir an Verbundenheit geblieben ist ... Herrgott! Ich habe keine Schuld daran ... du, du selbst hast mir eine freie Seele gegeben, er aber wollte mich zur Sklavin machen, zu seiner Sklavin! Nicht auszudenken, daß eine Frau für eine solche Wohltat liebt ... Zu dulden, zu leiden bin ich bereit, aber verlange nicht mehr; Herrgott, wenn du mir jetzt befehlen würdest, ihn für meinen Wohltäter zu halten – ich würde auch dich nicht mehr lieben! Dir, Schöpfer, und wem du willst, gehören mein Leben, mein Schicksal – das Herz aber ist mir allein untertan!«

Tränen flossen ihr aus den Augen, sie neigte den Kopf, ihre Hand bebte in der Hand Wadims.

»Ich bin dein Bruder!« rief er außer sich.

Sie wandte sich um, richtete sich auf, als hätte sie nicht verstanden ... wie von Entsetzen ergriffen. Ihre Hände fielen herab wie die Hände einer Toten, und der geschlossene Mund verhielt den Atem.

»Ich bin dein Bruder!« wiederholte er mit furchtbarer, bebender Stimme.

Sie schwieg.

Ein letztes Mal sah Wadim sie an, er griff sich an den Kopf und ging; schon im Hinausgehen blieb er an der Tür stehen, und einen Augenblick lang dachte er daran, seinen

Kopf am Pfosten zu zertrümmern, doch schnell verflog dieser irrsinnige Gedanke. Er ging.

»Bruder!« sagte Olga, ihm nachblickend. »Bruder!«

Und sie sank wie ohnmächtig auf einen Stuhl.

Kapitel 6

Boris Petrowitsch war mit seinem Buckligen (so nannte man Wadim im Hause) höchst zufrieden. Der Bucklige folgte ihm fast überallhin, auf die Jagd, in die Flur, auf die Felder – er las ihm den kleinsten Wunsch von den Augen ab und erfüllte ihn. Mit einem Wort, er tat alles, womit er sein Vertrauen erlangen konnte – und wenn es ihm gelungen war, erblühte unendliche Freude auf diesem strengen Gesicht, das alle Gefühle ausdrückte, alle außer dem einen, das ihm das liebste war und das er für den schwarzen Tag aufbewahrte. Wenn Boris Petrowitsch einen der Diener bestrafen wollte, gab ihm Wadim stets zu verstehen, daß es Strafen gab, die noch grausamer waren, und daß die Schuld viel größer war, als Palizyn es sich vorstellte; und wenn sein nur angedeuteter Ratschlag befolgt wurde, bemühte der listige Ratgeber sich, den Groll des Gesindes zu schüren, mit Blicken und Gesten ermutigte er sie, ihren Herrn zu verurteilen. Niemals aber sagte er etwas, das man zu seinem Schaden wiedererzählen konnte – zur Unzufriedenheit der Knechte oder des Gutsherrn. Er war der feindliche Geist dieses Hauses ...

Eines Tages, ich weiß nicht, weshalb, befahl Palizyn, den Buckligen zu rufen; man suchte ihn – er war nicht zu finden. Und dabei blieb es.

Der Tag war brütend heiß, die silbernen Wolken wurden von Stunde zu Stunde schwerer, und die dunkelblauen Dunstwolken zeigten sich schon am fernen Horizont. Am Fluß stand ein verfallenes Badehäuschen, das in den Berg eingegraben und von hohen Sträuchern der wuchernden Vogelbeere umgeben war. Daneben lagen Ziegelhaufen, zwischen denen hohe Gräser und gelbe Blumen auf langen

Stielen wuchsen. Hier saß Wadim; allein, er hatte die Ellbogen auf die Knie gestützt und den Kopf in beide Hände gelegt; er dachte nach. Die Schatten der Ebereschenblätter zeichneten sich auf seinem Gesicht als flüchtige Arabesken ab und verliehen ihm ein geheimnisvolles Aussehen; ein goldener Sonnenstrahl fiel, am Strohdach vorübergleitend, auf sein Knie, und Wadim schien sich an dem Tanz der Stäubchen in der Luft zu ergötzen, die sich drehten und zur Sonne aufstiegen.

Gestern hat er sich Olga entdeckt; endlich hat er sie gefunden, ist der Schwester begegnet, die er in der Wiege zurückließ; endlich ... oh! Wunderbar ist die Natur; ist es weit vom Bruder bis zur Schwester? Aber was für ein Unterschied! Diese engelgleichen Züge, diese dämonische Erscheinung ... Sind denn nicht Engel und Dämon von ein und demselben Ursprung?

Allein Wadim bemerkte an ihr den Familienstolz, eine Ähnlichkeit mit seiner eigenen Seele, die viel verhieß ... ihm mit der Zeit auch ihre Liebe verhieß. Diese Hoffnung war etwas Neues für ihn; er wollte sich ihrer bemächtigen, er hatte Angst, sich auch nur einen Augenblick von ihr zu trennen – und ebendeshalb hatte er sich an diesen abgeschiedenen Ort zurückgezogen, wo das Rauschen der Wellen seine Gedanken nicht ablenken konnte; er wußte nicht, daß es Blumen gibt, die den Bemühungen des Gärtners desto weniger entsprechen, je mehr man sie hegt; er wußte nicht, daß wir unser Wesen verlieren, wenn wir allzusehr einem Traum nachhängen; und in seinem Wesen gab es einzig und allein die Rache.

Allmählich wurden seine Gedanken verschwommen; er legte sich schlaftrunken ins Gras – und sein Blick fiel zufällig auf eine rotviolette Glockenblume, über der zwei Schmetterlinge kreisten: der eine war grau mit schwarzen Tupfen, der andere war geschmückt mit allen Farben des Regenbogens – wie eine Blume der Luft oder ein in Gold gefaßter, von einer Zauberin zum Leben erweckter Rubin mit smaragdenen Flügeln. Beide Falter waren bemüht, sich auf der rotvioletten Glockenblume niederzulassen, und hinderten einander daran, und wenn einer fast soweit war, trieb ihn der Wind fort; schließlich trug der bunte Schmetterling den Sieg davon; er machte es sich bequem und barg sich in den Blütenblättern. Vergebens zog der andere seine Kreise über ihm ... Er war genötigt, sich zu entfernen. Wadim hielt eine Gerte in der Hand; er schlug auf die Blüte und tötete das glückliche Insekt ... mit seltsamem Entzücken beobachtete er sein letztes Zucken!

Gott weiß, warum er sich in diesem Augenblick an seine Jugend erinnerte, an den Vater, das Vaterhaus, die hohe Schaukel und den Teich, dessen Ufer ringsum mit Silberweiden bepflanzt war ... an alles, alles! Der Vater erschien ihm im Geiste, wie er aus Moskau zurückgekehrt war, als er seinen Prozeß verloren hatte und sich gezwungen sah, alles, was ihm geblieben war, zu verkaufen, um die Advokaten und das Gericht zu bezahlen. Und dann sah er ihn auf der harten Bettstatt im Haus des armen Nachbarn liegen. Es war, als hörte er sein schweres Atmen und die Worte: mein Sohn, nimm Rache an dem Unhold ... damit sich niemand aus seiner Familie des gestohlenen Bissens erfreut. Und Wadim erinnerte sich an das Begräbnis: der auf einen Wagen gestellte unverkleidete Sarg schwankte bei jedem Stoß; er selbst ging mit dem Heiligenbild voran, der Kirchendiener und der Priester hinterher; sie sangen mit zitternder Stimme, und die Vorübergehenden nahmen die Hüte ab. Da ließen sie ihn in die Grube hinunter, das Seil knarrte, Staub wirbelte auf ...

Das Blut schoß Wadim in den Kopf, flüsternd wiederholte er seinen verhängnisvollen Schwur und überlegte, wie er ihn einlösen sollte; er war bereit zu warten. Er war bereit, alles zu ertragen. Aber die Schwester! Wenn ... oh! Dann würde auch sie ihm helfen ... Ohne Beben griff er diesen Gedanken auf; er beschloß, sie in seine Absichten einzubeziehen, sie zu seinem Werkzeug zu machen ... beschloß, das unschuldige Herz zu verderben, das mehr fühlte als verstand. Seltsam! Er liebte sie; oder hielt er nicht Haß für eine Tugend?

Plötzlich ertönte das Zischen einer Hetzpeitsche über

ihm, und er verspürte einen heftigen Schmerz im Arm; wie ein Tiger schnellte Wadim hoch. Boris Petrowitsch stand vor ihm und ließ einen Hagel von Schimpfwörtern auf ihn niederprasseln.

Er verbeugte sich, hörte zu und folgte Palizyn mit demütigem Gesichtsausdruck ins Haus, wo ihm die Diener mit einem spöttischen Grinsen begegneten, das soviel hieß wie: Jetzt ist die Reihe an dich gekommen.

Von da an vergaß Wadim kein einziges Mal seine Schuldigkeit.

Kapitel 7

Gegen Abend fuhren bei Palizyn Gäste vor; Natalja Sergewna putzte sich mit einem Reifrock und einem Brokatkleid heraus, puderte sich und schminkte sich rot; der Tisch im Salon wurde mit Konfitüren, getrockneten und frischen Beeren gedeckt; Genadi Wassilitsch Gorinkin, ein reicher Nachbar, saß auf dem Ehrenplatz, und die Hausherrin reichte ihm alle Augenblicke Teller mit Süßigkeiten; von jedem nahm er ein bißchen, und dann wischte er sich blasiert die Lippen ab. Er war von hohem Wuchs, hellblond und für einen Landbewohner jenes Jahrhunderts recht gewandt; und dies vielleicht, weil er in der Leibcompagnie gedient hatte. Als er mit fünfundzwanzig Jahren seinen Abschied nahm, heiratete er und hatte nun zwei Töchter und einen Sohn; Boris Petrowitsch unterhielt ihn mit Plaudereien über die Wirtschaft, über Moskau und andere Dinge, schimpfte auf das Neue, lobte, wie alle Greise, das Alte, denn im allgemeinen kommt dem Menschen, wenn er selbst kümmerlicher wird, alles kümmerlicher vor. Spät am Abend, als sie allen Gesprächsstoff erschöpft hatten, wußten sie nicht, was sie tun sollten; sie gähnten hinter vorgehaltener Hand, drehten sich auf ihren Sitzen herum und ließen die Blicke schweifen; aber der aufmerksame Hausherr ließ sich gleich etwas einfallen.

»Bursche! Bring uns vom Ägyptischen«, rief er, von seinem Einfall begeistert; man brachte zwei Feldflaschen und zwei große silberne Humpen herein; sie begannen zu trinken, dann stritten sie, lachten und küßten einander; ihre Wangen glühten, und die mit den Jahren erkaltete Phantasie geriet in Wallung.

»Soll ich dir ein Vergnügen bereiten, mein lieber Nachbar?« rief Palizyn.

»Was denn für eins?«

»Ein Vergnügen, das deiner Gnaden gar nicht in den Sinn kommt; hast du es gern, wenn getanzt wird? Ich habe ein Mädchen – ein wahres Wunder. Und wie sie tanzt! Sie tanzt nicht, sie lodert! Ich bin kein Mönch, und auch du bist kein Mönch, Wassiljitsch . . .«

»Christus bewahre . . .«

»Genauso ist es! . . .«

»Also, wie ist es nun?«

»Aber ja doch! Mütterchen, Frau, Natalja Sergewna – befiehl Olenka, sich mit dem seidenen Sarafan vom Christfest zu schmücken und zum Tanz zu kommen; und die andern laß herkommen, damit sie singen, soviel Sänger wie möglich, du weißt schon, damit es flott zugeht . . .« Er brach in Lachen aus und wußte wohl selbst nicht, warum, er rieb sich die Hände und kostete schon im voraus den Erfolg seines Einfalls aus; dieser für gewöhnlich recht übellaunige Mensch war jetzt das reinste Kind.

Natalja Sergewna wies die Chorsänger an, sich zu versammeln, und ging selbst, um nach Olga zu suchen.

Wo war Olga denn?

In einem dunklen Winkel ihres Zimmers; sie lag auf der Truhe, den zusammengerollten Pelz unter dem Kopf. Sie schlief nicht; sie hatte seit dem gestrigen Abend ihre Fassung noch nicht wiedergewonnen, sie machte sich Vorwürfe, daß sie ihren Bruder zu unfreundlich behandelt hatte, aber Wadim hatte ihr in jenem Augenblick solches Grauen eingeflößt! Den ganzen Tag über wollte sie zu ihm gehen und ihm sagen, sie sei durchaus würdig, seine Schwester zu sein, und sie mache ihm keine Vorwürfe wegen des übermäßigen Hasses; sie rechtfertige seine Tat und bewundere seine herrliche Kühnheit.

Mit einer Kerze in der Hand trat Natalja Sergewna in das kleine Zimmer, wo Olga lag; die mit Kleidern und Pelzen behängten Wände leuchteten auf, und der Schatten der beleibten Herrin fiel auf den kleinen, mit einem bunten Tuch bedeckten Tisch. In diesem Zimmer hatte das leidenschaftliche, schöne junge Mädchen sein halbes Leben verbracht ... hier hatte sie oft von zärtlichen, schlanken jungen Männern geträumt, von großen Städten mit Steinhäusern und goldkuppelgeschmückten Kirchen; von hier sah sie, wenn im Winter der Schneesturm tobte und der Schnee in weißen Klümpchen an das trübe Fenster schlug und sich vor ihm in einer hohen Wehe sammelte, in ihre lange, warme Weste eingehüllt, gern hinaus auf die weißen Steppen, den grauen Himmel und die reifbehängten Silberweiden, die hin und her gewiegt wurden. Geheime, unbegreifliche Wünsche, wie sie ein Mädchen von siebzehn Jahren hat, ließen ihr Blut aufwallen; und der Kummer trieb ihr die Tränen in die Augen, ließ die Nähnadel aus ihren Fingern gleiten.

»Steh auf, Olga!« schrie Natalja Sergewna und versetzte ihr ärgerlich einen Stoß.

Olga sprang auf und kniff die Augen zusammen, die Kerze befand sich dicht vor ihren Augen.

»Was schläfst du, Faulpelz ...«

»Ich habe Kopfschmerzen!«

»Unsinn! Ein junges Ding ... und untersteht sich, Kopfschmerzen zu haben! Nichts als Faulheit, wenn sie es wenigstens zugäbe ... aber sie lügt obendrein. Antworte: hast du geschlafen, Faulenzerin?«

»Ich lüge niemals.«

»Wie! Du unterstehst dich zu antworten, wenn ich spreche, zu streiten! Ach, du Trampel; habe ich dich nicht genährt und aufgezogen, habe ich dich nicht von deinem bettelarmen, nichtsnutzigen Vater empfangen und in meine Arme genommen ... Undankbare! – Nein! Dieses Volk ist für Wohltaten nicht im geringsten empfänglich; wie du den Wolf auch fütterst, er schielt immer nach dem Wald ... Untersteh dich, Grimassen zu schneiden, wenn ich dich schelte! Steh gerade und zieh kein Gesicht – du vergißt wohl, wen du vor dir hast?«

Olga wollte etwas sagen, aber sie hielt an sich; auf ihrem Gesicht spiegelte sich Verachtung; die in ihren Augen erwachte dunkle Flamme verlor sich in den gesenkten Wimpern; sie stand mit herabhängenden Armen und bloßen Schultern erregt atmend da und hörte unbeweglich die verletzenden Sprüche an, die eine andere erzürnt und in Schrecken versetzt hätten.

»Los, zieh den seidenen Sarafan über und geh hinaus tanzen ... Damit dir der Kopf nicht weh tut ... Hörst du? Ein bißchen schnell! Und scharwenzele nicht dauernd um Boris Petrowitsch herum, sonst erlebst du was! Ihr alle reizt doch mit Freuden die herrschaftliche Gnade ... Nimm dich in acht!«

Olga schwieg – aber sie erglühte ... Und wenn Natalja Sergewna nicht gegangen wäre, hätte sie es nicht länger ausgehalten; die Tränen wollten ihr aus den Augen springen, doch mitunter vermag eine Frau ihre Tränen zu bezwingen ... Was! Man verdächtigt sie, macht ihr Vorwürfe? Und weswegen! Oh! Wo ist ihr Bruder! Er soll kommen und ihren Schwur hören, daß sie ihm bei allem, was Rache und Zerstörung atmet, beistehen wird; soll er sie in das furchtgebietende Geheimnis einweihen – sie ist bereit!

Jetzt wird sie Wadim antworten können, jetzt werden ihre Augen seinen prüfenden Blicken standhalten, jetzt wird sein bitteres Lächeln ihre Festigkeit nicht brechen. In diesem Lächeln lag etwas Unirdisches; es riß einem jeden frommen Gedanken aus der Seele, jeden Wunsch, in dem ein Funken Güte verborgen war, ein Funken Liebe zur Menschheit; wenn man diesem Lächeln begegnete, war es unmöglich, an einer Absicht festzuhalten, welcherart sie immer sein mochte; es lag mehr Böses darin, als die Menschen begreifen können.

Olga wurde im Salon erwartet, Boris Petrowitsch war schon ärgerlich, sein Gast goß sich alle Augenblicke den Humpen voll und stimmte ein Tanzlied an ... Endlich trat sie ein: im himbeerfarbenen Sarafan, mit reichverziertem

Gürtel; ihr dunkler Zopf fiel zwischen den Schultern bis zur Mitte des Rückens herab; wundervoll waren die Rundung und die Weiße ihres Halses; und das kleine Füßchen versprach, wenn es sich hier und da zeigte, geheime Vollendungen, die junge Männer suchen, wenn sie die Frau als Werkzeug ihrer Vergnügen abschätzen. Ein kleines Füßchen hat übrigens noch eine andere Bedeutung, die ich Ihnen entdecken würde, wenn ich nicht befürchten müßte, allzuweit von meiner Erzählung abzuschweifen.

Sie trat ein ... und begegnete trunkenen, dreist ihre Reize abtastenden Augen; doch sie geriet nicht in Verwirrung; sie errötete nicht – die matte Blässe ihres Gesichtes zeigte keine Spur von Unruhe, sondern vollkommene Ergebung in ihr Schicksal. In diesem Augenblick lebte sie ihr Leben nur halb; sie ähnelte einer beschädigten Drehorgel, die weder den Anfang noch das Ende eines herrlichen Liedes spielt.

Der Chor stimmte ein Tanzlied an. »Fang an, Olenka«, schrie Palizyn, »genier dich nicht!« Sie fuhr zusammen, es kam ihr in den Sinn, daß sie vor dem Mörder ihres Vaters tanzen mußte, dieser Gedanke fuhr wie ein Blitz in ihre Seele und beleuchtete die Spuren des Vergangenen; und alle Kränkungen, alle Ungerechtigkeiten und Demütigungen der Knechtschaft, mit einem Wort, ihr Leben erstand vor ihr, wie ein Gerippe, das sich aus dem Grab erhebt; und sie spürte seinen Vorwurf ...

Wenn man die Qualen dieses zarten Wesens gestalten könnte, fiele es schwer, zu glauben, daß sie noch bei Verstand war, denn ihre Wimpern waren trocken, und die zusammengepreßten, bebenden Lippen ließen keinen einzigen Seufzer heraus. – »Was ist denn? Fang an, meine Schöne! Hab keine Angst – du bist heute so schön!« riefen die beiden Gutsherren; eine schmeichelhafte Ermunterung! Nicht wahr?

Olga überflog mit einem Blick das ganze Zimmer, in der Hoffnung, wenigstens einen Ausdruck des Bedauerns aufzufangen ... eine unangemessene Hoffnung! Gemeine Unterwürfigkeit, törichtes Grinsen begegneten ihr von allen

Seiten – die Knechte bedauerten sie nicht – sie beneideten sie! Sollen sie mich doch beneiden, dachte Olga, das wird ihre Strafe sein.

Sie begann zu tanzen.

Olgas Bewegungen waren gleichmäßig und lässig; man konnte sogar eine gewisse, ihr nicht eigene Unnatürlichkeit darin beobachten, doch sie vergaß sich rasch. Und dann brach ein seelischer Sturm nach außen; wie sie der Dichter nicht fühlt und nicht an sie denkt, wenn er im Augenblick des inspirierten Leidens göttliche Verse aufs Papier wirft, wußte auch sie nicht, was sie tat, und bekümmerte sich nicht um die Schicklichkeit ihrer Gebärden, deshalb bezauberten sie alle Zuschauer. Dies war keine Kunst – es war Leidenschaft.

Und jäh hielt sie inne, kam zu sich, senkte die flammenden Augen, ihr schwindelte; alle Gegenstände sprangen vor ihrem Blick; die lauten Melodien flossen für sie in einem einzigen disharmonischen, aber entschiedenen Ton zusammen, einem Ton der Erinnerung ...

Sie blickte in die Runde, erschrak ... winkte mit der Hand ab und rannte hinaus.

Boris Petrowitsch stand auf und folgte ihr auf schwanken Beinen; seine glühenden Wangen verrieten ein frevelhaftes Begehren, und den bebenden Lippen entschlüpften unzusammenhängende, doch für die Umstehenden nur allzu deutliche Worte.

Die Tür zu Olgas Zimmer war zugesperrt; er zog daran, und der kleine Haken sprang heraus; sie lag auf den Knien, hatte das Gesicht in die Hände vergraben, und der Kopf ruhte auf dem Bett. Sie hörte nicht, wie er eintrat, denn sie sprach diese Worte: »Mein Vater, gib mir keine Schuld ...«

»Jetzt entwischst du mir nicht!« rief Boris Petrowitsch mit lautem Lachen. »Ich bin ein guter Mensch – und du bist ein guter Mensch; demzufolge ...«

Sie schnellte hoch und heftete ihren glanzlosen Blick auf ihn, ohne daß sie die Worte zu begreifen schien; er nahm sie bei der Hand; sie wollte sich losreißen – vermochte es nicht; er setzte sich auf das Bett, zog sie an sich und küßte sie sofort auf Hals und Brust. Es fehlte ihr an Kraft, sich zu wehren; das Gesicht abgewandt, überließ sie sich seinen zügellosen Liebkosungen, noch wenige Augenblicke – und sie wäre verloren gewesen.

Doch plötzlich erhob sich Lärm, und die Hausherrin kam ins Zimmer gelaufen; zwischen den ehrbaren Eheleuten gab es Geschrei und Streit ... Aber dank dem Weinnebel gelang es Natalja Sergewna, ihren Mann hinauszuführen; lange noch hörte man seinen heiseren Baß und Natalja Sergewnas schneidenden Diskant. Endlich trat Stille ein – und erst da war Olga sicher, daß sie allein zurückgeblieben war.

Sie hörte, wie ihr erschrockenes Herz pochte, und spürte einen seltsamen Schmerz am Hals. Armes Mädchen! Knapp über der runden Schulter zeigte sich ein roter Fleck, den die Lippen des betrunkenen Alten zurückgelassen hatten ... Wieviel Anmut wurde von seinen Grabesarmen zerdrückt! Wieviel Haß unter seinen Küssen geboren! Der Mond ging auf; über die Mauer gleitend, stahl sich sein Strahl in das enge Zimmer, der kreuzförmige Fensterrahmen zeichnete sich am fahlen Boden ab ... und dieser Strahl fiel auf Olgas Gesicht, aber er fügte ihrer Blässe nichts hinzu, und der rote Fleck konnte in seinem Glanz nicht ertrinken ... In diesem Moment schlug die Wanduhr im Empfangssalon elf Uhr.

Kapitel 8

Wo hatte Wadim sich den ganzen Abend über verborgen gehalten? Auf dem finsteren Dachboden, im Stroh ausgestreckt, mit dem Gesicht nach oben gekehrt, mit untätigen Händen, ließ er seine Gedanken in die Ewigkeit schweifen – im Wachen träumte er von der lang ersehnten Seligkeit: der Freiheit; er war jetzt ein allem Lebenden entfremdeter Geist, ein allmächtiger Geist, der nichts ersehnte, nichts bedauerte, der Herr war über Vergangenheit und Zukunft, die ihm als buntes Gemälde erschien, in dem er viel Lächerliches, aber nichts Beklagenswertes fand. Seine Seele dehnte sich, am liebsten hätte sie sich losgerissen, die ganze Natur umfangen und sie danach vernichtet – wenn es der Wunsch eines Wahnsinnigen war, so zumindest der eines Menschen, der im Wahnsinn Größe zeigte. Was ist das erhabene Gute und Böse? Die beiden Enden einer unsichtbaren Kette, die sich einander nähern, indem sie sich voneinander entfernen.

Seltsame Töne vertrieben Wadims Traumbilder: es waren die Klangfetzen eines Tanzliedes, die sich mit den Böen des Nordwinds vermischten; Wadim richtete sich ein wenig auf; der Mond stieß direkt an die Dachluke, und sein Licht fiel, über ein paar geknickte Strohhalme gleitend, auf die gegenüberliegende Wand, so daß Wadim alle Spalten und jedes Moosbüschel, das sich zwischen den Balken vordrängte, gut erkennen konnte; lange wandte er die Blicke nicht von der Wand, lange lauschte er den Tönen des fernen Liedes ... Schließlich verstummten sie, eine Wolke schob sich vor den vollen Mond ... Wadim sank auf sein Lager zurück, und eine unerklärliche Qual bemächtigte sich seiner; er rang die Hände, stöhnte, knirschte mit den Zähnen ... ein nie gekanntes Feuer lief durch seine Adern, sein Schädel wollte zerspringen ... Oh! Seit wann war er des bloßen Hassens müde? ... Knarrend öffnete sich die kleine Tür, das Geräusch leichter Schritte drang an sein Ohr.

»Bruder!« sagte jemand sehr leise.

Wadim erbebte. – Inzwischen war die Wolke vorübergezogen, und der Mond beleuchtete eine Schulter und die Hälfte von Olgas Gesicht; sie kniete nicht weit von ihm auf dem Boden.

»Ich habe begriffen«, rief er, als er die furchtbare Unruhe in ihrem Blick gewahrte.

»Wirklich?« sagte Olga mit veränderter Stimme. »Wirklich? Ich bin gekommen, um dir eine Freude zu machen, mein Freund!«

Mein Freund! Zum erstenmal wurde Wadim von einem irdischen Wesen so genannt; er konnte die Glückseligkeit nicht sofort fassen; wie von Sinnen griff er sich an den Kopf, um sich zu vergewissern, daß es kein Traumgespinst war; ein Lächeln blieb ihm auf den Lippen stehen – und seine durch ein unversehrtes Gefühl bereicherte Seele ähnelte einem Glückspilz, der unvermittelt eine Million bekommen hat. Da er nichts mit ihr anzufangen weiß, legt er sie in eine Eisentruhe und hütet den Schatz bis an sein Lebensende.

Diese Worte prägten sich so tief in seine Seele, daß er ein paar Tage darauf, als er mit sich selbst sprach, nicht anders konnte, als »mein Freund« zu sagen.

Wenn man mir entgegenhält, daß man die eigene Schwester nicht so heftig lieben darf, gebe ich folgende Antwort: Liebe ist überall Liebe, das heißt Selbstvergessenheit, Wahnsinn, nennen Sie es, wie Sie mögen. Und die Liebe eines Menschen, der alles haßt und ein einziges Geschöpf in der Welt liebt, wer immer es sei, die Mutter, die Schwester oder die Tochter, ist stärker als alle eure beliebigen Leidenschaften. Schon durch das Blut ist seiner Liebe jede Eitelkeit fremd. Wenn sich ihr aber die Phantasie hinzugesellt, dann wehe dem Unglücklichen! Einer wunderbaren Polarität zufolge führt das heiligste Gefühl dann zu den größten Missetaten; dieses Gefühl wächst schließlich so sehr an, daß das Menschenherz es nicht mehr in sich bergen kann und zugrunde gehen, zerspringen oder seinen Abgott mit einem Schlag zertrümmern muß; oft aber gewinnt die Eigenliebe das Übergewicht, und die Gottheit stürzt vor dem Sterblichen nieder.

»Bruder, höre!« fuhr Olga fort. »Ich habe alles überdacht und mich entschlossen, den ersten Schritt auf jenem Weg zu tun, von dem es weder für dich noch für mich eine Umkehr gibt. Es ist gleich ... alle führen in den Tod; ich will aber einem gemeinen, herzlosen Menschen nicht erlauben, mich als sein Spielzeug zu betrachten ... Du oder ich selbst, einer muß es tun – heute habe ich eine Kränkung erlitten, für die ich Rache nehmen will, nehmen muß. Bruder, weise meinen Schwur nicht zurück ... weist du ihn zurück, so nimm dich in acht! Ich habe gesagt, daß ich es nicht erdulden kann . . . du wirst gütig sein um meinetwillen; du wirst meinen Haß annehmen, als wäre er mein Kind; du wirst ihn hegen und pflegen, bis er herangewachsen und gereift ist und meine Schande mit Qualen und Blut abwaschen wird. Ja, meine Schande . . . Er, der Mörder, hat mich umarmt, geküßt . . . Er wollte . . . Nicht wahr, du bereitest ihm eine schreckliche Strafe?«

Wadim lachte wild auf, und in dem Bemühen zu verstummen, biß er sich so stark auf die Unterlippe, daß das Blut hervorsickerte; in diesem Augenblick glich er einem Vampir, der das verröchelnde Opfer anstarrt.

»Bei dem Gott, der uns als Unglückliche erschaffen hat, bei seinen heiligen Sakramenten, bei seinem Erlöserkreuz schwöre ich, dir in allen, ja allen Dingen zu gehorchen – ich weiß, Wadim, daß dein Schlag nicht schwach und unsicher ausfallen wird, wenn ich zum Werkzeug deiner Hand werde! – Oh! Du bist ein großer Mensch!«

»Ja – jetzt bin ich es, weil du mich liebst!«

Sie schwieg zu diesen Worten.

»Beruhige dich, fasse dich!« sagte Wadim. »Du kennst mich noch nicht, doch ich will dir meine Gedanken enthüllen, mein ganzes Dasein vor dir ausbreiten, und dann wirst du es verstehen. Vor dir kann ich meine eigenartige Seele offenlegen, denn du bist kein schwanker Kahn, der nicht fähig ist, dieses Meer zu durchschiffen; seine Wogen und Stürme schrecken dich nicht; du bist mitten in diesem Element geboren; du wirst in seiner Unermeßlichkeit nicht untergehen! . . . Ich erinnere mich, wie ich dich nach des Vaters Tod verließ, dich, das Kind in der Wiege, dich, die du weder von Gut noch von Böse, noch von Sorgen wußtest – in meiner Brust gärte schon die unheilvolle, rastlose Leidenschaft. Du strecktest mir deine kleinen Hände entgegen, lächeltest . . . als bätest du um Schutz . . . und ich hatte nicht das tägliche Brot.

Ich wurde in ein Kloster aufgenommen – aus Barmherzigkeit, und beköstigt, weil ich kein Hund war und nicht ertränkt werden durfte. In den Klostermauern habe ich meine besten Jahre verbracht; in jenen stickigen Mauern, betäubt vom Geläut der Glocken und vom Gesang der Menschen, die ein schwarzes Gewand tragen und deshalb meinen, dem Himmel näher zu sein. Ich wurde unterjocht, weil ich von der Natur benachteiligt ... weil ich häßlich bin. Sie nötigten mich, Gott für meine Häßlichkeit zu danken, denn er habe mich durch dieses Mittel von der lärmenden Welt, von den Sünden fernhalten wollen ... Beten! In meinem Herzen gab es nichts als Verwünschungen! Oft ging ich abends, wenn die rosigen Strahlen der untergehenden Sonne auf den Kuppeln der Kirche und den kupfernen Glocken spielten, durch die Heilige Pforte hinaus und betrachtete von dem Hügel, auf dem die verfallene Kapelle stand, mit Wohlgefallen meinen Kerker; aus der Ferne war er wunderschön. – Die Wolken riefen meine Phantasie auf den Schwingen der Luft herbei, aber eine spöttische Stimme flüsterte mir zu: Du bist fähig, mit deinem Denken alles Erschaffene zu erfassen; du könntest mit der Macht der Seele die naturgegebene Ordnung zerstören und eine neue errichten, ebendeshalb lasse ich dich nicht fort von hier; es ist schon genug, daß du weißt, du könntest es tun!

Niemand im Kloster suchte meine Freundschaft, meine Gesellschaft; ich war allein, immer war ich allein. Wenn ich weinte – lachten sie; denn die Menschen können nichts bemitleiden, das schlechter oder besser ist als sie; die Mönche, die ich kannte, waren alle durchschnittliche Geschöpfe, weder gut noch schlecht, von Geburt an oder vom Alter blöde, zu nichts anderem imstande, als die Fasttage einzuhalten. Ich wünschte die Menschheit zu hassen – und wider Willen begann ich sie zu verachten; meine Seele schrumpfte ein; sie brauchte die Freiheit, die Steppe, den freien Himmel ... Grauenhaft, in einem weißen Ziegelsteinkäfig zu sitzen und nach dem schmalen Pfad, der von den Klosterzellen zur Kirche führt, darauf zu schließen, ob es Frühling oder Winter ist; die helle Sonne nicht anders zu sehen als durch das hohe Gitterfenster und nicht den Mut zu haben, von etwas zu sprechen, das nicht in dem einen oder andern Buch vorkommt ...

Es war zum Verzweifeln!

Doch eines Tages, Olga, fiel mir ein lahmer Bettler auf, der an der Heiligen Pforte auf dem Boden saß und der, ohne sich in die Streitereien seiner Gefährten einzumischen, nur hin und wieder mit einem Stein auf einen anderen Stein schlug, und wenn ein Funke sprühte, wurde sein unbedeutendes Gesicht von wunderbarer Freude erfüllt. Ich trat zu ihm und sagte: ›Es ist sehr vernünftig von dir, lieber Freund, daß du dich aus ihrem Zwist heraushältst.‹

›Ich habe keine Beine‹, antwortete er mit mißmutigem Gesicht. Ich war erstaunt: ich hatte mich getäuscht! – Doch ich fragte weiter: ›Was bist du früher gewesen, Kaufmann oder Bauer?‹

›Bettler!‹ antwortete er. ›Als Bettler bin ich geboren, und als Bettler werde ich sterben; der einzige Unterschied ist nur, daß ich mit Beinen geboren wurde und daß ich ohne Beine sterbe!‹

›Wieso denn?‹

›Wieso!‹ rief er und wurde nachdenklich; dann fuhr er gleichmütig fort: ›Ich war der Begleiter eines Blinden; wir waren unser viele; als der Blinde starb, wurde ich überflüssig. Und sie brachen mir Arme und Beine, damit ich mein Brot nicht umsonst äße und ihnen Nutzen brächte; jetzt fahren sie mich im Handwagen – und ich bekomme Geld.‹

›Hast du deine Eltern gekannt?‹ fragte ich hastig.

›Natürlich!‹

›Und wer waren sie?‹

›Bettler!‹ sagte er lächelnd. Ich weiß nicht, ob in seinem Lächeln Spott über sein Schicksal oder Spott über mich lag, denn ich hörte ihm mit dem Ausdruck unbedingten Vertrauens zu.

Demnach gibt es einen Zustand, in dem Häßlichkeit keine Schande ist, dachte ich. Am nächsten Tag floh ich aus dem Kloster und wurde Bettler.«

Wadim unterbrach seine Erzählung.

»Ich verstehe dich!« rief Olga und drückte ihm die Hand.

»Ich wußte es! Bist du nicht meine Schwester?« entgegnete Wadim.

»Höre, offenbar will es der Himmel selbst, daß wir Rache nehmen für unseren armen Vater; wie er alle Umstände in Einklang gebracht, wie er dich zum Ziel geführt hat ...«

»Der Himmel oder die Hölle ... aber vielleicht noch etwas anderes; der felsenfeste Vorsatz des Menschen gebietet über Natur und Zufall – zwar hat sich seit der Zeit, als ich Bettler wurde, ein rasender Dämon in mir eingenistet, aber er hatte niemals Einfluß auf meine Handlungen. Er peinigte mich nur; er ließ begrabene Hoffnungen, das Verlangen nach Liebe in mir auferstehen – er wanderte mit mir am Rand eines finsteren Abgrunds entlang und zeigte mir aus der Ferne ein ganzes Paradies; doch um das Paradies zu erreichen, war es nötig, über die Kluft zu setzen. Ich konnte mich nicht dazu entschließen, denn wem sollte ich meine Rache als Vermächtnis überantworten? An wen sollte ich sie weitergeben?

Lange streifte ich ohne Zuflucht und Obdach umher, ich war den Schneestürmen des Winters preisgegeben wie ein Vogel des Südens, der hinter seinen Gefährten zurückgeblieben ist; lange zu leben – das war meines Lebens Ziel.

Aber das Schicksal sandte mir einen Menschen, von dem ich durch einen Zufall erfuhr, daß du bei Palizyn aufgezogen wurdest, daß er reich, zufrieden, glücklich war – ich war außer mir! Ich wollte nicht, daß er glücklich sei, und er wird es von nun an auch nicht sein. Ich habe in dieses Haus meinen Dämon mitgebracht; sein Atem ist ein Pesthauch für die Glücklichen, ein Pesthauch ... Schwester, du wirst mir verzeihen. Ich bin ein Bösewicht ... Und wie ich sehe, ist der böse Geist auch über dich gekommen, auch dich hat die Krankheit heimgesucht, die das Leben aushöhlt und es dennoch aufrechterhält. Du irdischer Engel, ohne mich hättest du deine Unbekümmertheit behalten ... Jetzt ist alles zu Ende ... Unter meiner Berührung sind deine Hoffnungen verblüht ... Nimm Abschied von deinem Seelenfrieden ... Blumen wachsen nicht mitten im aufrührerischen Meer; wo der Dämon ist, da gibt es keinen Gott ...«

»Wie!« rief Olga. »Du bereust es doch nicht etwa! Ich bin zwar eine Frau – aber würde jede Frau Ruhelosigkeit und Trauer gegen eine glanzvolle Schmach eintauschen ... eine glanzvolle! Oh, daß ich die Geliebte des Alten, des Verderbers meiner Familie, wäre ... das hast du gewünscht, Wadim, nicht wahr?«

»Nein – dann hätte ich dich getötet.«

»Und wer hindert dich jetzt daran?«

»Jetzt? Jetzt ...« Er senkte den Blick und verstummte; tiefe Qual sprach aus seinen Worten: »Dich jetzt zu töten! Jetzt, wo ich weinen kann, wo ich an deiner Brust Tränen vergießen kann ... Tränen vergießen! Oh, das ist die größte Wonne für den, dessen Lachen qualvoller ist als jede Folter! Nein, so schlecht, wie du glaubst, bin ich nicht – ein Mensch, für den es ein Segen ist, dich anzusehen, der kann nicht im Innersten verdorben sein.«

»Mich töten hieße, mir eine Wohltat zu erweisen«, antwortete Olga lächelnd nach Augenblicken tiefsten Schweigens.

»Und wer wird sagen: er hat gut daran getan, wenn mein Name zum Fluch auf Erden geworden ist?«

»Ich bewundere dich, mein Freund!«

»Das will ich nicht! Ich möchte, daß du mich liebst.«

Sie schlug die Hände vor das Gesicht.

Kapitel 9

Wer von Ihnen hat hier und da an den Ufern der hellen Sura geweilt? – Wer von Ihnen hat sich in ihren Wellen betrachtet, die arm an Erinnerungen, doch reich sind an natürlichem, eigenem Glanz! – Leser! Sind sie nicht Zeugen deines Glücks oder des blutigen Untergangs deiner Vorfahren gewesen! Aber nein! Die von den Tränen deiner Begeisterung oder ihrem Blut benetzte Welle wandert jetzt schon weit im Meere dahin, ohne Ziel, ohne Hoffnung, oder sie ist in einem Augenblick des Zorns an einer granitenen Klippe zerschellt! – Sie hat auf ihrem Weg die Prägung durch die menschlichen Leidenschaften verloren, sie spottet über den Wechsel der spurlos an ihr vorübergehenden Jahrhunderte, wie eine Frau über die leeren Seufzer törichter Liebhaber spottet; weder Hölle noch Paradies fürchtet sie, ihr steht es frei, zu leben und zu sterben, wann es ihr paßt. Wenn sie zum Grab eines unglücklichen Herzens wird, verliert sie nicht ihre Anmut, ihr lebhaftes, ruheloses Wesen; und in ihrem Bestattungsgemurmel liegt mehr Trost denn Bedauern. Wenn einer zu beneiden ist, dann sind es die kalten, blauen Wogen, die allein dem Gesetz der Natur untertan sind, das für uns nicht mehr taugt, seitdem wir unsere eigenen Gesetze ersonnen haben.

Wadim stand unter einer dichtbelaubten Linde, sein Haupt war von berauschendem Duft umströmt, und die von der starken Seelenspannung vereisten Empfindungen tauten allmählich auf – er, den die Menschen abgelehnt hatten, war bereit, in den Schoß der Natur zu flüchten; sie allein würde seinen verzehrenden Durst lindern und, indem sie ihm eine andere Seele oder eine neue Gestalt verlieh, ihren grausamen Fehler berichtigen. Mit unbegreiflicher Gelassenheit betrachtete Wadim die Flußgräser und den dichten Hopfen, der wie in leuchtenden grünen Lokken vom lehmigen Ufer herabhing. Weit in der Ferne erhoben sich in Nebel gehüllte Hügel, vielleicht waren es Gräber tatarischer Reiter, sie traten aus dem gestreiften Ackerland hervor. Kopfstehend erschienen im Wasser die Tannen- und Birkenhaine; und die dunkle Farbe der ersteren hob sich angenehm von dem gelblichen Grün und den weißen Wurzeln der letzteren ab; mit einem Lächeln vergoldete die sommerliche Sonne dieses schlichte Gemälde.

In dem Rauschen des heimatlichen Flusses ist etwas, das uns an ein Wiegenlied, an die Erzählungen der alten Kinderfrau erinnert. Wadim fühlte dies, und unwillkürlich ließ sich seine Erinnerung in der Vergangenheit nieder wie in einem Haus, das uns einst gehört hat und in dem wir jetzt als Gast einkehren sollen; am Grunde dieses Vergnügens regt sich unerklärliche Wehmut wie ein unheildrohendes Krokodil in der Tiefe eines reinen, glasklaren amerikanischen Brunnens.

Auf einmal ertönte aus nicht allzu großer Ferne der vom Wind herbeigetragene Klang eines Reiseglöckchens ... Wadim fuhr zusammen, ohne zu wissen, warum – er wandte sich nach der Seite um, wo zwischen den Sträuchern eine Holzbrücke zu erkennen war und der Weg sich gelbschimmernd zwischen den Hügeln verlor; dort stiegen graue Staubwolken hinter einer einfachen Kibitka auf. Ob sie zu uns will? überlegte Wadim. Aber das kann nicht sein! Zu wem? Das Glöckchen beunruhigte ihn, und eine unbestimmte Vorahnung lastete wie Blei auf seiner Seele. – Er schlenderte am Fluß entlang, bemüht, sich zu zerstreuen, aber es war vergeblich: das verwünschte Glöckchen verfolgte ihn ...

Was geschah im Herrenhaus? Auch dort vernahm man das Glöckchen, aber der liebliche Klang rief keineswegs einen unangenehmen Eindruck hervor; Natalja Sergewna eilte ans Fenster, und Boris Petrowitsch, der seit dem gestrigen Abend nicht mit seiner Frau sprach, stürzte zu einem anderen. – Sie erwarteten ihren Sohn, der auf Urlaub kam – sicherlich war er es!

In jenem Jahrhundert war es um die Postverbindungen äußerst schlecht bestellt, besser gesagt, sie waren überhaupt nicht vorhanden; die Verwandten schickten einen Boten zu ihren Kindern, die im Dienst des Zaren standen. Oftmals machten sie aber von ihrer Freiheit Gebrauch und kehrten nicht zurück; so hatte einst eine Mutter für ihren längst im Krieg gefallenen Sohn eine Braut gefreit. Lange Zeit wartete die Schöne auf den Versprochenen; schließlich heiratete sie einen andern; in der Hochzeitsnacht erschien der Geist des ersten Freiers und legte sich mit den Neuvermählten zu Bett. »Sie gehört mir«, sprach er, und seine Worte waren der Wind, der durch den hohlen Schädel fuhr; er drückte die Braut an seine Brust, wo in der Höhe des Herzens eine blutige Wunde klaffte. Man rief den Popen mit Kreuz und Weihwasser herbei und vertrieb den verspäteten Gast; im Entfliehen begann er zu weinen, doch anstelle der Tränen rieselte Sand aus seinen offenen Augen. Genau vierzig Tage darauf starb die Braut an Schwindsucht, und ihr Ehemann war nicht ausfindig zu machen.

Soweit die Volksüberlieferung; doch zurück zu unserer Geschichte. Boris Petrowitsch und seine Frau hatten seit drei Jahren keine Nachricht von ihrem Jurinka erhalten! Vor einem Monat hatte er ihnen mit einem Pilger, dem er unterwegs begegnet war, einen Brief geschickt und ihnen seine baldige Ankunft mitgeteilt. Er war es!

Immer lauter tönte das Glöckchen ... jetzt schon ganz nah, Getrappel, Kutscherrufe, Geratter von Rädern ... Die Kibitka fuhr durchs Tor. Das Gesinde lief zusammen ... und er, im Waffenrock, sprang aus der Kibitka – und warf sich der Mutter in die Arme ... der Vater stand ein wenig abseits und weinte. Es war ihr einziger Sohn!

Solche Dinge lassen sich ja nicht beschreiben ...

Am Abend kehrte Wadim ins Haus zurück. Er sah die Kibitka, fing einige Gesprächsfetzen auf und erriet alles. Mit Verdruß betrachtete er die fröhliche Menge und dachte an die Zukunft, er zählte die Tage, stieß Vorwürfe zwischen den Zähnen hervor ... und dann sagte er, zum Haus gewandt: »Jawohl! Das Gerücht bewahrheitet sich, in wenigen Wochen wird hier Blut fließen, und mehr als das; warum zahlen sie für ihre jahrelangen Freuden mit keinem einzigen Tag des Leidens, während die anderen nach ihren zahllosen Qualen nicht einer einzigen Minute des Glücks teilhaftig werden! Warum sind *sie* die Lieblinge des Himmels und nicht ich! O Schöpfer, wenn du mich liebtest – wie einen Sohn – nein – wie ein Pflegekind ... dann wöge die Hälfte meiner Dankbarkeit schwerer als alle ihre Gebete, aber du hast mich in der Stunde meiner Geburt verflucht, und so werde ich in meiner Todesstunde deine Herrschaft verfluchen ...«

Unbeweglich stand Wadim neben der mattenüberdachten Kibitka; ringsherum drängte sich eine bunte Menge; alte Frauen, Kinder, alles schrie und lachte durcheinander.

»Was für ein schmucker junger Mann unser Herr doch ist!« rief jemand. Wadim schoß das Blut in den Kopf, und von diesem Augenblick an war ihm der Name Juri Palizyn verhaßt.

Was tun! Er konnte seinem dämonischen Element nicht entfliehen.

Kapitel 10

Es war schon dunkel; Kerzen wurden gebracht; allerlei Vorspeisen und der kupferne Samowar wurden aufgetragen; Boris Petrowitsch war begeistert, seine Frau wußte nicht, wie sie den lieben Ankömmling am besten bewirten sollte; die halbgeöffnete Tür zum Salon ließ einen Lichtstreifen ins Nebenzimmer fallen, wo sich an den Wänden hohe, mit Familiengeschirr gefüllte Schränke schwarz abzeichneten. Olga stand, auf Zehenspitzen, in diesem Raum an der Tür und betrachtete Juri – es war mehr als eitle Neugier, was sie dazu trieb – Juri war so schön! Eben diese Gesichter gefallen den Frauen: in ihnen liegt etwas Gutmütiges und zugleich Verwegenes, Leidenschaftlichkeit ohne Starrsinn, Fröhlichkeit ohne Spott; abweichend von dem Brauch des Jahrhunderts war er nicht gepudert; sein langes dunkelblondes Haar ringelte sich rund um den Hals; und seine blauen Augen spiegelten nicht das Licht, sondern schienen es über alles, was ihnen begegnete, zu vergießen.

Er sprach von der Hauptstadt, von der großen Katharina, die vom Volk das Mütterchen genannt wurde und die jedem Gardesoldaten erlaubte, ihre Hand zu küssen. Als er von ihr sprach, brannten seine Wangen; und unwillkürlich hob er die Stimme. Dann erzählte er von den Lustbarkeiten in der Stadt und den Schönen, die in nebelfeinen Spitzen und moirierten Samtkleidern einhergehen.

Olga lauschte, und etwas wie Neid begann sich in ihr zu regen. Wenn man von mir so spräche, wenn auch ich von Spitzen und teuren Steinen glänzte ... oh, dann wäre ich glücklicher! Jedem achtzehnjährigen Mädchen an ihrer Stelle wären solche Gedanken durch den Kopf gegangen.

Schöne Gewänder sind für das Glück einer Frau so unentbehrlich wie die Blumen für den Frühling.

Olga fürchtete, er könne sich zur Tür umwenden und ihre Neugier bemerken; ein wenig Stolz bebte in dieser Besorgnis.

Aber wie konnte sie weggehen? Juri sprach so angenehm. – Aus dem Klang seiner Stimme wurden seine edlen Empfindungen so deutlich, daß sie meinte, sie hätte den Sinn des Gesprächs verstanden, selbst wenn man seine Worte nicht hätte unterscheiden können! Zweifellos gibt es Menschen, die diese Gabe besitzen, doch benutzen kann sie nur ein auserwähltes Geschöpf, ein Wesen, dessen Seele nach dem Seelenmuster solcher Menschen geschaffen ist, dessen Schicksal vom Schicksal jener abhängig sein muß, und dann liest jedes der beiden Geschöpfe, die sich schon vor der Geburt gekannt haben, sein Schicksal in der Stimme des andern, in den Augen, im Lächeln ... und sie können sich nicht täuschen. Doch weh ihnen, wenn sie sich nicht ganz auf diese heilige, geheimnisvolle Neigung verlassen – sie existiert, sie muß allen Klügeleien armseliger Geister zum Trotz existieren, andernfalls wäre die Seele nur in unseren Leib gesandt worden, damit er sich nährte und bewegte – was wären alle Ziele, alle Mühen der Menschen ohne die Liebe? Und gibt es nicht zuweilen auch eine solche allmächtige wechselseitige Übereinstimmung zwischen dem Volk und dem Herrscher? Man denke an Napoleon und sein Heer! – War es lang, das Leben, das sie ohne einander führten?

Wie schön war Olga in dieser ersten Minute der Selbsterkenntnis, wieviel Leben, wieviel unschuldiges, verheißungsvolles Leben lag in dem mühsamen Atem dieser erfüllten Brust, wo ein Herz schlug, das für paradiesische Wonnen geschaffen war und dem Qualen verheißen waren.

Der Stein mußte in den spiegelglatten Quell fallen.

Sie wandte sich um ...

Ein Streifen hellen Lichts stahl sich in dieses Zimmer, er fiel auf Lippen, die von einem furchtbaren, kränkenden Lächeln verzerrt waren – alles ringsum war in Finsternis gehüllt, aber es genügte, daß Olga sofort den Bruder erkannte. Auf Wadims dunkelblauen Lippen sammelte sich wie in einem Brennpunkt sein ganzes Leben, und als ob es absichtlich geschähe, waren nur sie beleuchtet.

Er kam näher; ein Kälteschauer ging von ihm aus.

»Ich beglückwünsche dich, Olga . . .«

»Wozu?«

»Nicht wahr, wie hübsch doch dein junger Herr ist!«

»Auch der deine!« sagte Olga gekränkt.

»Da irrst du. Ich bin aus freien Stücken Diener geworden; ich habe ihnen nicht die Erhaltung meines Lebens und die Erziehung zu verdanken . . . aber du! Schau ihn dir an, wie gewandt er ist und wie rot seine Wangen . . .«

Sie seufzte.

»Und dieser schöne Kopf wird fallen von der rächenden Hand«, fuhr Wadim flüsternd fort, »diese weichen, seidigen Locken, sie werden von Blut getränkt sein, strähnig . . . Du erinnerst dich an deinen Schwur. Hast du nicht übereilt gehandelt . . . O mein Vater! Mein Vater! Bald naht der Augenblick, da dein ruheloser, über ihren Leibern schwebender Geist deine Kinder segnen wird – bald, ja bald . . .«

»Bald . . .«

»Ich sehe dein Entzücken!« hielt ihr der Bruder mit Kälte entgegen. »Bald! Wir haben lange genug gewartet, doch dafür nicht vergebens! Gott wiegelt um unserer Rache willen das ganze Volk auf; ich will es dir verraten. Höre zu und sei dankbar dafür: am Don ist ein verwegener Tollkopf geboren, der sich für den Herrscher ausgibt. Die einfachen Leute, die sich freuen, daß ihr Herrscher einen Bart trägt und wie ein Bauer spricht, haben sich ihm zugewandt. Die Adligen sind verloren, denn das Volk braucht etwas zum Spielen . . . ohne das wäre das Fest kein Fest! Der Wein ist ihnen ohne Blut zu schwach geworden. Du zitterst vor Freude, Olga . . .«

Schweigend senkte sie den Kopf und ging davon. In ihrem Herzen war keine Rache mehr; jetzt, in diesem Augenblick, ermaß sie das Grauenvolle ihres Versprechens; sie wollte beten . . . kein einziges Gebet trat als tröstender

Engel vor sie hin: jedes wurde zum Vorwurf, zum leeren Schall vergeblicher Reue. Was für ein schöner Jüngling ist der Sohn meines Verderbers, dachte Olga; und dieser einfache Gedanke zeigte sich ihr die ganze Nacht über von verschiedenen Seiten und unter verschiedenen Blickwinkeln; er konnte die anderen Gedanken aber nicht vertreiben, er hüllte sie nur in den Schleier des Halbdunkels – doch wenn der vom Morgennebel umwogte Abgrund auch nicht so schwarz ist, kommt er dem armen Wandersmann dafür doppelt so breit vor.

Unterdessen blieb Wadim an der Salontür stehen und heftete seinen trüben Blick auf das von der Wiedersehensfreude belebte Familienbild. Auch in seiner Seele war Freude, aber sie war die Flamme einer Feuersbrunst neben dem stillen Strahl des Mondes.

Lange stand er dort und weidete sich an der Schönheit des jungen Palizyn – so selbstvergessen, daß er beim erstenmal nicht hörte, wie Boris Petrowitsch rief: »Hej, Bursche ... Wadimka!« Als er wieder zu sich gekommen war, trat er ein; Juri betrachtete ihn voller Mitleid, aber Wadim wagte nicht, zu ihm aufzublicken, aus Furcht, daß sich seine Gefühle allzu deutlich in den Augen spiegeln könnten.

»Wie gefällt dir mein Buckliger!« sagte Boris Petrowitsch. »Zum Totlachen ...«

»Kein Mensch ist ohne Fehler, Väterchen«, antwortete Juri, »er kann ja nichts dafür, daß die Natur ihn verunstaltet hat! Wenn du mir gut dienst«, setzte er, sich dem finsteren Wadim zuwendend, hinzu, »dann kannst du meiner Gunst sicher sein! Jetzt geh ...«

»Verschwinde«, rief der Vater, da Wadim sich nicht vom Fleck rührte: er war von der Güte des jungen Mannes, seinem wohlwollenden Gesichtsausdruck verwirrt; und erst, als er sich der Tür näherte, kehrte der durch zeitweilige Abwesenheit angewachsene Neid in seine Seele zurück.

Als er über die Schwelle schritt, sah er seinen unförmigen Schatten an der Wand; ein qualvoller Anblick! Wie rasend stürzte er aus dem Haus, hinaus aufs Feld; am nächsten Morgen fand er sich im Hof ein, er schleifte einen riesigen Wolf hinter sich her. Während er durch die Wälder gestreift war, hatte er das Tier mit dem langen Messer getötet, das er stets an seiner Brust aufbewahrte. Das Gesinde von Haus und Hof umringte Wadim, selbst die Herrschaften traten heraus, um seine Kühnheit zu bestaunen ... Endlich genoß auch er einen Augenblick des Triumphes! »Du wirst mein Reitknecht sein!« sagte Boris Petrowitsch.

Kapitel 11

Boris Petrowitsch begab sich mit seinem neuen Reitknecht und einem großen, aus Hunden und Bediensteten niederen Ranges bestehenden Gefolge zur Jagd in ein entlegenes Gebiet. Selbst im Alter liebte Palizyn leidenschaftlich die Jagd, und sooft er konnte, eilte er, tief in die unwegsamen Wälder einzudringen, in denen die Bären, seine wichtigsten Gegner, hausten.

Was sollte Juri beginnen? Auf dem Gut, in dieser Einöde, dem Vater nachfolgen – nein, der Kampf mit den Tieren bereitete ihm kein Vergnügen. Er blieb zu Hause, streifte auf der Suche nach Zerstreuung durch die Räume, riß Fetzen von den bemalten Tapeten; eine wundervolle Beschäftigung für Seele und Leib, aber da huschte etwas um die Ecke ... ein Frauengewand. Er ging in jene Richtung und betrat ein kleines, von der Mittagssonne erhelltes Zimmer; etwas Besonderes, Schwelgerisches lag hier in der Luft; sie schien von der Anwesenheit eines jungen, flammenden Mädchens belebt.

Wer öfter im Zimmer der geliebten Frau geweilt hat, wird mich sicher verstehen ... er hat die Wirkung der berückenden, mit seiner Gottheit verschwisterten Luft gespürt, die allnächtlich den Atem der frischen, jungfräulichen Brust in sich aufnimmt – er würde diesen kleinen, nur von einem Bett geschmückten Winkel nicht hingeben für Mohammeds Paradies.

»Ach, du bist es, Olga!« sagte der junge Palizyn lachend.

»Stell dir vor, ich glaubte einem Schattenbild nachzujagen – wie habe ich mich anführen lassen!«

»Dieser Irrtum betrübt Sie? Oh, wenn es so ist, kann ich Sie trösten, ich werde wie ein Schatten, das heißt sehr wenig mit Ihnen sprechen ... und dann ...«

»Um Gottes willen – nicht wenig, liebe Olga! Ich höre dir gern den ganzen Tag zu; du kannst dir nicht vorstellen, welche Langeweile mich ergriffen hat; wo ich auch umherstreife, mit niemandem kann man ein Wort reden. Mütterchen schaltet und waltet im Haus ... um Himmels willen, sprich, sprich zu mir, beschimpfe mich, nur weiche mir nicht aus!«

»Wie schnell Sie die Moskauer Schönheiten vergessen haben! An die sollten Sie denken, das wird Ihnen die Zeit vertreiben.«

»An sie denken – und mit dir sprechen? Olga, das paßt nicht zusammen.«

»Was kann ich Ihnen schon sagen, ein einfaches Mädchen aus der Steppe? Was habe ich gesehen und gehört? Ich will nicht Ihre Arznei gegen die Langeweile sein; jede Arznei ist bei allem Nutzen höchst unangenehm.«

»Du bist heute nicht in bester Stimmung«, rief Juri, er nahm sie bei der Hand und nötigte sie, Platz zu nehmen. »Du bist böse auf mich oder auf Mütterchen. Wenn dich jemand gekränkt hat, so sag es mir: bei meiner Ehre schwöre ich, daß es dem Betreffenden schlimm ergehen wird.«

»Ich brauche Ihren Schutz und Ihre Rache nicht. Lassen Sie meine Hand los! Sie wollen sich zerstreuen? Dann rufen Sie andere herbei, die gefügiger sind als ich und besser imstande, auf Ihren Befehl Herz und Gesicht heiter zu stimmen. Mir ist traurig und wehmütig zumute ... außerdem bin ich nicht Ihre Sklavin ... Und so ...«

»Olga, hör zu, wenn du mir das vorwerfen willst, verzeih mir! Hat mein Verhalten solche Absichten zu erkennen gegeben? Hätte ich Olga wie eine Sklavin behandelt? Du bist arm, ein Waisenkind, aber du bist klug und schön – das ist keine Schmeichelei; die Worte kommen mir aus dem Herzen; meine Gedanken sind frei von Arglist, sie liegen offen vor dir; du schadest dir doch selbst, wenn du mein Gespräch, meine Gegenwart fliehen willst; denn dann wirst du keine Ruhe mehr vor mir haben – erbarme dich doch! Ich bin hier allein unter Halbmenschen, und auf einmal erscheint mir in der Einöde ein Engel und verlangt, daß ich mich ihm weder nähern noch ihn anschauen, noch ihm zuhören soll? – O Gott! – das ist, als ob man im Augenblick brennenden Durstes das segenreiche Naß vor sich sieht, und wenn es sich den Lippen nähert, verdunstet es.«

»Ihre Worte sind vortrefflich, Juri Borissowitsch, das will ich nicht bestreiten, dies alles ist sehr neu für mich. Trotz allem aber bitte ich Sie, von einem Mädchen abzulassen, das von der Wiege an unglücklich ist und deshalb nicht die geringste Neigung hat, Sie zu belustigen. Glauben Sie meinem Wort: in meiner Nähe lauert das Verderben . . .«

»Hundertmal wollte ich zu deinen Füßen zugrunde gehen!«

»Sie haben mich nicht verstanden; es kommt Ihnen jetzt seltsam vor – vielleicht . . . aber . . .«

»Du bist auf deine Art sehr lieb . . .«

»Was für Lobsprüche!« rief Olga mit spöttischem Gesicht.

»Ärgere dich nicht!« sagte Juri, und lächelnd beugte er sich zu ihr herab; dann nahm er den langen dunklen Zopf, der über ihre linke Schulter fiel, und drückte ihn an seine Lippen; ein Kälteschauer erfaßte seine Glieder, als hätte er einen mächtigen Talisman berührt. Er sah sie unverwandt an, und auf einmal leuchtete eine seltsame Entschlossenheit in seinen Augen auf; sie geriet nicht in Verwirrung – doch sie erschrak.

»Lassen Sie das!« sagte Olga mit Nachdruck. »Ich möchte allein sein.«

Vergebens mühte er sich, aus ihrem Blick den Vorsatz der koketten Frau zu erraten – ihn ein wenig zu martern; es gelang ihm nicht!

»Du sollst mit mir zufrieden sein!« sagte er, während er langsam das Zimmer verließ.

Solche nur für sie beide fesselnden Gespräche wiederholten sich ziemlich oft, und fast immer waren Inhalt und Schluß ein und derselbe; und wenn sie diese Gespräche in einem Roman des 19. Jahrhunderts gelesen hätten, wären sie vor Langeweile eingeschlafen, aber im seligen 18. und in dem von mir beschriebenen Jahr war jedes Leben ein Roman. Jetzt ist das Leben der jungen Leute eher Gedanke als Tat; es gibt keinen Helden, aber viel zuviel Beobachter, und diese ähneln einem wollüstigen Greis, der, seiner früheren tollen Streiche eingedenk, die versiegten Kräfte neu beleben möchte, indem er ausschweifenden Gelagen beiwohnt. Dieser Galvanismus bedeckt das Menschengeschlecht mit größter Schande; es ist seinem Ende näher gekommen; nun gut ... Aber weshalb will man das Silberhaar mit Kinderklappern verheimlichen? Weshalb will man vom Totenbett aufspringen, um auf den Fußboden zu fallen und dort zu sterben?

Doch kehren wir zu unserer Geschichte zurück und beeilen wir uns, das Kapitel abzuschließen.

Im Bemühen, die Liebe zu verbergen, enthüllte Olga sie noch mehr; Juri war erfahren, er hatte oft geliebt, war noch öfter geliebt worden, und so las er aus langer Gewohnheit in ihren Augen mehr, als sie in der eigenen Seele zu lesen wagte. – Sie dachte an *ihn* und fürchtete sich, an ihre Liebe zu denken; ein Grauen erfaßte ihr Herz, wenn sie es darüber zu befragen wagte, denn dann zeigten sich in Olgas erregter Phantasie Vergangenheit und Zukunft. Ein solches Grauen muß Macbeth empfunden haben, als er, im Begriff, sich unter den rauschenden Klängen des Festbanketts auf den Thron zu setzen, Banquos blutüberströmten Schatten darauf erblickte ... doch dieses Grauen ließ seinen Ehrgeiz nicht geringer werden, er verwandelte sich in einen krankhaften Wahn; ebenso geschah es mit Olgas Liebe.

Juri konnte nicht so zärtlich lieben wie sie; er hatte alles schon erlebt, und seine Leidenschaft war nicht vom Reiz des Neuen veredelt, doch im Buch seines Schicksals stand geschrieben, daß eine Zauberkette sein Dasein bis zum Tode an das Los dieser Frau fesseln sollte.

Wenn er nicht mit ihr zusammen war, verließen ihn nicht seine Langeweile und sein inneres Gleichgewicht – kaum aber näherte er sich ihr, trat er in einen Zauberkreis, in dem er sich nicht wiedererkannte, und er segnete seine Gefangenschaft und glaubte, daß er niemals stärker geliebt habe als jetzt, nie zuvor habe er begriffen, was Schönheit ist. –

Haben Sie Mitleid mit ihm.

Kapitel 12

Olgas geheimnisvolle Antworten, ihre mitunter geheuchelte Kälte ließen Juri mehr und mehr entflammen; er schrieb dieses Benehmen bald dem Stolz, bald ihrer List zu; noch öfter aber, aus einem fast allen Liebenden eigenen Argwohn, zweifelte er an ihrer Liebe ... Nach langem innerem Kampf entschloß er sich eines Tages, ihr ein volles Bekenntnis abzuverlangen ... oder eine endgültige Absage hinzunehmen!

Welche Kinderei, werden Sie sagen; doch darin besteht ja der Zauber der Liebe; sie verwandelt uns in Kinder, schenkt uns goldene Träume zum Spielen; und es bereitet kein geringes Vergnügen, diese Spielsachen in einem Augenblick des Verdrusses zu zerschlagen; vor allem, wenn wir andere zu erhalten hoffen.

Mit düsterem Gesicht trat er in Olgas Zimmer; schweigend setzte er sich neben sie und nahm ihre Hand. Sie sträubte sich nicht; sie wandte die Augen nicht von ihrer Stickarbeit, errötete nicht ... fuhr nicht zusammen; sie hatte alles bedacht, alles ... und keine Rettung gefunden; demütig ergab sie sich in ihr Schicksal, verhängte die Zukunft mit einem schwarzen Schleier und entschloß sich zu lieben ... weil sie sich zu dem anderen nicht entschließen konnte.

»Olga!« sagte Juri mit unsicherer Stimme. »Ich liebe dich.«

»Ich weiß«, antwortete sie.

»Ich weiß, ich weiß – weiter nichts! Mehr höre ich nicht von dir.«

»Was wollen Sie denn mehr! ... Ich höre, ich schweige ...«

»Oh, selbstverständlich, das ist über die Maßen viel! Ich bin es nicht einmal wert, mich dir zu nähern ... Ich sollte mich an dir ergötzen wie an der Sonne und den Sternen; du bist schön! Wer will das bestreiten, aber verleiht diese Tatsache dir das Recht, kein Herz zu haben?«

»Ich habe Gott weder um das eine noch um das andere gebeten ... Wenn Ihnen mein Verhalten nicht gefällt, dann lassen Sie mich doch in Ruhe; wir haben übel daran getan, uns kennenzulernen; doch alles auf der Welt läßt sich korrigieren ...«

»Wie leicht ist es, einem Menschen, den man unglücklich gemacht hat, zu sagen: sei glücklich – alles auf der Welt läßt sich korrigieren! Olga, höre, zum letzten Mal spreche ich zu dir: ich liebe dich mehr, als du dir vorstellen kannst; das ist ein Feuer ... ein Feuer ... Oh, wenn du mich verstündest ... Ich finde nicht die richtigen Worte ... Ich liebe dich! Wenn du das nicht begreifst, ist alles übrige sinnlos. Sag: was verlangst du von mir? Welches Opfer soll ich bringen?«

»Vergiß mich!« rief Olga mit bewunderungswürdiger Festigkeit.

»Nein! Niemals ... Ich will das Unmögliche vollbringen, um dich zu besitzen, aber dich zu vergessen – das steht nicht in meiner Macht.«

Er verstummte; er ging im Zimmer auf und ab, dann blieb er am Fenster stehen und bedeckte das Gesicht mit den Händen. So vergingen mehrere Minuten. Schließlich wandte er sich um und sagte: »Ich habe mich geirrt, ich bekenne es offen – ich habe mich geirrt ... Ach! Es war ein Augenblick – aber ein paradiesischer Augenblick, es war ein Traum – aber ein göttlicher Traum; jetzt, jetzt ist alles vorüber ... Ich streiche alle trügerischen Hoffnungen für immer aus, ich blase mit einem Hauch alle Bilder meiner Phantasie hinweg; hebe dich von mir, o Glaube an Liebe und Glück; Olga, leb wohl. Du hast mich betrogen – Betrug bleibt Betrug; ist es nicht gleichgültig, ob er mit den Augen oder der Zunge begangen wird? Was begehrtest du? Ich weiß es nicht ... vielleicht ... Oh, nimm meine Verachtung als Erbteil hin ... Ich bin für dich tot.«

Und er tat einen Schritt, um hinauszugehen, und er warf ihr einen bleischweren, verzweifelten Blick zu, einen jener Blicke, von denen man den Eindruck hat, daß sie Mauern zum Einsturz bringen müßten; bittere Entrüstung sprach aus Juris letzten Worten. Sie ertrug es nicht länger, sie sprang auf und stürzte schluchzend zu seinen Füßen nieder. Glückstrahlend hob er sie auf, drückte sie an die Brust und konnte lange Zeit nur abgerissene Worte hervorbringen; an seinem Herzen schlug ein anderes, zärtliches, junges, der ganzen Inbrunst erster Liebe hingegebenes Herz. Sie setzten sich, sahen einander in die Augen, weinten nicht, lächelten nicht, sprachen nicht – es war ein Chaos aller irdischen und himmlischen Gefühle, ein Wirbel, ein dunkler Rausch, den nicht jeder erfahren hat und den niemand erklären kann. Redefetzen lösten sich ungeordnet von ihren bebenden Lippen, und jedes Wort glich einem Gedicht – an und für sich unbedeutend, doch beseelt vom Klang der Stimme, einer unwillkürlichen Gebärde – in jedem Wort lag die ganze Glückseligkeit!

»Ich werde geliebt, geliebt, geliebt«, sprach Juri, »ich will dieses Wort so laut, so oft wiederholen, daß die Engel es hören – und von Neid erfüllt sind.«

»Die Engel, ja – nur nicht die Menschen!«

»Weshalb denn nicht, mein Engel!«

»Dann nehmen sie dich der armen Olga vielleicht weg ...«

»Du bist herrlich! Welch leere Furcht? Du bist meine – meine ...«

»Nicht deine Sklavin, hoffe ich!«

»Mehr, mein Juwel!«

»O mein Liebster ... Küsse, küsse mich! Ich will nicht das Juwel eines Geizigen sein. Und wenn mir die Qualen der Hölle drohen . . . man muß doch dem Schicksal seinen Tribut entrichten . . . Ich bin glücklich, nicht wahr?«

»Du bist glücklich! Erlaube mir, dich zu umarmen – fester, fester . . .«

»Warum nicht! Da ich dir meine Seele anvertraut habe, wie könnte ich dir etwas verweigern.«

»Diese Haare . . . fort damit! – Ja so . . . Dein Kuß und meiner sollen zu einem verschmelzen . . .«

»Himmel . . . jetzt sterben . . . ach! Warum nicht jetzt sterben?«

Kapitel 13

»Olga, mein Freund, es gibt einen Gott im Himmel – es gibt auf Erden das Glück . . .«

»Gebe Gott dir Glück, wenn du ihnen beiden vertraust!« antwortete sie, und ihre Hand spielte mit den dichten Locken des sorglosen Jünglings. Unmerklich glitt ihr Boot den Fluß hinunter und hinterließ eine weiße Schlängelspur auf den dunklen Wellen; die Ruder schlugen zu beiden Seiten des Bootes wie die Flügel eines schwarzen Vogels. Sie saßen nebeneinander, jedes hielt eines der Ruder; das eisige Naß spritzte leise plätschernd empor, und hin und wieder erstrahlte es im Phosphorglanz; und dann zog es sich zurück und hinterließ rasche Kreise, die allmählich im Dunkel verschwanden. Im Westen war noch ein roter Streifen zu erkennen, die Grenze zwischen Tag und Nacht; wie ein Diamant löste sich Wetterleuchten vom dunkelblauen Firmament, und schon fiel der frische Tau auf das verödete Ufer der Sura. Die beiden, die inmitten der eingeschläferten Natur friedlich auf dem Fluß fuhren, dachten nicht an die Zukunft, sie scherzten miteinander; manchmal brachte Juri durch eine Bewegung den Kahn zum Schwanken, um seine Freundin zu erzürnen und zu erschrecken; sie aber wußte sich für diese unschuldige Hinterlist zu rächen, und unversehens ruderte sie in entgegengesetzter Richtung, so daß alle seine Mühen zunichte gemacht wurden und der Nachen stoppte, sich im Kreise drehte . . . Lachen, Liebkosungen, kindliche Ängste, alles kam aus so großer Seelenreinheit, daß der Dämon diesen Augenblick nicht gewählt hätte, um sie in Versuchung zu führen. Olga hielt ihre Liebe nicht für ein Vergehen; sie wußte – obwohl sie sich alle Mühe gab, den Gedanken zu betäuben –, sie wußte, daß der furchtbare, blutige Tag nahe war ... Und der Himmel sollte ihr mit der Gegenwart die Zukunft vergelten; sie hatte eine starke Seele, die sich nicht um das Unvermeidliche bekümmerte und wenigstens leben wollte – solange das Leben heiter war; wie dankte sie dem Schicksal dafür, daß ihr Bruder fern von hier weilte; ein einziger Blick dieses unbegreiflichen, furchtgebietenden Wesens hätte ihre ganze Seligkeit vor Kälte erstarren lassen. Woher nahm er diese Macht?

»Ob unsere Liebe ein Ende hat?« sagte Juri, er hörte auf zu rudern und legte den Kopf an ihre Schulter. »Nein, nein! Sie wird fortdauern in Ewigkeit, sie wird unser irdisches Sein überleben, und wenn unsere Seelen nicht unsterblich wären, dann würde sie ihnen Unsterblichkeit verleihen; ich schwöre dir, du allein ersetzt mir alle anderen Erinnerungen – gib mir deine Hand ... diese liebe Hand; sie ist so weiß, daß sie im Dunkeln leuchtet ... sieh nur. Hüte meinen Ring, Olga! – Du hörst nicht zu? Glaubst du meinen Schwüren nicht?«

Statt zu antworten, stimmte sie halblaut das folgende Lied an:

»Heult der Wind beim
Glanz des Mondes:
Mägdlein klaget –
Fort von hier der Liebste trabet;
Jungfer nicht, nicht Sturmeswind
Schweigen still:
Erlischt das Mondlicht,
Liebster ihr die Treue bricht!«

»Nicht dieses Lied«, rief Juri, »wer hat dir das beigebracht?«

»Niemand, ich selbst.«

»Das glaube ich nicht. – Du zweifelst wohl an mir!«

»Nein, aber du versprichst zuviel – wir werden uns bald trennen müssen ... und dann ...«

»Oh, wenn es nur das ist, was dich schreckt, dann wisse ... Ich fahre nicht so bald. Ich will noch drei Monate hierbleiben.«

»Drei Monate! Beim Himmel!« Sie erbebte; ihr Herz wurde von einem Kälteschauer ergriffen.

»Und dann«, sagte Juri, der sie trösten wollte, ohne doch die Bedeutung dieses »Beim Himmel!« zu verstehen, »danach fahre ich für kurze Zeit zum Regiment, nehme meinen Abschied und kehre wieder zu dir zurück. Dann wirst du allen armseligen Vorurteilen zum Trotz die Meine. – Selbst wenn mein Vater uns trennen wollte, wenn ... O nein! Er hat mir das Leben gegeben, du aber schenkst mir mit jedem Lächeln eine Million Leben! ...«

»Drei Monate, drei Monate – und ein paar Tage«, wiederholte Olga, ohne zuzuhören. Ihr Verstand verharrte bei diesem unheilvollen, unabänderlichen Gedanken.

Sie legten am Ufer an. Es war schon ziemlich dunkel; die Dorfkirche mit ihrem sonderbaren Glockenturm zeichnete sich gleich dem Schatten eines Riesen am noch etwas helleren Westhorizont ab; und nur die abwechselnd aufleuchtenden Fenster des Hauses waren durch das spärliche Weidengehölz zu erkennen.

Sie gingen, Arm in Arm, schweigend den schmalen Pfad entlang und hörten, als sie sich in Höhe des zerfallenen Badehäuschens befanden, auf einmal rauhe Stimmen. – »Wir wollen sehen, was das ist«, flüsterte Juri. Mechanisch blieb sie stehen.

»Und bald?« fragte die erste Stimme.

»In ein paar Tagen; in der Umgegend geht das Durcheinander schon los. Aber wird man bei euch auch gerüstet sein?«, sagte der andere.

»Alles wird geschehen, das ist unsere Sache ... Nur allein trauen wir uns nicht; und bis zu eurer Ankunft werden wir schweigen, wie du es willst.«

»Nun, meinetwegen.«

»Ist es wahr, daß Brot und Salz umsonst gereicht wird?«

»Ich weiß nicht – nur, daß es ganz wunderbar sein wird ... und den Wein gibt es umsonst, aus den herrschaftlichen Kellern ...« Hier konnte Juri mehrere Worte nicht verstehen.

»Wadim war doch bei uns«, sagte die erste Stimme.

Bei diesem Namen zog Olga Palizyn mit ungewöhnlicher Kraft fort.

»Wohin willst du?« sagte er verwundert. »Was hast du?«

»Schneller! Schneller!« Mehr konnte sie nicht herausbringen.

Es müssen Diebe sein! dachte Juri und wunderte sich nicht weiter über ihren Schrecken.

Zu Hause angekommen, zog sich Olga sofort in ihr Zimmer zurück und schloß sich ein.

Natalja Sergewna begrüßte ihren Sohn, mit einem feinen Lächeln spielte sie auf seinen nächtlichen Spaziergang an; was für eine Freude war das für diese gute Frau; ihr Mann würde sich wohl kaum dazu entschließen, sich gleichzeitig gegen die Ehefrau und den Sohn zu vergehen. – Übrigens, überlegte sie, wenn junge Leute Unfug treiben, ist es verzeihlich; wie aber einem grauhaarigen Alten so etwas einfallen kann – das weiß der Herr des Himmels!

»Morgen fahren wir ins Kloster, Jurjuschka«, sagte sie zu ihrem soeben eingetretenen Sohn. »Boris Petrowitsch wird noch lange auf der Hatz sein ... Wie froh ich bin, daß du nicht nach ihm gehst!«

Und richtig; indem der ehrenwerte Gutsherr die Bären und die Hunde seiner Natalja Sergewna vorzog, schmeichelte er ihrer Eigenliebe nicht allzusehr, obgleich diese bei den Frauen des 18. Jahrhunderts nicht so fordernd war wie bei unseren hauptstädtischen Schönen.

Doch andre Zeiten, andre Sitten!

Kapitel 14

Acht Werst von Palizyns Dorf entfernt, nahe bei einer tiefen, von Regengüssen ausgehöhlten, waldumstandenen Schlucht befand sich ein armer, friedlicher Weiler. Auf einem Hügel errichtet, beherrschte er gewissermaßen den ganzen Umkreis; sein grauer Rauch war von weit her zu sehen, und die Morgensonne vergoldete seine strohgedeckten Dächer früher als die Wipfel der zahlreichen Linden und Eichen. Hier hielt Boris Petrowitsch mit dem Haufen seiner Hunde, Pferde und Diener am Mittag Rast; die Hetzjagd war nicht erfolgreich gewesen, den Barsois waren zwei Füchse entkommen, und ein Wolf hatte sich davongemacht; am Sattelriemen des Reitknechts hingen lediglich zwei Hasen. Drei Jagdhunde waren noch nicht aus dem Wald zurückgekehrt, trotz des Hörnerschalls und der langgezogenen Schreie des Hetzjägers, der sich aus Eifer um sein Mittagessen gebracht hatte und mit vergeblichen Hoffnungen durch die von Feldern unterbrochenen kleinen Wälder trottete. Boris Petrowitsch verprügelte vor Kummer zwei seiner Jäger, trank eine halbe Karaffe Wodka und legte sich in der Hütte schlafen; auf dem Hof herrschte reges Leben und Treiben: die durch Koppelriemen getrennten Hunde schlabberten aus den langen Mulden, die Pferde wälzten sich auf dem Stroh, und die armen Reiter sahen sich immer wieder gezwungen, von dem Kessel mit der Kascha fortzulaufen, um sie mit ihren Nagaikas hochzujagen. Der Tag war frisch und heiter; der Nordwind jagte Wolkenfetzen über das blaue Himmelsgewölbe, und die Baumkronen der Wälder rauschten wie ein Wasserfall und schwankten hin und her.

Unterdessen tauschten die Diener, die es sich unter dem Schutzdach bequem machten, flüsternd diese oder jene Neuigkeit über den Falschnamigen, die bevorstehende Empörung, die Hinrichtung vieler Adliger aus – und fast alle freuten sich insgeheim oder ganz offen. Es waren Leute, die es gewohnt waren, im Freien zu leben, wilden Tieren nachzusetzen, und die zu friedfertigen Empfindungen,

Mitleid und besonderer Anhänglichkeit nicht imstande waren. Saufen, Randalieren, Jagen – das waren ihre einzigen Beschäftigungen, dabei konnten ihnen nicht eben viele fromme Gedanken kommen, und wenn sich unter ihnen dennoch ein treuer, rechtschaffener Diener befand, so schwieg er aus Vorsicht, oder er hielt sich abseits. Einmal gelangten diese Gerüchte auf irgendeine Weise zu Boris Petrowitsch. »Unsinn«, sagte er, »wie wäre so etwas möglich?« Diese Sorglosigkeit hat viele unserer Vorfahren ins Verderben gestürzt; sie konnten sich nicht vorstellen, daß es das Volk wagen würde, ihr Blut zu fordern: so sehr hatten sie sich an den russischen Gehorsam und an die Treue gewöhnt!

»Du erinnerst dich, es ist noch nicht lange her, als der Herr dich für drei Tage in die Stadt geschickt hatte – da erzählte man hier bei uns, ein Tollkopf, den die Kosaken Rotkappe nennen, würde alle Dinge auf den Kopf stellen, er sei des Teufels Gevatter und der Schwippschwager des Satans; ha-ha-ha – so daß sich sogar unser Väterchen mit ihm beraten wollte! Scheint ein geriebener Bursche zu sein.« So sprach ein alter Hetzjäger mit Nachnamen Atujew zu Wadim, während er seinen langen rotblonden Schnurrbart zwirbelte.

»Ich kenne ihn«, antwortete lächelnd Wadim, »und ihr werdet ihn bald sehen!« In diesen Worten lagen so viel Gewißheit, so viel zwingende Festigkeit, daß der alte Hetzjäger unwillkürlich zusammenfuhr. ›Du bist der Teufel, oder du bist Hummel‹, sagte Field, als er den berühmten Künstler zum erstenmal gehört hatte; Atujew sagte nichts, aber er dachte fast das gleiche.

»Wann!« riefen viele; ihre Augen waren nun argwöhnisch auf den Buckligen gerichtet, der etwa eine Minute lang schwieg, aufstand, sein Pferd sattelte, sich das Hifthorn umhängte und vom Hof ritt.

Verwundert starrte ihm die Gruppe nach, und sie erkannten an dem schnellen Hufschlag, daß Wadim im Galopp davonsprengte.

Wohin? Weshalb? Um alle einzelnen Ansichten wiedergeben zu können, brauchte ich das Talent Walter Scotts und die Geduld seiner Leser.

Wadim ritt durch den dichten Wald; zur Rechten und zur Linken wechselten Nuß- und Ahornsträucher ab, dazwischen ragten immer wieder hohe, halbverdorrte Eichen mit verkrümmten Ästen auf, merkwürdig und düster – und in der Ferne blauten Hügel, die von oben bis unten mit Wald überzogen und von Schluchten durchschnitten waren, wo moosbedeckter Morast den unvorsichtigen Wanderer mit seinem trügerischen, leuchtenden Grün anlockte. Wadim ritt schnell, und gleich dem Geier des Prometheus erregte und peinigte ein einziger bohrender Gedanke sein Herz; plötzlich fesselte ein klangvolles, ungezwungenes Lied seine Aufmerksamkeit. Er hielt an, lauschte ... das Lied war ungezügelt, und es paßte zu dem Blätterrauschen und dem Wind in der Einöde; hier ist es:

»Meine Mutter so arm
War des Herzens Gram;
Und den Vater im Land
Hat man Schicksal genannt,
Meine Brüder, sie meiden
Meine Liebe und heißen
  doch Leute,
Sie schämen sich meiner,
Umarmen will keiner
  die Waise.
Doch hat Gott mir beschert
Ein Weib unbeschwert,
O freie Freiheit du,
Freie Willenslust
Unvergleichliche,
Unabweichliche,
Hat wieder zur Seite gestellt
Mir Vater, Mutter, die Welt,
Ist meine Mutter die Steppenbreite,
Mein Vater die Himmelsweite,
Sind Brüder mir im Wald

Kiefern und Birken hier;
Wenn ich zu Pferd dahinjag,
Ruft mich das Steppengras,
Schweif ich in später Stund,
Mond scheint am Himmelsrund,
Meine Brüder im Tagesglühn
In ihren Schatten mich ziehn,
Von fern sie die Arme schwenken,
Mit Nicken und Winken mich lenken,
Die Freiheit hat mir ein Nest gebaut
Grenzenlos wie die Welt!«

So sang ein Kosak, während er im Schritt den schmalen Weg bergan geritten kam, sorglos die Zügel baumeln und seine Hände müßig herabhängen ließ. Das weggewohnte Pferd bedurfte nicht des Ansporns; und der junge Kosak gab sich zwanglos seinen Träumen hin. Seine Stimme war rein und voll, sein Herz schien es auch.

Nicht das Lied, sondern das Äußere des Kosaken beeindruckte Wadim tief; er schlug sich mit der Hand vor die Stirn, wie man es gewöhnlich tut, wenn man einen überraschenden Gedanken hat.

»Halt«, sagte er und hielt den finsteren Blick auf den nahe herangekommenen Kosaken gerichtet; ich weiß nicht, was nachhaltiger auf diesen wirkte, die Stimme oder der Blick, aber der Kosak hielt an und fuhr mit der Hand zum Säbel.

»Nicht nötig!« sagte Wadim. »Reite zu, sage Belborodko, daß ich ihn übermorgen bei mir zu Gast erwarte; in diesem Frühjahr hat Palizyn auf seinem Hof eine neue Schaukel aufstellen lassen ... Den beiden Stricken einen dritten hinzuzufügen, das ist schnell getan ... Also übermorgen! Sag, daß die Rotkappe ihn grüßen läßt. – Und nun verschwinde.«

Bei dem Namen Rotkappe gab der Kosak Wadim ehrerbietig den Weg frei, der stolz und freundlich zugleich mit dem Kopf nickte, seinem Pferd einen Schlag mit der Nagaika versetzte ... und davonsprengte.

Man muß eine sehr große oder eine sehr winzige, kleinliche Seele haben, um so mit Leben und Tod spielen zu können! Kurzum, Wadim tötete eine Familie! Was war er denn? Gestern ein Bettler, heute ein Knecht, und morgen ein unbedeutender Rebell in einer berauschten, blutbesudelten Menge! Hatte er seine Macht nicht selbst geschaffen? Welcher Ruhm gebührte ihm, wenn er ein anderes Wirkungsfeld gewählt hätte, wenn er das, was er seiner persönlichen Rache zuliebe tat, wenn er diese Geduld, diese heldenhafte Geduld, diese Raschheit des Gedankens, diese Entschlossenheit zum Nutzen eines von fremden Eroberern unterdrückten Volkes verwandt hätte ... Welcher Ruhm! Wenn er zum Beispiel in Griechenland geboren wäre, als die Türken Leonidas' Nachfahren unterjochten ... aber jetzt? Nur das eine Ziel vor Augen – den Tod der drei Menschen, von denen nur einer schuldig war –, jetzt mußte er mit seinem ganzen Genie vom Strudel der Namenlosigkeit verschlungen werden ... Sollte er wirklich nur zu ihrem Henker geboren sein! Als er diese Gedanken geklärt hatte, war er auf einmal so klein in seinen eigenen Augen, daß er bereit gewesen wäre, die Frucht vieler Jahre in einer Sekunde zu vernichten, und Verachtung seiner selbst, bittere Verachtung seiner selbst, bittere Verachtung wand sich wie eine Schlange um sein Herz und das Weltall, denn alles war für Wadim in seinem Herzen beschlossen!

Von solchen Gedanken gefesselt, kam er vom Weg ab und näherte sich (war es Zufall?) unmerklich dem Kloster, wo er im Bettlerkleid verborgen, als glühender Anbeter seines Rachegefühls, Boris Petrowitsch einst seine Dienste angetragen hatte. Unauslöschlich war ihm jener Abend mit all seinen irdischen und himmlischen Farben im Gedächtnis geblieben wie ein im Bernstein ertrunkener bunter Schmetterling. Und jetzt war er wieder hier, jetzt, da er, das bevorstehende Ende seiner furchtbaren Unternehmung vor Augen, die Last auch nur einer Verhöhnung seiner Eigenliebe kaum ertragen konnte. Ich frage: hatte der Zufall ihn hierhergeführt?

Man läutete die Vesper ein, das langgezogene Wimmern

der Glocke erfüllte die ganze Umgebung; die Sonne stand niedrig, und die eine Hälfte der Mauer erstrahlte im rosigen Schein des Sonnenuntergangs; die Leute aus den angrenzenden Dörfern drängten sich in schönen Kleidern vor der Heiligen Pforte, und Wadim erkannte aus der Ferne Palizyns mit einem gemusterten Teppich bedeckten langen Wagen. Wer war denn hier? Vermutlich Natalja Sergewna; er band sein Pferd an einen kräftigen Birkenstamm und ging ins Kloster; sein Herz schlug in schmerzlicher Erwartung, kam aber bald zur Ruhe – ein neugieriger Blick aus der Menge, ein spöttisches Wort – und der Mensch verwandelt sich wieder in den Dämon!

Langsam näherte sich Wadim der Kirche; durch die hohen Fenster drang der Glanz unzähliger Kerzen, und über die trüben Scheiben huschten die schwanken Schemen der Gläubigen; im Klosterhof aber herrschte Stille; weiß schimmerten, von hohen Wermutsträuchern und Vogelbeerbüschen umgeben, im Schatten die Grabmäler der Entschlafenen mit ihren Inschriften und Kreuzen; der frische Tau war daraufgefallen, und ringsumher summten die abendlichen Mücken; am Brunnen stand ein Pfau, der reglos, wie ein weiteres Grabmal, ein regenbogenbuntes Rad schlug. Ich weiß nicht, wozu er dient, doch in fast allen Klöstern ist dieser Vogel anzutreffen!

Zu beiden Seiten des Kirchenaufganges saßen die Bettler, seine ehemaligen Gefährten. Sie erkannten ihn nicht oder wagten ihn nicht zu kennen, doch Wadim empfand ein unerklärliches Mitleid mit diesen Kreaturen, die wie Würmer zu Füßen des Reichtums kriechen, ohne Heimat, ohne Anverwandte, und nur dazu geschaffen scheinen, das Feingefühl der Vorübergehenden zu erproben! Aber die Menschen gewöhnen sich an alles, und wenn man darüber nachdenkt, ist man entsetzt. Wer weiß, vielleicht sind unsere heiligsten Gefühle nichts als eine Gewohnheit, und wenn das Böse ebenso selten wäre wie das Gute und dieses den Platz des Bösen einnähme, dann würden unsere Verbrechen als die größten Taten menschlicher Tugend gelten!

Wadim, sagte ich, empfand Mitleid mit den Bettlern und blieb stehen, um ihnen etwas zu geben; er holte ein paar Groschen hervor und warf jedem einen hin; sie dankten in singendem Tonfall mit seit langem eingelernten Worten und hoben nicht einmal die Augen, um den Almosengeber anzusehen. Diese Gleichgültigkeit erinnerte Wadim daran, wo er war und wen er vor sich hatte; er wollte weitergehen, aber eine knochige Hand legte sich auf seine Schulter und hielt ihn unversehens auf. »Halt, halt, Wohltäter!« quäkte eine heisere Frauenstimme hinter ihm, und fester preßte die Bettlerin ihre Beute. Er wandte sich um – und hatte ein widerwärtiges Bild vor Augen: eine kleine, vertrocknete, dickbäuchige Alte hatte sich gewissermaßen an ihn gehängt; die aufgekrempelten Ärmel entblößten zwei rechenähnliche Arme, und der halbblaue, aus tausend garstigen Fetzen zusammengenähte Sarafan hing krumm und schief an dem beweglichen Gerippe. Der Ausdruck ihres Gesichts überrumpelte den Verstand durch etwas unaussprechlich Gemeines, eine Fäulnis, wie sie lange Zeit der Luft ausgesetzten Toten eigen ist; die Stumpfnase und der riesige Mund, aus dem eine scharfe, sonderbare Stimme hervorbrach, waren aber noch nichts im Vergleich zu den Augen der Bettlerin! Stellen Sie sich zwei graue Kreise vor, die in schmalen, von roten Rändern umgebenen Spalten hüpfen; keine Wimpern, keine Brauen! Und zu alldem ein Blick, der sich schwer auf die Seele legt; der in allen Sinnen eine schmerzhafte Spannung hervorruft! Wadim war nicht abergläubisch, aber ihm standen die Haare zu Berge. In einem Augenblick las er die ganze Geschichte des Lasters und des Verbrechens in ihren Zügen – fand jedoch nichts, das an Reue erinnerte; es wäre kein Wunder, wenn er die Wahrheit erraten hätte: es gibt Geschöpfe, die auf der untersten Stufe des Elends ihre jämmerliche Seele so zu stutzen und abzuschleifen wissen, daß sie ihre sämtlichen Fähigkeiten verliert, außer der ersten und letzten: zu leben!

»Hast mich vergessen, mein Teurer, vergessen – gib mir ein Kopekchen – nicht um Gottes, um des Teufels willen ... ein Kopekchen! Oder hast du mich vergessen! Brauchst dir nichts darauf einzubilden, daß du ein Herrenknecht bist ... Hast ja vor kurzem noch mit uns gebettelt ...«

Wadim riß sich aus ihren Händen los.

»Sei verflucht! Verflucht, verflucht!« schrie die Alte rasend vor Wut. »Bei lebendigem Leib sollst du verfaulen, die Würmer sollen deine Zunge benagen, die Krähen sollen dir die Augen aushacken, wenn du gehst, sollst du straucheln, wenn du trinkst, sollst du dich verschlucken ... Bucklige Mißgeburt, Knechtseele ... Sei verflucht, verflucht!«

Und von neuem klammerte sie sich an Wadims Rockschoß. Er drehte sich um und stieß sie im Zorn heftig vor die Brust, so daß sie rücklings auf die Treppe fiel; wie ein Hohlkörper schlug ihr Kopf auf den Stein, die Beine streckten sich; sie sagte kein Wort mehr, zumindest konnte Wadim nichts hören, da er rasch in die Kirche trat, wo die Menge ehrfürchtig der Abendpredigt lauschte. Die gleichen Menschen bereiteten sich darauf vor, morgen – oder heute! – Blut zu vergießen, und während sie sich bekreuzigten und bis zur Erde verneigten, stießen sie einander an, wenn sie einen Adligen neben sich bemerkten, und hätten ihn am liebsten auf der Stelle in Stücke gerissen; aber noch wagten sie es nicht; noch hatte kein Kosak die blutigen Befehle in die Dörfer der Umgebung gebracht.

Wadim drängte sich durch die Menge nach vorn bis zum Chor, und als er im Altarraum stand, ließ er den Blick durch den Kirchenraum schweifen. Der durchgehende, vergoldete, hohe Ikonostas war mit fünf Reihen von Heiligenbildern bedeckt, und die mitten in der Kirche hängenden riesigen Kronleuchter warfen durch den Weihrauchschleier hindurch geheimnisvolle Strahlen auf die glänzende Ziselierarbeit und die perlenübersäten Ikonenmäntel; der hintere Teil des Gotteshauses lag in tiefem Dunkel; das eine, wie ein verspäteter Stern glimmende Heiligenlämpchen vermochte die ringsum lastenden Schatten nicht zu zerstreuen; das bleiche Gesicht des alten Mönchs neben der Wand war kaum zu unterscheiden, und man hätte gemeint, daß es aus Wachs gebildet sei, wenn sich nicht ab und zu der Kopf geneigt, die Lippen sich bewegt hätten; der schwarze Mandyas und die Mönchskappe vermehrten seine Blässe noch, und die Arme, die über der Brust zum Kreuz verschränkt waren, glichen jenen beiden Knochen, die auf Zeichnungen gewöhnlich unter dem Totenkopf zu finden sind.

Etwas näher, zwischen den Pfeilern, der Heiligen Pforte gegenüber, schimmerte bunt die Menge. Vor Wadim wogte ein Meer von Köpfen, und von seinem erhöhten Standort aus konnte er ungehindert jeden betrachten; dort flimmerten gleich seltsamen Schattenbildern verunstaltete Gesichter, die bestürzten durch die Verschmelzung von Tierischem und Menschlichem, verunstaltete Züge, deren Abscheulichkeit unmöglich zu bestimmen war, bei deren Anblick sich jedoch bittere Gedanken erhoben; hier sah man von Runzeln ganz zerfurchte alte Köpfe und rote, die so viele miteinander vermischte Spuren von edlen und erniedrigenden Leidenschaften bewahrten, daß es schwerer wäre, sie zu erfassen als sie zu zählen; und irgendwo unter ihnen strahlte ein junger Blick, erschienen volle, von gesunder Frische gerötete Wangen wie Blumen zwischen grauen Steinen.

Wenn Sie dieses Gemälde vor Augen hätten, könnten Sie mühelos alle seine Teile erkennen; das Ganze aber würde einen unbeschreiblich wirren Eindruck bei Ihnen hinterlassen; und später, in der Erinnerung, könnten Sie sich nicht eine einzige jener Gestalten deutlich vorstellen, die Ihre Phantasie überrascht, Ihnen einen neuen Gedanken gebracht und ihn hinterlassen haben, obwohl sie selbst im Nebel versunken sind.

Zu seiner Zerstreuung versuchte Wadim, die innere Verfassung jedes Kirchgängers aus seinem Äußeren zu erraten, aber es gelang ihm nicht; er verlor die selbstgewählte Reihenfolge, und bald verschwamm alles vor seinen Augen zu einer bunten Ansammlung von Lumpen, einem Haufen von Nasen, Augen, Bärten; von einem gemeinsamen Licht angestrahlt, schienen sie einem einzigen, lebendigen, unaufhörlich in Bewegung befindlichen Wesen anzugehören; es war, mit einem Wort, die Menge: etwas Lächerliches und gleichzeitig Jammervolles!

Wadims wandernder Blick suchte irgendwo einen festen Punkt, aber das Bild war zu vielgestaltig, noch dazu spiegelten seine nur auf einen Gegenstand konzentrierten Gedanken überhaupt keine äußerlichen Eindrücke wider: das quälend süße Gefühl des Hasses umschloß, als es seinen Gipfel erreicht hatte, die ganze Welt, und die Seele blickte notgedrungen durch diesen schwarzen Vorhang.

Rechts zwischen der mittleren und der seitlichen Tür befand sich ein nicht von Menschenhand geschaffenes Heiligenbild des Erlösers von bewundernswürdiger Größe; der kunstvoll ausgeführte vergoldete Ikonenmantel leuchtete wie glühende Kohlen, und die vielen Kerzen auf dem von der Decke hängenden Kronleuchter warfen ein rötliches Licht auf die vorspringenden Teile der feinen Ziselierarbeit oder die runden Falten des Gewandes; unmittelbar vor dem Bild stand ein eiserner Kirchenstock – die Kollekte zu Füßen des Erlösers –, und unter das Bild war mit großen, erhabenen Lettern geschrieben: *Kommet her zu mir alle, die ihr mühselig und beladen seid, ich will euch erquicken!*

Viele gingen zu dem Bild; nachdem sie sich bis zur Erde verneigt und es ehrfürchtig geküßt hatten, warfen sie Kupfermünzen in den Kirchenstock, die beim Fallen einen dumpfen Ton hervorriefen.

Einmal traten zur gleichen Zeit eine Herrin und eine Bäuerin mit ihrem Säugling auf den Armen heran; doch die erstere stieß die letztere mit hochmütiger Miene zurück, und das getroffene Kind plärrte los. Kein Wunder, dachte Wadim, daß diese reiche Frau morgen am Galgen ihr Leben aushauchen wird, während die arme vor ihren Kindern Beifall klatschen und auf sie zeigen wird. Und er wandte sich zum Gehen.

Aber eine dritte Frau näherte sich der heiligen Ikone – und – diese Frau kannte er!

Ihr Blut war von seinem Blut, ihr Leben war ihm tausendmal teurer als das eigene Leben, aber ihr Glück war nicht das seine; denn sie liebte einen anderen, einen schönen Jüngling, und er, der Häßliche, Lahme, Bucklige, vermochte nicht einmal ihre geschwisterliche Zärtlichkeit zu erlangen, er, der nur sie allein auf der ganzen Gotteswelt liebte, nur sie allein, der ihr für das erste unverstellte, aufrichtige »Ich hab dich lieb« alles, was er besaß, enthusiastisch zu Füßen geworfen hätte: seinen Schatz, seinen Abgott – den Haß! Jetzt war es zu spät.

Er wußte, er war fest überzeugt davon, daß ihr Herz vergeben war ... für immer. Demnach war sie für ihn verloren. Dabei konnte er sich desto weniger von seiner Liebe trennen, je mehr er litt, denn diese Liebe war der letzte göttliche Teil seiner Seele, und wenn er sie auslöschte, gab er das Letzte auf, was ihn Mensch sein ließ.

Ohne ihren Bruder zu bemerken, trat Olga still vor das Heiligenbild, sie war schön und blaß; wie an jenem verhängnisvollen Abend, als Wadim ihr sein Geheimnis entdeckte, trug sie die schwarze lange Samtweste; ihre großen Augen waren auf das Antlitz des Erlösers gerichtet, es war ihr ganzes Gebet, und wäre Gott ein Mensch gewesen, dann hätten Augen wie diese niemals vergebens gefleht.

Sie bekreuzigte sich und küßte dabei ehrfürchtig das Bild; für einen Augenblick trübte sich die glänzende Einfassung unter dem jungfräulichen Hauch.

Und als Olga den Blick wieder hob, war eine seltsame Veränderung darin zu bemerken; ein wunderbarer Glanz hatte die vorherige Mattigkeit abgelöst; es waren Tränen. Eine von ihnen konnte sich an der dichten Wimper nicht halten, sie blitzte auf wie ein Diamant und fiel herab.

Gewiß hatte neue Hoffnung diese Tränen aus ihrem Herzen quellen lassen; Olga wandte sich, um fortzugehen, und vor ihr stand Wadim; sein glühender Blick trocknete die Tränen im Nu, jede Ader ihres Herzens erbebte, der Atem stockte ihr.

Wehe ihm! Mit Glauben im Herzen war sie gekommen, und nun kehrte sie mit Verzweiflung zurück (die ganze Zeit über las der Kirchendiener mit meckernder Stimme den

Brief des Apostels Paulus, und ringsum gähnte, ohne daß sie etwas von dem Vorgang bemerkt hatte, die Menge in stummer Untätigkeit. Was sind zwei Leidenschaften in einem Meer von Gleichgültigkeit?).

Mit überaus bitterem Lächeln las Wadim noch einmal den bekannten Vers unter dem Bild des Erlösers: *Kommet her zu mir alle, die ihr mühselig und beladen seid, ich will euch erquicken!* Was sollte er tun! Er glaubte an Gott – aber ebenso an den Teufel!

Und als er im Begriff war, die Kirche zu verlassen, sah er noch einmal nach seiner Schwester; neben ihr stand Juri, mit dem Degen zeichnete er lässig Muster in den Sand; und sie, die an die Mauer gelehnt stand, wandte ihren von unsäglicher Qual erfüllten Blick nicht von ihm ... Man hätte meinen können, daß es ihr bestimmt sei, sich im nächsten Augenblick für immer von ihm zu trennen.

Doch sind nicht mehrere Tage kürzer als der Augenblick, da uns der Tod ruft und die Liebe die Hoffnung verloren hat?

»Sie liebt ihn also wirklich!« flüsterte Wadim, der reglos auf der Schwelle verharrte. Die eine Hand ruhte auf seiner Brust, aber bei einer krampfhaften Bewegung hatten sich seine Nägel so tief in den Körper gegraben, daß die Finger voller Blut waren, als er die Hand aus dem Gewand zog. Wie irrsinnig starrte er darauf, dann schüttelte er schweigend die Blutstropfen ab und trat hinaus.

Auf der Vortreppe lärmte eine Schar von Bettlern und Kirchgängern; sie bildeten einen Kreis, und in ihrer Mitte lag die tote Alte, auf die kalten Steinplatten hingestreckt.

»Ein Vorübergehender hat ihr einen Stoß versetzt ... wir dachten, es sei ein Scherz. Sie ist hingefallen und hat ins Gras gebissen ... weiß der Teufel, wer sie ist! Warum hat sie bloß nicht geschrien!« So sprach einer der Bettler; die anderen wiederholten lärmend seine Worte, um sich zu rechtfertigen, daß sie ihr nicht zu Hilfe geeilt waren, und beteuerten mit kläglicher Stimme ihre Unschuld.

Wadim hörte es, aber es fiel ihm nicht ein, daß *er* die Alte zu Boden gestoßen hatte.

»Sie liebt ihn also!« murmelte er durch die Zähne, während er sein ungeduldiges Pferd bestieg. »Sie liebt ihn also!«

Wadim hatte eine unglückliche Seele, über die ein einziger Gedanke mitunter unbegrenzte Macht gewinnen konnte. Er hätte allmächtig oder überhaupt nicht zur Welt kommen sollen.

Kapitel 15

Inzwischen hatte sich vor dem Klostertor eine wilde Volksmenge versammelt; hier und da tauchten Kosakenmützen auf, blinkten Speere und Büchsen; aus dem allgemeinen Gemurr erhoben sich immer wieder drohende Reden, die Aufruhr und Mord atmeten, immer wieder klangen Liedfetzen und trunkenes Gelächter auf, die nichts Gutes verhießen, denn in einem solchen Augenblick gleicht die Fröhlichkeit der Menge einem Judaskuß! Etwas Grauenvolles reifte unter der mutwillig geschürten Lustigkeit heran, die von den an blutrünstige Szenen und hemmungslose Plünderungen schon gewöhnten Neuankömmlingen hervorgerufen worden war...

Und dies alles trug sich im Angesicht der Kirche zu, wo noch die Kerzen schimmerten und der Gebetgesang ertönte.

Bald lief das unheilschwangere Geflüster auch durch die Kirche, die Männer begaben sich allmählich nach draußen, die einen aus Ungeduld, andere aus Neugier und wieder andere ohne Grund – nur weil der Nachbar gesagt hatte: gehen wir... warum sollen wir nicht einmal schauen, was dort geschieht?

Das Volk, das sich vor dem Kloster drängte, stammte aus dem nahen, am Fuß des Berges gelegenen Dorf; unaufhörlich kamen neue Helfer, die einzelnen Rufe flossen mehr und mehr zu einem allgemeinen Getöse zusammen, einem anhaltenden, majestätischen Brüllen, das sich wie das ununterbrochene Donnern in einer schwülen Sommernacht ausnahm. Es war ein furchterregendes, ein abscheuliches Bild. Aber das Auge eines kaltblütigen Beobachters wäre voll auf seine Kosten gekommen; hier hätte er begriffen, was das Volk ist: ein auf halber Höhe des Berges hängengebliebener Stein, der durch die Kraft eines Kindes von der Stelle bewegt werden kann und nichtsdestoweniger alles zermalmt, was sich ihm in seinem unwillkürlichen Streben in den Weg stellt. Hier hätte er gesehen, wie kleinliche, ehrgeizige Leidenschaften Gewicht und Stärke erhalten, wenn sie zu allgemeinen werden; wie das ungebildete und seiner selbst nicht bewußte Volk sich der Tatsächlichkeit seiner augenblicklichen, scheinbaren Macht vergewissern will, indem es alles bedroht, was es früher verehrt oder gefürchtet hat, dem Kinde gleich, das etwas Unanständiges sagt, um zu beweisen, daß es erwachsen ist!

Rings um das blendende Feuer, das genau gegenüber dem Klostertor entfacht worden war, schrien am lautesten die Bettler, sie trieben die tollsten Faxen. Ihre Freude war Raserei; angestrahlt vom zuckenden, glutroten Widerschein des Feuers, bildeten sie die erste Ebene des Gemäldes; hinter ihnen war alles düsterer und unbestimmter, dort bewegten sich die Menschen wie brüske, grobe Schatten. Es war, als hätte ein unbekannter Maler diesen Bettlern, diesen widerwärtigen Fetzen, den geziemenden Platz zugedacht; als hätte er sie ins Licht gerückt als den wesentlichen Gedanken, den wesentlichen Charakterzug seines Bildes ...

Sie waren die Seele dieses riesigen Leibes weil das Elend die Seele des Lasters und der Freveltaten ist. Jetzt schlug die Stunde ihres Triumphes; jetzt konnten sie ihrerseits den Reichtum verlachen, jetzt verwandelten sie ihre Fetzen in Zarengewänder und wuschen mit Blut die Schmutzflecke davon ab; dies war ein Purpur eigener Art; je weniger sie zu befehlen hofften, desto furchtbarer war ihre Herrschaft; mußte man doch das ganze Leben der Qualen wenigstens mit einer Minute des Triumphes vergelten, wenigstens einen Schlag jenem zufügen, dessen Wort stets eine Kränkung war, einen Schlag – aber einen tödlichen.

Als der Gottesdienst im Kloster zu Ende war und die auswärtigen Wallfahrer in großem, dichtgedrängtem Haufen hinaus auf die Vortreppe strömten, verstummte der Lärm für eine Weile, und dann lief unerwartet ein unheilvolles Raunen durch die aufrührerische Menge, wie das Raunen von Blättern, die von einem plötzlichen Wirbelwind aufgerührt werden. Und eine unbekannte Hand, eine unbekannte Stimme gab das nicht vereinbarte, dennoch allen verständliche Signal, das für alle einem Befehl gleichkam: es war ein armes Kind, nicht älter als elf Jahre alt, das von einer dicken Gutsherrin, der es den Weg versperrte, einen Schlag ins Genick bekam und laut aufheulend zu Boden stürzte. Das genügte: die Masse begann sich zu regen, zu brausen, sie geriet in Wallung – als hätte sie bis jetzt nur auf diesen Grund, diesen unbedeutenden Anlaß gewartet, um Hand an ihre Opfer zu legen, um ihren Haß ganz zu enthüllen! Das in solchen Unruhen noch unerfahrene Volk gleicht einem Schauspieler, der bei seinem ersten Auftritt auf der Bühne angesichts des Neuartigen seiner Situation so verwirrt ist, daß er den Einsatz seiner Rolle vergißt, so sicher er sie auch beherrscht haben mag; und es ist unerläßlich, daß der Souffleur, dieser dienstwillige Proteus, ihm das erste Wort vorspricht, und dann kann man nur hoffen, daß er unterwegs nicht stekkenbleibt.

Unterdessen schritten Juri und Olga, die das Kloster etwas früher verlassen hatten als Natalja Sergewna und nicht bei der Equipage auf sie warten, sondern die duftende Kühle des Abends genießen wollten, Hand in Hand die staubige Straße entlang; als Juri die Wärme des jungfräulichen Körpers so nah an seinem Herzen spürte, als er das Rascheln ihres Kleides vernahm, verlor er unwillkürlich die Beherrschung. Er umfing mit einer Hand Olgas runde Taille, schob mit der anderen das baumwollene Umschlagtuch beiseite, das ihr Kopf und Schultern verhüllte, und drückte einen glühenden Kuß auf ihren Hals; sie flammte auf, schmiegte sich fester an ihn und beschleunigte ihre Schritte, ohne ein einziges Wort zu sprechen. In diesem

Augenblick befanden sie sich an der Kreuzung zweier Wege, bei einer großen, vom Alter dürren Silberweide, deren schwarze Äste sich vor dem halbdunklen, noch den letzten Widerschein bewahrenden Westhorizont scharf abzeichneten.

Auf einmal blieb Olga stehen; seltsame Laute, die wie Verzweiflungsschreie und das Gejammer der Tobsucht klangen, schlugen an ihr Ohr; sie wurden immer vernehmlicher.

»Beim Kloster ist etwas Furchtbares im Gange«, rief Olga aus, »meine Seele ist von bangen Ahnungen erfüllt ... O Juri! Juri! Wenn du wüßtest, wir sind verloren ... Hast du das unheilverkündende Flüstern des Volkes beim Verlassen der Kirche bemerkt, und hast du diese wilden Gesichter der Bettler gesehen, die heiter und lustig waren ... Oh, das ist ein schlimmes Zeichen: die Heiligen weinen, wenn die Dämonen lachen.«

Juri, verfinstert und unschlüssig, ob er der Mutter zu Hilfe eilen oder hierbleiben sollte, stand da und starrte auf das Kloster, dessen untere Teile hell erleuchtet von Feuern waren; plötzlich blitzten seine Augen auf; er stürzte zu dem Baum; in wenigen Sekunden war er bis zur halben Höhe hinaufgeklettert, und bald hatte er auf dem Weg über die dicken Äste fast den Wipfel des Baumes erklommen.

»Was siehst du?« fragte Olga, zitternd vor Angst.

Er antwortete nicht; für einen Moment erbebte er so heftig, daß Olga, im Glauben, er stürze herab, aufschrie; doch wie mechanisch klammerte sich Juris Hand an den fühllosen Baum. Schließlich stieg er herab, schweigend ließ er sich nahe beim Weg im Grase nieder und schlug die Hände vors Gesicht. »Was hast du gesehen?« fragte das Mädchen. »Weshalb sind deine Hände so kalt und dein Gesicht so feucht?« – »Es ist vom Tau«, antwortete Juri, während er sich den kalten Schweiß von der Stirn wischte und vom Boden aufstand.

»Alles ist zu Ende ... vergebens – gegen diese Menge bin ich machtlos. Sie ist verloren – o himmlische Vorsehung – was soll ich tun, was soll ich nur tun, antworte mir, du allmächtiger Schöpfer!« rief er, während er verzweifelt die Hände rang.

Die Nacht wurde dunkler und dunkler; Olga klammerte sich an ihren Freund, voll Grauen blickte sie immer wieder zu dem fernen Kloster hinüber, sie vernahm das Getöse und die lauten Klagen, die vom stärker werdenden Wind über die Flur getrieben wurden. Plötzlich ertönte Rädergeknarr und Pferdegetrappel auf der Straße; es kam allmählich näher, und bald darauf kam unseren Wanderern ein Mann auf einem leeren Kastenwagen entgegengefahren; er fuhr im Trab, lenkte im Stehen und sang ein konfuses Lied. Als er auf gleicher Höhe mit Juri war, hielt er seinen Falben an. »Was ist, Bojar«, rief er spöttisch und strich sich den rotblonden Bart glatt, »dort wird man wohl nicht mit Piroggen bewirtet; du rennst ja Hals über Kopf nach Hause ... und obendrein zu Fuß, na, da will ich dich mal hinbringen!«

Ohne ein Wort zu erwidern, packte Juri das Pferd am Zaum. »Was hast du, was hast du, Bojar!« schrie der Kerl in rohem Ton. »Du willst wohl tatsächlich mit mir fahren! Ach, ist der aufgeregt!« fuhr er fort, während er das Pferd mit der Knute schlug und einen Pfiff ausstieß; das gute Pferd raste los, aber Juri, dessen Kräfte sich in der Verzweiflung verdoppelten, klammerte sich so fest an den Zaum, daß das Pferd gezwungen war, sich zur Seite zu drehen; dabei prallte ein Wagenrad heftig an einen Stein, und der Wagen wäre fast umgestürzt; der Mann, der das Gleichgewicht verloren hatte, fiel herunter, ohne jedoch die Zügel aus den Händen zu lassen; schon hob er den Fuß, um wieder auf den Wagen zu springen, als ihn ein unerwarteter Schlag auf den Kopf zu Boden schleuderte und ihm eine starke Hand die Zügel entriß. »Bandit!« schrie der Mann aufheulend, als er zur Besinnung kam, und machte Anstalten, sich zu erheben; doch Juri war es inzwischen gelungen, Olga in den Wagen zu setzen, das Pferd zu wenden und es mit kräftigen Peitschenhieben anzutreiben; es stürmte davon; noch einmal schrie der Mann mit heiserer Stimme: »Bandit!« Da fuhr ihm ein Wagenrad über die Brust, und er verstummte, wahrscheinlich für immer.

Grauenvoll war diese Nacht – die Menge lärmte beinahe bis in die Morgenfrühe, und die blutroten Freudenfeuer grüßten die ersten Strahlen des aufgehenden Himmelslichts; viele der vom Blut, vom Schnaps und vom Schmutz entstellten Bettler lagen überall auf der Lichtung herum, andere hatten sich schon in Häuflein gesammelt und waren auseinandergegangen; an vielen Stellen wiesen versengtes Gras und schwärzliche Asche auf erloschene Feuer hin, an mehreren Bäumen hingen Tote ... zwei oder drei, nicht mehr ... Einer von ihnen war allem Anschein nach eine Frau gewesen, aber der verstümmelte Leichnam hatte kaum noch Ähnlichkeit mit den vergänglichen Überresten eines Menschen; und selbst die nächsten Angehörigen hätten darin nicht die gute Natalja Sergewna erkennen können.

Kapitel 16

Ich bitte meinen oder meine liebenswürdigen Leser, sich nun von der Phantasie in jenes kleine Walddorf versetzen zu lassen, das sich Boris Petrowitsch mit seiner Jagdgesellschaft zum Hauptquartier ausersehen hatte, galt es ihm doch als das Zentrum seiner Operationen; am Vortag war die Hetzjagd von Erfolg gekrönt gewesen; spät erst kehrte unser alter Jäger zu seinem Nachtquartier zurück, voller Zorn, daß sein Reitknecht Wadim nicht zurückkam, nachdem er Gott weiß warum weggeritten war. In der Hütte, wo er die Nacht verbrachte, war niemand außer der Hausherrin, einer verwitweten Soldatenfrau von etwa dreißig Jahren, die ziemlich weiß, gesund, groß, dunkelblond, schwarzäugig, vollbusig, adrett war – und so werden Sie leicht erraten, daß sie von unserem alten Ehebrecher, ungeachtet der Silberfäden in seinem Haar und der ersten Symptome herannahender Gicht, nicht mit philosophischem Blick betrachtet wurde und daß er sich auf jede Weise bemühte, ihre Zuneigung zu erringen, was ihm auch ziemlich schnell gelang, ohne daß ihm Schaden und Scherereien daraus erwuchsen. Schon lange war der Kienspan gelöscht; schon schickte der Hahn sich an, flügelschlagend seine erste, ein wenig heisere Arie zu singen; schon kauten die vollgefressenen Pferde nur noch hie und da Reste von sprödem Hafer, während Boris Petrowitsch in der Hütte auf dem Zwischenboden an der Seite der vollbusigen Hausherrin erbarmungslos schnarchte. Er, der wahrscheinlich von den Mühen des Tages erschöpft und (noch wahrscheinlicher) vom süßen Schnaps und von den Küssen der vollbusigen Hausherrin berauscht war und der von einem reinen, unbefleckten Gewissen in Ruhe gewiegt wurde, hätte noch lange so weitergeschnarcht und sich von einer Seite auf die andere gedreht, wenn inmitten der tiefen Stille nicht jäh eine unbekannte starke Hand dreimal ans Tor geschlagen hätte, so daß es zu knarren begann. Klagend schlugen die Hunde an, die Hausherrin fuhr auf, erwachte, schlug erschrocken das Kreuz und rief, während sie sich mit den Fäusten die verquollenen Augen rieb und die struppigen Haare ordnete: »Herr mein Gott! Wer ist denn da! Wer stört unsern Frieden! Wie kann man nur so an die Tür hämmern!« Sie kletterte von der Bettstatt und trat ans Fenster; sie öffnete: der Nachtwind schlug ihr an die offene, schweißbedeckte Brust, und den Kopf ärgerlich zur Straße hinausstreckend, wiederholte sie ihre Frage; tatsächlich stand ein Falbe in Kummet und Sielen am Tor und daneben ein unbekannter Mann, der dem Anschein nach aber weder alt noch ein Bauer war.

»Mach auf, und ein bißchen flink!« schrie er mit donnernder Stimme.

»Der hat's aber eilig!« murmelte die Soldatenfrau und schlug das Fenster zu. »Mußt schon so lange warten, erfrierst schon nicht gleich! Kannst wohl nicht schlafen, daß du durch den Wald streifst wie ein verfluchter Waldschrat ...« Sie zog ihren Pelz über, ging hinaus, weckte den Knecht, und der schloß endlich, den Ankömmling beschimpfend, das knarrende Tor auf; letzterer jedoch stürzte, sowie er in den Hof eingedrungen war und vom

Knecht erfahren hatte, daß Boris Petrowitsch hier sei, Hals über Kopf in die Hütte.

»Väterchen!« sagte Juri, den Sie vermutlich schon erkannt haben, mit merklich veränderter Stimme und tastete sich im Dunkeln an den Möbeln entlang. »Wachen Sie auf! Wo sind Sie! Wachen Sie auf! Es geht um Leben und Tod! Hör«, setzte er flüsternd, an die noch ganz verschlafene Wirtin gewandt, hinzu, jäh hatte er sie an der Kehle gepackt, »wo ist mein Vater? Was habt ihr mit ihm gemacht?«

»Aber ich bitte dich, Herr, was hast du denn, bist wohl übergeschnappt ... Ich schreie ... Laß mich los, du Teufel ... Hörst du denn nicht, daß er dort auf der Pritsche schnarcht.« Und sie versuchte, schon nach Atem ringend, sich Juris Händen zu entwinden ...

»Was ist das für ein Lärm! Wer macht dort solchen Radau! Petruschka, Terjoschka, Fotka! ..., He ihr ...«, schrie Boris Petrowitsch, der aufgeweckt worden war von dem Lärm und dem kalten Wind, der pfeifend und heulend wie ein wildes Tier an der halboffenen Tür zerrte.

»Väterchen«, sagte Juri und ließ die erleichterte Frau los, »kommen Sie so schnell wie möglich herunter ... Es geht um Leben und Tod, sage ich Ihnen! ... Kommen Sie um Himmels oder um der Hölle willen ...«

»Was bist du denn für einer«, murmelte Boris Petrowitsch, während er vom Ofen herabkletterte.

»Ich! Ich bin Ihr Sohn ... Juri «

»Juri ... Was hat das zu bedeuten ... Erklär mir .... Weshalb bist du hier ... und um diese Stunde!«

Erschrocken faßte er seinen Sohn bei den Händen und starrte ihm in die Augen, um sich zu vergewissern, daß er es war und nicht ein heimtückisches Gespenst.

»Väterchen! Wir sind verloren! Das Volk rebelliert! Ja, auch bei uns ... Ich sah es, als ich vorbeigaloppierte, auf der Dorfstraße und rings um die Kirche drängten sich Menschenmassen ... und Schreie, die zu mir herüberdrangen, deuteten darauf hin, daß sie wenn nicht Pugatschow selbst, so doch seine Kosaken erwarten ... Retten Sie sich!«

»Und Natalja Sergewna ... und mein Hab und Gut ...«
»Das Mütterchen ... sprechen Sie nicht von ihr ...«
»Sie ...«
»Retten Sie sich!« sagte Juri düster und umarmte seinen Vater; eine heiße Träne sprang aus den Augen des jungen Mannes, sie fiel wie ein Funken auf die Wange des Alten und versengte sie.
»Ach!« rief er jammernd aus. »Wer hätte das gedacht! Wer hätte es geglaubt! Wer hätte gemeint, daß die Gewitterwolke auch bis zu uns sündigen Menschen gelangt! O Herrgott! Wo soll ich mich nur verstecken! Alle sind gegen uns ... Gott und die Menschen ... Und wem wäre es in den Sinn gekommen, daß dieser Pugatschow ausgerechnet – wen? – den russischen Adel zugrunde richten würde – ein einfacher Kosak! O Gott! Ihr heiligen Väter!«
»Haben Sie nicht jemand bei sich, auf dessen Treue Sie bauen können?« sagte Juri schnell.
»Nein! Nein! Keinen!«
»Fotka Atujew? ...«
»Den hab ich heute halbtot geprügelt, die Kanaille!«
»Terjoschka! ...«
»Der wünscht mir seiner Frau wegen schon seit langem einen Messerstich in die Seite ... die Räuber, die Antichristen! Ach, rette du mich, mein Sohn!«
»Wir sind verloren!« sagte Juri, der die Hände gefaltet hatte und die Augen zum Himmel richtete. »Nur Gott allein kann uns schützen! Beten Sie zu ihm, wenn Sie können ...«
Boris Petrowitsch fiel auf die Knie; und die Tränen strömten ihm nur so aus den Augen; der kleinmütige Alte! Er wartete darauf, daß ein Engelchor auf einem Mondstrahl zu ihm herabführe und ihn auf silbernen Flügeln bis hinter die sieben Berge davontrüge.
Aber kein Engel, sondern die arme Soldatenfrau trat mitleidig zu ihm und sagte: *Ich rette dich.*
In wichtigen Zeiten des Lebens glüht manchmal auch im gewöhnlichsten Menschen ein Funken von Heldenmut auf,

der bis dahin unerkannt in seiner Brust geschwelt hat, und dann vollbringt er Taten, die ihm vorher nicht im Traum eingefallen wären und an die er danach selbst kaum glaubt. Ein schlichtes Sprichwort sagt: *Ein Groschenlicht hat Moskau in Flammen aufgehen lassen!*

Unterdessen bedeutete die Wirtin ihnen, ohne ein Wort zu sprechen, daß sie ihr folgen sollten, und ging hinaus; auf Zehenspitzen durchquerten sie die finstere Hausdiele, wo ein Reitknecht Palizyns schlief, und stiegen vier knarrende, glitschige Stufen zum Hof hinab. Draußen war alles still; die Hunde lagen an ihren Koppelriemen unter dem Vordach, und man hörte nur hin und wieder das Schnauben der satten Pferde oder die zusammenhanglosen Worte, die einer der Jäger im Schlaf hervorstieß, während er sich unter seinem warmen Halbpelz im Stroh umdrehte. Doch als sie am Speicher vorüber waren und sich dem hinteren Tor näherten, das vom Hof in einen weitläufigen Gemüsegarten führte, der dicht mit Kraut, Hanf, Rettich und Sonnenblumen bepflanzt war und durch eine schmale Tenne abgeschlossen wurde, wo nur zwei wie Schilderhäuschen an den Ecken stehende Getreidediemen die hohe, leere Korndarre in der Mitte zu bewachen schienen, da ertönte eine Stimme, die wohl von einem erwachten Hundewärter stammte.

»Wer ist da?« fragte er. »Du siehst doch, daß es die Hausherren sind«, antwortete die Soldatenfrau. Als sie feststellte, daß der Hundewärter watschelnd auf sie zukam, als bemühe er sich, den Kopf mit den übrigen Körperteilen im Gleichgewicht zu halten, zeigte sie ihren Begleitern einen großen Klettenstrauch, hinter dem sie sofort verschwanden, und blieb kaltblütig am Tor stehen.

»Schickt es sich denn für schöne Frauen, nachts spazierenzugehen?« sagte der betrunkene Hundewärter, der sich an der Hüfte kratzte, und schlug ihr laut lachend mit seiner schweren Pranke auf die Schulter.

»Ach, mein Lieber, was bin ich schon für eine schöne Frau! Bei unserer Arbeit hier setzt man nicht viel Fett an!«

»Zier dich bloß nicht, wir wissen Bescheid! Gesund und

rund! Der Herr hat, scheint's, keinen schlechten Geschmack ... Hast dir einen alten Teufel angeschafft! Aber sei unbesorgt, mit dem nimmt es kein gutes Ende, wir rechnen ihm alle Tränen vor, die wir geweint haben ... Warte nur! Väterchen Pugatschow wird ihm die Schnauze polieren, auch wenn er's nicht glaubt. Du aber, junge Bäuerin ... du gibst mir dafür einen Kuß.«

Er wollte sie umarmen, sie wich aus, und unser flinker Kavalier stieß sich in seinem Rausch an der Deichsel des Pferdewagens. Er stolperte, fiel, brabbelte ein paar Schimpfwörter vor sich hin, und ich weiß nicht, ob er danach einschlief oder nicht, jedenfalls kam er nicht wieder auf die Beine und blieb in süßer Selbstvergessenheit dort liegen.

Man kann sich vorstellen, mit welcher Ungeduld Vater und Sohn das Ende des peinlichen Auftritts erwarteten. Endlich traten sie hinaus in den Gemüsegarten und verdoppelten ihre Schritte. Wild schlugen ihre von einer unerklärlichen Vorahnung beklommenen Herzen; sie gingen mit angehaltenem Atem, glitten auf dem taunassen Gras aus, drängten sich durch den Hanf und über die schlammigen Beete, streiften jeden Augenblick mit den Füßen einen Ziegelstein oder blieben am Reisig hängen; Vogelscheuchen kamen ihnen wie Menschen vor, und jedesmal, wenn unter ihren Füßen eine Ratte losstürzte, fuhren sie zusammen, Boris Petrowitsch griff ans Heft seines Jagdmessers und Juri nach dem Degen. Doch zum Glück waren all ihre Ängste grundlos, und sie näherten sich wohlbehalten der dunklen Getreidedarre; dort ging die Hausherrin hinein, Boris Petrowitsch und Juri folgten ihr; sie führte sie in einen dunklen Winkel, wo sich zwei Kornkästen befanden; der eine war mit Getreide, der andere zur Hälfte mit Stroh gefüllt.

»Hier klettere hinein, Herr«, sagte die Soldatenfrau und wies auf den zweiten Kasten, »aber vergrabe dich bis über den Kopf richtig im Stroh und komme nicht heraus, wenn ich nicht da bin; gleichgültig, wer kommt und was hier passiert; ich werde dich, wenn ich am Leben bleibe, nicht preisgeben; was auch immer geschieht. Diese Sünde nehme ich nicht auf meine Seele!«

Als Boris Petrowitsch hineingeklettert war, blickte Juri, anstatt ihm zu folgen, zum Himmel auf und sagte mit fester Stimme: »Leben Sie wohl, Vater, bleiben Sie am Leben ... Geben Sie mir Ihren Segen! Vielleicht sehen wir uns nicht wieder.« Er wandte sich um und ging rasch auf dem gleichen Weg zurück; als er den Hof erreicht hatte, band er unbemerkt das beste Pferd los, schwang sich darauf und nahm seinen Weg wieder durch den Gemüsegarten, er sprengte an der Tenne vorüber, winkte der verwunderten Hausfrau zu, die noch immer an der Tür der Getreidedarre stand, und setzte über den alten, eingefallenen Zaun und verschwand blitzschnell in den Feldern; ein paar Minuten lang konnte man das rhythmische Trappeln des galoppierenden Pferdes vernehmen ... Dann wurde es allmählich leiser und leiser und verschmolz schließlich ganz mit dem Blattgeflüster des Eichenwaldes. Wo reitet der Leichtfuß nur hin! dachte die erstaunte Hausherrin, offenbar sitzt ihm der Kopf zu fest auf den Schultern, wer hieße ihn sonst, sich herumzutreiben – nun, wolle Gott, daß er nicht auf die Kosaken stößt – dann wär's aus und vorbei mit dem stürmischen jungen Helden. Ach! Ach! Mir schwant nichts Gutes! Versteckt hab ich den Alten, aber wenn sie mich nun schlagen und quälen werden ... Nein, wenn du dich einmal darauf eingelassen hast, dann sieh dich vor, Weib! Hast du dein Wort nicht gegeben, bedenk es, hast du aber dein Wort gegeben, halt daran fest ... wenn er nur selbst keinen Bock schießt.

Kapitel 17

In derselben ereignisreichen Nacht war Wadim, der das Kloster hinter sich gelassen hatte, schon im Begriff, den Wald zu durchqueren, doch sein Pferd, das es müde war, sich einen Weg durch Dornengestrüpp zu bahnen, trug ihn von selbst auf die Landstraße nach Palizyns Dorf.

Tief in Gedanken versunken ritt der düstere Bucklige, die Hände auf der Brust verschränkt und mit gesenktem Kopf, dahin; seine Jagdpeitsche baumelte am vorderen Bogen des Kosakensattels, und sein gutes, von Natur heißblütiges, empfindsames Steppenpferd begann seinen Schritt zu beschleunigen, es ging zum Trab über, dann, als es spürte, daß die Zügel friedlich auf seinen zottigen Hals herabhingen, schnaubte es plötzlich, machte einen Satz und galoppierte los. Wadim kam zu sich, er faßte die Zügel und riß das Pferd so heftig zurück, daß es sofort mit den Hinterbeinen einknickte, den Kopf schüttelte, noch zwei Sprünge seitwärts vollführte und schließlich stehenblieb; warmer Dampf stieg von seinem Rücken auf, und der übers eiserne Gebiß strömende Geifer fiel in Flocken zu Boden.

»Wohin strebst du so eilig? Was freust du dich so, verwegener Kamerad?« fragte Wadim. »Deiner harren die Ruhe und der warme Verschlag; du liebst nicht, du weißt nichts vom Haß: du hast diese sonderbare Fähigkeit vom gütigen Himmel nicht empfangen, das Glück in der wildesten Qual zu finden ... Ach, wenn ich mir diese Leidenschaft aus der Seele reißen, sie mit der Wurzel ausreißen könnte, ja so!« Er beugte sich herab und riß einen hohen Stengel Wermut aus dem Boden. »Doch nein!« fuhr er fort. »Ein Tropfen Gift reicht aus, eine Schale mit der reinsten Flüssigkeit zu verseuchen, und man muß sie ganz ausgießen, um das Gift loszuwerden.« Er setzte seinen Weg fort, aber nicht im Schritt: eine unbekannte Kraft trieb ihn; das rastlose Pferd flog dahin, durchschnitt die widerspenstige Luft; Wadims Haare flatterten, zweimal wäre ihm die Kappe beinahe vom Kopf gefallen; er hielt sie mit der Hand fest ... und nur hin und wieder stieß er seinen Renner sacht mit den Füßen; und da war auch schon das Dorf ... die Kirche ... ringsum Feuer ... Die Männer drängten sich in festlichem Kaftan auf der Straße, riefen, sangen Lieder; bald verstummten sie jäh, bald zog das Gemurmel lauter und machtvoller durch die trunkene Menge. Wadim band sein Pferd an einen Zaun und mischte sich unbemerkt unter sie.

Diese Feuer, diese Lieder – aus allem sprach jetzt eine gewaltsame Fröhlichkeit, alles hatte die Gestalt eines heidnischen Festes angenommen, und selbst die sich in den Liedern häufig wiederholenden Namen »didi« und »lado« hätten einen unerfahrenen Fremdling auf diesen irrigen Gedanken bringen können.

»Na, Wadimka!« sagte ein dicker Kerl mit spärlichem Bart und einer gewaltigen Glatze. »Was hört man denn so? Wird unser Väterchen bald kommen?«

»Morgen – um Mittag«, antwortete Wadim, um ihn loszuwerden.

»Oi?« hakte ein anderer ein. »Demnach also nicht heute, sondern morgen ... so ... so! Aber wie ist es, was hört man denn so? Er hat wohl allerhand Kriegsvolk bei sich ... wohl massenweise Kosaken ... Und was meinst du, trägt er einen silbernen Kaftan?«

»Ach, du Strohkopf, du Strohkopf, du Dussel ...«, sagte kopfschüttelnd ein dritter, »einen silbernen, was wunderst du dich darüber ... nicht nur der Kaftan, auch die Stiefel sind bestimmt aus Gold ...«

»Und wer reicht ihm Brot und Salz? Wahrscheinlich die Alten ...«

»Na klar ... Hör, Bruder Wadim«, fuhr ein vierter fort, ein hünenhafter Bursche von dunklem Teint, mit blutunterlaufenen Augen. »Wo ist unser Herr nun? Daß er bloß nicht entkommt! ... Es wäre schade, ihn entwischen zu lassen ... Dem würde ich was auftischen ... der sollte noch im Grab an mich denken ...«

Nein, nein! dachte Wadim, als er sich von ihnen zurückzog, das ist mein Opfer! Niemand außer mir legt Hand an ihn. Niemand außer mir hört seinen letzten Klageschrei und prägt den letzten Blick, die letzte verkrampfte Gebärde von ihm in sein Gedächtnis ein ... Er gehört mir – ich habe ihn von Himmel und Hölle erkauft; mit blutigen Tränen hab ich für ihn gezahlt; mit furchtbaren Tagen, während deren ich im Geist alle erdenklichen Gefühle ausgekostet habe, so daß am Ende nichts außer Bosheit und Rache in meiner Brust zurückgeblieben ist. Oh, ich gehöre nicht zu denen, die ihre Beute gleichgültig fallen lassen, um sie euch zu überlassen, ihr nichtswürdigen Sklaven!

Schnellen Schritts stieg er in die Schlucht hinab, die von einem kleinen, brausenden Bach durchflossen war, welcher sich, nachdem er über Steine gesprungen und sich zwischen dürren Weiden hindurchgezwängt hatte, murmelnd im dichten Ried verlor und lautlos mit der Sura zusammenfloß. Hier war alles still und verlassen; auf der anderen Seite erhob sich hinter einem Garten das Herrenhaus mit seinen zahlreichen Nebengebäuden. Dort war alles dunkel. In keinem der Fenster flackerte eine Kerze, als hätten sich die Hausbewohner sämtlich auf eine weite Reise begeben. Auf Brettern überquerte Wadim den Bach und näherte sich dem baufälligen Badehäuschen, das sich auf halber Höhe des Berges befand und das von dichten Vogelbeersträuchern umgeben war. Er meinte durch das Türschloß ein schwaches Licht wahrzunehmen; er blieb stehen und schlich sich auf Zehenspitzen zu dem mit einem Laden verschlossenen Fenster.

Im Badehäuschen waren undeutliche Stimmen zu hören, und Wadim kauerte sich unter dem Fenster ins dichte Gras und begann angestrengt zu lauschen: sein wider alles irdische Mißgeschick gestähltes Herz schlug in diesem Augenblick so heftig in der Brust wie der Adler im eisernen Käfig angesichts einer vom Blute tropfenden Speise ... Wadim war verwundert, wie ein anderer verwundert wäre, würde er mitten in der Winternacht ein Donnergrollen vernehmen; er preßte die Hand fest an die Brust und flüsterte: »Schlaf, törichtes Herz, schlaf! Deine Zeit ist vorüber oder noch nicht angebrochen! Weshalb aber jetzt! – Ist denn ein Wesen in der Nähe, das du haßt? Sprich!« Und wieder legte er mit angehaltenem Atem das Ohr ans Fenster – und hörte:

1. Stimme: »Leb wohl, mein Freund ... für immer leb wohl ...«

2. Stimme: »Ich sollte dich verlassen? Nein, und wenn das Schicksal auf diese Schwelle das Wort *Tod* geschrieben hätte – ich würde hinüberspringen ... dich in die Arme nehmen ... und sterben ...«

1. Stimme: »Aber ich bin nicht in Gefahr! Ich bin ein geringes Wesen; ich werde in der allgemeinen Erregung unbemerkt bleiben . . .«

2. Stimme: »Nein, unmöglich . . . Die Pflicht ruft mich zu meinem Vater . . . Ich bringe ihn in Sicherheit und kehre sofort zurück. Was ist mir die Welt ohne dich? – Ein von seinem Gott verlassener Tempel . . . Warum sollte ich vor der Gefahr fliehen, als könnte mich die Vorsehung nicht überall ereilen, wenn ich untergehen muß!«

1. Stimme: »Grausamer! So willst du nicht . . . Hör zu, um Gottes willen! Fliehe . . .«

2. Stimme: »Nein! Leb wohl! In wenigen Stunden bin ich wieder bei dir.«

Die Stimmen verstummten, und man hörte, wie sich die Tür des Badehäuschens knarrend öffnete und sich dann wieder schloß, und Wadim sah, wie jemand gleich einem Gespenst für Sekunden in der Schlucht erschien und dann auf dem Berg, wie er über den Flechtzaun setzte, der die Schlucht durchschnitt, und im nächtlichen Nebel verschwand . . .

Wadim stand auf, ging zur Tür und versetzte ihr mit der Faust einen Stoß; der Riegel im Innern gab nach, und die schicksalhafte Tür sprang knarrend auf. Man hörte einen Schrei, und dann trat wieder Stille ein . . . Wadim ging hinein, schloß feierlich die Tür hinter sich und blieb stehen. Auf dem Boden stand eine Laterne, und daneben saß, das bleiche Haupt an die eichene Bank lehnend, Olga!

Ein vernichtender Gedanke erhellte blitzgleich den Verstand des armen Buckligen; er erriet augenblicklich, wer die zweite Stimme gewesen war, um wen seine Schwester sich so zärtlich gesorgt hatte, als ruhten auf ihm allein alle Hoffnungen und die ganze Liebe ihres Herzens.

Olga saß reglos da, ihr Gesicht trug das Siegel stummer Verzweiflung, und die Augen sandten ein gleichförmiges kaltes Licht aus, und die zusammengepreßten Lippen schienen von unaufhörlichem Lächeln verzerrt, in diesem Lächeln aber stand ein Vorwurf gegen die Vorsehung . . . Die Laterne befand sich dicht neben ihren Füßen, und die ersterbende Flamme des Lichtstumpfs erhellte durch die grünen Scheiben hindurch nur undeutlich den unteren Teil des Gesichtes dieses armen Mädchens; ihre Brust, die sich hin und wieder ein wenig hob, war mit einer schwarzen Weste bedeckt, und ein langer, halbaufgelöster Zopf fiel auf ihre rechte Schulter.

Wadim stand mit höhnischem Blick vor ihr, wie Mephistopheles vor der ins Verderben gestürzten Margarete, wie die Buße vor der sündigen Seele; ohne eine Bewegung wartete er darauf, daß sie sich nach ihm umwandte, sie aber verharrte in ihrer früheren Haltung und sagte mit stockender Stimme: »Was willst du noch von mir . . .«

»Noch? Was hab ich denn früher von dir verlangt? Welche Opfer? Sprich, Olga! Habe ich dich denn gezwungen, den Schwur zu sprechen . . . Du erinnerst dich! Habe ich die Schuld, daß der verhängnisvolle Augenblick früher eingetreten ist, als du es für günstig hältst?«

»Ach, du bist ein raubgieriges Tier, kein Mensch!«

»Olga . . . dein Vater war auch mein Vater!«

»Ich glaube es nicht, ich kann es nicht glauben . . . daß er in der Heimstatt der Heiligen den Untergang dieser Familie wünschen sollte, daß er wollte, wir würden Unmenschen. Nein, du bist nicht mein Bruder! Aus meinen Augen – ich hasse dich . . . Ich verachte dich . . .«

»Du haßt mich: ja . . . aber verachten kannst du mich nicht . . .«

»Ich verachte dich . . .«

»Du fürchtest mich . . .« Wild lachte er auf und trat näher.

»Wadim, um unseres Vaters willen . . . geh weg! Tödliche Kälte weht mich von dir an . . .«

»Nein, Olga . . . ich bleibe die ganze Nacht hier.«

»Himmel!« flüsterte das arme Mädchen erschreckend, ihr Herz zog sich zusammen. Ein dunkler Verdacht regte sich darin; sie stand auf, doch ihre Beine versagten ihr den Dienst. Sie wollte einen Schritt tun und fiel auf die Knie.

»Höre!« sagte Wadim, er richtete die Schwester auf; er setzte sie auf die Bank, ergriff ihre feuchte Hand, und bemüht, seiner Stimme eine weichere Note zu verleihen, fuhr er fort: »Höre! Es gab eine Zeit, da glaubte ich, daß ich meine Seele durch deine Liebe heiligen könnte. Es waren Augenblicke, in denen ich, wenn ich dich, deine himmlischen Augen sah, meinen furchtbaren Plan mit einem Schlag auslöschen wollte, in denen ich hoffte, an deiner Brust alles Vergangene zu vergessen wie ein Zaubermärchen. Doch du wolltest nicht, du hast mich getäuscht – ein schöner Jüngling hat dich gefesselt ... Und der häßliche Bucklige blieb allein ... allein ... wie eine am klaren Himmel vergessene schwarze Gewitterwolke, die weder von den Menschen noch von der Sonne eines Blickes gewürdigt wird ... Ja, du kannst es nicht verstehen ... Du bist schön, du bist ein Engel, man muß dich einfach lieben. Ich weiß es ... Oh, sieh mich an, ist für mich wirklich kein einziger Blick, kein einziges Lächeln übrig ... Alles für ihn! Alles für ihn allein! Und weißt du, daß er schon mit dem zehnten Teil deiner Zärtlichkeit zufrieden sein müßte, weil er nicht für ein Wort von dir seine ganze Zukunft hingeben würde wie ich ... aber das kannst du unmöglich begreifen. Wüßte ich, daß in meinem Herzen geschrieben steht, wie sehr ich dich liebe, dann würde ich es mir augenblicklich aus der Brust reißen und dir zum Geschenk machen. Oh, sprich ein Wort, Olga, damit ich dich nicht verfluche, wenn ich sterbe.«

»Verfluche mich!« gab sie kalt zur Antwort.

Wadim stand reglos vor ihr, er erinnerte an eines jener unförmigen Götzenbilder, von denen wir bis auf den heutigen Tag manchmal auf einem Hügel in der östlich der Wolga gelegenen Steppe überrascht werden, er rang die Hände, und aus seinen von den dichten Brauen halbverdeckten Augen sprach unüberwindliche Qual. Alles war still, nur der Wind, der ab und zu über das Dach des Badehäuschens fuhr, wirbelte das faulige Stroh auf und heulte in dem leeren Schornstein. Wadim fuhr fort: »Noch ein paar Worte, Olga, und ich verlasse dich. Dies ist mein letzter Versuch; wenn du jetzt kein Erbarmen hast, dann, wisse, wird es keinerlei Blutsbande mehr zwischen uns geben ... Ich spreche dich von allen Eiden los, ich brauche nicht die Hilfe einer Frau; ich war ein Narr, daß ich die Geißel der himmlischen Gerechtigkeit einem schwachen Mädchen anvertrauen wollte ... Doch genug, genug! Höre: wenn ein elender, ausgemergelter, vor Hunger und Durst halbtoter Hund winselnd vor deine Füße kröche und du ein Stück Brot hättest, ein Stück ... Antworte, was würdest du dann tun?«

»Das Herz ist kein Stück Brot, ich habe keine Macht darüber ...«

»Ah! Keine Macht! Aber habe ich dich denn danach gefragt? ...«

»Du wolltest eine Antwort. Ich habe geantwortet.«

»Du bist ohne Mitleid!«

»Hast du denn Mitleid?«

»So liebst du ihn über alle Maßen?«

»Mehr als alles auf der Welt ...«

»Ah! Mehr als alles auf der Welt ... Aber es ist vergeblich!«

»Ja, ich liebe ihn – liebe ihn – und keine Macht der Welt wird uns trennen.«

»Du irrst«, rief der Bucklige bitter auflachend, »er muß auf jeden Fall sterben, und zwar sehr bald!«

»Ich werde gemeinsam mit ihm sterben ...«

»O nein! Du stirbst nicht! Hoffe nicht darauf!«

»Ich hoffe auf Gott. Er wird uns gemeinsam zu sich nehmen oder ihn retten, all deiner Bosheit zum Trotz ...«

»Sprich mir nicht von Gott! Er kennt mich nicht; er will mir das dem Verderben geweihte Opfer nicht entreißen – ihm ist es gleichgültig. Und du glaubst, daß du ihn mit Tränen und Bitten erweichen kannst? Ha, ha, ha! Olga, Olga – leb wohl – ich verlasse dich, aber denk an meine letzten Worte: sie haben den Wert einer Prophezeiung. Ich sage dir: er wird umkommen, du hast dein Herz an die Asche eines Toten verschenkt ... Von dieser Hand ist sein Name schon aus dem Register der Lebenden gestrichen ... Ja«, fuhr er nach minutenlangem Schweigen fort, »und wenn du willst, bringe ich dir seinen Kopf zum Beweis ...«

Er wandte sich ab, offensichtlich wollte er noch etwas hinzufügen – doch die Stimme erstarb ihm auf den blau angelaufenen Lippen, er bedeckte sein Gesicht mit den Händen und lief hinaus ... vielleicht weil er seine Verwirrung oder die unerwünschten Tränen verheimlichen wollte oder weil er in einem übermächtigen Anfall von Raserei danach strebte, sein furchtbares Versprechen auf der Stelle zu erfüllen.

Wie besinnungslos, in einer Art Dämmerzustand blieb Olga zurück. Kaum bemerkte sie, wie ihr Bruder entfloh, kaum hörte sie den Schlag der zufallenden Tür.

Kapitel 18

In den dichten, einstmals nur für die Bären, Wölfe und die Unerschrockensten ihrer Verfolger wegsamen Wäldern der Nishegoroder, Simbirsker, Pensaer und Saratower Gouvernements kann der Schaulustige bis auf den heutigen Tag die Höhlen und unterirdischen Gänge betrachten, die einst von unseren Vorfahren gegraben wurden, damit sie Zuflucht vor den Überfällen der Tataren und Krimbewohner und später der Kirgisen und Baschkiren suchen konnten, wie sie noch unter der Kaiserin Jelisaweta Petrowna den friedlichen Dörfern drohten. Der letzte Überfall fand im Jahr 1769 statt – damals jedoch waren die Baschkiren, die in der Nähe dieser Ortschaften auf Truppen stießen, gezwungen, sich zurückzuziehen, ohne daß es ihnen gelang, die wenigen Werst bis Saratow vorzudringen und größeren Schaden anzurichten. Es war sogar vorgekommen, daß ganze Gemeinden geschlossen in Gefangenschaft genommen oder vertrieben wurden. In den von uns beschriebenen Zeiten waren diese Höhlen noch nicht wie jetzt von Reisig und trockenen Blättern verschüttet; eine von ihnen befand sich unweit von Palizyns Dorf. Das Volk hatte ihr den Namen Teufelshöhle gegeben, und nach abergläubischen Überlieferungen war sie von schreckenerregenden Kobolden und gehörnten Waldschraten bewohnt.

Um vom Dorf Palizyns auf dem kürzesten Wege zu dieser abgeschiedenen Höhle zu gelangen, hätte man über den Fluß setzen und etwa zwei Werst weit durch ein sumpfiges, an Bülten und Silberweidensträuchern reiches, mit hohem Schilf bewachsenes Tal gehen müssen. Nur wenige von den in der Umgebung Ansässigen waren imstande, sich mit Hilfe bestimmter Kennzeichen den Weg durch diese gefährliche Gegend zu bahnen, wo der unerfahrene Wanderer vom tückischen Grün der Moose getäuscht wurde und wo das hohe Rohr Gruben und Algenschlamm verbarg. Der Sumpf endete am Fuße eines Hügels, über den einst ein Pfad lief, welcher sich abwärts wandte und über eine Berglehne hinweg in einen dichten, dunklen Wald einmündete; am Rand des Waldes streckten jahrhundertealte Linden wie Wächter ihre riesigen Äste aus, anscheinend, um den Weg zu verbergen; in die Zeichnung ihrer runzligen Rinde schien mit Höllenlettern Dantes bekannter Vers geschrieben: *Lasciate ogni speranza voi ch'entrate!* Hier kletterte der Pfad von neuem Schritt für Schritt einen langen, sanft ansteigenden Berg hinauf, er wand sich wie eine Schlange zwischen den Bäumen hindurch und verschwand hin und wieder unter den trockenen, brüchigen Blättern und Reisern. Schließlich begann sich der Wald zu lichten, durch den Zaun der dunklen Bäume spähte ein Stück hellblauen Himmels, unverhofft tat sich eine runde kleine, wie von einem Zauberkreis von Wald umgebene Wiese auf, die von frischem Grün und hohen bunten Blumen leuchtete wie ein Eiland inmitten der düsteren See – in der Herbstzeit war darauf stets ein großer Heuschober zu sehen, den der Fleiß eines armen Mannes errichtete; in drohendem Schweigen spähten Tannen und Birken aneinander vorbei nach der Wiese, als beneideten sie sie um ihre Frische und wollten alle zugleich vorrücken und haßerfüllt ihren samtenen Grasteppich zertrampeln. – Von dieser kleinen Wiese sind es noch drei Werst bis zu der *Teufelshöhle*, doch weit und breit ist kein Pfad mehr zu erkennen, und man muß immer weiter nach Osten gehen und sich bemühen, so wenig wie möglich von der Richtung abzuweichen. Der Wald ist nicht besonders hoch, aber die Dornensträucher, der Hopfen und andere Pflanzen umgeben die Wurzeln der Bäume wie ein unzerreißbares Netz, so daß es fast unmöglich ist, aus drei Sashen Entfernung einen stehenden Menschen zu erkennen; bisweilen stößt man auf tiefe Gruben, Nester der vom Sturm entwurzelten Bäume, deren faulige, unkraut- und efeubewachsenen Stämme mit den entblößten Ästen den Weg wie Festungsbarrikaden versperren; darunter liegt der zottige Winterbär, der sich eine weiträumige Höhle gegraben hat, und saugt an seiner unerschöpflichen Tatze; die dichtstehenden Tannen neigen sich wie ein schwarzer Bettvorhang über ihn und wiegen ihn mit unverständlichem Flüstern in den Schlaf. Wenn man so noch gute zwei Werst weitergegangen ist, vernimmt man ein Geräusch, das dem Rauschen fallenden Wassers ähnelt, obgleich ein nicht an das Leben in der Steppe gewöhnter, auf den städtischen Boulevards aufgewachsener Mensch dieses ferne Raunen nicht vom Gemurmel der Blätter zu unterscheiden wüßte; hat man den Blick dann nach dort gerichtet, von wo der Wind diese neuen Laute herbeiträgt, so gewahrt man eine steile, tiefe Schlucht; der Rand ist von tiefgebeugten Birken bestanden, deren vom Frühlingsregen gewaschene, bloße weiße Wurzeln wie lange Schwänze über dem Abgrund hängen; der Lehmhang der Schlucht ist mit Steinen und abgerutschten Erdschollen bedeckt, die den einen oder anderen Strauch mit sich gezogen haben, der unbekümmert in dem neuen Boden Wurzel geschlagen hat; wenn man nun bis dicht an den Rand der Schlucht tritt, sich an zuverlässigen Baumstämmen festhält und hinabbeugt, kann man auf dem Grund einen kleinen, aber sehr rasch dahinfließenden Quell erkennen; ab und zu bedeckt er sich mit einer Schaumkrone, weißer als Schwanenflaum, die als ein Schwaden am Ufer zurückbleibt, ein paar Sekunden verharrt und, von der Strömung wieder fortgerissen, zwischen den Steinen verschwindet und in regenbogenbunten Spritzern daran zerstiebt. Am unmittelbaren Rand der Schlucht beginnt von neuem, wie aus der Erde entsprungen, ein kaum sichtbarer Pfad; er führt am Saum einer ausgewaschenen Rinne zwischen Sträuchern hindurch und schwenkt schließlich, nach einigen Krümmungen, in eine tiefe Grube hinab, als schlüpfe er in seinen Bau; hier aber tut sich eine kleine Waldwiese mit ein paar hohen Eichen auf; in ihrer Mitte erheben sich drei Hügel, die ein regelmäßiges Dreieck bilden; mit Gras und trockenem Laub bedeckt, sehen sie auf den ersten Blick aus wie die Gräber alter tatarischer Fürsten oder Reiter, sobald der Beobachter aber in ihre Mitte getreten ist, ändert er seine Meinung beim Anblick der Öffnungen, die in jeden dieser einer dunklen unterirdischen Galerie gleichsam als Gewölbe dienenden Hügel führen; die Öffnungen sind so klein, daß ein Mensch nur mit Mühe auf Knien hineinkriechen kann, hat er aber ein paar Meter auf diese Weise zurückgelegt, beginnt sich die Höhle mehr und mehr zu verbreitern, und schließlich können drei Menschen mühelos nebeneinander gehen, ohne die Wand mit dem Ellbogen zu streifen. Anscheinend führen die drei Gänge, die anfangs ziemlich steil abfallen und dann in waagerechter Linie verlaufen, in verschiedene Richtungen; die der Schlucht zugewandte Galerie jedoch hat einen besonderen Aufbau: sie verläuft einige Sashen weit wie ein sanft geneigter Hang, dann biegt sie nach rechts ab, doch wehe dem Vorwitzigen, der unvorsichtig in dieser neuen Richtung hinabsteigt: sie endet in einer Steilwand oder führt, besser gesagt, vertikal nach unten; man muß auf die Standfestigkeit seiner Füße bauen, um dorthinab zu springen. Was man auch sagen mag, zwei Sashen sind kein Scherz; hier aber enden alle künstlichen Hindernisse; sie führt parallel zu ihrem oberen Teil und auf einer senkrechten Ebene mit ihm zurück, dann neigt sie sich nach links und mündet in eine weite runde Halle, an die auch die beiden anderen stoßen. Diese Halle ist mit Steinplatten ausgelegt, sie hat in ihren Wänden vier Vertiefungen in Form von Nischen; in der Mitte stützt ein vierseitiger Pfeiler ein recht kunstvolles, aus Ton gebildetes Gewölbe; neben dem Pfeiler ist eine Grube zu sehen, die den unglücklichen Vertriebenen, die vom Schicksal gezwungen waren, sich in diesen unterirdischen Gängen zu verbergen, dermaleinst den Ofen ersetzt haben mag. Mitten in dem tiefen Schweigen der Halle hört man bisweilen Wasser rieseln: es ist eine klare, kalte, aber ziemlich kleine Quelle, die aus einer wohl eigens geschaffenen Spalte in der Wand tritt, an ihr entlangfließt und schließlich in eine zweite, von Steinen eingefaßte Spalte flieht und verschwindet; das nie verstummende Gemurmel des ruhelosen Rinnsals erfüllt die finstere Behausung der Nacht mit Leben wie die Lieder des Gefangenen das Schweigen eines Kerkers. Alle diese Merkmale weisen darauf hin, daß sich unsere Vorfahren mit der Absicht trugen, hier einer lang dauernden Belagerung zu widerstehen, und daß sie es auch vermocht hätten. Übrigens sind die Steine und die Erde des Bodens völlig von Moos überwuchert, und beim Schein der Laterne kann man in der Wand Löcher von Erdratten und anderen bescheidenen kleinen Tieren, den Freunden der Finsternis und der Ungewißheit, erkennen; so daß das Gewölbe mit der Zeit baufällig geworden ist und von der früheren Regelmäßigkeit und Symmetrie fast keine Spur zurückgeblieben ist.

Boris Petrowitsch kannte diese Stelle, denn er war auf der Jagd ein paarmal aus Neugierde dorthin geritten, obwohl er es kein einziges Mal gewagt hatte, ins Innere der finsteren Gänge vorzudringen. Als er sich von seinem Schrecken erholt hatte, tauchte vor seinem geistigen Auge trotz ihres entsetzlichen Namens die Teufelshöhle als einzig denkbarer ungefährlicher Schlupfwinkel auf ... denn hier auf der alten Getreidedarre zu bleiben, in unmittelbarer Nähe seiner schlafenden Henker, wäre höchst unvernünftig gewesen. Doch wie sollte er sich nach dort durchschlagen?

Ich muß Ihnen gestehen, meine lieben Zuhörer, daß Boris Petrowitsch Angst vor dem Tod hatte – ein dem Menschen und dem Hund wie überhaupt allen Lebewesen eigenes Gefühl ... Es war aber an dem, daß Boris Petrowitsch der Tod furchtbarer erschien als anderen Wesen, denn in diesen Minuten glich seine erregte, alles Vergangene umfassende Seele der eines Missetäters, den die spanische Inquisition dazu verurteilt hat, in die dornigen Arme der Madonna dolorosa zu sinken, dieses abstoßenden, gotteslästerlichen, grauenvollen Abbildes des heiligsten aller Heiligtümer. Oh, ich stehe Ihnen gerade dafür, daß Boris Petrowitsch von größerem Entsetzen erfüllt war als ein unerfahrener Schuldner, der zum erstenmal – während er seine leeren Taschen durchstöbert – die Schritte und das Husten seines schwindsüchtigen Gläubigers vor der Tür vernimmt. Gott weiß, was Palizyn auf den bekritzelten Zetteln seines Gewissens las, Gott weiß, welche Gestalten sich in seiner Erinnerung drängten – das Wort Tod, dieses Wort allein, flößte ihm solches Entsetzen ein, daß er schon bei dem blutigen Gedanken dreimal fast das Bewußtsein verloren hätte, doch gerade die Abwesenheit jeglicher Hilfe rettete ihn; er fürchtete auch, daß er sterben könnte, wenn er in Ohnmacht fiel. Der Tod! Von allen Seiten erschien der Tod vor seinem trüben Blick, bald drohend, groß, mit ausgestreckten Armen, wie ein Galgen, bald jäh und unerwartet wie Verrat, wie ein himmlischer Donnerschlag ... Er war außerhalb von ihm und in ihm, überall, überall; er zersprang auf einmal in tausend verschiedene Erscheinungen, spöttisch hüpfte er über seine schweißnassen Glieder, ließ seine grauen Haare zu Berge stehen, seine Zähne aneinanderschlagen. Schließlich wollte Boris Petrowitsch den unerträglichen Gedanken verjagen ... und womit? Mit einem Gebet! Doch vergebens! Sein Mund flüsterte eingelernte Worte, doch auf jedes von ihnen kam aus der Seele nur der eine Widerhall, die eine Antwort: Tod! Er mühte sich, einen Fluchtweg zu ersinnen, ein Mittel, welches auch immer ... das verzweifeltste schien ihm das beste; so verging eine, verging eine weitere Stunde. Diese beiden Hammerschläge der Zeit hallten mächtig in seinem Herzen wider; jedes Pfeifen des ausgelassenen Windes ließ ihn zusammenfahren, das leiseste Rascheln im Stroh, das von der Hast einer großen Ratte oder eines anderen, ebenso friedlichen Tieres hervorgerufen wurde, kam ihm vor wie das Füßescharren der Schandbuben. Er litt, er litt grausam! Und es muß gesagt werden: die Reihe kommt an jeden; das Glück gleicht einer Frau! Wenn sie zuerst jäh verliebt ist, liebt sie zuletzt nicht mehr; Boris Petrowitsch dachte mitunter an seine füllige Freundin ... und dann standen ihm die Haare zu Berge. Er begriff das Schweigen des Sohnes bei der Nennung ihres Namens, er erklärte sich sein Erbeben. An seinem geistigen Auge zogen die Bilder des früheren, von Angst und Reue ungetrübten Glücks vorüber, sie flogen vorbei wie ein leichtes Wehen, wie durch den Wirbelsturm von einer Birke gerissene Blätter, die im flimmernden Vorüberziehen den Blick mit ihrem goldenen und purpurnen Glanz täuschen und dann zu Boden fallen. Betört von den zauberhaften Farben, hingerissen von dem unwahrscheinlichen Trugbild, heben wir sie auf, betrachten sie ... und finden weder die Farben noch den Glanz, sie sind nichts als verfaulte, tote Blätter!

Unterdessen rückte allmählich die Morgendämmerung heran, und Palizyn fühlte sich mehr und mehr in dem Vorsatz bestärkt, sich in der von uns beschriebenen finsteren Höhle zu verbergen; doch wer würde ihm Nahrung bringen? Wo waren die Freunde? Die Diener? Wo waren die einem Wink seiner Hand, einem Zucken seiner Brauen willfahrenden niedrigen Sklaven? – Keiner war da! Ganz und gar keiner! Er heulte vor Wut! Und was noch dazukam: wer sollte ihn dorthin führen? Wie gelangte er aus der stickigen Getreidedarre trotz der Anwesenheit seiner Jäger? Und würde es nicht schon zu spät sein, wenn sie fort waren?

Im Morgengrauen glaubte er Hundegebell, Pferdegetrappel, Schreie und Schimpfen, hin und wieder auch den Ruf der Jagdhörner zu vernehmen; es dauerte etwa eine halbe Stunde; schließlich wurde alles still; eine weitere halbe Stunde verging; auf einmal hörte er eine Frauenstimme über sich: »Herr! – Herr! Steh auf! Aber antworte doch! – Du schläfst doch nicht etwa?«

Sie können sich vorstellen, daß er nicht schlief, doch sein Schweigen rührte daher, daß er die Stimme nicht sofort erkannt hatte und daß ihm dann die erstarrte Zunge den Dienst versagte, obwohl er sie erkannte; vorsichtig richtete er sich auf wie der auferstandene Lazarus aus dem Grabe und kletterte aus dem Kornkasten.

»Du bist es, Wirtin!« flüsterte er kaum vernehmbar.

»Ja, ich! Doch sei unbesorgt ... sie sind alle fort; sie haben dich eine Weile gesucht und es dann aufgegeben. Es geschieht ihm recht ... so haben sie gesagt.«

»Hausherrin!« unterbrach sie Palizyn. »Es wird schon Tag; höre: mir ist eingefallen, wo ich mich verstecken kann ... Du weißt, nicht weit von hier ist ein Ort ... man sagt, es sei ein ziemlich übler Ort, aber das ist gleichgültig; du kennst die Teufelshöhle!«

Die Hausherrin schlug vor Entsetzen dreimal das Kreuz und sah Palizyn starr an.

»Ach! Wohltäter! Ist das ein Unglück! Das Satansnest ...«

»Etwas anderes bleibt mir nicht!« entgegnete er voller Verzweiflung.

»Mag schon sein! Aber sie ist ganz in der Nähe von deinem Dorf ... Alles, was recht ist, Herr, das hast du dir gut ausgedacht. Was ich begonnen habe, das führe ich zu Ende; ich lüde Schuld auf mich, wenn ich dich im Stich ließe; da hast du Bauernkleider, lege dein Staubhemd ab. Und meinen Sohn gebe ich dir zur Begleitung mit ... er ist ein bißchen einfältig, dafür aber verschwiegen und handelt schon gar nicht gegen das Wort seiner Mutter.«

Während sich Boris Petrowitsch umzog, während er einen dunkelgrauen Kaftan überstreifte und schmutzige Fußlappen um die Füße wickelte, ging die Soldatenfrau zur Tür der Getreidedarre, winkte, und es erschien ein etwa siebzehnjähriger Bursche von törichtem Aussehen, mit fuchsrotem Haar, der aber der Statur und dem Wuchs nach ein Hüne war. Er ging hinter der Mutter her, die ihm etwas ins Ohr flüsterte; während er mit dem Kopfe nickte und sich im Nacken kratzte, gähnte er hemmungslos und sagte nur dann und wann: »gut, Machen.« Als sie zu Palizyn kamen, war dieser schon fertig. »Geht mit Gott«, flüsterte die Hausherrin hinter ihnen her. Sie traten durch das

Hintertor aufs Feld hinaus; Boris Petrowitsch fürchtete sich zu sprechen, Petrucha konnte es nicht und mochte es nicht; diese zufällige Übereinstimmung war ihnen eben recht.

Wir wollen sie allein lassen, während sie sich auf dem schmalen Waldpfad zu der furchtbaren Teufelshöhle durchschlagen, beide zitternd wie Espenlaub: der eine aus Furcht vor Verfolgern, der andere aus Angst vor Geistern und Erscheinungen. Lassen wir sie allein und sehen wir, wohin Juri verschwunden war, nachdem er sich von seinem kinderlieben Erzeuger getrennt hatte.

Kapitel 19

Als Juri auf den Weg hinaussprengte, der zum Dorf Palizyno führte, brachte er das ermüdete Pferd für einen Augenblick zum Stehen und ritt dann im Trab weiter; tausenderlei Vorhaben und Ängste jagten sich in seinem Hirn; aber Olga zu retten oder doch wenigstens an ihrer Seite unterzugehen war sein erstes Empfinden, sein alles beherrschender Gedanke; die anfangs sehr gewöhnliche Leidenschaft, die nicht einmal diesen Namen verdiente, wuchs bei dem unverhofften Zusammentreffen der Umstände in seinem Inneren ins Außergewöhnliche: so wie sich im Schatten einer riesigen Eiche alle bescheidenen Büsche der Umgebung verstecken, neigten sich alle anderen Gefühle vor dieser neuen Macht, verschwanden sie im Strom dieses Gefühls.

Juri ritt auf dem glatten, aber schmalen Weg dahin, der gegen die Flanken des Pferdes stoßende Degen stachelte seinen edlen Eifer unmerklich an. Zu beiden Seiten des Weges begannen sich die jungen Fluren gelb zu färben; wie junge Leute erregten sie sich beim leisesten Lufthauch; ein Stück weiter zogen sich zur Linken mit wucherndem Buschwerk bedeckte Hügel dahin, und zur Rechten erhob sich ein dichter, alter, undurchdringlicher Wald; die Finsternis schien unter jedem Zweig mit ihren schwarzen

Augen hervorzublicken; hinter jedem Baum schien ein gehörnter, krummbeiniger Waldgeist versteckt zu sein. Ringsum lag alles im Schweigen; manchmal drang zu unserem Wanderer das klagende Heulen der Wölfe, manchmal auch der abscheuliche Ruf des Uhus, dieses nächtlichen Wächters und Angehörigen der Waldpolizei, der, in sein Wächterhäuschen, eine faulige Baumhöhle, gehockt, den Vorübergehenden zuverlässiger anruft als jeder Posten. Doch auf einmal vernahm Juri andere Laute; es war Pferdegetrappel, das unglaublich rasch näher kam; seinem Instinkt folgend, wollte Juri schon vom Weg abbiegen ... sein Stolz aber behielt die Oberhand; er hielt an, zog eine kleine Pistole, die er für alle Fälle von zu Hause mitgenommen hatte, aus der Tasche, prüfte den Feuerstein, spannte den Hahn und machte sich zu tapferer Abwehr bereit; bald bemerkte er hinter sich, aber noch ziemlich weit entfernt, eine weißschimmernde Staubwolke, und schließlich erschien ein Reiter, der, was das Zeug hielt, auf ihn zujagte.

Als der Unbekannte auf fünfzig Schritt Entfernung herangaloppiert war, begann er sein feuriges Pferd zu zügeln.

»Halt!« schrie Juri. »Komm nicht näher ... oder ich zerschmettere dir den Schädel. – Wer bist du?«

»Hast du mich nicht erkannt, Herr?«, antwortete eine heisere Stimme. »Willst du deinen treuen Knecht wirklich umbringen?«

»Wie, du bist es, Fedossej?« rief der Jüngling verwundert aus, indem er sich dem Mann näherte und versuchte, seine Züge zu erkennen. »Aber weshalb bist du hier?« fuhr er streng fort. »Ich brauche keine Begleiter. Ich kenne meinen Weg ... habe ich dich gerufen? Sprich!«

»Ach, Herr, Herr! Du versündigst dich! Ich habe gesehen, wie du angeritten kamst ... und sofort habe ich mich aufs Pferd geschwungen und bin hinter dir hergaloppiert, damit mich mein Gewissen später nicht mit Vorwürfen plagt. Ich weiß alles, Väterchen! Die Zeiten sind ernst ... aber Fedossej wird dich schon nicht im Stich lassen, wo du dein Leben lassen mußt, da will ich auch das meine lassen; Gott hat mir befohlen, dir zu dienen, Herr; er wird mich in jener Welt fragen: hast du deinen Herren in Treue und Redlichkeit gedient ... Und was müßte ich antworten, wenn ich dich verließe ... Viele Schufte gibt es heutzutage, das Volk ist schlecht geworden, aber ich gehöre nicht zu jenen, Juri Borissowitsch. Du brauchst nur zu befehlen, teurer Vater, und ich gehe für dich durch Feuer und Wasser. Das ist nun mal die Pflicht eines Knechtes; bis heute hast du mir zu essen und zu trinken gegeben, jetzt bin ich an der Reihe. Und wenn ich untergehe, meine Herrschaft werde ich nicht verraten.«

Juri war gerührt; er klopfte ihm auf die Schulter und sagte: »Wenn du die Wahrheit sagst, Fedossej, dann wird Gott es dir und deiner Familie entgelten ... Du weißt, daß dies jetzt nicht in meiner Macht steht.«

»Wohin reitest du, Herr ... so mutterseelenallein ...«

»Fedossej, ich habe meine Schuldigkeit getan, habe meinen Vater über die Gefahr verständigt, ihm geholfen, sich zu verbergen ... und jetzt reite ich ...« Juri wurde nachdenklich, und schließlich, während er sich abwandte, sagte er abrupt: »Ich will mich mit Olga treffen ...«

Das ist es also! dachte Fedossej, er strich sich über den Schnurrbart. Es ist genau die richtige Zeit, an Mädchen zu denken, wenn einem die Schlinge um den Hals gelegt wird!

»Ach, Herr!« sagte er, als er sich gefaßt hatte. »Laß sie! Was wäre das jetzt für ein Stelldichein. Es ist gefährlich, sich im Dorf sehen zu lassen ... selbst die größte Vorsicht kann einen nicht immer schützen. Ach, wenn du wüßtest, was die Leute alles schwatzen.«

»Ich will sie sehen ... ich nehme sie mit. Erst dann werde ich mich um die Gefahr kümmern. Ich will, ich muß sie sehen ...«

»Das ist nicht gut!« murmelte Fedossej.

Eine Weile ritten sie schweigend nebeneinanderher, ohne daß einer von beiden es vermocht – oder auch nur gewünscht – hätte, auf das Gespräch wieder zurückzukommen. In Stunden, in denen sich unser Schicksal entscheidet, sprechen wir keine überflüssigen Worte, weil wir jeden Augenblick zu schätzen wissen, weil uns alle irdischen Leidenschaften im Kopf tosen und es eines einzigen Blickes bedarf, um sich verständlich zu machen ...

»Herr«, rief Fedossej auf einmal. »Schau mal ... es sieht so aus, als ob das unsere Tennen wären ... ja ... ja ... Halt mal an, Herr! Hör, was mir in den Sinn gekommen ist: sag du mir nur, wo ich Olga finden kann – ich will hingehen und sie dir bringen. Du aber warte hier am Zaun auf mich mit den Pferden – sei so gut, Herr, geh ihnen nicht willentlich in die Schlinge. Gott schützt den Vorsichtigen. Sie hat ja nichts zu befürchten, sie ist keine Adlige ...«

Der Vorschlag verwunderte Juri; er empfand etwas Scham. Wie, dachte er, und ich fürchte mich, das törichte Leben für sie zu opfern. Bald aber beschwichtigte er seinen Stolz mit Hilfe dienstbeflissener Sophismen, überwand die unangebrachte Scham – und, o weh! – er stimmte zu, stieg vom Pferd und winkte Fedossej zum Abschied mit der Hand.

Gern würde ich Juri als einen wahren Helden darstellen, doch was soll ich tun, wenn er nicht anders war als Sie und ich. Gegen die Wahrheit sind Worte vergebens; ich habe schon einmal gesagt, daß er nur aus Olgas Blicken die wilde Flamme, das stürmische Verlangen, den stolzen Willen schöpfte – daß er außerhalb dieses Bannkreises ein Mensch war wie jeder andere – einfach ein gutmütiger, vernünftiger junger Mann. Daran war nichts zu ändern.

Als Fedossej hinter dem die Tenne umgebenden Flechtzaun verschwunden war, band Juri die erschöpften Pferde an eine dürre Silberweide und legte sich auf den feuchten Erdboden; vergebens hatte er gemeint, die Kühle des Windes und die Nässe des hohen Grases würden ihm ins Blut dringen – es abkühlen und die bewegte Brust besänftigen. Alle der Ungewißheit des Kommenden entspringenden Trugbilder, alle Einbildungen umkreisten ihn wie in einem zusammenhanglosen Tanz und lockten seine Vorstellungskraft unwillkürlich weiter und weiter, wie mitunter ein Irrlicht, die trügerische Laterne eines boshaften Geistes, den Wanderer bis dicht an den Abgrund führt ...

Um seine Gedanken von den drohenden Bildern der Zukunft loszureißen, richtete Juri sie auf die Vergangenheit – so wenden Ärzte in hoffnungslosen Fällen Mittel der Verzweiflung an – aber führen sie immer zum Erfolg?

Das lange Band der Erinnerungen begann vor ihm abzurollen, und er dachte verwundert: Sind es wirklich so viele? Warum erscheinen sie gerade jetzt alle auf einmal vor mir, als kämen sie zum Fest? Und er begann eine nach der andern anzurühren, wie ein Mädchen beim Orakeln manchmal die Blättchen einer Blume anrührt, und er fand in jeder entweder einen Vorwurf oder ein Bedauern, und auf Grund einer besonderen, in den Augenblicken großer Unruhe und Qual fast allen Menschen gewährten Gunst konnte er alle Gefühle aufzählen, die er auf seinem Lebensweg ausgestreut und die er nach und nach eingebüßt hatte. Aber, o weh! Diese Gefühle hatten keine Früchte getragen; die einen waren, wie die Samen im biblischen Gleichnis, von den Vögeln aufgepickt, andere von Wanderern zertreten worden, wieder andere fielen auf Stein und verfaulten ohne Nutzen im Regenwasser.

Zuerst war er in Gedanken wieder ein Kind, ein hellblonder, mutwilliger, ausgelassener Knabe mit lockigem Haar, der verzogene Liebling seiner Eltern und der Schrekken der Diener, vor allem der Dienerinnen; er war wieder der unschuldige Zögling der Natur, der auf dem Schoß der Kinderfrau spielte und bei dem Wort vom schwarzen Mann zitterte – unwillkürlich mußte er lächeln, als er daran dachte, wie wenig Zeit seitdem vergangen war, doch wie unwiderruflich verloren diese Jahre waren ...

Dann aber brach das Alter der ersten Leidenschaften, der ersten Wünsche an ... Zur weiteren Erziehung wurde er einer reichen Großmutter übergeben. Anjutka, ein einfaches Mädchen vom Hof, zog seine Aufmerksamkeit auf sich; o wieviel Zärtlichkeiten, wieviel Worte, Blicke, Seufzer, Versprechungen – welch kindliche Hoffnungen, welch kindliche Befürchtungen! Wie erheiternd und wie beängstigend, wie leichtsinnig und wie geheimnisvoll zugleich waren die ersten Verabredungen im finsteren Korridor, in der von dichten Vogelbeersträuchern umstandenen dunklen

Laube, im Birkenwäldchen beim schlammigen Bach, in der Strohhütte des Waldhüters! Wie süß waren die ersten, anfangs keuschen, reinen, zuletzt schuldbewußten Küsse; wie leuchteten Anjutkas Augen, wie bebten ihre kaum entwikkelten Brüste, wenn Juris glühende Hand ihren nicht geschnürten, von dem karierten hanfenen Kleid kaum verhüllten Leib kühn umfing, wenn sich seine Lippen an ihrer sonnenverbrannten Brust festsaugten.

Doch dann sagten sie ihm, es sei an der Zeit, in Dienst zu treten. Er fragte, weshalb! Sie antworteten ihm mit Strenge, sein Vater sei schon mit fünfzehn Jahren Sergeant der Garde gewesen; er sei jetzt sechzehn, folglich ... folglich spannten sie die Pferde vor die Kalesche, ließen mit ihm einen Erzieher darin Platz nehmen, gaben ihm zwanzig Rubel für die Reise und ein großes Schreiben an einen entfernten Onkel. Die Peitsche knallte, das Glöckchen ertönte ... Lebt wohl, Freiheit, ihr Haine und Fluren, leb wohl, Glück, leb wohl, Anjuta! Als Juri eben dabei war, in die Kalesche zu steigen, begegnete sein Blick ihren starren, tränenerfüllten Augen; lange hatte sie hinter der Tür nach ihm gespäht. Er konnte sich nicht entschließen, hinzugehen und zum letztenmal ihre bleichen Wangen zu küssen, wie ein Wirbelwind sauste er an ihr vorbei, er riß seine Hand aus den kalten Händen Anjutas, die davon träumte, ihn wenigstens einen Augenblick lang aufzuhalten ... Oh, welch rohe Gefühllosigkeit muß sie in meinem Benehmen erkannt haben, welch schrankenlose Verachtung wird sie jetzt für mich empfinden – hatte er damals gedacht ... Aber nein! Sechs Jahre später sollte er sie wiedersehen ... o weh! Da war sie ein stämmiges, dickes Weib geworden, er sah, wie sie ihre sabbernden Kinder vertrimmte, die Hütte fegte, den betrunkenen Ehemann mit den abscheulichsten Worten traktierte ... und der Zauber verflog wie Rauch; das Gegenwärtige vergiftete die Anmut des Vergangenen. Seit jener Zeit konnte er sich seine Anjuta nicht mehr losgelöst von dieser abstoßenden Frau vorstellen, er mußte das lebhafte, schwarzäugige, schwarzbrauige Mädchen wie eine Verstorbene aus dem Gedächtnis tilgen.

Und er brachte seiner Eigenliebe dieses Opfer fast ohne Bedauern.

Unterdessen besiegten die Sorgen des Dienstes, die neuen Bekannten, die neuen Ideen in Juris Herzen die erste Liebe, sie löschten den ersten Eindruck aus. Der Ruhm war jetzt sein Abgott – Krieg sein Vergnügen! Ein Feldzug – nach der Türkei ... Oh, wie begierig würde er seinen scharfen Degen in das Blut der Ungläubigen tauchen, wie stolz würde er die zerspaltenen, gestürzten Turbane der Anhänger des Korans mit Füßen treten! Wie glücklich würde er sein, wenn ihm Suworow persönlich auf die Schulter klopfte und sagte: So ein Tausendsassa! So ein Blitzkerl ... besser als ich! Na, Gott bewahre! Sicher würde Suworow so etwas Ähnliches zu ihm sagen, wenn er als erster durch das Feuer und den Hagel der türkischen Kugeln den blutgetränkten Wall emporflog und, taumelnd, blutend aus einer tiefen, aber ungefährlichen Wunde, auf der fremden Erde das erste Panier mit dem zweiköpfigen Adler aufpflanzte! – Oh, die Glückwünsche, die Umarmungen nach der Schlacht ...

Die Truppen aber überschritten die russische Grenze, in Flammen standen die Dörfer der Ungläubigen am Ufer der Donau, die als eine breite grüne Woge, indem sie ihre Ufer unterhöhlte, durch wilde Wiesenflächen rollte ... Oh, wie begierig atmete Juri die warme, würzige Luft ein, wie leidenschaftlich stürzte er sich in das turbulente Geplänkel, mit welcher Wut tauchte er den Degen in die Eingeweide eines Türken, der mit verdrehten Augen und mit zuckender Bewegung an dem kalten Eisen biß und nagte! Doch wer war jene Gefangene, die er vor den neugierigen, ja taktlosen Blicken der Kameraden so sorgsam in seinem Zelt verborgen hielt? Wer war das! ... Oh, es war ein Geheimnis! Ein Geheimnis, von dem nur er und Gott etwas wußten, falls Gott in irgendeiner Beziehung zum menschlichen Herzen stand! ...

Er hatte sie halbtot unter den glimmenden Kohlen einer zerstörten kleinen Hütte gefunden; unsägliches Mitleid regte sich im Tiefsten seiner Seele, er hob Sara auf – und seit dieser Zeit lebte sie in seinem Zelt, schön und unsichtbar wie ein Engel; alles in ihrem Gesicht atmete himmlische Harmonie, die Gebärden sprachen, die Augen blendeten durch ihren Zauberglanz, das von violetten Äderchen gezeichnete weiße Füßchen war entzückend wie ein Spielzeug aus Porzellan, die bräunlichen festen Brüste hoben sich beim leisesten Seufzer. Leidenschaft strahlte aus allem: den Tränen, dem Lächeln und selbst aus der Reglosigkeit – dem Äußeren nach zu urteilen, konnte sie kein gewöhnliches Geschöpf sein; entweder war sie eine Gottheit oder ein Dämon, ihre Seele war entweder rein und klar wie der heitere, von einer Träne der Rührung gespiegelte Strahl der Sonne oder schwarz wie ihre Augen, ihr Haar, das sich wie ein Wasserfall über die samtenen Schultern ergoß ... So dachte Juri und ergab sich der schönen Muselmanin völlig, ergab sich ihr mit Leib und Seele, ohne auch nur einmal nach der Zukunft zu fragen.

Zwei Wochen vergingen so ... Und er war noch nicht ermattet vom Sinnentaumel, nicht überdrüssig der Küsse ... Oh, meine Freunde, zwei Wochen sind kein Scherz!

Einst – wie lebhaft tauchte diese unheilvolle Nacht wieder in seinem Gedächtnis auf – schlief Juri auf dem weichen Teppich in seinem Zelt; die Feldlampe in der Ecke war fast niedergebrannt, und hin und wieder lief ein schwaches Flackern über die gestreiften Zeltwände und erleuchtete den silbernen Besatz der Pistolen und Säbel, die dem Feind abgetrotzt worden waren und nun malerisch über dem Lager des Jünglings hingen; Juri schlief ... aber jäh, wie von einem Skorpion gestochen, wachte er auf: zwei schwarze Augen und ein blitzender Dolch waren auf ihn gerichtet! Hölle und Verdammnis! Gestern noch hatte er diese Augen unersättlich liebkost, gestern noch hätte er sein Hab und Gut für dieses kleine Händchen hingegeben! Im Nu entriß er Sara das todbringende Werkzeug und schleuderte es weit von sich, die Türkin jedoch war weder erschrocken noch verwirrt ... Ruhig trat sie beiseite, legte die Hände zusammen, neigte den Kopf auf die Brust, bereit, die verdiente Strafe hinzunehmen, bereit, alle Vorwürfe, alle Beleidigungen wortlos anzuhören ... Oh, wie das südliche Blut in ihr brauste!

»Du Undankbare, du Schlange!« rief Juri. »Sprich, vergilt man bei euch das Leben mit dem Tod? Wußtest du auf meine ganze Freundlichkeit keine andere Antwort als den Dolchstoß? Allmächtiger Gott! Dieser Anblick, und dann eine solche Seele! Oh, wenn all deine Engel ihr gleichen, welcher Unterschied ist dann zwischen Hölle und Paradies? Nein! Sara, nein! Es ist nicht möglich ... Antworte mir ohne Furcht: ich habe mich getäuscht, es ist nur ein Traum! Ich bin krank, ich bin verrückt ... sprich: was willst du?«

»Ich will Freiheit!« antwortete Sara.

»Freiheit! ... ach! Ich bin dir langweilig geworden ... du hast dich deiner Minarette erinnert, deiner Hütte – aber sie sind beide abgebrannt. Seit jener Zeit ist mein Zelt deine Heimat geworden ... doch du willst die Freiheit ... Geh, Sara! Gottes Welt ist groß. Such dir ein Haus und Freunde! Du siehst: auch ohne daß ich sterbe, ist die Freiheit zu erringen ...«

Schweigend ging Sara hinaus; lange folgte er ihr mit dem Blick und einem Traum; der Mond warf seinen Strahl auf ihren langen Schleier, der wie weißer Nebel um ihre biegsame Gestalt wogte; sie glitt wie ein Trugbild lautlos über das Gras ... Jetzt verschwand sie in der Ferne hinter einem Zelt, jetzt flimmerte sie auf und verschwand von neuem ... Leb wohl, Sara! Leb wohl, Rose von Gulistan! Lebe auf ewig wohl!

Am nächsten Tag, frühmorgens, schweifte der ruhelose, blasse Juri mit trübem Blick, wie ein Raubtier durch das Lager. Alles war still, die Sonne begann eben zu brennen und durch die Kleider zu dringen ... da hörte Juri plötzlich in einem Zelt Gewisper von Küssen, Seufzer, Liebesstöhnen, Gelachter und neuerliche Küsse; er lauschte – er gewahrte in der zerrissenen Leinwand einen Spalt, eine unwiderstehliche Macht bannte ihn daran. Seine Blicke tauchten ins Innere des ominösen Zeltes ... Gerechter

Gott! Er erkannte seine Sara in den Armen eines Artillerieoberleutnants!

Er war nicht rachsüchtig, nicht boshaft, aber tiefe Traurigkeit kehrte in seiner Seele ein ... Er vergoß viele Tränen, wäre am liebsten gestorben – und starb nicht, er entschloß sich, Sara zu vergessen. Und, meine Freunde – er vergaß sie!

Endlich ging der Krieg zu Ende, nachdem die russischen Fahnen an den Ufern der Donau ein Weilchen geknattert hatten, rollten sie sich wieder zusammen; als Juri in die Heimat zurückkehrte, war er entschlossen, statt an der einen an allen Frauen durch Untreue Rache zu nehmen – ein äußerst bequemer und kluger Einfall! Nicht nur eine dreißigjährige Witwe schluchzte zu seinen Füßen, nicht nur eine reiche Gnädige warf mit Gold um sich, um wenigstens ein Lächeln von ihm zu empfangen ... In der Metropole, auf rauschenden Festen, bemühte sich Juri mit boshafter Freude, seine Schönen gegeneinander aufzuhetzen, und wenn er bemerkte, daß eine von ihnen der Bürde des Spotts zu erliegen drohte, dann ging er zu ihr, beugte sich mit der lässigen Gewandtheit des selbstgefälligen Jünglings über sie, plauderte, lächelte ... und alle Rivalinnen wurden blaß ... Oh, welche Kurzweil empfand Juri angesichts dieses geheimen und dennoch mörderischen Krieges! Was aber blieb ihm von alldem? – Erinnerungen? Ja, aber was für welche? Bittere, trügerische, wie jene an den Küsten des Toten Meeres gedeihenden Früchte, die unter dem Glanz der geröteten Schale Asche verbergen, glühende, trockene Asche! – Und jetzt loderte Juris Herz bei dem Gedanken an Olga jedesmal jäh und schmerzlich auf, wie eine mit Wasser besprengte, knisternde Fackel; unregelmäßig, stürmisch schlug es in seiner Brust, wie ein Lamm unterm Messer des Opfernden zuckt. Dunkel fühlte er, daß dies seine letzte Leidenschaft war, der Knoten, den das Schicksal im Unvermögen, ihn zu entwirren, mit dem Schwert durchhauen wird, wie einst Alexander.

Kapitel 20

Von niemand bemerkt, schlich sich Fedossej über die Tennen und stieg schließlich in die uns bekannte kleine Schlucht hinab, kletterte über den Flechtzaun und näherte sich dem Badehäuschen; doch was war das? In dieser entscheidenden Minute verschleierte ein unvermuteter Nebel seine Gedanken, er hatte den Eindruck, als stoße ihn eine unsichtbare Hand von der niedrigen Tür fort – und gleichzeitig hatte er nicht die Kraft, sich zu entfernen, wie ein ängstlicher Vogel, der vom magnetischen Blick der Schlange gebannt ist! Eine Minute etwa blieb er unbeweglich stehen, doch plötzlich besann er sich, stieß die Tür auf und trat ein ... Doch als er über die Schwelle schritt, sah er sich um – und es war ihm, als verschwände ein schwarzer Schatten hinter einem Ebereschenstrauch, in der Eile vermochte er seine Umrisse nicht zu erkennen; doch sagte ihm eine geheime Ahnung, daß es entweder ein böser Geist war oder ein böser Mensch. Als Fedossej den Flur hinter sich gelassen hatte und die Badestube betrat, stockte er, überwältigt von einem Mitgefühl, das er nicht sicher bestimmen konnte. Sein wildes, rauhes Herz zog sich angesichts solcher Anmut und solcher Qual zusammen: auf dem Fußboden saß – oder besser gesagt lag – Olga, sie hielt den Kopf über die untere Stufe der Schwitzbank geneigt und stützte ihn mit der rechten Hand; ihre himmlischen, von langen, seidenweichen Wimpern halb verdeckten Augen waren starr wie die eines Toten, von jener dunklen, geheimnisvollen Poesie erfüllt, welche die Blicke der Wahnsinnigen so ungeordnet und im Übermaß ausstrahlen. Sofort war zu erkennen, daß seit langem keine diamantene Träne mehr von diesen samtenen, mit feinen bräunlichen Schatten umgebenen Lidern herabgerollt war: ihre Tränen verwandelten sich in ein Gift, das unerbittlich an ihrem Herzen nagte. Rost nagt am Eisen – und das Herz eines achtzehnjährigen Mädchens ist so weich, so zart, so rein, daß es vom Hauch eines Verdrusses getrübt wird wie Glas, daß jede Schicksalsberührung tiefe Spuren darin hinterläßt, wie der arme Wanderer seine Spur dem goldschimmernden Grund eines Baches einprägt; der Bach, das ist die Hoffnung; solange sie noch hell und lebendig ist, sind die Spuren nach wenigen Augenblicken gelöscht, wenn sich die Hoffnung aber einmal verflüchtigt hat, wenn das Wasser versickert ist ... wen kümmern dann die geringfügigen Spuren, die unsichtbaren, vom Mäntelchen des Anstands verhüllten Wunden.

Kalt und teilnahmslos lag Olga auf dem feuchten Boden, sie rührte sich nicht und hob nicht einmal die Augen, als Fedossej eintrat; die Laterne mit der fast niedergebrannten Kerze stand auf der Bank, und das flackernde Licht, das durch die schmutzigen grünen Scheiben brach, erhöhte die Blässe ihres Gesichtes noch; die bleichen Lippen schienen grünlich zu sein; der halb aufgelöste Zopf warf einen grünlichen Schatten auf die runde, glatte Schulter, die, aus der Gefangenschaft befreit, zum Küssen einlud; das zerdrückte Mieder verdeckte nicht mehr den hohen, prachtvollen Busen; die beiden sanften Rundungen, kühl und weiß wie Schnee, die fast ganz entblößt waren, wogten nicht wie früher. Ungehindert ruhte darauf der Blick des Mannes, ohne daß sich auf dem Hals oder auf den Wangen die leiseste Farbspur zeigte: wenn eine Frau die Hoffnung verloren hat, kann sie auch die Scham verlieren, jenes unbegreifliche, angeborene Empfinden, jenes zwanghafte Bewußtsein der Frau von ihrer Unverletzlichkeit, ja der Heiligkeit ihrer verborgenen Reize.

Die Füße von dem langen Kleid verhüllt, lag Olga da, und voller Unschlüssigkeit stand der bevollmächtigte Sendbote Juris vor ihr; schließlich zupfte er sie ungeduldig am Ärmel.

»Steh auf, steh auf! – Unsere Zeit ist kostbar!«

»Du bist wieder hier!« sagte sie stöhnend, ohne den Kopf zu heben.

»Zum Teufel, wieder ... Ja hast du mich denn nicht erkannt, wie! Steh auf, unsere Zeit ist kostbar! Juri Borissytsch wartet hinter den Tennen, sonst stößt ihm noch etwas zu, während ich abwesend bin ...«

»Oh, nenne ihn nicht! Du willst mich täuschen ... Das ist eine teuflische Falle ... O Wadim! Laß mich wenigstens in Ruhe sterben ... Das Schicksal wird es dir vergelten an meiner Statt!«

»Was phantasierst du, Mütterchen? Ich bitte dich! Was für ein Wadim soll hier sein? – Ich bin Fedossej – ich nehme an, du kennst mich noch ... So steh doch auf! Der Herr ist allein geblieben ... und die Zeiten sind gefährlich.«

Als wäre sie eben aus dem Schlaf erwacht, sprang Olga auf, sie traute ihren Augen nicht; etwa eine Minute lang starrte sie dem grauhaarigen Jäger unverwandt ins Gesicht und rief dann in jäher Begeisterung aus: »So hat er mich nicht vergessen? So liebt er mich? Liebt mich! Er will mit mir fliehen, weit, weit fort ...« Und sie hüpfte herum, hätte fast die rauhen Hände des Jägers geküßt und lachte und weinte ... »Nein«, fuhr sie fort, als sie sich etwas beruhigt hatte, »nein! Gott läßt es nicht zu, daß die Menschen uns trennen, nein, er ist mein, mein auf Erden und auch im Tod, überall ist er mein, ich habe ihn mit blutigen Tränen, Gebeten, mit meiner Sehnsucht erkauft, er ist für mich erschaffen worden – nein, seine Schwüre, seine Zärtlichkeiten, die konnte er nicht vergessen ...«

»Ich weiß von alldem überhaupt nichts«, unterbrach sie Fedossej gelassen, »das mußt du schon mit dem Herrn verabreden, wie ihr es beide mögt, kaufen oder nicht kaufen, ich weiß nur das eine: es ist Zeit für uns ... wenn es nicht schon zu spät ist!«

»Doch wohin, wie?«

»Das laß nur meine Sorge sein! Hol's der Henker! Glaubst du mir denn nicht?«

»Fedossej, wenn du mich täuschst!«

»Gott schütze mich! Ich bin doch kein Türke; doch nun rasch! Juri Borissowitsch erwartet uns hinter den Tennen, auf dem Weg – er hat sich wahrscheinlich schon die Augen nach dir ausgeguckt!«

»Ich bin bereit.«

Fedossej gab ihr ein Zeichen zu schweigen, er ging zur

Tür, öffnete sie halb, und in der Absicht, nachzusehen, ob alles ringsum still und leer sei, steckte er den Kopf hinaus; zufrieden mit dem Rundblick, hustete er ein paarmal, murmelte etwas vor sich hin und war eben im Begriff, die Tür ganz aufzureißen, als er plötzlich aufstöhnte, mit der Hand nach seinem Halse griff, sich reckte und mit furchtbaren Zuckungen auf den Boden sank; etwas Feuchtes spritzte Olga auf die Brust und die Hände. Ein Schauer lief ihr über den Körper, sie wollte schreien und konnte es nicht ...

Vor ihr schwamm Fedossej in seinem Blute, schlug die Zähne in die Erde, kratzte mit den Fingernägeln den Boden; doch über ihm stand jemand direkt auf der Schwelle, mit der Axt in der Hand, der noch furchtbarer anzusehen war als der Sterbende. Er stand reglos da, starrte auf Olga mit den Augen eines Raubvogels und wies mit dem Finger auf die blutgetränkte Erde; er triumphierte, wie Herkules, der die Hydra besiegt hat: ein Lächeln, ein giftig-süßliches Lächeln stand auf seinen roten Lippen; es drückte bald Stolz, bald Verachtung, bald Bedauern aus – ja, das Bedauern eines Henkers, der nicht kraft seines eigenen Willens, sondern auf Geheiß einer höheren Macht den tödlichen Schlag ausführt.

»Du siehst!« sagte Wadim schließlich mit hohlem Gelächter. »Ich habe mein Versprechen gehalten! ... Er ist es! Hab keine Angst, in die entstellten Züge des einst jungen, heiteren Gesichtes zu blicken – er ist es! Der gleiche, dessen Haupt an deiner Brust geruht hat, der trunken an deinen Lippen hingeschmolzen ist, der für einen zärtlichen Blick von dir seine Pflicht, ja selbst Vater und Mutter vergessen hat – für den auch du sie im Stich gelassen hättest, wenn du sie noch hättest ... Er ist es! Der arme, törichte Jüngling, der so stolz war auf seine adlige Herkunft, der mit soviel Selbstzufriedenheit die grüne, goldverbrämte Uniform trug, der, von Schmeichelei umgeben, die Schmeichler mit Geld überschüttete, ohne ein Wort der Dankbarkeit zu erwarten, der nur mit den Augen zu winken brauchte, damit sich ihm die Frauen in die Arme warfen – ja! Und was ist er jetzt! Eine blutbesudelte sterbliche Hülle! Ein lebloser Klotz, der nicht einmal die Kränkung spürt ...« Wadim stieß mit dem Fuß gegen den erkalteten Leichnam und fuhr fort: »Wie widerwärtig muß er jetzt sein ... doch sieh, Olga! Ich will meine Seele nicht mild stimmen durch diesen Anblick; schau, wie hübsch seine nach oben starrenden weißen Augen sind ... Himmlischer Schöpfer! Und wer hat dies alles getan? Wer hat Gottes herrliche Schöpfung in einen Klumpen Dreck verwandelt? – Wer hat diese Locken mit Purpursaft getränkt? Wer hat dieses weiße, reine Hirn über die Wand verspritzt? – Wer? – Ich, ich! – Ha, ha, ha! Der verachtete Bettler, der hilflose Sklave, der mißgestalte Bucklige! – Ja, ja! – Und ist das wirklich so verwunderlich? – Ich habe es dir gesagt, Olga: liebe ihn nicht! Du hast nicht auf mich gehört, wie eine gemeine Frau hast du dich von Gold, von Schönheit und von Verheißungen der Pracht verführen lassen. Du hast mir nicht geglaubt: er versprach dir Glück – ein Wunschbild, ich aber versprach dir Rache – wahrhaftige Rache; du hast das erstere gewählt; du hast gewagt zu denken, daß sich die Menschen dem Schicksal widersetzen könnten; als hätte mich Gott schon so lange verstoßen, daß er mir das erste, das letzte, das einzige Vergnügen abschlüge! Ich bin dein Bruder, Olga, dein Bruder! Dein Herr, dein Gebieter und Zar. Von der ganzen Familie sind nur wir beide noch auf der Welt: mein Weg muß der deine sein; umsonst hast du davon geträumt, mit schwacher Hand zu zerreißen, was die Natur verbunden hat: wo mein Haß tobt, kann nicht deine Liebe blühen ...« Er verstummte für einen Augenblick, die Haare standen ihm zu Berge, die Augen glühten wie Kohlen, und sein nach Olga ausgestreckter Arm bebte in der Luft; er setzte dem Toten seinen Fuß so roh auf die Brust, daß man die Knochen knacken hörte, und sagte mit der feierlichen Pose eines Opferpriesters: »Mein erster Wunsch hat sich erfüllt! Er ist gefallen; da liegt er – der Mörder meiner Hoffnungen, da liegt er, der die erste Seligkeit meines Lebens zunichte gemacht hat; ich hasse dich; bis ins Grab hinein. Wenn wir uns irgendwann in jener

Welt einmal begegnen, so nimm dich in acht! Du aber, Olga – gehe, wohin du willst; zwischen uns sind die Rechnungen beglichen; ich habe es dir vergolten – lebe, stirb – mir ist es gleichgültig. Leb wohl, Schwester! – Leb auch du wohl, armer Jüngling!«

Achselzuckend packte Wadim den Kopf des Toten an den Haaren und hob ihn ein wenig hoch, drehte ihn der Laterne zu – warf einen Blick auf das nun grünblasse Gesicht – fuhr zusammen, sah noch genauer und aus größerer Nähe hin, schrie plötzlich auf und sprang wie besessen zurück; der den Händen entglittene Kopf schlug auf den Boden wie ein Stein. Es war nur ein Augenblick – doch dieser Augenblick enthielt ein ganzes entsetzliches Drama. Wadim, in seiner letzten Hoffnung getrogen, verlor völlig die Fassung; er konnte sich nicht mehr auf den Beinen halten, totenbleich, furchterregend setzte er sich auf die Bank und – was meinen Sie, was er tat? Er weinte! – Ja, er weinte, wie ein Kind, bittere Tränen!

Er saß da und schluchzte, ohne auf die Schwester und den Toten zu achten: Gott allein weiß, was in diesem Moment in der Brust des Buckligen vorging, denn er hielt das Gesicht in den Händen verborgen und sprach kein Wort mehr. Er schien zu begreifen, daß er nun nicht mehr mit den Menschen, sondern mit der Vorsehung kämpfte, und er fühlte undeutlich voraus, daß der Sieg, selbst wenn er ihm zufallen sollte, zu teuer erkauft sein würde; ein unbeirrter, eiserner Wille bestimmte aber sein ganzes Wesen, er kannte, seinem Ziel zustrebend, weder Zögern noch Hindernisse. So schlägt die rastlose Welle ans granitene Ufer und nagt ohne Rast und Ruh bei Tag und bei Nacht: bald bemüht sie sich, es zu erklimmen, bald, es von unten her auszuwaschen und zum Einsturz zu bringen; lange arbeitet sie vergebens, jedesmal wird sie ins weite Meer zurückgeschleudert . . . doch nichts kann sie besänftigen. Und so gehen die Jahre dahin, und der unterhöhlte Felsen reißt sich endlich vom Ufer los und versinkt mit Getöse in der unermeßlichen Tiefe, die frohen Wellen aber tanzen und rauschen über sein Grab dahin.

Und in der Tat, was kann sich dem festen Willen eines Menschen widersetzen? – Der Wille macht sich die ganze Seele zu eigen; wollen, das heißt lieben, hassen, bedauern, sich freuen, mit einem Wort: leben. Der Wille ist die sittliche Kraft eines jeden Geschöpfes, das freie Streben nach Erschaffung oder Zerstörung von etwas; er ist das Siegel der Gottheit, die schöpferische Kraft, die Wunder aus dem Nichts erschafft . . . Wenn man den Willen in Ziffern zerlegen und in Winkeln und Grad ausdrücken könnte, wie allmächtig und allwissend wären wir dann!

Ich weiß nicht, wie viele Stunden Wadim so in Dämmern versunken dasaß, doch als er schließlich aufblickte, fand er die Schwester nicht mehr neben sich; der frische Morgenwind drang durch die Tür herein und bewegte das Gewand des Toten, der bisweilen den Kopf zu schütteln schien, so hoch wurde das lange fuchsrote Haar auf seiner von dickflüssigem, halbgeronnenem Blut benetzten Stirn emporgeweht. Ungerührt sah Wadim auf Fedossej, schüttelte leicht bedauernd den Kopf, stieg über die ausgestreckten Beine des Toten und lief mit schnellen Schritten durch die Schlucht. Der Osten zeigte schon einen deutlichen weißen Schimmer, und ein rosiger Schein zeichnete wie eine Schlange den unteren Rand einer großen grauen Wolke nach, die wie ein die Schlange in seinen Klauen haltender Geier mit ausgebreiteten Schwingen aussah und den ganzen östlichen Teil des Horizonts bedeckte. Auf phantastische Weise hoben sich alle Dinge am fernen Horizont ab, und die hohen Kiefern und Birken der umliegenden Wälder standen schwarz wie Schildwachen auf der Grenzscheide der Erde; still und feierlich war die Natur, und durch den weißen Nebel begannen die Hügel im Licht zu erglänzen, wie mitunter das Gesicht einer Braut durch den Brautschleier glänzt; alles war rein und heilig – doch in Wadims Brust welch ein Sturm!

Kapitel 21

Es war gegen zwei Uhr nachmittags. Die Sonne rollte langsam über den glutheißen Himmel, und die biegsamen Wipfel der Bäume schwankten kaum merklich, wenn sie miteinander flüsterten; im dichten Wald sangen manchmal die unsteten Vögel, ab und zu wiederholte der weise Kuckuck seine trostlose Weise, bemessen wie der Stundenschlag einer Uhr in einer feuchten gotischen Halle. Im frischen Wiesengras, unter einer riesigen Eiche, von dicht verwobenem Buschwerk umgeben, saßen zwei Menschen: ein Mann und eine Frau. Ihre Hände waren von dornigen Zweigen zerkratzt und die Kleider von der langen Wanderung durch das Dickicht zerfetzt; Trauer und Müdigkeit zeichneten sich auf den jungen, schönen Gesichtern ab.

Nachdem die junge Frau ihre vom Tau durchnäßten Schuhe abgestreift hatte, rieb sie mit dem einen Ende ihres Umschlagtuches das von feinen violetten Äderchen kaum gezeichnete, mit zarten, durchsichtigen Nägeln geschmückte rosige Füßchen trocken – dabei hob sie immer wieder den Kopf und schüttelte das ins Gesicht gefallene Haar fort und lächelte ihrem Begleiter zu, der, auf einen Ellbogen gestützt, seine abwesenden Blicke bald zu ihr, bald zum Himmel und bald zum Waldesdickicht schweifen ließ. Hin und wieder runzelte er die Brauen, wenn sich ihm ein finsterer Gedanke in den Sinn stahl, dann wieder wurden seine lichtblauen Augen von Feuchtigkeit verschleiert, und wenn sie in einem solchen Augenblick dem Frohlächeln der Freundin begegneten, senkten sie sich schnell, wie vom hellen Strahl der Sonne getroffen.

»Du bist nachdenklich!« sagte sie. »Aber warum? – Die Gefahr ist vorüber; ich bin bei dir ... nichts steht unserer Liebe im Wege. Der Himmel ist klar und Gott uns wohlgesonnen ... Weshalb soll man da traurig sein, Juri! Wir irren freilich im Wald herum wie wilde Tiere, aber dafür sind wir ebenso frei wie sie. Die Einöde wird unsere Heimat sein, Juri – und die Waldvögel unsere Ratgeber. Sieh nur, wie glücklich sie in ihren offenen, engen Nestern sind!«

»Ja«, antwortete Juri, »sie sind glücklich! Und auch ich bin glücklich an deiner Seite, aber deine Scherze sind mitunter quälend für mich!«

»Vielleicht ist es besser, wenn ich weine!«

»Olga, mein tröstender Engel! ... Oh, wenn du wüßtest, was für fürchterliche Ahnungen meine Seele bedrängen! Und warum haben wir eigentlich nicht erraten können, daß es dazu kommen würde, als sich im Volk so unverhohlen die entsetzlichsten Gerüchte verbreiteten? Warum erschienen sie uns damals so unglaubhaft? Aber jetzt! – Jetzt gehen die russischen Adligen zugrunde und verbergen sich in den Wäldern vor einem einfachen Kosaken, dem niederträchtigen Falschnamigen, und einer Meute blutrünstiger Strauchdiebe! Alle, die sonst jederzeit bereit waren, uns die Fußsohlen zu küssen, haben sich gegen uns erhoben ... oh, diese Schlangenbrut! Wenn ich das gewußt hätte, hätte ich sie zerquetscht ... Mit einem Schlag, in einer Nacht ist alles dahin ... die Mutter, der Vater, unser Hab und Gut – das väterliche Dach ... Alles entrissen ... Hier erwarten uns Hunger, Kälte, das Leben von Bettlern – dort aber der Galgen, die Folter, die Schmach ... Herrgott! Was haben wir getan? – Du selbst strafe mich, aber warum willst du das Werkzeug der Strafe dieser Meute gemeiner Knechtseelen anvertrauen?«

»Juri, beruhige dich! Du siehst, ich betrachte den Verlust aller Dinge mit Gleichmut, nur deine Zärtlichkeit kann ich nicht entbehren! Ich habe Blut gesehen und Grauenhaftes miterlebt, ich habe Worte gehört, bei denen Engel erschrecken würden ... Aber wenn wir uns in den Armen liegen, ist alles vergessen; als wir mit dem Pferd durch den Fluß mußten und du mich so fest und so leidenschaftlich in den Armen hieltest, hätte es keine Zarin und keinen Cherubim des Paradieses gegeben, der glücklicher gewesen wäre als ich ... Ich spürte die Müdigkeit nicht, als ich dir durch das Dornengestrüpp folgte und jeden Augenblick über umgestürzte sperrige Baumstümpfe kletterte.

Natürlich, ich habe ja weder Vater noch Mutter ...« Bei diesen unwillkürlich gesprochenen Worten erbleichte sie und verstummte, als wäre sie über sich selbst erschrocken. Juri umfaßte ihren sanften Leib, zog ihn an sich und küßte ihren Hals: die jungfräulichen Brüste waren mit Röte übergossen und wogten, wie im Bemühen, sich aus dem hindernden Gewand zu befreien. Oh, welche Sinnenlust atmete ihr halbgeöffneter purpurroter Mund! Begierig drückte er seinen darauf, ein Fieberschauer lief über seinen Körper, und seiner Brust entrang sich ein leichter Seufzer ...

»Du hast recht!« sagte er. »Was bliebe mir jetzt noch zu wünschen übrig? Mögen die Mörder nur kommen ... ich bin glücklich gewesen! Was gäbe es Größeres für mich? Auf dem Schlachtfeld habe ich dem Tod wiederholt ins Angesicht gesehen und mich nicht gefürchtet ... auch jetzt erschrecke ich nicht: ich fühle mich stark an Leib und Seele, und bis zuletzt werde ich die Hoffnung nicht aufgeben, daß ich mich mit dir retten kann ... Wenn es aber nötig ist, zu sterben, dann sterbe ich, ohne zu erschrecken und ohne darüber zu stöhnen ... Ich schwöre, daß niemand unter dem Himmel sagen wird, dein Freund hätte das Knie vor gemeinen Henkern gebeugt ...«

Unter solchen Gesprächen verging eine Stunde; sie erhoben sich und wandten sich nach Osten, tiefer und tiefer in den Wald hinein. So gelangten sie in eine Schlucht, und Juri entdeckte zerbrochene Zweige und menschliche Spuren auf den welken, fauligen Blättern, mit denen die Erde übersät war.

»Gehen wir einmal dieser Spur nach, Olga«, sagte er nach kurzem Bedenken, »sie muß uns irgendwohin führen, vielleicht an den Ort unserer Rettung. Was haben wir zu befürchten! Gehen wir ... Hungers zu sterben ist noch schlimmer, und wenn uns Gott bis zu diesem Augenblick beschirmt hat, bedeutet es, daß er auch weiterhin unser Retter sein will ... Bekreuzige dich, und dann laß uns gehen.«

Eine Zeitlang erforschten sie eifrig diese Spuren, die

stellenweise von frisch gefallenem Laub verschüttet und mit dürrem Windbruch überhäuft waren; schließlich hatten sie sich nach langem, ermüdendem Suchen bis zu einer kleinen Lichtung vorgearbeitet, auf der sich die drei uns schon bekannten Hügel zwischen Bäumen erhoben.

»Was mag das zu bedeuten haben«, rief Juri, als er die schwarzschimmernden Höhleneingänge bemerkte.

»Halt, Juri, halt ... ja, ja ... Du kannst der Vorsehung danken – wir sind gerettet ...«

»Aber was ist das? Ich verstehe dich nicht!«

»Ich habe viel von diesen Höhlen erzählen hören, Juri. Unter den Hügeln sind tiefe unterirdische Gänge verborgen, in die sich nur die kühnsten Jäger vorgewagt haben. Aber was haben wir zu befürchten! Diese Stelle ist sicherer als die stärkste Festung.«

»In der Tat«, antwortete Juri, der den Ort in Augenschein nahm, »wenn diese Geschichten auf Wahrheit beruhen, dann sind wir gerettet; bleibt uns nur noch, herauszufinden, ob sich nicht ein wilder Bär darin versteckt hat ... oder ein anderer ungastlicher Eremit.«

Als Juri sich einer dieser Öffnungen zur *Teufelshöhle* genähert hatte, schien es ihm, als nehme er den Geruch von Rauch wahr, er steckte den Kopf hinein: haargenau! Aber was konnte das bedeuten? War ihr Quartier etwa schon belegt? Er teilte Olga seine Beobachtungen mit: sie erschrak, nahm ihn bei der Hand, und als ob in der Höhle ein schreckliches Ungeheuer verborgen sei, rief sie zutiefst erschrocken: »Gehen wir fort von hier – gehen wir ... Zögere nicht länger!«

»Gehen ... aber wohin denn? – Hast du vergessen, daß wir außer dem blauen Himmel und dem finsteren Wald keinerlei Obdach, keinerlei Bleibe haben? Und was haben wir denn zu befürchten? Es ist offensichtlich, daß die Höhle bewohnt ist. Wer sie sind ... was geht es uns an. Wenn es Rauber sind, so haben wir nichts, was sie uns nehmen könnten, wenn es Vertriebene sind wie wir, dann besteht noch geringerer Anlaß zur Furcht. Und im übrigen haben Schurken und Mörder in solchen Zeiten keine

Angst, zur roten Sonne emporzublicken, sie verspüren keine Scham, ihre Gesichter der Menge zu zeigen.«

»Aber ich fürchte mich, Juri, all deine Versuche, mich zu überreden, sind sinnlos, ich habe Angst.« Und sie klammerte sich wie ein scheues Kind an seinen Arm; bald lächelte sie, bald war sie nahe daran, zu weinen, während sie ihm flehende Blicke zuwarf.

»Du bist ein Kind! Schäm dich . . .«

»Nein, ich kenne keine Scham . . . Um meiner Liebe willen, ich will nicht in diese Höhle – laß uns weitergehen. Es ist eine Falle. Wie dunkel es dort ist, wie furchterregend . . .«

»Höre, wenn wir weitergehen, ohne die Gegend zu kennen, werden wir uns Gott weiß wohin verlaufen und den Kosaken in die Hände fallen; dann bin ich unwiderruflich verloren – oder willst du meinen Tod?«

»Juri . . . wie kannst du mir eine solche Frage stellen!«

»Also laß mich! Oder gehen wir lieber gemeinsam in diesen unterirdischen Gang, und dann mag kommen, was da kommen muß!«

Mit diesen Worten zog er seinen Degen und kroch, die todbringende Waffe nach vorn richtend, auf den Knien durch eine der Öffnungen, und indem er sich tastend vorwärts bewegte, gelangte er bis dorthin, wo man aufrecht gehen konnte. Feuchte Grabesluft durchdrang seine Glieder, und aus weiter Ferne begann ein sich nach und nach verstärkendes Murren sein Trommelfell zu erschüttern; bisweilen wallte ihm Rauch entgegen, und nach kurzer Zeit machte er vor sich, wenn auch noch ziemlich weit entfernt, einen schwachen Feuerschein aus, der bald stärker wurde, bald wieder erstarb. Sein Herz begann vor Erwartung zu klopfen; er bewegte sich jetzt leiser, bestrebt, möglichst wenig Lärm zu verursachen, und rüstete sich für den Fall, daß ihn die Herren dieser finsteren Behausung unverhofft angriffen, zum verzweifelten Widerstand; er würde sich wehren, selbst wenn es sich um körperlose Wesen, Geister des Bösen und des Truges handelte!

Als Juri die Rundhalle erreichte, die von einem prasselnden kleinen Feuer ungleichmäßig erleuchtet war, das am Fuße des vierkantigen Pfeilers brannte, konnte er zunächst nichts unterscheiden. Das grell auflodernde Feuer verschlang ein paar trockene, harzige Zweige und streute rote Funken ringsumher; schichtweise verbreitete sich der Rauch in dem ganzen unterirdischen Gewölbe. Juri blieb für einen Augenblick stehen, um sich genau umzusehen, und als sich seine Sinne etwas an den Dunst und den schlechten Geruch gewöhnt hatten, bemerkte er in einer der Nischen etwas, das dem Gesicht eines Menschen ähnelte; doch schien ihm jener, der sich an den Boden drückte, keinerlei Aufmerksamkeit zu schenken; Juri entschloß sich, näher zu treten, und rief, auf einen Angriff vorbereitet, mit donnernder Stimme: »Wer ist da? Steh auf! Was bist du für einer? – Freund oder Feind! Antworte auf der Stelle, sonst geht es dir schlecht!«

Der Unbekannte richtete sich etwas auf, erbebte, rieb sich die Augen, packte schließlich einen zu seinen Füßen liegenden mächtigen Knüppel; ohne sich um das Gesagte zu kümmern, holte er schon zum Schlag aus. In Rauch eingehüllt, der bekanntlich die Eigenschaft hat, die Gegenstände zu vergrößern, und vom unregelmäßigen Feuerschein beleuchtet, sah der Höhlenbewohner wahrscheinlich furchtbarer und riesiger aus, als er in Wirklichkeit war.

Da Juri erkannte, daß es ein ungleicher Kampf war, denn er konnte nicht darauf hoffen, mit einem dünnen stählernen Degen den Schlag des Knüppels abzuwehren, sprang er geschickt zurück. Der Knüppel fiel ins Feuer: rote Kohlestückchen und schwelende Scheite flogen knisternd nach allen Seiten.

»Bleib stehen«, sagte Juri, »sonst durchbohre ich dich.«

Als wäre er vom Klang seiner Stimme überrascht, hielt der Unbekannte inne, sah ihn aufmerksam an und fragte recht undeutlich: »Wer bist du?«

In diesem Augenblick beleuchtete ein Aufflackern des ersterbenden Feuers Juris Gesicht. Ohne die Antwort abzuwarten, stürzte der Unbekannte auf ihn zu und heulte mit heiserer Stimme: »Mein Sohn, mein Sohn!«

Sie fielen einander in die Arme; sie weinten vor Freude und Kummer; auch die Wölfin springt und heult und wedelt mit ihrem buschigen Schwanz, wenn sie das verlorene Wolfsjunge wiederfindet. Doch Boris Petrowitsch war, wie Sie wissen, ein Mensch, das heißt ein Lebewesen, das keineswegs schlechter ist als der Wolf; zumindest behaupten dies die Naturforscher und die Philosophen ... und diese Herrschaften kennen die Natur des Menschen in- und auswendig, so wie wir armen Sünder unsere Morgen- und Abendgebete. Ein sehr wohlbegründeter Vergleich!

Indessen umarmten sich Vater und Sohn unter Tränen, küßten einander und achteten nicht darauf, daß ganz in ihrer Nähe ein Wesen stand, das ihnen völlig fremd war, ein vergessenes, aber wunderschönes und zartes Menschenkind, eine Frau mit einer brennenden Seele, einer Seele, die rein und hell war wie ein Diamant; sie gewahrten nicht, daß jede ihrer Zärtlichkeiten, ihrer Tränen vernichtender für sie war als Gift und Dolch; auch sie weinte jetzt – aber allein – allein, wie der vertriebene Cherub weint, der durch das Gitter der Paradiespforte die Glückseligkeit seiner Brüder sieht.

Als Boris Petrowitsch seinem Sohn erzählte, wie man ihn auf Veranlassung der armen gastfreundlichen Soldatenfrau an diesen abgeschiedenen Zufluchtsort geführt hatte, setzte er hinzu: »Ich habe beschlossen, hierzubleiben, bis sich alles beruhigt hat; die Truppen werden die Aufständischen kurz und klein schlagen, das ist unumgänglich ... Aber was können wir zu zweit, ohne Waffe, ohne Freunde ausrichten ... von Knechtseelen umzingelt, die mit Freuden alles dafür hingeben würden, um zu sehen, wie der Leichnam ihres einstigen Herrn am Galgen baumelt. Hölle und Verdammnis! Wer hätte das erwartet!«

»Aber ich bitte Sie, Väterchen! Es ist doch unmöglich, daß die Gerüchte, die bei unserem törichten Volk so reichlich im Umlauf waren, nicht zu Ihnen gedrungen sind!«

»Gerüchte! Gerüchte! Wer hat denn daran geglaubt? Es ist eine Gottesgeißel für uns arme Sünder, und weiter nichts! Jetzt mußt du wie ein edles Pelztier im Winterbau leben und darfst nicht mal wagen, die Nase herauszustekken, mußt sitzen bleiben, darfst nicht trinken, nicht essen, bis dir ein fremder Junge, der sehr unzuverlässig ist, ein Stück Brot bringt. Da hat er mir gesagt, er würde heute schon frühmorgens kommen, und jetzt ist er immer noch nicht da! Die Sonne ist sicher schon untergegangen, Juri ... Was, Juri?«

Juri vernahm es nicht, er hörte überhaupt nichts; er hielt Olgas weiße Hand in den seinen und trocknete ihre an den Wimpern hängenden Tränen mit Küssen. Doch vergeblich waren seine Versuche, sie zu beruhigen und mit neuer Hoffnung zu erfüllen; sie wandte sich ab, antwortete ihm nicht, rührte sich nicht; wie eine Wachspuppe lehnte sie reglos an der Wand und trachtete danach, deren feuchte Kälte in sich aufzunehmen. Was war mit ihr geschehen? Wie kann man das Herz eines jungen Mädchens erklären: eine Unzahl von Gefühlen drängen sich und brausen in ihrer Seele; nicht selten spiegeln das Gesicht und die Augen sie nicht anders, als der Spiegel die Buchstaben eines Briefes wiedergibt – seitenverkehrt!

»Guten Tag, Olenka«, sagte Boris Petrowitsch, als er zu ihnen getreten war, »du bist zur rechten Zeit stolz geworden, hast dich weder vor mir verneigt noch mich begrüßt ... Freilich, ich bin jetzt wie du selbst ohne Obdach, ohne Vermögen.«

»Als wäre ich damals freundlicher zu Ihnen gewesen«, antwortete sie stockenden Tones.

»Nicht? – Ach! Wieviel Wasser ist den Berg hinuntergelaufen, seitdem wir uns zum letztenmal geküßt haben ... Du hast dich verändert, bist blaß geworden. Bist aber noch immer ein schönes Mädchen, von Kopf bis Fuß!«

Er klopfte ihr leicht auf die Schulter und wollte sie am Kinn fassen, aber Juri, über und über rot geworden, packte ihn am Arm, im gleichen Augenblick besann er sich und lenkte die Hand des Vaters sanft in eine andere Richtung, ging mit ihm ein paar Schritte zur Seite und sagte mit tonloser, aber vernehmlicher Stimme: »Wenn Sie mein Vater sein und in mir einen gehorsamen Sohn sehen wollen, dann begreifen Sie, daß dieses Mädchen ein so unantastbares Heiligtum ist, daß schon Ihre Atemzüge unauslöschliche Flecke darauf hinterlassen. Haben Sie mich verstanden! Verzeihen Sie: mein Blut gerät schon bei dem bloßen Gedanken in Wallung – ich messe die Worte nicht nach der Elle der guten Umgangsformen ... Sie stimmen meinem Vorschlag zu? Anderenfalls ... ist alles, alles vergessen! Der Respekt hat seine Grenzen, die Liebe – hat keine!«

Kapitel 22

Was aber tat Wadim? Oh, Wadim war kein Freund des Müßigganges! Mit Sonnenaufgang machte er sich daran, seine Schwester zu suchen – auf dem Herrenhof, im Dorf, im Garten, überall dort, wo sie vorbeigekommen sein oder sich versteckt haben konnte – ein Fehlschlag nach dem andern! Von Ärger über sich selbst erfüllt, ging er geistesabwesend den Weg entlang, der an den Bauerntennen vorüber in den Wald führte; als er auf gleicher Höhe mit ihnen war und zufällig den Blick hob, sah er einen Falben mit Kummet und Sielen, der am Zaun festgebunden war; er trat näher heran ... und bemerkte, daß das Gras unterhalb des Zaunes niedergetreten war! Auf einmal fiel sein Blick auf etwas Farbiges, das so etwas sein mußte wie ein Gürtel, der an sich festhakenden Kletten hängengeblieben war. Richtig! Es war ein Gürtel! Richtig! Er erkannte ihn wieder! Es war der bunte seidene Gürtel seiner Olga! Ein Blitzstrahl der Wahrheit erleuchtete den Geist des betrübten Buckligen! Sie hatte die Flucht ergriffen: das war klar – aber mit wem? – Mit wem! Als ob man sich da fragen müßte ... Schon bei dem Gedanken an Juri, schon bei seinem Namen verwandelte sich Wadims Blut in Galle! Da ist nichts zu machen! dachte der Bucklige zähneknirschend, es ist dir gelungen, mich anzuführen, du hast die Beute meinen Händen entrissen, du hast den mißgestalteten Bettler verhöhnt, du dreister Narr – aber auch unser Weizen wird einmal blühen! Er schwang sich auf das Pferd und nötigte das entkräftete Tier mit Schlägen, den Weg bis zur Siedlung im Galopp zurückzulegen. In seinem Kopf entrollten sich bereits neue Pläne, neue Projekte des Verderbens und der Vernichtung.

Auf der breiten Straße, der einzigen des Dorfes, drängte sich das Volk im festtäglichen Kaftan mit unbändigem Geschrei der Freude und des Rachedursts um dreißig Kosaken, die ihre Pferde kurz am Zügel hielten und stolz die Geschenke der Bauern entgegennahmen und kellenweise das dicke selbstgebraute Bier schlürften, wobei einer dem andern den Eimer weiterreichte, den der Starost von Zeit zu Zeit erneut mit dem berauschenden Getränk füllte. Dirnen und junge Bäuerinnen im roten und blauen Sarafan aus Kattun gingen – immer vier oder noch mehr auf einmal –, einander an den Händen gefaßt haltend, lächelnd die Straße auf und ab und stimmten stets neue lustige Liedchen an. Die jungen Burschen aber tuschelten untereinander, während sie ihnen folgten, und machten hin und wieder mit lauter Stimme derbe Scherze, die die runden Formen und roten Wangen der Schönen betrafen. Schnaps und Bier gewannen mehr und mehr die Herrschaft über ihre Worte und Gedanken; sie erlaubten sich sichtlich mehr Freiheiten, und die Frauen waren deutlich nachsichtiger als gewöhnlich. Doch lassen wir die ungebärdige Jugend und hören wir einmal, wovon die kriegerischen Neuankömmlinge mit den graubärtigen Dorfältesten sprachen! Es ist nicht schwer zu erraten! Sie forderten die Auslieferung der Herren; doch die Bauern beteuerten und schwuren, die Herrschaften seien verschwunden, sie seien geflohen. O weh, zum Unglück hatten die Kosaken eine zu hohe Meinung von ihnen! Diese Nachricht wollten sie nicht einmal anhören, und der Kosakenunterführer hielt schon seine dicke Peitsche über dem Kopf des Starosten, seine Genossen sprachen schon vom Foltern; unterdessen hatten sich ein paar von ihnen auf den Herrenhof begeben; bald danach kehrten sie zurück und zerrten den Gutsverwalter brutal hinter sich her.

Der Unterführer namens Orlenko, ein Mann, wie er im

Buche steht, groß und von kräftiger Statur, mit langem Schnauzer, schwarzem Backenbärtchen und roten Wangen, maß den bleichen Gutsverwalter, der mit auf dem Rücken gefesselten Händen vor ihm kniete und nur abgerissene Worte und Ausrufe hervorbrachte, mit verächtlichem Blick; das Ende des Strickes hielt ein kleiner blatternarbiger Kosak in der Hand, der alle Augenblicke mit boshaftem Lächeln daran zerrte.

»Was ist denn das für ein Vogel, Grizko!« sagte der Unterführer zu dem kleinen Kosaken. »Was ist das für ein Plärrer? . . . Was brüllt er wie ein Ochse? . . . Ob das nicht vielleicht der Herr von hier ist?«

»Weiß der Teufel!« antwortete Grizko. »Er sagt, er ist der Verwalter, ohne Peitsche ist von diesen Großrussen ja doch nichts Gescheites zu erwarten. Ich hab ihn unter der Bank in der Küche gefunden und ihn mit einem schwelenden Holzscheit mühsam ausgeräuchert!«

Ein Lächeln trat auf die Lippen des Unterführers, als er die angesengten Haare und Brauen des unglücklichen Gefangenen bemerkte, der, während er den Blick nicht von dem Kosaken abwandte und zu schreien aufhörte, bemüht schien, aus dessen Gesicht sein Urteil zu lesen.

»Also der Verwalter bist du?« Mit dieser Frage wandte Orlenko sich drohend an ihn.

Der Unglückliche begann zu zittern, er wollte etwas sagen und stockte.

»Was schweigst du, Hundesohn! – Mit diesem Dolch will ich dir die Zähne aufreißen!«

»Entschuldigung! Ich bin der Verwalter!«

»Ah! Also schuldig bist du!« sagte Orlenko mit gerunzelten Brauen, er verspürte den Wunsch, sich einen kleinen Spaß mit ihm zu machen. »Woran bist du denn schuldig? Gib es sofort zu, sonst erlebst du was!« Er deutete mit dem Finger auf seine Pistolen . . .

»Väterchen, Lieber! . . . Nein, ich hab keine Schuld! Aber Euer Wohlgeboren! Bedenkt doch!«

»Du wagst es und bleibst verstockt!«

»Entschuldigung«, heulte der Verwalter von neuem auf.

»Erbarmen! Ich weiß vor Angst nicht, was ich rede ... Ich bin der Verwalter ... Wenn ich wüßte, wo die Herrschaften sind, ich würde sie selbst unserem Väterchen aushändigen! Ich würde selbst meine Freude haben, wenn sie am Galgen hängen ... Ich würde sie selbst auf dem Scheiterhaufen verbrennen lassen, mit eigenen Händen würde ich ihnen bei lebendigem Leib die Haut abziehen!«

»Ach wirklich! Ja?«

»Gott soll mich erschlagen, wenn ich mir auch nur ein Härchen für sie krümmen ließe, die Schurken!«

»Nun, aber sag einmal! Warum ist dein Bart abrasiert?«

»Der Bart! – Ja also ... aber was denn, mein Teurer!«

»He, Jungs! – Ich sehe, dies ist ein Spitzbube von großem Kaliber!«

»Euer Exzellenz!« sagte der Verwalter und richtete sich mit größerer Sicherheit ein wenig auf. »Belieben Sie bei allen aus der Gemeinde nachzufragen, ob ich meine Herrschaften leiden konnte ...«

»He, ihr da! Spricht er die Wahrheit?«

Die Bauern drucksten herum, kratzten sich im Nacken, husteten.

»Siehst du, sie schweigen!« sagte Orlenko spöttisch. »Aber ich werde den Verdacht nicht los ... daß du vielleicht selbst Palizyn bist! ... Das mit dem Bart ist mir verdächtig! Ihr Bäuerlein, was meint ihr! Ha, ha, ha!«

O weh, das Volk schwieg.

Der Gutsverwalter warf einen verzweifelten Blick in die Runde – aber da er nirgends ein Bedauern gewahrte, biß er sich auf die Lippen, und da er nicht mehr wußte, was er tun sollte, rief er: »Ach, ihr Gottlosen, ihr Heiden ... Was schweigt ihr, bin ich etwa nicht der Gutsverwalter Matwej Sokolow; seht ihr mich vielleicht zum erstenmal? Was streut ihr ehrlichen Menschen Sand in die Augen. Ach, ihr Kanaillen – habt ihr ganz vergessen, wie ich euch geprügelt habe ... oder habt ihr Lust nach mehr?«

Die listigen Bauern hüstelten hier und dort; schließlich sagte einer von ihnen kopfschüttelnd: »Geprügelt hast du uns, Bruder, geprügelt ... es ist eine Sünde, es zu sagen,

Besseres haben wir nicht von dir zu sehen gekriegt. Jetzt aber kannst du uns nicht damit ins Bockshorn jagen, mein Lieber! Alles zu seiner Zeit, die Ohren wachsen nicht über die Stirn. Und jetzt, willst du es jetzt nicht mal an dir selbst abmessen?«

»Was ist nun! Erkennst du ihn an als deinen Herrn?« fragte Orlenko ...

»Der Herr ist er nicht direkt«, sagte der Bauer, »aber der Apfel fällt nicht weit vom Stamm; wo der Pope hingeht, da geht auch der Popenhund hin ...«

»Was soll ich denn mit ihm anfangen?«

»Was du willst, Wohltäter! Uns ist alles gleich! ... Wozu du ihn verurteilen willst ...«, ließen sich einige Stimmen vernehmen.

Der Gutsverwalter fiel dem Unterführer zu Füßen und schrie: »Laß Gnade walten, teurer Vater, du mein goldener, mein silberner, was hab ich dir getan ... Ist es denn möglich, daß unser Väterchen befiehlt, seine treuen Diener zugrunde zu richten?«

»Wozu könnte er schon solche Memmen, solche Weiber brauchen wie dich! Mit euch Brüdern kann man höchstens die Straße pflastern. He, ihr Bäuerlein, nehmt ihn ... Ich schenke ihn euch auf Leben und Tod! Macht mit ihm, was ihr wollt ...«

Im Handumdrehen umringten ihn die Bauern mit großem Geschrei und lauten Verwünschungen; die Worte Tod und Galgen übertönten bisweilen das allgemeine Stimmengewirr, wie sich beim Unwetter die Donnerschläge vom Rauschen der Blätter und vom Pfeifen des schneidenden Windes abheben; die Augen aller waren blutunterlaufen, die Fäuste geballt. Die Herzen schlugen nur im Verlangen nach Rache; wieviel erlittene Kränkungen fielen jedem von ihnen ein! Wieviel Mittel dachte sich jeder aus, sie jenem hundertfältig zu vergelten ...

Auf einmal teilte sich die Menge, sie wogte auseinander wie einstmals das vom Stab des Moses berührte Meer ... und ein Mensch von mißgestaltem Äußeren, kleinem Wuchs, staubbedeckt, schweißgebadet, mit zerrissenen

Kleidern, erschien vor den Kosaken . . . Als ihn der Unterführer sah, nahm er die Mütze ab und grüßte ihn wie einen alten Bekannten, doch Wadim – denn kein anderer war es – wandte sich, ohne ihn wahrzunehmen, an die Bauern und sagte: »Geht ein Stück beiseite, ich habe mit diesen kühnen Burschen etwas Wichtiges zu besprechen . . .« Die Bauern sahen sich fragend an, und da sie auf keinem Gesicht den Wunsch lasen, sich dem unerwarteten Befehl zu widersetzen, traten sie, von dem entschlossenen Gesichtsausdruck des furchterregenden Buckligen besiegt, zurück, gingen auseinander und sammelten sich ein paar Schritt entfernt wieder zum Haufen.

Dann drehte sich Wadim nach dem Unterführer um.

»Guten Tag, Orlenko«, sagte er mit abgehacktem Ton, »das Wild habe ich aufgespürt, es zu fangen ist eure Sache . . .«

»Du bist schon ein flinker Bursche, Rotkappe! Wir kennen dich.« Diese Worte sprechend, klopfte Orlenko ihm auf die Schulter.

Ein kaum wahrzunehmender Schatten des Mißvergnügens flog über Wadims Gesicht, doch der gekränkte Stolz unterwarf sich der Notwendigkeit . . . Was denn, opferte er nun auch dies noch seinem grausamen Vorhaben?

»Wenn ihr wollt, führe ich euch auf Palizyns Spur. Ihr werdet dabei nicht leer ausgehen, dafür stehe ich ein – aber unter einer Bedingung . . . denn selbst der Teufel rakkert sich nicht umsonst ab . . .«

»Zeig uns nur die Spur«, sagte Orlenko lächelnd, »an der Belohnung soll es nicht liegen; wieviel Geld wir dabei auch finden sollten, du hast mein Ehrenwort – der zehnte Teil ist für dich!«

»Geld! . . . Nein, Geld will ich nicht . . .«

»Was willst du dann . . . Blut?«

»Ja, Blut!« sagte der Bucklige mit unbeherrschtem Lachen.

»Aber selbstverständlich, auch daran soll es nicht scheitern . . .«

»Oh, ich kenne euch! Ihr möchtet euch selbst gern an

seinem Tod verlustieren, aber welchen Nutzen hab ich davon? Was werde ich dabei tun? Rumstehen und zuschauen! Nein, gebt mir seinen Körper und seine Seele, damit ich sie in einer Stunde zwanzigmal auseinanderreißen und wieder zusammenfügen kann, damit ich mich sättigen kann an seinen Qualen, ich allein, hört ihr, ich allein, kein anderes Herz, kein anderes Auge soll die Wonne mit mir teilen ... Oh, ich bin kein Narr ... Ich bin nicht euer Spielzeug, hört ihr ...«

Einige Kosaken waren überrascht von seinen furchtbaren Worten und vom düsteren Ausdruck dieses Gesichts, auf dem sich alle seine Empfindungen seit wenigen Augenblicken zu spiegeln begannen! Andere blinzelten einander zu und spotteten über seine seltsamen Gebärden.

»Ach, du Mißgeburt«, sagte der Unterführer, »wer hätte solche Kühnheit von dir erwartet! Ha! Ha! Ha!«

Wadim erblaßte, er warf dem Kosaken jenen Blick zu, der seine wichtigste Waffe war; er stampfte mit dem Fuß auf, knirschte mit den Zähnen und drehte sich um, damit sie die rasende Wut nicht an seinen hochroten Wangen ablesen konnten. Alle sahen ihn verwundert an.

»Ein Pferd!« schrie er plötzlich, als sei er aus dem Schlaf gerissen worden. »Gebt mir ein Pferd! Ich führe euch, Jungs, wir vergnügen uns gemeinsam daran ... Für euch die Ehre und der Ruhm – für mich aber ...« Er schwang sich auf das Pferd, das ihm von einem der Kosaken zugeführt wurde, gab den anderen ein Handzeichen und ritt im Trab auf dem Weg davon; im Nu war die ganze Rotte aufgesessen, Pferdegetrappel ertönte, Staub wirbelte auf, und schon waren alle auf und davon ...

Verzweiflung im Herzen, sah der gefesselte Verwalter der sich entfernenden Kosakenschar nach, er warf seinen unerbittlichen Henkern flehentliche Blicke zu; mit Knüppeln und Stöcken drängten sie sich um das unglückliche Opfer und erwogen kalten Blutes, ob sie ihn aufknüpfen, ihn zu Tode prügeln oder ihn im kalten Speicher verhungern lassen sollten. Letzteres Mittel schien ihnen das bequemste zu sein, und so führten sie ihn im Triumph, unter großem Gelächter und lustigen Liedern zu dem leeren Speicher, der unmittelbar am Rand der Schlucht errichtet worden war, stießen ihn durch die schmale Tür und schlossen ab. Danach zerstreute sich das Volk, einige liefen in die Hütten, andere blieben auf der Straße. Alle diese Ereignisse nahmen viel mehr Zeit in Anspruch, als wir zu ihrer Schilderung benötigt haben, und die Sonne begann sich schon dem Westhorizont zu nähern, als die Erregung im Dorf verebbte. Die Dirnen und Weiber versammelten sich auf den niedrigen Erdaufschüttungen vor den Häusern und stimmten festtägliche Lieder an! Bald darauf überfluteten die Herden, die mit Trappeln und Blöken in einer Staubwolke von der Weide zurückkehrten, die Straße, und die Gören begannen mit dem üblichen Geschrei den zurückgebliebenen Schafen nachzujagen ... Niemand hätte erraten, daß man ein oder zwei Stunden zuvor an der gleichen Stelle das Todesurteil über eine ganze Adelsfamilie verhängt hatte!

Kapitel 23

Wadim ritt den Kosaken voraus den Weg entlang, der zu dem kleinen Dörfchen führte, wo Boris Petrowitsch am Vorabend genächtigt hatte. Er hüllte sich in Schweigen; er träumte von der Schwester, vom heimischen Dach ... Er nahm Abschied von diesen Träumen – für immer!

Seine Versunkenheit schien wie eine dunkle Wolke auf den fröhlichen Kosaken zu lasten; auch sie schwiegen; manchmal entschlüpfte einem von ihnen eine scherzhafte Bemerkung, dann erblühte das Lächeln auf drei, vier Gesichtern, mehr war es nicht! Plötzlich rief ein Kosak: »Halt, Freunde! – Wer kommt uns da entgegen? Hört ihr das Getrappel ... Seht ihr den Staub, dort hinter dem kleinen Abhang? Ob das nicht die Unseren aus dem Dorf Krasnoje sind? Wahrhaftig, ich glaube, sie sind nicht leer ausgegangen – anders als wir –, ich glaube, bei denen wird man schon vom Fingerablecken satt ... Ha! Da seht nur ... sie sind es ganz ohne Zweifel! ... Ach, die Räuber, daß ihre

Seele der Teufel hole! Ha, was für Fuhren sie hinter sich herziehen, ein ganzer Wagenzug.«

Und richtig, die ihnen entgegenkommende Masse sah eher einer Karawane ähnlich als einer Truppe der freien Bewohner des Urals. Voraus ritten etwa fünfzig Kosaken, die von einem alten, grauhaarigen Reiter auf einem feurigen Grauen befehligt wurden. An die zehn Bauern folgten ihnen mit nach hinten gebundenen Händen, mit gesenkten Köpfen, sie trugen keine Mützen und gingen im bloßen Hemd; danach kamen ein paar wohlgefüllte Fuhren mit Wein, allen möglichen Dingen und Geld und schließlich zwei Kibitkas, die mit Bastmatten verdeckt waren, so daß man nur, wenn man diese ein wenig anhob, sehen konnte, was sich darin befand; ein paar Berittene hatten diese Kibitkas in ihre Mitte genommen. Als Orlenko mit seinen Kosaken bis auf etwa fünfzig Sashen herangekommen war, befahl er seinen Begleitern anzuhalten und zu warten, er versetzte seinem Pferd einen leichten Hieb mit der Riemenpeitsche und galoppierte auf die Karawane zu.

»Sei gegrüßt, junger Kämpfer!« sagte der grauhaarige Reiter mit freundlichem Lächeln zu ihm. »Woher und wohin des Weges? – Wir kommen aus dem Dorf Krasnoje, haben den Herrenhof kaputtgeschlagen ... und bringen diese Hundesöhne zu Belborodko! Er wird ihnen einen Halsschmuck aus Hanf drehen – ein zweites Mal werden sie nicht aufmucken.«

»Ich errate, Alter, daß du in Krasnoje wohl getafelt hast ... Ja, auch jetzt scheinst du nicht mit leeren Händen dazustehen!«

»Ja, wir können uns über das Schicksal nicht beklagen! An die drei Fässer Wein bringen wir Belborodko! ...«

»Belborodko! ... Alles für ihn! Aber warum ... Er hat schon ohne uns viel! Ach, ihr Flinken, wenn wir den Wein nun auf das Wohl der Heimaterde trinken würden, anstatt ihn dorthin zu schaffen! Könnt ihr meine Kosaken nicht ein wenig bewirten? Ihre Kehle ist ausgedörrt wie die Uralsteppe. Wir haben ja seit heute morgen jeder nur eine Schale Bier getrunken, und jetzt sind wir auf der Suche nach Palizyn, und Gott weiß, wann wir euch wiedersehen . . .«

Der Alte wandte sich an die Seinen und sagte: »He, Jungs! Was meint ihr? Bis zum Abend sind wir ja doch nicht an Ort und Stelle! Oder halten wir eine kurze Rast . . . Wir brauchen die Unsern ja nicht zu prellen. Wir zechen ein bißchen, ruhen uns aus, und dann soll kommen, was da will: der Morgen ist klüger als der Abend!«

»Halt«, tönte es über die ganze Karawane hinweg.

»Halt!« Das Räderknarren verstummte, der Staub legte sich; Orlenkos Kosaken mengten sich unter ihre Landsleute, umringten die Wagen und lauschten voll Neid den Erzählungen der letzteren von ihrem erfolgreichen Beutezug und von den halsstarrigen Herrschaften des Dorfes Krasnoje, die sich erkühnt hatten, ihr Eigentum mit der Waffe zu verteidigen. Unterdessen begaben sich einige der Kosaken zu einem Wäldchen, an dem ein kleiner Bach vorüberfloß, um einen geeigneten Rastplatz auszuwählen; dorthin folgten ihnen bald darauf die Fuhrwerke und Kibitkas nach und schließlich auch die übrigen Kosaken, die ihre Pferde am Zügel führten.

Als Wadim bemerkte, daß seine Helfer keineswegs darauf brannten, ihm ohne Ruhepausen zu folgen, um ein ungewisses Wild aufzustöbern, zumal sie zwei ansehnliche Weinfässer vor Augen hatten, ritt er zu Orlenko hinüber, faßte ihn am Arm und sagte: »Heute besteht also keine Hoffnung mehr!«

»Ja, Bruder [illegible] wohl kaum, doch ich sage es offen, ich habe selbst genug davon, hinter diesen Ratten herzujagen! Wieviel ich von ihnen schon aufgeknüpft habe, ich habe wirklich die Übersicht verloren; eher könnte ich die Schweifhaare meines Pferdes zusammenzählen!«

Wadim bog schroff nach der Seite ab, ritt ein Stück weiter, stieg vom Pferd, band es an eine dicke Birke und ließ sich auf den Erdboden nieder. Dann sah er, an die Birke gelehnt und die Arme auf der Brust verschränkend, den Vorbereitungen der Kosaken und ihrer sorglosen Fröhlichkeit zu, auf einmal fiel sein Blick auf eine der Kibitkas. Die

Matte war zurückgeschlagen, und er sah ... oh, wenn Sie wüßten, was er sah! Zuerst tauchte daraus der graue, kahlköpfige, gelbe, von Runzeln gezeichnete düstere Kopf eines Greises von sechzig oder mehr Jahren auf; sein Blick war finster, aber edel, von jenem kalten Stolz erfüllt, mit dem wir bisweilen schon geboren werden, der im häufigeren Fall aber das Ergebnis der Erziehung ist und der durch die lange Gewohnheit entsteht, jenen, die uns gleich sind, Befehle zu erteilen. Die Kleidung des Alten war zerrissen und stellenweise mit Blut befleckt – ja, mit Blut ... denn er hatte das Erbteil seiner Vorfahren den gemeinen Räubern nicht wortlos überlassen, hatte nicht die Schmach seiner Kinder mit ansehen wollen, ohne das Schwert zu ziehen für das Recht des Eigentums. Doch das Schicksal war ihm nicht treu geblieben! Schon hatte er zwei Stufen zum Verderben erklommen: Widerstand und Gefangenschaft – jetzt stand ihm die dritte bevor: der Galgen! Wadim blickte unverwandt und voll Teilnahme in jenes Gesicht, dessen Züge überraschende Größe und Edelmut ausstrahlten, aber gleichzeitig von den Krallen der Zeit und des Leidens gezeichnet waren, des Leidens von alters her, das mit seinem Leben verschmolzen war, wie sich zwei verwandte Flüssigkeiten zu einer vermischen; doch die letzten, die grausamsten Schicksalsschläge hatten keine Spur auf der Stirn des Greises hinterlassen; seine von schweren Lidern beschatteten, großen grauen Augen glitten langsam und streng über das zufällig vor ihnen entrollte Bild. Weder die Nähe des Todes noch ein Kummer oder ein Haßgefühl, nichts schien den ruhigen, alles durchdringenden Blick trüben zu können; dann aber richtete er ihn auf das Innere der Kibitka, und – was war das, unwillkürlich traten zwei blitzende große Tränen an den grauen Wimpern hervor und wären fast auf seine sich hebende Brust gefallen; Wadim sah noch aufmerksamer hin.

Da erschien unter der Matte ein anderer Kopf, ein rosiges, zauberhaftes weibliches Köpfchen, das des Pinsels eines Raffael würdig gewesen wäre; es hatte ein kindlich schlaftrunkenes, halb trauriges und halb heiteres, unbeschreibliches Lächeln auf den Lippen; es schmiegte sich so sorglos und zutraulich an die Schulter des Greises, wie sich ein Tropfen Himmelstau auf ein vom Mittag ausgedörrtes, vom Unwetter und von den Füßen der Vorübergehenden zerdrücktes Blatt legt, und man konnte auf den ersten Blick erraten, daß es Vater und Tochter waren, denn ihre wechselseitigen Zärtlichkeiten drückten nur die Trauer über die bevorstehende Trennung aus, ohne den leisesten Hauch der Leidenschaft, eine heilige Trauer, das fürsorgliche Mitgefühl des Vaters und die Besorgnisse der geliebten, verzärtelten Tochter.

Für Wadim war es qualvoll, sie anzusehen. Er sprang auf und lief zu der zweiten Kibitka: sie war völlig aufgedeckt, und es befanden sich zwei junge Mädchen darin, die beiden älteren Töchter des unglücklichen Bojaren. Die erste saß und stützte den Kopf ihrer Schwester, der auf ihrem Schoß lag; ihre Haare waren zerzaust, die Brüste entblößt, die Kleider zerrissen ... Der Haufen fröhlicher Kosaken überschüttete sie mit verletzenden Lobsprüchen, kränkenden Spötteleien, sie wagten aber nicht, sich dem Greis zu nähern: sein strenger, durchdringender Blick versetzte ihre wilden Herzen in unbegreifliche Furcht.

Unterdessen fachten die Kosaken am Ufer des Flüßchens ein paar helle Feuer an und lagerten sich im Umkreis; sie rollten das erste Faß in ihre Mitte – und ein kleines Gelage begann. Anfangs lief ein fröhliches Gemurmel durch die Menge, Gelächter, Lieder, Scherze, Geschichten, alles verschmolz zu einer disharmonischen, fragmentarischen Musik, doch bald wurde das Geräusch lauter und lauter, wie das gebieterische Crescendo eines Orchesters; der Chor wurde harmonischer, mächtiger, ausdrucksvoller; oh, welche Lieder, welche Reden, welche Blicke, Gesichter, Gebärden, frei und verwegen! Was für farbige Gruppen sah man da; die grelle Flamme der Feuer beleuchtete gemeinsam mit dem vergluhenden Westhorizont das Gemälde dieses Gastmahls, als Wadim sich entschloß, zu ihnen zu gehen und sich ihrem Vergnügen anzuschließen.

»Auf das Wohl unseres Pan Belborodko!« sagte einer und trank mit einem Zug eine ganze Schöpfkelle aus. »Er ist es gewesen, der sich diesen goldenen Feldzug ausgedacht hat!«

»Der Teufel soll ihn holen!« entgegnete ein anderer, der schon leicht schwankte. »Ein Prachtkerl! ... Trinkt wie ein Faß, rauft sich wie eine Bestie ... und ist gescheiter als ein Pfaffe!«

»Jungs! Wer von euch heute noch keine Kerbe in den Wanst gekriegt hat, der soll zu mir kommen, ich tu ihm die Liebe!«

»Ach, du Prahlhans, du verfluchter Polack! Hast die ganze Zeit über mit der Flinte hinterm Speicher gesessen ... ha, ha, ha!«

»Und du, Rotschopf, wo hast du dich verkrochen, gib's schon zu, als sich der Alte im Giebelzimmer eingeschlossen hat und anfing zurückzuschießen ...«

»Ich, ja wo denn gleich! Aber ich war doch dabei, mit euch zusammen! ... Wer hat denn den langen Kerl angeschossen, der sich mit dem Beil aus dem Fenster lehnte, wenn ich's nicht war?«

»Das war doch vorher ... Nun, wenn du dabei warst, dann sag mir doch, was der alte Bojar gemacht hat, als unser tollkühner Grizko seinen Sohn umgemäht hat?«

»Was? Nichts!«

»Also lügst du! – Er hat ihn quer übers Fenster gelegt, das Gewehr auf ihn gestützt, einen Schuß auf den Feldhüter abgegeben ... und ihn zu Boden gestreckt! Wie eine Garbe ist er hingeplumpst! Ich zielte schon, zielte auf seine jüngste Tochter ... ein Teufelsweib ist die! Steht hinter dem Fensterpfeiler und lädt die Gewehre ... Wenigstens lagen die beiden andern ohne Besinnung in ihrem Zimmer auf den Betten ...«

»Und hat es viele von euch erwischt?«

»An die zehn sind es schon! Doch haben wir, als wir das Haus stürmten, Hackfleisch aus allen gemacht, die Herrschaften ausgenommen ... denen ist ja bestimmt, daß sie keinen redlichen Tod haben sollen.«

»Worauf wartet ihr eigentlich? Espen gibt es genug ... Auch Stricke sind vorhanden ...«

»Aber es fehlt die Macht ... Der Anführer hat angeordnet, sie zu Belborodko zu bringen! ...«

»Ach, wenn ich der Anführer wäre!«

Jetzt wanderte die Schöpfkelle noch einmal von Hand zu Hand und kehrte trocken an ihren Ausgangspunkt zurück. In den Köpfen begann es heftiger zu brausen, und die Gesichter glühten auf wie der blutrote Feuerschein.

»Wer hindert euch daran, sie zu töten? Ihr fürchtet euch wohl vor euren Anführern?« sagte Wadim mit arglistigem Lächeln.

Dies war wie ein Funke, der in ein Pulverfaß fällt! »Wer hindert uns!« schrien die betrunkenen Kosaken. »Wer wagt es, uns zu hindern! Wir machen, was wir wollen, wir sind keine Knechte, zum Teufel! Töten, ja, töten wir sie! Rächen wir uns für unsere Brüder ... Los, Jungs!«

Und die Menge stürzte sich heulend auf die Kibitkas; der unglückliche Greis schlief an der Brust seiner Tochter; plötzlich fuhr er auf, lehnte sich aus dem Wagen ... und begriff sofort!

»Was wollt ihr!« sagte er mit fester Stimme.

»Ach, du alter Rabe! Du alter Uhu! Wir wollen dir das Lufttanzen beibringen ... Komm doch mal hierher ... Na, steig schon aus!« sagte einer und unterstrich den Befehl mit einem Peitschenknallen.

Der Greis stieg langsam aus der Kibitka, hinter ihm sprang seine Tochter heraus, sie klammerte sich mit beiden Händen an sein Gewand. »Fürchte dich nicht!« flüsterte er ihr zu und legte einen Arm um sie. »Fürchte dich nicht ... Wenn Gott es nicht will, dann können sie uns nichts anhaben, wenn er es aber will ...« Und er wandte sich um ... oh, wie soll man den Gesichtsausdruck des armen Mädchens beschreiben! Welche Anmut, welche Verzweiflung!

»Bringt sie auseinander!« schrie ein krummbeiniger Riese, während er die Schlinge vorbereitete. »Was müssen die sich noch abknutschen!«

Man wollte sie auseinanderreißen, aber das Mädchen

biß rasend vor Wut in die grausame Hand. »Hör auf!« sagte der Vater mit fester Stimme. »Damit kannst du mir nicht helfen, wenn es mir bestimmt ist, von der Hand eines Meuchelmörders zu fallen, ohne Beichte, wie ein Ungläubiger ...«

»Es kann nicht sein! Väterchen, es kann nicht sein ... du wirst nicht sterben!«

»Warum denn nicht, Tochter? Warum kann es nicht sein? Selbst Christus ist doch gestorben! Bete ...«

Sie schüttelte ruckartig den Kopf und brach in Tränen aus.

Himmel, was für Tränen!

Und trotzdem wurden sie gewaltsam getrennt; aber plötzlich schrie sie laut auf und stürzte zu Boden; der Vater drängte hin zu ihr, er stieß mit bewundernswürdiger Kraft zwei Kosaken beiseite – er preßte die Hand auf ihr Herz. Sie war tot, bleich und schon kalt wie die feuchte Erde, auf der ihr junger, makelloser Körper lag.

»Kommt jetzt!« sagte der Greis; seine Augen funkelten wie eine düstere Flamme. Er machte eine resignierte Geste ... sie legten ihm die Schlinge um den Hals, warfen das Ende des Strickes über einen dicken Ast, und ... schallendes Gelächter ertönte, dann trat jähes Schweigen ein, das Schweigen des nahen Todes!

Aber seine Qualen waren noch nicht zu Ende; die betrunkenen Narren ließen das Strickende vorzeitig los; es schnellte nach oben, der Gemarterte stürzte herab, schlug auf den Boden auf – und eines der Beine zersplitterte. Er stöhnte und sank neben dem Leichnam seiner Tochter auf die Erde. »Mörder!« sagte er mit heiserer Stimme. »Ihr sollt verflucht sein, ewig verflucht!«

»Stopf ihm die Kehle!« sagte Orlenko. Dies war Barmherzigkeit für ihn.

Zwei Messer drangen dem Greis blitzschnell in die Kehle, und er verstummte.

Als ihn die Kosaken leicht an den Armen anhoben, um sich von seinem Tod zu überzeugen, nahmen sie wahr, daß er in seinen letzten Zuckungen das Bein der Tochter gepackt und umklammert hatte mit seinen knochigen Fingern, die auf dem zarten Körper erstarrt waren. Oh, es war furchtbar ... und sie lachten!

Liebes, göttliches Mädchen! Auch du bist dahingegangen, unwiderruflich! Ein Hieb – und die frische Blume hat ihren Kopf sinken lassen! Dein schwaches Herz ist zerrissen wie ein morscher Faden. Kein Schluchzen, kein Wort der Liebe und des Friedens hat deine Seele, die so munter und rein war, die einem regenbogenbunten Schmetterling glich und unschuldig war wie der erste Atemzug eines Säuglings, bei ihrem Aufflug gestärkt. Drohende Gestalten standen um dein feuchtes Totenlager, ein Fluch war deine Grabrede! Welche Zukunft! Welche Vergangenheit! Und alles war in einem Augenblick zerstoben; so versammeln sich abends bisweilen am Westhorizont ganze Haufen nebelfeiner, purpurner und violetter Wolken, sie winden sich in Feuersäulen hinan, verflechten sich in phantastischen Reigentänzen, und es wächst in der blauen Weite ein Schloß mit Türmen und Zinnen empor, wunderschön wie der Traum eines Dichters, doch ein Wehen des Nordwindes ... und die Wolken sind zerstoben, sie fallen als ein Tau auf die stumpfe Erde! Friede sei mit dir, du Bildnis der Schönheit! Möge dein Schutzengel über deinem Staube eine Weise von Frieden, Liebe und Abschiednehmen singen.

Indessen stand Wadim reglos da und blickte auf sie und den Greis so gleichmütig und wißbegierig, wie wir einem physikalischen Versuch zusehen würden! Er, dessen unzeitige Worte an alldem die Schuld trugen.

Nun, das ist nicht schwer zu erklären.

Erstens wollte er wissen, von welchem Gefühl die Seele beim Anblick einer solchen Hinrichtung, beim Anblick der furchtbarsten menschlichen Qual aufgerührt wird – und er fand, daß die Seele nicht aufgerührt wurde.

Zweitens wollte er wissen, welchen Grad die Standhaftigkeit des Menschen erreichen kann – und er fand, daß es Prüfungen gibt, die niemand zu ertragen vermag.

Dies ließ ihn hoffen, daß er Palizyns Tränen, seine Reue

erleben – ihn zu seinen Füßen sehen könnte, wie er vor Verzweiflung Erde verschlang und ihm vor Angst die Hände küßte ... Das war zweifellos eine erquickende Hoffnung.

Es war schon dunkel; die Feuer brannten herunter, die Menge verstummte allmählich, und viele schliefen schon völlig unbeschwert.

Der Mond kam am dunkelblauen Himmel hervor und versilberte die Wellen des sich dahinschlängelnden Flüßchens und die neblige Ferne; schwarze Wolken zogen langsam an ihm vorüber, wie der Wächter des Nachts vor dem flammenden Leuchtturm hin und her geht ...

Wadim saß auf seinem früheren Platz, unter der dicken Birke, er hatte die Arme verschränkt und sah düsteren Blikkes zum Himmel auf. Orlenko trat zu ihm.

»Schau, wie lustig es zugeht! Warum bist du als einziger nachdenklich und verdrossen, Buckliger?« fragte er und klopfte ihm auf die Schulter.

»Siehst du die Wolke dort, die wie ein zottiger Bärenpelz über dem Mond hängt?« antwortete Wadim, während er mit verächtlichem Lächeln etwas den Kopf hob.

»Ich sehe sie!«

»Nun, was meinst du, was verbirgt sich in ihrem Innern?«

»Was? Meiner Meinung nach Donner und Blitz – sieh mal, wie trübe es geworden ist ...«

»Und du fragst, weshalb ich düster und schweigsam bin?«

Ohne den Buckligen zu verstehen, zuckte Orlenko die Achseln und ging davon.

Kapitel 24

Verlassen wir nun die zechende und schlaftrunkene Kosakenschar und versetzen wir uns in das schon bekannte Dörfchen, in die Hütte der Soldatenfrau; die Morgendämmerung näherte sich, der Mond beleuchtete friedvoll die

Strohdächer der Höfe, und alles schien in tiefen, ruhigen Schlaf versunken; nur in der Hütte der Soldatenfrau schimmerte trübe ein Kienspan, und hin und wieder war die scharfe, unfreundliche Stimme der Soldatenfrau zu vernehmen, der eine andere, überaus klägliche, weinerliche etwas antwortete – und es wird Ihnen ganz normal vorkommen, wenn ich Ihnen sage, daß die Frau ihren Sohn verprügelte! Ich hätte diese peinliche und abgeschmackte Szene mit Vergnügen weggelassen, wenn sie nicht die unentbehrliche Erklärung für alles Weitere abgäbe; und da ich bei meinen Lesern ein gehöriges Maß an Neugier voraussetze, halte ich es für unnötig, mich des längeren zu entschuldigen.

»Ach, du Faulpelz! Daß du krepierst ... du Hundesohn!« sagte die Mutter, während sie ihren Sprößling an den Haaren zerrte.

»Aua, aua, hab Erbarmen! Goldenes, silbernes Mütterlein ... ich tu's nicht wieder!« heulte der lange Lulatsch und wischte sich mit den Fäusten die Augen aus! »Also, ich hab ihm gestern Brot und einen Krug Kwaß gebracht ... Also, hör zu, Mamachen, ich ging und ging ... aber ein Waldgeist hat mich in die Irre geführt ... und ich bin müde geworden, und da hab ich mich ins Gebüsch zum Schlafen gelegt, Mamachen ... Nun, als ich aufwachte ... da wollte ich gar zu gern etwas essen, und ich hab alles aufgegessen ...«

»Ach, du Tagedieb ... einen solchen Klotz habe ich großgezogen, ich prügle dich zu Tode ...« Und wieder prasselten die Schläge hageldicht auf seinen Kopf herab. »Wahrscheinlich ist er dort«, fuhr die Soldatenfrau fort, »entweder vor Hunger gestorben oder rausgegangen und den Mördern in die Hände gefallen ... und du Lausejunge hast gar nicht dran gedacht! Ja weißt du nicht, daß dich die Teufel im Jenseits dafür bei lebendigem Leibe braten werden ... Was für einen Nichtsnutz hab ich zu meinem Unglück zur Welt gebracht! Wenn ich das gewußt hätte, dann hätte dein Vater niemals die .... von mir zu sehen gekriegt!« Und wieder trommelte sie mit ihren schweren

Fäusten auf den Rücken und die Zähne des Unglücklichen, der sich an den Ofen drückte, den Kopf mit den Händen bedeckte und nur von Zeit zu Zeit ein kaum noch menschliches Stöhnen vernehmen ließ.

Und das verdientermaßen! Die armen Vertriebenen waren des Halunken wegen schon seit mehr als vierundzwanzig Stunden ohne Nahrung, und die Verzweiflung begann sich in ihre Herzen zu stehlen! In der Tat, wie sollten sie hinausgehen, wo sollten sie Hilfe suchen, wenn ihre Beschützer sie allem Anschein nach der Willkür des Schicksals überlassen hatten?

Aber während die Soldatenfrau ihren Sprößling verbleute, kletterte jemand über den Staketenzaun, bahnte sich tastend einen Weg durch den von einem Holzschlitten und allerhand Holzklötzen versperrten Hof und trat unsicheren Schritts in die dunkle Hausdiele. Erschöpfung sprach aus allen seinen Bewegungen; er lehnte sich an die Wand und holte Atem; dann schlich er zur Tür des Wohnzimmers und legte das Ohr daran. Als er die Stimme der Soldatenfrau erkannte, öffnete er sie – und trat ein; der fast abgebrannte Kienspan erhellte kaum sein blasses, abgemagertes Gesicht. Ohne ein Wort setzte er sich ganz entkräftet auf eine Bank und schlug die Hände vors Gesicht.

Die Hausfrau schrie beim Anblick des ungerufenen Gastes auf, doch gleich darauf, als sie ihn erkannt hatte, lehnte sie, da sie Zeugen fürchtete, eilig die Tür an und ging mit dem Ausdruck aufrichtigen Mitleids auf ihn zu.

»Was ist dir, mein Wohltäter! Ach, Heilige Jungfrau! ... Aber wie kommst du hierher? Gott sei Dank! Ich glaubte, diese Schandbuben hätten dich längst abgemurkst!«

»Ich habe durch einen Zufall meinen Vater in der Teufelshöhle gefunden«, antwortete er mit schwacher Stimme. »Du hast ihn gerettet! Ich danke dir dafür ... ich bin gekommen, um etwas Brot zu holen.«

»Ach, ich Verdammte! Ach, ich Wahnsinnige! – Und ihr, meine Lieben, habt sicher dort gehungert und gehungert ... Nein, das kann ich mir nie verzeihen ... Du Flegel, du Strohkopf«, schrie sie, sich ihrem Sohn zuwendend, »alles nur deinetwegen! Du Hundesohn ...« Und wieder prasselten die Schläge auf den Armen nieder.

»Gib mir irgendwas!« sagte Juri.

Diese Worte erinnerten sie an etwas, was wichtiger war! Sie holte Brot aus dem Ofen, stellte einen Topf abgerahmter Milch vor ihn hin, und er fiel gierig über die ihm vorgesetzte Kost her; in diesem Moment vergaß er alles: die Pflicht, die Liebe, den Vater, Olga, alles, was nicht mit dieser segenspendenden Milch und dem Brot zusammenhing. Wenn man ihm in diesem Moment ins Ohr geschrien hätte, der furchterregende Pugatschow persönlich sei nicht mehr als dreißig Schritt von ihnen entfernt, dann hätte der Unglückliche noch überlegt, ob er das unschätzbare Abendbrot stehenlassen und sich retten – oder ob er lieber seinen Hunger stillen und zugrunde gehen sollte! Er hatte den Verstand, das Herz verloren – er hatte nur noch seinen Magen!

Während er auf diese Weise aß und sich erholte, verstrich eine Stunde, eine kostbare Stunde. Unmerklich wurde der Osten hell; und die fernen Ränder der Nebelwolken begannen schon ihr brokatenes Morgengewand überzustreifen, als sich Juri, gebeugt von der Last des Proviants, anschickte, die gastfreundliche Kate zu verlassen. Auf einmal ertönte Pferdegetrappel auf der Straße, jemand galoppierte an den Fenstern vorbei; Juri erblaßte, er ließ den Sack fallen und sah die gleichsam zur Salzsäule erstarrte Hausherrin bedeutungsvoll an. Sie lief zum Fenster, schlug die Hände über dem Kopf zusammen, und auf ihrem treuherzigen, gebräunten Gesicht stand das Entsetzen.

»Nichts zu machen!« sagte Juri, und er rief all seine Standhaftigkeit auf den Plan. »Nicht wahr! Ich bin verloren. Sprich schneller, denn ich mag keine Ungewißheit!«

Aber die Hausfrau antwortete nicht; sie hob neben dem Ofen ein Dielenbrett hoch und wies mit dem Finger auf eine Öffnung; Juri verstand das beredte Zeichen und ließ sich eilig in einen kleinen kalten Keller hinab, der mit Hausrat vollgestellt war.

»Was du auch immer hörst, was sie auch hier in der Hütte

mit mir anstellen sollten, Herr, komm frühestens in zwei Tagen hier heraus. Gott beschütze dich! Hier sind Milch, Kwaß und Brot, es reicht für zwei Tage!« Und die schwere Bohle schlug wie ein Sargdeckel über seinem Kopf zu.

Um keinen Verdacht zu erregen, machte sich die Hausherrin, als ob nichts geschehen sei, am Ofen zu schaffen. Kurz darauf wurde die Tür mit großem Getöse geöffnet, und Kosaken traten ein, die von Wadim geführt wurden.

»Hier war Boris Petrowitsch Palizyn mit seinen Jägern«, sagte Wadim zu der Soldatenfrau, »wo sind sie?«

»Im Morgengrauen, in aller Frühe, sind sie davongeritten, mein Wohltäter!«

»Du lügst; die Jäger sind abgezogen – er aber ist hier!«

»Ich bitte euch, liebe Väter, warum sollte ich ihn verstekken! Er ist doch nicht mein Herr, denke ich . . .«

»Darin liegt ja auch die Stärke, daß es nicht deiner ist!« sagte Orlenko, den Faden aufgreifend . . . und er schlug sie mit der Peitsche, bevor er fortfuhr: »Nun, dreh dich ein bißchen flink, zeig uns, wo er bei dir herumgluckt . . . andernfalls . . .«

»Macht mit mir, was ihr wollt«, sagte die Hausherrin mit gesenktem Kopf, »bei Christus und der Heiligen Jungfrau, ich weiß von nichts . . . sucht, meine Lieben, und wenn ihr nichts findet, dann macht mir sündigem Menschen keinen Vorwurf.«

Auf das Zeichen des Atamans begaben sich ein paar Kosaken auf den Hof, um dort zu suchen, aber eine Viertelstunde später kamen sie zurück und erklärten, daß sie nichts gefunden hätten!

Orlenko blickte mißtrauisch zu Wadim hinüber, der an den Ofen gelehnt stand, einen Finger an die Stirn gelegt hatte und in tiefes Nachdenken versunken schien; schließlich sagte er, als sei er eben aus dem Schlaf erwacht, mehr für sich allein: »Er ist hier, er ist ganz bestimmt hier!«

»Warum glaubst du so fest daran?« fragte Orlenko.

»Warum! Mein Gott! Warum? Ich sage euch, daß er hier ist, ich spüre es . . . ich gebe euch meinen Kopf, wenn er nicht hier ist!«

»Ein schönes Geschenk«, bemerkte jemand von hinten.

»Was hast du für Beweise, und wie sollen wir ihn finden?« sagte Orlenko.

Grizko nahm sich die Freiheit, etwas von sich zu geben, und riet, die Frau des Hauses der Folter auszusetzen.

Bei dem drohenden Wort *Folter* wurde sie merklich blaß, doch zeigte sich keine Spur von Unentschlossenheit oder Angst in ihrem Gesicht, das von für sie vielleicht neuen, doch darum nicht weniger edlen Gefühlen belebt war.

»Foltern wir sie also«, riefen die Kosaken, den Gedanken aufgreifend, und umringten die Hausherrin. Sie stand regungslos vor ihnen, ihre Lippen flüsterten nur hin und wieder ein lautloses Gebet. Sie banden ihr um jede Hand einen dicken Strick, warfen die Strickenden über den Balken, der den Zwischenboden stützte, und begannen, sie ein Stück hochzuziehen; ihre Fersen lösten sich vom Boden, und bald berührte sie den Boden kaum noch mit den Zehenspitzen. Da hielten die Henker ein und betrachteten lächelnd ihre an den Handgelenken hervortretenden Adern und ihr vor Schmerz rot angelaufenes Gesicht.

»Nun, was ist, du Teufelsweib«, sagte Orlenko, »sagst du jetzt, wo du Palizyn versteckt hast?«

Ein tiefer Seufzer wurde ihm zur Antwort.

Er verschaffte seiner Frage durch einen Schlag mit der Riemenpeitsche Nachdruck.

»Und wenn ihr mich umbringt, ich weiß es nicht«, antwortete die unglückliche Frau.

»Zieht höher!« lautete Orlenkos Befehl, und zwei Minuten später hing sie etwa einen Arschin über dem Fußboden. Ihre Augen waren schon blutunterlaufen, mit zusammengebissenen Zähnen versuchte sie, unfreiwillige Schreie zu unterdrücken. Wieder hielten die Henker ein, und Wadim gab Orlenko ein Zeichen, das dieser sofort verstand. Sie zogen der Soldatenfrau die Schuhe aus; man legte ihr einen Haufen glühender Kohlen unter die Füße ... Von der Hitze und dem Schmerz in den Füßen bekam sie Krämpfe – sie begann laut zu stöhnen und um Schonung zu bitten.

»Aha, endlich kriegst du die Zähne auseinander, verfluchtes Weibsstück . . . Nicht wahr, wenn wir mit dem Rösten anfangen, dann spricht nicht nur die Zunge, dann fangen sogar die Hacken an zu sprechen . . . Nun antworte, aber schnell, wo ist er?«

»Ja, wo ist er?« wiederholte der Bucklige.

»Ach! . . . Ach! O Gottogott . . . meine Lieben . . . Laßt mich Luft holen . . . Laßt mich auf die Erde runter!«

»Nein, sag es erst, dann lassen wir dich . . .«

»Wie ihr wollt . . . Ich bringe kein Wort heraus . . . Ach! Ach, Herr im Himmel . . . Rette mich . . . O Gottogott . . .«

»Laßt sie runter«, sagte Orlenko.

Als die Füße des unschuldigen Opfers den Boden berührten, als ihre Brust wieder freier atmete, wiederholte der Kosak seine früheren Fragen.

»Er ist geflohen!« sagte sie. »In derselben Nacht . . . auf dem schmalen Pfad, der an der Schlucht entlangführt . . . Mehr weiß ich nicht, bei Christus.«

In diesem Augenblick führten zwei Kosaken einen rothaarigen, fettbeschmierten Tölpel in die Hütte, ihren Sohn. Sie warf ihm einen Blick zu, den jeder verstanden hätte außer ihm selbst.

»Wer bist du?« fragte Orlenko.

»Petrucha«, antwortete der Bursche.

»Ach, du ausgemachter Trottel, wer du bist!«

»Woher soll ich das wissen . . . es heißt, ich bin Mütterchens Sohn . . .«

»Ha, gut!« sagte Orlenko losprustend. »Wo habt ihr ihn denn gefunden?«

»Er hatte sich bis über die Ohren im Stroh neben dem Speicher vergraben; wir gingen vorbei, aber sieh, da ragen zwei Füße aus dem Stroh hervor . . . Also haben wir ihn an den Füßen von dort herbeigezerrt, gezerrt wie einen Kahn von der Sandbank . . .«

»Hör, Orlenko«, unterbrach Wadim, »von diesem Dummkopf können wir mehr erfahren als von der starrköpfigen Hexe, seiner Mutter!«

Der Kosak nickte zum Zeichen des Einverständnisses.

»Wir müssen ihn aber rausschaffen, sonst stört sie uns.«

»Auch das ist wahr – bring ihn mal auf den Hof«, sagte Orlenko, »und diese Teufelin schließen wir hier ein . . .«

Als die Hausfrau dies hörte, wurde sie hochrot, ihre Augen blitzten . . .

»Hör, Petrucha«, schrie sie, so laut sie konnte, »wenn du auch nur ein einziges Wort sagst, will ich dich verfluchen, dich vom Hof jagen, dich zu Tode schinden und erschlagen!«

Beim Ton der vertrauten Stimme erbebte der Sohn; das durch die Anwesenheit so vieler unbekannter Leute bei ihm hervorgerufene Gefühl der Erstarrung wurde noch stärker; seine Mutter fürchtete er mehr als alle Kosaken auf der Welt, denn er war es gewöhnt, sie zu fürchten; als sie ihre von vielsagenden Gesten begleiteten Drohungen ausgestoßen hatte, verfiel sie in düsteres Grübeln und schien sich zu beruhigen.

Etwa zehn furchtbare Minuten vergingen; plötzlich ertönten auf dem Hof Peitschenschläge, die Schimpftiraden der Kosaken und das Geschrei des Unglücklichen. Ihr mütterliches Herz krampfte sich zusammen, bald aber ergriff der Gedanke Besitz von ihr, daß er die Qualen nicht bis zum Schluß durchhalten und ihr Geheimnis preisgeben würde . . . Sie betete, weinte, lief durch den Raum, voll Unschlüssigkeit, was zu tun sei, einen Augenblick war sie sogar nahe daran, den Verrat zu erwägen. Dann aber verstummten zunächst die Schreie, dann die Schläge . . . dann das Schimpfen . . . Schließlich sah sie durch das Fenster, wie die Kosaken einer nach dem andern durchs Tor hinausgingen, wie sie sich auf der Straße im Kreis versammelten und Rat zu halten begannen. Ihre Gesichter waren finster und von getrogener Hoffnung verdüstert; der rothaarige, niedergemähte, halbtote Petrucha blieb auf dem Hof zurück; er lag ächzend und stöhnend auf dem Boden. Seine Mutter ging voll Zittern und Zagen zu ihm, doch leuchtete in ihren Augen eine unaussprechliche Freude: er hatte nichts gesagt, er hatte sein Geheimnis den Mördern nicht preisgegeben.

DAS PANORAMA MOSKAUS

Wer nie auf der Spitze des Iwan Weliki gestanden hat, wer nie Gelegenheit hatte, unsere ganze alte Hauptstadt von einem Ende zum anderen mit einem einzigen Blick zu erfassen, wer sich noch kein einziges Mal an diesem majestätischen, fast unüberschaubaren Panorama ergötzt hat, der weiß nichts von Moskau, denn Moskau ist keine gewöhnliche Großstadt wie tausend andere. Moskau ist kein stummer Koloß von kalten, symmetrisch zusammengesetzten Steinen ... nein! Es hat seine eigene Seele, sein eigenes Leben. Wie auf einem alten römischen Friedhof hat jeder seiner Steine eine von Zeit und Schicksal geschriebene Inschrift bewahrt, eine Inschrift, der Menge unbegreiflich, aber reich, überreich an Gedanken, Gefühl und Inspiration für den Gelehrten, den Patrioten und den Poeten! ... Wie der Ozean hat auch Moskau seine eigene Sprache, eine starke, klangvolle, heilige Sprache, die Sprache des Gebets! ... Kaum erwacht der Tag, da ertönt schon von allen seinen goldkuppligen Kirchen die harmonische Hymne der Glocken, vergleichbar mit einer herrlichen, phantastischen Ouvertüre von Beethoven, in der das tiefe Brummen des Kontrabasses, das Dröhnen der Pauke und das Jubilieren von Geige und Flöte ein einziges großes Ganzes bilden – und es hat den Anschein, als nähmen die körperlosen Laute sichtbare Gestalt an, als vereinten sich die Geister des Himmels und der Hölle unter den Wolken zu einem mannigfaltigen, unermeßlichen, sich schnell drehenden Reigen! ...

Oh, welche Wonne, dieser überirdischen Musik zu lauschen, haben Sie die oberste Stufe des Iwan Weliki erklommen und stützen nun die Ellbogen auf das schmale, bemooste Fenster, zu dem Sie eine ausgetretene, glitschige Wendeltreppe geführt hat, zu denken, daß dieses ganze Orchester unter Ihren Füßen dröhnt, sich vorzustellen, daß alles geschehe allein für Sie und Sie seien der Beherrscher dieser immateriellen Welt, und mit den Augen diesen riesigen Ameisenhaufen zu verschlingen, in dem Ihnen fremde Menschen geschäftig hin und her laufen, in dem die Leidenschaften brodeln, die Sie für einen Augenblick vergessen haben! ... Welche Wonne, auf einmal das ganze eitle Leben, all die nichtigen Sorgen der Menschen mit der Seele zu erfassen und – von der Höhe – auf die Welt herabzusehen!

Nach Norden hin zeichnet sich vor Ihnen in der Ferne, am Rande des dunkelblauen Horizonts, rechts vom Petrowsker Schloß schwarz das romantische Marienwäldchen ab, davor eine Reihe bunter Dächer, hier und da durchschnitten vom staubigen Grün der auf dem alten Stadtwall angelegten Boulevards; auf einem mit niedrigen Häuschen übersäten steilen Berg, unter denen nur hin und wieder die breite weiße Wand eines Bojarenhauses sichtbar wird, erhebt sich ein viereckiger, graublauer, phantastischer Koloß – der Suchar-Turm. Stolz blickt er in die Runde, als wisse er, daß Peters Name auf seiner bemoosten Stirn geschrieben steht! Sein düsteres Aussehen, seine gigantischen Ausmaße, seine entschiedenen Formen, alles trägt den Stempel eines anderen Jahrhunderts, den Stempel jener grausamen Macht, der sich nichts zu widersetzen vermochte.

Näher zum Stadtzentrum nehmen die Gebäude ein harmonischeres, europäischeres Aussehen an; man erblickt prächtige Kolonnaden, weite, von schmiedeeisernen Gittern umgebene Höfe, unzählige Kirchenkuppeln, Spitzen von Glockentürmen mit rostigen Kreuzen und bunten bemalten Gesimsen.

Noch näher, auf einem breiten Platz, ragt das Petrowski-Theater empor, ein Werk der neuesten Kunst, ein riesiges, nach allen Regeln des Geschmacks errichtetes Gebäude, mit flachem Dach und imposanter Säulenhalle, auf der sich ein alabasterner Apoll erhebt, der auf einem Bein in einem alabasternen Kampfwagen steht, unbeweglich drei alabasterne Pferde lenkt und mit Verdruß die Kremlmauer betrachtet, die ihn eifersüchtig von Rußlands alten Heiligtümern fernhält!

Nach Osten hin ist das Bild noch reicher und vielfältiger: Direkt hinter der Mauer, die bergab nach rechts führt und durch einen runden Eckturm abgeschlossen wird, der, wie mit Schuppen, mit grünen Dachziegeln bedeckt ist, werden etwas weiter links von diesem Turm die unzähligen Kuppeln der Basilius-Kathedrale sichtbar, deren siebzig Nebenaltäre alle Ausländer bewundern und die ausführlich zu beschreiben sich noch kein Russe die Mühe gemacht hat.

Wie der alte Turm von Babylon besteht sie aus mehreren Absätzen, die in eine riesige, zinnenbewehrte, regenbogenfarbige Kuppel auslaufen, welche (wenn man mir den Vergleich verzeiht) eine verblüffende Ähnlichkeit mit dem geschliffenen Kristallstöpsel einer altertümlichen Karaffe hat. Um sie herum ist auf allen stufenförmig angeordneten Absätzen eine Vielzahl zweitrangiger Kuppeln verstreut, die einander nicht im entferntesten gleichen; sie sind ohne Symmetrie und regellos über das ganze Gebäude verteilt, wie die Zweige eines alten Baums, die über seine bloßgelegten Wurzeln schleifen.

Gewundene schwere Säulen tragen eiserne Dächer, die über den Türen und Außengalerien hängen, aus denen kleine dunkle Fenster hervorschauen, wie die Pupillen eines hundertäugigen Ungeheuers. Tausende verschnörkelter hieroglyphischer Darstellungen sind um diese Fenster herum gemalt; hin und wieder fällt der matte Schein des Lämpchens vor einem Heiligenbild durch ihre vergitterten Scheiben, so, wie nachts ein friedliches Glühwürmchen durch den Efeu blinkt, der einen halbverfallenen Turm umrankt. Jeder Altar ist mit einer besonderen Farbe gestrichen, als seien sie nicht alle gleichzeitig errichtet worden, sondern als habe jeder Herrscher von Moskau im Laufe vieler Jahre jeweils einen neuen, zu Ehren seines Schutzheiligen, hinzugefügt.

Nur sehr wenige Einwohner Moskaus konnten sich bisher entschließen, alle Nebenaltäre dieser Kathedrale abzugehen. Ihr düsteres Äußeres wirkt bedrückend; man glaubt, Iwan den Schrecklichen vor sich zu sehen, aber so, wie er in seinen letzten Lebensjahren war!

Und weiter? Neben diesem majestätischen, finsteren Gebäude, seinen Türen direkt gegenüber, wimmelt eine schmutzige Menge, sieht man Ladenzeilen in ihrer ganzen Pracht, schreien Austräger, laufen neben dem Postament des Monuments, das Minin errichtet wurde, geschäftig Weißbäcker hin und her; elegante Kutschen holpern übers Pflaster, nach der letzten Mode gekleidete Damen plappern ... alles so geräuschvoll, lebhaft, unruhig!

Rechts von der Basilius-Kathedrale, unterhalb eines steilen Hanges, fließt die seichte, breite, trübe Moskwa, ganz entkräftet von der Last der vielen schweren, mit Getreide und Holz beladenen Schiffe; ihre langen, von gestreiften Windfahnen gekrönten Masten ragen jenseits der Moskworezki-Brücke empor, ihre vom Wind ins Schwanken versetzten knarrenden Taue heben sich, einer Spinne gleich, schwärzlich vom blauen Himmel ab. Am linken Ufer des Flusses leuchtet, sich in seinen glatten Wassern spiegelnd, weiß eine Erziehungsanstalt, deren breite kahle Mauern, symmetrisch angeordnete Fenster und Schornsteine und alles in allem europäisches Äußeres einen scharfen Kontrast zu den benachbarten Gebäuden bilden, die mit orientalischem Prunk ausgestattet oder vom Geist des Mittelalters erfüllt sind. Weiter nach Osten, auf drei Hügeln, zwischen denen sich der Fluß hindurchschlängelt, schimmern bunt Anhäufungen von Häusern jeder nur erdenklichen Größe und Farbe; nur mit Mühe kann der ermüdete Blick den fernen Horizont erreichen, an dem sich die Gruppen mehrerer Klöster abzeichnen, von denen das Simonow-Kloster besonders bemerkenswert ist, und zwar wegen seiner fast zwischen Himmel und Erde hängenden Plattform, von der aus unsere Vorfahren die Truppenbewegungen der anrükkenden Tataren beobachtet haben.

Zum Süden hin, unterhalb eines Berges, direkt am Fuß der Kremlmauer, dem Tainizki-Tor gegenüber, fließt der Fluß, und dahinter erstreckt sich ein mit Häusern und Kirchen übersätes breites Tal bis zum Fuße des Poklonnaja-Berges, von dem aus Napoleon den ersten Blick auf den für ihn so verhängnisvollen Kreml warf, von dem aus er dessen prophetische Flamme sah: diese schreckliche Fackel, die seinen Triumph und seinen Fall erhellte.

Im Westen hinter einem hohen Turm, wo allein Schwalben leben und leben können (besitzt er doch, da nach den Franzosen erbaut, weder Decken noch Treppen, und seine Wände sind durch kreuzförmig gestellte Balken abgestützt), ragen die Bögen einer Steinbrücke empor, die sich geschwungen von einem Ufer zum anderen spannt; das durch einen kleinen Damm gestaute Wasser bricht geräuschvoll und schäumend unter dieser Brücke hervor und bildet zwischen ihren Gewölben kleine Wasserfälle, die oft, namentlich im Frühjahr, das Interesse schaulustiger Moskauer fesseln und manchmal den Leib eines armen Sünders in ihren Schoß aufnehmen. Hinter der Brücke, auf der rechten Seite des Flusses, heben sich die zinnenbewehrten Silhouetten des Alexejew-Klosters vom Himmel ab; auf der linken, in einer Ebene zwischen den Dächern von Kaufmannshäusern, funkeln die Spitzen des Donskoi-Klosters ... Und dort beginnen, in den blauen Dunst getaucht, der von den eiskalten Wellen des Flusses aufsteigt, die Sperlingsberge. Sie werden von dichten Hainen gekrönt, die sich von steilen Höhen herab im Fluß betrachten, der sich zu ihren Füßen gleich einer mit silbrigen Schuppen bedeckten Schlange dahinschlängelt.

Wenn es Abend wird, wenn rosafarbener Nebel die fernen Stadtteile und die umliegenden Hügel einhüllt, dann erst kann man unsere alte Hauptstadt in all ihrem Glanz bewundern, denn wie eine Schöne, die nur am Abend ihre besten Gewänder zeigt, vermag sie allein in dieser feierlichen Stunde einen starken, unauslöschlichen Eindruck auf die Seele hervorzurufen.

Was ist mit diesem Kreml vergleichbar, der, umgeben von zinnenbewehrten Mauern, mit den goldenen Kuppeln seiner Kirchen prunkend, auf einem hohen Berg liegt, wie die majestätische Krone auf der Stirn eines grausamen Herrschers?

Es ist Rußlands Altar, auf ihm sollten viele des Vaterlands würdige Opfer dargebracht werden und sind schon dargebracht worden ... Ist er nicht erst vor kurzem, dem sagenumwobenen Phönix gleich, aus seiner glühenden Asche wiederauferstanden?!

Was ist erhabener als diese düsteren, dicht auf einem Haufen zusammengedrängten Wohnhäuser, als dieser geheimnisvolle Palast Godunows, dessen kalte Pfeiler und Fliesen schon so viele Jahre nicht die Laute einer menschlichen Stimme hörten, gleich einem Mausoleum, das sich inmitten einer Einöde zum Gedenken an große Zaren erhebt?!

Nein, weder der Kreml noch seine zinnenbewehrten Mauern, weder seine dunklen Gänge noch seine prächtigen Paläste lassen sich beschreiben ... Man muß sehen, sehen ... muß alles empfinden, was sie dem Herzen und der Phantasie zu sagen haben!

Junker des Leibgardehusarenregiments
Lermantow

DIE FÜRSTIN LIGOWSKAJA

Roman

Kapitel 1

O geh, o geh, ein Schrei erklang!
Puschkin

Am 21. Dezember 1833 um vier Uhr nachmittags strömten durch die Wosnessenskaja wie gewöhnlich Scharen von Menschen, darunter auch ein junger Beamter. Merken Sie sich Tag und Stunde, denn an diesem Tag und zu dieser Stunde ereignete sich etwas, von dem sich eine Kette der verschiedensten Abenteuer erstreckt, die alle meine Helden und Heldinnen erlebten, deren Geschichte ich gelobt habe, der Nachwelt zu überliefern, sollte diese Romane lesen. – Durch die Wosnessenskaja schritt also ein junger Beamter, er kam aus einer Ministerialabteilung, müde von der eintönigen Arbeit und von einer Auszeichnung sowie einem schmackhaften Mittagessen träumend, denn alle Beamten träumen! – Er trug eine Schirmmütze von unbestimmter Form und einen dunkelblauen wattierten Mantel mit einem alten Biberkragen; seine Gesichtszüge ließen sich nur schwer erkennen: Schuld daran waren der Mützenschirm, der Kragen – und die Dämmerung. Man hatte den Eindruck, daß er nicht nach Hause eilte, sondern die reine Luft des frostklaren Abends genoß, der durch das winterliche Dunkel seine rosa Strahlen auf die Häuserdächer und die verführerische Pracht der Geschäfte und Konditoreien herabsandte. Bisweilen sah er mit wahrhaft poetischer Ergriffenheit zum Himmel empor, um gleich darauf mit einem rosa Hütchen zusammenzustoßen und sich verwirrt zu entschuldigen; die Trägerin des tückischen Hütchens zürnte – dann warf sie einen Blick unter seine Schirmmütze, ging ein paar Schritte weiter und drehte sich um, als erwarte sie eine abermalige Entschuldigung. Vergebens! Der junge Beamte war recht begriffsstutzig! Doch noch des öfteren blieb er stehen, um durch die großen Scheiben eines Geschäftes oder einer Konditorei zu starren, die in herrlichem Lichterglanz und prächtiger Vergoldung erstrahlte. Lange und begehrlich musterte er die verschiedenen Gegenstände und setzte, hatte er sich wieder gefaßt, mit einem tiefen Seufzer und stoischer Gelassenheit seinen Weg fort; seine schrecklichsten Peiniger aber waren die Droschkenkutscher – und Haß auf sie kam in ihm hoch. Gnädiger Herr! Wohin wollen Sie? – Soll ich Sie fahren? – Fahren! Das waren Tantalusqualen, und er haßte die Droschkenkutscher aus tiefstem Herzen.

Als er von der Wosnessenski-Brücke herabstieg und nach rechts abbiegen wollte, um am Graben entlangzugehen, hörte er plötzlich einen Schrei: »Aufgepaßt, Platz da!« Direkt auf ihn zu sprengte ein brauner Traberhengst; hinter dem Kutscher tauchte ein weißer Federbusch auf, flatterte der Kragen eines grauen Uniformmantels. – Er konnte gerade noch hochschauen, da traf ihn auch schon die Deichselgabel vor die Brust, und der Dampf, der in Schwaden aus den Nüstern des Trabers aufstieg, hüllte sein Gesicht ein; mechanisch griff er mit den Händen nach der Deichsel und wurde im selben Moment durch ein heftiges Anrucken des Pferdes einige Schritte zur Seite aufs Trottoir geschleudert . . . Ringsum ertönte es: »Er hat ihn überfahren, überfahren!« Die Droschkenkutscher setzten dem Störenfried nach, doch der weiße Federbusch blitzte nur kurz vor ihren Augen auf, und weg war er.

Als der Beamte die Augen aufschlug, verspürte er nirgendwo Schmerzen, doch die Knie zitterten ihm noch immer vor Schreck; er stand auf und stützte sich mit den Ellbogen auf das Geländer des Grabens, bemüht, die Fassung wiederzugewinnen. Bittere Gedanken erfaßten sein Herz, und von diesem Augenblick an übertrug er den ganzen Haß, dessen er fähig war, von den Droschkenkutschern auf braune Traberhengste und weiße Federbüsche.

Unterdessen jagten der weiße Federbusch und der braune Traber am Graben entlang, bogen in den Newski ein, vom Newski in die Karawannaja, von dort über die Simonow-Brücke, rasten dann nach rechts durch die Fontanka – und hielten hier vor einer reichen Paradetreppe mit Vordach und einer Glastür mit glänzender Kupferverkleidung.

»Na, gnädiger Herr«, sagte der Kutscher, ein breitschultriger Mann mit rotblondem Vollbart, »Waska hat heute gezeigt, was in ihm steckt!«

Es sei hier bemerkt, daß Kutscher ihr Lieblingspferd stets Waska nennen, sogar gegen den Wunsch der Besitzer, die ihm hochtrabende Namen wie Achilles oder Hektor verliehen haben ... für den Kutscher heißt es trotzdem weder Achel noch Nektar, sondern Waska.

Der Offizier stieg aus, tätschelte dem dampfenden Traber den gebogenen Hals, lächelte ihm anerkennend zu und betrat die glänzende Treppe – an den angefahrenen Beamten dachte er längst nicht mehr ... Jetzt, da er den mit Schnee überschütteten Mantel abgelegt und sich in sein Arbeitszimmer begeben hat, können wir ihm ohne weiteres folgen und sein unglücklicherweise ganz und gar nicht anziehendes Äußeres beschreiben. Er war von mittlerer Größe, breit in den Schultern und eigentlich ungestalt; er schien kräftig gebaut und unfähig zu Gefühlsduselei oder Gereiztheit; sein Gang war für einen Kavalleristen wenig forsch, seine Gestik abrupt, wenn sie auch oft die Trägheit und sorglose Gleichgültigkeit verriet, die jetzt in Mode und im Geiste der Zeit ist – sofern das keinen Pleonasmus darstellt. – Durch diese kühle Schale aber kam oft die wahre Natur des Mannes zum Vorschein; man sah, er folgte nicht der allgemeinen Mode, sondern verbarg seine Gefühle und Gedanken, sei es nun aus Mißtrauen oder aus Stolz. Seine Stimme klang bald tief, bald schrill, je nachdem, in welcher Stimmung er sich gerade befand; wollte er jemandem etwas

Angenehmes sagen, so geriet er ins Stocken und schloß unvermittelt mit einem bissigen Scherz, um sich die eigene Verlegenheit nicht anmerken zu lassen – in der vornehmen Welt behauptete man, er habe eine boshafte und gefährliche Zunge ... denn die gute Gesellschaft duldet in ihrem Kreis nichts Starkes, sie Erschütterndes, nichts, was Charakter und Willen verraten könnte: Die vornehme Welt braucht französische Vaudevilles und die Unterwerfung der Russen unter eine fremde Meinung. Sein sonnengebräuntes, unregelmäßiges, aber ausdrucksvolles Gesicht hätte Lavater und seine Jünger zu fesseln vermocht: Sie würden darin die tiefen Spuren der Vergangenheit und die wundervollen Verheißungen der Zukunft gelesen haben ... die Menge aber meinte, sein Lächeln, seine seltsam glänzenden Augen hätten so etwas Gewisses ...

Um das Bild zu vervollständigen, will ich noch sagen, daß er Grigori Alexandrowitsch Petschorin hieß, von den Verwandten, nach französischer Manier, aber einfach George genannt wurde, und außerdem dreiundzwanzig Jahre alt war. Ferner, daß seine Eltern in den Gouvernements Saratow, Woronesh und Kaluga dreitausend Seelen besaßen – letzteres füge ich hinzu, um sein Äußeres in der Meinung der gestrengen Leser ein wenig zu verschönen! Verzeihung, ich vergaß zu erwähnen, daß George der einzige Sohn war; eine Schwester, ein sechzehnjähriges Mädchen, nicht mitgerechnet, das sehr schön war und, den Worten der Mama zufolge (der Papa weilte nicht mehr auf dieser Welt), keiner Mitgift bedurfte, um einmal mit Gottes Hilfe, ihrem hübschen Gesicht und einer glänzenden Erziehung eine hohe Stellung in der Gesellschaft einnehmen zu können.

Grigori Alexandrowitsch begab sich also in sein Arbeitszimmer und ließ sich in einen breiten Sessel fallen; der Lakai trat ein und meldete, die gnädige Frau habe geruht auszufahren, um einer Einladung zum Essen zu folgen, und das Fräulein Schwester schon zu speisen geruht ... »Ich werde nicht zu Mittag essen«, lautete die Antwort, »ich habe gefrühstückt!« Danach erschien ein Junge von vielleicht dreizehn Jahren in einer roten Kosakenbluse, flinkäugig und dem Anschein nach ein großer Schelm, und überreichte stumm eine Visitenkarte. Achtlos legte Petschorin sie auf den Tisch und erkundigte sich, wer sie gebracht habe.

»Eine junge Dame und ihr Mann sind heute hiergewesen«, entgegnete Fedka, »und haben befohlen, diese Karte Tatjana Petrowna« (so hieß Petschorins Mutter) »zu übergeben.«

»Und warum bringst du sie dann mir?«

»Ich hab gedacht, das ist gleich! ... Vielleicht möchten Sie sie lesen?«

»Das heißt, du würdest gern wissen, was da geschrieben steht.«

»Ja – diese Herrschaften waren noch nie bei uns.«

»Ich habe dich zu sehr verwöhnt«, sagte Petschorin mit strenger Stimme. »Stopf mir die Pfeife!«

Doch diese Visitenkarte besaß offensichtlich die Eigenschaft, Neugier zu wecken ... Lange konnte sich George nicht entschließen, die bequeme Stellung in dem breiten Sessel zu verändern und die Hand nach dem Tisch auszustrecken ... Obendrein waren keine Kerzen im Zimmer – es wurde durch die rötliche Flamme des Kamins erhellt –, aber Licht bringen zu lassen und so den zauberhaften Effekt der Kaminbeleuchtung zu zerstören, das mochte er auch nicht. – Die Neugier siegte – er stand auf, nahm die Karte und hielt sie mit einer unbegreiflichen Erregung der Erwartung an das Kamingitter ... in gotischen Druckbuchstaben stand: Fürst Stepan Stepanytsch Ligowski nebst Gattin. – Er erbleichte und fuhr zusammen, seine Augen blitzten auf, und die Karte flog in den Kamin. Drei Minuten mochte er im Zimmer auf und ab gegangen sein und – bald lächelnd, bald die Brauen zusammenziehend – verschiedene seltsame Handbewegungen und verschiedene Ausrufe gemacht haben; schließlich blieb er stehen, ergriff die Zange und stürzte zum Kamin, um die Karte aus dem Feuer zu holen. Aber ach! Ihre eine Hälfte hatte sich in Asche verwandelt, die andere sich zusammengerollt und war schwarz geworden, nur mit Mühe konnte man *Stepan Step* . . . entziffern.

Petschorin legte diese Überreste auf den Tisch, setzte sich wieder in seinen Sessel und bedeckte das Gesicht mit den Händen – und ebendeshalb muß ich, obwohl ich mich sehr gut auf Seelenregungen verstehe, Ihnen seine Gedanken vorenthalten. In dieser Stellung verharrte er eine Viertelstunde, plötzlich vernahm er ein Geräusch, wie leise Schritte, das Rauschen eines Kleides oder das Rascheln eines Blatts Papier . . . Glaubte er auch nicht an Erscheinungen, er zuckte zusammen, hob rasch den Kopf – und erblickte vor sich im Halbdunkel etwas Weißes und scheinbar Überirdisches . . . Wohl eine Minute lang war er wie geistesabwesend, so weit entfernt waren seine Gedanken . . . wenn schon nicht von dieser Welt, dann doch zumindest von diesem Zimmer . . .

»Wer ist da?« fragte er.

»Ich!« antwortete ein verstellter Kontraalt – und es ertönte das helle Lachen einer Frau.

»Warenka! Was bist du doch für eine Schelmin.«

»Du hast geschlafen! . . . Furchtbar komisch!«

»Ich würde gern schlafen. Es ist bequemer! . . .«

»Eine Schande ist das! Darum ist es so langweilig auf den Bällen und Gesellschaften! Ihr wollt immer nur eure Ruhe haben . . . was für liebenswürdige junge Männer . . .«

»Und darf man fragen«, erwiderte George gähnend, »wieso wir verpflichtet sind, euch zu unterhalten . . .«

»Weil wir Damen sind.«

»Gratuliere. Aber wir langweilen uns ohne euch ja auch nicht . . .«

»Ich weiß schon, warum! . . . Und worüber sollen wir reden, wenn wir unter uns sind?«

»Mode, Neuigkeiten . . . ist das nichts? Tauscht eure Geheimnisse aus . . .«

»Was für Geheimnisse? – Ich habe keine . . . alle jungen Männer sind so unausstehlich . . .«

»Ein großer Teil von ihnen ist nicht an Damengesellschaft gewöhnt.«

»Dann sollen sie sich daran gewöhnen – aber sie wollen es nicht mal versuchen!«

George erhob sich ehrerbietig und verbeugte sich mit spöttischem Lächeln.

»Warwara Alexandrowna, ich stelle fest, Sie steuern mit großen Schritten den Tempel der Aufklärung an.«

Warenka errötete und verzog schmollend die rosigen Lippen ... Ihr Bruder aber ließ sich seelenruhig wieder in seinen Sessel nieder. Unterdessen wurden die Kerzen gebracht. Und während Warenka sich ärgerte und mit dem Finger an die Fensterscheibe trommelte, will ich Ihnen das Zimmer beschreiben, in dem wir uns befinden. – Es war Arbeitszimmer und Salon in einem und mit dem anderen Teil des Hauses durch einen Korridor verbunden; hellblaue französische Tapeten bedeckten seine Wände ... die glänzenden Eichentüren mit den modischen Klinken und die eichenen Fensterrahmen wiesen den Besitzer des Zimmers als einen ordentlichen Menschen aus. Die Drapierung über den Fenstern war in chinesischem Stil gehalten, und abends, oder wenn die Sonne auf die Fensterscheiben schien, wurden rosarote Vorhänge herabgelassen – ein krasser Gegensatz zur Farbe des Raumes, der indes eine Vorliebe für das Skurrile, Originelle verriet. Den Fenstern gegenüber befand sich ein Schreibtisch, überladen mit Bildchen, Papieren und Büchern, verschiedenen Arten von Tintenfässern sowie allerlei modischen Kleinigkeiten, an seiner einen Seite stand ein hohes, von einem undurchdringlichen grünen Efeunetz umranktes Gitterwerk, an der anderen der Sessel, in dem jetzt George saß ... Den Fußboden bedeckte ein breiter, mit bunten Arabesken verzierter Teppich; ein anderer persischer Teppich hing an der den Fenstern gegenüberliegenden Wand, und daran hingen Pistolen, zwei türkische Gewehre, Tscherkessensäbel und -dolche, Geschenke von Regimentskameraden, die sich irgendwann einmal jenseits des Balkan herumgetrieben hatten ... Auf dem Kamin aus Marmor standen drei Alabasterbüsten von Paganini, Iwanow und Rossini ... die übrigen Wände waren kahl, rundherum und an ihnen entlang standen breite, mit rosarotem Wollstoff bezogene Sofas. Ein einziges Bild fesselte den Blick, es hing über der ins Schlafzimmer führenden Tür; auf ihm war ein unbekanntes männliches Gesicht zu sehen, gemalt von einem unbekannten russischen Künstler, einem Mann, der nicht um sein Genie gewußt und den auf dieses Genie hinzuweisen niemand für nötig befunden hatte. – Bei diesem Bild handelte es sich um ein Phantasiegemälde, tiefgründig und düster. Der Kopf war in gerader Haltung gemalt, ohne jede unnatürliche Neigung oder Drehung, das Licht fiel von oben ein, das Gewand war nur grob skizziert, dunkel und undeutlich – das ganze Fühlen und Trachten des Malers schien auf die Augen und das Lächeln konzentriert zu sein ... Der Kopf hatte mehr als Lebensgröße, die Haare fielen zu beiden Seiten der Stirn, die stark gewölbt war und irgendwie ungewöhnlich wirkte, glatt herab. Die geradeaus blickenden Augen hatten jenen unheimlichen Glanz, den lebende Augen manchmal haben, wenn sie durch die Schlitze einer schwarzen Maske blitzen; ihr prüfender, vorwurfsvoller Blick folgte einem, so vermeinte man, in alle Winkel des Raumes, und das Lächeln, das die schmalen, zusammengekniffenen Lippen auseinanderzog, war mehr verächtlich als spöttisch. Jedesmal, wenn George diesen Kopf ansah, entdeckte er einen neuen Ausdruck auf dem Antlitz; in Minuten der Einsamkeit und Träumerei war er zu seinem Gesprächspartner geworden – und, als Partisan Byrons, nannte er ihn ein Porträt Laras. Die Kameraden, denen er ihn entzückt zeigte, fanden das Bild nicht übel.

Während ich Ihnen das Arbeitszimmer beschrieb, hatte sich Warenka allmählich dem Tisch genähert, war dann zum Bruder getreten und hatte ihm gegenüber auf einem Stuhl Platz genommen; in ihren hellblauen Augen konnte man auch nicht die Spur des minutenlangen Zorns entdekken, aber sie wußte nicht, wie sie die Unterhaltung wieder in Gang bringen sollte. Da fiel ihr die halbverbrannte Visitenkarte in die Hand.

»Was ist das? Stepan Step ... Ach ja, richtig, Fürst Ligowski war heute bei uns! ... Wie gern würde ich Verotschka sehen! Verheiratet – sie war so gut ... Ich hörte gestern, daß sie aus Moskau angekommen seien! ... Wer hat denn diese Karte verbrannt? Man müßte sie Mamachen bringen!«

»Wahrscheinlich ich«, versetzte George, »ich habe mir eine Pfeife angeraucht!«

»Vortrefflich! Ich wünschte, Verotschka würde das erfahren ... Es wäre ihr sehr angenehm! ... So flatterhaft ist Ihr Herz also, mein Herr! Ich sage es ihr, sage es ihr ganz bestimmt! ... Aber vielleicht besser nicht! Jetzt muß es ihr gleichgültig sein! Sie ist schließlich verheiratet!«

»Du urteilst sehr vernünftig für dein Alter!« gab ihr Bruder zur Antwort und gähnte, da er nicht wußte, was er noch sagen sollte.

»Für mein Alter? Das heißt, ich bin ein Kind! Mama meint, ein Mädchen mit siebzehn sei ebenso gescheit wie ein Mann mit fünfundzwanzig.«

»Du tust sehr gut daran, auf Mama zu hören.«

Dieser scheinbar einem Lob gleichkommende Satz wirkte wie Hohn; so war es um ihr Einvernehmen wieder geschehen, und sie verstummten ... Der Junge trat ein und brachte einen Brief: eine Einladung zum Ball bei Baron R***.

»Was für ein Jammer!« rief George aus. »Wir müssen hinfahren.«

»Mademoiselle Negouroff wird da sein!« entgegnete Warenka in ironischem Ton. »Erst gestern hat sie nach dir gefragt! ... Was für Augen sie hat! – Reizend! ...«

»Wie im Herd glühende Kohlen!«

»Aber du mußt doch zugeben, daß ihre Augen wunderschön sind!«

»Lobt man die Augen, heißt das, der Rest taugt nichts.«

»Spotte du nur! Dabei ist sie dir nicht gleichgültig ...«

»Zugegeben.«

»Auch das werde ich Verotschka erzählen!«

»Noch vor kurzem hast du versichert, ich bedeute ihr nichts mehr!«

»Glauben Sie mir, und das sage ich lieber russisch – ich bin ja keine Klosterschülerin.«

»Oh! Ganz und gar nicht! Alles andere als das ...«

Sie errötete und ging.

Aber ich muß Ihnen sagen, das war für die beiden ein schwarzer Tag ... gewöhnlich waren sie ein Herz und eine Seele, und besonders George liebte die Schwester mit der zärtlichsten brüderlichen Liebe.

Die letzte Anspielung auf Mademoiselle Negouroff (so wollen wir sie in der Folge nennen) ließ Petschorin nachdenklich werden; endlich kam ihm eine Erleuchtung. Er zog ein Tintenfaß heran, nahm ein Blatt Briefpapier zur Hand – und begann etwas zu schreiben; während er schrieb, erschien oft ein selbstzufriedenes Lächeln auf seinem Gesicht, seine Augen blitzten – mit einem Wort, er war sehr vergnügt, wie ein Mann, der auf einen ungewöhnlichen Einfall gekommen ist. Als er mit Schreiben fertig war, steckte er den Brief in einen Umschlag und versah ihn mit folgender Aufschrift: Der gnädigen Frau Jelisaweta Nikolajewna Negurowa zu eigenen Händen; dann rief er Fedka und befahl ihm, ihn auf die städtische Post zu tragen, damit niemand von den Leuten ihn zu Gesicht bekäme. Stolz auf das große Vertrauen seines Herrn, schoß der kleine Merkur wie ein Pfeil zum Posthäuschen; Petschorin aber gab Befehl, den Schlitten anzuspannen, und fuhr eine halbe Stunde später zum Theater; auf dieser Fahrt gelang es ihm jedoch nicht, auch nur einen Beamten zu überfahren.

Kapitel 2

Man gab »Die Stumme von Portici« (es war die vierte Vorstellung). In dem schmalen Gang, der zur Kasse führte, drängte sich eine Menschenmenge; unmöglich, durchzukommen ... Petschorin, der noch kein Billett hatte und ungeduldig war, wurde an einen Theaterdiener, der Plakate verkaufte, verwiesen. Für fünfzehn Rubel bekam er einen Platz in der zweiten Reihe links – und am Rand: ein nicht zu unterschätzender Vorzug für alle, die ihre Beine schonen und zum »Phönix« Tee trinken gehen. – Als Petschorin eintrat, hatte die Ouvertüre noch nicht begonnen und hatten noch nicht alle ihre Logen aufgesucht – übrigens befand sich im ersten Balkon, direkt über ihm, eine leere Loge. Neben dieser Loge saßen die Negurows, Vater, Mutter und Tochter; die Tochter wäre ganz hübsch gewesen, hätten nicht Blässe, Magerkeit und fehlende Jugendfrische, fast ein allgemeiner Mangel der Petersburger jungen Damen, den Glanz der beiden großen Augen getrübt und die Harmonie zwischen den ziemlich regelmäßigen Zügen und dem geistvollen Ausdruck ihres Gesichts zerstört. Sie grüßte Petschorin recht freundlich und lächelte strahlend.

Der Brief hat seinen Adressaten offenbar noch nicht erreicht! dachte er und richtete das Lorgnon auf andere Logen; er entdeckte viele Ballbekanntschaften, die er manchmal grüßte, manchmal auch nicht, je nachdem, ob sie von ihm Notiz nahmen oder nicht. Die Gleichgültigkeit der vornehmen Welt ihm gegenüber verletzte ihn nicht, ihm war klar, was er von ihr zu halten hatte; er wußte, er konnte sie leicht dahin bringen, über ihn zu reden, aber er wußte auch: Zweimal hintereinander beschäftigt sich die vornehme Welt nicht mit ein und derselben Person; sie braucht neue Abgötter, neue Moden, neue Romane ... Veteranen ihres Ruhms sind, wie alle Veteranen, höchst bedauernswerte Geschöpfe ... In vertrauter Gesellschaft, wo geistreiche und vielseitige Unterhaltung die Bälle (die glänzenden Abendgesellschaften) ersetzt, wo man über alles reden kann, ohne Furcht vor der Zensur der Matronen und ohne sittenstrengen und unnahbaren jungen Damen zu begegnen, in einem solchen Kreis hätte er brillieren, ja gefallen können, denn wenn Geist und Seele zum Vorschein kommen, verleihen sie den Gesichtszügen Leben und Beweglichkeit und lassen ihre Mängel vergessen. Solche Gesellschaften aber sind bei uns in Rußland selten, in Petersburg noch seltener, und das, obwohl man es eine Stadt nennt, die durch und durch europäisch ist und den guten Ton angibt. Beiläufig sei bemerkt, daß guter Ton nur dort herrscht, wo Sie nichts Überflüssiges hören, aber ach, meine Freunde, dafür hören Sie dort leider herzlich wenig.

Auf Bällen verlor sich Petschorin mit seinem unvorteilhaften Äußeren in der Menge der Zuschauer, war entweder melancholisch oder über die Maßen boshaft, weil seine Eigenliebe litt. Da er selten tanzte, hätte er sich nur mit den Damen unterhalten können, die den ganzen Abend an der Wand saßen, und gerade deren Bekanntschaft hatte er nie gemacht ... Früher hatte er eine Beschäftigung – beißenden Spott –, außerhalb des Mazurkakreises stehend, nahm er die Tanzenden aufs Korn, und seine boshaften Bemerkungen machten schon bald die Runde im Saal, später auch in der Stadt. Doch dann hörte er einmal bei einer Mazurka die Unterhaltung eines hochgewachsenen Diplomaten mit einer gewissen Fürstentochter ... Der Diplomat gab alle geistreichen Äußerungen Petschorins für die eigenen aus, und die Prinzessin lachte nur nicht laut, weil es unschicklich gewesen wäre. Petschorin fiel ein, daß er drei Tage zuvor dasselbe und weitaus besser zu einer Ballnymphe gesagt, diese aber bloß die Achsel gezuckt und sich nicht einmal die Mühe gemacht hatte, ihn zu verstehen. Von diesem Augenblick an tanzte er öfter und machte seltener geistreiche Bemerkungen; und ihm wollte sogar scheinen, als wäre er jetzt lieber gesehen. Mit einem Wort, er begann zu begreifen, daß *den grundlegenden Gesetzen der Gesellschaft zufolge bei einem tanzenden Kavalier Geist nicht vorausgesetzt wird!*

Die Ouvertüre begann; alle Plätze waren besetzt, allein die Loge neben der der Negurows blieb leer und zog immer wieder Petschorins neugierige Blicke an; ihm kam das seltsam vor, und er hätte zu gern die Leute gesehen, die sich die Ouvertüre zu »Die Stumme von Portici« entgehen ließen.

Der Vorhang wurde hochgezogen, und in diesem Moment hörte man in der leeren Loge Stühle rücken; Petschorin hob den Kopf, doch alles, was er sehen konnte, waren ein rosarotes Barett und ein rundes weißes, göttliches Händchen mit einem göttlichen Lorgnon, das achtlos auf den karmesinroten Samt der Loge gesunken war. Einige Male versuchte er, den Bewegungen der Unbekannten zu folgen, um wenigstens ein Auge, wenigstens eine Wange zu erspähen; umsonst – einmal bog er den Kopf so weit zurück, daß er Stirn und Augen hätte sehen müssen ... doch wie zum Trotz verdeckte ein riesiges doppeltes Opernglas den ganzen oberen Teil ihres Gesichts. – Bald schon tat ihm der Hals weh – er wurde ärgerlich und schwor sich, keinen Blick mehr an diese verwünschte Loge zu verschwenden. Der erste Akt war zu Ende, Petschorin stand auf und begab sich, bemüht, nicht zu der verhaßten Loge zu blicken, auch nicht versehentlich, mit einigen Kameraden zum »Phönix«.

Der »Phönix« ist eine ihrer topographischen Lage in bezug auf die Hinterausgänge des Alexandrinischen Theaters wegen höchst bemerkenswerte Restauration. Es gab Zeiten, da drängte sich, wenn unförmige Kutschen, gezogen von einem Paar lahmer Schindmähren, vor den engen Theatertüren dicht an dicht standen, wenn junge Nymphen, in häßliche, grobe Tücher gehüllt, auf die knarrenden Trittbretter sprangen, eine Schar schnurrbärtiger, mit glänzenden Lorgnons und noch heller glänzenden Blicken ausgerüsteter Courschneider, auf deiner Außentreppe, o »Phönix«! Doch schnell verflogen diese stürmischen Tage, und dort, wo man früher schwarze und weiße Federbüsche sah, gehen heute Dreispitze ohne Federbusch wohlgesittet spazieren; ein beredtes Beispiel für die Umwälzungen im menschlichen Schicksal!

Petschorin betrat den »Phönix« in Begleitung eines Offiziers von den Preobrashenskern sowie eines weiteren von der berittenen Artillerie. – Er setzte sich mit ihnen an einen Tisch und ließ Tee bringen. Alle möglichen Leute waren hier; an Petschorins Tisch saß auch ein junger Mann im Frack, der nicht ganz akkurat gekleidet war und seine eigenen Pachitos rauchte, zum großen Ärgernis der Schankdiener. – Dieser junge Mann war hochgewachsen, blond und erstaunlich schön; die großen, träumerischen hellblauen Augen, die regelmäßige Nase, die der des Apolls von Belvedere glich, das griechische Oval des Gesichts und das wunderschöne naturkrause Haar mußten jedermanns Aufmerksamkeit auf ihn ziehen; allein seine im Vergleich zur lebhaften Farbe seiner Wangen allzu schmalen und blassen Lippen würden mir nicht gefallen haben. Die wappengeschmückten Kupferknöpfe an seinem Frack ließen vermuten, daß er Beamter war, wie alle jungen Leute in Petersburg, die einen Frack tragen. In Gedanken versunken, saß er da und schien nicht auf die Unterhaltung der Offiziere zu achten, die scherzten, lachten, Anekdoten zum besten gaben und den Pfeifenrauch mit scheußlich schmekkendem Tee hinunterspülten. Unter anderem begannen sie über Pferde zu reden: Der Oberleutnant von der Artillerie prahlte mit seinem Traber; ein Streit entbrannte. Petschorin erzählte à propos, wie er heute an der Wosnessenski-Brücke irgendeinen Stutzer überfahren und die Verfolger abgeschüttelt habe ... Der Anzug des Stutzers mit der zerknüllten Schirmmütze wurde beschrieben, ebenso seine unglückliche Lage auf dem Straßenpflaster. Man lachte. Als Petschorin seine Schilderung beendet hatte, stand der junge Mann im Frack auf, streckte die Hand aus, um seinen Hut vom Tisch zu nehmen, und fegte dabei das Tablett mit Teekanne und Tassen auf den Fußboden. Er hatte das augenscheinlich mit Absicht getan; aller Augen wandten sich ihm zu; doch Petschorins Blick war dreister und fragender als die der anderen; dem unbekannten Herrn schoß das Blut ins Gesicht, unbeweglich stand er da und bat nicht um Entschuldigung – das Schweigen mochte eine Minute dauern. Ein Kreis bildete sich, und alle sahen eine *Affäre* voraus. Unvermittelt setzte sich Petschorin wieder und rief dem Diener laut zu: »Was kostet das Geschirr?« – Man nannte ihm das Dreifache des wahren Wertes.

»Dieser Beamte war so ungeschickt, es zu zerschlagen«, fuhr George kühl fort, »hier ist das Geld!« Er warf Geld auf den Tisch und fügte hinzu: »Sag ihm, er könne jetzt ungehindert fortgehen.«

In Gegenwart aller meldete der Diener dem Beamten respektvoll, daß er alles erhalten habe, und bat um ein Trinkgeld! Der Beamte aber entfernte sich, ohne eine Antwort zu geben. Die Menge johlte ihm nach; am lautesten lachten die Offiziere ... und lobten ihren Kameraden, der dem Gegner so gut Schach geboten hatte, ohne dabei in eine *Affäre* verstrickt zu werden. – Oh! Eine Affäre ist bei uns eine schreckliche Sache; Sie mögen edel oder niederträchtig gehandelt haben, im Recht sein oder nicht, davongekommen sein oder nicht, Ihr Name ist trotzdem in die Affäre hineingezogen ... Sie büßen ohnehin alles ein: das Wohlwollen der Gesellschaft, die Karriere, die Achtung der Freunde ... In eine Affäre verwickelt zu werden! Etwas Schrecklicheres kann es nicht geben, wie immer diese Geschichte auch ausgehen mag! Diese unrühmliche Berühmtheit ist für die Gesellschaft wie ein Stich ins Herz, Sie haben Veranlassung gegeben, daß man zwei Tage über Sie redet. Leiden aber werden Sie dafür zwanzig Jahre. Das überall falsche Urteil der öffentlichen Meinung entsteht bei uns jedoch auf völlig anderer Grundlage als im übrigen Europa; so ist beispielsweise in England ein Bankrott eine unauslöschliche Schmach – hinreichender Grund für einen Selbstmord. Ein amouröses Abenteuer verschließt einem in Deutschland die Türen der guten Gesellschaft für immer. (Über Frankreich schweige ich lieber: Allein in Paris gibt es mehr verschiedene öffentliche Meinungen als in der ganzen anderen Welt zusammen.) – Und bei uns? Ein für korrupt erklärter Mann wird überall bestens aufgenommen; man rechtfertigt ihn mit dem Satz: Wer tut das nicht! ... Ein Feigling wird überall freundlich behandelt, weil er ein so friedlicher Bursche ist, aber einer, der in eine Affäre verwickelt ist! – Oh! Er hat keine Schonung zu erwarten; die Mamas sagen von ihm: Gott weiß, was für ein Mensch er ist, und die Papas setzen hinzu: ein Schurke!

Ohne neuerlich gestört zu werden, tranken die Offiziere ihren Tee aus und gingen; Petschorin verließ den Raum als letzter; auf der Außentreppe hielt ihn jemand am Arm fest und murmelte: »Ich habe mit Ihnen zu reden!« Das Zittern der Hand sagte Petschorin, es war sein Gegner von vorhin; nichts zu machen: Die Affäre ließ sich nicht vermeiden.

»Meinetwegen«, erwiderte er geringschätzig. »Nur nicht hier in der Kälte.«

»Gehen wir in den Korridor des Theaters!« schlug der Beamte vor. Schweigend gingen sie.

Der zweite Akt hatte schon begonnen: Die Korridore und breiten Treppen waren leer; auf dem Absatz einer abgelegenen, von einer weit entfernten Lampe nur spärlich beleuchteten Treppe blieben sie stehen. Petschorin verschränkte die Arme vor der Brust, lehnte sich an das eiserne Geländer und musterte den Gegner mit zusammengekniffenen Augen von Kopf bis Fuß. Dann sagte er: »Ich höre ...«

»Gnädiger Herr«, die Stimme des Beamten bebte vor Zorn, die Adern auf seiner Stirn waren geschwollen, seine Lippen noch blasser als sonst, »gnädiger Herr! ... Sie haben mich gekränkt! Sie haben mich tödlich beleidigt.«

»Das ist mir kein Geheimnis«, entgegnete George, »Sie hätten sich ruhig in Gegenwart aller erklären können: Ich hätte Ihnen dasselbe geantwortet, was ich jetzt antworte ... Wann wollen Sie sich mit mir schießen? Heute? Morgen? – Ich denke, ich habe Ihre Absicht erraten; die Tassen haben Sie jedenfalls nicht zufällig zerschlagen: Sie wollten einen Anlaß finden ... und haben das sehr klug angefangen«, fügte er mit einer spöttischen Verbeugung hinzu ...

»Gnädiger Herr«, gab der andere keuchend zur Antwort, »Sie haben mich heute um ein Haar überfahren, ja, mich, der vor Ihnen steht ... und damit brüsten Sie sich, amüsieren sich darüber! – Mit welchem Recht? Weil Sie einen Traber und einen weißen Federbusch Ihr eigen nennen? Goldene Epauletten? Bin ich nicht ebenso ein Adliger wie Sie? – Ich bin arm! Ja, arm! Ich gehe zu Fuß – natürlich, darum bin ich kein Mensch. Ich bin ja nur ein Adliger! Ah! Sie amüsiert das! ... Sie haben geglaubt, ich würde mir Ihre Unverschämtheiten demütig anhören, weil ich kein Geld habe, das ich auf den Tisch werfen könnte! ... Nein, niemals! Niemals, niemals werde ich Ihnen das verzeihen!«

In diesem Augenblick war sein flammendes Gesicht schön wie der Sturmwind; Petschorin betrachtete ihn mit kaltem Interesse und sagte schließlich: »Ihre Ausführungen sind ein wenig lang – bestimmen Sie die Stunde und lassen Sie uns auseinandergehen: Sie schreien so, daß Sie noch alle Lakaien wecken.« Und richtig, einige von ihnen, die im Korridor des ersten Ranges auf den Saloppen ihrer Herrschaften schliefen, hoben schon den Kopf...

»Was kümmern die mich! Soll die ganze Welt mich hören!«

»Ich bin da anderer Ansicht... Wenn es Ihnen recht ist, erwarte ich Sie morgen früh um acht Uhr mit Ihrem Sekundanten.«

Petschorin nannte seine Adresse...

»Sich duellieren! Ich verstehe! Sich schlagen auf Leben und Tod!... Und Sie glauben, es wäre mir angemessene Genugtuung widerfahren, wenn ich Ihnen eine Bleikugel ins Herz jage! Ein schöner Trost!... Nein, ich möchte, daß Sie ewig leben und ich mich ewig an Ihnen rächen kann. Sich duellieren! Nein! Da ist der Erfolg allzu ungewiß...«

»Dann gehen Sie nach Hause, trinken Sie ein Glas Wasser und legen sich schlafen«, versetzte Petschorin achselzuckend und wandte sich zum Gehen.

»Nein, warten Sie«, sagte der Beamte, der sich etwas gefaßt hatte, »und hören Sie mich an!... Sie glauben, ich sei ein Feigling? Glauben, Tapferkeit könne es nicht geben ohne das Aushängeschild von Sporen oder Epauletten? Seien Sie versichert, daß mir Leben und Zukunft weniger bedeuten als Ihnen! Mein Leben ist bitter, eine Zukunft gibt es für mich nicht... Ich bin arm, so arm, daß ich zu arbeiten gezwungen bin, nicht ein einziges Mal im Jahr kann ich fünf Rubel für mein Vergnügen auf den Tisch werfen, ich lebe von meinem Gehalt, ohne Freunde, ohne Verwandte – ich habe nur meine Mutter, eine alte Frau... Ich bin alles für sie: ihre Vorsehung und ihre Stütze. Sie ersetzt mir Freunde und Familie; solange ich lebe, habe ich noch niemand anderen geliebt als sie. Verlöre sie mich, mein Herr, würde sie entweder vor Gram oder vor Hunger sterben...«

Er blieb stehen, seine Augen waren blutunterlaufen und füllten sich mit Tränen...

»Und Sie haben geglaubt, ich würde mich mit Ihnen schlagen wollen?«

»Was also wünschen Sie dann von mir?« fragte Petschorin ungeduldig.

»Ich wollte Sie zwingen, Reue zu empfinden.«

»Sie scheinen zu vergessen, daß nicht ich den Streit begonnen habe.«

»Und einen Menschen zu überfahren, ist das nichts – ein Scherz, ein Gaudium?«

»Ich verspreche Ihnen, meinen Kutscher auspeitschen zu lassen . . .«

»Oh, Sie machen mich rasend!«

»Na wennschon! Dann werden wir uns eben schießen!«

Der Beamte gab keine Antwort, er bedeckte das Gesicht mit den Händen, sein Atem ging stoßweise, seine abgerissenen Worte ließen Verzweiflung erkennen; er schien zu schluchzen, und schließlich rief er aus: »Nein, ich kann nicht, ich will sie nicht zugrunde richten!« und lief davon.

Mitleidig sah Petschorin ihm nach und begab sich an seinen Platz: Der zweite Akt von »Die Stumme von Portici« ging schon seinem Ende zu . . . Der Artillerist und der Preobrashensker, die an der anderen Seite saßen, hatten seine Abwesenheit gar nicht bemerkt.

Kapitel 3

Verehrter Leser, Sie alle haben »Die Stumme von Portici« hundertmal gesehen, Sie alle haben die Nowizkaja und Holland mit donnerndem Applaus vor den Vorhang gerufen, darum überspringe ich die übrigen drei Akte und lüfte meinen Vorhang in dem Augenblick, in dem der Vorhang des Alexandrinischen Theaters fiel. Bemerkt sei nur, daß Petschorin sich wenig mit dem Stück beschäftigte, er war zerstreut und vergaß sogar die interessante Loge, die nicht zu beachten er sich geschworen hatte.

Als geräuschvolle und zufriedene Menge stiegen die Zuschauer die gewundenen Treppen zur Auffahrt hinunter ... Unten erklang das Geschrei der Gendarmen und Lakaien. Die Damen, die sich warm eingemummt und an die Wände gedrückt hatten und durch die Bärenpelze ihrer Ehemänner oder Papas vor den dreisten Blicken der jungen Männer geschützt wurden, zitterten vor Kälte – und lächelten Bekannten zu. Offiziere und Stutzer in Zivil mit Lorgnons gingen auf und ab, die einen rasselten mit Säbeln und Sporen, die anderen klapperten mit ihren Galoschen. Die tonangebenden Damen bildeten eine besondere Gruppe auf den unteren Stufen der Paradetreppe; sie lachten, sprachen laut und richteten die goldenen Lorgnetten auf die nicht tonangebenden, die gewöhnlichen adligen Damen – und beide beneideten einander insgeheim: die außergewöhnlichen die gewöhnlichen um ihre Schönheit, die gewöhnlichen die außergewöhnlichen um ihren Stolz und ihre Pracht.

Die einen wie die anderen hatten ihre Kavaliere; erstere – ehrerbietige und hochmütige, letztere – dienstbeflissene und mitunter linkische! In der Mitte aber drängte sich der Kreis der Leute, die nicht vornehm und weder mit den einen noch mit den anderen bekannt waren – der Kreis der Zuschauer. Kaufleute und das einfache Volk gingen durch andere Türen. Das war ein Miniaturbild der gesamten Petersburger Gesellschaft.

In seinen Mantel gehüllt, den Hut in die Stirn gezogen, versuchte Petschorin, sich einen Weg zur Tür zu bahnen. Er holte Lisaweta Nikolajewna Negurowa ein; ihr bedeutsames Lächeln beantwortete er mit einer kühlen Verbeugung und wollte weitergehen, wurde jedoch mit folgender Frage aufgehalten: »Warum so ernst, Monsieur George? Hat Ihnen die Aufführung nicht gefallen?«

»Im Gegenteil, ich habe Holland aus voller Kehle herausgerufen!«

»Nicht wahr, die Nowizkaja ist sehr hubsch!«

»Sie haben recht.«

»Sind Sie von ihr begeistert?«

»Ich bin sehr selten begeistert.«

»Damit ermutigen Sie niemanden!« sagte sie verdrießlich und gab sich Mühe, ironisch zu lächeln ...

»Ich kenne niemanden, der einer Ermutigung von mir bedürfte!« entgegnete Petschorin geringschätzig. »Und überdies hat Begeisterung so etwas Kindisches ...«

»Ihre Gedanken und Worte unterliegen einem erstaunlichen Wandel ... noch vor kurzem ...«

»Wirklich ...«

Petschorin hörte nicht zu, seine Augen bemühten sich, die bunte Mauer aus Pelzen, Saloppen und Hüten zu durchdringen ... Es war ihm so vorgekommen, als sei dort, hinter der Säule, ein ihm bekanntes, sehr bekanntes Gesicht aufgetaucht ... In diesem Augenblick rief ein Gendarm, und ein baumlanger Lakai wiederholte es: die Kutsche des Fürsten Ligowski! Petschorin bemühte sich verzweifelt, die Menge auseinanderzustoßen, um zur Tür zu stürzen ... Vor ihm – nur vier Menschen trennten sie – erschien eine rosa Saloppe, scharrten Schuhe ... Der Lakai half der rosafarbenen Saloppe in das prächtige Coupé, dann kletterte ein Bärenpelz hinein, die Türen wurden zugeschlagen: Zur Morskaja! Los! ... Die Stelle der interessanten Kutsche nahm eine andere ein, vielleicht nicht weniger interessant, nur nicht für Petschorin. Wie angewurzelt stand er da! Ein qualvoller Gedanke fraß sich in sein Hirn: Diese Loge, die nicht zu beachten er sich geschworen hatte ... Die Fürstin hatte darin gesessen, ihre zarte Hand auf dem karmesinroten Samt geruht, und ihre Augen hatten vielleicht oft auf ihm geruht, ihm aber war es nicht einmal in den Sinn gekommen, sich umzudrehen, die magnetische Kraft des Blicks der geliebten Frau hatte auf seine Stiernerven nicht gewirkt – oh, es war zum Wahnsinnigwerden! Niemals würde er sich das verzeihen! Verärgert schritt er über das Trottoir, fand seinen Schlitten, weckte mit einem unsanften Puff den Kutscher, der, zusammengerollt und mit der Bärenfelldecke zugedeckt, dalag, und fuhr nach Hause. Wir aber wenden uns Lisaweta Nikolajewna Negurowa zu und folgen ihr.

Als sie in der Kutsche Platz genommen hatte, hielt der

Vater ihr eine lange Predigt über die jungen Leute von heute. »Nehmen wir zum Beispiel Petschorin«, sagte er, »nicht genug, daß er sich weder um mich oder Katenka bemüht« (Katenka war seine Frau, fünfundfünfzig Jahre alt), »nein, nicht mal eines Blickes würdigt er einen! ... Zu unserer Zeit war das so: Verliebt sich ein junger Mann, ist er bestrebt, den Eltern und der ganzen Verwandtschaft zu gefallen ... aber er tuschelt nicht immerzu mit der Tochter in den Ecken und macht ihr schöne Augen ... Eine Schande, wie das heute zugeht! ... Die Mädchen sind auch nicht mehr so wie einst! ... Früher brauchten sie bloß ein Wort zuviel zu hören, schon wurden sie rot, und aus war's, man bekam keine Antwort mehr von ihnen ... Du aber, meine Liebe, ein Mädchen von fünfundzwanzig Jahren, wirfst dich ihm an den Hals ... möchtest partout heiraten!«

Lisaweta Nikolajewna wollte antworten, Tränen traten ihr in die Augen – und sie brachte kein Wort hervor; Katerina Iwanowna nahm sie in Schutz!

»Immer fällst du über sie her ... ganz zu Unrecht! ... Was soll man machen, wenn die jungen Männer nicht ans Heiraten denken ... Da muß man selbst die Gelegenheit nutzen! Petschorin ist ein heiratsfähiger junger Mann, reich ... aus guter Familie, warum nicht auch ein Ehemann? Schließlich kann sie ja nicht ihr Lebtag zu Hause sitzen ... Gott sei Dank lasse ich mir ihre Kleider etwas kosten ... und du mit deinem: Heiraten willst du, heiraten? – Aber nicht zu heiraten, das wäre ...« Und so weiter und so fort ...

Diese Gespräche wiederholten sich in dieser oder jener Form jedesmal, wenn Mutter, Vater und Tochter unter sich waren. Die Tochter schwieg, doch was in diesen Augenblikken in ihrem Herzen vorging, weiß Gott allein.

Man war zu Hause angekommen. Katerina Iwanowna und ihr griesgrämiger Gemahl begaben sich in ihr Zimmer, die Tochter in das ihre. Die Eltern waren der alten wie der neuen Zeit gleichermaßen verhaftet; die früheren Auffassungen, halb vergessen und verwischt durch die neuen Eindrücke des Petersburger Lebens und den Einfluß der Gesellschaft, in der Nikolai Petrowitsch, seinem Rang entsprechend, verkehren mußte, kamen nur in Augenblicken des Verdrusses oder während einer Auseinandersetzung zum Vorschein; sie dünkten ihn höchst zugkräftige Argumente, erinnerte er sich doch, welch schreckliche Wirkung sie in den Tagen seiner eigenen Jugend auf ihn gehabt hatten. Katerina Iwanowna war, den Worten der Beamten in der Kanzlei ihres Mannes zufolge, eine nicht dumme Dame, in den Augen anderer Matronen eine schlaue und intrigante Frau, für die Balljugend ein gutmütiges, vertrauensseliges und blindes Mamachen ... Ihren wahren Charakter habe ich noch nicht durchschaut. Wenn ich sie beschreibe, bemühe ich mich lediglich, alle drei oben geäußerten Meinungen auf einen Nenner zu bringen ... und sollte ein ähnliches Porträt dabei herauskommen, so verspreche ich, zu Fuß ins Newski-Kloster zu pilgern und mir die Sänger dort anzuhören!

Lisaweta Nikolajewna aber ... Oh! Ausrufezeichen ... Warten Sie ab! Jetzt ist sie in ihr Schlafzimmer gegangen und hat die Zofe Marfuscha gerufen – ein dickes, pokkennarbiges Mädchen! Ein schlechtes Zeichen! Ich würde nicht wollen, daß meine Frau oder Braut eine dicke, pokkennarbige Zofe hat! Nicht ausstehen kann ich dicke und pockennarbige Zofen, mit Haaren, eingeschmiert mit finnischer Butter oder geglättet mit Kwaß, von dem sie zusammenkleben und einen rötlichen Ton annehmen, mit Händen, rauh wie ein Reibeisen, mit schläfrigen Augen, mit Beinen, die in Schuhen ohne Schnürsenkel schlurfen, schwerfälligem Gang und (was das schlimmste ist) einer viereckigen Taille, umschlossen von einem bunten Hauskleid, das unten enger ist als oben ... Eine solche Zofe, sitzt sie im Hinterzimmer eines anständigen Hauses bei der Arbeit, wie ein Krokodil auf dem Grunde eines hellen amerikanischen Brunnens ... Eine solche Zofe läßt, einem Fettfleck gleich, der auf den frischen Mustern eines umgefärbten Kleides prangt, bedauerliche Zweifel an der häuslichen Lebensweise ihrer Herrschaft aufkommen ... Oh, liebe Freunde, sollten Sie meine Meinung teilen, so bewahre Sie Gott davor, sich in ein Mädchen zu verlieben, das eine solche Zofe hat – sonst ist es um Ihren Zauber für immer geschehen.

Lisaweta Nikolajewna befahl der Zofe, ihr Schuhe und Strümpfe auszuziehen und das Korsett aufzuschnüren, während sie sich aufs Bett setzte und achtlos den Kopfputz auf den Toilettentisch warf, ihre schwarzen Haare fielen auf die Schultern herab – aber ich setze die Beschreibung nicht fort: Niemand sieht gern verblaßte Reize, ein mageres Füßchen, einen sehnigen Hals und hagere Schultern, auf denen sich rote Striemen von dem zu engen Kleid abzeichnen. Jeder hat dergleichen vermutlich zur Genüge gesehen. Lisaweta Nikolajewna legte sich ins Bett, stellte auf das Tischchen daneben eine Kerze und schlug einen französischen Roman auf – Marfuscha war hinausgegangen ... Im Zimmer herrschte Stille. Das Buch entglitt den Händen des betrübten Mädchens, sie seufzte und überließ sich ihren Betrachtungen.

Natürlich hat mir keine einzige verblühte Schöne die Gedanken und Gefühle anvertraut, die sie nach einem langen Ball oder einer Abendgesellschaft bewegten, wenn sie sich in ihrem einsamen Zimmer ihre ganze Vergangenheit ins Gedächtnis rief und alle Liebeserklärungen aufzählte, die sie einst mit geheuchelter Kälte oder aber mit aufrichtigem Vergnügen anhörte und die keine anderen Folgen für sie hatten als ein paar Dutzend Zeilen in einem Album oder das rachsüchtig hingeworfene Epigramm eines verschmähten Anbeters, der während einer langen Mazurka hinter ihrem Stuhl vorüberging. Aber ich vermute, diese Gedanken müssen schwer sein, unerträglich für Eigenliebe und Herz – sofern ein solches vorhanden ist, denn die Naturgeschichte ist heutzutage um eine neue Klasse sehr netter und schöner Geschöpfe bereichert worden – die der Frauen ohne Herz. Um leichter zu erraten, woran Lisaweta Nikolajewna zu denken geruhte, bin ich, zu meinem größten Bedauern, gezwungen, gewisse Einzelheiten ihres Lebens auszuplaudern ... um so mehr, als das zur Erklärung der folgenden Geschehnisse unerläßlich ist. Sie war in Petersburg geboren worden und nie aus Petersburg herausgekommen – zwar reiste sie einmal in zwei Monaten nach Reval ins Bad, aber Sie wissen selbst, Reval ist nicht Rußland, und darum erfuhr die Richtung ihrer Petersburger Erziehung keinerlei Veränderung; bei uns, in Rußland, sind die französischen Gouvernanten etwas aus der Mode gekommen, und in Petersburg hält man sie überhaupt nicht ... Eine Engländerin zu engagieren überstieg die Mittel ihrer Eltern ... Engländerinnen sind zu teuer – eine Deutsche konnte man auch nicht gut nehmen: Gott weiß, an was für eine man da geriet: Da gibt es ja alle möglichen ... Jelisaweta Nikolajewna blieb also ohne Gouvernante; Französisch lernte sie von der Mama, mehr noch von den Gästen, denn von frühester Kindheit an verbrachte sie ihre Tage im Salon, saß neben der Mama und hörte allerhand Dinge ... Als sie dreizehn Jahre alt war, engagierte man stundenweise einen Lehrer: In einem Jahr absolvierte sie einen Französischkursus, und ihre vornehme Erziehung begann. In ihrem Zimmer stand ein Klavier, aber niemand hörte sie je spielen ... Tanzen lernte sie auf Kinderbällen ... Romane las sie schon, kaum daß sie buchstabieren konnte ... und verschlang sie erstaunlich schnell. Unterdessen hatte ihr Vater eine beträchtliche Erbschaft gemacht, unmittelbar danach auch eine gute Stellung erhalten – und nahm nun mehr am gesellschaftlichen Leben teil. Als sie fünfzehn war, fing man an, sie auszuführen, wobei sie für siebzehn ausgegeben wurde, und bis zu ihrem fünfundzwanzigsten Lebensjahr änderte sich dieses fiktive Alter nicht ... Siebzehn Jahre sind ein Fixpunkt: Sie lassen sich, wie ein Gummiband, beliebig dehnen. Lisaweta Nikolajewna war beileibe nicht häßlich, sogar sehr interessant: Blässe und Magerkeit sind interessant, denn die Französinnen sind bleich und die Engländerinnen mager. Es sei jedoch bemerkt, daß der Reiz von Blässe und Magerkeit nur in der Phantasie der Damen existiert und die hiesigen Männer ihre Meinung nur aus Liebenswürdigkeit unwidersprochen lassen, um sich nicht dem Vorwurf der Unhöflichkeit und des sogenannten »Kasernentons« auszusetzen.

Bei ihrem ersten Erscheinen in der Gesellschaft fand Lisaweta Nikolajewna Verehrer. Es waren dies sämtlich Leute, die stets einem neuen Vaudeville applaudieren, die sich überschlagen, um eine neue Sängerin zu hören, und die nur neue Bücher lesen. Ihre Stelle nahmen bald andere ein: Diese machten ihr den Hof, um die Eifersucht einer gleichgültig werdenden Geliebten zu wecken oder um der Eigenliebe einer grausamen Schönen einen empfindlichen Stich zu versetzen. Nach ihnen stellte sich eine dritte Art von Bewunderern ein: Männer, die sich aus Langeweile verliebten, um den Abend angenehm zu verbringen, denn Lisaweta Nikolajewna konnte sehr gewandt parlieren und war höchst liebenswürdig, etwas spöttisch, etwas verträumt ... Einige dieser Courschneider verliebten sich allen Ernstes in sie und hielten um ihre Hand an. Aber sie wollte die schmeichelhafte Rolle der Unbeugsamen probieren ... und obendrein waren sie sämtlich sterbenslangweilig: Sie erhielten einen Korb ... Einer war vor Verzweiflung lange krank, die anderen trösteten sich schnell. Unterdessen verging die Zeit: Sie wurde eine erfahrene und schlagfertige junge Dame, betrachtete alle durchs Lorgnon, bewegte sich sehr ungezwungen, errötete nicht mehr bei zweideutigen Reden oder Blicken – und um sie herum scharten sich nun die jugendlichen Schwärmer, die ihre Kräfte im Wortgeplänkel erprobten und ihr ihre ersten Versuche leidenschaftlicher Beredsamkeit widmeten – leider war auf diese noch weniger Verlaß als auf alle früheren. Voll Verdruß und zugleich mit heimlichem Vergnügen machte sie ihre Hoffnungen zunichte, stoppte die Ergüsse der Beredsamkeit durch ätzenden Spott – und bald waren sie überzeugt, daß die Negurowa eine unbesiegbare und ungewöhnliche Frau sei. Der Schwarm der Verehrer zerstreute sich in alle Himmelsrichtungen ... und schließlich brach für Lisaweta Nikolajewna die für das Herz einer verblühenden Frau qualvollste und gefährlichste Zeit an ...

Sie war in den Jahren, wo es noch nicht peinlich ist, ihr den Hof zu machen, sich in sie zu verlieben jedoch schwer wurde; in den Jahren, wo ein leichtfertiger oder unbekümmerter Stutzer es nicht mehr für eine Sünde ansieht, aus

Scherz seine tiefe Leidenschaft zu beteuern, um später, nur so zum Spaß, das Mädchen in den Augen ihrer Freundinnen zu kompromittieren, sich dadurch größeres Ansehen zu verschaffen und allen zu versichern, daß sie ganz vernarrt in ihn sei, und sich den Anschein zu geben, daß er sie bedauere, daß er nicht wisse, wie er von ihr freikommen solle ... wo er ihr im Flüsterton Zärtlichkeiten und laut Bosheiten sagt. In der Ahnung, daß dies ihr letzter Verehrer ist, versucht die Ärmste aus bloßer Eigenliebe, den Schelm so lange wie möglich an sich zu fesseln ... umsonst: Mehr und mehr verstrickt sie sich – und schließlich ... o weh! Nach dieser Zeit bleiben nur Träume von einem Ehemann übrig, irgendeinem Ehemann ... nichts als Träume.

Lisaweta Nikolajewna war in diese Periode eingetreten, doch den letzten Schlag sollte ihr kein unbekümmerter Schelm und kein herzloser Stutzer versetzen – und das kam so:

Vor anderthalb Jahren war Petschorin in der vornehmen Gesellschaft noch ein ziemlicher Neuling. Um sich Ansehen zu verschaffen, mußte er erlangen, was einige einen Namen in der vornehmen Welt nennen, das heißt den Ruf eines Mannes, der Böses tun kann, wenn es ihm in den Sinn kommt. Eine Zeitlang suchte er vergebens nach einem Piedestal für sich, auf das er sich stellen und dadurch die Menge zwingen könnte, ihm Beachtung zu schenken; der Liebhaber einer gefeierten Schönheit zu werden wäre für einen Anfänger zu schwer gewesen, und ein junges, unschuldiges Mädchen zu kompromittieren, hätte er nicht gewagt, und darum erwählte er Lisaweta Nikolajewna als Mittel zum Zweck, die weder das eine noch das andere war. Was tun? In unserer armen Gesellschaft bedeutet der Satz: Er hat soundso vielen den Ruf ruiniert, fast dasselbe wie: Er hat soundso viele Schlachten gewonnen.

Lisaweta Nikolajewna und er waren alte Bekannte. Man grüßte sich. Als Petschorin seinen Plan gefaßt hatte, begab er sich auf einen Ball, wo er sie unfehlbar treffen mußte. Er beobachtete sie unablässig und stellte fest, daß niemand sie zur Mazurka aufforderte. Die Musiker hatten das Zeichen erhalten anzufangen, die Kavaliere rückten die Stühle und stellten sie zu einem Kreis zusammen, Lisaweta Nikolajewna begab sich ins Ankleidezimmer, um sich ihren Ärger nicht anmerken zu lassen. Petschorin wartete an der Tür auf sie. Als sie in den Saal zurückkehrte, begann schon die zweite Figur: Petschorin trat eilig auf sie zu.

»Wo hatten Sie sich denn versteckt«, sagte er, »ich habe Sie überall gesucht – habe sogar Stühle reserviert: So sehr hoffte ich, Sie würden mir keinen Korb geben.«

»Wie selbstsicher Sie sind!«

Und unverhoffte Freude blitzte in ihren Augen auf.

»Aber Sie werden mich doch nicht allzu streng bestrafen für diese Selbstsicherheit?«

Sie antwortete nicht und folgte ihm.

Ihre Unterhaltung dauerte während des ganzen Tanzes an, sie glänzte mit Scherzen und Epigrammen und streifte sogar die Metaphysik der Liebe. Petschorin verschonte keine einzige ihrer jungen, blühenden Rivalinnen. Beim Souper setzte er sich neben sie, die Unterhaltung machte immer weitere Fortschritte, so daß er ihr schließlich um ein Haar gesagt hätte (natürlich auf zweideutige Weise), daß er sie bis zum Wahnsinn vergöttere. Ein großer Schritt war getan, und zufrieden mit diesem seinem Abend, kehrte er nach Hause zurück.

Danach trafen sie mehrere Wochen hintereinander auf verschiedenen Abendgesellschaften zusammen; natürlich suchte er diese Begegnungen unermüdlich, wenigstens ging er ihnen nicht aus dem Wege. Mit einem Wort, er wandelte auf den Spuren der antiken Courschneider und benahm sich formvollendet, nahezu klassisch. Bald schon bemerkten alle ihre gleichbleibende Zuneigung füreinander, eine in unserer kalten Gesellschaft neue und höchst originelle Erscheinung. Petschorin vermied indiskrete Fragen, dafür agierte er ganz offen. Lisaweta Nikolajewna war damit gleichfalls sehr zufrieden, hoffte sie doch, ihn weiter und weiter zu fesseln und ihn dann, wie unsere Mütter sagten, dazu zu bringen, sie zu heiraten. Obwohl ihre Eltern sich noch keine Meinung über ihn gebildet hatten, luden sie ihn dennoch, nur so, ohne jeden Hintergedanken, zu sich ein, um ihn besser kennenzulernen. Viele begannen schon über ihn als künftigen Bräutigam zu spötteln, gute Freunde auf ihn einzureden, um ihn von dem unbedachten Schritt, an den er nicht einmal im Traum dachte, zurückzuhalten. Aus alledem schloß er, daß der entscheidende Moment gekommen sei.

Bei Baron*** fand ein glänzender Ball statt. Petschorin tanzte die erste Quadrille wie üblich mit Jelisaweta Nikolajewna.

»Wie schön die jüngere R. heute ist«, bemerkte Jelisaweta Nikolajewna.

Petschorin richtete das Lorgnon auf die junge Schöne, betrachtete sie lange schweigend und entgegnete schließlich: »Ja, sie ist wunderschön. Wie geschmackvoll diese rosaroten Blumen in ihre dichten, dunkelblonden Locken geflochten sind. Ich habe mir geschworen, heute ganz bestimmt mit ihr zu tanzen, gerade, weil sie Ihnen gefällt; nicht wahr, ich bin sehr scharfsinnig, wenn ich Ihnen das Vergnügen machen will.«

»Oh, zweifellos, Sie sind sehr liebenswürdig«, gab sie aufbrausend zur Antwort.

In diesem Augenblick brach die Musik ab, die erste Quadrille war zu Ende, und Petschorin verneigte sich sehr höflich. Den Rest des Abends tanzte er entweder mit der R. oder stand neben ihrem Stuhl und bemühte sich, soviel wie möglich zu sprechen und so zufrieden wie möglich auszusehen, obwohl, unter uns gesagt, das Fräulein R. etwas einfältig war und ihm kaum zuhörte; da Petschorin indes sehr viel redete, folgerte sie, er sei ein überaus liebenswürdiger Kavalier. Nach der Mazurka trat sie auf Jelisaweta Nikolajewna zu, und die fragte sie mit ironischem Lächeln: »Wie gefällt Ihnen Ihr jetziger treuer Kavalier?«

»Il est très aimable«, erwiderte die R.

Das war ein grausamer Schlag für Jelisaweta Nikolajewna. Sie merkte, daß sie im Begriff stand, ihren letzten Kavalier zu verlieren, denn die übrigen jungen Männer hatten sich, als sie sahen, daß Petschorin sich ausschließlich ihr widmete, völlig von ihr zurückgezogen.

Und richtig, von diesem Tag an war Petschorin ihr gegenüber zerstreuter, kühler und bemühte sich augenscheinlich, ihr jene kleinen Unannehmlichkeiten zuzufügen, die alle bemerken mußten und für die man doch keine Genugtuung fordern kann. Sprach er mit anderen jungen Damen, so äußerte er sich über Jelisaweta Nikolajewna mit verletzendem Mitleid, während sie auf Grund einer falschen Einschätzung der Lage und aus dem Wunsch heraus, seiner Eigenliebe einen empfindlichen Stich zu versetzen, ihren Freundinnen unter dem Siegel der Verschwiegenheit ihre so reine und aufrichtige Liebe gestand. Doch umsonst, er genoß nur einen Triumph mehr, sie aber glaubte, indem sie es den anderen einredete, allmählich selbst, daß sie ihn wirklich liebte. Ihre Eltern, als unvoreingenommene Zuschauer scharfsichtiger, begannen ihr Vorwürfe zu machen. So sagten sie: »Nun, meine Liebe, ein ganzes Jahr hast du ungenutzt verstreichen lassen, hast einem Freier mit einem Einkommen von zwanzigtausend einen Korb gegeben; es stimmt, daß er alt und gelähmt ist – aber was sind dagegen die jungen Leute von heute! Dein Petschorin ist gerade der Richtige, wir haben von vornherein gewußt, daß er dich nicht heiratet, und seine Mutter würde der Heirat auch gar nicht zustimmen! Und was ist nun die Folge? Er macht sich lustig über dich.«

Solche Worte sind natürlich nicht dazu angetan, gekränkte Eigenliebe und ein betrogenes Herz zu beschwichtigen. Lisaweta Nikolajewna spürte die Wahrheit darin, aber diese Wahrheit war ihr nicht mehr neu. Wer ein Ziel lange verfolgt und um seinetwillen viel geopfert hat, gibt es nur ungern auf, erst recht, wenn an dieses Ziel die letzten Hoffnungen verblühender Jugend geknüpft sind. In nämlicher Lage haben wir die aus dem Theater heimgekehrte Lisaweta Nikolajewna verlassen, die nun, ein Buch in den Händen, im Bett liegt, während ihre Gedanken in der Vergangenheit und Zukunft schweifen.

Als sie es leid war, zehnmal ein und dieselbe Seite zu

überfliegen, warf sie das Buch gereizt auf das Tischchen und bemerkte plötzlich einen an sie adressierten Brief mit dem Stempel der städtischen Post.

Eine innere Stimme flüsterte ihr zu, das geheimnisvolle Kuvert nicht zu öffnen, doch die Neugier siegte; mit zitternden Händen erbrach sie den Umschlag, rückte die Kerze heran, und begierig überflogen ihre Augen die ersten Zeilen. Der Brief war mit sichtlich verstellter Handschrift geschrieben, wie aus der Befürchtung heraus, die Buchstaben selbst könnten ein Geheimnis preisgeben. Anstelle einer Unterschrift prangte unter dem Schreiben eine ägyptische Hieroglyphe, sehr ähnlich den auf dem Mond sichtbaren Flecken, denen viele einfache Leute eine gewisse symbolische Bedeutung beimessen. Hier nun der Brief, im Wortlaut:

»Gnädige Frau!

Sie kennen mich nicht, aber ich kenne Sie: Wir begegnen uns oft, die Geschichte Ihres Lebens ist mir ebenso vertraut wie mein Notizbuch, während Sie meinen Namen nie gehört haben. Gerade, weil Sie mir nie Beachtung schenkten, nehme ich Anteil an Ihnen, obendrein bin ich heute sehr zufrieden mit mir und gewillt, ein gutes Werk zu tun: Ich weiß, daß Petschorin Ihnen gefällt, daß Ihr ganzes Sinnen und Trachten darauf gerichtet ist, in ihm Gefühle neu zu entfachen, die er nie gehegt hat; er hat sich nur lustig über Sie gemacht – er ist Ihrer nicht würdig: Er liebt eine andere, alle Ihre Anstrengungen werden lediglich zu Ihrem Verderben beitragen, die Gesellschaft zeigt ohnedies schon mit Fingern auf Sie und wird sich bald ganz von Ihnen abwenden. Kein persönlicher Vorteil hat mich veranlaßt, Ihnen so unvorsichtige und kühne Ratschläge zu erteilen. Und damit Sie noch mehr von meiner Uneigennützigkeit überzeugt sind, schwöre ich Ihnen, daß Sie meinen Namen nie erfahren werden.

Infolgedessen verbleibe ich
als Ihr
ergebenster Diener:
Krakel.«

Eine andere hätte von einem solchen Brief einen hysterischen Anfall bekommen, doch der Schlag traf Jelisaweta Nikolajewna zwar mitten ins Herz, wirkte indes nicht auf ihre Nerven, sie erblaßte nur, verbrannte eilig den Brief und blies seine leichte Asche auf den Fußboden.

Dann löschte sie die Kerze und drehte sich zur Wand: Sie schien zu weinen, aber leise, so leise, daß Sie, stünden Sie am Kopfende ihres Bettes, glauben würden, sie schlafe ruhig und friedlich.

Anderentags erhob sie sich bleicher als sonst, kam um zehn Uhr in den Salon und schenkte sich wie üblich selbst den Tee ein. Als der Tisch abgedeckt, ihr Vater zum Dienst gegangen war und sich die Mutter an eine Arbeit gesetzt hatte, begab sie sich in ihr Zimmer. Während sie den Salon durchquerte, begegnete ihr der Lakai.

»Wohin gehst du?« fragte sie.

»Melden.«

»Wen?«

»Den ... den Offizier ... Herrn Petschorin ...«

»Wo ist er?«

»An der Außentreppe abgestiegen.«

Lisaweta Nikolajewna errötete, erblaßte dann wieder und befahl daraufhin dem Lakaien kurz: »Sag ihm, es sei niemand im Hause. Und sollte er noch einmal kommen«, fügte sie hinzu – den letzten Satz brachte sie nur mühsam hervor –, »wird er nicht empfangen!« Der Lakai verbeugte sich und ging, sie aber stürzte Hals über Kopf in ihr Zimmer.

Kapitel 4

Petschorin war, wie Sie sich wohl denken können, nicht sonderlich verwundert, als er eine so entschiedene Abfuhr erhielt. Er war auf einen solchen Ausgang gefaßt gewesen, hatte ihn sogar gewünscht. Er machte sich auf den Weg zur Morskaja, sein Schlitten glitt schnell über den lockeren Schnee. Der Morgen war neblig und verhieß baldiges Tauwetter. Viele Petersburger, die ihre Kindheit in einem anderen Klima verbracht haben, erliegen dem seltsamen Einfluß des Himmels hier. Eine gewisse traurige Gleichgültigkeit, vergleichbar jener, mit der sich unsere nördliche Sonne von der undankbaren Petersburger Erde abwendet, schleicht sich in die Seele und läßt alle Lebensorgane erstarren. In einem solchen Augenblick ist das Herz zum Enthusiasmus, der Geist zur Überlegung unfähig. In ähnlicher Stimmung befand sich Petschorin. Ein unverhoffter Erfolg hatte sein leichtsinniges Unternehmen gekrönt, aber er konnte sich nicht einmal darüber freuen. In wenigen Minuten sollte er die Frau wiedersehen, von der er in den letzten Jahren beständig geträumt hatte, mit der er durch die Vergangenheit verbunden und für die er bereit war, seine Zukunft zu opfern, doch sein Herz bebte nicht vor Ungeduld, Furcht und Hoffnung. Nur eine gewisse schmerzhafte Erstarrung, eine gewisse Mattheit und Unbeweglichkeit seiner Gedanken, die schweren Wolken gleich auf seinem Geist lasteten, kündigten den nahen Sturm in seiner Seele an. Als er daran dachte, wie leidenschaftlich er früher gewesen war, ärgerte er sich innerlich über seine jetzige Ruhe.

Da hielt sein Schlitten vor dem Haus, er stieg aus und griff nach der Klinke, doch bevor er die Tür öffnete, zog die Vergangenheit wie ein Traum an seinem geistigen Auge vorüber, und die unterschiedlichsten Empfindungen wurden plötzlich in ihm wach. Er erschrak über das laute Klopfen seines Herzens, wie schlaftrunkene Einwohner einer Stadt beim Ton der nächtlichen Sturmglocke. Was seine Absichten, Befürchtungen und Hoffnungen waren, weiß Gott allein, doch offensichtlich hatte er vor, einen entscheidenden Schritt zu tun und seinem Leben eine neue Richtung zu geben. Endlich öffnete sich die Tür, und langsam stieg er die breite Treppe hinauf. Auf die Frage des Lakaien, wen er zu sprechen wünsche, antwortete er mit der Gegenfrage: »Ist die Fürstin Vera Dmitrijewna zu Hause?«

»Fürst Stepan Stepanowitsch ist in seinem Zimmer.«

»Und die Fürstin?« wiederholte Petschorin ungeduldig.

»Die Fürstin ebenfalls.«

Petschorin nannte dem Lakaien seinen Namen, und der entfernte sich, um ihn zu melden.

Durch die halbgeöffnete Tür zum Salon warf Petschorin einen neugierigen Blick, bemüht, aus der Einrichtung wenigstens gewisse Rückschlüsse auf das Familienleben der Besitzer zu ziehen, doch ach, in der Hauptstadt gleicht ein Salon dem anderen, genauso ist es mit jedem Lächeln, jedem Begrüßungswort. Einzig und allein das Kabinett gibt manchmal häusliche Geheimnisse preis, das aber bleibt fremden Besuchern ebenso verschlossen wie das eigene Herz; die kurze Unterhaltung mit dem Lakaien ließ Petschorin jedoch vermuten, daß der Fürst die Hauptperson im Hause war. Seltsam, dachte er, sie hat einen alten, unsympathischen und gewöhnlichen Mann geheiratet, wahrscheinlich um ihren Willen durchzusetzen. Und wenn ich nun die Wahrheit erraten habe, wenn sie freiwillig eine Sklaverei gegen die andere vertauscht hat, was war dann ihr Ziel? Was für einen Grund hatte sie? Doch nein, lieben kann sie ihn nicht, dafür lege ich meine Hand ins Feuer.

In diesem Augenblick trat der Lakai ein und sagte feierlich: »Wollen Sie sich bitte bemühen, der Fürst ist im Empfangszimmer.«

Mit langsamen Schritten durchquerte Petschorin die Halle, sein Blick war verschleiert, das Blut ihm zum Herzen geschossen, er spürte, daß er blaß wurde, als er die Schwelle des Empfangszimmers überschritt. Eine junge Frau im Morgenkleid aus Atlasseide und einem Spitzenhäubchen saß ungezwungen auf einem Sofa; den Platz neben ihr im Sessel hatte ein dicker, glatzköpfiger Herr im Uniformfrack mit großen, blutunterlaufenen Augen und unendlich breitem Lächeln eingenommen. Am Fenster stand ein anderer, ziemlich hagerer Herr im Gehrock mit kurz geschnittenem Haar, schlaff herabhängenden Wangen und gewöhnlichen Gesichtszügen, er sah Zeitungen durch und wandte sich nicht einmal um, als der junge Offizier eintrat. Das war der Fürst Stepan Stepanowitsch höchstpersönlich.

Die junge Frau erhob sich eilig und wandte sich mit einem gemurmelten Willkommensgruß an Petschorin, darauf trat sie zum Fürsten und sagte zu ihm: »Mon ami, Herr Petschorin ist gekommen, ein alter Bekannter unserer Familie ... Monsieur Petschorin, darf ich Ihnen meinen Mann vorstellen.«

Der Fürst warf die Zeitungen aufs Fensterbrett, verneigte sich und wollte etwas sagen, doch nur abgerissene Worte kamen aus seinem Mund.

»Natürlich ... sehr erfreut ... die Familie meiner Frau ... daß Sie so liebenswürdig sind ... Ich habe es mir zur Pflicht gemacht ... Ihre Mutter ist eine so angesehene Dame ... Ich hatte die Ehre, sie gestern mit meiner Frau aufzusuchen.«

»Meine Mutter wollte mit meiner Schwester Ihnen heute selbst einen Besuch abstatten, aber sie ist etwas unpäßlich und hat mich beauftragt, Ihnen ihre Hochachtung zu bezeugen.«

Petschorin wußte selbst nicht, was er sprach. Als er sich gefaßt hatte und merkte, daß er einen Fauxpas begangen hatte, setzte er eine kühle, gezwungene Miene auf. Die Fürstin mußte wohl den Eindruck gewonnen haben, er wolle mit diesem Satz seinen Besuch als gewissermaßen unfreiwillig erklären. Ihr Gesicht nahm gleichfalls einen gezwungenen Ausdruck an. Ihr schien, er wolle ihr Vorwürfe machen, und in ihre Wangen stieg Röte auf, doch sie wandte sich ab und sagte etwas zu dem dicken Herrn; der brach in Gelächter aus und meinte laut: »O ja!« – Dann forderte sie Petschorin auf, sich zu setzen, und nahm ihren früheren Platz ein, während sich der Fürst wieder seinen Zeitungen widmete.

Fürstin Vera Dmitrijewna war eine Frau von zweiundzwanzig Jahren, mittelgroß und blond mit schwarzen Augen, was ihrem Gesicht einen gewissen originellen Reiz verlieh, sie sehr von anderen Frauen unterschied und dadurch jeden Vergleich unmöglich machte, der vielleicht nicht zu ihren Gunsten ausgefallen wäre. Eine Schönheit konnte man sie nicht nennen, obwohl sie ziemlich regelmäßige Gesichtszüge hatte. Das Oval ihres Antlitzes war vollkommen attisch und ihre Haut außergewöhnlich durchsichtig. Der ununterbrochene Wechsel in ihrer Physiognomie, die so gar nicht zu den etwas scharfen Gesichtszügen passen wollte, war schuld, daß sie nicht jedem und nicht jederzeit gefiel, jedoch hätte ein Mann, der gewohnt war, auf solche jähen Veränderungen zu achten, daraus auf eine seltene Leidenschaftlichkeit des Herzens und eine beständige Reizbarkeit der Nerven schließen können, die einem scharfsinnigen Liebhaber so viele Genüsse verheißt. Sie hatte eine biegsame Gestalt, ihre Bewegungen waren langsam, ihr Gang gemessen. Sähen Sie sie zum erstenmal, Sie würden, falls Sie ein erfahrener Beobachter sind, sagen, dies sei eine Frau mit unbeugsamem, entschlossenem und kaltem Charakter, die von sich überzeugt und bereit ist, ihr Glück den Regeln, nicht aber einem Gerücht zu opfern. Hätten Sie sie indes im Augenblick der Leidenschaft und Erregung erlebt, Sie würden etwas ganz anderes sagen oder vielmehr überhaupt nicht wissen, was Sie sagen sollten.

Einige Minuten saßen Petschorin und sie sich schweigend gegenüber; das Schweigen war für beide bedrückend. Der dicke Herr, der auf Grund irgendeines Zufalls sich Baron nennen konnte, machte sich diese Zeitspanne zunutze, um ausführlich seine verwandtschaftlichen Beziehungen zum preußischen Gesandten zu erläutern. George, der keinen Blick von Vera Dmitrijewna wandte, bemühte sich, wenn auch vergebens, ihre geheimsten Gedanken zu erraten; er sah deutlich, sie war mißgestimmt, besorgt und erregt. Ihre Augen wurden bald matt, bald glänzten sie, ihre Lippen lächelten bald, bald preßten sie sich zusammen; die Wangen wurden abwechselnd rot und blaß: Doch was war schuld an dieser inneren Unruhe? ... Vielleicht eine Familienszene, die sich vor seinem Erscheinen abgespielt hatte, denn der Fürst war sichtlich schlecht gelaunt. Vielleicht die Freude und Verwirrung über die wiederauferweckte oder auch nur neu erwachte Liebe zu ihm. Vielleicht ein Gefühl der Peinlichkeit beim Wiedersehen mit einem Mann, der gewisse Geheimnisse ihres Lebens und Herzens kannte, der ein Recht und vielleicht auch die Absicht hatte, ihr Vorwürfe zu machen ...

Petschorin, nicht gewohnt, Frauenblicke und -gefühle zu seinen Gunsten zu deuten, entschied sich für letzteres. Aus Stolz beschloß er zu zeigen, daß er, gleich ihr, die Vergangenheit vergessen habe und sich über ihr Glück freue ... Doch ungewollt klang aus seinen Worten gekränkte Eigenliebe; als er zu sprechen begann, wandte sich die Fürstin abrupt vom Baron ab ... Und dieser, der gerade im Begriff stand, die wichtigste und überzeugendste Schlußfolgerung seiner Beweisführung vorzutragen, blieb offenen Mundes sitzen.

»Fürstin«, sagte George, »entschuldigen Sie, ich habe Ihnen noch nicht gratuliert ... zum Fürstentitel! Seien Sie indes versichert, daß ich mich mit dieser Absicht beeilte, die Ehre zu haben, Sie zu sehen. Doch als ich hier eintrat ... hat mich die mit Ihnen vorgegangene Veränderung derart frappiert, daß ich, offen gestanden, die Pflicht der Höflichkeit vergaß ...«

»Ich bin älter geworden, nicht wahr?« erwiderte Vera, den Kopf zur rechten Schulter geneigt.

»Oh, Sie scherzen! Als ob man im Glück älter würde ... Im Gegenteil, Sie sind voller geworden, Sie ...«

»Natürlich bin ich sehr glücklich«, fiel ihm die Fürstin ins Wort.

»Das hört man allgemein: Viele junge Mädchen beneiden Sie ... Übrigens sind Sie so vernünftig, daß Sie einfach eine derart würdige Wahl treffen mußten ... Die ganze Gesellschaft ist entzückt von der Liebenswürdigkeit, dem Geist und den Talenten Ihres Gemahls ...« Der Baron nickte zustimmend. Die Fürstin wollte schon lächeln, als sich plötzlich Verdruß auf ihrem Gesicht spiegelte.

»Ich kann Ihnen das Kompliment zurückgeben, Monsieur Petschorin ... auch Sie haben sich zu Ihrem Vorteil verändert.«

»Was soll man machen? Die Zeit ist allmächtig ... Selbst unsere Kleidung ist, wie wir selbst, ungewöhnlichen Veränderungen unterworfen – Sie tragen jetzt ein Spitzenhäubchen, ich trage statt des Fracks des jungen Moskauer Adligen oder des Studentenrocks die Uniform mit Epauletten ... Vermutlich habe ich darum das Glück, Ihnen besser zu gefallen als früher ... Sie sind jetzt so an Glanz gewöhnt!«

Die Fürstin wollte sich für das Epigramm rächen.

»Vortrefflich!« rief sie aus. »Sie haben es erraten ... Es stimmt, für uns arme Moskauerinnen ist die Gardeuniform eine wahre Rarität!« Sie lächelte spöttisch, der Baron lachte auf – und Petschorin hätte ihn umbringen mögen.

»Sie haben einen so eifrigen Verbündeten, Fürstin«, bemerkte er, »daß ich mich geschlagen geben muß. Ich bin sicher, auf ein Zeichen von Ihnen ist der Baron bereit, mich mit seiner ganzen Schwere zu zermalmen.«

Obschon in Rußland geboren, sprach der Baron kaum russisch; er lachte noch mehr als zuvor, glaubte er doch, dies sei ein Kompliment, das sich auf Vera Dmitrijewna und ihn beziehe. – Petschorin zuckte die Achseln; und die Unterhaltung geriet abermals ins Stocken. – Glücklicherweise trat der Fürst zu ihnen, bedeutungsvoll Zeitungen in der Hand haltend.

»Hier ist etwas, das dich interessieren wird«, sagte er zu seiner Frau, »auf dem Newski hat man dieser Tage ein neues Geschäft eröffnet. Ich möchte Ihnen«, meinte er, an die Gäste gewandt, »ein Petersburger Souvenir zeigen, das ich meiner Frau gestern gekauft habe: Alle sagen, es seien höchst modische Ohrringe, doch meine Frau bestreitet das. Was halten Sie davon?«

Er ging in ein anderes Zimmer und kehrte mit einem saffianledernen Schächtelchen zurück. Das vom Fürsten häufig wiederholte »meine Frau« klang in Petschorins Ohren irgendwie grob und unangenehm; vom ersten Wort an hatte er den Fürsten für einen beschränkten Menschen gehalten und sich jetzt davon überzeugt, daß er nicht einmal ein vornehmer Mann war. Die Ohrringe wanderten von Hand zu Hand, der Baron ließ mehrere langgezogene Ausrufe der Begeisterung hören, nach ihm begann auch Petschorin sie mechanisch zu betrachten.

»Und was glauben Sie«, fragte der Fürst Stepan Stepanowitsch, der den Kopf in die Halsbinde gezogen hatte und mit einer Hand den gestärkten Kragen hervorzupfte, »wieviel ich dafür bezahlt habe? Raten Sie!«

Die Ohrringe waren mindestens achtzig Rubel wert und mit fünfundsiebzig bezahlt worden. Petschorin nannte absichtlich die Summe von einhundertfünfzig. Das brachte den Fürsten in Verlegenheit. Er erwiderte nichts, da es ihm peinlich war, die Wahrheit zuzugeben; er setzte sich aufs Kanapee und sah Petschorin von Zeit zu Zeit sehr ungnädig an. Die Unterhaltung wurde zu einem allgemeinen Austausch Petersburger Neuigkeiten und Moskauer Nachrichten. Wieder besser gelaunt, erklärte der Fürst sehr freimütig, daß, wäre nicht sein Rechtsstreit, er um nichts in der Welt Moskau und den Englischen Klub verlassen hätte, wobei er hinzusetzte, der hiesige Englische Klub könne dem Moskauer nicht das Wasser reichen. Endlich stand Petschorin auf, verneigte sich und war schon an der Tür, als die Fürstin plötzlich von ihrem Platz aufsprang und ihn eindringlich bat, nicht zu vergessen, die liebe Warenka an ihrer Statt hundert-, tausendmal zu küssen. Petschorin hätte ihr gern gesagt, daß er keine verbalen Küsse überbringen könne, aber ihm war nicht zum Scherzen zumute, und so verbeugte er sich noch einmal – sehr hochmütig. Die Fürstin lächelte ihm zu; es war jenes nichtssagende Lächeln, das um die Lippen einer Tänzerin spielt, die eine Pirouette vollführt.

Bittere Vorahnung im Herzen, verließ er den Salon. Als er die Halle durchquerte, drehte er sich um, die Fürstin stand in der Tür und sah ihm regungslos nach: Sie bemerkte seine Bewegung und verschwand.

Seltsam, dachte Petschorin, während er im Schlitten Platz nahm, es gab eine Zeit, da konnte ich in ihrem Gesicht lesen wie in einem offenen Buch, und jetzt verstehe ich sie nicht, verstehe sie einfach nicht.

Bis zu seinem neunzehnten Lebensjahr hatte Petschorin in Moskau gelebt. Von Kindheit an wanderte er von einem Pensionat ins andere und krönte seine Wanderungen schließlich, dem Willen seiner sehr weisen Mama gemäß, mit dem Eintritt in die Universität. Er hatte einen solchen Geschmack am beständigen Ortswechsel gefunden, daß er, hätte er in Deutschland gelebt, gewiß ein fahrender Student geworden wäre. Aber sagen Sie um Gottes willen, welche Möglichkeit hat in Rußland ein Gebieter über dreitausend Seelen und Neffe von zwanzig(tausend) Moskauer Tanten, ein Vagabund zu werden. Folglich beschränkten sich alle seine Reisen auf Fahrten mit einer Schar ebensolcher Taugenichtse, wie er selbst einer war, nach Petrowski, nach Sokolniki und ins Marienwäldchen. Sie können sich vorstellen, daß sie, um nicht als Pedanten zu erscheinen, nie Hefte und Bücher mitnahmen. Petschorins Freunde, deren Zahl sich übrigens in Grenzen hielt, waren sämtlich junge Leute, mit denen er in der Gesellschaft zusammentraf, denn auch damals waren Studenten fast die einzigen Kavaliere der Moskauer Schönen, die sich unwillkürlich nach Epauletten und Achselbändern sehnten, ohne zu ahnen, daß in unserer Zeit diese glänzenden Aushängeschilder ihre frühere Bedeutung eingebüßt haben.

Petschorin und seine Kameraden fehlten auch bei keiner Promenade. Arm in Arm gingen sie zwischen den Reihen der Kutschen auf und ab, zum großen Mißbehagen der Quartalaufseher. Begegnete man einem dieser jungen Leute, konnte man mit geschlossenen Augen jede Wette eingehen, daß gleich auch die anderen auftauchen würden. In Moskau, wo Beinamen noch in Mode sind, nannte man sie la bande joyeuse.

Für Petschorin rückte die Examenszeit näher: Fast ein Jahr lang war er nicht zu den Vorlesungen gegangen und hatte jetzt vor, einige Nächte der Wissenschaft zu opfern und die Kameraden mit einem Satz einzuholen. Da trat plötzlich ein Umstand ein, der ihn hinderte, diese heroische Absicht in die Tat umzusetzen. Petschorins Mutter, Tatjana Petrowna, gab für ihre kleine Tochter des öfteren Kindergesellschaften: An diesen Abenden fanden sich auch erwachsene junge Damen und alte Jungfern ein, die ganz versessen auf alle möglichen Abendgesellschaften waren. Die Kinder gingen um zehn Uhr schlafen, sie wurden auf dem Parkett von den Großen abgelöst. Zu diesen Abendgesellschaften kamen oft auch Vater und Tochter R. Sie waren alte Bekannte von Tatjana Petrowna und sogar weitläufig mit ihr verwandt. Die Tochter dieses Herrn R. wurde damals einfach Verotschka genannt. George, der gewöhnt war, ihr oft zu begegnen, fand nichts Besonderes an ihr, sie aber ging jeder Unterhaltung mit ihm aus dem Wege. Einmal fand sich eine große Gesellschaft zusammen, um zur Abendmesse ins Simonow-Kloster zu fahren und dort zu beten, die Kirchensänger zu hören und spazierenzugehen. Das war im Frühling: Man nahm in mehrsitzigen Droschken Platz, jede mit sechs Pferden bespannt, und machte sich vom Arbat aus in einer fröhlichen Karawane auf den Weg. Die Sonne ging hinter den Sperlingsbergen unter, und der Abend war wirklich wunderschön.

Der Zufall wollte es, daß George neben Verotschka zu sitzen kam; anfangs war ihm das gar nicht recht. Ihre siebzehnjährige Frische und Bescheidenheit schienen ihm untrügliche Anzeichen von Kälte und allzu sentimentaler Herzenseinfalt zu sein. Wer von uns ist mit neunzehn Jahren nicht kopflos verblühten Koketten nachgelaufen, deren Worte und Blicke voller Verheißungen und deren Seelen bemalten Särgen vergleichbar sind. Ihr Äußeres ist bezaubernder Glanz, das Innere birgt Tod und Staub.

Als sie die Stadt schon hinter sich gelassen und die dünne Abendluft die fröhlichen Reisenden erfrischt hatte, kam George mit seiner Nachbarin ins Gespräch. Ihre Unterhaltung war einfach, angeregt und recht ungezwungen. Verotschka war etwas verträumt, jedoch bestrebt, sich das nicht anmerken zu lassen, ja, sie schämte sich dessen sogar, wie einer Schwäche. Georges Ansichten waren zu jener Zeit schroff und voller Widersprüche, wenn auch originell, wie die junger Leute zumeist, die in Moskau erzogen und gewöhnt sind, ihre Gedanken ohne Druck von außen zu entwickeln.

Endlich langte man im Kloster an. Bis zur Abendmesse ging man die Mauern und den Friedhof besichtigen; man erklomm die Plattform des Westturms, dieselbe, von der aus in alten Zeiten unsere Vorfahren die Truppenbewegungen beobachteten und wo der letzte Nowik so spät seinen Namen und sein Schicksal sowie seinen Verbannungsnamen entdeckte. George blieb an Verotschkas Seite, denn es wäre ungehörig gewesen, fortzugehen, ohne die Unterhaltung beendet zu haben, die aber war von einer Art, daß sie endlos hätte dauern können. Sie wurde auch die ganze Zeit während der Abendmesse fortgesetzt, ausgenommen die Minuten, in denen der wundervolle Chor der Mönche und die Stimme Vater Viktors sie in stumme Rührung versenkte. Doch dafür boten nach diesen Minuten die erhitzte Phantasie und die durch die Töne aufgewühlten Gefühle den Gedanken und Worten neue Nahrung. Im Anschluß an die Abendmesse ging man wieder spazieren und kehrte auf demselben Wege, sehr spät, in die Stadt zurück. George dachte den ganzen folgenden Tag an diesen Abend, dann fuhr er zu den R.s, um über ihn zu sprechen und seine Eindrücke der anzuvertrauen, mit der er sie teilte. Die Besuche wurden häufiger und dauerten länger; da indes beide Familien befreundet waren, konnten sie sicher sein, keinen Argwohn zu erregen. So verging ein ganzer Monat, und sie gewannen beide die Überzeugung, daß sie unsterblich ineinander verliebt seien. In ihrem Alter, wo Leidenschaft ungetrübter Genuß ist, ohne die Beimischung von Sorgen, Furcht und Reue, fällt es leicht, von allem überzeugt zu sein. George hatte eine reiche Tante, die zu den R.s in demselben Verwandtschaftsverhältnis stand. Die Tante lud beide Familien ein, in Podmoskownaja zwei Wochen lang ihre Gäste zu sein, sie nannte ein geräumiges Haus, große Gärten, mit einem Wort alle Annehmlichkeiten, ihr eigen. Häufige Spaziergänge brachten George und Verotschka einander noch näher; trotz der Schar der Gouvernanten und Kinder der Tante fanden sie immer irgendwie einen Weg, allein zu sein: Das ist übrigens nicht sehr schwer, wenn beide nur wollen.

Unterdessen wurden in der Universität die Examina abgelegt. George ließ sich dort nicht blicken: Natürlich erhielt er kein Zeugnis, aber er machte sich wenig Sorgen um die Zukunft und redete der Mutter ein, das Examen sei um drei Wochen verschoben und er wohlpräpariert. Notwendige Folge der abendlichen Spaziergänge waren eine Liebeserklärung, dann Treueschwüre, schließlich, als die zweiwöchige Frist verstrichen war, hieß es nach Moskau zurückkehren. Am Vorabend des verhängnisvollen Tages standen sie auf dem Balkon, ein unsichtbarer Dämon ließ ihre Lippen zum stummen Kuß, ihre Hände zum stummen Druck zueinander finden! Sie erschraken über sich selbst, und obwohl George mit Hilfe seiner Kameraden früh den verführerischen Pfad des Lasters betreten hatte ... die Ehre eines unschuldigen Mädchens war ihm noch heilig. Anderentags, als sie in die Equipagen stiegen, begrüßten sie einander wie sonst, sehr höflich, doch Verotschka errötete, und ihre Augen glänzten.

Georges Betrug kam ans Licht, kaum daß man in Moskau anlangte; Tatjana Petrownas Verzweiflung war unbeschreiblich, ihre Schelte unversiegbar. Wie ein Stoiker hörte George alles demütig und schweigend an; aber ein heimliches Gewitter braute sich über seinem Haupt zusammen. Im Familienrat der Onkel und Tanten wurde beschlossen, ihn nach Petersburg zu schicken und in die Junkerschule zu geben: Eine andere Rettung sahen sie für ihn nicht. Dort, so meinten sie, wird man ihn streng halten und Disziplin lehren.

Um diese Zeit begann der Polenfeldzug, alle jungen Leute hatten es eilig, sich in die Regimentslisten einschreiben zu lassen, und für George wäre es von Nachteil gewesen, jetzt in die Schule einzutreten, denn Junker der zweiten Klasse durften am Feldzug nicht teilnehmen. Fast kniefällig bat er die Mutter um Erlaubnis, zum N. . .schen Husarenregiment, das unweit Moskaus lag, gehen zu dürfen. Nach vielem Weinen und Seufzen erhielt er ihren Segen, doch das Schwerste stand ihm noch bevor: Er mußte es Verotschka sagen. Petschorin war noch so naiv, daß er fürchtete, sie durch die unerwartete Nachricht zu töten. Sie hörte ihn jedoch schweigend an und bedachte ihn mit einem vorwurfsvollen Blick, da sie nicht glaubte, daß irgendwelche Umstände ihn zwingen konnten, sich von ihr zu trennen: Ein Schwur und Versprechungen beruhigten sie jedoch.

Einige Tage danach fuhr George zu den R.s, um sich endgültig zu verabschieden. Verotschka war sehr bleich, er blieb ein Weilchen im Salon sitzen, als er aber hinausging, fing sie ihn, die durch eine andere Tür gelaufen war, in der Halle ab. Sie ergriff seine Hand, drückte sie fest und sagte mit unsicherer Stimme: »Ich werde nie einem anderen gehören.« – Die Ärmste, sie zitterte am ganzen Leib. Diese Empfindungen waren so neu für sie, sie fürchtete so, den Freund zu verlieren, sie war ihres eigenen Herzens so sicher. George drückte einen heißen Kuß auf ihre kalte jungfräuliche Stirn, nötigte sie auf einen Stuhl, stürmte Hals über Kopf die Treppe hinunter und sprengte im Galopp nach Hause. Abends kam ein Lakai der R.s zu Tatjana Petrowna, ein Fläschchen mit irgendwelchen Tropfen und Spiritus zu erbitten, weil, wie er sagte, das Fräulein sehr unpäßlich sei und dreimal am Tag in Ohnmacht falle. Das war ein entsetzlicher Schlag für George, er tat die ganze Nacht kein Auge zu; frühmorgens bestieg er eine Reisekutsche und machte sich auf den Weg zum Regiment.

Bis hierher, liebe Leser, haben Sie gesehen, daß die Liebe meiner Helden nicht von den allgemeingültigen Regeln eines jeden Romans und einer jeden aufkeimenden Liebe abgewichen ist. Später jedoch ... oh! Später werden Sie merkwürdige Dinge sehen und hören.

Petschorin zeichnete sich während des Feldzuges aus, wie alle russischen Offiziere, schlug sich tapfer, wie alle russischen Soldaten, machte vielen Pannas den Hof, doch die Minuten des letzten Abschiednehmens und Verotschkas liebliches Bild gingen ihm nicht aus dem Sinn. Merkwürdig! Er war mit dem festen Vorsatz weggefahren, sie zu vergessen, doch es kam genau umgekehrt (wie fast immer in solchen Fällen). Petschorin hatte übrigens einen höchst unglücklichen Charakter: Anfangs nur flüchtige Eindrücke prägten sich ihm immer tiefer ein, so daß diese Liebe später über sein Herz das Recht der Dauerhaftigkeit, das heiligste aller Rechte der Menschen, gewann.

Nach der Einnahme von Warschau wurde er zur Garde versetzt, seine Mutter und seine Schwester übersiedelten daraufhin nach Petersburg. Warenka überbrachte ihm einen Gruß von ihrer lieben Verotschka, wie sie sie nannte, einen Gruß, nichts weiter. Petschorin ärgerte das – er kannte die Frauen damals noch nicht. Der heimliche Verdruß war einer der Gründe, die ihn bewogen, Lisaweta Nikolajewna den Hof zu machen, diesbezügliche Gerüchte kamen vermutlich auch Verotschka zu Ohren. Anderthalb Jahre später erfuhr er, sie habe geheiratet; zwei Jahre darauf kam nach Petersburg nicht mehr Verotschka, sondern die Fürstin Ligowskaja und Fürst Stepan Stepanowitsch.

Kapitel 6

Im vorhergehenden Kapitel waren wir, glaube ich, hier stehengeblieben.

Drei Tage nachdem Petschorin dem Fürsten seine Aufwartung gemacht hatte, lud Tatjana Petrowna einige Bekannte und Verwandte zum Mittagessen ein. Selbstverständlich fehlten auch Stepan Stepanowitsch und Gemahlin nicht.

Petschorin saß in seinem Arbeitszimmer und wollte sich schon umkleiden, um in den Salon zu gehen, als ein Artillerieoffizier bei ihm eintrat.

»Ah, Branizki«, rief Petschorin, »ich bin sehr froh, daß du so gelegen kommst, du mußt unbedingt mit uns dinieren. Stell dir vor, wir haben heute das Haus voller junger Mädchen, und ich bin allein, ihnen zum Opfer preisgegeben, du kennst sie alle, tu mir die Liebe und bleib zum Mittagessen!«

»Du bittest so inständig«, entgegnete Branizki, »als ahntest du die ablehnende Antwort voraus.«

»Nein, du wirst es nicht wagen abzulehnen«, sagte Petschorin, er rief den Diener und befahl ihm, Branizkis Schlitten nach Hause zu schicken.

Ihre weitere Unterhaltung will ich nicht wiedergeben, denn sie ist zusammenhanglos und nichtssagend, wie die Gespräche aller jungen Leute, die nichts zu tun haben. Und wirklich, sagen Sie, worüber können junge Männer reden? Der Vorrat an Neuigkeiten ist bald erschöpft, sich aufs Politisieren zu verlegen, dazu sind sie zu vernünftig, über den Dienst reden sie im Dienst ohnehin schon viel zuviel, und die Frauen haben in unserem barbarischen Zeitalter ihren früheren allgemeinen Einfluß zur Hälfte eingebüßt. Sich zu verlieben erscheint schon peinlich, darüber zu sprechen komisch.

Als sich einige Gäste eingefunden hatten, begaben sich Petschorin und Branizki in den Salon. Dort spielte man an Dreiertischen Whist. Während die Mütter die Trümpfe zählten, sprachen die Töchter, die sich um ein Tischchen herumgesetzt hatten, über den letzten Ball und neue Moden. Die Offiziere gesellten sich zu ihnen, Branizki brachte durch ungezwungenes Geplauder geschickt Leben in die kleine Runde, Petschorin war zerstreut. Er hatte längst bemerkt, daß Branizki seiner Schwester den Hof machte, zerbrach sich jedoch nicht den Kopf über weitere Folgen und inkommodierte den Freund nicht, indem er ihn beobachtete, und die Schwester nicht mit indiskreten Fragen. Warenka schien es sehr zu schmeicheln, daß ein so gewandter junger Mann sie derart auffällig den anderen gegenüber auszeichnete, sie, die noch nicht einmal in die Gesellschaft eingeführt war.

Nach und nach fanden sich die Gäste ein. Fürst Ligowski und seine Gattin kamen als letzte. Warenka stürzte ihrer alten Freundin entgegen, die Fürstin küßte sie mit gönnerhafter Miene. Bald darauf ging man zu Tisch.

Das Speisezimmer war ein luxuriös eingerichteter Raum, vollgehängt mit Bildern in riesigen Goldrahmen: Ihre dunkle, alte Malerei stand im krassen Gegensatz zu dem Zierat des Zimmers, der wenig gediegen war, wie alles im neuesten Stil Gehaltene. Die handelnden Personen dieser Gemälde waren einesteils halbnackt, anderenteils malerisch in griechische Mäntel gehüllt oder in spanische Kostüme mit breitkrempigen Federhüten, durchbrochenen Ärmeln und prachtvollen Manschetten gekleidet. Die von Künstlerhand in den glänzendsten Augenblicken ihres mythologischen oder feudalen Lebens auf diese Leinwand Gebannten schienen streng auf die handelnden Personen dieses Zimmers herabzusehen, die, beim strahlenden Glanz von hundert Kerzen, weder über die Zukunft, geschweige denn über die Vergangenheit nachdachten, die sich, nicht so sehr, um die Gaben des Luxus zu genießen, zu diesem üppigen Mittagessen eingefunden hatten; die einen waren vielmehr gekommen, um die Eitelkeit des Geistes und des Reichtums zu befriedigen, die anderen aus Neugier, anstandshalber oder mit sonst einer geheimen Absicht. Die Kleidung dieser Leute, die da so gesittet um die lange, mit Silber und Porzellan vollgestellte Tafel saßen, war, ebenso wie ihre Ansichten, ein Spiegelbild sämtlicher Zeitalter. In ihren Gewändern begegneten sich tiefstes Mittelalter mit der allerneusten Kreation einer Pariser Modistin; da sah man griechische Frisuren, umwunden von Girlanden aus künstlichen Blumen, gotische Ohrringe, jüdische Turbane, ferner Haare, die à la chinoise hochgesteckt waren, Locken à la Sévigné, prächtige Kleider in der Art von Reifröcken, außergewöhnlich weite oder außergewöhnlich enge Ärmel. Die Männer hatten Frisuren à la Jeune-France, à la russe, à la moyen âge, à la Titus, glattrasierte Kinnpartien, Schnurrbärte, Hispanolkas, Koteletten und sogar Bärte, es wäre angebracht, hier Puschkins Vers: »Welch Kleider und Gesichter Pracht!« zu zitieren. Die Anschauungen dieser Gesellschaft aber stellten ein solches Kunterbunt dar, daß ich es gar nicht erst zu erläutern suche.

Petschorin kam der Fürstin Vera Dmitrijewna schräg gegenüber zu sitzen, sein Nachbar zur Linken war ein rothaariger, mit Kreuzen behängter Herr, der sich nur zu Festessen in ihrem Haus einfand, zu Petschorins Rechten saß eine Dame von vielleicht dreißig Jahren, außergewöhnlich frisch und jugendlich wirkend, mit federgeschmücktem karmesinrotem Kopfputz und stolzer Miene, genoß sie doch den Ruf einer unnahbaren Tugendhaften. Daraus ersehen wir, daß sich Petschorin, als Hausherr, den schlechtesten Platz bei Tisch ausgesucht hatte.

Neben Vera Dmitrijewna saß auf der einen Seite eine Matrone, geputzt wie eine Puppe, mit grauen Augenbrauen und schwarzen Locken, auf der anderen ein langer, bleicher Diplomat, der à la russe frisiert war und schlechter russisch sprach als jeder Franzose. Nach dem zweiten Gang wurde die Unterhaltung lebhafter.

»Da Sie erst seit kurzem in Petersburg sind«, sagte der Diplomat zur Fürstin, »haben Sie wahrscheinlich noch nicht alle Reize des hiesigen Lebens genießen und erleben können. Diese Gebäude, die Sie auf den ersten Blick nur in Erstaunen versetzen, wie alles Erhabene, werden Ihnen mit der Zeit unschätzbar werden, wenn Sie sich erinnern, daß hier unsere Aufklärung entstanden und gewachsen ist, und wenn Sie erkennen, wie leicht und angenehm sie darin lebt. Jeder Russe muß Petersburg lieben: Hier hat sich alles, was es an besserer russischer Jugend gibt, wie absichtlich zusammengefunden, um Europa die Freundeshand zu reichen. Moskau ist nur ein großartiges Denkmal, ein prächtiges und stummes Grabmal der Vergangenheit, hier aber ist das Leben, hier sind unsere Hoffnungen . . .«

So hochtrabend und wunderlich redete der hagere Diplomat, der Anspruch darauf erhob, ein glühender Patriot zu sein. Die Fürstin lächelte und erwiderte zerstreut: »Vielleicht werde ich mit der Zeit auch Petersburg liebgewinnen, aber wir Frauen überlassen uns so leicht den Gewohnheiten des Herzens und denken leider so wenig an die allgemeine Aufklärung und den Ruhm des Staates! Ich liebe Moskau. Mit der Erinnerung an Moskau verbindet sich für mich die Erinnerung an eine überaus glückliche Zeit! Hier aber, hier ist alles so kalt, so tot . . . Oh, das ist nicht meine Meinung; es ist die Meinung der hiesigen Bewohner selbst. – Man sagt, die Menschen veränderten sich gänzlich, hätten sie erst einmal das Petersburger Stadttor passiert.«

Diese Worte sprach sie, während sie Petschorin ansah und dem Diplomaten zulächelte.

Der Diplomat war zutiefst empört. »Was für eine schreckliche Verleumdung unserer lieben Stadt!« rief er aus. »Das ist ganz die alte Klatschbase Moskau, die aus purem Neid ihre junge Rivalin verleumdet.«

Bei dem Wort »alte Klatschbase« schüttelte die aufgeputzte Matrone den Kopf und hätte sich fast an einem Spargel verschluckt.

»Um unseren Streit zu schlichten«, fuhr der Diplomat fort, »wollen wir einen Vermittler wählen, Fürstin: meinetwegen Grigori Alexandrowitsch hier, er hat unserer Unterhaltung sehr aufmerksam zugehört. Wie denken Sie darüber, Monsieur Petschorin? Sagen Sie es auf Ehre und Gewissen und bringen Sie mich nicht der Höflichkeit zum Opfer. Billigen Sie meine Wahl, Fürstin?«

»Sie haben einen ziemlich strengen Richter gewählt«, entgegnete sie.

»Was soll man machen, unsereiner behält immer seinen Vorteil im Auge«, parierte der Diplomat mit selbstgefälligem Lächeln. »Monsieur Petschorin, ich bitte Sie zu entscheiden.«

»Es tut mir sehr leid«, sagte Petschorin, »daß Sie sich in Ihrer Wahl geirrt haben. Von Ihrem ganzen Streit habe ich nur das gehört, was die Fürstin äußerte.«

Der Diplomat machte ein langes Gesicht.

»Und dennoch«, meinte er. »Welcher Stadt geben Sie den Vorzug, Moskau oder Petersburg?«

»Moskau ist meine Heimat«, antwortete Petschorin, bemüht, sich herauszuwinden.

»Dennoch, welche Stadt?« Der Diplomat ließ nicht lokker.

»Ich glaube«, unterbrach ihn Petschorin, »weder Gebäude noch Aufklärung oder alte Zeiten haben einen Einfluß auf Glück und Fröhlichkeit. Und die Menschen ändern sich jenseits des Petersburger Stadttors ebenso wie jenseits des Moskauer Schlagbaums, weil es höchst langweilig wäre, täten sie das nicht.«

»Nach dieser Entscheidung, Fürstin«, sagte der Diplomat, »trete ich meinen diplomatischen Rang an Herrn Petschorin ab. Er hat sich um die entscheidende Antwort herumgedrückt, wie Talleyrand oder Metternich.«

»Grigori Alexandrowitsch«, erwiderte die Fürstin, »ist frei von Leidenschaft oder Voreingenommenheit, er läßt sich allein von kühler Vernunft leiten.«

»Das stimmt«, antwortete Petschorin, »ich habe jetzt, dem Beispiel anderer folgend, angefangen, meine Worte abzuwägen und meine Handlungen zu berechnen. Als ich mich von Gefühl und Phantasie fortreißen ließ, wurde ich verlacht und meine Aufrichtigkeit mißbraucht, aber wer hätte in seinem Leben keine Dummheit gemacht! Und wer hätte es nicht bereut! Jetzt, auf Ehre, bin ich bereit, die reinste, die himmlischste Liebe für dreitausend Seelen nebst Branntweinbrennerei und irgendein Grafenwappen auf meinen Kutschenschlägen zu opfern! Man muß die Gelegenheit beim Schopfe packen, solche Dinge fallen nicht vom Himmel! Nicht wahr?« Diese unverhoffte Frage war an die Dame im karmesinroten Barett gerichtet.

Die schweigsame Tugendhafte erwachte bei der unvermuteten Frage, und die Straußenfedern auf dem Barett wippten. Sie konnte nicht gleich antworten, weil ihre unschuldigen Zähnchen mit tugendhaftestem Eifer an einem Stückchen Haselhuhn kauten: Alle warteten ungeduldig und schweigend auf ihre Antwort. Endlich öffnete sie den Mund und sagte hochmütig: »Ist Ihre Frage an mich gerichtet?«

»Wenn Sie erlauben«, entgegnete Petschorin.

»Wollen Sie etwa die Rolle des Vermittlers und Schiedsrichters mit mir teilen?«

»Ich würde sie Ihnen gern ganz abtreten.«

»Ach, verschonen Sie mich!«

In diesem Augenblick wurde ihr irgendein leckeres Gericht gereicht, sie legte sich davon auf und fuhr fort: »Wenden Sie sich an die Fürstin hier, sie kann, denke ich, weit besser über Liebe und einen Grafen- oder Fürstentitel urteilen als ich.«

»Ich würde aber gern Ihre Meinung hören«, beharrte Petschorin, »und bin entschlossen, Ihre Bescheidenheit durch Hartnäckigkeit zu besiegen.«

»Sie sind nicht der erste, auch Ihnen wird das nicht gelingen«, äußerte sie mit verächtlichem Lächeln. »Überdies habe ich keine Meinung über die Liebe.«

»Aber ich bitte Sie! In Ihrem Alter keine Meinung über einen für jede Frau so wichtigen Gegenstand zu haben.«

Die Tugendhafte war beleidigt.

»Das heißt, ich bin zu alt«, rief sie errötend aus.

»Im Gegenteil, ich wollte sagen, daß Sie noch so jung sind.«

»Gott sei Dank bin ich kein Kind mehr ... Sie haben sich sehr schlecht gerechtfertigt.«

»Was soll man machen! – Ich sehe, daß ich die unermeßliche Zahl der Unglücklichen, die Ihnen vergebens zu gefallen suchten, um eine vermehrt habe ...«

Sie wandte sich ab, er aber hätte um ein Haar laut aufgelacht.

»Wer ist diese Dame?« erkundigte sich der rothaarige Herr mit den Kreuzen bei ihm.

»Baronin Strahl«, erwiderte Petschorin.

»Ah!« machte der rothaarige Herr.

»Sie haben gewiß eine Menge über sie gehört?«

»Nichts Genaues.«

»Sie hat zwei Ehemänner ins Grab gebracht«, fuhr Petschorin fort, »jetzt hält sie Ausschau nach einem dritten, der sie ganz sicher überlebt.«

»Oho!« meinte der rothaarige Herr und schlang weiterhin gierig die Trüffelsoße hinunter.

Auf diese Weise kam die Unterhaltung zum Erliegen, doch der Diplomat unterzog sich der Mühe, sie neu zu beleben.

»Wenn Sie die Kunst lieben«, sagte er, an die Fürstin gewandt, »kann ich Ihnen eine höchst angenehme Neuigkeit vermelden. Brüllows Gemälde ›Der letzte Tag von Pompeï‹ kommt nach Petersburg. Ganz Italien hat es laut getadelt, die Franzosen haben es geschmäht. Jetzt würde ich gern wissen, auf welche Seite sich das russische Publikum schlägt, auf die des wahren Geschmacks oder auf die der Mode.«

Die Fürstin erwiderte nichts, sie war zerstreut – ihre Augen wanderten ziellos über die Wände des Zimmers, und das Wort »Gemälde« veranlaßte sie lediglich, bei der Darstellung einer ihr gegenüber hängenden spanischen Szene zu verweilen. Es war dies ein altes, ziemlich mittelmäßiges Bild, das dadurch an Wert gewann, daß sein Lack rissig geworden und seine Farben verblaßt waren. Drei Gestalten sah man darauf: In einem samtenen Sessel sitzend, schlang ein alter grauhaariger Mann den Arm um eine junge Frau, in der anderen Hand hielt er einen Pokal mit Wein. Er näherte seine purpurroten Lippen der zarten Wange dieser Frau und verschüttete dabei Wein auf ihr Kleid. Sie ließ sich, wie widerstrebend, seine groben Liebkosungen gefallen; über die Sessellehne gebeugt und sich mit dem Ellbogen auf seine Schulter stützend, hatte sie sich zur Seite gewandt, den Finger auf den Mund gelegt und den Blick auf die halbgeöffnete Tür geheftet, hinter der in der Dunkelheit zwei leuchtende Augen und ein Dolch funkelten.

Die Fürstin betrachtete dieses Bild mehrere Minuten lang aufmerksam und bat schließlich den Diplomaten, ihr seinen Inhalt zu erklären.

Dieser zog ein Lorgnon unter der Halsbinde hervor und richtete es mit zusammengekniffenen Augen auf die dunkle Leinwand. Seine Schlußfolgerung lautete, dies müsse die Kopie eines Gemäldes von Rembrandt oder Murillo sein.

»Übrigens«, fügte er hinzu, »sollte der Besitzer des Bildes am besten wissen, was es darstellt.«

»Ich möchte Grigori Alexandrowitsch nicht ein zweites Mal bemühen, Fragen zu entscheiden«, sagte Vera Dmitrijewna und heftete ihren Blick auf das Bild.

»Sein Sujet ist denkbar einfach«, sagte Petschorin, ohne sich erst lange bitten zu lassen, »hier ist eine Frau abgebildet, die ihren Geliebten verlassen und hintergangen hat, um bequemer einen reichen, törichten Alten hinters Licht führen zu können. In diesem Augenblick scheint sie irgend etwas von ihm zu erbitten und die Wut des Geliebten durch falsche Versprechungen zu dämpfen. Hat sie dem Alten mit einem geheuchelten Kuß alles abgelistet, was sie will, wird sie selbst die Tür öffnen und kaltblütige Zeugin eines Mordes sein.«

»Ach, das ist schrecklich!« rief die Fürstin aus.

»Vielleicht irre ich mich, wenn ich dieser Darstellung einen solchen Sinn unterlege«, fuhr Petschorin fort, »meine Interpretation ist völlig willkürlich.«

»Glauben Sie wirklich, im Herzen einer Frau könnte eine derartige Hinterlist wohnen?«

»Fürstin«, versetzte Petschorin kühl, »ich war früher so töricht, zu glauben, man könne ein Frauenherz verstehen. Die letzten Ereignisse meines Lebens haben mich eines Besseren belehrt, und darum vermag ich Ihre Frage nicht eindeutig zu beantworten.«

Die Fürstin errötete, der Diplomat sah sie prüfend an und begann mit der Gabel etwas auf dem Boden seines Tellers zu zeichnen. Die Dame im karmesinroten Barett hatte wie auf Nadeln gesessen, als sie diese schrecklichen Dinge hörte, und bemühte sich nun, ihren Stuhl von Petschorin abzurücken, während der rothaarige Herr mit den Kreuzen vielsagend lächelte und drei Trüffeln auf einmal verspeiste.

Die übrige Zeit des Essens schwiegen der Diplomat und Petschorin, die Fürstin knüpfte ein Gespräch mit der Matrone an, die Tugendhafte stritt hitzig über irgend etwas mit ihrer Nachbarin zur Rechten, der rothaarige Herr aß.

Beim Dessert, als Champagner serviert wurde, erhob Petschorin sein Glas und wandte sich an die Fürstin: »Da ich nicht das Glück hatte, auf Ihrer Hochzeit zu sein, erlauben Sie, daß ich Ihnen jetzt gratuliere.«

Sie sah ihn verwundert an und erwiderte nichts. Geheimes Leid spiegelte sich auf ihrem so veränderlichen Gesicht, ihre Hand, die ein Glas Wasser hielt, zitterte ... Petschorin sah das alles, und etwas wie Reue stahl sich in seine Brust: Wofür quälte er sie? Wozu? Was konnte ihm diese kleinliche Rache nützen? – Er vermochte sich darüber nicht klarzuwerden.

Bald wurden die Stühle gerückt; man stand von der Tafel auf und begab sich in die Salons ... Lakaien servierten auf silbernen Tabletts Kaffee, einige Männer, die keinen Whist spielten – unter ihnen auch Fürst Stepan Stepanowitsch –, gingen in Petschorins Kabinett, um Pfeife zu rauchen, die Fürstin aber zog sich unter dem Vorwand, ihre Locken hätten sich gelöst, in Warenkas Zimmer zurück.

Sie schloß die Tür hinter sich und warf sich in einen breiten Sessel; ein unerklärliches Gefühl beengte ihre Brust, Tränen sammelten sich an ihren Wimpern und tropften immer häufiger auf die glühenden Wangen, und sie weinte, weinte bitterlich, bis ihr einfiel, daß sie mit roten Augen unmöglich im Salon erscheinen könne. Da stand sie auf, trat vor den Spiegel, trocknete ihre Tränen und rieb sich die Schläfen mit Eau de Cologne und Parfüm, die in bunten, geschliffenen Flakons auf dem Toilettentisch standen. Hin und wieder schluchzte sie noch auf, und ihre Brust hob und senkte sich, aber es waren die letzten Wellen, die der vorübergeflogene Orkan auf dem glatten Meer vergessen hatte.

Worüber sie weinte, fragen Sie, und ich frage zurück, worüber weinen Frauen nicht? Tränen sind ihre Angriffs- und ihre Verteidigungswaffe. Ärger, Freude, ohnmächtiger Haß, ohnmächtige Liebe, sie haben denselben Ausdruck: Vera Dmitrijewna hätte selbst nicht sagen können, welches dieser Gefühle der Hauptgrund für ihre Tränen war. Petschorins Worte hatten sie zutiefst verletzt; doch seltsam, sie haßte ihn deswegen nicht. Wäre in seinem Vorwurf Bedauern über die Vergangenheit, der Wunsch, ihr aufs neue zu gefallen, angeklungen, sie hätte ihm vielleicht mit beißendem Spott und Gleichgültigkeit antworten können, aber nur seine Eigenliebe schien gelitten zu haben, nicht das Herz – der schwächste Teil des Mannes, vergleichbar der Achillesferse –, und deshalb war es in dieser Schlacht auch gegen ihre Schüsse gefeit. Man konnte meinen, Petschorin habe stolz ihren Haß herausgefordert, um sich zu vergewissern, ob dieser genauso kurzlebig wäre wie ihre Liebe – und er hatte sein Ziel erreicht. Ihre Gefühle waren aufgewühlt, ihre Gedanken verwirrt, der erste Eindruck war stark gewesen, von ihm aber hing alles andere ab: Er wußte das und wußte auch, Haß ist der Liebe verwandter als Gleichgültigkeit.

Die Fürstin stand schon im Begriff, in den Salon zurückzukehren, als plötzlich leise die Tür knarrte und Warenka eintrat.

»Ich habe dich gesucht, chère amie«, rief sie aus, »du scheinst unpäßlich ...«

Vera Dmitrijewna lächelte ihr matt zu und sagte: »Mir tut der Kopf weh, dort ist es so heiß ...«

»Ich habe dich bei Tisch oft angesehen«, fuhr Warenka fort, »du hast die ganze Zeit geschwiegen, und mir tat es leid, daß ich mich nicht neben dich gesetzt habe, dann hättest du dich vielleicht weniger gelangweilt.«

Die Fürstin lächelte bitter. »Ich habe mich durchaus nicht gelangweilt, Grigori Alexandrowitsch war sehr liebenswürdig.«

»Höre, mein Engel, ich will nicht, daß du meinen Bruder Grigori Alexandrowitsch nennst. Grigori Alexandrowitsch – das klingt so förmlich, als hättet ihr euch erst gestern kennengelernt. Warum nennst du ihn nicht einfach George, wie früher, er ist so gut.«

»Oh, diesen letzten Vorzug habe ich heute nicht an ihm bemerkt, er hat mir Dinge gesagt, die ihm eine andere niemals verzeihen würde.«

Vera Dmitrijewna merkte, daß sie sich verplappert hatte, doch tröstete sie sich damit, daß Warenka, ein oberflächliches Mädchen, ihre letzten Worte nicht beachten oder bald vergessen würde. Vera Dmitrijewna war unglücklicherweise eine jener Frauen, die gewöhnlich vorsichtig und diskret sind, jedoch in Augenblicken der Leidenschaft ihre Zunge nicht im Zaum halten.

Sie ordnete vor dem Spiegel ihre Locken, dann hakte sie sich bei Warenka ein, und beide kehrten in den Salon zurück. Wir aber begeben uns in Petschorins Arbeitszimmer, wo sich mehrere junge Männer versammelt hatten und wo Fürst Stepan Stepanowitsch, eine Zigarre zwischen den Zähnen, vergeblich versuchte, sich in ihre Unterhaltung einzumischen. Er kannte keine einzige Petersburger Schauspielerin, nicht die Quelle einer einzigen Petersburger Intrige, und, als Zugereister aus einer anderen Stadt, konnte er mit keiner einzigen interessanten Neuigkeit aufwarten. Da er eine junge Frau geheiratet hatte, bemühte er sich, jugendlich zu wirken, falschen Zähnen und einigen Runzeln zum Trotz. Während seiner ganzen Jugendzeit hatte dieser Mann für nichts eine besondere Vorliebe gehabt, weder für Frauen noch für Wein, weder für die Karten noch für Ehrungen, und sich dennoch, seinen Kameraden zu Gefallen, sehr oft betrunken, sich aus Zuvorkommenheit etwa dreimal in Frauen verliebt, die ihm gefallen wollten, einmal dreißigtausend verspielt, als es Mode war, den letzten Rubel zu verspielen, und im Dienst seine Gesundheit ruiniert, weil die Vorgesetzten das gerne sahen. Ein Egoist höchsten Grades, hatte er doch stets den Ruf eines netten, zu jedem Dienst bereiten Burschen genossen, geheiratet aber hatte er, weil es der Wunsch aller seiner Verwandten war. Jetzt saß er dem Kamin gegenüber, rauchte eine Zigarre, trank Kaffee dazu und lauschte aufmerksam der Unterhaltung zweier junger Männer, die vor ihm standen. Der eine von ihnen war der Artillerieoffizier Branizki, der andere ein Zivilist. Bei letzterem handelte es sich um eine der charakteristischsten Gestalten der Petersburger Gesellschaft.

Er war von beachtlicher Größe und so mager, daß der Frack von englischem Schnitt auf seinen Schultern hing wie auf einem Kleiderständer. Eine steife Halsbinde aus Atlas stützte sein eckiges Kinn. Sein schmallippiger Mund glich einer mit dem Federmesser in eine Pappmaske eingeschnittenen Öffnung, seine eingefallenen und leicht bräunlichen Wangen hatten hier und da kleine Vertiefungen, Spuren der verheerenden Pocken. Seine Nase war gerade und in ihrer ganzen Länge von gleicher Stärke, die Spitze wirkte wie abgehackt, die kleinen grauen Augen hatten einen verwegenen Ausdruck, die Brauen waren dicht, die Stirn schmal und hoch, die Haare schwarz und kurz geschnitten, aus seiner Halsbinde schaute ein Bart à la St.-Simoniènne hervor.

Er kannte Gott und die Welt, hatte irgendwo gedient, war in amtlicher Mission gereist und hatte bei seiner Rückkehr jeweils einen höheren Rang erhalten; er bewegte sich stets in mittleren Gesellschaftskreisen und sprach von seinen Verbindungen zur Aristokratie; er machte reichen heiratsfähigen Mädchen den Hof, hatte eine Vielzahl von Projekten eingereicht, verkaufte allerlei Aktien und versuchte, jedermann Abonnements für verschiedene Bücher aufzuschwatzen; er kannte sämtliche Literaten und Journalisten, schrieb sich viele anonyme Zeitschriftenartikel zu, hatte eine Broschüre veröffentlicht, die niemand las, wußte, seinen Worten zufolge, sich vor Arbeit kaum zu retten und verbrachte stets den ganzen Morgen auf dem Newski-Prospekt. Um das Bild abzurunden, will ich nur sagen, daß er einen kleinrussischen Familiennamen hatte, auch wenn er sich nicht Gorschenko, sondern Gorschenkow nannte.

»Warum lassen Sie sich denn niemals bei mir blicken?« fragte ihn Branizki.

»Glauben Sie mir, ich bin so beschäftigt«, antwortete Gorschenko, »morgen muß ich dem Minister einen Bericht erstatten, dann zum Komitee fahren, Arbeit über Arbeit, man weiß gar nicht, wie man sich frei machen soll; dann beim Fürsten N. dinieren, jeden Tag bin ich irgendwo auf einem Ball, so heute bei der Gräfin F. Nun gut, ich opfere diesen Winter, im Sommer aber schließe ich mich wieder in meinem Arbeitszimmer ein, umgebe mich mit Papieren und besuche nur alte Freunde.«

Branizki lächelte und entfernte sich, eine Arie aus »Die Stumme von Portici« pfeifend.

Der Fürst, der im Geiste mit seinen eigenen Angelegenheiten beschäftigt war, dachte, es könne nicht schaden, die Bekanntschaft eines Mannes zu machen, der jedermann kannte und selbst dem Minister Bericht erstatten mußte. Er knüpfte mit ihm ein Gespräch über Politik und den Dienst an und kam dann auf seine Angelegenheiten zu sprechen, bei denen es sich um einen Rechtsstreit mit dem Fiskus über zwanzigtausend Deßjatinen Wald handelte. Schließlich erkundigte sich der Fürst bei Gorschenko, ob er nicht einen Beamten Krassinski kenne, in dessen Abteilung sein Fall geprüft werde.

»Ja, ja«, entgegnete Gorschenko, »ich weiß, ich habe ihn getroffen, aber er kann nichts tun, wenden Sie sich an Leute, die mehr Einfluß haben, ich kenne solche Fälle, man hat sie mir oft aufschwatzen wollen, doch ich habe immer abgelehnt.«

Diese Antwort brachte den Fürsten in arge Verlegenheit. Ihm war, als stünde in Gorschenkos Person das gesamte Komitee der Minister vor ihm.

»Ja«, sagte er, »heutzutage sind diese Dinge furchtbar schwierig.«

Petschorin, der die Unterhaltung mit angehört und vom Fürsten erfahren hatte, welche Ministerialabteilung mit seinem Fall befaßt war, versprach, Krassinski aufzusuchen und ihn zum Fürsten zu bringen.

Entzückt von Petschorins Liebenswürdigkeit, drückte ihm Stepan Stepanowitsch die Hand und lud ihn ein, zu ihm zu kommen, wann immer er wolle.

Kapitel 7

Tags darauf war Petschorin im Dienst, er verbrachte die Nacht auf der Wachstube und wurde um 12 Uhr vormittags abgelöst. Während er sich umkleidete, verging eine weitere Stunde. Als er in die Ministerialabteilung kam, in der der Beamte Krassinski diente, sagte man ihm, dieser Beamte sei weggegangen, man gab Petschorin seine Adresse, und er machte sich auf den Weg zur Obuchow-Brücke. Vor dem

Tor eines großen Hauses hielt er an, rief den Hauswart heraus und fragte, ob hier der Beamte Krassinski wohne.

»Bitte nach Nummer 49«, lautete die Antwort.

»Und wo ist der Eingang?«

»Vom Hof aus.«

Nummer 49 und Eingang vom Hof aus! Diese entsetzlichen Worte kann nur der verstehen, der mindestens die Hälfte seines Lebens auf der Suche nach verschiedenen Beamten zugebracht hat. Die Nummer 49 ist eine düstere und geheimnisvolle Zahl, vergleichbar der Zahl 666 in der Apokalypse. Sie bahnen sich zunächst den Weg über einen schmalen, verwinkelten Hof, durch tiefen Schnee oder Schlamm; hohe Pyramiden von Brennholz drohen jeden Augenblick auf Sie zu fallen und Sie zu erschlagen, ein dumpfer Geruch, beißend und widerlich, benimmt Ihnen den Atem, Hunde knurren bei Ihrem Auftauchen, bleiche Gesichter, die die schrecklichen Spuren von Armut oder Ausschweifung tragen, schauen durch die schmalen Fenster im Parterre. Endlich, nach vielem Fragen, finden Sie die gesuchte Tür, dunkel und eng, wie die Tür zum Fegefeuer; auf der Schwelle gleiten Sie aus, rutschen zwei Stufen nach unten und geraten mit den Füßen in eine Lache, die sich auf dem steinernen Podest gebildet hat, dann ertasten Sie mit unsicherer Hand die Treppe und beginnen sich nach oben zu arbeiten. Haben Sie den ersten Stock erreicht und auf einem viereckigen Treppenabsatz haltgemacht, bemerken Sie mehrere Türen, doch ach, keine einzige weist eine Nummer auf; Sie beginnen zu klopfen oder zu läuten, und gewöhnlich kommt die Köchin heraus, ein Talglicht in der Hand, und hinter ihrem Rücken ertönt Keifen oder Kinderweinen.

»Wen suchen Sie?«

»Die Nummer 49.«

»Die gibt es hier nicht.«

»Wer wohnt denn hier?«

Die Antwort ist gewöhnlich irgendein barbarischer Name oder ein: Was kümmert Sie das, machen Sie, daß Sie weiterkommen. Die Tür fällt ins Schloß. An allen anderen

Türen wiederholt sich dieselbe Szene in verschiedenen Variationen, und je höher Sie hinaufsteigen, desto schlimmer. Ein sophistischer Beobachter könnte daraus schließen, daß ein Mensch, der sich dem Himmel nähert, einer Pflanze gleicht, die auf Berggipfeln Farbe und Kraft eingebüßt hat. Haben Sie sich etwa eine Stunde abgemüht, finden Sie schließlich die gesuchte Nummer 49 oder eine andere ebenso geheimnisvolle, immer vorausgesetzt, daß der Hauswart nüchtern war, Ihre Frage verstanden hat und es in diesem Haus nicht zwei Beamte desselben Namens gibt oder Sie nicht auf die falsche Treppe geraten sind usw. Petschorin machte alle diese Qualen durch, und endlich, als er oben im vierten Stock angelangt war, klopfte er an eine Tür; die Köchin kam heraus, er stellte die übliche Frage, »ja, hier« wurde ihm geantwortet. Er trat ein, legte in der Küche den Mantel ab und wollte weitergehen, als die Köchin ihn plötzlich mit der Bemerkung zurückhielt, Herr Krassinski sei noch nicht aus dem Ministerium zurück. »Ich werde warten«, erwiderte er und ging ins Zimmer. Die Köchin folgte ihm und betrachtete ihn mit verwunderter Miene. Der weiße Federbusch und die schöne Kavallerieuniform waren im vierten Stock offensichtlich eine ungewöhnliche Erscheinung. Bei Petschorins Eintritt in den Salon – sofern man das viereckige Zimmer so nennen konnte, dessen Zierde ein einziger, mit Wachstuch bedeckter Tisch war, vor dem ein altes Sofa und drei Stühle standen – erhob sich eine kleine, adrette Matrone von ihrem Platz und wiederholte die Frage der Köchin.

»Ich suche Herrn Krassinski, vielleicht habe ich mich geirrt.«

»Das ist mein Sohn«, antwortete die Alte, »er wird bald hiersein.«

»Wenn Sie mir erlauben, auf ihn zu warten«, fuhr Petschorin fort.

»Seien Sie so gut«, unterbrach ihn die Alte und schob ihm eilig einen Stuhl hin.

Petschorin setzte sich. Er musterte das Zimmer, und ein Gefühl der Peinlichkeit beschlich ihn; hätte es ihn unversehens in den Palast des persischen Schahs verschlagen, er wäre nicht so verlegen gewesen.

Der Matrone konnte man auf den ersten Blick sechzig Jahre geben, obwohl sie in Wirklichkeit jünger war, doch frühe Sorgen hatten ihre Gestalt gebeugt und ihre Haut, die in der Farbe altem Pergament ähnlich geworden war, ausgedörrt. Bläuliche Adern zeichneten sich auf ihren durchsichtigen Händen ab, ihr Gesicht war runzlig, allein in den kleinen Augen schien sich ihre ganze Lebenskraft konzentriert zu haben, sie strahlten ungewöhnliches Wohlwollen und unerschütterliche Ruhe aus. Petschorin, der nicht wußte, wie er ein Gespräch anknüpfen sollte, begann in dem Buch zu blättern, das auf dem Tisch lag; ihm stand der Sinn durchaus nicht nach einem Buch, doch der sonderbare Titel fesselte seine Aufmerksamkeit: *»Die leichteste Art, reich und glücklich zu werden«*, verfaßt von N. P., Moskau, gedruckt in der Druckerei I. Glasunow, Preis 25 Kopeken. Ein Lächeln erschien auf Petschorins Gesicht, dieses Buch war, wie ein wertloses Lotterielos, die deutliche Widerspiegelung von Träumen, betrogenen Hoffnungen und unerfüllbaren, vergeblichen Bemühungen, die traurige Wirklichkeit in einem besseren Licht zu sehen. Die Alte bemerkte sein Lächeln und sagte: »Ich habe, als ich die Ankündigung in der Zeitung las, meinen Sohn gebeten, mir dieses Büchlein zu besorgen, aber es steht nichts Gescheites darin.«

»Ich glaube«, entgegnete Petschorin, »kein Buch der Welt kann uns lehren, glücklich zu sein. Ja, wäre das Glück eine Wissenschaft, dann sähe es anders aus!«

»Natürlich«, versetzte die Matrone, »ein Ertrinkender greift nach einem Strohhalm, wir befanden uns nicht immer in einer solchen Lage wie jetzt. Mein Mann war ein polnischer Adliger in russischen Diensten; infolge eines Rechtshandels büßte er den Großteil seines Besitzes ein, die Reste wurden im letzten Krieg geraubt, doch hoffe ich, es wird sich bald alles zum Besseren wenden. Mein Sohn«, fuhr sie mit einigem Stolz fort, »hat jetzt einen sehr guten Posten und ein gutes Gehalt.«

Nach minutenlangem Schweigen fragte sie: »Sie kommen gewiß in einer bestimmten Angelegenheit zu meinem Sohn? Vielleicht wird es Ihnen langweilig, auf ihn zu warten, möchten Sie nicht mir Ihr Anliegen vortragen, ich richte es ihm aus.«

»Fürst Ligowski«, erwiderte Petschorin, »hat mich beauftragt, Ihren Sohn zu bitten, er möge ihn aufsuchen. Der Fürst hat einen Rechtsstreit, der jetzt in der Abteilung von Herrn Krassinski untersucht werden soll. Ich möchte Sie bitten, ihm die Adresse des Fürsten zu übermitteln. Ich wäre Ihnen sehr verbunden, könnten Sie Ihren Sohn bewegen, ihn morgen abend aufzusuchen, ich werde dort sein.«

Petschorin schrieb die Adresse auf, verbeugte sich und schritt auf die Tür zu. In diesem Augenblick öffnete sie sich, und er stieß unversehens mit einem hochgewachsenen Mann zusammen; sie sahen einander an, ihre Blicke kreuzten sich, und jeder trat einen Schritt zurück. Auf beiden Gesichtern spiegelten sich feindselige Empfindungen, Erstaunen verschloß ihnen den Mund; endlich, um aus dieser seltsamen Lage herauszukommen, sagte Petschorin, fast im Flüsterton: »Gnädiger Herr, erinnern Sie sich, daß ich nicht wußte, daß Sie Herr Krassinski sind, sonst hätte ich nicht das Glück gehabt, Ihnen hier zu begegnen. Ihre Mutter wird Ihnen den Grund meines Besuchs erklären.«

Sie trennten sich – grußlos. Petschorin fuhr davon. Dieses zufällige Spiel des Schicksals beunruhigte ihn zutiefst, hatte er doch in Krassinski den Beamten erkannt, den er vor einigen Tagen um ein Haar überfahren und mit dem er den Auftritt im Theater gehabt hatte.

Unterdessen nahm Krassinski, nicht weniger betroffen über diese Begegnung, in einem Sessel Platz, stützte den Kopf in die Hand und versank in tiefes Nachdenken. Als die Mutter ihm Petschorins Auftrag ausgerichtet hatte und zu erläutern suchte, wie vorteilhaft es wäre, sich der Angelegenheit des Fürsten anzunehmen, als sie sich darüber verwundert zeigte, daß Petschorin sich nicht selbst erklärt hatte, da sprang Krassinski unvermittelt von seinem Platz auf, eine plötzliche Eingebung hellte sein Gesicht auf, er schlug mit der Hand auf den Tisch und rief aus: »Ja, ich werde diesen Fürsten aufsuchen!« Dann begann er mit gemessenen Schritten im Zimmer auf und ab zu gehen und von Zeit zu Zeit zusammenhanglose Rufe auszustoßen. Die Alte, offenbar an derartige Anwandlungen gewöhnt, betrachtete ihn ohne Verwunderung. Endlich setzte er sich wieder, seufzte und sah die Mutter mit einem Blick an, der besagte, sie solle nur sprechen; sie erriet, was er wollte.

»Nun, wie steht es, Stanislaw«, meinte sie, »wirst du bald eine Gratifikation bekommen? Wir haben nicht mehr viel Geld.«

»Ich weiß nicht«, erwiderte er abgehackt.

»Du hast es dem Abteilungsleiter gewiß nicht recht machen können«, fuhr sie fort, »es ist kein Unglück, daß er dich die Kastanien aus dem Feuer holen läßt; auch deine Zeit wird kommen, unterdessen aber solltest du die Gelegenheiten nutzen, dann wird auch Gott dich nicht bestrafen.«

Bitterkeit spiegelte sich auf Stanislaws schönem Gesicht, mit dumpfer Stimme gab er zur Antwort: »Mütterchen, Sie wollen, daß ich für Sie sogar meinen Charakter opfere, meinethalben, nach allen Opfern, die ich Ihnen gebracht habe, kommt es darauf auch nicht mehr an.«

Sie hob die Augen zu ihm auf, in denen Tränen standen, und wieder herrschte Schweigen. Stanislaw begann in dem Buch zu blättern und sagte unvermittelt, ohne den Blick von einem Paragraphen loszureißen, in dem der anonyme Verfasser bewies, daß Freundschaft der Schlüssel zum wahren Glück sei: »Wissen Sie, Mütterchen, wer dieser Offizier ist, der heute bei uns war?«

»Nein, wer denn?«

»Mein Todfeind«, entgegnete er.

Das Gesicht der Alten wurde bleich, sie schlug die Hände zusammen und rief aus: »Mein Gott, was will er nur von dir?«

»Wahrscheinlich wünscht er mir nichts Böses, dafür habe ich einen triftigen Grund, ihn zu hassen. Haben Sie denn, als er Ihnen hier gegenübersaß, seine goldenen Epauletten blitzen ließ und seinen weißen Federbusch streichelte, nicht gespürt, nicht auf den ersten Blick erraten, daß ich ihn einfach hassen muß? Oh, glauben Sie mir, er und ich, wir werden uns auf unserem Lebensweg noch mehr als einmal begegnen – und dann nicht so kühl wie heute. Ja, ich suche diesen Fürsten auf, eine innere Stimme gebietet mir, dem Wink des Schicksals zu gehorchen.«

Umsonst waren alle Bemühungen der erschrockenen Mutter, die Ursache dieses abgrundtiefen Hasses zu erfahren. Stanislaw wollte nichts erzählen, als fürchte er, die Ursache könne ihr zu nichtig erscheinen. Wie alle leidenschaftlichen und hartnäckigen Menschen, die von einer fixen Idee besessen sind, war er nicht so sehr bestrebt, Hindernissen als vielmehr Vernunftgründen auszuweichen, die ihn von dem gesteckten Ziel ablenken könnten.

Tags darauf kleidete er sich äußerst sorgfältig. Den ganzen Morgen über musterte er, vielleicht zum erstenmal im Leben, die Stutzer in seiner Abteilung von Kopf bis Fuß, um zu sehen, wie man ein Halstuch bindet, und sich einzuprägen, wie viele Knöpfe an der Weste man schließen muß; einen Viertelrubel opferte er Faga, der seine weichen, lokkigen Haare gewissenlos zu einem harten, unförmigen Schopf aufkämmte; und als es sieben Uhr abends schlug, machte sich Krassinski auf den Weg zur Morskaja, erfüllt von vagen Hoffnungen und Befürchtungen . . .

Kapitel 8

Fürst Ligowski hatte Gäste, irgendwelche Verwandte, als Krassinski in die Bedientenstube trat.

»Empfängt der Fürst?« fragte er, während er bald den einen, bald den anderen Diener unschlüssig ansah.

»Wir gehören nicht hierher«, erwiderte der eine von ihnen, ohne sich auch nur vom Pelz seines Herrn zu erheben.

»Könntest du nicht den Lakaien rufen, mein Lieber?«

»Er kommt bestimmt gleich«, lautete die Antwort, »wir können nicht!«

»Ist Fürst Ligowski zu Hause?«

»Wollen Sie sich bitte hereinbemühen.«

»Melde, Krassinski sei gekommen – er kennt mich!«

Der Lakai begab sich in den Salon, näherte sich dem Fürsten Stepan Stepanowitsch und flüsterte ihm zu: »Herr Krassinski ist gekommen; er sagt, Sie beliebten ihn zu kennen.«

»Was für ein Krassinski? Was lügst du da?« rief der Fürst und kniff hochmütig die Augen zusammen.

Als Petschorin hörte, worum es sich handelte, kam er dem verwirrten Lakaien zu Hilfe.

»Das ist der Beamte«, sagte er, »der mit Ihrem Fall befaßt ist. Ich habe ihn gestern aufgesucht.«

»Ah! Ich bin Ihnen sehr zu Dank verpflichtet«, entgegnete Stepan Stepanowitsch.

Er ging ins Kabinett und ließ den Beamten dorthin bitten.

Wir wollen ihrem langweiligen Disput über den verwikkelten Fall nicht zuhören, sondern im Salon bleiben; zwei Matronen, ein Kammerherr und ein junger Mann von gewöhnlichem Äußeren spielten Whist; Fürstin Vera und eine andere junge Dame saßen auf dem Kanapee neben dem Kamin und lauschten Petschorin, der seinen Sessel an den Kamin gerückt hatte, in dem die Reste von Steinkohle glühten, und ihnen nun eines seiner Abenteuer während des Polenfeldzuges zum besten gab. Als Stepan Stepanowitsch gegangen war, hatte er den frei gewordenen Platz eingenommen, um der Fürstin näher zu sein.

»Also, man befahl Ihnen, sich mit Ihrem Zug in dieses Dorf zu begeben«, sagte die junge Dame, die Vera Cousine nannte, und nahm so das unterbrochene Gespräch wieder auf.

»Und ich machte mich natürlich auf den Weg, obwohl die Nacht dunkel und regnerisch war«, erzählte Petschorin, »ich hatte Befehl, dem Pan die Waffen abzunehmen, falls sich welche fänden, und ihn selbst dem Hauptquartier zu überstellen ... Ich war gerade zum Kornett befördert worden, und das war mein erstes Kommandounternehmen. Bei Tagesanbruch erblickten wir vor uns ein Dorf mit einem massiven Herrenhaus, am Dorfrand griffen meine Husaren einen Bauern auf und brachten ihn zu mir. Seine Aussagen über den Namen des Pans und die Einwohnerzahl deckten sich mit meiner Instruktion.

›Und hat euer Pan Frau oder Töchter?‹ fragte ich.

›Jawohl, Panie Kapitanie.‹

›Und wie heißt sie, die Gräfin, die Frau eures Ostrożski?‹

›Gräfin Róża.‹

Wohl eine Schönheit, überlegte ich stirnrunzelnd.

›Nun, und ihre Töchter, haben die auch solche Fratzen wie ihr Mamachen?‹

›Nein, Panie Kapitanie, die ältere heißt Amalia, die jüngere Evelina.‹

Das will noch nichts besagen, dachte ich. Die Gräfin Róża ging mir nicht aus dem Sinn, und so setzte ich mein Verhör fort.

›Und ist die Gräfin Róża schon alt?‹

›Nie, Panie, gerade dreiunddreißig.‹

›Was für ein Unglück!‹

Wir ritten in das Dorf und hielten bald am Schloßtor.

Ich befahl den Leuten abzusitzen und ging in Begleitung des Unteroffiziers ins Haus. Es war wie ausgestorben. Als ich mehrere Zimmer passiert hatte, wurde ich vom Grafen höchstpersönlich empfangen, der zitterte und bleich war wie ein Bettlaken. Ich setzte ihn von meinem Auftrag in Kenntnis, und natürlich beteuerte er, keine Waffen zu besitzen; er händigte mir die Schlüssel zu allen Lagern aus und schlug beiläufig vor, ein Frühstück einzunehmen. Nach dem zweiten Glas Jerez bat der Graf um Erlaubnis, mir seine Gemahlin und seine Töchter vorstellen zu dürfen.

›Aber ich bitte Sie‹, erwiderte ich, ›wozu die Umstände.‹ Ich fürchtete, offen gestanden, diese Róża könnte mir den Appetit verderben, doch der Graf ließ nicht locker. Anscheinend hoffte er auf den großen Einfluß seiner Róża.

Ich lehnte noch ab, als auf einmal die Tür aufging und eine hochgewachsene, schlanke Frau im schwarzen Kleid eintrat. Stellen Sie sich eine Polin vor, und eine schöne noch dazu, die einen russischen Offizier betören möchte. Das war die Gräfin Rozalia oder Roza, im Volksmund Róża geheißen, in eigener Person.«

Dieses zufällige Wortspiel erschien den beiden Damen sehr spaßig. Sie lachten.

»Sie haben sich in diese Róża verliebt, ich ahne es«, rief endlich die junge Dame aus, die Fürstin Vera Cousine nannte.

»Das wäre geschehen«, versetzte Petschorin, »hätte ich nicht schon eine andere geliebt.«

»Oho! Treue«, sagte die junge Dame. »Wissen Sie, daß man mit dieser Tugend nicht prahlt?«

»In meinem Fall ist das keine Tugend, sondern eine chronische Krankheit.«

»Aber Sie sind doch geheilt worden?«

»Zumindest bin ich in Behandlung«, entgegnete Petschorin.

Die Fürstin warf ihm einen raschen Blick zu, auf ihrem Gesicht spiegelte sich etwas wie Verwunderung und Freude. Dann wurde sie plötzlich traurig. Dieser schnelle Gefühlsumschwung entging Petschorin nicht, er wechselte das Thema, die Anekdote wurde nicht zu Ende erzählt und über angeregtem und ungezwungenem Geplauder bald vergessen. Endlich servierte man den Tee, und der Fürst trat ein, nach ihm Krassinski; der Fürst stellte ihn seiner Frau vor und bat ihn, Platz zu nehmen. Die Blicke der kleinen Runde richteten sich auf ihn, und Schweigen herrschte. Wäre der Fürst ein Petersburger gewesen, er hätte Krassinski ein Frühstück für fünfhundert Rubel gegeben, ihn, sofern er seine Dienste benötigte, sogar zu einem Ball oder zu einer geräuschvollen Abendgesellschaft eingeladen, damit jener dort mit den unterschiedlichsten Gästen in Berührung kommen konnte, doch um nichts in der Welt hätte er einen Fremden, der zumal nicht den höheren Kreisen angehörte, ohne weiteres in seinen Salon geführt; aber der

Fürst war in Moskau erzogen worden, und Moskau ist eine so gastfreundliche Alte. Aus Höflichkeit wandte sich die Fürstin mit einigen Fragen an Krassinski; dieser antwortete kurz und knapp.

»Wir sind«, sagte sie, »Herrn Petschorin sehr dankbar dafür, daß er uns Gelegenheit gegeben hat, Sie kennenzulernen.«

Bei diesen Worten sahen Petschorin und Krassinski einander unwillkürlich an, und letzterer entgegnete schnell: »Noch mehr als Sie muß ich Herrn Petschorin für diesen unschätzbaren Dienst dankbar sein.«

Um Petschorins Lippen spielte ein Lächeln, das etwa soviel besagen sollte wie: Oho, unser Beamter ergeht sich in Komplimenten. Ob nun Krassinski dieses Lächeln richtig deutete oder selbst über seine Kühnheit erschrak, weil es vermutlich das erste Kompliment war, das er einer Frau machte, die gesellschaftlich so hoch über ihm stand, ich weiß es nicht – jedenfalls errötete er und fuhr mit unsicherer Stimme fort: »Glauben Sie mir, Fürstin, ich werde die angenehmen Minuten, die ich in Ihrer Gesellschaft verbringen durfte, nie vergessen. Und seien Sie versichert, daß ich alles tun werde, was von mir abhängt ... und überdies ist Ihre Angelegenheit nur verwickelt, aber vollkommen rechtlich ...«

»Sagen Sie«, fragte ihn die Fürstin mit einer Anteilnahme, die der üblichen Höflichkeit gleichkam, wenn man nicht weiß, worüber man mit einem Menschen reden soll, den man nicht kennt, »sagen Sie: Sie haben, glaube ich, schrecklich viel zu tun ... Ich stelle mir das so eintönig vor: von morgens bis abends lange, verworrene Schriftstücke zu lesen ... das ist unerträglich. Glauben Sie mir, mein Mann erläutert und erklärt mir unseren Fall jeden Tag, und das schon ein Jahr lang; ich habe bis heute nichts begriffen.«

Was für ein liebenswürdiger und amüsanter Gemahl, dachte Petschorin.

»Warum sollten Sie auch, Fürstin?« sagte Krassinski. »Ihr Schicksal sind Vergnügungen und Luxus, das unsere

– Arbeit und Sorgen; so muß es auch sein: Wären wir nicht, wer sollte dann arbeiten.«

Schließlich war auch dieses Gesprächsthema erschöpft: Krassinski stand auf und verbeugte sich ... Als er gegangen war, bemerkte die Cousine, er sei gar nicht so ungewandt, wie man es von einem Beamten erwarten würde, und er rede ganz passabel. Die Fürstin fügte hinzu: »Et savez-vous, ma chère, qu'il est très bien!« – Petschorin begann bei diesen Worten Krassinskis Gewandtheit und Schönheit übermäßig zu loben: Er beteuerte, bei keinem Beamten der Welt je so dunkelblaue Augen gesehen zu haben, und versicherte, Krassinski werde, seinen tiefschürfenden Bemerkungen nach zu urteilen, ein großer Staatsmann werden, sofern er nicht ewig Titularrat bleibe ... »Ich werde mich unbedingt erkundigen«, setzte er todernst hinzu, »ob er ein Universitätszeugnis besitzt!«

Es gelang ihm, die beiden Damen zum Lachen zu bringen und das Gespräch in andere Bahnen zu lenken, obwohl die Äußerung der Fürstin sich ihm tief ins Gedächtnis eingeprägt hatte: Sie war ihm wie ein zwar zufälliger, aber nichtsdestoweniger höhnischer Vorwurf erschienen. – Die edle Schönheit von Krassinskis Antlitz hatte Petschorin vorher selbst entzückt, doch als die Frau, der all sein Sinnen und Trachten galt, eigens auf die Schönheit aufmerksam machte ... begriff er, daß sie unwillkürlich einen für ihn vernichtenden Vergleich gezogen hatte. Fast kam es ihm so vor, als habe er sie zum zweitenmal für immer verloren. Und von diesem Augenblick an haßte er seinerseits Krassinski. Es ist traurig, aber wahr: Die reinste Liebe besteht zur Hälfte aus Eigenliebe.

Obwohl Petschorin sich selbst für äußere Schönheit begeisterte, konnte er, der einen scharfen und durchdringenden Verstand besaß, seine eigene Person unvoreingenommen beurteilen und übertrieb seine Mängel, wie Menschen mit einer überhitzten Phantasie meist. Eigene Erfahrung hatte ihn gelehrt, wie schwer es ist, sich allein in innere Eigenschaften zu verlieben, darum war er mißtrauisch geworden und hatte sich angewöhnt, die Aufmerksamkeit oder Liebkosungen einer Frau mit Berechnung oder mit Zufall zu erklären. Was einem anderen für den Beweis zärtlichster Liebe gegolten hätte, tat er oft geringschätzig als trügerische Zeichen ab, als Worte, ohne Absicht dahingesagt, als Blicke und Lächeln in den Wind, dem erstbesten, der sie auffangen wollte, zugeworfen; ein anderer hätte den Mut sinken lassen und seinen Rivalen das Schlachtfeld überlassen ... doch einen hartnäckigen Charakter reizt die Schwierigkeit eines Kampfes, und Petschorin gab sich sein Ehrenwort, Sieger zu bleiben. Seinem System getreu und gewappnet mit unausstehlicher äußerer Kaltblütigkeit und Geduld, hätte er die schlauen Winkelzüge der raffiniertesten Koketten zunichte machen können ... Er kannte den Grundsatz, daß sich schwache Charaktere, irgendeinem bis heute nicht geklärten Naturgesetz folgend, früher oder später den starken und unbeugsamen unterwerfen; man durfte behaupten, daß er sein Ziel erreichen würde ... wenn nicht die Leidenschaft, die allmächtige Leidenschaft, einem Sturm gleich, mit einem einzigen Windstoß die hohen Gerüste seiner Vernunft und seiner Mühe zerstörte ... Aber dieses *Wenn*, dieses schreckliche *Wenn*, war fast dem Wenn des Archimedes vergleichbar, der erklärt hatte, den Erdball anzuheben, wenn man ihm einen Stützpunkt geben würde.

Eine Vielzahl der verschiedensten Gedanken stürmte auf Petschorin ein, so daß er gegen Ende des Abends zerstreut und schweigsam war; Fürst Stepan Stepanowitsch erzählte eine lange, Familienlegenden entlehnte Geschichte; die Damen gähnten verstohlen.

»Warum sind Sie auf einmal so melancholisch?« fragte schließlich Vera Dmitrijewnas Cousine Petschorin.

»Es ist mir geradezu peinlich, den Grund zu nennen«, entgegnete Petschorin.

»Dennoch ...«

»Neid!«

»Wen beneiden Sie denn? Zum Beispiel ...«

»Doch nicht etwa mich?« fragte, fein lächelnd, der Fürst, ohne sich der Bedeutung dieser Frage bewußt zu sein. Petschorin kam sofort der Gedanke, die Fürstin könne ihrem

Mann von ihrer Liebe erzählt, sie ihm als eine kindliche Verwirrung gebeichtet haben; traf dies zu, dann war zwischen ihnen alles zu Ende, und Petschorin konnte unmerklich zum Gegenstand des Spottes der Eheleute oder zum Opfer eines hinterlistigen Komplotts werden. Ich wundere mich, daß ihm dieser Verdacht nicht schon eher kam, aber ich versichere Sie, er kam ihm gerade jetzt, er schwor sich, in Erfahrung zu bringen, ob Vera ihrem Mann gebeichtet hatte, und erwiderte vorerst: »Nein, Fürst, nicht Sie, obwohl ich es könnte und obwohl jeder Sie beneiden muß ... aber offen gestanden, würde ich gern die glückliche Gabe dieses Krassinski besitzen, jedem auf den ersten Blick zu gefallen ...«

»Glauben Sie mir« erwiderte die Fürstin, »wer schnell gefällt, wird auch schnell vergessen.«

»Mein Gott! Was auf der Welt wird nicht vergessen? Und wenn man einen Augenblick geringachtet, wo ist dann Glück? Man strebt nach dauerhafter Liebe, dauerhaftem Glück, dauerhaftem Reichtum ... und ehe man sich's versieht, hat man Tod, Krankheit, Brand, Überschwemmung, Krieg, Frieden, Rivalen und einen Umschwung der öffentlichen Meinung – und alle Mühe war umsonst! ... Aber Vergessen? – Das Vergessen ist zu Minuten und zu Jahrhunderten gleichermaßen unerbittlich. Fragte man mich, was mir lieber wäre: eine Minute völliger Glückseligkeit oder Jahre eines zweideutigen Glücks ... ich entschlösse mich eher, alle meine Gefühle und Leidenschaften auf den einen göttlichen Augenblick zu konzentrieren und dann beliebig lange zu leiden, als sie nach und nach auszudehnen und in Zeiten der Langeweile oder Melancholie aufzuteilen.«

»Ich stimme Ihnen in allem bei, nur nicht darin, daß alles auf der Welt in Vergessenheit gerät – es gibt Dinge, die man nicht vergessen kann ... besonders Kummer nicht«, sagte die Fürstin.

Ihr anziehendes Gesicht hatte einen halb kühlen, halb traurigen Ausdruck angenommen, und etwas wie eine Träne rann glänzend an ihren langen Wimpern entlang, wie ein Regentropfen, den der Sturm auf einem Birkenblatt vergessen hat, zitternd an seinen Rand rollt, bis ein neuer Windstoß es entführt – Gott weiß wohin.

Verwundert sah Petschorin sie an... doch er konnte sich diese seltsame Anwandlung von Melancholie nicht erklären! Er war so lange von ihr getrennt gewesen: Und seit jener Zeit kannte er auch nicht eine Einzelheit ihres Lebens... was also sprach dagegen, daß Veras Gefühle in diesem Augenblick gar nicht ihm galten? Konnte sie nach seiner Abreise zur Armee nicht genug Verehrer gehabt haben; vielleicht hatte auch ihr einer von ihnen die Treue gebrochen – wer weiß!...

Wer kann erklären, wer kann deuten
Der Augen Sprache Doppelsinn...

Als er aufstand, um wegzufahren, fragte ihn die Fürstin, ob er übermorgen auf dem Ball bei der Baronin R., ihrer Verwandten, sein werde... »Es verdrießt mich, daß die Baronin uns so nachdrücklich eingeladen hat«, fügte sie hinzu, »ich kenne die hiesigen Kreise fast gar nicht und bin sicher, mich dort zu langweilen...«

Petschorin antwortete, er habe noch keine Einladung erhalten...

Jetzt verstehe ich, dachte er, als er in den Schlitten stieg, sie möchte auf diesem Ball einen Kavalier haben, den sie kennt... Gebe Gott, daß man mich nicht einlädt: Lisa Negurowa wird gewiß auch dort sein... Ach, mein Gott, ja, ich glaube, Vera und sie sind alte Bekannte... Oh! Aber sollte sie sich unterstehen...

Da hielt sein Schlitten an, und mit ihm sein Gedankenfluß. – Als er in sein Arbeitszimmer trat, fand er auf dem Tisch ein Einladungsbillett von der Baronin vor.

Baronin R. war Russin, jedoch mit einem kurländischen Baron verheiratet, der auf irgendeine Weise steinreich geworden war; sie wohnte in der Miljonnaja, direkt im Zentrum der vornehmsten Kreise. Seit elf Uhr abends fuhren, eine nach der anderen, Kutschen vor dem hell erleuchteten Portal ihres Hauses vor: Zu beiden Seiten der Außentreppe drängten sich Passanten auf dem Bürgersteig, zurückgehalten von der Neugier und dem Risiko, überfahren zu werden. Unter ihnen war auch Krassinski: An eine Mauer gedrückt, sah er neiderfüllt auf die verschiedenen Herren mit den Sternen und Kreuzen, die von baumlangen Lakaien behutsam aus der Kutsche bugsiert wurden, auf die jungen Männer, die lässig aus dem Schlitten auf die Granitstufen sprangen, und unzählige Gedanken schossen ihm durch den Kopf. Inwiefern bin ich schlechter als sie? dachte er. Diese bleichen, erschöpften, von kleinlichen Leidenschaften verzerrten Gesichter, gefallen sie den Frauen, die das Recht und die Möglichkeit haben zu wählen, wirklich? Geld, Geld und nichts als Geld, was sollen ihnen Schönheit, Geist und Herz? Oh, ich werde ganz bestimmt reich werden, um jeden Preis, und dann zwinge ich diese Gesellschaft, mir die gebührende Gerechtigkeit widerfahren zu lassen.

Der arme, einfältige Beamte! Er wußte nicht, daß man für diese Gesellschaft außer einem Haufen Gold auch einen Namen braucht, an dem historische Erinnerungen hängen (welcherart diese auch sein mögen), einen Namen, der den Lakaien so bekannt ist, daß man ihn nicht verdreht und daß, wenn er genannt wird, nicht irgendeine hochmütige Dame, Gesetzgeberin und Richterin der Salons, fragt: Wer ist das? Ist er nicht mit dem Fürsten W. oder dem Grafen K. verwandt? Krassinski stand also, in seinen Mantel gehüllt, neben dem Portal. Da fuhr eine Kutsche vor; ihr entstieg eine Dame: Beim Schein der Laterne funkelten in ihren Locken hell die Brillanten, nach ihr kletterte ein Mann im Bärenpelz aus der Kutsche. Es waren Fürst Ligowski und Gattin. Krassinski löste sich eilig aus der Menge der Schaulustigen, zog den Hut und verbeugte sich ehrerbietig, wie vor Bekannten, doch ach, man bemerkte oder, was noch wahrscheinlicher ist, erkannte ihn nicht. Und in der Tat, der Frau, die ihn nur ein einziges Mal gesehen hatte und sich anschickte, vor dem gestrengen Gericht der vornehmsten Gesellschaft zu erscheinen, und dem ältlichen Mann, der seiner hübschen Frau zum Ball folgte, stand der Sinn wahrlich nicht nach der Menge der neben der Auffahrt frierenden neugierigen Gaffer. Krassinski schrieb diesen ganz natürlichen und zufälligen Umstand jedoch dem Stolz und absichtlicher Geringschätzung zu, und von diesem Augenblick an keimte in seinem argwöhnischen Herzen heimliche Feindseligkeit der Fürstin gegenüber auf. Schön, dachte er, während er sich entfernte, auch unser Weizen wird einmal blühen – eine erbärmliche Redensart kleinlichen Hasses.

Unterdessen ertönte im Saal schon Musik, und der Ball begann lebhafter zu werden; hier war alles versammelt, was in Petersburg Rang und Namen hatte: zwei Gesandte mit ihrem fremdländischen Gefolge, das aus Leuten bestand, die sehr gut französisch sprachen (was übrigens keineswegs verwunderlich ist) und darum eine tiefe Anteilnahme bei unseren Schönen erweckten, mehrere Generäle und Staatsmänner, ein englischer Lord, der aus Sparsamkeit reiste und es aus diesem Grund für überflüssig erachtete, zu sprechen oder zu schauen, dafür redete seine Gattin, eine alte Lady, die zur Klasse der blue stockings gehörte und einst Byrons grausame Verfolgerin gewesen war, für vier und sah mit vier Augen, rechnete man die Gläser des doppelten Lorgnons mit, die nicht weniger Ausdruckskraft hatten als ihre eigenen Augen. Ferner fand man hier fünf oder sechs unserer einheimischen Diplomaten, die auf eigene Kosten nicht weiter als bis Reval gereist waren und steif und fest behaupteten, daß Rußland ein völlig europäischer Staat sei und sie ihn wie ihre Westentasche kennen würden, weil sie mehrmals in Zarskoje Selo und sogar in Pargolowo gewesen waren. Stolz blickten sie aus ihren gestärkten Halsbinden auf die militärische Jugend, die sich scheinbar so sorglos und unbedacht dem Vergnügen hingab. Sie waren der festen Überzeugung, diese in goldbestickte Uniformen geschnürten Leute seien zu nichts anderem fähig als zu mechanischen Dienstübungen. Hier können Sie auch einigen jungen und rosigen Jünglingen, Militärs mit Toupets sowie à la russe frisierten und gleich den Lieblingen in der klassischen Tragödie bescheidenen Zivilisten begegnen, die erst vor kurzem von irgendeinem vornehmen Verwandten in die gute Gesellschaft eingeführt worden waren. Da sie den größten Teil der Damen noch nicht kannten und aus Furcht, einen jener eisigen, schrecklichen Blicke zu ernten, von denen sich einem das Herz umdreht wie einem Kranken beim Anblick einer schwarzen Mixtur, sofern sie eine Unbekannte zu einer Quadrille oder Mazurka aufforderten, umgaben sie die glänzenden Quadrillen als schüchterne Zuschauermenge und aßen Eis, aßen Unmengen von Eis. – Die ausschließlich tanzenden Kavaliere konnte man in zwei Kategorien einteilen; gewissenhaft schonten die einen weder ihre Füße noch ihre Zunge, tanzten, ohne zu ermüden, setzten sich, das Gesicht ihrer Dame zugewandt, auf eine Stuhlkante, lächelten und warfen bei jedem Wort bedeutungsvolle Blicke – kurzum, taten ihrer Pflicht aufs beste Genüge; die anderen, Männer in mittleren Jahren, Beamte, verdiente Veteranen der Gesellschaft, mit hochmütiger Haltung und stolzem Gesichtsausdruck, glitten nachlässig über das Parkett, wie aus Gnade oder Erbarmen mit der Dame des Hauses, und sprachen grundsätzlich nur mit der Dame ihres Visavis, wenn sie bei der Ausführung einer Figur mit ihr zusammentrafen.

Doch dafür waren die Damen ... oh, die Damen, die wahre Zierde dieses wie auch aller anderen Bälle! Wie viele glänzende Augen und Brillanten, wie viele rosige Lippen und rosa Bänder ... Wunder der Natur und Wunder des Modegeschäftes ... zauberhafte kleine Füße und wundervoll schmale Schuhe, marmorweiße Schultern und beste französische Schminke, wohlklingende Phrasen, entlehnt aus einem modernen Roman, Brillanten, aus einem Laden geliehen ... Ich weiß nicht, aber in meinen Augen bildet eine Frau auf dem Ball mit ihrem Festkleid etwas Ganzes, Unteilbares, Besonderes; eine Frau auf einem Ball ist etwas ganz anderes als eine Frau in ihrem Boudoir. Seele und Geist einer Frau zu beurteilen, nachdem man eine Mazurka mit ihr getanzt hat, ist dasselbe, als wollte man Ansichten und Empfindungen eines Journalisten beurteilen, nachdem man einen seiner Artikel gelesen hat.

Neben der Tür, die vom Saal in den Salon führte, saßen zwei mit Lorgnons bewaffnete reife Jungfrauen und unterhielten sich mit zwei oder drei jungen Männern, die nicht tanzten. Die eine von ihnen war Lisaweta Nikolajewna. Das rosarote Kleid verlieh ihren bleichen Zügen etwas mehr Leben, und alles in allem war sie geschmackvoll gekleidet. Auf diesen Vorteil vertrauend, erwiderte sie, als Petschorin zu ihr trat, dessen höfliche Verbeugung ziemlich kühl. (Beiläufig sei bemerkt, daß eine schlecht gekleidete Dame gewöhnlich viel liebenswürdiger und nachsichtiger ist – das heißt übrigens keineswegs, daß liebenswürdige Damen schlechter gekleidet sein müssen.) Petschorin stellte sich neben Jelisaweta Nikolajewna, wartete, daß sie ein Gespräch beginnen werde, und musterte zerstreut die Tanzenden. So vergingen einige Minuten, und endlich war sie gezwungen, das Siegel des Schweigens von ihren Lippen zu reißen.

»Warum tanzen Sie nicht?« fragte sie ihn.

»Ich folge immer und überall Ihrem Beispiel.«

»Vielleicht seit heute.«

»Und wenn schon, besser später als nie. Nicht wahr?«

»Manchmal ist es zu spät.«

»Mein Gott! Was für eine tragische Äußerung!«

Lisaweta Nikolajewna war nahe daran, sich beleidigt zu fühlen, doch sie zwang sich zu einem Lächeln und erwiderte: »Seit einiger Zeit habe ich es aufgegeben, mich über Ihr Verhalten zu wundern. Andere könnten dieses für höchst vermessen halten, mir scheint es nur ganz Ihrer Natur entsprechend. Oh, ich kenne Sie jetzt sehr gut.«

»Darf man erfahren, wer Ihnen meinen Charakter so vollendet interpretiert hat?«

Sie sah ihn unablässig an und drückte ihren Fächer an die Lippen. »Oh, das ist ein Geheimnis«, sagte sie dann.

Er bückte sich und flüsterte ihr mit geheuchelter Zärtlichkeit ins Ohr: »Ein Geheimnis Ihres Herzens haben Sie mir schon längst anvertraut – sollte das zweite wirklich wichtiger sein als das erste?«

Bei all ihrer Unfähigkeit, rot zu werden, errötete sie, doch was sie erröten ließ, war nicht Scham, nicht Erinnerung, nicht Ärger; unwillkürliches Vergnügen und die geheime Hoffnung, den flatterhaften Verehrer neu zu fesseln, zu heiraten oder sich wenigstens mit der Zeit auf ihre, auf weibliche Weise zu rächen, waren in ihrem Herzen erwacht. Frauen geben solche Hoffnungen nie auf, sehen sie noch eine Möglichkeit, ihr Ziel zu erreichen, und sie verzichten nie auf ein solches Vergnügen, ist das Ziel erreicht.

Sie setzte sofort eine ernste, bekümmerte Miene auf und antwortete zögernd: »Sie erinnern mich an Dinge, die ich vergessen möchte.«

»Aber Sie haben sie noch nicht vergessen?« fragte er zärtlich.

»Oh, sprechen Sie nicht weiter, ich glaube Ihnen nichts mehr, Sie haben mir eine solche Lektion erteilt . . .«

»Ich?«

In diesem Ich lag mehr Verwunderung als in fünf Ausrufezeichen hintereinander. Dann versank Petschorin in Gedanken.

»Ja«, meinte er, »jetzt beginne ich zu begreifen; irgend jemand hat mich bei Ihnen verleumdet, ich habe so viele Feinde und besonders Freunde, jetzt verstehe ich, warum man mich neulich, als ich Sie besuchen wollte, es war am Morgen, und ich weiß, Sie hatten Gäste, nicht empfangen hat; oh, natürlich werde ich nicht ein zweites Mal eine solche Kränkung selbst herausfordern.«

»Aber Sie kennen nicht den Grund dafür«, sagte Jelisaweta Nikolajewna hastig, »ich habe von einem Unbekannten einen Brief erhalten, in dem . . .«

»In dem man mich lobt und meine Handlungen im günstigsten Licht darstellt«, erwiderte Petschorin bitter lächelnd, »oh, ich ahne, wer mir diesen Dienst erwiesen hat, dennoch bitte ich Sie, glauben Sie, glauben Sie alles, was dort geschrieben steht, wie Sie es bis zu diesem Augenblick geglaubt haben.«

Er lachte auf und wandte sich zum Gehen.

»Und wenn ich es nun nicht glaube?« rief Jelisaweta Nikolajewna erschrocken aus.

»Umsonst, es ist immer vorteilhafter, das Schlechte zu glauben als das Gute ... eins gegen zwanzig, daß ...« Er beendete den Satz nicht, sein Blick richtete sich auf eine andere Saaltür, wo es eine kleine Bewegung gab, Jelisaweta Nikolajewnas Augen blickten furchtsam in dieselbe Richtung.

Durch die Menge näherte sich die Fürstin Ligowskaja dem Salon, ihr auf dem Fuße folgte der Fürst Stepan Stepanowitsch.

Sie war geschmackvoll gekleidet, nur strenge Gesetzgeber der Mode hätten zu Recht bemerken können, sie trage allzu viele Brillanten. Sie schob sich langsam durch die Menge, die ihr nachlässig Platz machte. Kein einziger Willkommensgruß hielt sie auf ihrem Weg auf, und die hundert neugierigen Augen, die die unbekannte Schöne von Kopf bis Fuß musterten, zauberten Farbe auf ihre zarten Wangen – die Augen überzogen sich mit einer elektrischen Feuchtigkeit, ihre Brust hob und senkte sich unregelmäßig, und an ihrem Gesichtsausdruck konnte man ablesen, daß für sie ein qualvoller Augenblick gekommen war. Sie glich dem unbekannten Redner, der zum erstenmal die Stufen eines Katheders emporsteigt ... Von diesem Ball hing ihr Erfolg in der großen Welt ab ... eine unpassend angenähte Schleife, eine an der falschen Stelle angeheftete Blume konnten ihre Zukunft für immer zerstören ... Und in der Tat, kann eine Frau auf einen Erfolg hoffen, kann sie unseren Stutzern gefallen, wenn man auf den ersten Blick von ihr sagt: elle a l'air bourgeois – dieser Ausspruch, der sich zu so ungelegener Zeit in unsere rein adlige Gesellschaft eingeschlichen hat, besitzt indes eine entsetzliche Macht über die Gemüter – und raubt der Schönheit und Liebenswürdigkeit alle Rechte:

Geschmack, mein Lieber, ist eine vorzügliche Manier.

Als die Fürstin bei Petschorin angekommen war, erwiderte sie seine Verbeugung lediglich mit einer leichten Neigung des Kopfes und einem flüchtigen Lächeln. Er wollte etwas sagen, aber sie wandte sich ab; ihre Augen irrten unruhig umher, bemüht, wenigstens noch ein bekanntes Gesicht zu entdecken ... und fielen auf Lisaweta Nikolajewna ... Als die Rivalinnen einander erkannt hatten, wechselten sie sehr freundliche Begrüßungsworte ... Dann löste sich noch jemand aus der Schar der Männer und begann sich mit freudiger Miene bei der Fürstin Vera zu erkundigen, wann sie aus Moskau eingetroffen sei, und so weiter ... Allmählich wurde sie verbindlicher, so daß man beinahe jede Wette halten konnte, daß, wäre sie hier neunundneunzig Bekannten begegnet, der neunundneunzigste in der glücklichen Überzeugung verblieben wäre, er habe mit einem einzigen Blick ihr Herz erobert.

Fürst und Fürstin waren in den Salon gegangen, als Lisaweta Nikolajewna sich sogleich Petschorin zuwandte, um das unterbrochene Gespräch wiederaufzunehmen – aber er war so bleich, so reglos, daß ihr angst wurde.

»Das Erscheinen dieser Dame«, sagte sie schließlich, »hat einen sehr merkwürdigen Eindruck auf Sie gemacht! ... Kennen Sie sie schon lange?«

»Seit meiner Kindheit!« gab Petschorin zur Antwort.

»Ich habe sie auch einst gekannt ... mit wem ist sie verheiratet?«

Petschorin sagte es ihr.

»Wie! Ist dieser Herr, der so demütig hinter ihr ging, wirklich ihr Mann? ... Wäre ich ihnen auf der Straße begegnet, ich hätte ihn für einen Lakaien gehalten. Ich glaube, sie macht aus ihm, was sie will.«

»Wenigstens alles, was man aus ihm machen kann ...«

»Aber sie ist doch glücklich ...«

»Haben Sie etwa nicht bemerkt, wie viele Brillanten sie trägt?«

»Reichtum ist nicht Glück!«

»Trotzdem steht er ihm näher als Armut: Es gibt nichts Abgeschmackteres als in einer bescheidenen Hütte ... bei einer Schale Buchweizengrütze mit seinem Schicksal zufrieden zu sein.«

»Wer redet denn von Armut? Man muß überall verstehen, den goldenen Mittelweg zu wählen ...«

»Ich wünsche Ihnen einen Mann, der ebenso denkt.«

Er entfernte sich. Die Quadrillen gingen zu Ende, die Musik verstummte: In dem geräumigen Saal ertönte das Gemurmel von zarten und groben Stimmen, das Scharren von Stiefeln und Schuhen – es bildeten sich Gruppen. Die Damen begaben sich in andere Zimmer, um frische Luft zu schöpfen und ihre Eindrücke auszutauschen, einige Kavaliere folgten ihnen, ohne zu spüren, daß sie überflüssig waren und man sich bemühte, sie abzuschütteln. Die Fürstin kam in den Saal und setzte sich neben die Negurowa. Sie erneuerten ihre alte Bekanntschaft, und zwischen ihnen entspann sich eine belanglose Unterhaltung.

KERIB DER SPIELMANN

Ein türkisches Märchen

Vor langer Zeit lebte in der Stadt Tiflis ein reicher Türke; viel Gold hatte ihm Allah gegeben, doch teurer als das Gold war ihm die einzige Tochter, Magul-Megeri geheißen. Schön sind die Sterne am Himmel, doch über den Sternen wohnen die Engel, und sie sind noch schöner; so war auch Magul-Megeri schöner als alle anderen Mädchen von Tiflis. Und es lebte in Tiflis der arme Kerib der Spielmann; der Prophet hatte ihm nichts gegeben als ein edles Herz und die Gabe des Gesanges. Er zog von Hochzeit zu Hochzeit, spielte, die Reichen und Glücklichen zu erfreuen, auf der Saaz, einem türkischen Saiteninstrument, und pries die alten Recken Turkestans. Auf einer Hochzeit sah er Magul-Megeri, und sie verliebten sich ineinander. Wenig Hoffnung hatte der arme Kerib der Spielmann, ihre Hand zu erlangen, und er wurde traurig wie der Winterhimmel.

Einmal geschah es, da lag er im Garten unter einem Rebstock und schlief endlich ein; indessen kam Magul-Megeri mit ihren Freundinnen vorbei. Da eine von ihnen den schlafenden Spielmann erblickte, blieb sie ein wenig zurück und trat zu ihm. »Was schläfst du unter dem Rebstock«, sang sie, »wach auf, du Narr, deine Gazelle geht vorbei.«

Er fuhr aus dem Schlaf – das Mädchen flatterte davon wie ein Vögelchen. Magul-Megeri hatte ihr Lied gehört und begann sie zu tadeln.

»Wüßtest du«, erwiderte das Mädchen, »wem ich das

Lied sang, du würdest mir danken – es ist dein Kerib der Spielmann.«

»Führ mich zu ihm«, sagte Magul-Megeri, und sie gingen hin. Da Magul-Megeri sein trauriges Gesicht erblickte, stellte sie ihm mancherlei Fragen und trachtete ihn zu trösten.

»Wie soll ich nicht trauern«, erwiderte Kerib der Spielmann, »ich liebe dich, doch du wirst niemals die Meine sein.«

»Bitte meinen Vater um meine Hand«, sprach das Mädchen. »Mein Vater wird unsere Hochzeit von seinem Geld bestreiten und mich so beschenken, daß es für uns beide reicht.«

»Gut«, sagte er, »nehmen wir an, Ajan-Aga tut alles für seine Tochter. Wer aber weiß, ob du mir nicht später vorwerfen wirst, ich hätte nichts gehabt und verdankte alles nur dir? Nein, liebe Magul-Megeri, ich habe vor mir selbst ein Gelöbnis getan; ich gelobe, sieben Jahre durch die Welt zu wandern und Reichtum zu erwerben oder in fernen Wüsten zu verschmachten. Bist du damit einverstanden, so wirst du nach Ablauf der Frist die Meine werden.« Sie gab ihr Einverständnis, fügte aber hinzu, wenn er bis zu dem bestimmten Tage nicht zurückkehre, werde sie das Weib Kurschud-Beks, der schon lange um sie werbe.

Da trat Kerib der Spielmann vor seine Mutter; er empfing ihren Segen für die Reise, küßte seine kleine Schwester, hängte den Beutel über die Schulter, stützte sich auf den Wanderstab und verließ die Stadt Tiflis. Bald kam ein Reiter ihm nachgeeilt; er sah sich um – es war Kurschud-Bek. »Glück auf den Weg!« rief der ihm zu. »Wohin du auch gehst, Wanderer, ich bin dein Gefährte.«

Er freute sich nicht über seinen Gefährten, der Spielmann, aber er konnte nichts tun; lange zogen sie gemeinsam ihres Weges, bis sie schließlich vor sich einen Fluß erblickten. Keine Brücke, keine Furt. »Schwimm du als erster«, sagte Kurschud-Bek, »ich folge dir.« Der Spielmann warf das Obergewand ab und schwamm. Am anderen Ufer angelangt, schaute er sich um. O weh! Oh, allmächtiger Allah! Kurschud-Bek hatte des Spielmanns Kleider genommen und sprengte zurück nach Tiflis; übers ebene Feld hin folgte ihm der Staub wie eine sich windende Schlange.

In Tiflis angekommen, trug der Bek des Spielmanns Gewand zu Keribs alter Mutter. »Dein Sohn ist in einem tiefen Fluß ertrunken«, sagte er, »hier sind seine Kleider.«

In unaussprechlichem Schmerz fiel die Mutter über die Kleider des geliebten Sohnes und tränkte sie mit heißen Tränen. Dann nahm sie alles und trug es zu der, die sich ihm als Braut versprochen hatte: zu Magul-Megeri. »Mein Sohn ist ertrunken«, sagte die Mutter, »Kurschud-Bek hat seine Kleider gebracht – du bist frei.«

Magul-Megeri lächelte und erwiderte: »Glaube ihm nicht; Kurschud-Bek hat sich das ausgedacht. Ehe nicht die sieben Jahre vergangen sind, werde ich keines Mannes Weib.« Sie nahm ihre Saaz von der Wand und stimmte leise das Lieblingslied Keribs, des armen Spielmanns, an.

Unterdessen gelangte der Wanderer nackt und bloß in ein Dorf. Gute Menschen kleideten und speisten ihn; er sang ihnen dafür wunderbare Lieder. Auf solche Weise wanderte er von Dorf zu Dorf, von Stadt zu Stadt, und sein Ruhm verbreitete sich allerorten. So gelangte er schließlich nach Haleb. Nach seiner Gewohnheit trat er in ein Kaffeehaus, bat um die Saaz und begann zu singen.

Zu jener Zeit lebte in Haleb ein Pascha, der war ein großer Liebhaber der Sangeskunst; viele Sänger hatte man zu ihm geführt, doch kein einziger hatte ihm gefallen. Seine Leibwächter jagten suchend durch die Stadt und hetzten sich ab. Plötzlich, als sie an jenem Kaffeehaus vorüberkamen, hörten sie eine Stimme, die sie staunen machte. Sie liefen hinein.

»Komm mit uns zum großen Pascha«, schrien sie, »oder du büßest uns mit dem Leben!«

»Ich bin ein freier Mann, ein Wanderer aus der Stadt Tiflis«, sprach Kerib der Spielmann. »Will ich, so geh ich, will ich nicht, so bleib ich. Ich singe, wenn es der rechte Augenblick ist, und euer Pascha kann mir nichts befehlen.«

Desungeachtet ergriffen sie ihn und führten ihn vor den Pascha. »Sing«, sagte der Pascha, und er sang. Und in dem Liede pries er seine teure Magul-Megeri, und das Lied gefiel dem stolzen Pascha so sehr, daß er Kerib, den armen Spielmann, bei sich bleiben hieß. Mit Silber und Gold wurde Kerib überschüttet, prächtige, schillernde Kleider trug er, glücklich und heiter begann der Spielmann zu leben, und er wurde sehr reich. Ob er seine Magul-Megeri vergaß oder nicht, das weiß ich nicht; gleichviel, die Frist verstrich, das letzte der sieben Jahre neigte sich dem Ende zu, er aber dachte nicht daran, zur Heimkehr zu rüsten.

Die wunderschöne Magul-Megeri begann zu verzagen. Da geschah es, daß ein Kaufmann mit einer Karawane von vierzig Kamelen und mit achtzig Sklaven sich zum Aufbruch aus Tiflis vorbereitete. Sie rief den Kaufmann zu sich und gab ihm eine goldene Schale. »Nimm diese Schale«, sprach sie, »und in welche Stadt du auch kommen mögest, stell die Schale in deinem Laden aus und erkläre überall, daß der, der sich als Herr meiner Schale zu erkennen gibt und dies beweist, sie erhält und zudem ihr Gewicht in Gold.«

Der Kaufmann brach auf, er tat überall, was ihm Magul-Megeri aufgetragen hatte, doch keiner gab sich als Herr der goldenen Schale zu erkennen. Schon hatte er fast alle seine Waren verkauft, da gelangte er mit denen, die ihm noch geblieben waren, nach Haleb; überall verkündete er Magul-Megeris Auftrag.

Als Kerib der Spielmann davon hörte, lief er in die Karawanserei, und er sah die goldene Schale im Laden des Tifliser Kaufmanns. »Sie ist mein«, sagte er und griff nach ihr.

»Gewiß«, sagte der Kaufmann, »sie ist dein. Ich habe dich erkannt, Spielmann Kerib. Mach dich schnell auf den Weg nach Tiflis; deine Magul-Megeri trug mir auf, dir zu sagen, daß die Frist zu Ende geht, und wenn du zum festgesetzten Tag nicht dort bist, so wird sie eines anderen Weib.«

Verzweifelt faßte sich Kerib der Spielmann an den Kopf: nur drei Tage blieben ihm noch bis zur Schicksalsstunde. Dennoch saß er rasch zu Pferde, nahm einen Beutel voller Goldmünzen mit und jagte davon, ohne das Tier zu schonen.

Auf dem Ersingjan-Berge, der sich zwischen der Stadt Ersingjan und der Stadt Erzerum erhebt, stürzte das abgehetzte Roß schließlich leblos zu Boden. Was sollte er tun? Von Ersingjan nach Tiflis hatte man zwei Monate zu reiten, ihm aber blieben nur zwei Tage. »Allah, Allmächtiger!« rief er aus. »Wenn du mir nicht hilfst, habe ich nichts mehr auf dieser Welt zu schaffen.« Und er wollte sich von einem hohen Felsen in die Tiefe werfen.

Plötzlich sah er unten einen Mann auf einem weißen Roß, und er vernahm eine laute Stimme: »Oglan, was willst du tun?«

»Sterben will ich«, antwortete der Spielmann.

»Wenn es so ist, dann klettre herunter, ich schlage dich tot.«

Der Spielmann kletterte mit Mühe vom Felsen.

»Komm mit mir!« sprach drohend der Reiter.

»Wie soll ich mit dir kommen«, erwiderte der Spielmann, »dein Roß fliegt wie der Wind, und ich schleppe den schweren Beutel.«

»Das ist wahr. So häng deinen Beutel an meinen Sattel, und folge mir!« Kerib der Spielmann blieb zurück, mochte er noch so schnell laufen.

»Was bleibst du zurück?« fragte der Reiter.

»Wie kann ich dir denn folgen – dein Roß ist schneller als der Gedanke, und ich bin schon erschöpft.«

»Das ist wahr. So steig hinter mir auf mein Roß, und sag mir, wohin du mußt; doch sprich die volle Wahrheit!«

»Gern käm ich heute wenigstens bis Erzerum«, antwortete der Spielmann.

»Schließ die Augen!« Er schloß sie.

»Jetzt öffne sie!« Der Spielmann tat sie auf – er sah die weißen Mauern und die blitzenden Minarette von Erzerum vor sich.

»Verzeih mir, Aga«, sprach der Spielmann, »ich habe mich geirrt, ich wollte sagen: Ich muß nach Kars.«

»Soso«, erwiderte der Reiter. »Dabei hatte ich dich geheißen, mir die reine Wahrheit zu sagen. Nun, schließ von neuem die Augen ... Jetzt öffne sie!«

Der Spielmann konnte es nicht fassen: Kars lag vor ihm. Er fiel auf die Knie und sprach: »Verzeih, Aga, schuldig, dreimal schuldig ist dein Diener Kerib der Spielmann. Aber du weißt selber, wenn der Mensch sich am Morgen zu lügen entschlossen hat, so muß er lügen, bis der Tag endet. In Wahrheit muß ich nach Tiflis.«

»Du weißt nicht, was du willst!« rief darauf zornig der Reiter. »Na, was soll man da machen – ich verzeihe dir. Schließ wieder die Augen.« Und nachdem eine Minute vergangen war: »Jetzt öffne sie!«

Der Spielmann schrie auf vor Freude – sie standen vor den Toren von Tiflis. Der Spielmann bekundete dem Reiter seine grenzenlose Dankbarkeit, und nachdem er seinen Beutel vom Sattel genommen hatte, sagte er zu ihm: »Aga, groß ist freilich deine Wohltat, doch füge noch etwas hinzu. Wenn ich jetzt erzählen werde, daß ich an einem einzigen Tage von Ersingjan nach Tiflis gelangte, wird mir keiner glauben. Gib mir irgendeinen Beweis.«

»Bück dich«, sagte der Reiter lächelnd, »nimm ein Klümpchen Erde, das unter den Füßen meines Rosses lag, und trag es über deinem Herzen. Wenn sie nun an die Wahrheit deiner Worte nicht glauben wollen, so laß eine seit sieben Jahren blinde Frau zu dir führen, streich ihr mit der Erde über die Augen, und sie wird sehen.« Der Spielmann nahm ein Klümpchen Erde unter den Hufen des weißen Rosses, doch als er den Kopf wieder hob, waren Roß und Reiter verschwunden. Da gewann er im Innern die Gewißheit, daß sein Beschützer kein anderer war als Haderiliaz (das ist der heilige Georg).

Erst spät am Abend fand sich Kerib der Spielmann vor seinem Hause ein. Mit zitternder Hand klopfte er an die Tür und sprach: »Ana, Mutter, mach auf! Ich bin ein Gottesgast, mir ist kalt, und mich hungert. Um deines wandernden Sohnes willen bitt ich dich, laß mich ein!«

Die schwache Stimme einer alten Frau antwortete ihm: »In den Häusern der Reichen und Mächtigen mögen Wanderer ihr Nachtlager finden. In der Stadt ist gerade eine Hochzeit – geh dorthin. Dort kannst du eine Nacht in aller Annehmlichkeit verbringen.«

»Ana«, sprach er darauf, »ich habe hier keinen Bekannten; darum wiederhole ich meine Bitte: Um deines wandernden Sohnes willen laß mich ein.«

Da sagte seine Schwester zur Mutter: »Mutter, ich stehe auf und öffne ihm.«

»Du leichtfertiges Mädchen«, erwiderte die Alte, »dir macht es Freude, junge Männer aufzunehmen und zu bewirten, weil es nun schon sieben Jahre her ist, daß ich vom Weinen blind wurde.«

Die Tochter aber stand, ungeachtet ihrer Vorwürfe, auf, öffnete die Tür und ließ Kerib den Spielmann ein. Er sprach den üblichen Gruß, setzte sich und begann sich voll innerer Unruhe umzuschauen. Und er sah, an der Wand hing, von Staub ganz eingehüllt, seine Saaz mit dem süßen Klang. Und er fing an, die Mutter zu befragen: »Was hängt bei dir an der Wand?«

»Ein neugieriger Gast bist du«, antwortete sie, »es genügt doch, daß man dir ein Stück Brot gibt und dich morgen mit Gott ziehenläßt.«

»Ich habe dir schon gesagt«, wandte er ein, »daß du meine leibliche Mutter bist, und dies ist meine Schwester, und darum bitte ich dich, erklär mir: Was hängt da bei dir an der Wand?«

»Eine Saaz ist es, eine Saaz«, antwortete die alte Frau erbost, da sie ihm nicht glaubte.

»Und was bedeutet das: Saaz?«

»Saaz, das heißt, daß man auf ihr spielt und zu ihr Lieder singt.«

Und Kerib der Spielmann bat, sie möge der Schwester erlauben, die Saaz herabzunehmen und ihm zu zeigen.

»Nein, nein«, antwortete die alte Frau, »es ist die Saaz

meines unglücklichen Sohnes; sieben Jahre hängt sie nun schon an der Wand, und keines Menschen Hand hat sie seither berührt.«

Die Schwester aber stand auf, nahm die Saaz von der Wand und reichte sie ihm. Da hob er die Augen zum Himmel und sprach dieses Gebet: »O Allah, Allmächtiger! Wenn ich das erstrebte Ziel erreichen soll, so möge meine siebensaitige Saaz so angenehm klingen wie an jenem Tag, da ich zum letztenmal auf ihr spielte.« Und er berührte die metallenen Saiten, und sie ertönten wohlgestimmt. Da hob er an zu singen: »Ich bin ein armer Kerib, ein Bettler, und meine Worte sind arm; doch der große Haderiliaz half mir, von einem schroffen Felsen zu steigen, obgleich ich arm bin und meine Worte arm sind. Erkenne mich, Mutter, deinen Sohn, der fortgezogen war.«

Darauf schluchzte seine Mutter, und sie fragte ihn: »Wie heißt du?«

»Raschid«, antwortete er, das heißt: der Kühne.

»Du hast gesprochen, Raschid, jetzt aber höre«, sagte sie. »Mit deinen Worten hast du mein Herz in Stücke zerrissen. In der vergangenen Nacht sah ich im Traume, daß die Haare auf meinem Kopf ergraut sind, und sieben Jahre schon ist es her, daß ich vom Weinen erblindete. Sag du mir, da du seine Stimme hast: Wann kehrt mein Sohn zurück?« Und zweimal wiederholte sie unter Tränen ihre Bitte.

Vergebens nannte er sich ihren Sohn – sie glaubte es nicht. Nach einer Weile bat er sie: »Erlaub mir, Mütterchen, die Saaz zu nehmen und wegzugehen; ich hörte, hier in der Nähe sei eine Hochzeit, die Schwester wird mich hinführen, ich werde singen und spielen, und alles, was ich bekomme, bringe ich hierher, und ich teile es mit euch.«

»Das erlaube ich nicht«, antwortete die alte Frau, »seitdem mein Sohn fortgegangen ist, ist die Saaz nicht aus dem Hause gekommen.«

Er aber beteuerte und schwur, er werde keine einzige Saite beschädigen, und sollte auch nur eine Saite reißen, fuhr der Spielmann fort, so stehe er mit seinem Vermögen dafür ein. Die alte Frau betastete seinen Beutel, und da sie merkte, daß er voller Münzen war, ließ sie ihn gehen. Die Schwester begleitete ihn zum Hause des Reichen, wo ein üppiges, lärmendes Hochzeitsmahl gehalten wurde, und blieb an der Tür stehen, um zu hören, was geschehen werde.

In diesem Hause wohnte Magul-Megeri, und in der gleichen Nacht noch sollte sie Kurschud-Beks Weib werden. Kurschud-Bek schmauste mit Verwandten und Freunden. Magul-Megeri aber saß mit ihren Freundinnen hinter einer reich bestickten Tschapra, einem Vorhang, und hielt in der einen Hand einen Becher mit Gift, in der anderen einen spitzen Dolch. Sie hatte geschworen, eher zu sterben, als daß sie ihr Haupt auf Kurschud-Beks Lager bettete. Und sie vernahm hinter der Tschapra, daß ein Unbekannter eintrat, der sprach: »Salem aleikum! Ich sehe euch hier schmausen und euch vergnügen; so erlaubt denn mir, einem armen Wanderer, daß er sich zu euch setze. Ich werde euch dafür ein Lied singen.«

»Warum nicht«, erwiderte Kurschud-Bek. »Alle Sänger und Tänzer sollen uns willkommen sein, denn hier wird Hochzeit gefeiert. So sing denn, Spielmann; mit einer großen Handvoll Gold werd ich dich ziehenlassen.«

Kurschud-Bek fragte ihn noch: »Wie heißest du, Fremdling?«

»Schindy-Gjorurses, das heißt: Bald werdet ihr es wissen.«

»Was für ein seltsamer Name!« rief der Mann laut lachend. »So einen höre ich zum erstenmal.«

»Als meine Mutter mit mir schwanger ging und sich in den Geburtswehen quälte, da kamen viele Nachbarn an ihre Tür, zu fragen, ob Gott ihr einen Sohn oder eine Tochter geschenkt habe. Man antwortete ihnen: schindygjorurses – bald werdet ihr es wissen. Deshalb gaben sie mir dann, als ich geboren war, diesen Namen.« Darauf nahm er die Saaz und begann zu singen.

»In der Stadt Haleb trank ich ägyptischen Wein, aber

Gott verlieh mir Flügel, und ich flog hierher an einem einzigen Tage.«

Kurschud-Beks Bruder, ein beschränkter Mensch, zog den Dolch und rief aus: »Du lügst! Wie kann man von Haleb an einem Tag hierhergelangen?«

»Wofür willst du mich töten?« sprach der Spielmann. »Sonst hört man gern den Sängern zu; man sammelt sie aus allen vier Himmelsrichtungen an einem Ort. Ihr habt keinen Schaden, ob ihr mir glaubt oder nicht.«

»Laß ihn weitersingen!« sagte der Bräutigam.

Und Kerib der Spielmann fuhr fort: »Das Morgengebet sprach ich in dem Tal von Ersingjan, das Mittagsgebet in der Stadt Erzerum, vor Sonnenuntergang sprach ich das Gebet in der Stadt Kars, das Abendgebet in Tiflis. Allah gab mir Flügel, und ich flog hierher; ein weißes Roß – es soll mich zertreten, wenn's nicht wahr ist –, es lief schnell, wie ein Tänzer auf dem Seil, von Gipfeln hinab in Schluchten, von Schluchten hinauf auf Gipfel. Maulam, der Schöpfer, gab dem Spielmann Flügel, und er flog zur Hochzeit Magul-Megeris.«

Da hatte Magul-Megeri seine Stimme erkannt; sie schleuderte den Giftbecher nach der einen Seite, den Dolch nach der anderen. »So also hältst du deinen Schwur«, sagten ihre Freundinnen, »nun wirst du doch heute nacht Kurschud-Beks Weib.«

»Ihr habt sie nicht erkannt, ich aber erkannte sie, die mir so teure Stimme«, antwortete Magul-Megeri, und sie nahm eine Schere und schnitt den Vorhang mittendurch. Da sie den Gast aufmerksam betrachtet und ihren Kerib den Spielmann unzweifelhaft erkannt hatte, schrie sie laut auf, sie rannte zu ihm, umschlang seinen Hals, und beide stürzten bewußtlos nieder. Kurschud-Beks Bruder warf sich mit gezücktem Dolch auf sie in der Absicht, beide zu töten; Kurschud-Bek aber hielt ihn zurück. Er sprach: »Beruhige dich und wisse: Was dem Menschen bei seiner Geburt auf der Stirn geschrieben steht, das wird sich ganz gewiß erfüllen.«

Als Magul-Megeri zu sich gekommen war, errötete sie

vor Scham, verhüllte ihr Gesicht mit den Händen und verbarg sich hinter dem Vorhang.

»Jetzt sehen wir deutlich, daß du Kerib der Spielmann bist«, sagte der Bräutigam. »Doch laß uns wissen, wie du in so kurzer Zeit einen so weiten Raum durchmessen konntest!«

»Zum Beweis der Wahrheit«, antwortete der Spielmann, »wird mein Säbel einen Stein durchhauen, und wenn ich lüge, so möge mein Hals dünner als ein Härchen werden. Am besten aber führt eine blinde Frau zu mir, die seit sieben Jahren nicht mehr das Licht Gottes schaut – ich werde sie wieder sehend machen.«

Keribs des Spielmanns Schwester, die an der Tür stand, lief, als sie diese Worte gehört hatte, zur Mutter. »Mütterchen«, rief sie, »es ist wirklich mein Bruder, wirklich dein Sohn, Kerib der Spielmann!« Sie nahm die alte Frau an der Hand und führte sie zu dem Hochzeitsfest.

Da nahm der Spielmann jenes Klümpchen Erde, das er überm Herzen trug, tauchte es in Wasser, strich damit über die Augen der Mutter und sprach: »So wisset es denn alle, wie mächtig und groß Haderiliaz ist!«

Und die Mutter konnte wieder sehen. Danach wagte keiner mehr, an der Wahrheit seiner Worte zu zweifeln, und Kurschud-Bek überließ ihm wortlos die wunderschöne Magul-Megeri.

Da sprach Kerib der Spielmann in seiner Freude zu ihm: »Höre, Kurschud-Bek, ich werde dich trösten. Meine Schwester steht deiner früheren Braut nicht nach ich bin reich, sie wird nicht weniger Silber und Gold haben. So nimm sie denn zu deinem Weibe, und werdet ebenso glücklich wie ich mit meiner lieben Magul-Megeri!«

EIN HELD UNSERER ZEIT

In jedem Buch ist das Vorwort das Erste und Letzte zugleich; es dient entweder als Erklärung der Ideen des Werkes oder als Rechtfertigung und Antwort auf Kritiken. Aber gewöhnlich kümmern sich die Leser nicht um die moralischen Ideen und die Angriffe in den Journalen, und deswegen lesen sie die Vorworte nicht. Schade, daß dies so ist, und gerade bei uns. Unser Publikum ist noch so jung und unerfahren, daß es die Fabel nicht versteht, wenn es am Schluß nicht die Moral findet. Es erfaßt den Humor nicht, spürt nicht die Ironie; es ist einfach schlecht erzogen. Es weiß nicht, daß es sich in einer anständigen Gesellschaft und in einem anständigen Buch nicht ziemt, laut zu schimpfen, daß die neuzeitliche Bildung eine schärfere, beinahe unsichtbare, aber desto tödlichere Waffe erfunden hat, die unter dem Deckmantel der Schmeichelei unfehlbar und sicher trifft. Unser Publikum gleicht dem Provinzler, der aus der Unterhaltung zweier Diplomaten einander feindlich gesinnter Höfe die Überzeugung gewinnt, daß sie der gegenseitigen zärtlichsten Freundschaft zuliebe ihre Regierung betrügen.

Dieses Buch hatte noch vor kurzem unter der unglückseligen Arglosigkeit einiger Leser und sogar einiger Journale zu leiden, die darin jedes Wort für bare Münze nahmen. Die einen waren allen Ernstes furchtbar beleidigt, daß ihnen ein solcher verderbter Mensch wie *der Held unserer Zeit* als Vorbild hingestellt würde; andere bewiesen sehr feinsinnig, der Verfasser habe sich und seine Bekannten porträtiert ... Der alte, erbärmliche Witz! Aber Rußland ist anscheinend so eingerichtet, daß sich alles außer derartigen Torheiten erneuert. Selbst das zauberhafteste Zaubermärchen würde bei uns wohl kaum dem Vorwurf entgehen, es trachte nach Beleidigung der Persönlichkeit.

Der Held unserer Zeit, meine sehr geschätzten Herren, ist tatsächlich ein Porträt, aber nicht das eines einzelnen Menschen; es ist ein Porträt, das sich aus den voll ausgereiften Lastern unserer ganzen Generation zusammensetzt. Sie werden mir wiederum sagen, der Mensch könne nicht so schlecht sein, aber ich sage Ihnen: Wenn Sie die Existenz all der tragischen und romantischen Bösewichte für möglich gehalten haben, warum glauben Sie dann nicht an die Wirklichkeit eines Petschorin? Wenn Sie sich an bedeutend schrecklicheren und mißgestalteteren Phantasiegeschöpfen ergötzt haben, warum findet dann dieser Charakter, dieses Phantasiegeschöpf, vor Ihnen keine Gnade? Etwa weil in ihm mehr Wahrheit ist, als Ihnen lieb wäre?

Sie sagen, die Sittlichkeit gewinne dadurch nichts? Entschuldigen Sie – die Menschen sind zur Genüge mit Süßigkeiten gefüttert worden; sie haben sich daran den Magen verdorben. Was not tut, sind bittere Medizin, unangenehme Wahrheiten. Denken Sie nun aber nicht, der Verfasser dieses Buches habe je den stolzen Traum gehegt, er werde die Menschen von ihren Lastern heilen. Gott behüte ihn vor solcher Verblendung! Es hat ihm einfach Spaß gemacht, seinen Zeitgenossen so darzustellen, wie er ihn sieht und wie er ihm, zu seinem und Ihrem Unglück, nur allzuoft begegnet ist. Es genügt, daß die Krankheit gezeigt ist. Wie sie geheilt werden muß – das weiß Gott allein!

BELA

Ich reiste von Tiflis aus mit der Post. Das ganze Gepäck auf dem kleinen Wagen bestand aus einem einzigen, nicht sehr großen Koffer, der zur Hälfte mit Reisenotizen über Georgien angefüllt war. Ein großer Teil davon ist, zu Ihrem Glück, verlorengegangen, aber der Koffer mit den übrigen Sachen blieb, zu meinem Glück, unversehrt.

Die Sonne versank schon hinter den verschneiten Gipfeln, als ich das Koischaur-Tal erreichte. Der Fuhrmann, ein Ossete, trieb unablässig die Pferde an, weil er noch vor Anbruch der Nacht auf den Gipfel des Koischaur gelangen wollte, und sang aus vollem Halse. Ein herrliches Fleckchen Erde ist dieses Tal! Ringsum unbezwingbare Berge, rötliche Felsen, die Efeu umrankt und Platanen krönen, gelbe Abhänge, von Rinnen durchfurcht, die das Wasser wusch, und hoch oben der goldene Saum des Schnees; unten aber die Aragwa, die wie eine Schlangenhaut glitzert und sich wie ein Silberfaden dahinzieht, nachdem sie ein anderes, namenloses Flüßchen umarmt hat, das tosend aus einer schwarzen, nebelwogenden Schlucht hervorbricht.

Am Fuße des Koischaur hielten wir vor einem Gasthaus. Hier drängten sich lärmend an die zwanzig Georgier und Gebirgsbewohner; in der Nähe richtete sich eine Kamelkarawane für die Nacht ein. Ich mußte mir Ochsen mieten, um mit meinem Wagen auf den verdammten Berg hinaufzukommen, denn es war schon Herbst, die Straßen waren vereist, und dieser Berg ist rund zwei Werst hoch.

Ich mietete mir also sechs Ochsen und mehrere Osseten.

Was blieb mir anderes übrig? Der eine lud sich meinen Koffer auf die Schulter, die anderen halfen beinahe nur durch Geschrei den Ochsen.

Mir folgte ein Wagen, der mühelos von vier Ochsen gezogen wurde, obwohl er bis oben hin beladen war. Das wunderte mich. Der Mann, dem der Wagen gehörte, ging hinterher und rauchte eine kleine, mit Silber beschlagene Kabardinerpfeife. Er trug einen Offiziersrock ohne Epauletten und eine tscherkessische Fellmütze. Er schien fünfzig Jahre alt zu sein; die Bräune seines Gesichts bewies, daß es schon lange mit der Sonne des Kaukasus bekannt war, und der vorzeitig ergraute Schnurrbart paßte nicht zu seinem festen Gang und seinem frischen Aussehen. Ich trat zu ihm und verbeugte mich; er dankte schweigend und stieß eine mächtige Rauchwolke aus.

»Wir sind anscheinend Weggenossen?«

Er verbeugte sich abermals schweigend.

»Sie fahren gewiß nach Stawropol?«

»Ganz recht ... dienstlich.«

»Sagen Sie bitte, wie kommt es, daß Ihr schwerer Wagen spielend von vier Ochsen gezogen wird, während meinen leeren sechs Ochsen mit Hilfe dieser Osseten kaum vom Fleck bringen?«

Er lächelte verschmitzt und sah mich bedeutsam an.

»Sie sind sicherlich noch nicht lange im Kaukasus?«

»Ungefähr ein Jahr«, antwortete ich.

Er lächelte wieder. »Wieso?«

»Nur so, abscheuliche Bestien sind diese Asiaten! Denken Sie, die helfen, weil sie schreien? Weiß der Teufel, was sie da grölen. Die Ochsen verstehen es; Sie können getrost zwanzig vorspannen, sobald die auf ihre Art losschreien, rühren sich die Ochsen nicht von der Stelle. Schreckliche Gauner sind das! Aber was kann man gegen sie ausrichten? Ziehen den Reisenden gern das Geld aus der Tasche ... Die Strolche sind verwöhnt. Sie werden sehen, die lassen sich von Ihnen Trinkgeld geben. Ich kenne sie, mir machen sie nichts vor.«

»Tun Sie hier schon lange Dienst?«

»Ja, ich habe schon unter Alexej Petrowitsch* hier gedient«, antwortete er und richtete sich würdevoll auf. »Als er in mein Linienbataillon kam, war ich Unterleutnant«, fügte er hinzu, »unter ihm bin ich zweimal für Kämpfe mit den Gebirgsbewohnern befördert worden.«

»Und wo sind Sie jetzt?«

»Jetzt stehe ich beim dritten Linienbataillon. Und Sie, wenn ich fragen darf?«

Ich sagte es ihm.

Damit endete die Unterhaltung, und wir setzten schweigend nebeneinander den Weg fort. Auf dem Gipfel des Berges lag Schnee. Die Sonne ging unter, und die Nacht folgte jäh dem Tag, wie das im Süden ist, aber dank dem Glitzern des Schnees konnten wir die Straße leicht erkennen, die zwar immer noch bergauf ging, aber nicht mehr so steil war. Ich ließ den Koffer in meinen Wagen legen, für die Ochsen Pferde einspannen und blickte ein letztes Mal zurück ins Tal – doch der dichte Nebel, der in Wellen aus den Felsspalten quoll, verhüllte es ganz, und kein Laut erreichte von dorther unser Ohr. Die Osseten umringten mich lärmend und verlangten ein Trinkgeld; der Stabskapitän schrie sie jedoch drohend an, daß sie sogleich das Weite suchten.

»Das ist ein Volk«, sagte er, »kann nicht einmal Brot auf russisch sagen. Offizier, gib Trinkgeld! – das haben sie gelernt. Da sind mir die Tataren lieber, die trinken wenigstens nicht.«

Bis zur Station war es noch ungefähr eine Werst. Ringsum war es still, so still, daß man am Gesumm einer Mücke ihren Flug bestimmen konnte. Linker Hand gähnte eine dunkle Schlucht, dahinter und vor uns zeichneten sich, wie von Runzeln durchzogen, mit Schnee bedeckt, die dunkelblauen Gipfel der Berge am bleichen Horizont ab, an dem der letzte Widerschein der Abendröte verglomm. Am dunklen Himmel leuchteten nacheinander die Sterne auf, und seltsam, es kam mir so vor, als stünden sie bedeutend

* General Jermolow. (Anm. d. Verf.)

höher als bei uns im Norden. Zu beiden Seiten der Straße ragten nackte schwarze Steine auf; hier und da lugten kleine Sträucher unter dem Schnee hervor, aber kein einziges trockenes Blatt regte sich, und es tat wohl, in diesem Totenschlaf der Natur das Schnauben der müden Postpferde und das launische Geklingel des russischen Glöckchens zu hören.

»Morgen wird herrliches Wetter«, sagte ich.

Der Stabskapitän antwortete nicht, sondern wies mit dem Finger auf den hohen Berg vor uns.

»Was ist das?« fragte ich.

»Der Gud.«

»Na und?«

»Sehen Sie, wie er raucht.«

In der Tat, der Gud rauchte; duftige Wolkenzeilen erklommen zu beiden Seiten seinen Gipfel, auf dem eine schwarze Wolke lagerte; sie war so schwarz, daß sie an dem dunklen Himmel wie ein Fleck wirkte.

Schon erkannten wir die Poststation, die Dächer der sie umgebenden Sakljas, und vor uns schimmerten anheimelnde Lichter, als uns plötzlich ein feuchter und kalter Wind entgegenschlug, die Schlucht begann zu tosen, und es nieselte. Ich hatte mir kaum meine Burka umgehängt, da schneite es. Ich blickte den Stabskapitän ehrfürchtig an.

»Wir müssen hier übernachten«, sagte er mürrisch. »Bei solch einem Schneetreiben kommt man nicht über die Berge. – Sind am Krestowaja schon Lawinen niedergegangen?« fragte er einen Fuhrmann.

»Noch nicht, Herr«, antwortete der Ossete, »aber es hängen viele, viele.«

Da es auf der Station keine Zimmer für Reisende gab, wurde uns ein Nachtquartier in einer rauchigen Saklja zugewiesen. Ich lud meinen Weggenossen zu einem Glas Tee ein, denn ich hatte einen gußeisernen Teekessel bei mir – mein einziges Vergnügen auf den Kaukasusreisen.

Die Saklja klebte mit der einen Seite an einer Felswand; drei glitschige, feuchte Stufen führten zu ihrer Tür. Ich tastete mich hinein und stieß auf eine Kuh (diese Leute benutzen den Stall als Gesindestube). Ich wußte nicht, wohin ich mich wenden sollte. Hier blökten Schafe, da knurrte ein Hund. Zum Glück schimmerte in einer Ecke ein mattes Licht und half mir eine zweite türähnliche Öffnung finden. Dort bot sich mir ein sonderbares Bild: Die geräumige Saklja, deren Dach auf zwei verrußten Pfählen ruhte, war voller Menschen. In der Mitte knisterte auf der nackten Erde ein kleines Feuer, und der Rauch, den der Wind durch die Öffnung im Dach zurückblies, legte über alles einen so dichten Schleier, daß es lange dauerte, bis ich etwas erkennen konnte; am Feuer saßen zwei alte Frauen, viele Kinder und ein hagerer Georgier, alle in Lumpen. Es blieb uns nichts anderes übrig, als uns ans Feuer zu setzen; wir zündeten unsere Pfeifen an, und bald begann der Teekessel anheimelnd zu summen.

»Bedauernswerte Menschen!« sagte ich zu dem Stabskapitän, und dabei wies ich auf unsere schmutzigen Gastgeber, die uns stumm und starr ansahen.

»Ein strohdummes Volk«, antwortete er. »Glauben Sie mir, die können nichts, sind keinerlei Bildung fähig! Unsere Kabardiner und Tschetschenzen sind zwar Räuber und Taugenichtse, aber tollkühne Burschen. Diese hier haben aber nicht einmal an einer Waffe Freude, kein einziger trägt einen ordentlichen Dolch. Es sind eben richtige Osseten!«

»Sind Sie lange in der Tschetschnja gewesen?«

»Ja, ich habe zehn Jahre mit einer Kompanie in der Festung gelegen. Bei Kamenny Brod. Kennen Sie die Gegend?«

»Ich habe davon gehört.«

»Wissen Sie, mein Lieber, wir haben genug von diesen Galgenvögeln; heute geht es ja, Gott sei Dank, friedlicher zu. Aber damals – man brauchte sich nur hundert Schritt vom Wall zu entfernen, schon lag irgendwo so ein zottiger Satan auf der Lauer. Wenn man nicht aufpaßte, hatte man eins, zwei, drei entweder die Fangschlinge um den Hals oder eine Kugel im Rücken. Wüste Burschen!«

»Sie haben wohl so mancherlei erlebt?« fragte ich, von Neugier gepackt.

»Und ob! Eine ganze Menge . . .«

Er zupfte an der linken Schnurrbartspitze, senkte den Kopf und wurde nachdenklich. Ich hätte ihm schrecklich gern eine kleine Geschichte entlockt – ein Wunsch, den alle reisenden und schreibenden Menschen hegen. Unterdessen war der Tee fertig, ich holte zwei Feldbecher aus dem Koffer, schenkte ein und stellte einen vor ihn hin. Er nahm einen Schluck und sagte, als spräche er mit sich selber: »Ja, eine ganze Menge . . .« Dieser Ausruf erweckte in mir große Hoffnungen. Ich weiß, die alten Kaukasier plaudern und erzählen gern; sie haben so selten Gelegenheit dazu; manch einer liegt fünf Jahre mit seiner Kompanie in einer öden Gegend, und die ganzen fünf Jahre sagt kein Mensch »Guten Tag!« zu ihm (denn der Feldwebel schnarrt: »Wünsche, wohl geruht zu haben!«). Doch ließe sich über so manches plaudern: ringsum lebt ein wildes, interessantes Volk, jeden Tag lauert Gefahr, es geschehen die merkwürdigsten Dinge, und man bedauert unwillkürlich, daß bei uns so wenig aufgeschrieben wird.

»Wollen Sie nicht etwas Rum dazu nehmen?« fragte ich meinen Weggenossen. »Ich habe jungen aus Tiflis; jetzt ist es kalt.«

»Nein, danke vielmals, ich trinke nicht.«

»Wie kommt das?«

»Ganz einfach. Ich habe es mir geschworen. Als ich noch Unterleutnant war, wissen Sie, haben wir einmal im kleinen Kreis gefeiert. In derselben Nacht gab es Alarm, und wir traten angeheitert vor die Front. Was wir da zu hören bekamen, als Alexej Petrowitsch das erfuhr! Du lieber Gott, hat er getobt! Er hätte uns beinahe vor Gericht gestellt. Es ist schon so – manchmal lebt man ein Jahr und sieht keine Menschenseele. Kommt dann noch der Schnaps hinzu, ist man verloren.«

Als ich das vernahm, wollte ich fast schon die Hoffnung aufgeben.

»Sobald zum Beispiel die Tscherkessen auf einer Hochzeit oder bei einem Begräbnis ihre Busa trinken«, fuhr er fort, »fangen sie an zu raufen. Einmal wäre es beinahe um mich geschehen gewesen, obwohl ich bei einem friedlichen Fürsten zu Gast war.«

»Wie ist denn das zugegangen?«

»Sehen Sie« (er stopfte sich die Pfeife, tat einen Zug und fing an zu erzählen), »sehen Sie, ich lag damals mit meiner Kompanie in einer Festung jenseits des Terek; es ist bald fünf Jahre her. Eines Tages, im Herbst, traf ein Proviant-transport ein; mit dem Transport kam ein Offizier, ein junger Mann von fünfundzwanzig Jahren. Er meldete sich bei mir in voller Uniform und erklärte, er habe den Befehl, bei mir in der Festung zu bleiben. Er war so schmal und blaß, und seine Uniform war so neu, daß ich sofort erriet: er war erst vor kurzem zu uns in den Kaukasus gekommen. ›Sie sind sicherlich aus Rußland hierher versetzt worden?‹ fragte ich. ›Zu Befehl, Herr Stabskapitän‹, antwortete er. Ich ergriff seine Hand und sagte: ›Sehr erfreut, sehr erfreut. Sie werden sich hier ein wenig langweilen. Na, wir werden schon gut miteinander auskommen. Nennen Sie mich bitte einfach Maxim Maximytsch, und bitte – wozu die volle Uniform? Sie können zu mir jederzeit mit Mütze kommen.‹ Es wurde ihm ein Quartier angewiesen, und er richtete sich in der Festung ein.«

»Wie hieß er eigentlich?« fragte ich Maxim Maximytsch.

»Er hieß ... Grigori Alexandrowitsch Petschorin. Er war ein Prachtkerl, versichere ich Ihnen; bloß ein bißchen eigenartig. Waren wir zum Beispiel bei Regen und Kälte den ganzen Tag auf der Jagd und alle durchgefroren und todmüde – ihm machte es nichts aus. Ein andermal aber sitzt er in seiner Stube, ein Lüftchen weht, und schon behauptet er, er habe sich erkältet; der Fensterladen klappert, er zuckt zusammen und erbleicht. Doch habe ich mit eigenen Augen gesehen, wie er mutterseelenallein auf einen Eber losging; bisweilen hörte man von ihm stundenlang kein Wort, wenn er aber gelegentlich zu erzählen anfing, mußte man so lachen, daß einem der Bauch weh tat. Ja, er war sehr eigenartig und muß wohlhabend gewesen sein. Was für kostbare Sachen er hatte!«

»Blieb er lange bei Ihnen?« fragte ich wieder.

»Ungefähr ein Jahr. Dieses Jahr werde ich nie vergessen; er hat mir mehr als genug Scherereien gemacht – er möge es mir verzeihen! Es gibt Menschen, denen es vom Schicksal vorherbestimmt ist, daß sie mancherlei ungewöhnliche Dinge erleben.«

»Ungewöhnliche?« rief ich neugierig aus, während ich ihm Tee eingoß.

»Nun, ich werde es Ihnen erzählen. An die sechs Werst von der Festung entfernt wohnte ein friedlicher Fürst. Sein Sohn, ein Junge von fünfzehn Jahren, kam oft zu uns geritten. Jeden Tag erschien er, bald wegen dieser, bald wegen jener Sache; und Grigori Alexandrowitsch und ich haben ihn regelrecht verwöhnt. Er war ein verwegener Bursche, er konnte alles – im vollen Galopp eine Mütze vom Boden aufheben oder mit dem Gewehr schießen. Einen schlechten Zug hatte er an sich, er war schrecklich geldgierig. Einmal versprach Grigori Alexandrowitsch ihm aus Spaß einen Tscherwonez, wenn er für ihn den besten Ziegenbock aus der Herde seines Vaters stehlen würde. Und was denken Sie? In der Nacht darauf schleppte er ihn an den Hörnern herbei. Neckten wir ihn manchmal, wurden seine Augen blutunterlaufen – und schon hatte er den Dolch in der Hand. ›Paß auf, Asamat, das kostet dich noch einmal den Kopf‹, sagte ich zu ihm. ›Hüte dich!‹

Eines Tages kam der alte Fürst selber geritten, um uns zur Hochzeit einzuladen. Er verheiratete seine älteste Tochter, und wir waren seine Kunaks – wissen Sie, das durfte man nicht abschlagen, obwohl er nur ein Tatare war. Wir machten uns auf den Weg. In dem Aul empfingen uns eine Unmenge Hunde mit lautem Gebell. Die Frauen versteckten sich, als sie uns sahen; diejenigen, deren Gesichter wir sehen konnten, waren alles andere als schön. ›Ich habe mir die Tscherkessinnen bedeutend schöner vorgestellt‹, sagte Grigori Alexandrowitsch zu mir. ›Warten Sie ab‹, erwiderte ich schmunzelnd. Ich dachte mir mein Teil.

In der Saklja des Fürsten hatte sich schon viel Volk eingefunden. Bei den Asiaten, müssen Sie wissen, ist es Sitte, alle Menschen, die einem über den Weg laufen, zur Hochzeit einzuladen. Wir wurden mit allen Ehren empfangen und in die Kunazka geleitet. Ich merkte mir vorher jedoch, wo unsere Pferde standen, wissen Sie, für alle Fälle.«

»Wie feiern diese Leute denn Hochzeit?« fragte ich den Stabskapitän.

»Wie üblich. Zuerst liest ihnen der Mulla etwas aus dem Koran vor, anschließend werden das junge Paar und seine ganze Verwandtschaft beschenkt, man ißt, trinkt Busa, und dann fängt die Dschigitowka an, und immer ist ein zerlumpter Kerl dabei, speckig, auf einem abscheulichen, lahmen Gaul; er schneidet Grimassen und bringt die ganze ehrenwerte Gesellschaft zum Lachen; wenn es dämmert, fängt in der Kunazka das an, was wir einen Ball nennen. Ein armes altes Männchen spielt auf einer Art dreisaitiger Balalaika – ich weiß nicht mehr, wie sie es nennen. Die Mädchen und die jungen Burschen stellen sich einander gegenüber in zwei Reihen auf, klatschen in die Hände und singen. Dann treten ein Mädchen und ein Bursche in die Mitte und sagen einander in singendem Tonfall in Versen, was ihnen gerade in den Sinn kommt, und die übrigen fallen im Chor ein. – Petschorin und ich saßen auf dem Ehrenplatz, da trat die jüngste Tochter des Fürsten auf ihn zu, ein Mädchen von sechzehn Jahren, und sang für ihn ... Wie soll man es nennen? Es klang wie ein Kompliment.«

»Erinnern Sie sich nicht, was sie gesungen hat?«

»Der Text lautete etwa so: Schlank sind unsere jungen Dschigiten und ihre Röcke mit Silber verziert, aber schlanker als sie ist der russische Offizier, und die Tressen, die er trägt, sind golden. Wie eine Pappel steht er zwischen ihnen; doch in unserem Garten zu wachsen, zu blühen ist ihm versagt. – Petschorin stand auf, verbeugte sich vor ihr, legte seine Rechte an die Stirn und an das Herz und bat mich, ihr zu antworten; ich kenne ihre Sprache gut und übersetzte seine Antwort.

Als sie sich entfernte, fragte ich ihn flüsternd: ›Na, wie

finden Sie sie?‹ – ›Zauberhaft!‹ antwortete er. ›Wie heißt sie?‹ – ›Bela‹, erwiderte ich.

Sie war wirklich schön: Groß, zierlich, und ihre schwarzen Gemsenaugen sahen einem bis ins Herz. Gedankenverloren blickte Petschorin sie unverwandt an, und sie streifte ihn des öfteren mit einem verstohlenen Blick. Nur war Petschorin nicht der einzige, der die hübsche Fürstentochter anstaunte. Aus einer Ecke des Zimmers folgte ihr ein anderes Augenpaar, starr und feurig. Ich sah genauer hin und bemerkte meinen alten Bekannten Kasbitsch. Wissen Sie, er war weder friedlich noch unfriedlich. Man hegte so mancherlei Verdacht gegen ihn, obwohl er bisher bei keiner Übeltat ertappt worden war. Er brachte uns manchmal Hammel in die Festung und verkaufte sie billig, aber aufs Feilschen ließ er sich nie ein. Was er verlangte, mußte man zahlen; selbst wenn es um seinen Kopf gegangen wäre, er hätte nichts nachgelassen. Es hieß, er triebe sich gern jenseits des Kubans mit Abreken herum, und er hatte, um die Wahrheit zu sagen, eine richtige Räubervisage, er war klein, hager, breitschultrig ... und geschickt, geschickt wie ein Teufel. Sein Beschmet hatte immer Risse und Flicken, aber seine Waffen waren mit Silber beschlagen. Sein Pferd war in der ganzen Kabarda berühmt, und tatsächlich, es gab kein besseres. Nicht ohne Grund beneideten ihn alle Reiter darum, und nicht nur einmal versuchte man, es ihm zu stehlen, was allerdings nie gelang. Ich sehe dieses Tier wie heute vor mir: pechschwarz, die Beine wie Saiten gespannt und Augen nicht häßlicher als Belas, und was für eine Kraft! Mit dem konntest du getrost fünfzig Werst reiten; und eingeritten war es – wie ein Hund lief es hinter seinem Herrn her, es kannte sogar seine Stimme! Er hat es wohl nie angebunden. Es war ein richtiges Räuberpferd!

An diesem Abend war Kasbitsch finsterer denn je, und ich bemerkte, daß er unter seinem Beschmet ein Panzerhemd trug. Das Panzerhemd hat er nicht umsonst angezogen, dachte ich, er führt bestimmt etwas im Schilde.

Es wurde heiß in der Saklja, und ich ging an die Luft,

um mich zu erfrischen. Die Nacht hatte sich schon auf die Berge gesenkt, und der Nebel strich durch die Schluchten.

Ich kam auf den Gedanken, in den Schuppen zu gehen, in dem unsere Pferde standen, und nachzusehen, ob sie Futter hatten; und außerdem kann Vorsicht nie schaden: ich hatte ein prächtiges Pferd, und manch ein Kabardiner hatte ihm schon verliebt nachgeschaut und dabei gesagt: Jakschi tche, tschek jakschi!

Ich schlich am Zaun entlang und hörte plötzlich Stimmen; die eine Stimme erkannte ich sofort – das war der Galgenstrick Asamat, der Sohn unseres Gastgebers; die andere sprach seltener und gedämpfter. Was besprechen die hier? dachte ich. Geht es etwa um mein Pferdchen? Ich hockte mich am Zaun hin und horchte angestrengt, damit mir ja kein Wort entginge. Hin und wieder übertönte der Klang der Lieder und das Stimmengewirr, das aus der Saklja flog, das für mich interessante Gespräch.

›Du hast ein herrliches Pferd!‹ sagte Asamat. ›Wenn ich der Herr im Hause wäre und eine Herde von dreihundert Pferden besäße, würde ich die Hälfte für deinen Renner geben, Kasbitsch!‹

Aha, Kasbitsch ist es! dachte ich und erinnerte mich wieder an das Panzerhemd.

›Ja‹, antwortete Kasbitsch nach längerem Schweigen, ›in der ganzen Kabarda findest du kein solches. Einmal – es war jenseits des Terek – ritt ich mit den Abreken, um den Russen Herden wegzutreiben; es glückte uns nicht, und wir zerstreuten uns in alle Winde. Mich verfolgten vier Kosaken. Schon hörte ich hinter mir die Schreie der Giaurs, und vor mir stand ein dichter Wald. Ich legte mich auf den Sattel, empfahl meine Seele Allah und kränkte mein Pferd zum erstenmal im Leben mit einem Peitschenhieb. Wie ein Vogel schlüpfte es durch die Zweige; scharfe Dornen zerrissen meine Kleidung, die trockenen Äste der Feldulme schlugen mir ins Gesicht. Mein Pferd setzte über Baumstümpfe hinweg, teilte das Gebüsch mit der Brust. Für mich wäre es besser gewesen, ich hätte es am Waldrand stehenlassen und wäre zu Fuß im Wald verschwunden, aber ich brachte es nicht übers Herz, mich von ihm zu trennen, und der Prophet hat es mir vergolten. Ein paar Kugeln pfiffen mir um die Ohren; ich hörte schon, wie die Kosaken, die abgesessen waren, meinen Spuren folgten ... Plötzlich tat sich vor mir eine tiefe Schlucht auf; mein Renner zögerte – und sprang. Seine Hinterhufe rutschten drüben am Rand ab, und er hing an den Vorderbeinen; ich ließ die Zügel los und flog in die Schlucht; das rettete mein Pferd; es erklomm den Hang. Die Kosaken hatten das alles beobachtet, aber keiner stieg herab, um mich zu suchen. Sie dachten sicherlich, ich sei tot, und ich hörte, wie sie eilends hinter meinem Pferd herjagten. Mir blutete das Herz; ich kroch im dichten Gras die Schlucht entlang und sah, der Wald war zu Ende, ein paar Kosaken ritten aufs freie Feld hinaus, und da rannte mein Karagös geradewegs auf sie zu; alle stürzten mit Geschrei ihm nach; lange, lange verfolgten sie ihn. Besonders einer. Er hatte ihm zweimal beinahe schon die Fangschlinge um den Hals geworfen; ich fing an zu zittern, schlug die Augen nieder und betete. Nach ein paar Augenblicken sah ich wieder auf: mein Karagös fliegt mit wehendem Schweif dahin, frei wie der Wind, und die Giaurs trotten in großem Abstand einer hinter dem andern auf ihren erschöpften Pferden durch die Steppe. Bei Allah! Das ist die Wahrheit, die reine Wahrheit! Bis spät in die Nacht hinein habe ich in meiner Schlucht gesessen. Und plötzlich – was denkst du wohl, Asamat? – hörte ich im Dunkel, wie am Rande der Schlucht ein Pferd entlangläuft, es schnaubt, es wiehert und schlägt mit den Hufen die Erde; ich erkannte die Stimme meines Karagös. Er war es, mein Kamerad! Seitdem haben wir uns nie wieder getrennt.‹

Ich hörte, wie er den glatten Hals seines Renners tätschelte und ihm Kosenamen ins Ohr flüsterte.

›Wenn ich eine Herde von tausend Stuten besäße‹, sagte Asamat, ›ich würde sie dir für deinen Karagös geben.‹

›Yok, ich will nicht‹, antwortete Kasbitsch ungerührt.

›Hör mal, Kasbitsch‹, sagte Asamat einschmeichelnd,

›du bist ein guter Mensch, du bist ein tapferer Dschigit, aber mein Vater hat Angst vor den Russen und läßt mich nicht in die Berge; gib mir dein Pferd, und ich tue alles, was du willst, ich stehle für dich die beste Flinte oder den besten Säbel meines Vaters – du brauchst bloß den Wunsch zu äußern; und sein Säbel ist ein echter Gurda, legst du die Klinge an die Hand, dringt sie von selbst in das Fleisch ein; solch ein Panzerhemd, wie du es hast, hilft da nichts.‹

Kasbitsch schwieg.

›Als ich dein Pferd zum erstenmal sah‹, fuhr Asamat fort, ›tänzelte und sprang es unter dir, blähte die Nüstern, und Kiesel stoben unter seinen Hufen auf. Da vollzog sich in meinem Innern etwas Unbegreifliches, und seitdem ist mir alles zuwider; ich betrachte die besten Renner meines Vaters voller Verachtung, ich schäme mich, mich auf ihnen zu zeigen, und Sehnsucht erfaßt mich; voller Sehnsucht saß ich tagelang auf dem Felsvorsprung und sah in Gedanken alle Augenblicke deinen Rappen mit seinem tänzelnden Gang und seinem glatten, pfeilgeraden Rücken vor mir; er blickte mich mit seinen wilden Augen an, als wollte er mir etwas zurufen. Kasbitsch, ich sterbe, wenn du ihn mir nicht verkaufst!‹ sagte Asamat mit bebender Stimme.

Es war mir, als hörte ich ihn weinen. Aber ich muß Ihnen sagen, daß Asamat ein äußerst starrköpfiges Bürschchen war und sich trotz seiner Jugend durch nichts zum Weinen bringen ließ.

Als Antwort auf seine Tränen vernahm ich ein leises Lachen.

›Hör zu!‹ sagte Asamat mit fester Stimme. ›Du siehst, ich bin zu allem bereit. Wenn du willst, raube ich für dich meine Schwester. Wie sie tanzt! Wie sie singt! Und Goldstickereien macht sie – wahre Wunderwerke! So eine Frau hat nicht einmal der türkische Padischah ... Willst du? Erwarte mich morgen nacht in der Schlucht, unten am Fluß. Ich komme mit ihr dort vorüber auf dem Weg zum Nachbaraul, und sie gehört dir. Ist Bela etwa deinen Renner nicht wert?‹

Lange, sehr lange schwieg Kasbitsch; endlich stimmte er halblaut ein altes Lied an:

›Manch schönes Mädchen im Dorfe mir lacht,
Es glänzt ihr Aug wie der Stern in der Nacht.
Beneidenswert der Dschigit, der sie liebt.
Allein der Freiheitsdrang Lebenslust gibt.
Vier Frauen kriegt man für Gold, wie ich weiß,
Ein edles Pferd aber nicht für den Preis.
Als Wirbel stürmt es, den Sporen sich fügend,
Nie falschen Sinns, nie den Jüngling betrügend.‹*

Asamat flehte ihn an, weinte, schmeichelte und schwor – vergebens; schließlich fiel ihm Kasbitsch ungeduldig ins Wort: ›Pack dich, törichter Junge! Wie willst du auf meinem Pferd reiten? Nach den ersten drei Schritten wirft es dich ab, und du brichst dir an den Steinen den Hals.‹

›Mich?‹ rief Asamat, rasend vor Wut, und klirrend stieß sein Kinderdolch gegen das Panzerhemd. Eine starke Hand stieß Asamat zurück, und er fiel mit solcher Wucht gegen den Zaun, daß der Zaun ins Wanken geriet. Jetzt geht's los! dachte ich, stürzte in den Pferdestall, sattelte unsere Pferde und führte sie in den hinteren Hof. Zwei Minuten später herrschte in der Saklja ein schrecklicher Tumult. Was war geschehen? Asamat war mit seinem zerrissenen Beschmet hineingelaufen und hatte gesagt, Kasbitsch habe ihn ermorden wollen. Alle sprangen auf, griffen nach ihren Gewehren – und los ging's. Geschrei, Getöse, Schüsse; Kasbitsch saß schon im Sattel. Er drehte sich in dem Getümmel auf der Straße wie ein Teufel und schwang nach allen Seiten den Säbel.

›Eine faule Geschichte, wenn man büßen muß, was andere verschuldet haben‹, sagte ich zu Grigori Alexandrowitsch, als ich ihn am Ärmel erwischte, ›ob wir nicht lieber aufbrechen?‹

* Ich bitte die Leser um Verzeihung, daß ich Kasbitschs Lied in Verse gebracht habe, obgleich es mir selbstverständlich in Prosa mitgeteilt wurde; aber die Gewohnheit ist unsere zweite Natur. (Anm. d. Verf.)

›Warten Sie noch, wie es ausgeht.‹

›Es wird bestimmt schlimm ausgehen; bei diesen Asiaten ist es immer so – erst lassen sie sich vollaufen, dann ziehen sie blank.‹ Wir saßen auf und ritten nach Hause.«

»Und was wurde aus Kasbitsch?« fragte ich ungeduldig den Stabskapitän.

»Was passiert solchen wie ihm schon?« antwortete er, während er sein Glas leerte. »Aus dem Staub gemacht hat er sich.«

»Wurde er nicht verwundet?«

»Das weiß der liebe Gott! So leicht lassen sich diese Räuber nicht unterkriegen! Manch einen von ihnen hab ich im Gefecht gesehen, der war wie ein Sieb von Bajonetten durchbohrt und schwang immer noch den Säbel.« Der Stabskapitän schwieg eine Weile, dann stampfte er mit dem Fuß auf und fuhr fort: »Eins werde ich mir nie verzeihen – der Teufel muß mich geritten haben, daß ich nach meiner Rückkehr in die Festung Grigori Alexandrowitsch alles erzählt habe, was ich hinter dem Zaun belauschte; er lachte – so ein gerissener Kerl! – und faßte im stillen einen Entschluß.«

»Was denn? Erzählen Sie doch, bitte!«

»Na schön, habe ich einmal angefangen, muß ich auch weitererzählen.

Vier Tage danach kam Asamat in die Festung. Aus alter Gewohnheit ging er zu Grigori Alexandrowitsch, der immer Leckereien für ihn hatte. Ich war auch da; sie sprachen über Pferde, und Petschorin lobte Kasbitschs Pferd: es sei so flink, so schön wie eine Gemse – na, seinen Worten nach gab es auf der ganzen Welt so etwas nicht noch einmal.

Die Äuglein des jungen Tataren blitzten, aber Petschorin schien es nicht zu bemerken; ich sprach von etwas anderem, aber er, siehst du, lenkte das Gespräch sofort wieder auf Kasbitschs Pferd. Diese Geschichte wiederholte sich jedesmal, wenn Asamat kam. Drei Wochen später fiel mir auf, daß Asamat immer blasser und magerer wurde, wie die Verliebten in den Romanen. War das ein Wunder?

Ja, sehen Sie, ich habe diesen üblen Streich erst hinterher erfahren: Grigori Alexandrowitsch setzte dem Jungen so zu, daß er drauf und dran war, ins Wasser zu gehen; eines Tages sagte er dann: ›Asamat, ich merke, daß dir dieses Pferd sehr gefällt, aber du bekommst es ebensowenig zu sehen wie deinen eigenen Nacken. Sag mir doch, was würdest du dem geben, der es dir schenkt?‹

›Alles, was er haben will‹, antwortete Asamat.

›Wenn das so ist, verschaffe ich es dir. Bloß unter einer Bedingung ... Schwöre, daß du sie erfüllst ...‹

›Ich schwöre ... Schwöre du auch!‹

›Gut! Ich schwöre, du wirst das Pferd besitzen; du mußt mir dafür deine Schwester Bela lassen; Karagös wird ihr Brautgeld sein. Ich hoffe, du wirst bei dem Handel nicht zu kurz kommen.‹

Asamat schwieg.

›Du willst nicht? Wie könntest du auch! Ich dachte, du bist ein Mann, aber du bist noch ein Kind, kannst noch nicht reiten.‹

Asamat schoß das Blut ins Gesicht. ›Aber – mein Vater?‹ sagte er.

›Verläßt er etwa den Aul nie?‹

›Das stimmt ...‹

›Abgemacht?‹

›Abgemacht‹, flüsterte Asamat totenbleich. ›Und wann?‹

›Wenn Kasbitsch das nächste Mal hierherkommt; er hat versprochen, ein Dutzend Hammel zu bringen; das übrige laß meine Sorge sein. Also halt dich ran, Asamat!‹

So war denn diese – um die Wahrheit zu sagen – schlechte Sache abgemacht. Ich habe das hinterher auch Petschorin gesagt, doch er antwortete mir nur, die wilde Tscherkessin müsse sich glücklich schätzen, einen solchen netten Mann wie ihn zu haben; denn er gelte nach ihrer Sitte trotz alledem als ihr Mann, während Kasbitsch ein Räuber sei, den man bestrafen müsse. Urteilen Sie selbst – was konnte ich darauf erwidern?

Aber damals wußte ich noch nichts von ihrer Verschwörung. Kasbitsch kam eines Tages und erkundigte sich, ob wir Hammel und Honig brauchten; ich befahl ihm, beides am nächsten Tag zu bringen.

›Asamat!‹ sagte Grigori Alexandrowitsch. ›Morgen ist Karagös in meiner Hand; wenn Bela heute nacht nicht hier ist, bekommst du das Pferd nicht zu sehen.‹

›Gut!‹ sagte Asamat und ritt in den Aul. Am Abend legte Grigori Alexandrowitsch seine Waffen an und verließ hoch zu Roß die Festung. Wie sie es angestellt haben, weiß ich nicht. Jedenfalls kehrten sie beide erst in der Nacht zurück, und der Wachtposten sah, daß quer über Asamats Sattel eine Frau lag; ihre Hände und Füße waren gebunden, und ihr Kopf war in einen Tschadra gewickelt.«

»Und das Pferd?« erkundigte ich mich beim Stabskapitän.

»Gleich, gleich. Am nächsten Morgen kam Kasbitsch und trieb ein Dutzend Hammel zum Verkauf in die Festung. Nachdem er sein Pferd an den Zaun gebunden hatte, kam er in mein Zimmer; ich bewirtete ihn mit Tee; denn obgleich er ein Räuber war, war er doch mein Kunak. Wir plauderten über dies und das. Plötzlich sehe ich, wie Kasbitsch zusammenzuckt, wie sich sein Gesichtsausdruck verändert – und schon ist er am Fenster; aber das Fenster ging unglücklicherweise auf den hinteren Hof hinaus.

›Was hast du?‹ fragte ich.

›Mein Pferd! Pferd!‹ sagte er, am ganzen Leibe zitternd.

Und in der Tat – ich hörte Hufgetrappel. ›Es ist sicherlich ein Kosak gekommen . . .‹

›Nein! Urus jaman, jaman!‹ Er heulte auf und stürzte hinaus wie ein rasender Leopard. In zwei Sätzen war er auf dem Hof; am Festungstor versperrte ihm der Posten mit dem Gewehr den Weg. Er sprang über das Gewehr hinweg und rannte die Straße entlang . . . In der Ferne wirbelte Staub auf – Asamat sprengte auf dem flinken Karagös davon; Kasbitsch riß im Lauf sein Gewehr aus dem Futteral und schoß. Einen Augenblick stand er reglos, bis er sich überzeugt hatte, daß sein Schuß danebengegangen war; da heulte er auf, hieb das Gewehr gegen einen Stein, schlug es in Stücke, warf sich auf die Erde und weinte wie ein kleines

Kind ... Die Leute aus der Festung liefen zusammen, er sah niemand; sie blieben eine Weile stehen, unterhielten sich und gingen zurück; ich befahl, das Geld für die Hammel neben ihn zu legen. Er rührte es nicht an, lag mit dem Gesicht nach unten wie ein Toter. Sie werden es nicht glauben, er blieb bis spät in die Nacht hinein, ja die ganze Nacht so liegen. Erst am nächsten Morgen kam er in die Festung und bat, man möge ihm den Dieb nennen. Der Posten, der gesehen hatte, wie Asamat das Pferd losband und damit wegritt, hielt es nicht für nötig, das zu verheimlichen. Bei dem Namen Asamat begannen Kasbitschs Augen zu funkeln, und er begab sich in den Aul, in dem Asamats Vater wohnte.«

»Und was tat der Vater?«

»Das ist ja gerade die Sache – Kasbitsch traf ihn nicht an. Er war für sechs Tage unterwegs. Hätte Asamat sonst seine Schwester entführen können?

Als der Vater heimkehrte, fand er weder seine Tochter noch seinen Sohn zu Hause vor. Der Schlauberger: er hatte wohl geahnt, daß er nicht mit heiler Haut davonkommen würde, wenn man ihn erwischte. Von diesem Tage an blieb er unauffindbar; wahrscheinlich hatte er sich einer Abrekenbande angeschlossen und war jenseits des Terek oder des Kuban ums Leben gekommen. Es wäre ihm recht geschehen!

Ich muß gestehen, auch mich berührte die Geschichte. Kaum hatte ich erfahren, daß die Tscherkessin bei Grigori Alexandrowitsch sei, legte ich meine Epauletten und meinen Degen an und begab mich zu ihm.

Er lag im vorderen Zimmer auf dem Bett, die Linke unter den Nacken geschoben, in der Rechten hielt er die erloschene Pfeife; die Tür zum Hinterzimmer war verschlossen und der Schlüssel abgezogen. Ich bemerkte das alles sofort. Ich hustete und trat auf der Schwelle von einem Bein aufs andere. – Er tat, als hörte er nichts.

›Herr Unterleutnant!‹ sagte ich so streng wie möglich. ›Sehen Sie nicht, daß ich gekommen bin?‹

›Ach, guten Tag, Maxim Maximytsch! Möchten Sie ein

Pfeifchen mit mir rauchen?‹ erwiderte er, ohne sich zu erheben.

›Erlauben Sie, ich bin nicht Maxim Maximytsch, ich bin der Herr Stabskapitän.‹

›Ist doch egal. Wollen Sie Tee? Wenn Sie wüßten, was für Sorgen ich habe!‹

›Ich weiß alles‹, antwortete ich und trat an sein Bett.

›Um so besser, ich bin nicht in der Stimmung zu erzählen.‹

›Herr Unterleutnant, Sie haben sich ein Vergehen zuschulden kommen lassen, für das auch ich zur Rechenschaft gezogen werden kann . . .‹

›Hören Sie schon auf! Was habe ich Schlimmes getan? Wir teilen doch seit eh und je Freud und Leid.‹

›Was sollen die Scherze? Ich bitte um Ihren Degen.‹

›Mitka, den Degen!‹

Mitka brachte den Degen. Nachdem ich meine Pflicht erfüllt hatte, setzte ich mich zu ihm aufs Bett und sagte: ›Grigori Alexandrowitsch, gib zu, daß dies nicht in Ordnung ist.‹

›Was soll nicht in Ordnung sein?‹

›Daß du Bela entführt hast . . . Ist das eine Bestie, dieser Asamat! Also gib es schon zu‹, sagte ich.

›Aber wenn sie mir gefällt?‹

Ja, was soll man darauf antworten? Ich wußte nicht aus noch ein. Nach einer Weile sagte ich zu ihm, er würde sie zurückgeben müssen, wenn der Vater es verlangte.

›Keinesfalls.‹

›Aber er wird doch erfahren, daß sie hier ist . . .?‹

›Wie soll er das erfahren?‹

Wieder wußte ich nicht aus noch ein.

›Hören Sie, Maxim Maximytsch‹, sagte Petschorin und richtete sich auf, ›Sie sind doch ein herzensguter Mensch. Wenn wir diesem Wilden die Tochter zurückgeben, wird er sie umbringen oder verkaufen. Es ist geschehen und braucht nicht absichtlich noch schlimmer gemacht zu werden. Lassen Sie das Mädchen bei mir und nehmen Sie meinen Degen an sich . . .‹

›Zeigen Sie sie mir doch einmal‹, sagte ich.

›Sie ist nebenan; aber ich selbst habe heute vergebens versucht, sie zu Gesicht zu bekommen. Sie sitzt, in eine Decke gehüllt, in der Ecke, spricht nicht und sieht niemand an. Sie ist scheu wie eine Gemse. Ich habe unsere Wirtin rufen lassen; sie kann Tatarisch, sie wird für sie sorgen und sie an den Gedanken gewöhnen, daß sie mein ist und nie einem anderen als mir gehören wird‹, setzte er hinzu und schlug mit der Faust auf den Tisch. Ich gab auch dazu mein Einverständnis. Was soll man machen? Es gibt Menschen, denen muß man unbedingt beipflichten.«

»Und wie ging es weiter?« fragte ich Maxim Maximytsch. »Hat er sie nun wirklich an sich gewöhnt, oder ist sie in der Gefangenschaft vor Heimweh vergangen?«

»Erlauben Sie, woher sollte sie Heimweh haben? Von der Festung aus sah man dieselben Berge wie vom Aul, und mehr brauchen diese Wilden nicht. Überdies schenkte ihr Grigori Alexandrowitsch jeden Tag etwas. In den ersten Tagen wies sie schweigend und stolz die Geschenke zurück, sie wurden dann der Wirtin gegeben und weckten deren Beredsamkeit. Ach, Geschenke! Was tut eine Frau nicht alles für einen bunten Lappen! Na, das am Rande. Lange bemühte sich Grigori Alexandrowitsch um sie; er lernte inzwischen Tatarisch, und sie verstand allmählich unsere Sprache. Nach und nach gewöhnte sie sich daran, ihn anzusehen, zuerst finster, von der Seite, und sie trauerte immer noch, sang leise ihre Lieder, so daß auch mir manchmal schwer ums Herz wurde, wenn ich aus dem Nebenzimmer ihre Stimme hörte. Eine Szene werde ich nie vergessen – ich ging vorüber und warf einen Blick durchs Fenster; Bela saß auf der Ofenbank und ließ den Kopf hängen. Grigori stand vor ihr. ›Hör mich an, meine Peri‹, sagte er, ›du weißt doch, daß du früher oder später die Meine werden mußt. Warum quälst du mich? Liebst du etwa einen Tschetschenzen? Dann würde ich dich sofort nach Hause gehen lassen.‹ Sie zuckte kaum merklich zusammen und schüttelte den Kopf. ›Oder‹, fuhr er fort, ›bin ich dir so verhaßt?‹ Sie seufzte. ›Oder verbietet dir dein Glaube, mich zu lieben?‹ Sie erbleichte und blieb stumm. ›Glaube mir, es gibt für alle Völker nur einen Allah, und wenn er mir erlaubt, dich zu lieben, warum verbietet er dir dann, mir Gleiches mit Gleichem zu vergelten?‹ Sie sah ihm unverwandt ins Gesicht, als überraschte sie dieser neue Gedanke; Mißtrauen und der Wunsch, Gewißheit zu erlangen, sprachen aus ihren Augen. Was für schöne Augen sie hatte! Sie glühten wie zwei Kohlen.

›Hör zu‹, fuhr Petschorin fort, ›du siehst, wie ich dich liebe; ich bin bereit, alles hinzugeben, um dich aufzuheitern. Ich will, daß du glücklich bist; aber wenn du wieder traurig wirst, sterbe ich. Sag, wirst du lustig werden?‹ Sie überlegte, ihre schwarzen Augen blickten ihn unverwandt an, dann lächelte sie sanft und nickte zum Zeichen, daß sie einverstanden sei. Er ergriff ihre Hand und bat, sie möge ihn küssen; sie wehrte sich matt und sagte bloß immer wieder: ›Bitte, bitte, nicht nötig, nicht nötig.‹ Er gab nicht nach; sie fing an zu zittern und zu weinen. ›Ich bin deine Gefangene‹, sagte sie, ›deine Sklavin, du kannst mich natürlich zwingen . . .‹ Und wieder rannen die Tränen.

Grigori schlug sich mit der Faust vor die Stirn und eilte ins Nebenzimmer. Ich trat bei ihm ein. Die Arme vor der Brust verschränkt, ging er mit düsterer Miene auf und ab. ›Was hast du, mein Lieber?‹ fragte ich ihn. ›Das ist ein Satan, aber keine Frau‹, antwortete er. ›Doch ich gebe Ihnen mein Wort, sie wird die Meine.‹ Ich schüttelte den Kopf. ›Wollen wir wetten?‹ sagte er. ›In einer Woche!‹ – ›Wie Sie wünschen!‹ Wir bekräftigten die Worte durch Handschlag und gingen auseinander.

Am nächsten Tag schickte er sogleich einen Boten nach Kisljar und ließ sich allerlei besorgen; der Bote kehrte zurück mit einer Menge verschiedener persischer Stoffe – ich kann sie gar nicht alle aufzählen.

›Was meinen Sie, Maxim Maximytsch‹, sagte er zu mir und wies dabei auf die Geschenke, ›kann eine asiatische Schönheit solch einem Batteriefeuer widerstehen?‹ – ›Sie kennen die Tscherkessinnen nicht‹, antwortete ich. ›Sie sind anders als die Georgierinnen oder die transkaukasischen Tatarinnen. Sie haben ihre eigenen Gesetze, sie sind anders erzogen.‹

Grigori Alexandrowitsch lächelte und pfiff einen Marsch.

Und doch behielt ich recht. Die Geschenke hatten nur die halbe Wirkung. Sie wurde freundlicher, wurde zutraulicher, aber mehr nicht; so entschloß er sich zum Äußersten. Eines Morgens befahl er, sein Pferd zu satteln, zog Tscherkessentracht an, nahm seine Waffen und ging zu ihr. ›Bela!‹ sagte er. ›Du weißt, wie ich dich liebe. Ich habe dich damals entführt, weil ich dachte, du würdest mich liebgewinnen, wenn du mich kennenlerntest; ich habe mich geirrt. Lebe wohl! Betrachte dich als alleinige Herrin all dessen, was ich besitze; wenn du willst, kehre zu deinem Vater zurück – du bist frei. Ich habe mich dir gegenüber schuldig gemacht, und das verlangt Sühne. Lebe wohl, ich reite. Wohin? Ich weiß es nicht! Mag sein, ich brauche nicht lange einer Kugel oder einem Säbelhieb nachzujagen; dann denke an mich und verzeih mir.‹ Er wandte sich ab und reichte ihr zum Abschied die Hand. Sie nahm sie nicht, sie schwieg. Ich stand hinter der Tür und konnte durch einen Spalt ihr Gesicht erkennen, und sie tat mir leid – eine Totenblässe bedeckte das holde Antlitz! Als Petschorin keine Antwort bekam, machte er ein paar Schritte zur Tür, und – soll ich es Ihnen sagen? – ich glaube, er wäre imstande gewesen, das auszuführen, wovon er im Scherz gesprochen hatte. Solch ein Mensch war er, Gott allein kennt seine Seele! Doch kaum berührte er die Türklinke, da sprang sie auf und fiel ihm weinend um den Hals. Glauben Sie mir – ich stand hinter der Tür und fing auch an zu weinen ... Das heißt, wissen Sie, ich weinte nicht richtig, aber so ... eine Dummheit!«

Der Stabskapitän verstummte.

»Ja, ich muß zugeben«, sagte er dann und zupfte dabei an seinem Schnurrbart, »es kränkte mich, daß mich nie ein Weib so geliebt hat.«

»Und war ihr Glück von langer Dauer?« fragte ich.

»Ja, sie gestand uns, sie habe von dem Tage an, da Petschorin ihr begegnet sei, oft nachts von ihm geträumt, und kein Mann habe je so tiefen Eindruck auf sie gemacht. Ja, sie waren glücklich!«

»Wie langweilig!« rief ich unwillkürlich aus. Ich hatte eine tragische Lösung erwartet, und plötzlich wurden meine Hoffnungen so überraschend betrogen! »Ahnte Belas Vater denn nicht, daß sie bei Ihnen in der Festung war?« fuhr ich fort.

»Das ist es ja, er hat es geahnt! Nach ein paar Tagen erfuhren wir, daß der Alte getötet worden sei. Und das trug sich so zu ...«

Mein Interesse erwachte aufs neue.

»Ich muß Ihnen sagen, daß Kasbitsch annahm, Asamat habe ihm mit Einverständnis seines Vaters das Pferd gestohlen; zumindest denke ich es mir so. Jedenfalls legte er sich eines Tages, an die drei Werst vom Aul entfernt, an der Landstraße auf die Lauer; der Alte kehrte von der erfolglosen Suche nach seiner Tochter heim, seine Usdenen waren zurückgeblieben – es dämmerte, und er ritt gedankenversunken im Schritt. Da schnellte Kasbitsch plötzlich wie eine Katze aus dem Gebüsch, sprang hinter ihm aufs Pferd, schleuderte ihn mit einem Dolchstoß aus dem Sattel, ergriff die Zügel, und – hast du nicht gesehen – weg war er; einige Usdenen hatten das von einer Anhöhe aus beobachtet und nahmen die Verfolgung auf, konnten ihn aber nicht einholen.«

»Er hat sich schadlos gehalten für den Verlust seines Pferdes und hat sich gerächt«, sagte ich, um die Meinung des alten Offiziers zu hören.

»Ihrer Sitte nach war er natürlich ganz im Recht«, entgegnete der Stabskapitän.

Ich staunte unwillkürlich über die Fähigkeit des russischen Menschen, sich den Sitten der Völker anzupassen, in deren Mitte er leben muß; ich weiß nicht, ob diese Geisteseigenschaft Tadel oder Lob verdient, sie beweist nur seine unwahrscheinliche Gewandtheit und das Vorhandensein eines klaren, gesunden Menschenverstandes, der das Böse überall dort verzeiht, wo er seine Notwendigkeit oder die Unmöglichkeit seiner Ausmerzung sieht.

Unterdessen hatten wir den Tee ausgetrunken; die längst angespannten Pferde froren im Schnee; der Mond im Westen verblaßte und wollte sich schon in die schwarzen Wolken verkriechen, die über den fernen Gipfeln wie Fetzen eines zerrissenen Vorhangs hingen; wir verließen die Saklja. Der Vorhersage meines Reisegefährten zuwider klärte sich der Himmel auf und versprach uns einen stillen Morgen; der Reigen der Sterne verflocht sich in wunderlichen Mustern am fernen Firmament, und Stern auf Stern erlosch, je weiter sich der matte Widerschein von Osten her über dem dunkelvioletten Gewölbe ausbreitete, allmählich die steilen Hänge der mit jungfräulichem Schnee bedeckten Berge erhellend. Rechts und links gähnten finstere, geheimnisvolle Abgründe, und Nebel, die sich ballten und wie eine Schlange wanden, krochen in den Felsspalten zu ihnen hinab, als fühlten und fürchteten sie das Nahen des Tages.

Am Himmel und auf der Erde war alles still wie im Herzen des Menschen beim Morgengebet; nur hin und wieder wehte ein kühler Wind von Osten und hob die bereiften Mähnen der Pferde. – Wir fuhren weiter; mit Mühe zogen fünf ausgemergelte Gäule unsere Wagen die gewundene Straße zum Gud hinauf; wir gingen hinterher und legten, wenn die Pferde erschöpft waren, Steine unter die Räder; die Straße schien in den Himmel zu führen, denn so weit das Auge reichte, stieg sie immer höher, und schließlich verlor sie sich in einer Wolke, die schon seit dem Abend auf dem Gipfel des Guds ruhte wie ein Geier, der auf Beute lauert; der Schnee knirschte unter unseren Schritten; die Luft wurde so dünn, daß das Atmen weh tat; immer wieder stieg mir das Blut zu Kopf, aber trotz alledem floß durch meine Adern eine unbeschreibliche Wonne, und ich schwelgte in Seligkeit, weil ich so hoch über der Welt war. Ein kindliches Gefühl, ich bestreite es nicht. Aber wenn wir uns von den Bedingungen der Gesellschaft entfernen und uns der Natur nähern, werden wir unwillkürlich zu

Kindern. Alles Erworbene fällt von der Seele ab, und sie wird so, wie sie einst war und sicher eines Tages wieder sein wird. Ein Mensch, der wie ich durch die öden Berge gestreift ist und lange, sehr lange ihre wunderlichen Formen betrachtet und in vollen Zügen ihre belebende Luft eingeatmet hat, die sich in ihre Spalten ergießt, wird meinen Wunsch verstehen, diese herrlichen Bilder wiederzugeben, zu beschreiben, zu malen. Endlich hatten wir also den Gud erklommen, wir blieben stehen und blickten in die Runde. Über uns hing eine graue Wolke, und ihr kalter Atem verhieß einen nahen Sturm; aber im Osten war alles so klar und gleißte so golden, daß wir, das heißt der Stabskapitän und ich, sie völlig vergaßen ... Ja, auch der Stabskapitän. Die einfachen Herzen empfinden die Schönheit und Erhabenheit der Natur stärker und hundertmal lebhafter als wir, die wir verzückt in Worten und auf Papier von ihr erzählen.

»Ich dachte, Sie hätten sich an diese herrlichen Bilder gewöhnt«, sagte ich zu ihm.

»Ja, auch an das Pfeifen der Kugeln kann man sich gewöhnen, das heißt daran, das Herzklopfen zu verbergen.«

»Ich hörte dagegen, daß manche alte Krieger diese Musik sogar als angenehm empfinden.«

»Natürlich – wenn Sie wollen, ist sie auch angenehm; aber deswegen, weil das Herz stärker schlägt. Sehen Sie dort« – er wies nach Osten –, »was für eine Landschaft!«

Wahrhaftig – es wird mir wohl kaum beschieden sein, anderenorts ein solches Panorama zu betrachten. Unter uns lag das Koischaur-Tal, das die Aragwa und ein anderer kleiner Fluß wie zwei Silberfäden durchschnitten; bläulicher Nebel glitt darüber und flüchtete sich in die nächsten Schluchten vor den warmen Sonnenstrahlen des Morgens; rechts und links Bergkämme, einer höher als der andere, sie kreuzten sich und zogen sich hin, von Schnee und Gesträuch bedeckt; in der Ferne die gleichen Berge, und doch ähnelte nicht ein Felsen dem anderen – und überall leuchtete der Schnee in purpurnem Glanz so fröhlich, so hell, daß man am liebsten für alle Zeiten dort hätte bleiben mögen; die Sonne lugte ein wenig hinter einem dunkelblauen Berg hervor, den nur ein geübtes Auge von der Gewitterwolke zu unterscheiden vermochte; aber über der Sonne lag ein blutroter Streifen, den mein Gefährte besonders aufmerksam betrachtete. »Ich habe es Ihnen doch gesagt, daß ein Unwetter heraufzieht«, rief er, »wir müssen uns beeilen, sonst überrascht es uns auf dem Krestowaja. Vorwärts!« rief er den Fuhrleuten zu.

Die Fuhrleute spannten als Hemmschuh Ketten über die Räder, damit die Wagen nicht ins Rollen kamen, und nahmen die Pferde beim Zügel. Der Abstieg begann. Rechter Hand erhob sich eine Felswand, und links gähnte ein Abgrund, so tief, daß das Dorf der in diesem Tal lebenden Osseten wie ein Schwalbennest aussah; ich erbebte bei dem Gedanken, daß in dunkler Nacht auf dieser Straße, auf der zwei Fuhrwerke nicht aneinander vorbei konnten, zehnmal im Jahr ein Kurier entlangfuhr, ohne aus der rumpelnden Kutsche auszusteigen. Einer unserer Kutscher war ein russischer Bauer aus der Gegend von Jaroslawl, der andere ein Ossete. Der Ossete führte mit größter Vorsicht das Deichselpferd am Zügel, die Seitenpferde hatte er schon vorher ausgespannt, unser sorgloser Russe stieg nicht einmal vom Bock! Als ich ihn darauf aufmerksam machte, er könnte wenigstens auf meinen Koffer Rücksicht nehmen, denn ich wünschte keinesfalls, ihm in diesen Abgrund nachzuklettern, antwortete er mir: »Ach wo, gnädiger Herr! Gott wird uns nicht schlechter fahren lassen als die anderen, wir fahren die Strecke doch nicht das erstemal!« Und er hatte recht: Es hätte uns unterwegs gewiß etwas zustoßen können, aber es stieß uns nichts zu; und wenn die Menschen mehr überlegten, würden sie zu der Überzeugung gelangen, daß es nicht lohnt, sich so arg um das Leben zu sorgen.

Aber Sie wollen vielleicht das Ende der Geschichte von Bela erfahren? Hm, erstens schreibe ich keine Erzählung, sondern eine Reisebeschreibung; folglich kann ich den Stabskapitän nicht eher weitererzählen lassen, bis er von selbst weitererzählt. Also gedulden Sie sich oder überschlagen Sie ein paar Seiten, wenn Sie wollen. Allerdings rate ich Ihnen nicht dazu, weil die Fahrt über den Krestowaja (oder über den Mont St.-Christophe, wie ihn der gelehrte Gamba nennt) Ihre Aufmerksamkeit verdient. Wir fuhren also vom Gud hinab ins Tschertowa-Tal ... Ein romantischer Name! Sie sehen inmitten der unzugänglichen Felsen schon das Nest des bösen Geistes – weit gefehlt. Die Bezeichnung Tschertowa-Tal kommt von dem Wort Tscherta und nicht von Tschort; denn dort verlief einst die Grenze Georgiens. Dieses Tal war tief verschneit, es erinnerte ziemlich lebhaft an Saratow, an Tambow und andere reizvolle Landschaften unseres Vaterlandes.

»Das ist der Krestowaja!« sagte der Stabskapitän zu mir, als wir in das Tschertowa-Tal kamen, und wies dabei auf einen schneebedeckten Gipfel; auf ihm erhob sich ein schwarzes Steinkreuz, und an dem Kreuz vorbei führte ein kaum zu erkennender Pfad, der nur dann benutzt wurde, wenn der andere Weg vom Schnee verweht war. Unsere Fuhrleute erklärten, es seien noch keine Lawinen niedergegangen, und entschieden sich, um die Pferde zu schonen, für den nicht so steilen Weg. An einer Biegung stießen wir auf fünf Osseten; sie boten uns ihre Dienste an, griffen in die Speichen und halfen schreiend unsere Wagen schieben und stützen. Und wirklich, der Weg war gefährlich. Rechts hingen über unseren Köpfen Schneemassen, die beim ersten Windstoß in die Schlucht hinabzustürzen drohten; der schmale Weg war teilweise mit Schnee bedeckt, der an manchen Stellen unter unseren Füßen nachgab und an anderen sich unter Einwirkung der Sonnenstrahlen und der Nachtfröste zu Eis verwandelt hatte, so daß es uns Anstrengung kostete, vorwärts zu kommen – die Pferde strauchelten; links von uns klaffte ein tiefer Spalt, in dem ein Gebirgsbach rauschte. Zuweilen verbarg er sich unter einer Eisschicht, zuweilen sprang er schäumend über schwarzes Gestein. In zwei Stunden waren wir kaum um den Krestowaja herumgekommen. Zwei Werst in zwei Stunden! Unterdessen hatten sich die Wolken gesenkt, es hagelte und schneite; der Wind fuhr in die Schluchten, er heulte und pfiff wie der Räuber Solowej, und bald war das Steinkreuz von Nebel verhüllt, der in Wellen, eine dichter als die andere, von Osten heranstürmte ... Übrigens gibt es über dieses Kreuz eine sonderbare, aber allgemein bekannte Sage. Zar Peter I. soll es errichtet haben, als er durch den Kaukasus reiste; aber erstens ist Peter nur in Dagestan gewesen, und zweitens steht auf dem Kreuz in großen Buchstaben geschrieben, es sei auf Befehl Jermolows aufgestellt worden, und zwar im Jahre 1824. Aber die Sage hat sich trotz der Inschrift so fest gehalten, daß man tatsächlich nicht weiß, was man glauben soll, zumal wir es nicht gewohnt sind, Inschriften zu trauen.

Um zu der Station Kobi hinunterzugelangen, mußten wir noch fünf Werst über vereiste Felsen und Pappschnee fahren. Die Pferde waren erschöpft, wir waren durchgefroren; der Schneesturm heulte immer stärker, genau wie in unserer Heimat im Norden; nur waren seine wilden Weisen wehmütiger, trauriger. Ach, du Verbannter, dachte ich, weinst deinen unendlichen Steppen nach! Dort kannst du deine kalten Flügel ausbreiten, aber hier ist es dir zu stickig und zu eng, wie dem Adler, der sich schreiend gegen das Gitter seines eisernen Käfigs wirft.

»Schlimm!« meinte der Stabskapitän. »Schauen Sie, weit und breit ist nichts zu erkennen, nichts als Nebel und Schnee. Wir müssen jeden Augenblick darauf gefaßt sein, in einen Abgrund zu stürzen oder in einer Schlucht stekkenzubleiben, und die Baidara dort unten wird wohl so ungebärdig geworden sein, daß man sie nicht überqueren kann. Gehen Sie mir weg mit diesem Asien! Ob Menschen, ob Flüsse – auf keinen kann man sich verlassen.«

Die Fuhrleute schlugen schreiend und fluchend auf die Pferde ein; diese schnaubten, sträubten sich und wollten sich um nichts in der Welt von der Stelle rühren trotz der Beredsamkeit der Knuten.

»Euer Wohlgeboren«, sagte endlich einer, »wir kommen heute doch nicht mehr nach Kobi; wollen Sie nicht befehlen, solange es noch geht, links abzubiegen? Dort am Hang ist etwas Dunkles zu sehen, sicherlich sind es Sakljas; bei schlechtem Wetter machen die Reisenden dort immer halt;

sie sagen, sie würden Sie für ein Trinkgeld führen«, fügte er hinzu und wies auf die Osseten.

»Weiß ich, mein Lieber, weiß ich ohne dich«, sagte der Stabskapitän, »diese Bestien! Frohlocken über jede Gelegenheit, Trinkgelder zu erpressen.«

»Immerhin müssen Sie zugeben«, sagte ich, »daß es ohne sie schlechter um uns stünde.«

»Stimmt schon, stimmt«, murmelte er, »diese verdammten Bergführer! Sie wittern, wo es was zu holen gibt, als fänden wir den Weg nicht ohne sie.«

Wir bogen links ab und gelangten nach großen Anstrengungen zu einer erbärmlichen Unterkunft. Sie bestand aus zwei aus Steinplatten und Steinbrocken zusammengefügten Sakljas, die eine ebensolche Mauer umgab; die zerlumpten Bewohner hießen uns herzlich willkommen. Ich erfuhr hinterher, daß die Regierung sie unter der Bedingung bezahlt und ernährt, daß sie Reisende bei sich aufnehmen, die vom Sturm überrascht werden.

»Alles hat seine guten Seiten«, sagte ich, nachdem ich mich ans Feuer gesetzt hatte, »nun werden Sie mir Ihre Geschichte von Bela zu Ende erzählen; ich bin sicher, sie geht noch weiter.«

»Wie kommen Sie darauf?« entgegnete der Stabskapitän und blinzelte lustig lächelnd.

»Nun, es widerspräche der Ordnung der Dinge: Was ungewöhnlich angefangen hat, muß ebenso enden.«

»Sie haben es erraten ...«

»Das freut mich sehr.«

»Sie können sich freuen, aber ich werde immer traurig, wenn ich daran denke. Ein herrliches Mädchen war diese Bela! Ich hatte mich nach und nach so an sie gewöhnt, als wäre sie meine Tochter, und sie hatte mich gern. Ich muß Ihnen sagen, daß ich keine Familie habe. Von meinem Vater und meiner Mutter habe ich schon seit zwölf Jahren keine Nachricht mehr, und mir eine Frau zu suchen ist mir früher nicht in den Sinn gekommen, und jetzt, wissen Sie, würde mir das nicht mehr zu Gesichte stehn; ich freute mich also, daß ich jemanden hatte, den ich verwöhnen konnte. Sie sang uns bisweilen vor oder tanzte für uns eine Lesginka ... Und wie sie tanzte! Ich habe oft unsere Provinzfräulein gesehen und bin einmal im Moskauer Adelsklub gewesen – das mag zwanzig Jahre her sein –, aber kein Vergleich! Grigori Alexandrowitsch putzte sie wie eine Puppe heraus, hegte und pflegte sie, und sie wurde bei uns so schön, daß man nur staunen konnte; ihr Gesicht und ihre Hände verloren die Sonnenbräune, auf ihren Wangen lag ein rosiger Hauch ... Und wie übermütig sie manchmal wurde, und immer machte sie sich über mich lustig, die Schelmin! Gott verzeih ihr!«

»Und wie nahm sie die Nachricht vom Tode ihres Vaters auf?«

»Wir verheimlichten es so lange vor ihr, bis sie sich an ihre neue Lage gewöhnt hatte; als wir es ihr dann sagten, weinte sie zwei Tage, danach hatte sie es überwunden.

Vier Monate ging alles, wie es besser nicht gehen konnte. Grigori Alexandrowitsch, ich sagte es wohl schon, liebte die Jagd sehr; früher zog es ihn mit Macht in den Wald, nach Ebern oder Rehen, doch jetzt tat er nicht einen Schritt über den Festungswall hinaus. Aber da sehe ich, er wird wieder nachdenklich, wandert, die Hände auf dem Rücken, in seinem Zimmer hin und her; und eines Tages ging er dann, ohne jemandem ein Wort zu sagen, auf die Jagd und blieb den ganzen Morgen unauffindbar; das tat er einmal, noch einmal und dann immer häufiger ... Das ist nicht gut, dachte ich. Sicherlich ist den beiden eine schwarze Katze über den Weg gelaufen.

Eines Morgens ging ich zu ihm – ich habe es noch wie heute vor Augen: Bela saß in ihrem schwarzseidenen Beschmet auf dem Bett, blaß und so niedergeschlagen, daß ich erschrak.

›Wo ist Petschorin?‹ fragte ich.

›Auf der Jagd.‹

›Ist er heute früh aufgebrochen?‹

Sie schwieg, als brächte sie die Antwort nicht über die Lippen.

›Nein, gestern schon‹, sagte sie endlich nach einem tiefen Seufzer.

›Es wird ihm doch nichts zugestoßen sein?‹

›Ich habe gestern den ganzen Tag gegrübelt, gegrübelt‹, antwortete sie unter Tränen, ›die verschiedensten Unglücksfälle habe ich mir ausgemalt. Bald glaubte ich, ein wilder Eber habe ihn verletzt, bald – ein Tschetschenze habe ihn in die Berge verschleppt ... Und heute bilde ich mir sogar ein, er liebt mich nicht.‹

›Liebes Kind, etwas Schlimmeres konntest du dir wohl nicht ausdenken?‹

Sie fing an zu weinen, dann hob sie stolz den Kopf, wischte sich die Tränen ab und fuhr fort: ›Wenn er mich nicht liebt, wer hindert ihn dann, mich nach Hause zu schicken? Ich zwinge ihn nicht. Aber wenn das so weitergeht, verlasse ich ihn. Ich bin nicht seine Sklavin, ich bin eine Fürstentochter!‹

Ich redete ihr gut zu. ›Hör mal, Bela, er kann doch nicht ewig hier sitzen, als wäre er an deinen Rock geheftet; er ist ein junger Mann, jagt gern, er zieht los und wird auch wiederkommen; wenn du aber immer traurig bist, wird er deiner eher überdrüssig.‹

›Das ist wahr‹, antwortete sie, ›ich werde fröhlich sein.‹ Laut lachend nahm sie ihr Tamburin und fing an zu singen, zu tanzen und um mich herumzuspringen; aber auch das dauerte nicht lange; sie sank wieder auf das Bett und schlug die Hände vors Gesicht.

Was sollte ich mit ihr anfangen? Wissen Sie, ich hatte nie Umgang mit Frauen. Ich überlegte hin und her, womit ich sie trösten könnte, und es fiel mir nichts ein; eine Zeitlang schwiegen wir beide ... Eine höchst unerfreuliche Situation!

Schließlich sagte ich zu ihr: ›Wollen wir nicht ein bißchen auf dem Wall spazierengehen? Das Wetter ist herrlich!‹ Es war im September, und wirklich, der Tag war wundervoll, klar und nicht zu heiß; alle Berge konnte man deutlich sehen. Wir traten ins Freie, gingen auf dem Festungswall auf und ab und wechselten kein Wort miteinander; schließlich setzte sie sich ins Gras, und ich setzte mich neben sie. Nun, es kommt mir wirklich lächerlich vor, wenn ich daran denke – ich habe sie ja wie eine Kinderfrau betreut.

Unsere Festung lag auf einer Anhöhe, und die Aussicht vom Wall war herrlich: auf der einen Seite eine weite Fläche, die mehrere Schluchten durchzogen und ein Wald begrenzte, der sich bis zum Gebirgskamm erstreckte; hier und da rauchten Aule, weideten Pferdeherden; auf der anderen Seite eilte ein kleiner Fluß dahin, an seinen Ufern wuchs ebensolches dichtes Gestrüpp wie auf den steinigen Höhen, die sich mit der Hauptkette des Kaukasus vereinigten. Wir saßen auf der Ecke einer Bastion, so daß wir nach beiden Seiten ausschauen konnten. Da sehe ich: Aus dem Wald kommt jemand auf einem grauen Pferd, reitet immer näher, schließlich bleibt er, ungefähr hundert Sashen von uns entfernt, am anderen Flußufer stehen und reitet wie ein Besessener im Kreis herum. Merkwürdig!

›Sieh mal, Bela‹, sagte ich, ›du hast junge Augen, wer ist der Dschigit? Wem will er hier die Zeit vertreiben?‹

Sie schaute hin und rief: ›Das ist Kasbitsch!‹

›Ach, dieser Bandit! Er will sich wohl über uns lustig machen?‹ Ich sehe genauer hin. Tatsächlich, es ist Kasbitsch: braune Visage, zerlumpt und schmutzig wie immer. ›Das ist das Pferd meines Vaters‹, sagte Bela und packte mich am Arm; sie zitterte wie ein Blatt, und ihre Augen blitzten. Aha! dachte ich. Auch in dir, mein Kind, schweigt das Räuberblut nicht.

›Komm mal her‹, sagte ich zu dem Posten, ›sieh dein Gewehr nach und schieß mir den Kerl da ab. Kriegst einen Silberrubel dafür.‹ – ›Zu Befehl, Euer Hochwohlgeboren, er steht bloß nicht still . . .‹ – ›Befiehl es ihm!‹ sagte ich lachend. ›He, Freundchen!‹ rief der Posten und winkte. ›Wart mal ein bißchen, was drehst du dich da wie ein Kreisel?‹ Kasbitsch hielt tatsächlich an und horchte. Er dachte wahrscheinlich, man wolle mit ihm verhandeln – hast du dir gedacht! Mein Grenadier legte an. Peng! Daneben . . . Kaum blitzte das Pulver auf der Pfanne, gab Kasbitsch seinem Pferd die Sporen, und es machte einen Satz zur Seite. Er richtete sich in den Steigbügeln auf, rief etwas in seiner Sprache, drohte mit der Nagaika – und war verschwunden.

›Daß du dich nicht schämst!‹ sagte ich zu dem Posten.

›Euer Hochwohlgeboren, der sucht sich bloß ein Plätzchen zum Sterben‹, antwortete er, ›das ist ein verdammtes Volk, die fallen nicht gleich tot um.‹

Eine Viertelstunde später kehrte Petschorin von der Jagd zurück; Bela fiel ihm um den Hals, ohne sich mit einem Wort über seine lange Abwesenheit zu beklagen und ohne ihm Vorwürfe zu machen ... Sogar ich hatte mich schon über ihn geärgert. ›Bedenken Sie doch, soeben war hier jenseits des Flüßchens Kasbitsch, und wir haben auf ihn geschossen – wie leicht hätten Sie mit ihm zusammentreffen können! Diese Gebirgsbewohner sind ein rachsüchtiges Volk. Sie glauben wohl, er ahnt nicht, daß Sie Asamat zum Teil geholfen haben? Und ich wette, er hat heute Bela erkannt. Ich weiß, daß sie ihm vor einem Jahr sehr gefiel – er hat es mir selber gesagt, und wenn er hätte hoffen können, ein ordentliches Brautgeld zusammenzubringen, hätte er sicherlich um ihre Hand angehalten ...‹ Da wurde Petschorin nachdenklich. ›Ja‹, erwiderte er, ›es heißt vorsichtiger sein ... Bela, du darfst ab heute nicht mehr auf den Festungswall gehen!‹

Am Abend hatte ich mit ihm eine lange Unterredung. Es kränkte mich, daß er jetzt so anders zu diesem armen Mädchen war. Er verbrachte den halben Tag auf der Jagd, war ihr gegenüber kalt geworden, liebkoste sie selten, und sie begann sichtlich zu welken, ihr Gesichtchen wurde schmal, und ihre großen Augen trübten sich. Manchmal fragten wir sie: ›Warum seufzt du, Bela? Bist du traurig?‹ – ›Nein!‹ – ›Hast du einen Wunsch?‹ – ›Nein!‹ – ›Sehnst du dich nach deinen Angehörigen?‹ – ›Ich habe keine Angehörigen.‹ Bisweilen hörten wir von ihr tagelang nichts anderes als ja und nein.

Darüber sprach ich mit ihm. ›Wissen Sie, Maxim Maximytsch‹, antwortete er, ›ich habe einen unglückseligen Charakter; ob mich die Erziehung so gemacht oder Gott so erschaffen hat, weiß ich nicht; ich weiß nur, daß ich, wenn ich das Unglück anderer verschulde, selbst nicht weniger unglücklich bin; das ist natürlich für diese Menschen ein schwacher Trost, ist aber nicht anders. In meiner frühesten Jugend, von dem Augenblick an, da ich die elterliche Obhut verließ, gab ich mich wild allen Genüssen hin, die man für Geld haben kann, und diese Genüsse wurden mir selbstverständlich zuwider. Dann stürzte ich mich in die große Welt, aber bald ödete mich auch die Gesellschaft an; ich verliebte mich in vornehme Schönheiten und wurde wiedergeliebt, doch deren Liebe stachelte nur meine Phantasie und meine Eigenliebe an; das Herz blieb leer ... Ich begann zu lesen, zu studieren – auch der Wissenschaften wurde ich überdrüssig; ich sah, daß weder Ruhm noch Glück von ihnen abhängen, weil die glücklichsten Menschen die Unwissenden sind, und Ruhm, Erfolg – um sie zu gewinnen, muß man nichts als geschickt sein! Da überkam mich Langeweile ... Ich wurde bald darauf in den Kaukasus versetzt, das war die glücklichste Zeit meines Lebens. Ich hoffte, mir würde die Langeweile unter dem Kugelregen der Tschetschenzen vergehen. Vergebens. Nach einem Monat hatte ich mich so an ihr Pfeifen und an die Nähe des Todes gewöhnt, daß ich wahrhaftig mehr auf die Mücken achtete – und ich langweilte mich ärger denn je, weil ich beinahe meine letzte Hoffnung verloren hatte. Als ich Bela in meinem Haus sah, als ich sie das erstemal auf meinem Schoß hielt und ihre schwarzen Locken küßte, wähnte ich Tor, sie sei ein Engel und mir von einem mitfühlenden Schicksal gesandt ... Ich hatte mich abermals getäuscht. Die Liebe des Naturkindes ist nur wenig besser als die Liebe des vornehmen Fräuleins; die Einfalt und Ursprünglichkeit der einen werden ebenso langweilig wie die Koketterie der anderen; wenn Sie wollen – ich liebe sie noch, ich bin ihr dankbar für einige recht süße Augenblicke und lasse für sie mein Leben, aber ich langweile mich an ihrer Seite ... Ob ich ein Tor oder ein Bösewicht bin, weiß ich nicht; doch steht es fest, daß ich ebenfalls sehr zu bemitleiden bin, vielleicht mehr als sie. Meine

Seele ist von der Welt verdorben, meine Phantasie unruhig, mein Herz unersättlich; alles ist mir zu gering, an die Traurigkeit gewöhne ich mich ebenso leicht wie an den Genuß, und mein Leben wird von Tag zu Tag öder; mir bleibt nur ein Mittel: reisen. So bald wie möglich breche ich auf. Nur nicht nach Europa – gottbehüte! Nach Amerika, nach Arabien, nach Indien werde ich reisen, und vielleicht ereilt mich unterwegs der Tod! Zumindest bin ich gewiß, daß dieser letzte Trost dank der Stürme und der schlechten Straßen nicht so bald ein Ende findet.‹ So redete er lange, und seine Worte sind mir unvergeßlich, weil ich dergleichen zum ersten- und, Gott geb's, zum letztenmal von einem Fünfundzwanzigjährigen vernommen habe ... Merkwürdig! Sagen Sie mir bitte«, fuhr der Stabskapitän, an mich gewandt, fort, »Sie sind doch in der Hauptstadt gewesen, und zwar vor nicht allzu langer Zeit – sind die jungen Menschen dort etwa alle so?«

Ich antwortete, es gebe viele Menschen, die sich derart äußerten, darunter wahrscheinlich auch solche, die die Wahrheit sprächen. Im übrigen breite sich die Enttäuschung, wie alle Moden, zunächst in den höchsten Kreisen aus und sickere allmählich zu den untersten Schichten durch, die sie nun abtrügen. Diejenigen, die sich mehr als die anderen und wirklich langweilen, seien heutzutage darauf bedacht, dieses Mißgeschick wie ein Laster zu verbergen. – Der Stabskapitän verstand diese Feinheiten nicht, schüttelte den Kopf und lächelte listig.

»Man sagt doch, die Franzosen hätten die Langeweile in Mode gebracht?«

»Nein, die Engländer.«

»Ach, so ist das!« erwiderte er. »Sie waren ja seit eh und je ausgemachte Trunkenbolde.«

Ich entsann mich unwillkürlich einer Moskauer Dame, die erklärte, Byron sei nichts weiter als ein Säufer. Übrigens war die Bemerkung des Stabskapitäns eher zu verzeihen; um sich leichter des Weines enthalten zu können, versuchte er sich einzureden, alles Unglück in der Welt käme vom Trinken.

Unterdessen setzte er seine Erzählung folgendermaßen fort:

»Kasbitsch ließ sich nicht wieder blicken. Doch ich weiß nicht, warum, ich wurde den Gedanken nicht los, daß er nicht umsonst gekommen war und etwas Böses im Schilde führte.

Eines Tages forderte Petschorin mich auf, mit ihm auf die Eberjagd zu gehen; ich weigerte mich lange – ich machte mir nicht viel daraus. Er ließ jedoch keinen Widerspruch gelten. Wir nahmen fünf Soldaten mit und ritten am frühen Morgen los. Bis zehn Uhr streiften wir durch Schilfrohr und Wald, ohne Wild zu sehen. ›He, wollen wir nicht umkehren?‹ sagte ich. ›Wozu eigensinnig weitersuchen? Wir haben heute eben einen Unglückstag.‹ Jedoch Grigori Alexandrowitsch wollte trotz der Hitze und der Müdigkeit nicht ohne Beute heimkehren; so war er – was er sich in den Kopf setzte, mußte er haben; als Kind ist er wahrscheinlich von seiner Mutter sehr verwöhnt worden. Endlich, zur Mittagszeit, spürten wir den verfluchten Eber auf. Piff, paff! Ja, weit daneben – er verschwand im Schilf ... Solch ein Unglückstag war das! Nun, wir ruhten ein wenig aus und ritten dann nach Hause.

Wir ritten nebeneinanderher, schweigend, mit hängenden Zügeln, und waren schon ganz in die Nähe der Festung gelangt; nur ein paar Sträucher verbargen sie noch vor unseren Blicken. Plötzlich – ein Schuß ... Wir blickten uns an, in uns stieg der gleiche Verdacht auf; Hals über Kopf sprengten wir in die Richtung, wo der Schuß gefallen war – und da sehen wir: Auf dem Wall sind Soldaten zusammengelaufen, sie zeigen auf das freie Feld, und dort jagt pfeilschnell ein Reiter dahin, er hält etwas Weißes im Sattel. Grigori heulte auf wie ein echter Tschetschenze; das Gewehr aus dem Futteral, und nichts wie los. Ich folgte ihm.

Zum Glück waren unsere Pferde dank der erfolglosen Jagd nicht so ermüdet; sie galoppierten, und mit jedem Augenblick kamen wir näher ... Schließlich erkannte ich Kasbitsch. Ich konnte nur nicht unterscheiden, was er vor sich im Sattel hielt. Ich holte inzwischen Petschorin ein und rief ihm zu: ›Das ist Kasbitsch!‹ Er sah mich an, nickte und versetzte seinem Pferd eins mit der Peitsche.

Endlich hatten wir uns ihm auf Schußweite genähert; war Kasbitschs Pferd nun erschöpft oder schlechter als unsere Pferde – jedenfalls kam es trotz aller Anstrengungen nicht recht vorwärts. Ich nehme an, in diesem Augenblick wird er wohl an seinen Karagös gedacht haben ...

Doch da sehe ich, wie Petschorin in vollem Galopp das Gewehr hochreißt ... ›Nicht schießen!‹ rufe ich ihm zu. ›Sparen Sie den Schuß, er fällt uns auch so in die Hände.‹ Ach, diese Jugend! Immer zur unrechten Zeit hitzig ... Aber der Schuß krachte schon, und die Kugel zerschmetterte dem Pferd einen Hinterfuß; es machte noch ein paar Sätze, strauchelte und ging in die Knie; Kasbitsch sprang ab, und da sahen wir, daß er in seinen Armen eine Frau hielt, die in einen Tschadra gewickelt war ... Es war Bela. Arme Bela! – Er rief uns etwas in seiner Sprache zu und zückte den Dolch gegen sie ... Da gab es kein Zögern mehr, ich schoß, auf gut Glück; wahrscheinlich traf ihn meine Kugel in die Schulter, denn er ließ plötzlich den Arm sinken. – Als sich der Pulverdampf verzogen hatte, lag nur das verletzte Pferd am Boden und daneben Bela; Kasbitsch aber, der sein Gewehr weggeworfen hatte, erklomm wie eine Katze den Felshang, er zog sich dabei am Strauchwerk hinauf; ich hätte ihn am liebsten von dort heruntergeholt, aber mein Gewehr war nicht mehr geladen! Wir sprangen von den Pferden und eilten zu Bela. Die Ärmste lag unbeweglich da, und das Blut floß in Strömen aus einer Wunde ... Dieser Schuft, hätte er sie wenigstens ins Herz getroffen – nun, dann wäre alles mit einem Mal vorbei gewesen, aber in den Rücken – ein richtiger Räuberstoß! – Sie war bewußtlos. Wir zerrissen den Tschadra und verbanden die Wunde so fest wie möglich; vergeblich küßte Petschorin ihre kalten Lippen, nichts konnte sie zu sich bringen.

Petschorin bestieg sein Pferd; ich hob Bela vom Boden auf und setzte sie, so gut es ging, zu ihm in den Sattel; er legte den Arm um sie, und wir ritten zurück. Nach einigen Minuten des Schweigens sagte Grigori Alexandrowitsch zu mir: ›Maxim Maximytsch, so bringen wir sie nicht lebend zurück!‹ – ›Stimmt‹, sagte ich, und wir gaben unseren Pferden die Sporen. Am Tor der Festung erwartete uns eine große Menschenmenge; behutsam trugen wir die Verletzte in Petschorins Zimmer und ließen den Arzt rufen. Er war zwar betrunken, kam aber, besah die Wunde und erklärte, Bela habe keinen Tag mehr zu leben; allein er irrte sich . . .«

»Sie genas?« fragte ich und ergriff die Hand des Stabskapitäns, weil ich mich unwillkürlich freute.

»Nein«, antwortete er, »der Arzt irrte sich insofern, als sie noch zwei Tage lebte.«

»Aber so erklären Sie mir doch, wie Kasbitsch sie hatte rauben können!«

»Das kam so: Trotz Petschorins Verbot hatte sie die Festung verlassen und war zum Fluß gegangen. Wissen Sie, es war sehr heiß; sie setzte sich auf einen Stein und ließ die Füße ins Wasser hängen. Da schlich sich Kasbitsch heran, packte sie, hielt ihr den Mund zu und zog sie ins Gebüsch. Dort schwang er sich aufs Pferd, und fort ging's! Inzwischen gelang es ihr jedoch, einmal aufzuschreien; die Posten wurden unruhig, sie schossen, trafen nicht, und da kamen wir hinzu.«

»Warum wollte Kasbitsch sie entführen?«

»Erlauben Sie – die Tscherkessen sind ein ausgemachtes Diebsgesindel. Was schlecht bewacht ist, heißen sie mitgehen; manches brauchen sie gar nicht und stehlen es doch . . . Aber das muß man ihnen nachsehen! Außerdem gefiel sie ihm schon lange.«

»Und Bela ist gestorben?«

»Sie ist gestorben; aber sie hat sich lange gequält, und wir haben mit ihr gelitten. Abends gegen zehn Uhr kam sie zu sich; wir saßen an ihrem Bett; kaum hatte sie die Augen aufgeschlagen, da rief sie nach Petschorin. ›Ich bin hier, bei dir, meine Dschanetschka‹ (das heißt soviel wie Liebling), antwortete er und ergriff ihre Hand. ›Ich sterbe!‹

sagte sie. Wir trösteten sie und sagten, der Arzt habe versprochen, sie binnen kurzem gesund zu machen. Sie schüttelte den Kopf und drehte sich zur Wand – sie wollte nicht sterben!

In der Nacht begann sie zu phantasieren; ihr Kopf glühte, Fieberschauer schüttelten ihren Körper; sie redete verworren von ihrem Vater, ihrem Bruder, wollte in die Berge, nach Hause ... Dann sprach sie sogar über Petschorin, gab ihm verschiedene Kosenamen oder machte ihm Vorwürfe, weil er seine Dschanetschka nicht mehr liebe.

Er hörte ihr stumm zu, den Kopf in die Hände gestützt; doch die ganze Zeit über habe ich nicht eine Träne an seinen Wimpern bemerkt; konnte er wirklich nicht weinen, oder hatte er sich so in der Gewalt – ich weiß es nicht; ich für mein Teil habe jedenfalls nie etwas Traurigeres gesehen.

Gegen Morgen sank das Fieber; eine Stunde lag sie regungslos, bleich und so matt, daß wir sie kaum atmen sahen; dann fühlte sie sich besser und fing an zu sprechen. Doch was meinen Sie, worüber? Solche Gedanken kommen wohl bloß Sterbenden! Sie klagte darüber, daß sie keine Christin sei, im Jenseits nicht der Seele Grigori Alexandrowitschs begegnen könne und eine andere Frau im Paradies seine Gefährtin sein würde. Mir kam der Gedanke, sie vor dem Tode noch taufen zu lassen. Ich schlug es ihr vor; sie sah mich unschlüssig an und konnte lange kein Wort hervorbringen; endlich antwortete sie, sie wolle in dem Glauben sterben, in dem sie geboren sei. So verging ein ganzer Tag. Wie hatte sie sich an diesem Tag verändert! Ihre bleichen Wangen waren eingefallen, ihre Augen groß, sehr groß geworden. Ihre Lippen brannten. Sie spürte eine innere Hitze, als läge glühendes Eisen in ihrer Brust.

Es kam die zweite Nacht; wir ließen sie nicht aus den Augen, entfernten uns nicht von ihrem Bett. Sie quälte sich schrecklich, stöhnte, und sobald die Schmerzen nur nachließen, versicherte sie Grigori Alexandrowitsch, sie fühle sich besser, beschwor ihn, er solle schlafen gehen, küßte ihm die Hand und ließ sie nicht los. – Gegen Morgen wurde sie von Todesangst gepackt, sie warf sich hin und her, riß sich den Verband ab, und das Blut begann von neuem zu fließen. – Als wir die Wunde wieder verbunden hatten, beruhigte sie sich für einen Augenblick und bat Petschorin, er solle sie küssen. Er kniete neben ihrem Bett nieder, hob ihren Kopf vom Kissen und preßte seinen Mund auf ihre erkaltenden Lippen; mit zitternden Armen umschlang sie fest seinen Hals, als wolle sie ihm mit diesem Kuß ihre Seele anvertrauen ... Nein, sie tat gut daran, zu sterben. Was wäre aus ihr geworden, wenn Grigori Alexandrowitsch sie verlassen hätte? Und das wäre früher oder später doch geschehen ...

Am Vormittag des folgenden Tages war sie still, einsilbig und folgsam, sosehr sie unser Arzt auch mit Umschlägen und Mixturen plagte. ›Haben Sie Erbarmen‹, sagte ich zu ihm, ›Sie meinten doch selbst, sie müsse sterben. Was sollen dann noch diese Präparate?‹ – ›Immerhin, Maxim Maximytsch, es beruhigt das Gewissen‹, antwortete er. Ein schönes Gewissen!

Am Nachmittag wurde sie von Durst gepeinigt. Wir öffneten die Fenster; aber draußen war es noch heißer als im Zimmer; wir stellten Eis neben ihr Bett – nichts half. Ich wußte, daß dieser unerträgliche Durst das Ende ankündigte, und sagte es Petschorin. ›Wasser, Wasser!‹ flüsterte sie mit heiserer Stimme und versuchte sich aufzustützen.

Er wurde bleich wie ein Leinlaken, ergriff ein Glas, goß ein und gab es ihr. Ich bedeckte die Augen mit den Händen und sprach ein Gebet, ich entsinne mich nicht mehr, welches ... Ja, mein Lieber, ich habe oft Menschen sterben sehen, in Hospitälern und auf Schlachtfeldern. Aber das ist etwas anderes, etwas ganz anderes! Ich muß gestehen, eins stimmt mich traurig – sie hat sich vor ihrem Tode kein einziges Mal meiner erinnert; und dabei habe ich sie doch wie ein Vater geliebt ... Nun, Gott mag ihr verzeihen! Und um die Wahrheit zu sagen: Wer bin ich schon, daß man sich vor dem Tode meiner erinnert?

Kaum hatte sie das Wasser getrunken, fühlte sie sich wohler, aber drei Minuten darauf war sie tot. Wir hielten ihr einen Spiegel an die Lippen – er trübte sich nicht! Ich führte Petschorin aus dem Zimmer, und wir gingen auf den Festungswall; lange schritten wir, die Hände auf dem Rükken verschränkt, nebeneinander auf und ab, ohne ein Wort zu sagen; sein Gesicht zeigte keinen besonderen Ausdruck, und das kränkte mich. Ich wäre an seiner Stelle vor Herzeleid gestorben. Endlich setzte er sich auf die Erde, in den Schatten, und zeichnete etwas mit einem Stöckchen in den Sand. Ich wollte ihn trösten, mehr anstandshalber, wissen Sie, und fing an zu sprechen; er hob den Kopf und lachte ... Mir lief es eiskalt über den Rücken, als ich dieses Lachen hörte ... Ich ging den Sarg bestellen.

Zugegeben, ich befaßte mich damit, um mich abzulenken; ich besaß ein Stück Termalama, damit schlug ich den Sarg aus, dann schmückte ich ihn noch mit tscherkessischen Silberborten, die Grigori Alexandrowitsch für Bela gekauft hatte.

Am frühen Morgen des folgenden Tages begruben wir sie hinter der Festung, an dem kleinen Fluß, nahe der Stelle, an der sie zum letztenmal gesessen hatte; um ihr Grab wachsen jetzt weiße Akazienbüsche und Holunder. Ich wollte ihr ein Kreuz setzen, aber wissen Sie, es war mir peinlich; sie war doch keine Christin ...«

»Und was wurde aus Petschorin?« fragte ich.

»Petschorin kränkelte längere Zeit, er magerte ab, der Arme; wir haben seitdem nie wieder über Bela gesprochen. Ich merkte, daß es ihm unangenehm war. Und wozu auch? Drei Monate später wurde er zum E ... schen Regiment abkommandiert und fuhr nach Georgien. Seitdem sind wir uns nicht mehr begegnet; da fällt mir ein: Vor kurzem hat mir einer erzählt, er sei nach Rußland zurückgekehrt, aber im Korpsbefehl hat es nicht gestanden. Übrigens erreichen die Nachrichten unsereinen immer erst sehr spät.«

Nun ließ er sich in einer langen Erörterung darüber aus, wie unerfreulich es sei, alle Neuigkeiten erst ein Jahr später zu erfahren – wahrscheinlich wollte er seine traurigen Erinnerungen zum Schweigen bringen.

Ich unterbrach ihn nicht und hörte nicht zu.

Nach einer Stunde konnten wir weiterfahren; der Schneesturm hatte sich gelegt, der Himmel war klar, und wir brachen auf. Unterwegs kam ich unwillkürlich wieder auf Bela und Petschorin zu sprechen.

»Haben Sie nicht gehört, was aus Kasbitsch geworden ist?« fragte ich.

»Aus Kasbitsch? Das weiß ich wirklich nicht ... Ich habe gehört, daß es am rechten Flügel bei den Schapsugen einen Kasbitsch gibt, einen tollkühnen Burschen, der im roten Beschmet unter unserem Feuerregen gemächlich spazierenreitet und sich sehr höflich verneigt, wenn eine Kugel dicht an ihm vorüberpfeift. Aber dies dürfte schwerlich derselbe sein!«

In Kobi trennte ich mich von Maxim Maximytsch; ich fuhr mit der Post weiter, er aber konnte sich mir seines schweren Gepäckes wegen nicht anschließen. Wir meinten, wir würden uns nicht noch einmal begegnen, und sind uns doch noch einmal begegnet, und wenn Sie wollen, erzähle ich es Ihnen. Es ist eine Geschichte für sich ... Sie werden immerhin zugeben, daß Maxim Maximytsch ein Mensch ist, der Achtung verdient. Wenn Sie das zugeben, werde ich für meine vielleicht ein wenig zu lange Geschichte voll und ganz entschädigt sein.

MAXIM MAXIMYTSCH

Nachdem ich mich von Maxim Maximytsch getrennt hatte, ging es in Windeseile durch die Terek- und die Darjalschlucht, ich frühstückte in Kasbek, trank meinen Tee in Lars und gelangte zum Abendessen in Wladykawkas an. Ich verschone Sie mit der Beschreibung der Berge, mit Ausrufen, die nichts ausdrücken, mit Bildern, die nichts wiedergeben, besonders für diejenigen, die nie dort waren, und mit statistischen Angaben, die gewiß niemand lesen würde.

Ich stieg in dem Gasthaus ab, in dem alle Reisenden absteigen und in dem man niemandem befehlen kann, einen Fasan zu braten oder eine Kohlsuppe zu kochen, denn die drei Invaliden, die es verwalten, sind so dumm oder so besoffen, daß von ihnen nichts Vernünftiges zu erwarten ist.

Man erklärte mir, ich müßte mindestens drei Tage hierbleiben, denn die »Gelegenheit« sei noch nicht aus Jekaterinograd gekommen und könne demzufolge auch noch nicht wieder zurückfahren. Was für eine Gelegenheit! Aber ein schlechter Witz ist kein Trost für einen russischen Menschen, und ich kam auf den Gedanken, Maxim Maximytschs Erzählung über Bela aufzuschreiben, ohne zu ahnen, daß sie das erste Glied einer langen Kette von Erzählungen sein würde; Sie sehen, was für grausame Folgen eine geringfügige Begebenheit mitunter haben kann! Aber Sie wissen vielleicht gar nicht, was eine »Gelegenheit« ist? Das ist eine Bedeckungsmannschaft, die aus einer halben Kompanie Infanterie und einer Kanone besteht; sie geleitet die Transporte durch die Kabarda von Wladykawkas nach Jekaterinograd.

Am ersten Tag langweilte ich mich sehr; am nächsten Morgen in der Frühe fuhr ein Wagen in den Hof ... Ah! Maxim Maximytsch! Wir begrüßten uns wie alte Freunde. Ich bot ihm an, mit in meinem Zimmer zu wohnen. Er zierte sich nicht, klopfte mir sogar auf die Schulter und verzog die Lippen zu einer Art Lächeln. Ein sonderbarer Kauz!

Maxim Maximytsch war sehr erfahren in der Kochkunst; er briet erstaunlich gut einen Fasan, begoß ihn geschickt mit Gurkensaft, und ich muß gestehen, meine Mahlzeiten wären ohne ihn sehr kärglich ausgefallen. Eine Flasche Kachetiner half uns die bescheidene Anzahl der Gänge vergessen, die auf einen einzigen zusammengeschmolzen war, und nachdem wir unsere Pfeifen angezündet hatten, setzten wir uns gemütlich hin: ich ans Fenster, er an den geheizten Ofen, denn der Tag war feucht und kalt. Wir schwiegen. Worüber sollten wir reden? Er hatte mir von sich schon alles erzählt, was von Belang war, und auch ich wußte nichts zu erzählen. Ich sah zum Fenster hinaus. Durch die Bäume schimmerte eine Menge niedriger Häuschen, die an dem sich immer breiter ausdehnenden Ufer des Terek verstreut lagen; in der Ferne erhob sich blau die gezackte Wand der Berge, und über sie hinweg schaute der Kasbek mit seiner weißen Kardinalsmütze. Ich nahm in Gedanken von ihnen Abschied, mir wurde weh ums Herz.

So saßen wir lange. Die Sonne versank hinter den kalten Gipfeln, und milchiger Nebel wogte in den Tälern, als auf der Straße die Glöckchen von Reisewagen und Kutscherrufe ertönten. Ein paar Wagen mit schmutzigen Armeniern fuhren in den Hof des Gasthauses, und ihnen folgte eine leere Reisekutsche; das leichte Rollen ihrer Räder, ihr bequemer Bau und ihr elegantes Aussehen verliehen ihr etwas Ausländisches. Hinter ihr ging ein Mann mit einem großen Schnurrbart, der einen Husarenrock trug, für einen Diener war er ziemlich gut gekleidet; über seinen Stand gab es keine Zweifel mehr, wenn man beobachtete, mit welch verwegener Gebärde er die Asche aus seiner Pfeife klopfte und wie er den Kutscher anherrschte. Er war offensichtlich der verwöhnte Diener eines faulen Herrn, so etwas wie ein russischer Figaro. »Eine Frage, mein Lieber«, rief ich ihm vom Fenster aus zu, »ist etwa die ›Gelegenheit‹ gekommen?« Er maß mich mit einem unverschämten Blick, schob sein Halstuch zurecht und wandte sich ab; der Armenier, der neben ihm ging, lächelte und antwortete für ihn, die »Gelegenheit« sei tatsächlich gekommen und führe am nächsten Morgen zurück. »Gott sei Dank!« sagte Maxim Maximytsch, der in diesem Augenblick ans Fenster trat. »Was für eine merkwürdige Kutsche!« setzte er hinzu. »Sicherlich fährt irgendein Beamter zu einer Untersuchung nach Tiflis. Man sieht, er kennt unsere Berglein nicht! Nein, die scherzen nicht, mein Lieber – die geben kein Pardon und schütteln sogar einen englischen Wagen tüchtig durch! Wer mag das bloß sein? Kommen Sie, wir fragen einmal.« Wir gingen in den Korridor. Am Ende des Korridors stand die Tür zum Nebenzimmer offen. Der Diener und der Kutscher trugen die Koffer hinein.

»Hör mal, Bruder«, sagte der Stabskapitän zu ihm, »wem gehört diese herrliche Kutsche, hm? Eine wunderschöne Kutsche!« Der Diener murmelte, ohne sich umzudrehen, etwas vor sich hin und schnürte dabei einen Koffer auf. Maxim Maximytsch wurde ärgerlich; er tippte dem Flegel auf die Schulter und sagte: »Ich rede mit dir, mein Lieber.«

»Wem die Kutsche gehört? Meinem Herrn.«

»Und wer ist dein Herr?«

»Petschorin.«

»Wie? Was? Petschorin? Ach, du lieber Gott! Hat er nicht im Kaukasus gedient?« rief Maxim Maximytsch und zog mich am Ärmel. Seine Augen strahlten vor Freude.

»Ich denke ja. Ich bin noch nicht lange bei ihm.«

»Nein, so was! So was! Grigori Alexandrowitsch – so heißt er doch mit Vornamen? Dein Herr und ich sind Freunde«, fügte er hinzu, während er dem Diener so freundschaftlich auf die Schulter klopfte, daß dieser beinahe das Gleichgewicht verloren hätte.

»Entschuldigen Sie, gnädiger Herr, Sie stören mich«, sagte der Diener mit finsterem Gesicht.

»Du bist mir einer! Weißt du denn überhaupt . . .? Dein Herr und ich sind enge Freunde, wir haben zusammen gewohnt. Wo steckt er eigentlich?«

Der Diener erklärte, Petschorin bliebe zum Abendessen bei Oberst N. und würde dort auch übernachten.

»Kommt er am Abend nicht noch einmal hierher?« fragte Maxim Maximytsch. »Hast du nichts bei ihm zu erledigen, mein Lieber? Falls du hingehst, sag ihm, Maxim Maximytsch sei hier. Mehr nicht . . . er weiß schon . . . Ich gebe dir achtzig Kopeken Trinkgeld.«

Der Diener zog ob dieses bescheidenen Versprechens eine verächtliche Miene, versicherte aber Maxim Maximytsch, er würde seinen Auftrag ausführen.

»Er wird sofort hergelaufen kommen!« sagte Maxim Maximytsch zu mir. »Ich gehe vors Tor, um ihn zu erwarten. Zu dumm, daß ich mit N. nicht bekannt bin.«

Maxim Maximytsch setzte sich vorm Tor auf eine Bank, und ich ging in mein Zimmer. Ich muß gestehen, ich erwartete ebenfalls mit einer gewissen Ungeduld das Erscheinen dieses Petschorin; obwohl ich mir nach der Erzählung des Stabskapitäns kein besonders vorteilhaftes Bild von ihm gemacht hatte, schienen mir einige Züge seines Charakters dennoch bemerkenswert. Nach einer Stunde brachte uns der eine Invalide den kochenden Samowar und den Teekessel.

»Maxim Maximytsch, wollen Sie keinen Tee?« rief ich ihm vom Fenster aus zu.

»Herzlichen Dank, ich möchte nicht.«

»Trinken Sie doch! Sehen Sie, es ist schon spät, und es wird kalt.«

»Macht nichts. Herzlichen Dank.«

»Nun, wie Sie wollen!« Ich trank meinen Tee allein. Nach zehn Minuten kam mein Alter herein.

»Sie haben recht; es ist besser, ich trinke mit. Habe die

ganze Zeit gewartet ... Der Diener ist schon vor langer Zeit zu ihm gegangen, sicherlich wird er dort aufgehalten.«

Er trank hastig eine Tasse, lehnte eine zweite ab und ging wieder mit einer gewissen Unruhe vors Tor. Es war dem Alten anzusehen, daß ihn Petschorins Nichtachtung kränkte, und das um so mehr, weil er mir erst vor kurzem von seiner Freundschaft mit ihm erzählt hatte und er noch vor einer Stunde überzeugt gewesen war, er würde alles stehen- und liegenlassen, sobald er seinen Namen hörte.

Es war schon spät und dunkel, als ich wieder das Fenster öffnete und Maxim Maximytsch rief. Ich sagte, es sei Zeit zum Schlafengehen; er murmelte etwas zwischen den Zähnen; ich wiederholte meine Aufforderung – er gab keine Antwort.

Ich legte mich, in meinen Mantel gehüllt, auf den Diwan, auf die Ofenbank hatte ich eine Kerze gestellt. Ich schlief bald ein und hätte durchgeschlafen, wenn Maxim Maximytsch, als er sehr spät ins Zimmer kam, mich nicht geweckt hätte. Er warf seine Pfeife auf den Tisch, ging im Zimmer auf und ab, stocherte im Ofen und legte sich endlich hin, hustete aber noch lange, räusperte sich und warf sich hin und her ...

»Sie werden wohl von Wanzen gebissen?« fragte ich.

»Ja, es sind die Wanzen«, antwortete er und seufzte tief.

Am nächsten Morgen erwachte ich beizeiten, aber Maxim Maximytsch war mir zuvorgekommen. Ich fand ihn vor dem Tor, auf der Bank sitzend. »Ich muß zur Kommandantur gehen«, sagte er. »Wenn Petschorin kommt, lassen Sie mich bitte holen.«

Ich versprach es. Er eilte davon, als hätten seine Glieder aufs neue jugendliche Kraft und Gewandtheit gewonnen.

Der Morgen war frisch, aber schön. Goldene Wolken ballten sich über den Bergen wie eine neue Reihe luftiger Gipfel. Vor dem Tor erstreckte sich ein großer Platz; dahinter auf dem Markt wimmelte es von Menschen, denn es war Sonntag – barfüßige Ossetenjungen, die auf den Schultern Quersäcke mit Scheibenhonig trugen, umschwärmten mich; ich verjagte sie. Mir stand nicht der

Sinn nach ihnen, ich begann die Unruhe des guten Stabskapitäns zu teilen.

Es vergingen keine zehn Minuten, da erschien am anderen Ende des Platzes der Erwartete. Er kam mit dem Oberst N., der sich vor dem Gasthaus von ihm verabschiedete und in die Festung zurückkehrte. Ich schickte sofort einen der Invaliden nach Maxim Maximytsch.

Petschorins Diener kam heraus und meldete, es würde sogleich angespannt; er reichte Petschorin eine Kiste Zigarren, erhielt einige Anweisungen und entfernte sich geschäftig. Sein Herr steckte sich eine Zigarre an, gähnte zweimal und setzte sich auf eine Bank an der anderen Seite des Tores. Und nun muß ich sein Porträt zeichnen.

Er war von mittlerer Größe; seine schlanke, geschmeidige Gestalt und seine breiten Schultern zeugten von einer kräftigen Natur, die allen Beschwerlichkeiten eines Wanderlebens und eines ständigen Klimawechsels gewachsen war und die weder das zügellose Leben in der Hauptstadt noch die Herzensstürme besiegt hatten; da nur die beiden untersten Knöpfe seines staubigen Samtrocks geschlossen waren, konnte man die blendendweiße Wäsche sehen, die die Gewohnheiten eines ordentlichen Menschen erkennen ließ; seine beschmutzten Handschuhe schienen eigens für die kleine Aristokratenhand genäht, und als er den einen Handschuh abstreifte, staunte ich über die mageren weißen Finger. Sein Gang war nachlässig und träge; doch bemerkte ich, daß er nicht mit den Armen schlenkerte – ein sicheres Zeichen für eine gewisse Verschlossenheit des Charakters. Übrigens sind das meine eigenen Bemerkungen, die sich auf meine eigenen Beobachtungen stützen, und ich möchte den Leser keineswegs dazu verleiten, ihnen blindlings zu trauen. Als er sich auf die Bank setzte, beugte sich seine gerade Gestalt, als hätte er keinen einzigen Knochen im Rücken; die ganze Haltung seines Körpers drückte eine gewisse nervöse Schwäche aus; er saß da, wie Balzacs dreißigjährige Kokette nach einem ermüdenden Ball in ihrem weichen Sessel sitzt. Auf den ersten Blick hin hätte ich ihn nicht für älter als dreiundzwanzig Jahre gehalten, obwohl ich ihm später ohne weiteres dreißig zubilligte. In seinem Lächeln lag etwas Kindliches. Seine Haut war zart wie die einer Frau; das blonde Haar, das sich von Natur aus lockte, umrahmte malerisch seine bleiche, edle Stirn, auf der man nur nach langem Beobachten Spuren von sich kreuzenden Falten entdecken konnte, wahrscheinlich traten sie in Augenblicken des Zorns oder der seelischen Erregung noch stärker hervor. Trotz der hellen Haarfarbe waren sein Schnurrbart und seine Brauen schwarz – ein Zeichen von Rasse beim Menschen, ebenso wie die schwarze Mähne und der schwarze Schweif bei einem Schimmel; um das Porträt zu vollenden, möchte ich noch hinzufügen, daß er eine etwas aufgestülpte Nase, blendendweiße Zähne und braune Augen hatte; zu den Augen muß ich noch ein paar Worte sagen.

Erstens lachten sie nie, wenn er lachte! – Ist Ihnen diese Eigenart bei manchen Menschen noch nicht aufgefallen? Das ist ein Zeichen entweder für einen schlechten Charakter oder für einen tiefen unstillbaren Kummer. Sie leuchteten unter seinen langen Wimpern hervor in phosphoreszierendem Glanz, wenn man sich so ausdrücken darf. Das war nicht der Widerschein seelischer Glut, auch nicht spielender Phantasie; das war ein Glanz, ähnlich dem des blanken Stahls – blendend, aber kalt; sein Blick verweilte nirgends lange, doch war er durchdringend und schwer, er hinterließ das unangenehme Gefühl, er stelle eine unbescheidene Frage; er hätte dreist gewirkt, wäre er nicht so gleichgültig ruhig gewesen. All dies kam mir vielleicht deshalb in den Sinn, weil ich einige Einzelheiten seines Lebens kannte, vielleicht würde sein Äußeres auf einen anderen einen ganz entgegengesetzten Eindruck gemacht haben; da Sie aber über ihn von keinem anderen etwas erfahren, außer von mir, müssen Sie sich notgedrungen mit dieser Darstellung begnügen. Abschließend möchte ich sagen, daß er im allgemeinen nicht schlecht aussah und eines jener eigenartigen Gesichter besaß, die den vornehmen Damen besonders gefallen.

Die Pferde waren schon angespannt; das Glöckchen am

Krummholz klingelte ab und zu, und der Diener hatte Petschorin schon zweimal gemeldet, es sei alles fertig, aber Maxim Maximytsch kam und kam nicht. Zum Glück schaute Petschorin, in Gedanken versunken, zu den blauen Zinnen des Kaukasus hinüber, und er schien es mit dem Aufbruch gar nicht so eilig zu haben. Ich trat zu ihm. »Wenn Sie noch ein wenig zu warten geruhen«, sagte ich, »werden Sie das Vergnügen haben, einen alten Freund zu begrüßen . . .«

»Ach, stimmt!« antwortete er rasch. »Man hat es mir gestern ausgerichtet. Wo ist er denn?« Ich drehte mich nach dem Platz um und erblickte Maxim Maximytsch; er rannte, so schnell ihn seine Beine trugen . . . Wenige Minuten später stand er schon vor uns; er bekam kaum noch Luft, der Schweiß rann ihm in Strömen vom Gesicht, die nassen grauen Haarsträhnen, die unter dem Rand seiner Mütze hervorgerutscht waren, klebten ihm an der Stirn; seine Knie zitterten . . . Er wollte Petschorin um den Hals fallen, aber der reichte ihm, obzwar mit einem freundlichen Lächeln, ziemlich kühl die Hand. Der Stabskapitän erstarrte einen Augenblick, dann ergriff er mit seinen beiden Händen leidenschaftlich Petschorins Rechte – er konnte noch immer nicht reden.

»Ich freu mich sehr, lieber Maxim Maximytsch. Nun, wie geht es Ihnen?« fragte Petschorin.

»Und . . . dir . . . und Ihnen?« murmelte der Alte mit Tränen in den Augen. »Wieviel Jahre . . . wieviel Tage . . . Und wohin jetzt?«

»Ich reise nach Persien. Und dann noch weiter.«

»Etwa gleich? Nehmen Sie sich noch ein bißchen Zeit, lieber Freund! Wir werden uns doch nicht gleich wieder trennen? Wir haben uns so lange nicht gesehen!«

»Ich muß, Maxim Maximytsch«, lautete die Antwort.

»Mein Gott, mein Gott! Warum diese Eile? Ich habe Ihnen so vieles zu sagen . . . Sie so vieles zu fragen . . . Nun, haben Sie Ihren Abschied genommen? Wie? Und was treiben Sie so?«

»Ich langweile mich«, erwiderte Petschorin lächelnd.

»Und denken Sie noch an unser Leben in der Festung? Das war ein herrliches Jagdrevier! Sie waren ein leidenschaftlicher Jäger ... Und Bela!«

Petschorin erblaßte leicht und wandte sich ab.

»Ja, gewiß«, sagte er und tat, als müsse er gähnen.

Maxim Maximytsch bat ihn, ihm noch zwei Stunden zu gönnen. »Wir werden großartig zu Mittag essen«, sagte er, »ich habe zwei Fasanen, und der Kachetiner ist hier vorzüglich ... natürlich nicht so wie in Georgien, aber doch von der besten Sorte ... Wir werden miteinander plaudern ... Sie werden mir von Ihrem Leben in Petersburg erzählen. Na?«

»Ich habe wahrhaftig nichts zu erzählen, lieber Maxim Maximytsch ... Verzeihen Sie, es wird Zeit für mich ... Ich habe es eilig ... Ich danke Ihnen, daß Sie mich nicht vergessen haben«, setzte er hinzu und ergriff seine Hand.

Der Alte runzelte die Brauen ... Er war gekränkt und verstimmt, obwohl er es zu verbergen suchte. »Vergessen!« brummte er. »Ich habe nichts vergessen ... Na, dann Gott mit Ihnen! Ich hatte mir unser Wiedersehen anders vorgestellt ...«

»Schon gut, schon gut!« sagte Petschorin und umarmte ihn freundschaftlich. »Bin ich etwa nicht der alte? Was hilft's? Jeder muß seinen Weg gehen ... Ob wir uns noch einmal begegnen? Das weiß Gott allein!« Als er das sagte, saß er bereits in seiner Kutsche, und der Kutscher zog schon die Zügel an.

»Halt, halt!« rief Maxim Maximytsch plötzlich und klammerte sich an die Tür der Kutsche. »Beinahe hätte ich es vergessen ... Ich habe noch Ihre Papiere bei mir, Grigori Alexandrowitsch ... Ich schleppe sie mit mir herum ... dachte, ich würde Sie in Georgien finden, und nun hat Gott uns hier zusammengeführt ... Was soll ich damit machen?«

»Was Sie wollen«, erwiderte Petschorin. »Leben Sie wohl ...«

»Also nach Persien fahren Sie? Und wann kommen Sie wieder?« rief ihm Maxim Maximytsch nach.

Die Kutsche war schon weit; doch Petschorin machte eine Handbewegung, die etwa heißen mochte: Wohl kaum! Und wozu auch?

Längst waren der Klang des Glöckchens und das Rasseln der Räder auf der steinigen Straße verhallt, aber der arme Alte stand noch immer, tief in Gedanken, auf demselben Fleck.

»Ja«, sagte er schließlich, bemüht, eine gleichgültige Miene aufzusetzen, obwohl mehrmals eine Träne des Unmuts an seinen Wimpern glitzerte. »Natürlich waren wir Freunde. Aber was sind Freunde heuzutage? Was kann ich ihm bieten? Ich bin nicht reich, habe keinen hohen Rang, auch meinem Alter nach passe ich nicht zu ihm ... Was für ein Geck er wieder in Petersburg geworden ist ... Was für eine Kutsche! Diese Unmenge Gepäck ... und dieser eingebildete Lakai!« Diese Worte stieß er mit einem ironischen Lächeln hervor. »Sagen Sie«, fuhr er fort und wandte sich an mich, »wie denken Sie darüber? Welcher Satan treibt ihn jetzt nach Persien? Das ist lachhaft, mein Gott, ist das lachhaft! Ich habe ja immer gewußt, daß er ein Leichtfuß ist, auf den man sich nicht verlassen kann ... Wahrlich, es ist ein Jammer, daß er ein so schlimmes Ende finden muß ... Anders geht es bei ihm nicht! Ich habe schon immer gesagt, an einem Menschen, der seine alten Freunde vergißt, ist nichts Gutes dran!« Er wandte sich ab, um seine Erregung zu verbergen, und ging auf dem Hof um seinen Wagen herum; er tat so, als musterte er die Räder, dabei füllten sich alle Augenblicke seine Augen mit Tränen.

»Maxim Maximytsch« – ich ging zu ihm –, »was für Papiere hat Ihnen Petschorin überlassen?«

»Das weiß der liebe Gott! Irgendwelche Aufzeichnungen ...«

»Was werden Sie damit beginnen?«

»Was? Ich lasse Patronen daraus machen.«

»Geben Sie sie lieber mir.«

Er sah mich erstaunt an, brummte etwas durch die Zähne und kramte in seinem Koffer; endlich zog er ein

Heft heraus und warf es verächtlich auf die Erde, dann – ein zweites. Ein drittes ... Auch ein zehntes erfuhr das gleiche Schicksal. In seinem Zorn lag etwas Kindliches; ich mußte lachen, und zugleich tat er mir leid ...

»Das sind sie alle«, sagte er, »ich gratuliere Ihnen zu dem Fund.«

»Und ich darf damit machen, was ich will?«

»Meinetwegen können Sie sie in der Zeitung veröffentlichen! Was kümmert mich das? Bin ich etwa sein Freund? Oder mit ihm verwandt? Es stimmt, wir wohnten lange unter ein und demselben Dach ... Aber ich habe schon mit vielen zusammen gewohnt!«

Ich nahm die Hefte und brachte sie schleunigst weg, denn ich fürchtete, der Stabskapitän könnte es bereuen. Bald darauf wurde uns mitgeteilt, daß die »Gelegenheit« in einer Stunde aufbrechen würde; ich ließ anspannen. Der Stabskapitän trat ins Zimmer, als ich mir schon die Mütze aufsetzte; er schien sich nicht reisefertig zu machen; es war etwas Gezwungenes, Kaltes in seiner Art.

»Und Sie, Maxim Maximytsch, kommen Sie etwa nicht mit?«

»Nein.«

»Was hat das zu bedeuten?«

»Ich habe den Kommandanten noch nicht erreichen können, und ich muß ihm noch einige amtliche Schreiben übergeben.«

»Aber Sie sind doch bei ihm gewesen?«

»Gewiß«, sagte er betreten, »aber er war außer Haus ... und ich konnte nicht warten ...«

Ich verstand ihn. Der arme Alte hatte vielleicht zum erstenmal in seinem Leben, aus *persönlichen Gründen*, wie es in der Kanzleisprache heißt, seine Dienstpflicht vernachlässigt – und welchen Lohn hatte er geerntet!

»Es tut mir sehr leid«, sagte ich zu ihm, »sehr leid, Maxim Maximytsch, daß wir uns vorzeitig trennen müssen.«

»Wie sollen wir ungebildeten Alten mit euch Schritt halten! Ihr jungen Leute seid weltmännisch und stolz. Solange euch noch die Kugeln der Tscherkessen um die Ohren pfeifen, seid ihr ganz verträglich ... Aber trifft man euch später, dann schämt ihr euch, unsereinem die Hand zu geben.«

»Diese Vorwürfe habe ich nicht verdient, Maxim Maximytsch.«

»Ach, wissen Sie, ich habe das auch nur so gesagt; im übrigen wünsche ich Ihnen viel Glück und eine gute Reise.«

Wir verabschiedeten uns ziemlich kühl. Der gute Maxim Maximytsch war auf einmal ein halsstarriger, mürrischer Stabskapitän geworden! Und weswegen? Weil Petschorin ihm aus Zerstreutheit oder aus einem anderen Grunde die Hand gegeben hatte, als dieser ihm um den Hals fallen wollte! Es ist ein betrüblicher Anblick, wenn ein Jüngling seine besten Hoffnungen und Träume begräbt, wenn vor ihm der rosa Schleier weggerissen wird, durch den er die Dinge und die menschlichen Gefühle bislang gesehen hat; immerhin besteht noch die Hoffnung, er werde seinen alten Wahn durch einen neuen, ebenso unbeständigen, aber dafür ebenso süßen ersetzen ... Aber womit soll ein Mensch im Alter Maxim Maximytschs ihn ersetzen? Unwillkürlich wird sein Herz sich verhärten und seine Seele sich verschließen ...

Ich reiste allein ab.

PETSCHORINS TAGEBUCH

Vorwort

Unlängst erfuhr ich, daß Petschorin auf der Rückreise von Persien gestorben sei. Diese Nachricht hieß ich sehr willkommen, denn sie gab mir das Recht, die vorliegenden Aufzeichnungen drucken zu lassen, und ich benutzte die Gelegenheit, meinen Namen unter das Werk des anderen zu setzen. Gebe Gott, daß die Leser mir diese harmlose Fälschung nicht verargen!

Ich muß nun ein wenig die Gründe erläutern, die mich bestimmt haben, der Öffentlichkeit die Herzensgeheimnisse eines Menschen kundzugeben, den ich nicht gekannt habe. Wenn ich wenigstens sein Freund gewesen wäre; vorgetäuschte Unbescheidenheit eines wahren Freundes kennt jeder, aber ich bin ihm nur einmal in meinem Leben auf der großen Straße begegnet und kann daher gegen ihn gar nicht jenen unerklärlichen Haß hegen, der unter der Maske der Freundschaft nur auf den Tod oder ein Mißgeschick des geliebten Wesens wartet, um dessen Haupt mit Vorwürfen, Ratschlägen, boshaften Scherzen und Mitleidsbeteuerungen zu überschütten.

Die Lektüre dieser Aufzeichnungen hat mich von der Wahrhaftigkeit des Menschen überzeugt, der seine eigenen Schwächen und Laster so rücksichtslos anprangert. Die Geschichte einer menschlichen Seele, sei sie auch noch so unbedeutend, dürfte beinahe kurzweiliger und ersprießlicher als die Geschichte eines ganzen Volkes sein, besonders wenn sie aus Beobachtungen erwächst, die ein reifer Geist am eigenen Ich vornimmt, und wenn sie frei von dem eitlen Verlangen geschrieben ist, Mitgefühl oder Bewunderung zu erwecken. Rousseaus »Bekenntnisse« sind schon deswegen schwach, weil er sie seinen Freunden vorgelesen hat.

Einzig der Wunsch, Nutzen zu stiften, bewog mich, Auszüge aus dem Tagebuch zu veröffentlichen, das der Zufall mir in die Hände gespielt hat. Obwohl ich alle Personennamen geändert habe, werden sich diejenigen, von denen darin die Rede ist, gewiß erkennen, und vielleicht finden sie eine Rechtfertigung für die Handlungen, die sie bislang einem Menschen zur Last legten, der nicht mehr auf dieser Welt ist. Wir verzeihen fast immer, was wir verstehen.

Ich habe in dieses Buch nur aufgenommen, was über Petschorins Aufenthalt im Kaukasus berichtet; ich besitze noch ein dickes Heft, in dem er sein ganzes Leben schildert. Dereinst wird auch dies vor dem Gericht der Öffentlichkeit erscheinen; aber zur Zeit wage ich aus vielen gewichtigen Gründen nicht, diese Verantwortung auf mich zu nehmen.

Vielleicht wollen einige Leser meine Meinung über Petschorins Charakter erfahren. Meine Antwort ist die Überschrift dieses Buches. »Aber das ist doch boshafte Ironie!« werden sie sagen. – Ich weiß es nicht.

TAMAN

Taman ist die abscheulichste Küstenstadt Rußlands. Ich bin dort beinahe Hungers gestorben, und obendrein wollte man mich dort noch ertränken. In tiefer Nacht kam ich mit der Post an. Der Kutscher hielt mit dem müden Dreigespann vor dem Tor des einzigen Steingebäudes, das am Stadtrand steht. Der Wachtposten, ein Schwarzmeerkosak, den die Ziehglocke aufgestört hatte, raunzte schlaftrunken: »Wer ist da?« Ein Kosakenunteroffizier und ein Gefreiter kamen heraus. Ich erklärte ihnen, daß ich Offizier sei und aus dienstlichen Gründen zur kämpfenden Truppe führe, und verlangte Quartier. Der Gefreite führte uns durch die Stadt. Vor welcher Hütte wir auch halten mochten, alle waren belegt. Es war kalt, ich hatte drei Nächte nicht geschlafen, war abgespannt und wurde wütend.

»Schaff mich sonstwohin, Kerl, meinetwegen zum Teufel, aber ich will endlich ein Dach überm Kopf haben!« rief ich.

»Es gäbe schon ein Quartier«, antwortete der Gefreite und kratzte sich dabei im Nacken, »bloß es wird Euer Wohlgeboren nicht gefallen, dort ist es nicht geheuer.«

Ohne den Sinn seiner letzten Worte zu erfassen, hieß ich ihn vorauszugehen, und nach langem Umherirren durch schmutzige Gassen, in denen ich zu beiden Seiten nichts als baufällige Zäune sah, hielten wir vor einer kleinen Hütte unmittelbar an der Küste.

Der Vollmond schien auf das Schilfdach und die weißen Wände meiner neuen Behausung. Auf dem Hof, der von einer Feldsteinmauer eingefaßt war, stand eine zweite windschiefe Hütte; sie war noch kleiner und älter. Gleich hinter der Mauer der Hütte fiel das Ufer steil zur See ab, und aus der Tiefe quoll das unaufhörliche Gemurmel und Geplätscher der dunkelblauen Wellen. Der Mond blickte still auf das unruhige, ihm doch so willfährige Element herab, und ich konnte in seinem Schein weit draußen zwei Schiffe erkennen, deren schwarzes Takelwerk sich wie ein Spinngewebe am blassen Horizont abzeichnete. Es liegen Schiffe im Hafen, dachte ich, morgen fahre ich weiter nach Gelendshik.

Mein Bursche war ein Linienkosak. Nachdem ich ihm befohlen hatte, den Koffer herunterzuheben und den Kutscher zu entlassen, rief ich nach dem Wirt – Stille; ich klopfte – Stille. Was hat das zu bedeuten? Endlich kam ein vierzehnjähriger Junge aus einem Winkel gekrochen.

»Wo ist dein Vater?« – »Habe keinen.« – »Wieso? Überhaupt keinen?« – »Überhaupt keinen.« – »Und die Mutter?« – »Ist in die Vorstadt gegangen.« – »Wer wird mir da aufschließen?« fragte ich und trat gegen die Tür. Sie ging von selber auf; Feuchtigkeit schlug mir entgegen. Ich zündete ein Schwefelholz an, hielt es dem Jungen unter die Nase und – blickte in zwei weiße Augen. Er war blind, völlig blind, von Geburt an. Regungslos stand er vor mir, und ich betrachtete seine Gesichtszüge.

Ich gestehe, ich bin sehr voreingenommen gegen alle Blinden, Einäugigen, Tauben, Stummen, Einbeinigen, Einarmigen, Buckligen und so weiter. Ich habe beobachtet, daß stets ein eigenartiger Zusammenhang zwischen dem Äußeren eines Menschen und seiner Seele besteht; es ist, als erlitte bei dem Verlust eines Gliedes auch die Seele Einbuße.

Also musterte ich das Gesicht des Blinden; aber was kann man schon in einem Gesicht lesen, das keine Augen hat? Lange betrachtete ich ihn mit unwillkürlichem Mitleid. Auf einmal huschte, kaum wahrnehmbar, über seine schmalen Lippen ein Lächeln, das – ich weiß nicht, warum – höchst unangenehm auf mich wirkte. Ich schöpfte den Verdacht, dieser Blinde sei gar nicht so blind, wie er tat; vergeblich suchte ich mich zu überzeugen, daß der graue Star nicht vorgetäuscht werden könne. Und wozu auch? Doch was tun? Ich neige des öfteren zu Vorurteilen ...

»Bist du der Sohn des Hauses?« fragte ich ihn endlich. – »Nein.« – »Wer bist du denn?« – »Ein armes Waisenkind.« – »Hat die Frau Kinder?« – »Nein; eine Tochter war da, die ist mit einem Tataren übers Meer gegangen.« – »Mit was für einem Tataren?« – »Der Teufel weiß es! Ein Krimtatare, ein Schiffer aus Kertsch.«

Ich trat in die Hütte. Zwei Bänke, ein Tisch und eine riesige Truhe neben dem Ofen waren die ganze Einrichtung. An der Wand hing kein einziges Heiligenbild – ein böses Zeichen! Durch die zersprungenen Scheiben wehte der Seewind herein. Ich holte einen Kerzenstummel aus meinem Koffer, zündete ihn an und packte meine Sachen aus. Säbel und Gewehr stellte ich in die Ecke, die Pistolen legte ich auf den Tisch, dann breitete ich meine Burka auf der einen Bank aus, der Kosak die seine auf der anderen; und schon nach zehn Minuten schnarchte er, ich aber konnte nicht einschlafen, mir stand in der Finsternis noch immer das Bild des blinden Jungen vor Augen.

So verging ungefähr eine Stunde. Der Mond schien zum Fenster herein, und sein Licht spielte auf dem Lehmboden der Hütte. Plötzlich glitt ein Schatten über den hellen Streifen, der den Fußboden durchschnitt. Ich richtete mich auf und spähte zum Fenster hinaus; jemand lief zum zweitenmal vorüber und verschwand Gott weiß wohin. Ich hielt es für unwahrscheinlich, daß dieses Wesen den Steilhang am Ufer hinabgelaufen war; wohin hätte es aber sonst verschwinden können? Ich stand auf, warf mir den Beschmet über, gürtete den Dolch um und verließ ganz leise die Hütte; mir entgegen kam der blinde Junge. Ich preßte mich an den Zaun, und er ging mit sicherem, doch behutsamem Schritt an mir vorüber. Ein Bündel unter dem Arm, stieg er einen steilen, schmalen Pfad hinab, der zum Hafen führte. *An jenem Tag werden die Stummen reden und die Blin-*

den sehen, dachte ich und folgte ihm in einiger Entfernung, damit ich ihn nicht aus den Augen verlor.

Unterdessen hüllte sich der Mond in Wolken, und vom Meer stieg Nebel auf; nur matt blinzelte die Laterne am Heck des nächsten Schiffes, weiß schimmerte die schäumende Brandung, die das Ufer jeden Augenblick zu überschwemmen drohte. Ich kletterte mit Mühe und Not den Steilhang hinab. Da sah ich: Der Blinde blieb unten stehen und wandte sich dann nach rechts; er ging so dicht am Wasser entlang, daß ich fürchtete, die Wellen würden ihn sogleich ergreifen und davontragen; aber offensichtlich machte er diesen Spaziergang nicht zum erstenmal, der Sicherheit nach zu urteilen, mit der er von einem Stein auf den anderen trat und den Spalten auswich. Endlich blieb er stehen, als lausche er auf etwas, setzte sich auf die Erde und legte sein Bündel neben sich. Hinter einem vorspringenden Felsen versteckt, beobachtete ich jede seiner Bewegungen. Nach einigen Minuten näherte sich von der entgegengesetzten Seite eine weiße Gestalt; sie ging auf den Blinden zu und ließ sich neben ihm nieder. Der Wind trug ab und zu Bruchstücke ihrer Unterhaltung zu mir herüber.

»Was meinst du, Weißauge«, sagte eine weibliche Stimme, »es stürmt sehr, Janko wird wohl nicht kommen?« – »Janko fürchtet sich nicht vor dem Sturm«, antwortete der Junge. »Der Nebel verdichtet sich.« Die weibliche Stimme klang wehmütig. »Im Nebel ist es leichter, an den Wachschiffen vorbeizukommen«, lautete die Antwort. – »Und wenn er nun untergeht?« – »Was tut's? Dann legst du eben am Sonntag zum Kirchgang kein neues Band an.«

Schweigen trat ein.

Über eins jedoch konnte ich mich nicht genug wundern: der Blinde hatte mit mir in kleinrussischer Mundart gesprochen und redete nun in reinem Russisch.

»Siehst du, ich habe recht!« sagte der Blinde wieder und klatschte in die Hände. »Janko fürchtet weder das Meer noch den Wind, noch den Nebel, noch die Küstenwache – horch! Das ist nicht das Klatschen der Wellen, mir machst du nichts vor, das sind seine langen Ruder.«

Die Frau sprang schnell auf und spähte unruhig in die Ferne.

»Du phantasierst, Weißauge«, sagte sie. »Ich sehe nichts.«

Ich muß gestehen, ich versuchte krampfhaft, auf hoher See etwas zu entdecken, das einem Boot ähnelte, aber – ohne Erfolg. Es vergingen annähernd zehn Minuten; da zeigte sich zwischen den Wellenbergen ein schwarzer Punkt. Er wurde bald größer, bald kleiner. Langsam erklomm ein Boot die Wellenberge, jählings stürzte es von ihnen herab; es näherte sich dem Ufer. Ein beherzter Ruderer, der sich in einer solchen Nacht über die zwanzig Werst breite Meerenge wagt! Triftige Gründe müssen ihn dazu bewogen haben! Während mir dies durch den Kopf ging, beobachtete ich mit unwillkürlichem Herzklopfen das armselige Boot; es tauchte wie eine Ente und schnellte, mit den Rudern wie mit Flügeln schlagend, inmitten sprühender Gischt aus dem Abgrund wieder empor; schon dachte ich, es würde mit voller Wucht ans Ufer schlagen und zerschellen, da drehte es geschickt bei und glitt unbeschadet in die kleine Bucht. Ein mittelgroßer Mann, der eine tatarische Lammfellmütze trug, stieg aus; er winkte, und zu dritt entluden sie das Boot; die Fracht war so groß, daß ich immer noch nicht begreife, wieso das Boot nicht untergegangen ist. Nachdem jeder ein Bündel geschultert hatte, gingen sie am Ufer entlang, und ich verlor sie alsbald aus den Augen. Ich mußte zu meinem Quartier zurückkehren; aber ich gestehe, all diese sonderbaren Begebenheiten beunruhigten mich, und ich konnte es kaum erwarten, daß der Morgen graute.

Als mein Kosak erwachte, wunderte er sich sehr, weil ich schon völlig angekleidet war; ich erzählte ihm jedoch nicht, warum. Eine Weile stand ich am Fenster und erfreute mich an der Bläue des Himmels, der mit zerflatternden Wölkchen betupft war, und bewunderte die ferne Krimküste. Sie ruhte als violetter Streifen auf dem Meer und endete in einem Felsen, auf dem sich ein weißer Leuchtturm erhob. Dann begab ich mich zur Festung Fanagoria, um den

Kommandanten zu fragen, wann ich nach Gelendshik abreisen könne.

O weh! Der Kommandant konnte mir nichts Bestimmtes sagen. Die Segler im Hafen waren alle entweder Wachschiffe oder Kauffahrer, die noch nicht einmal angefangen hatten, Fracht zu übernehmen. »Vielleicht kommt in drei, vier Tagen das Postschiff«, sagte der Kommandant, »dann werden wir weitersehen.« Ich kehrte finster und verstimmt in mein Quartier zurück. An der Tür empfing mich mein Kosak mit verstörtem Gesicht.

»Eine schlimme Sache, Euer Wohlgeboren!« sagte er.

»Ja, mein Lieber, Gott weiß, wann wir von hier wegkommen!«

Da steigerte sich seine Erregung noch, er beugte sich zu mir und sagte im Flüsterton: »Hier geht es nicht mit rechten Dingen zu! Ich habe heute den Unteroffizier von den Schwarzmeerkosaken getroffen; ich kenne ihn, er war voriges Jahr in unserer Abteilung; als ich ihm sagte, wo wir wohnen, meinte er: ›Dort spukt es, Bruder, das sind schlechte Menschen.‹ Und er hat recht! Was ist das für ein Blinder? Überall geht er allein hin, auch auf den Markt nach Brot, und Wasser holt er auch. Wie man sieht, wundern sich die Leute darüber nicht mehr.«

»Hat sich nun wenigstens die Wirtin blicken lassen?«

»Heute, als Sie nicht da waren, ist die alte Frau mit ihrer Tochter gekommen.«

»Was für eine Tochter? Sie hat doch gar keine Tochter.«

»Gott wird schon wissen, ob sie es ist; die Alte sitzt jetzt in ihrer Hütte.«

Ich trat ein. In dem tüchtig geheizten Ofen kochte ein Mittagessen, das für arme Leute ziemlich üppig war. Die Alte antwortete auf all meine Fragen, sie sei taub und höre nichts. Was sollte ich mit ihr anfangen? Ich wandte mich an den Blinden, der vor dem Ofen hockte und Reisig nachlegte. »Also heraus mit der Sprache, du blinder Teufel«, sagte ich und packte ihn am Ohr. »Sag mir, wohin du heute nacht mit dem Bündel gegangen bist!« Da weinte, jammerte und stöhnte mein Blinder. »Wohin soll ich gegangen sein? Nirgendwohin bin ich gegangen ... Mit einem Bündel? Mit was für einem Bündel?« Diesmal hörte die Alte, und sie murrte: »Was hecken Sie sich da aus? Gar noch gegen einen armen Krüppel! Was haben Sie mit ihm zu schaffen? Was hat er Ihnen getan?« Ich verlor die Lust, mehr zu fragen, und ging hinaus, fest entschlossen, den Schlüssel zu diesem Geheimnis zu finden.

Ich wickelte mich in meine Burka und setzte mich am Zaun auf einen Stein, um die Aussicht zu genießen; vor mir breitete sich, vom nächtlichen Sturm aufgewühlt, die See, und ihr eintöniges Rauschen, das dem verebbenden Stimmengewirr einer einschlummernden Stadt glich, erinnerte mich an alte Zeiten und trug meine Gedanken gen Norden in unsere kalte Hauptstadt. Von Erinnerungen bewegt, vergaß ich alles ringsum ... Eine Stunde mochte so vergangen sein, vielleicht auch mehr ... Plötzlich vernahm ich etwas, das wie ein Lied klang. Fürwahr – ein Lied, eine frische weibliche Stimme sang. Aber wo? Ich lauschte. Es war eine eigentümliche Weise, bald getragen und wehmütig, bald schnell und lebhaft. Ich blickte um mich, es war niemand zu sehen; ich lauschte aufs neue, die Töne schienen vom Himmel herniederzuschweben. Ich hob den Blick. Auf dem Dach der Hütte stand ein Mädchen in einem gestreiften Kleid, mit offenem Haar, eine richtige Russalka. Die Augen mit der Hand gegen die Sonne schützend, blickte sie in die Ferne, bald lachte sie und sprach mit sich selbst, bald sang sie wieder ihr Lied.

Ich habe mir dieses Lied Wort für Wort gemerkt.

»Wie auf den blauen Wellen,
Wie auf der grünen See
Die muntren Schifflein ziehen,
    Segel weiß wie Schnee.

Und zwischen diesen Schiffchen
Mein Boot, es ist nicht groß,
Es führt nicht Fracht noch Ladung,
    Ruder hat es bloß.

Der Sturm beginnt mit ihnen,
Den alten Tanz und Spiel,
Er gibt den Schiffchen Flügel,
Fliegt nun! Ohne Ziel.

›Verflucht, du wildes Toben!‹
Ich knie hin im Boot:
›Du böses Meer, verschone
Mich vor großer Not!‹

In dem kleinen Boote
Viel Kostbarkeiten sind,
Ins Dunkle geht die Reise,
Hui! Es heult der Wind.«

Unwillkürlich kam mir der Gedanke, daß ich in der Nacht dieselbe weibliche Stimme gehört hatte; ich besann mich einen Augenblick, und als ich wieder aufs Dach blickte, war das Mädchen nicht mehr da. Plötzlich lief sie an mir vorüber, ein anderes Lied trällernd, und rannte, mit den Fingern schnippend, zu der Alten, und gleich darauf kam es zu einem Streit zwischen ihnen. Die Alte wurde wütend, das Mädchen aber lachte schallend. Und sieh, da hüpfte meine Undine schon wieder heraus; als sie an mir vorüberkam, blieb sie dicht vor mir stehen und sah mich scharf an, gleichsam erstaunt über meine Gegenwart, dann wandte sie sich gleichgültig ab und ging langsam zum Hafen. Damit ließ sie es jedoch nicht bewenden. Den ganzen Tag strich sie um mein Quartier herum; das Singen und Springen wollte kein Ende nehmen. Ein seltsames Geschöpf! Auf ihrem Gesicht war kein Anzeichen geistiger Umnachtung zu erkennen, im Gegenteil, ihre Augen ruhten kühn und durchdringend auf mir, und sie schienen mit einer gewissen magnetischen Kraft begabt. Ich dachte jedesmal, sie warteten auf eine Frage. Doch kaum tat ich den Mund auf, enteilte sie mit einem schalkhaften Lächeln.

Wirklich, ich bin noch nie einer solchen Frau begegnet. Sie war beileibe keine Schönheit, aber meine Vorurteile erstreckten sich auch auf die Schönheit. Sie besaß viel Rasse ... Rasse ist bei Frauen wie bei Pferden die Hauptsache; das Verdienst dieser Entdeckung gebührt dem Jungen Frankreich. Die Rasse zeigt sich meist im Gang, in den Händen und Beinen; besonders die Nase hat viel zu bedeuten. Eine ebenmäßige Nase ist in Rußland seltener als ein kleiner Fuß. Meine Sängerin schien nicht älter als achtzehn Jahre zu sein. Die ungewöhnliche Biegsamkeit ihrer Gestalt, die besondere, einzig ihr eigene Art, das Haupt zu neigen, ihr langes dunkelblondes Haar, der goldene Schimmer ihrer zart gebräunten Haut auf Hals und Schultern und vornehmlich die ebenmäßige Nase, all das entzückte mich. Obwohl ich in ihren schrägen Blicken etwas Ungebärdiges und Verdächtiges las, obwohl in ihrem Lächeln etwas Unbestimmtes lag – die Macht der Vorurteile war stärker, die ebenmäßige Nase brachte mich um den Verstand. Ich glaubte, Goethes Mignon, dieses sonderbare Geschöpf seiner deutschen Phantasie, gefunden zu haben; und in der Tat, zwischen den beiden bestand viel Ähnlichkeit: die gleichen raschen Übergänge von größter Unruhe zu völliger Unbeweglichkeit, die gleichen rätselhaften Reden, die gleichen Sprünge, seltsamen Lieder ...

Gegen Abend hielt ich sie vor der Tür an, und es entspann sich folgendes Gespräch:

»Sag mir doch, du Schöne«, fragte ich, »was hast du heute auf dem Dach gemacht?« – »Ich habe nachgesehen, woher der Wind weht.« – »Wozu mußt du das wissen?« – »Woher der Wind weht, daher kommt das Glück.« – »Hast du etwa mit dem Lied das Glück herbeirufen wollen?« – »Wo gesungen wird, kehrt das Glück ein.« – »Aber wenn du dir nun das Leid herbeisingst?« – »Was ist schon dabei. Wo es nicht besser wird, da wird es schlechter, und vom Schlechten zum Guten ist es wiederum auch nicht weit.« – »Wer hat dich das Lied gelehrt?« – »Niemand; was mir einfällt, das singe ich; wer es hören soll, der hört es; wer es nicht hören soll, der versteht es nicht.« – »Wie heißt du, meine Sängerin?« – »Wer mich getauft hat, wird's schon wissen.« – »Und wer hat dich getauft?« –

»Woher soll ich das wissen?« – »So eine Geheimniskrämerin! Und doch weiß ich etwas von dir.« Sie verzog keine Miene, als spräche ich von einer Fremden, nicht einmal ihre Lippen bewegten sich. »Ich habe erfahren, daß du gestern nacht am Strand warst.« Und nun erzählte ich ihr mit wichtiger Miene, was ich alles gesehen hatte, und dachte, sie damit verlegen zu machen. Weit gefehlt! Sie lachte aus vollem Halse. »Sie haben viel gesehen und wissen so gut wie nichts; aber was Sie wissen, behalten Sie schön für sich.« – »Wenn es mir nun zum Beispiel einfiele, dem Kommandanten Meldung zu erstatten?« Bei diesen Worten sah ich sie sehr ernst, sogar streng an. Da sprang sie auf, fing an zu singen und verschwand wie ein Vögelchen, das aus dem Gebüsch verscheucht wird. Meine letzten Worte waren völlig unangebracht gewesen. Ich ahnte damals noch nicht, welche Bedeutung sie haben würden. Doch es nahte die Stunde, da ich sie bereute.

Sobald die Dämmerung hereinbrach, befahl ich meinem Kosaken, biwakmäßig Tee zu brühen, zündete eine Kerze an, setzte mich an den Tisch und rauchte meine Reisepfeife. Ich war schon beim zweiten Glas Tee, als plötzlich hinter mir die Tür knarrte. Leise raschelte ein Kleid, Schritte ... Ich zuckte zusammen und drehte mich um; sie war es, sie, meine Undine! Still und stumm setzte sie sich mir gegenüber und sah mich groß an; ich weiß nicht, warum, aber dieser Blick schien mir wunderbar zärtlich; er erinnerte mich an einen jener Blicke, die einst so willkürlich mit meinem Leben gespielt hatten. Sie schien auf eine Frage zu warten, aber ich schwieg, in unerklärlicher Verwirrung befangen. Ihr Gesicht bedeckte fahle Blässe, die seelische Erregung verriet; ihre Hand irrte ziellos über den Tisch, und ich bemerkte an ihr ein leises Zittern; ihre Brust hob und senkte sich, dann und wann sah es jedoch so aus, als halte sie den Atem an. Ich wurde der Komödie langsam überdrüssig und wollte das Schweigen schon auf höchst prosaische Weise brechen, das heißt ihr ein Glas Tee anbieten, da sprang sie plötzlich auf, umschlang meinen Hals mit beiden Armen, und ein feuchter heißer Kuß brannte auf meinen Lippen. Mir wurde schwarz vor Augen, mir schwindelte, ich riß sie an mich mit der ganzen Kraft jugendlicher Leidenschaft, aber sie entschlüpfte meinen Armen wie eine Schlange und flüsterte mir noch ins Ohr: »Komm heute nacht, wenn alle schlafen, an den Strand.« Dann flog sie wie ein Pfeil aus dem Zimmer. Im Flur stieß sie den Teekessel und die Kerze um, die auf dem Boden standen. »Ein Teufel von einem Mädchen!« schrie der Kosak, der auf dem Stroh gelegen und geträumt hatte, er würde sich mit dem Rest Tee wärmen. Erst jetzt kam ich wieder zur Besinnung.

Nach zwei Stunden, als alles im Hafen verstummt war, weckte ich meinen Kosaken. »Wenn ich einen Pistolenschuß abgebe«, sagte ich zu ihm, »kommst du sofort an den Strand gelaufen.« Er riß die Augen auf und antwortete mechanisch: »Zu Befehl, Euer Wohlgeboren!« Ich steckte die Pistole in den Gürtel und ging hinaus. Sie wartete auf mich am Rande des Steilhangs. Ihre Kleidung war mehr als leicht; ein kleines Tuch umgürtete ihre biegsame Gestalt.

»Kommen Sie mit!« sagte sie, nahm mich bei der Hand, und wir stiegen hinab. Ich kann es heute noch nicht begreifen, daß ich mir dabei nicht das Genick gebrochen habe. Unten wandten wir uns nach rechts und gingen denselben Pfad entlang, auf dem ich am Abend vorher dem Blinden gefolgt war. Der Mond war noch nicht aufgegangen, und nur zwei Sternchen glitzerten wie zwei rettende Leuchtfeuer an dem dunkelblauen Himmelsgewölbe. Schwere Wellen rollten gleichmäßig und abgemessen an den Strand, eine hinter der anderen, und schaukelten leise ein einsames Boot, das am Ufer angebunden lag. »Steigen wir ein«, sagte meine Begleiterin. Ich zögerte, ich bin kein Freund von sentimentalen Bootspartien; aber zur Umkehr war es zu spät. Sie sprang ins Boot, ich folgte ihr, und ehe ich mich dessen versah, trieben wir schon aufs Meer hinaus. »Was soll das heißen?« fragte ich ungehalten. »Das heißt ...« Sie drückte mich auf die Ruderbank und umarmte mich. »Das heißt, daß ich dich liebe.« Sie schmiegte ihre Wange an die meine, und ich spürte auf meinem Gesicht ihren heißen Atem. Auf einmal plumpste etwas ins Wasser. Ich faßte an den Gürtel – die Pistole war weg. Oh, da stieg ein schrecklicher Verdacht in meiner Seele auf, das Blut schoß mir in den Kopf! Ich blickte auf – wir waren etwa fünfzig Sashen vom Ufer entfernt, und ich kann nicht schwimmen! Ich wollte sie von mir stoßen – sie krallte sich wie eine Katze in meine Kleidung, und plötzlich hätte ein heftiger Stoß mich beinahe in die Fluten gestürzt. Das Boot schaukelte, doch ich fand wieder Halt, und zwischen uns entbrannte ein verzweifelter Kampf; der Zorn vervielfachte meine Kräfte, aber ich merkte bald, daß mir meine Gegnerin an Geschicklichkeit überlegen war ... »Was willst du?« rief ich und umklammerte dabei ihre kleinen Hände; ihre Finger knackten. Aber sie schrie nicht auf, ihre Schlangennatur hielt diese Folter aus.

»Du hast es gesehen«, antwortete sie, »du wirst es melden!« Mit schier übermenschlicher Kraft warf sie mich gegen das Dollbord; wir hingen beide bis zum Gürtel aus dem Boot, die Wellen netzten ihr Haar, dieser Augenblick war entscheidend. Ich stemmte mich mit dem Knie gegen den Boden und packte sie mit der einen Hand am Zopf, mit der anderen an der Kehle. Sie ließ meine Uniform los, und ich stieß sie ins Wasser.

Es war schon ziemlich dunkel; ihr Kopf tauchte noch zweimal aus den schäumenden Fluten auf; mehr sah ich nicht.

Auf dem Boden des Bootes fand ich die Hälfte eines alten Ruders; und nach unsäglichen Anstrengungen gelangte ich an Land. Als ich am Ufer entlang zu meiner Hütte stolperte, warf ich unwillkürlich einen Blick auf die Stelle, an der tags zuvor der Blinde auf den nächtlichen Ruderer gewartet hatte, der Mond zog schon am Himmel seine Bahn, und mir schien, als säße eine weiße Gestalt am Strand; von Neugier getrieben, schlich ich näher und legte mich am Rand des Steilhangs ins Gras; wenn ich vorsichtig den Kopf vorstreckte, konnte ich vom Felsen aus gut sehen, was unten alles geschah, und ich wunderte mich nicht allzusehr, sondern freute mich beinahe, als ich meine Russalka erkannte. Sie wrang das Meerwasser aus ihrem langen Haar; das nasse Hemd umspannte eng ihren schlanken Leib und ihre hohe Brust. Bald zeigte sich in der Ferne ein Boot, es näherte sich schnell; wie am Abend zuvor stieg ein Mann aus; er trug eine Tatarenmütze, sein Schädel aber war nach Kosakenart geschoren; in seinem Ledergurt steckte ein großes Messer. »Janko«, sagte sie, »es ist alles verloren!« Darauf setzten sie das Gespräch so leise fort, daß ich nichts mehr verstehen konnte. »Wo ist der Blinde?« fragte Janko endlich mit erhobener Stimme. »Ich habe ihn dorthin geschickt«, lautete die Antwort. Nach einer Weile kam der Blinde. Der Sack, den er auf dem Rücken trug, wurde ins Boot gelegt.

»Hör mal, Weißauge«, sagte Janko, »du bewachst die Stelle ... du weißt? Dort sind wertvolle Waren. Sag dem ...« (den Namen verstand ich nicht), »daß ich ihm nicht länger dienen kann; die Geschäfte sind schlecht gegangen, er sieht mich nicht wieder; es ist jetzt gefährlich; ich such mir woanders Arbeit; aber solch einen Draufgänger wie mich wird er so leicht nicht finden. Sag ihm, wenn er die Arbeit besser bezahlt hätte, wäre Janko ihm nicht weggelaufen; aber ich mache mein Glück überall, wo der Wind weht und das Meer rauscht!« Nach kurzem Schweigen fügte Janko hinzu: »Sie fährt mit mir; sie kann hier nicht bleiben; sag der Alten, es würde für sie Zeit zu sterben, sie hat lange genug gelebt; man muß auch wissen, was man seiner Ehre schuldig ist. Sie wird uns nicht wiedersehen.«

»Und ich?« fragte der Blinde kläglich.

»Wozu brauche ich dich?« lautete die Antwort.

Unterdessen schwang sich meine Undine ins Boot und gab ihrem Gefährten einen Wink; er legte dem Blinden etwas in die Hand und sagte: »Kauf dir was zum Naschen dafür!« – »Bloß so wenig?« sagte der Blinde. »Na, da hast du noch was.« Klingend fiel eine Münze auf die Steine. Der Blinde hob sie nicht auf. Janko setzte sich ins Boot; der Wind wehte seewärts, sie hißten ein kleines Segel und fuhren rasch davon. Lange schimmerte im Mondlicht das weiße Segel zwischen den dunklen Wellen; der blinde Junge saß immer noch am Ufer, und auf einmal hörte ich so etwas wie Schluchzen; der Junge weinte wirklich, und lange, lange ... Mir wurde schwer ums Herz. Wozu hatte das Schicksal mich in den friedlichen Kreis *ehrlicher Schmuggler* verschlagen? Wie ein Stein, den man in ein glattes Gewässer wirft, habe ich ihre Ruhe gestört, und wie ein Stein wäre ich beinahe selbst auf den Grund gesunken!

Ich kehrte in mein Quartier zurück. Im Flur knisterte auf einem Holzteller die heruntergebrannte Kerze, und mein Kosak lag, entgegen dem Befehl, in tiefem Schlaf, das Gewehr fest in der Hand. Ich ließ ihn ruhen, nahm die Kerze und ging in die Stube. O weh! Meine Schatulle, mein Säbel mit dem silberverzierten Griff, mein dagestanischer Dolch – das Geschenk eines Freundes –, alles war verschwunden. Da begann ich zu ahnen, welche Sachen der verdammte Blinde in dem Sack getragen hatte. Ich weckte meinen Kosaken mit einem ziemlich unsanften Rippenstoß, ich schalt ihn, tobte, aber es war nichts zu machen! Es wäre doch wohl lächerlich gewesen, sich bei der Obrigkeit zu beschweren und zu melden, ein blinder Junge habe mich bestohlen und ein achtzehnjähriges Mädchen mich beinahe ertränkt.

Gott sei Dank bot sich am nächsten Morgen eine Gelegenheit, weiterzureisen, und ich verließ Taman. Was aus der Alten und dem armen Blinden wurde – ich weiß es nicht. Was scheren mich die Freuden und Leiden der Menschen, mich, einen reisenden Offizier, noch dazu einen, der sich auf Dienstreise befindet.

PRINZESS MARY

11. Mai

Gestern bin ich in Pjatigorsk angekommen und habe mir am Ende der Stadt, an einem sehr hoch gelegenen Ort, am Fuße des Maschuks eine Wohnung gemietet; bei Gewitter werden die Wolken meinen Giebel streifen. Als ich heute morgen um fünf Uhr das Fenster öffnete, füllte sich mein Zimmer mit dem Duft der Blumen, die in dem bescheidenen Vorgärtchen wachsen. Die Zweige von blühenden Kirschbäumen sehen zu meinem Fenster herein, und der Wind bestreut zuweilen meinen Schreibtisch mit ihren weißen Blütenblättchen. Nach drei Seiten habe ich eine herrliche Aussicht. Im Westen schimmert mattblau der Beschtau mit seinen fünf Gipfeln, wie die »letzte Wolke des Sturms, der zerstoben«; im Norden erhebt sich der Maschuk wie eine zottige Persermütze und versperrt diesen Teil des Himmels. Nach Osten auszuschauen macht mehr Vergnügen: bunt breitet sich zu meinen Füßen das reinliche, neue Städtchen; Heilquellen rauschen, das vielsprachige Stimmengewirr von Menschen dringt herauf, und dort, etwas weiter, steigen die Berge wie ein Amphitheater an, immer blauer, immer nebliger, und am Horizont zieht sich eine silberne Kette von Berggipfeln hin, vom Kasbek bis zum doppelköpfigen Elbrus. Es ist herrlich, in einer solchen Gegend zu wohnen! Ein freudiges Gefühl rinnt mir durch alle Adern. Die Luft ist rein und frisch wie der Kuß eines Kindes; die Sonne scheint klar, der Himmel leuchtet blau – was begehrt das Herz noch mehr? Wozu Leidenschaften,

Wünsche und Mitleid? – Jedoch es wird Zeit. Ich will zur Elisabethquelle gehen; da sollen sich am Morgen alle Kurgäste einfinden.

Nachdem ich zur Stadtmitte hinuntergegangen war, schlenderte ich den Boulevard entlang, mir begegneten einige trübselige Gruppen, die langsam den Berg hinaufstiegen. Es waren größtenteils Gutsbesitzerfamilien aus dem Steppengebiet; das erriet man sofort an den abgetragenen, altmodischen Röcken der Männer und der auserlesenen Kleidung der Frauen und Töchter; sie schienen alle jungen Männer unter den Kurgästen bereits zu kennen; denn sie sahen mir mit zärtlicher Neugier entgegen. Der Petersburger Schnitt meines Rocks täuschte sie; sobald sie mich aber an meinen Epauletten als Linienoffizier erkannt hatten, wandten sie sich unwillig ab.

Die Frauen der Stadtgewaltigen, sozusagen die Gebieterinnen der Quellen, waren wohlwollender; sie haben Lorgnetten, sie achten auch weniger auf die Uniform; sie sind daran gewöhnt, im Kaukasus unter einem numerierten Uniformknopf ein feuriges Herz und unter einer weißen Mütze einen gebildeten Verstand zu finden. Diese Damen sind sehr liebenswürdig, und das sehr lange Zeit! Ihre Verehrer werden jedes Jahr durch neue abgelöst, und darin verbirgt sich vielleicht auch das Geheimnis ihrer nie welkenden Liebenswürdigkeit. Als ich den schmalen Pfad zur Elisabethquelle hinaufstieg, überholte ich eine größere Gruppe von Herren in Zivil und Uniform; sie bilden, wie ich später erfuhr, unter denen, die der Wirkung des Wassers harren, eine besondere Klasse. Sie trinken – allerdings kein Wasser –, gehen wenig spazieren, flirten nur gelegentlich ... Sie spielen und klagen über Langeweile. Es sind Elegants; wenn sie ihre umflochtenen Gläser in den schwefelsauren Brunnen tauchen, nehmen sie akademische Posen an; die Zivilisten tragen himmelblaue Krawatten, die Militärs lassen ihre Jabots unter dem Kragen hervorschauen. Sie äußern sich verächtlich über die Salons der Provinz und träumen seufzend von den aristokratischen

Empfangszimmern der Hauptstadt, in die sie nicht eingelassen werden.

Da ist endlich der Brunnen! Auf einem kleinen Platz in der Nähe steht ein niedriges Haus mit einem roten Dach, die Badeanstalt, und ein Stück weiter die Galerie, in der man bei Regen spazierengeht ... Ein paar verwundete Offiziere saßen, die Krücken neben sich gestellt, bleich und freudlos auf einer Bank. Mehrere Damen gingen mit schnellen Schritten auf dem Platz auf und ab, sie warteten auf die Wirkung des Brunnens. Unter ihnen befanden sich zwei, drei hübsche Gesichter. In den Weinstockalleen, die sich an dem Hang des Maschuks hinziehen, tauchten hier und da bunte Hüte von Liebhaberinnen der Einsamkeit zu zweien auf, denn immer bemerkte ich neben einem solchen Hütchen entweder eine Militärmütze oder einen häßlichen runden Hut.

Auf dem steilen Felsen, auf dem der Pavillon, benannt die Äolsharfe, steht, verharrten die Freunde der schönen Aussicht und richteten ihre Fernrohre auf den Elbrus; unter ihnen waren zwei Erzieher mit ihren Zöglingen, die hier von Skrofulose geheilt werden sollten.

Oben angekommen, blieb ich schweratmend stehen, ich lehnte mich an die Ecke des kleinen Hauses und betrachtete die malerische Umgebung. Da vernahm ich plötzlich hinter mir eine bekannte Stimme: »Petschorin! Bist du schon lange hier?«

Ich drehte mich um: Gruschnizki! Wir umarmten uns. Wir kannten uns von der kämpfenden Truppe her. Er war am Bein verwundet und eine Woche vor mir zur Kur gefahren.

Gruschnizki ist Junker. Er dient erst ein Jahr und trägt, aus Eitelkeit besonderer Art, einen dicken Soldatenmantel. Er hat das Georgskreuz für Soldaten. Er ist gut gewachsen, braungebrannt und schwarzhaarig; er sieht aus wie fünfundzwanzig, obwohl er gerade einundzwanzig Jahre geworden ist. Wenn er redet, legt er den Kopf in den Nacken und zwirbelt dauernd mit der linken Hand den Schnurrbart, denn mit der Rechten stützt er sich auf seinen Krückstock. Er spricht schnell und geziert; er gehört zu den Menschen, die für alle Ereignisse des Lebens fertige, wohltönende Phrasen bereithalten, keinen Sinn für einfache Schönheit besitzen und sich prahlerisch mit ungewöhnlichen Gefühlen, erhabenen Leidenschaften und exklusiven Leiden drapieren. Effekt erzielen bedeutet ihnen höchsten Genuß; die romantischen Provinzfräulein sind ihnen bedingungslos ergeben. Im Alter werden sie entweder friedliche Gutsbesitzer oder Säufer, manchmal beides. Ihre Seele birgt oft viele gute Eigenschaften, aber nicht für einen Heller Poesie. Gruschnizki deklamierte leidenschaftlich gern; er überschüttete jeden mit einem Wortschwall, sobald das Gespräch den Bereich der gewöhnlichen Begriffe verließ; ich konnte mich nie mit ihm streiten. Er antwortet nämlich nicht auf die Erwiderungen des anderen, er hört ihn nicht. Sobald man innehält, beginnt er eine lange Tirade, die scheinbar mit dem zusammenhängt, was man gesagt hat, aber in Wirklichkeit nur die Fortsetzung seiner eigenen Rede ist.

Er ist ziemlich witzig; seine Epigramme sind oft amüsant, aber niemals treffend oder gehässig – er wird nie jemanden mit einem Wort vernichten können; er kennt die Menschen und ihre schwachen Seiten nicht, weil er sich sein Leben lang allein mit sich beschäftigt hat. Sein Ziel ist, Held eines Romans zu werden. Er hat sich so oft bemüht, andere davon zu überzeugen, er sei nicht für diese Welt geschaffen und zu besonderen geheimen Leiden verurteilt, daß er es beinahe selbst glaubt. Auch deswegen trägt er seinen dicken Soldatenmantel so stolz. – Ich habe ihn durchschaut, und er kann mich deshalb nicht leiden, trotzdem verkehren wir nach außen hin höchst freundschaftlich miteinander. Gruschnizki gilt als außerordentlich tapfer; ich habe ihn im Kampf gesehen – er schwingt den Säbel, brüllt und stürmt mit geschlossenen Augen vor. Das ist doch wohl nicht die Tapferkeit des Russen!

Ich mag ihn auch nicht; ich ahne, daß wir einst auf schmalem Steg zusammenstoßen werden, und dann wird es einem von uns schlecht ergehen.

Seine Ankunft im Kaukasus war ebenfalls eine Folge seines romantischen Fanatismus. Ich bin überzeugt, daß er am Abend vor der Abreise aus seinem Heimatdorf mit düsterer Miene zu einer hübschen Nachbarin gesagt hat, er fahre nicht einfach, um seiner militärischen Pflicht zu genügen, sondern er suche den Tod, weil . . . an dieser Stelle hat er wahrscheinlich die Augen mit einer Hand bedeckt und hinzugesetzt: »Nein, Sie dürfen (oder du darfst) es nicht wissen! Ihr reines Herz würde erbeben! Wozu auch? Was bin ich für Sie? Könnten Sie mich je verstehen?« Und so weiter.

Er hat mir selber gesagt, das, was ihn dazu bewogen habe, in das K . . . sche Regiment einzutreten, bliebe zwischen ihm und dem Himmel ein ewiges Geheimnis.

In Augenblicken, in denen Gruschnizki den Mantel der Tragik ablegt, ist er recht nett und unterhaltsam. Ich möchte zu gern sehen, wie er sich den Frauen gegenüber verhält. Ich kann mir vorstellen, daß er sich da sehr anstrengt!

Wir begrüßten uns wie alte Freunde. Ich erkundigte mich bei ihm nach dem Leben im Kurort und nach bemerkenswerten Persönlichkeiten.

»Wir führen ein ziemlich prosaisches Leben«, sagte er seufzend. »Die morgens Brunnen trinken, sind energielos wie alle Kranken, und die abends Wein trinken, sind unausstehlich wie alle Gesunden. Es gibt Damengesellschaft, aber sie bietet wenig Zerstreuung – sie spielen Whist, kleiden sich schlecht und sprechen ein abscheuliches Französisch. Aus Moskau ist in diesem Jahr bloß die Fürstin Ligowskaja mit ihrer Tochter hier; aber ich bin ihr noch nicht vorgestellt worden. Mein Soldatenmantel kennzeichnet mich wie einen Aussätzigen. Das Mitleid, das er weckt, ist schwer zu ertragen – wie ein Almosen.«

In diesem Augenblick gingen zwei Damen an uns vorüber zum Brunnen, eine ältere und eine sehr junge, schlanke. Ihre Gesichter konnte ich unter den Hüten nicht genau sehen, aber die Damen waren nach den strengen Regeln erlesensten Geschmacks gekleidet – nichts Überflüssiges! Die junge trug ein hochgeschlossenes Kleid, gris de perles; um ihren schlanken Hals wand sich ein duftiges Seidentuch. Ihre Schuhe, couleur puce, umspannten die zierlichen Füße am Knöchel so anmutig, daß sogar dem, der in die Geheimnisse der Schönheit nicht eingeweiht ist, zumindest ein Ausruf der Bewunderung entschlüpft wäre. Ihr leichter, aber edler Gang hatte etwas Jungfräuliches an sich, das sich nicht näher erklären läßt, dem Auge jedoch verständlich ist. Als sie vorüberschritt, umfing uns der unbeschreibliche Duft, der bisweilen dem Brief einer Geliebten entströmt.

»Das ist die Fürstin Ligowskaja«, sagte Gruschnizki, »und ihre Tochter, die sie nach englischer Manier Mary nennt. Sie sind erst drei Tage hier.«

»Und du kennst schon ihren Namen?«

»Ich hörte ihn zufällig«, antwortete er und errötete. »Ich habe offen gestanden gar keine Lust, ihre Bekanntschaft zu machen; diese stolzen Herrschaften betrachten uns von der Armee wie Wilde. Was kümmert es sie, ob unter einer numerierten Mütze Verstand und unter einem dicken Mantel ein Herz sitzt?«

»Der arme Mantel«, sagte ich lachend. »Und wer ist dieser Herr, der dort an sie herantritt und ihnen so dienstbeflissen die Gläser reicht?«

»Oh! Das ist Rajewitsch, ein Elegant aus Moskau! Er ist ein Spieler: das sieht man sofort an seiner gewaltigen goldenen Kette, die sich über seine himmelblaue Weste schlängelt. Und was für einen dicken Spazierstock er hat, wie Robinson Crusoe! Dazu der Bart und die Frisur à la Mushik.«

»Du grollst ja dem ganzen Menschengeschlecht.«

»Ich habe meine Gründe ...«

»Oh! Wirklich?«

In diesem Augenblick kamen die Damen vom Brunnen zurück und gingen an uns vorüber. Gruschnizki nahm mit Hilfe des Krückstockes eine dramatische Pose an und antwortete mir laut auf französisch: »Mon cher, je hais les hommes pour ne pas les mépriser, car autrement la vie serait une farce trop dégoûtante.«

Die hübsche Prinzeß wandte sich um und dankte dem Redner mit einem langen neugierigen Blick. Der Ausdruck dieses Blickes war sehr unbestimmt, aber nicht spöttisch, wozu ich dem Junker im stillen herzlich gratulierte.

»Die Prinzeß ist allerliebst«, sagte ich zu ihm. »Sie hat so samtene Augen, ja genau samtene – ich empfehle dir, diesen Ausdruck zu benutzen, wenn du von ihren Augen sprichst; ihre unteren und oberen Wimpern sind so lang, daß sich die Sonnenstrahlen nicht in den Pupillen spiegeln. Ich liebe diese glanzlosen Augen, sie sind so weich, als streichelten sie. – In ihrem Gesicht scheint übrigens alles schön zu sein ... Hat sie eigentlich weiße Zähne? Das ist sehr wichtig! Schade, daß sie zu deiner fulminanten Phrase nicht gelächelt hat.«

»Du sprichst von einer hübschen Frau wie von einem englischen Pferd«, sagte Gruschnizki aufgebracht.

»Mon cher«, erwiderte ich und versuchte dabei möglichst seinen Ton nachzuahmen, »je méprise les femmes pour ne pas les aimer, car autrement la vie serait un mélodrame trop ridicule.«

Ich drehte mich um und ließ ihn stehen. Eine halbe Stunde streifte ich durch die Weinstockalleen, über die Kalksteinfelsen und durch das zwischen ihnen wuchernde Gesträuch. Es wurde heiß, und ich eilte nach Hause. Als ich an dem schwefelsauren Brunnen vorüberkam, blieb ich in der Galerie stehen, um in ihrem Schatten auszuruhen, und wurde Zeuge einer recht kurzweiligen Szene. Die handelnden Personen nahmen folgende Stellung ein: Die Fürstin saß mit dem Elegant aus Moskau auf einer Bank in der Galerie, und sie waren anscheinend in ein ernstes Gespräch vertieft. Die Prinzeß, die vermutlich ihr letztes Glas schon geleert hatte, ging nachdenklich vor dem Brunnen auf und ab. Gruschnizki stand unmittelbar neben dem Brunnen; sonst war niemand auf dem Platz.

Ich trat näher und verbarg mich hinter einem Vorsprung der Galerie. In diesem Augenblick ließ Gruschnizki sein Glas in den Sand fallen und versuchte krampfhaft, sich zu bücken, um es wieder aufzuheben – das verwundete Bein hinderte ihn daran. Der Ärmste! Wie sehr er sich, auf seinen Krückstock gestützt, auch bemühte, es gelang ihm nicht. Sein markantes Gesicht zeigte in der Tat einen leidenden Ausdruck.

Prinzeß Mary sah das alles besser als ich.

Leicht wie ein Vöglein eilte sie zu ihm, bückte sich, hob das Glas auf und reichte es ihm mit einer Bewegung voll unbeschreiblicher Anmut; dann wurde sie schrecklich rot, drehte sich zur Galerie um und schien sich sogleich zu beruhigen, überzeugt, daß ihre Mutter nichts gesehen hatte. Als Gruschnizki den Mund öffnete, um ihr zu danken, war sie schon weit weg. Bald darauf verließ sie mit ihrer Mutter und dem Elegant die Galerie; als sie an Gruschnizki vorüberging, sah sie wohlgesittet und würdevoll vor sich hin, wandte sich nicht um und bemerkte nicht einmal den leidenschaftlichen Blick, mit dem er sie so lange verfolgte, bis sie unten am Berg hinter den jungen Linden des Boulevards verschwand ... Doch ihr kleiner Hut tauchte noch einmal in der Straße auf; sie trat durch das Tor eines der besten Häuser von Pjatigorsk; die Fürstin folgte ihr und verabschiedete sich am Tor von Rajewitsch.

Erst in diesem Augenblick bemerkte der arme leidenschaftliche Junker meine Anwesenheit.

»Hast du gesehen?« sagte er und drückte mir dabei fest die Hand. »Sie ist einfach ein Engel!«

»Wieso?« fragte ich mit der Miene reinster Einfalt.

»Hast du etwa nichts gesehen?«

»Doch – sie hat dein Glas aufgehoben. Wäre ein Aufseher dagewesen, hätte er das gleiche getan, und zwar flinker, in der Hoffnung auf ein Trinkgeld. Übrigens ist es sehr begreiflich, daß du ihr leid tust – du schnittst so eine fürchterliche Grimasse, als du auf dein durchschossenes Bein tratst.«

»Warst du denn kein bißchen gerührt, als du in diesem Augenblick sahst, wie ihr Gesicht vor Herzensgüte strahlte?«

»Nein.«

Ich log. Aber ich wollte ihn ärgern. Ich bin von klein auf

ein Widerspruchsgeist; mein ganzes Leben war nichts als eine endlose Kette von traurigen und unglücklichen Widersprüchen, die sich gegen das Herz oder die Vernunft richteten. Die Anwesenheit eines Enthusiasten erfüllt mich mit knarrender Kälte, und ich glaube, häufiger Verkehr mit einem müden Phlegmatiker würde mich zum leidenschaftlichen Träumer machen. Ich muß auch gestehen, daß ein unerfreuliches, aber vertrautes Gefühl in diesem Augenblick mein Herz heimsuchte – es war der Neid; ich sage unerschrocken der Neid, weil ich gewohnt bin, mir alles offen einzugestehen. Es dürfte sich wohl kaum ein junger Mann finden (selbstverständlich einer, der in der großen Welt gelebt hat und gewohnt ist, seine Eitelkeit zu hätscheln), den es nicht unangenehm berührt, wenn er einer schönen Frau begegnet, die seine müßige Aufmerksamkeit fesselt und plötzlich ganz ungeniert in seiner Gegenwart einen anderen, ihr ebenso unbekannten Mann auszeichnet.

Schweigend ging ich mit Gruschnizki den Berg hinab und auf dem Boulevard an dem Hause vorüber, in dem unsere Schöne verschwunden war. Sie saß am Fenster. Gruschnizki zupfte mich am Ärmel und warf einen jener trübzärtlichen Blicke zu ihr hinauf, die so wenig auf Frauen wirken. Ich richtete meine Lorgnette auf sie und bemerkte, daß sie über seinen Blick lächelte und daß meine freche Lorgnette sie ernstlich ärgerte. Und in der Tat – wie kann sich ein Offizier von den Kaukasustruppen unterstehen, sein Glas auf eine Moskauer Prinzeß zu richten!

13. Mai

Heute morgen hat mich der Arzt aufgesucht; er heißt Werner, ist aber ein Russe. Was ist daran verwunderlich? Ich habe einen Iwanow kennengelernt, der war Deutscher.

Werner ist in vieler Hinsicht ein bemerkenswerter Mensch. Er ist Skeptiker und Materialist wie fast alle Mediziner, und zugleich Dichter, und zwar nicht zum Zeitvertreib; Dichter ist er ständig in seinem Tun und oft in seinen Worten, obwohl er in seinem ganzen Leben keine zwei Verse geschrieben hat. Er hat alle lebendigen Saiten des menschlichen Herzens studiert, so wie man die Adern eines Toten studiert, nur er hat es nie verstanden, sein Wissen zu nützen. So kann mitunter ein ausgezeichneter Anatom nicht ein Fieber heilen. Gewöhnlich machte sich Werner im stillen über seine Kranken lustig, aber einmal sah ich ihn am Lager eines sterbenden Soldaten weinen. Er war arm, träumte von Millionen, hätte aber für Geld keinen überflüssigen Schritt getan; er sagte mir einmal, er würde eher einem Feind als einem Freund eine Gefälligkeit erweisen, denn das hieße seine Wohltätigkeit verkaufen, der Haß aber wüchse mit der Großmut des Gegners. Er hatte eine böse Zunge: durch seine Epigramme kam schon mancher gutmütige Tölpel in den Ruf, ein ausgemachter Dummkopf zu sein; seine Konkurrenten, die neidischen Kurärzte, streuten das Gerücht aus, er zeichne von seinen Kranken Karikaturen, und die Kranken – sie erbosten sich darüber! – kehrten ihm fast alle den Rücken. Seine Freunde, das heißt alle wirklich rechtschaffenen Menschen, die im Kaukasus gedient haben, bemühten sich vergebens, sein gesunkenes Ansehen wiederherzustellen.

Seinem Äußeren nach gehörte er zu jenen, die auf den ersten Blick unsympathisch wirken, später aber gefallen, wenn das Auge gelernt hat, in den unregelmäßigen Zügen den Widerschein einer erfahrenen und edlen Seele zu entdecken. Es hat Beispiele dafür gegeben, daß sich Frauen besinnungslos in solche Männer verliebten und deren Häßlichkeit nicht gegen die Schönheit des frischesten und rosigsten Endymion eingetauscht hätten. Man muß den Frauen Gerechtigkeit widerfahren lassen, sie haben einen Instinkt für die seelische Schönheit; mag sein, daß Menschen wie Werner deswegen so leidenschaftlich die Frauen verehren.

Werner war klein, hager und schwächlich wie ein Kind; er hatte wie Byron ein verkürztes Bein; im Vergleich zum Körper wirkte sein Kopf riesig, er trug sein Haar sehr kurz geschnitten, und die Unregelmäßigkeiten seines Schädels, die auf diese Weise zutage traten, hätten einen Phrenologen durch die sonderbare Verstrickung einander entgegengesetzter Neigungen in Erstaunen versetzt. Seine kleinen schwarzen Augen, die ewig unruhig waren, versuchten in die Gedanken des anderen einzudringen. Seine Kleidung verriet Geschmack und Sorgfalt; seine mageren, sehnigen und kleinen Hände steckten in hellgelben Handschuhen. Sein Rock, sein Halstuch und seine Weste waren immer schwarz. Die jungen Leute nannten ihn Mephistopheles; er tat so, als ärgerte er sich über diesen Spitznamen, im Grunde aber schmeichelte er seiner Eigenliebe. – Wir verstanden einander sehr bald und wurden gute Kameraden, denn ich eigne mich nicht für die Freundschaft. Von zwei Freunden ist der eine stets der Sklave des anderen, wenngleich sich keiner von beiden das eingesteht. Sklave kann ich nicht sein, und gebieten ist in diesem Falle eine ermüdende Tätigkeit, weil man dabei zugleich täuschen muß; überdies habe ich Diener und Geld! Unsere Bekanntschaft begann folgendermaßen: Ich traf Werner in S . . . in einer zahlreichen und lärmenden Gesellschaft von jungen Leuten; die Unterhaltung wurde gegen Ende des Abends philosophisch-metaphysisch; wir sprachen von unseren Überzeugungen, und jeder vertrat eine entgegengesetzte Meinung.

»Was mich betrifft, so bin ich nur von einem einzigen überzeugt«, sagte der Arzt.

»Wovon also?« fragte ich, um die Meinung desjenigen zu erfahren, der bislang geschwiegen hatte.

»Davon«, antwortete er, »daß ich früher oder später eines schönen Morgens sterben werde.«

»Ich bin reicher als Sie«, sagte ich, »ich besitze noch eine Überzeugung mehr, und zwar die, daß ich an einem überaus widerwärtigen Abend das Unglück hatte, geboren zu werden.«

Alle fanden, wir redeten ungereimtes Zeug, doch im Grunde sagte keiner von ihnen etwas Klügeres. In diesem Augenblick hatten wir uns in der Menge erkannt. Wir trafen uns des öfteren und erörterten zu zweit sehr ernsthaft abstrakte Dinge, bis wir beide gewahr wurden, daß wir uns zum besten hielten. Dann brachen wir, nachdem wir einander bedeutsam in die Augen geblickt hatten, in ein schallendes Gelächter aus, wie dies nach Ciceros Worten einst die römischen Auguren getan, und trennten uns höchst zufrieden über diesen Abend.

Ich lag, den Blick auf die Decke gerichtet und die Hände im Nacken verschränkt, auf dem Diwan, als Werner mein Zimmer betrat. Er setzte sich in den Sessel, stellte den Spazierstock in die Ecke, gähnte und erklärte, es würde draußen heiß werden. Ich erwiderte, mir würden die Fliegen lästig – und darauf schwiegen wir beide.

»Stellen Sie sich vor, lieber Doktor«, sagte ich, »wie öde das Leben auf dieser Welt ohne Dummköpfe wäre! Sehen Sie, wir beiden gescheiten Menschen wissen im voraus, daß man sich über alles endlos streiten kann, und streiten uns deshalb nicht. Wir kennen voneinander fast alle noch so geheimen Gedanken, ein einziges Wort ist für uns eine ganze Geschichte, und wir sehen den Keim eines jeden unserer Gefühle durch eine dreifache Hülle hindurch. Das Traurige mutet uns lächerlich, das Lächerliche traurig an, und im Grunde sind wir, um die Wahrheit zu sagen, gegen alles recht gleichgültig, außer gegen uns selbst. Ein Austausch von Gefühlen und Gedanken kann zwischen uns also nicht zustande kommen, wir wissen voneinander alles, was wir wissen wollen, und mehr wollen wir nicht wissen. Es bleibt nur ein Mittel: Neuigkeiten mitteilen. – Erzählen Sie mir, was gibt es Neues?«

Erschöpft von meiner langen Rede, schloß ich die Augen und gähnte.

Nach kurzem Überlegen antwortete er: »Ihr Geschwätz birgt immerhin eine Idee!«

»Zwei«, entgegnete ich.

»Nennen Sie mir die eine, dann werde ich Ihnen die andere nennen.«

»Gut, fangen Sie an«, sagte ich, während ich weiter die Decke betrachtete und innerlich lächelte.

»Sie möchten Näheres über einige Kurgäste erfahren, und ich errate schon, mit wem sich Ihre Gedanken beschäftigen, weil man sich andererseits auch schon nach Ihnen erkundigt hat.«

»Doktor! Wir dürfen uns nicht mehr unterhalten – einer liest in der Seele des anderen.«

»Jetzt die zweite . . .«

»Die zweite Idee ist folgende: Ich wollte Sie veranlassen, etwas zu erzählen, denn erstens strengt das Zuhören weniger an, zweitens wird dabei nichts ausgeplaudert, drittens kann man ein fremdes Geheimnis erfahren, und schließlich viertens lieben solche klugen Menschen wie Sie die Zuhörer mehr als die Erzähler. Doch zur Sache – was hat die Fürstin Ligowskaja über mich gesagt?«

»Sind Sie sicher, daß es die Fürstin und nicht die Prinzeß gewesen ist?«

»Ganz sicher.«

»Warum?«

»Weil sich die Prinzeß nach Gruschnizki erkundigt hat.«

»Sie haben eine große Kombinationsgabe. Die Prinzeß hat gesagt, sie sei überzeugt, dieser junge Mann im Soldatenmantel sei wegen eines Duells zum Soldaten degradiert worden . . .«

»Ich hoffe, Sie haben sie in diesem angenehmen Irrtum belassen.«

»Versteht sich.«

»Der Knoten ist geschürzt!« rief ich entzückt. »Für die Lösung der Komödie werden wir schon sorgen. Das Schicksal hat es offenbar darauf abgesehen, mir die Langeweile zu vertreiben.«

»Ich ahne«, sagte der Arzt, »der arme Gruschnizki wird Ihr Opfer werden . . .«

»Weiter, Doktor . . .«

»Die Fürstin hat gesagt, Ihr Gesicht käme ihr bekannt vor . . . Ich bemerkte dazu, sie sei Ihnen sicherlich in Petersburg irgendwo in einer Gesellschaft begegnet . . . Ich nannte Ihren Namen . . . Er war ihr geläufig. Es scheint, Ihre Geschichte hat dort viel Aufsehen erregt! Die Fürstin erzählte von Ihren Abenteuern und fügte wahrscheinlich zu dem Klatsch der Salons noch ihre eigenen Bemerkungen hinzu . . . Das Töchterchen hörte neugierig zu. Sie wurden in ihrer Phantasie zu einem Romanhelden nach neuestem Geschmack ... Ich widersprach der Fürstin nicht, obwohl ich wußte, daß sie Unsinn redete.«

»Ehrenwerter Freund!« sagte ich und reichte ihm die Hand. Der Arzt drückte sie gefühlvoll und fuhr fort: »Wenn Sie wünschen, stelle ich Sie vor ...«

»Haben Sie Erbarmen!« sagte ich und schlug die Hände zusammen. »Werden Helden etwa vorgestellt? Sie führen sich dadurch ein, daß sie ihre Geliebte vor dem sicheren Tod erretten ...«

»Und Sie wollen tatsächlich der Prinzeß den Hof machen?«

»Im Gegenteil, ganz im Gegenteil! Doktor, endlich triumphiere ich: Sie verstehen mich nicht! Übrigens stimmt mich das traurig, Doktor«, fuhr ich nach kurzem Schweigen fort. »Ich offenbare meine Geheimnisse nie selbst, sondern habe es sehr gern, wenn andere sie erraten, weil ich sie auf diese Weise nötigenfalls ableugnen kann. Doch Sie müssen mir die gnädige Mama und ihre Tochter beschreiben. Was sind das für Menschen?«

»Erstens die Fürstin, sie ist eine Frau von fünfundvierzig Jahren«, antwortete Werner, »sie hat einen vorzüglichen Magen, aber ihr Blut ist schlecht: sie hat rote Flecke auf den Wangen. Die letzte Hälfte ihres Lebens hat sie in Moskau verbracht, und dort ist sie in aller Ruhe dick geworden. Ihre Schwäche sind schlüpfrige Anekdoten, und sie gibt manchmal selbst Obszönitäten zum besten, wenn die Tochter nicht im Zimmer ist. Sie hat mir erklärt, ihre Tochter sei unschuldig wie eine Taube. Was geht mich das an? Ich wollte ihr erwidern, sie solle beruhigt sein, ich würde es niemand weitersagen! Die Fürstin läßt sich vom Rheumatismus kurieren und die Tochter von weiß Gott was. Ich habe beiden verordnet, täglich zwei Glas schwefelsauren Brunnen zu trinken und zweimal wöchentlich ein Moorbad zu nehmen. Die Fürstin scheint nicht gewohnt zu sein zu gebieten; sie hat Hochachtung vor dem Verstand und Wissen ihrer Tochter, die Byron in englischer Sprache gelesen hat und sich in Algebra auskennt; die jungen Damen in Moskau haben sich anscheinend auf die Wissenschaft verlegt, und sie tun recht daran – wahrhaftig! Unsere Männer sind überhaupt so wenig liebenswürdig, daß es für eine kluge Frau unerträglich sein muß, mit ihnen zu kokettieren. – Die Fürstin hat für junge Leute etwas übrig; die Prinzeß betrachtet sie mit einer gewissen Hoffart – Moskauer Gepflogenheiten! In Moskau gelten einzig die geistreichelnden Vierzigjährigen.«

»Sind Sie in Moskau gewesen, Doktor?«

»Ich hatte dort eine Praxis.«

»Fahren Sie fort.«

»Ich habe wohl schon alles gesagt ... Ach, noch eins! Die Prinzeß scheint sich gern über Gefühle, Leidenschaften und dergleichen zu unterhalten ... Sie ist einen Winter lang in Petersburg gewesen, und es hat ihr dort nicht gefallen, besonders die Gesellschaft – sicherlich hat man sie kühl aufgenommen.«

»Haben Sie heute niemand bei ihnen gesehen?«

»Im Gegenteil, es war ein Adjutant da, ein steifer Gardeoffizier, und eine soeben eingetroffene Dame, eine Verwandte des Mannes der Fürstin, sehr schön, aber ich glaube, auch sehr krank ... Sind Sie ihr nicht am Brunnen begegnet? – Sie ist mittelgroß, blond, hat ebenmäßige Züge, die Gesichtsfarbe der Schwindsüchtigen und auf der rechten Wange ein schwarzes Muttermal. Ihr Gesicht überraschte mich durch seine Ausdruckskraft.«

»Ein Muttermal!« murmelte ich vor mich hin. »Sollte es etwa ...?«

Der Arzt sah mich an und sagte feierlich, indem er mir die Hand aufs Herz legte: »Sie kennen sie.« Mein Herz schlug in der Tat heftiger als gewöhnlich.

»Jetzt sind Sie an der Reihe, zu triumphieren«, sagte ich. »Aber ich vertraue Ihnen; Sie werden mich nicht verraten. Ich habe sie noch nicht gesehen, aber ich bin gewiß, aus Ihrer Schilderung eine Frau wiederzuerkennen, die ich früher einmal geliebt habe. – Sagen Sie ihr kein Wort von mir; wenn sie sich erkundigt, reden Sie schlecht über mich.«

»Wie Sie wollen«, sagte Werner achselzuckend.

Nachdem er gegangen war, befiel trostlose Wehmut mein Herz. Hat uns das Schicksal im Kaukasus wieder zusammengeführt, oder ist sie absichtlich hergekommen, weil sie mich hier wußte? Wie werden wir uns gegenübertreten? Ist sie es wirklich? Meine Ahnungen haben mich nie betrogen. Es gibt keinen Menschen auf der Welt, über den die Vergangenheit solch eine Macht gewinnen kann wie über mich – jede Erwähnung einstiger Freuden und Leiden berührt meine Seele schmerzlich und entlockt ihr immer wieder die gleiche Musik; bei mir ist alles so dumm eingerichtet – ich vergesse nichts, aber auch gar nichts.

Am Nachmittag so gegen sechs Uhr ging ich auf den Boulevard, es wimmelte dort von Menschen; die Fürstin und die Prinzeß saßen auf einer Bank, von jungen Männern umringt, die sich in Liebenswürdigkeiten überboten. Ich ließ mich in einiger Entfernung auf einer anderen Bank nieder, hielt zwei Bekannte, D ... sche Offiziere, an und begann ihnen etwas zu erzählen; es war anscheinend etwas Lustiges, sie lachten nämlich wie toll. Die Neugier lockte einige aus der Umgebung der Prinzeß zu mir herüber; allmählich verließen sie alle und gesellten sich zu meinem Kreis. Ich redete ohne Unterlaß, meine Anekdoten waren geistreich bis zur Plattheit, mein Spott über Originale, die vorübergingen, war boshaft bis zur Raserei. Ich belustigte mein Publikum bis Sonnenuntergang. Die Prinzeß wandelte mehrmals am Arm ihrer Mutter, von einem hinkenden alten Mann begleitet, an mir vorüber; einige Male verriet ihr Blick, wenn er auf mich fiel, Unmut, obwohl er Gleichgültigkeit vorzutäuschen versuchte ...

»Was hat er Ihnen erzählt?« fragte sie einen jungen Mann, der anstandshalber zu ihr zurückkehrte, »sicherlich eine sehr interessante Geschichte, seine Heldentaten aus den Gefechten?« Sie sagte das ziemlich laut, wahrscheinlich in der Absicht, mich zu verletzen. Aha! dachte ich. Sie ärgern sich wirklich, liebe Prinzeß? Warten Sie ab, es kommt noch ganz anders!

Gruschnizki belauerte sie wie ein Raubtier und ließ sie nicht aus den Augen; ich wette, er wird morgen bitten, jemand solle ihn der Fürstin vorstellen. Sie wird sehr erfreut sein, denn sie langweilt sich.

16. Mai

Innerhalb von zwei Tagen sind meine Angelegenheiten prächtig gediehen. Die Prinzeß haßt mich mit aller Entschiedenheit; man hat mir schon zwei, drei ziemlich bissige, doch zugleich sehr schmeichelhafte Epigramme über meine Person zugetragen. Es befremdet sie außerordentlich, daß ich, der ich an die gute Gesellschaft gewöhnt und mit ihren Petersburger Kusinen und Tantchen so befreundet bin, mich nicht um ihre Bekanntschaft bemühe. Wir treffen uns jeden Tag am Brunnen und auf dem Boulevard; ich gebe mir dann die größte Mühe, um ihr die Verehrer, die schneidigen Adjutanten, die blaßgesichtigen Moskauer und ihresgleichen, abspenstig zu machen, und es gelingt mir fast immer.

Ich habe nie gern Besuch gehabt. Nun habe ich jeden Tag das Haus voll, man speist bei mir zu Mittag, zu Abend, spielt bei mir – und, o weh, mein Champagner triumphiert über die magnetische Kraft ihrer Augen.

Gestern traf ich sie in Tschelachows Laden; sie verhandelte wegen eines wunderbaren Perserteppichs. Die Prinzeß flehte ihr Mamachen an, nicht mit dem Geld zu sparen – dieser Teppich würde ihr Zimmer so verschönen! Ich legte vierzig Rubel mehr auf den Tisch und kaufte ihn; dafür belohnte sie mich mit einem Blick voll süßester Wut. Um die Mittagszeit ließ ich absichtlich an ihrem Fenster mein tscherkessisches Pferd vorüberführen, dem dieser Teppich übergehängt war. Werner hielt sich gerade bei ihnen auf und berichtete mir, die Wirkung dieser Szene sei höchst dramatisch gewesen. Die Prinzeß will zu einem Kreuzzug gegen mich aufrufen; ich habe sogar schon bemerkt, daß zwei Adjutanten in ihrer Gegenwart mich sehr kühl grüßen, obwohl sie jeden Tag bei mir zu Mittag speisen.

Gruschnizki trägt eine geheimnisvolle Miene zur Schau; er geht umher, die Hände auf dem Rücken, und kennt keinen mehr; seine Beinwunde ist plötzlich verheilt – er hinkt kaum noch. Er hat Gelegenheit gefunden, ein Gespräch mit der Fürstin anzuknüpfen und der Prinzeß ein Kompliment zu sagen; sie scheint nicht mehr wählerisch zu sein, denn sie erwidert seinen Gruß mit dem liebenswürdigsten Lächeln.

»Willst du dich wirklich den Ligowskis nicht vorstellen lassen?« sagte er gestern zu mir.

»Wirklich nicht.«

»Ich bitte dich, es ist das angenehmste Haus in Pjatigorsk! Die ganze bessere Gesellschaft von hier ...«

»Mein lieber Freund, nicht nur die hiesige ödet mich an. Verkehrst du bei ihnen?«

»Noch nicht; ich habe ein paarmal mit der Prinzeß gesprochen, aber weißt du, es wäre mir peinlich, selber um eine Einladung zu bitten, obwohl das hier gang und gäbe ist ... Wenn ich Epauletten trüge, wäre es etwas anderes ...«

»Erlaube mal, so bist du viel interessanter! Du verstehst es einfach nicht, deine vorteilhafte Stellung zu nutzen. Ein Soldatenmantel macht dich in den Augen einer jeden empfindsamen jungen Dame zu einem Helden, einem Märtyrer.«

Gruschnizki lächelte selbstgefällig.

»Was für ein Unsinn!« sagte er.

»Ich bin sicher«, fuhr ich fort, »daß die Prinzeß schon in dich verliebt ist.«

Er errötete bis über beide Ohren und setzte eine ernste Miene auf.

O Eitelkeit, du bist der Hebel, mit dem Archimedes die Weltkugel auszuheben gedachte!

»Du reißt über alles deine Witze«, sagte er und tat, als sei er verstimmt. »Erstens kennt sie mich kaum ...«

»Frauen lieben nur Männer, die sie nicht kennen.«

»Ich habe es gar nicht darauf abgesehen, ihr zu gefallen. Ich möchte einfach in einem angenehmen Haus verkehren, und es wäre sehr lächerlich, wenn ich irgendwelche Absichten hegte ... Bei euch ist das eine andere Sache! – Ihr Petersburger Unwiderstehlichen braucht die Frauen bloß anzusehen, und schon schmelzen sie dahin ... Aber, Petschorin, weißt du, was die Prinzeß von dir gesagt hat?«

»Was? Sie hat schon über mich gesprochen?«

»Frohlocke nicht zu früh. Ich kam mit ihr am Brunnen ins Gespräch, zufällig. Und ihr drittes Wort war: ›Wer ist dieser Herr mit dem unangenehmen, schweren Blick? Sie waren neulich mit ihm zusammen, als ...‹ Sie wurde rot und wollte den Tag nicht nennen, weil ihr wieder ihr liebenswürdiger Fauxpas einfiel. – ›Sie brauchen mir den Tag nicht zu nennen‹, antwortete ich, ›er wird mir ewig im Gedächtnis bleiben.‹ Mein Freund Petschorin, ich gratuliere dir nicht, du bist bei ihr schlecht angeschrieben ... Das ist wirklich schade! Denn die Prinzeß Mary ist allerliebst!«

Ich muß bemerken, daß Gruschnizki zu den Männern gehört, die, wenn sie von einer Frau reden, die sie kaum kennen, sie sogleich *meine Mary*, *meine Sophie* nennen, sofern sie das Glück hatte, ihnen zu gefallen.

Ich zog ein ernstes Gesicht und antwortete ihm: »Ja, sie ist nicht übel ... Doch hüte dich, Gruschnizki! Die russischen jungen Damen lieben zum größten Teil nur platonisch, ohne dabei an eine Heirat zu denken; und platonische Liebe beunruhigt am meisten. Die Prinzeß ist anscheinend eine von jenen Frauen, die unterhalten sein wollen; wenn sie sich zwei Minuten an deiner Seite langweilt, bist du rettungslos verloren; dein Schweigen muß ihre Neugier wecken, dein Gespräch darf sie nie völlig befriedigen, du mußt sie immerzu in Unruhe halten; sie wird sich deinetwegen zehnmal über die öffentliche Meinung hinwegsetzen und dies ein Opfer nennen, und sie wird dich, um sich dafür zu entschädigen, quälen – und dir dann rundheraus sagen, sie könne dich nicht leiden. Wenn du über sie keine Macht gewinnst, gibt dir auch der erste Kuß nicht das Recht zu einem zweiten; sie wird mit dir nach Herzenslust kokettieren und in ein, zwei Jahren aus Gehorsam gegen ihre Mutter irgendein Ekel heiraten und sich selbst einreden, sie sei unglücklich, sie habe nur einen einzigen Menschen, das heißt dich, je geliebt; aber der Himmel habe es nicht gewollt, daß sie sich mit ihm vereinige, weil jener einen Soldatenmantel trug, obwohl unter diesem dicken grauen Mantel ein leidenschaftliches und edles Herz schlug ...«

Gruschnizki hieb mit der Faust auf den Tisch und ging im Zimmer auf und ab.

Ich lachte im stillen, schmunzelte sogar zweimal, aber er merkte es zum Glück nicht. Er war offensichtlich verliebt, denn er wurde noch vertrauensseliger als vorher. Er trug neuerdings sogar einen silbernen Nielloring, eine hiesige Arbeit – er schien mir verdächtig! Ich schaute genauer hin. Und was sah ich? In kleinen Buchstaben war der Name *Mary* in die Innenseite eingraviert, und daneben stand das Datum jenes Tages, an dem sie das berühmte Glas aufgehoben hatte. Ich behielt meine Entdeckung für mich; ich will ihm keine Geständnisse abringen. Ich möchte, daß er mich selbst zu seinem Vertrauten erwählt, und das werde ich genießen.

Heute bin ich spät aufgestanden; ich komme zum Brunnen – niemand mehr da. Es wurde heiß; zottige weiße Wölkchen eilten rasch von den Schneegipfeln herab und kündigten ein Gewitter an; der Kopf des Maschuk rauchte wie eine ausgelöschte Fackel; um ihn herum krochen und wanden sich wie Schlangen graue Wolkenfetzen, sie kamen nicht recht vorwärts und verfingen sich scheinbar in seinem Dornengestrüpp. Die Luft war mit Elektrizität geladen. Ich lenkte meine Schritte in eine Weinstockallee, die zu einer Grotte führt; Wehmut überkam mich. Ich dachte an jene junge Frau mit dem Muttermal auf der Wange, von der Werner mir erzählt hatte. Wozu ist sie hier? Ist sie es? Und warum denke ich, daß sie es ist? Warum bin ich davon sogar überzeugt? Unzählige Frauen haben ein Muttermal auf der Wange! In solche Gedanken versunken, näherte ich mich der Grotte. Ich blicke hinein – im kühlen Schatten ihres Gewölbes, auf einer steinernen Bank sitzt, in einen schwarzen Schal gehüllt und den Kopf auf die Brust gesenkt, eine Frau, sie trägt einen Strohhut; der Hut bedeckt ihr Gesicht. – Ich wollte schon umkehren, um sie nicht in ihren Träumen zu stören, da blickte sie mich an.

»Vera!« rief ich unwillkürlich.

Sie zuckte zusammen und erbleichte.

»Ich habe gewußt, daß Sie hier sind«, sagte sie. Ich setzte mich zu ihr und ergriff ihre Hand – ein längst vergessener Schauer durchrann meine Adern beim Klang dieser holden Stimme; sie blickte mich mit ihren ruhigen, hellblauen Augen an, aus denen Zweifel und so etwas wie Vorwurf sprachen.

»Wir haben uns lange nicht gesehen«, sagte ich.

»Lange – und haben uns beide in vielem verändert!«

»Du liebst mich also nicht mehr?«

»Ich habe geheiratet«, sagte sie.

»Wieder einmal? Vor ein paar Jahren warst du in der gleichen Lage, und dennoch ...«

Sie entzog mir ihre Hand, das Blut schoß ihr in die Wangen.

»Du liebst wohl deinen zweiten Mann?«

Sie antwortete nicht und wandte sich ab.

»Oder ist er sehr eifersüchtig?«

Schweigen.

»Nun – er wird jung, schön und ganz sicher reich sein, und du hast Angst ...« Ich blickte sie an und erschrak: Ihr Gesicht drückte tiefe Verzweiflung aus, in ihren Augen glitzerten Tränen.

»Sag mir endlich«, flüsterte sie, »macht es dir solche Freude, mich zu quälen? Ich müßte dich hassen. Seitdem wir uns kennen, hast du mir nichts als Kummer bereitet ...« Ihre Stimme bebte, sie neigte sich zu mir und ließ ihren Kopf an meine Brust sinken.

Vielleicht hast du mich gerade deswegen geliebt, dachte ich. Freuden vergißt man, Leid aber niemals!

Ich schloß sie fest in meine Arme, und so verweilten wir lange. Endlich fanden unsere Lippen zueinander und verschmolzen zu einem heißen, berauschenden Kuß; ihre Hände waren eiskalt, ihr Kopf glühte. Zwischen uns entspann sich eines jener Gespräche, die, zu Papier gebracht, keinen Sinn haben, die man nicht wiederholen und sich nicht einmal merken kann – die Farbe des Klanges wandelt und ergänzt die Bedeutung der Worte, wie in der italienischen Oper.

Sie will auf keinen Fall, daß ich ihren Mann kennenlerne, jenen lahmen Alten, den ich auf dem Boulevard im Vorübergehen gesehen habe; sie hat ihn ihrem Sohn zuliebe geheiratet. Er ist reich und leidet an Rheumatismus. Ich erlaubte mir keinen einzigen Scherz über ihn – sie verehrt ihn wie einen Vater! Und sie wird ihn betrügen wie einen Gatten! Ein seltsames Ding ist das menschliche Herz, und das weibliche im besonderen!

Veras Mann, Semjon Wassiljewitsch G . . . w, ist ein entfernter Verwandter der Fürstin Ligowskaja. Er wohnt in ihrer Nachbarschaft; Vera ist oft bei der Fürstin; ich gab ihr mein Wort, mich mit den Ligowskis bekannt zu machen und mit der Prinzeß zu flirten, um die Aufmerksamkeit von ihr abzulenken. Auf diese Weise werden meine Pläne keinesfalls durchkreuzt, und ich habe meinen Spaß!

Spaß! Ja, ich habe jene Phase des Seelenlebens schon hinter mir, in der man nur das Glück sucht, in der das Herz die Notwendigkeit spürt, einen Menschen stark und leidenschaftlich zu lieben. Jetzt will ich nur geliebt werden, und das von möglichst wenigen; es kommt mir sogar vor, als genüge mir eine einzige dauerhafte Bindung. Erbärmliche Trägheit des Herzens!

Eins fand ich immer sonderbar: Ich habe mich nie zum Sklaven einer geliebten Frau gemacht; im Gegenteil, ich gewann stets unumschränkte Macht über ihren Willen und ihr Herz, ohne mich darum zu bemühen. Woher kam das? Vielleicht daher, daß mir nie etwas sehr teuer war und daß sie jeden Augenblick fürchteten, mich zu verlieren? Oder ist das eine magnetische Kraft des starken Organismus? Oder war es mir einfach nicht beschieden, einer Frau mit einem unbeugsamen Charakter zu begegnen?

Ich muß gestehen, daß ich Frauen mit Charakter nicht sonderlich liebe – es steht ihnen nicht!

Allerdings entsinne ich mich jetzt: Einmal, ein einziges Mal habe ich eine Frau mit einem starken Willen geliebt, ich habe sie mir nie gefügig machen können ... Wir trennten uns als Feinde. Aber es mag sein, unsere Trennung hätte anders ausgesehen, wäre ich ihr fünf Jahre später begegnet ...

Vera ist krank, sehr krank, obwohl sie es nicht zugibt; ich fürchte, sie hat die Schwindsucht oder jene Krankheit, die fièvre lente genannt wird, eine ganz und gar nicht russische Krankheit, die in unserer Sprache auch keinen Namen hat.

Ein Gewitter überraschte uns in der Grotte und hielt uns eine halbe Stunde länger auf. Sie verlangte von mir keine Treueschwüre und fragte nicht, ob ich seit unserer Trennung andere geliebt hätte ... Sie vertraute sich mir aufs neue mit der einstigen Arglosigkeit an; und ich werde sie nicht betrügen, sie ist die einzige Frau auf der Welt, die ich nicht betrügen könnte! – Ich weiß, wir werden bald wieder voneinander scheiden müssen, und vielleicht für immer. Wir gehen beide auf verschiedenen Wegen zum Grab; aber die Erinnerung an sie wird unantastbar in meiner Seele ruhen; das habe ich ihr immer wieder gesagt, und sie glaubt mir, obwohl sie das Gegenteil behauptet.

Endlich trennten wir uns; ich sah ihr lange nach, bis ihr kleiner Hut hinter Büschen und Felsen verschwand. Mein Herz krampfte sich schmerzlich zusammen wie nach dem ersten Abschied. Oh, wie frohlockte ich über dieses Gefühl! Will vielleicht die Jugend mit ihren wohltätigen Stürmen zu mir zurückkehren, oder ist dies ihr Abgesang, ihr letztes Geschenk zur Erinnerung? Drollig der Gedanke, daß ich noch wie ein kleiner Junge aussehe: mein Gesicht ist zwar blaß, aber noch frisch, meine Glieder sind elastisch und schlank, mein dichtes Haar lockt sich, die Augen blitzen; das Blut wallt.

Nach Hause zurückgekehrt, bestieg ich mein Pferd und ritt in die Steppe; ich reite gern auf feurigem Pferd durch das hohe Gras dem Steppenwind entgegen; gierig atme ich die würzige Luft ein. Ich richte den Blick in die blaue

Ferne und versuche die verschwommenen Umrisse der Dinge zu erkennen, die von Minute zu Minute klarer hervortreten. Wieviel Herzeleid mich auch bedrücken, wieviel Unruhe die Gedanken auch hetzen mag – alles verfliegt hier in einem Augenblick; es wird mir leicht ums Herz, die Müdigkeit des Körpers besiegt die Unruhe des Geistes. Es gab keine Frau, deren Augen ich beim Anblick der wuschelköpfigen, von der Sonne des Südens bestrahlten Berge, beim Anblick des blauen Himmels oder beim Rauschen des Baches, der von Felsen zu Felsen stürzt, nicht vergessen hätte.

Ich nehme an, daß die Kosaken, die sich auf ihren Wachtürmen langweilten und die mich so ohne Sinn und Zweck einherreiten sahen, lange herumgerätselt haben, denn meiner Kleidung nach hielten sie mich gewiß für einen Tscherkessen. Man hat mir in der Tat gesagt, ich sähe in Tscherkessentracht einem Kabardiner ähnlicher als viele Kabardiner selbst. Und wahrhaftig, was diese edle Kampftracht betrifft, bin ich ein vollendeter Dandy: Keine Borte zuviel, kostbare Waffen in schlichter Ausführung, das Fell an der Mütze nicht zu lang und nicht zu kurz; Gamaschen und Stiefel nach Möglichkeit wie angemessen; weißer Beschmet und dunkelbraune Tscherkeska. Ich habe lange studiert, wie sich die Gebirgsbewohner im Sattel halten; nichts kann meiner Eitelkeit mehr schmeicheln, als wenn man meine Kunst, nach kaukasischer Art zu reiten, anerkennt. Ich halte vier Pferde, eins für mich, drei für Freunde, damit ich mich nicht langweile, wenn ich über die Felder galoppiere; sie benutzen meine Pferde mit Vergnügen und reiten nie mit mir zusammen aus.

Es war schon sechs Uhr abends, als mir einfiel, daß es Zeit zum Essen sei; mein Pferd war erschöpft; ich ritt zu dem Weg, der von Pjatigorsk nach der deutschen Kolonie führt – dorthin reiten die Kurgäste oft en pique-nique. Der Weg windet sich durch Gebüsch und senkt sich in kleine Schluchten, durch die im Schatten hohen Grases tosende Bäche fließen; ringsum erheben sich wie ein Amphitheater die blauen Massive des Beschtau, des Smejinnaja, Shelesnaja und Lyssaja. Ich ritt hinab in eine dieser Schluchten, die hierzulande Balka genannt werden, und hielt an, um mein Pferd zu tränken; in diesem Augenblick erschien auf der Straße eine geräuschvolle, glänzende Kavalkade, Damen in schwarzen und hellblauen Reitkleidern und Kavaliere in Kostümen, die eine Mischung aus Tscherkessischem und Nishni-Nowgorodschem waren; an der Spitze ritt Gruschnizki mit Prinzeß Mary.

Die Damen in den Kurorten glauben noch immer an Überfälle der Tscherkessen am hellichten Tage; wahrscheinlich trug Gruschnizki deshalb über seinem Soldatenmantel einen Säbel und ein Paar Pistolen. Er sah in diesem heroischen Aufputz ziemlich lächerlich aus. Ein hoher Strauch verbarg mich vor ihnen, aber ich konnte durch das Blattwerk hindurch alles sehen und an dem Ausdruck ihrer Gesichter erraten, daß ihre Unterhaltung sentimental war. Endlich näherten sie sich dem Abstieg; Gruschnizki ergriff das Pferd der Prinzeß am Zügel, und ich hörte das Ende ihrer Unterhaltung.

»Wollen Sie Ihr Leben lang im Kaukasus bleiben?« fragte die Prinzeß.

»Was ist Rußland für mich?« antwortete ihr Kavalier. »Ein Land, in dem Tausende von Menschen, weil sie reicher sind als ich, auf mich verächtlich herabsehen, während hier ... Hier war dieser dicke Soldatenmantel für mich kein Hindernis, Sie kennenzulernen.«

»Im Gegenteil«, sagte die Prinzeß errötend.

Gruschnizkis Miene verriet Zufriedenheit. Er fuhr fort: »Hier, unter den Kugeln der Wilden, verläuft mein Leben geräuschvoll, unbemerkt und schnell, und würde Gott mir jedes Jahr einen einzigen Frauenblick senden, einen gleich dem ...«

In diesem Augenblick waren sie dicht vor mir angelangt; ich versetzte meinem Pferd einen Schlag mit der Peitsche und ritt aus dem Gebüsch heraus.

»Mon Dieu, un Circassien!« rief die Prinzeß entsetzt.

Um sie ganz zu beruhigen, entgegnete ich mit einer

leichten Verbeugung auf französisch: »Ne craignez rien, madame, je ne suis pas plus dangereux que votre cavalier.«

Sie wurde verlegen. Aber warum? Wegen ihres Irrtums, oder weil ihr meine Antwort unverschämt vorkam? Ich wünschte, die letzte Vermutung möge zutreffen. Gruschnizki warf mir einen verdrossenen Blick zu.

Spätabends, das heißt um elf Uhr, ging ich in der Lindenallee des Boulevards spazieren. Die Stadt schlief, nur in einigen Fenstern schimmerte Licht. Auf drei Seiten erhoben sich schwarze Bergkämme, die Ausläufer des Maschuks, über dessen Gipfel eine unheilverkündende Wolke lag; im Osten ging der Mond auf; in der Ferne glitzerten wie eine silberne Borte die Schneeberge. Die Zurufe der Wachen wechselten mit dem Rauschen der zur Nacht abgelassenen heißen Quellen. Von Zeit zu Zeit hallte der Hufschlag eines Pferdes durch die Straße, begleitet von dem Knarren einer nogaischen Arba und von wehmütigem tatarischem Gesang. Ich setzte mich auf eine Bank und grübelte ... Ich verspürte das Bedürfnis, meine Gedanken in freundschaftlicher Unterhaltung mitzuteilen ... Aber wem? Was wird Vera jetzt machen? dachte ich ... Ich hätte viel darum gegeben, in diesem Augenblick ihre Hand halten zu können!

Plötzlich hörte ich schnelle und ungleichmäßige Schritte ... Sicherlich Gruschnizki ... So war es auch.

»Wo kommst du her?«

»Von der Fürstin Ligowskaja«, sagte er sehr würdevoll. »Wie Mary singt!«

»Weißt du was?« sagte ich. »Ich wette, sie weiß nicht, daß du Junker bist; sie denkt, du bist ein Degradierter ...«

»Kann sein! Was schert mich das?« entgegnete er zerstreut.

»Nein, ich meine bloß so ...«

»Weißt du, daß du sie heute furchtbar erzürnt hast? Sie empfand das als eine unerhörte Frechheit; ich konnte sie nur mit Mühe und Not davon überzeugen, du seiest zu gut erzogen und kenntest die Gesellschaft zu gut, als daß du die Absicht hegen könntest, sie zu beleidigen; sie sagte, du habest einen unverschämten Blick und seiest sicherlich sehr eingebildet.«

»Da irrt sie nicht ... Willst du ihr Beschützer sein?«

»Es tut mir leid, daß ich noch nicht das Recht dazu habe ...«

Oho! dachte ich. Er macht sich anscheinend schon Hoffnungen.

»Übrigens schadest du dir nur selbst«, fuhr Gruschnizki fort. »Es wird dir jetzt schwerfallen, ihre Bekanntschaft zu machen. Schade! Es ist eins der angenehmsten Häuser, die ich je kennengelernt habe.«

Ich lächelte im stillen.

»Das angenehmste Haus für mich ist jetzt mein eigenes«, sagte ich gähnend und erhob mich, um zu gehen.

»Gib doch zu, du bereust es.«

»Was für ein Unsinn! Wenn ich will, werde ich morgen abend bei der Fürstin sein ...«

»Abwarten ...«

»Ich werde sogar, um dir eine Freude zu bereiten, der Prinzeß den Hof machen ...«

»Wenn sie überhaupt mit dir zu reden wünscht ...«

»Ich warte nur auf den Augenblick, da ihr deine Unterhaltung langweilig wird ... Leb wohl!«

»Ich bummele noch ein bißchen, ich kann jetzt unmöglich schlafen ... Weißt du was – wir gehen ins Restaurant, dort wird gespielt ... Ich brauche heute starke Eindrücke.«

»Ich wünsche dir, daß du recht viel verlierst.«

Ich ging nach Hause.

21. Mai

Es ist nahezu eine Woche vergangen, aber ich habe noch nicht die Bekanntschaft der Ligowskis gemacht. Ich warte auf eine günstige Gelegenheit. Gruschnizki folgt der Prinzeß überallhin wie ihr Schatten; ihre Gespräche sind endlos. Wann wird sie seiner überdrüssig werden? Die Mutter schenkt dem keine Beachtung, weil er als Bräutigam nicht in Frage kommt. Das ist die Logik der Mütter! Ich habe zwei, drei liebevolle Blicke bemerkt – es wird Zeit, das zu unterbinden.

Gestern erschien Vera zum erstenmal am Brunnen ... Sie hat seit unserer Begegnung in der Grotte das Haus nicht mehr verlassen. Wir haben unsere Gläser gleichzeitig ins Wasser getaucht, und sie flüsterte mir, als sie sich hinabbeugte, zu: »Du willst die Ligowskis nicht kennenlernen! Wir können uns nur dort sehen ...«

Ein Vorwurf! Langweilig! Doch ich habe ihn verdient.

Apropos: Morgen ist Subskriptionsball im Saal des Restaurants, und ich werde mit der Prinzeß die Mazurka tanzen.

22. Mai

Der Saal des Restaurants war in einen Saal des Adelsklubs verwandelt worden. Um neun Uhr hatten sich alle eingefunden. Die Fürstin und ihre Tochter kamen beinahe als die letzten; viele Damen betrachteten sie voller Neid und Mißgunst, weil Prinzeß Mary sich immer geschmackvoll kleidet. Diejenigen, die sich zur hiesigen Aristokratie rechnen, unterdrückten ihren Neid und schlossen sich ihr an. Was ist da zu machen? Wo in einer Gesellschaft Frauen zusammentreffen, bilden sich sofort zwei Kreise, ein höherer und ein niederer. Draußen vorm Fenster, inmitten einer neugierigen Menge, stand Gruschnizki, er hatte das Gesicht ans Fenster gepreßt und wandte kein Auge von seiner Göttin; als sie vorüberschritt, nickte sie ihm kaum merklich zu. Er strahlte wie die Sonne ... Der Ball wurde mit einer Polonaise eröffnet; dann folgte ein Walzer. Die Sporen klirrten, die Rockschöße flogen und drehten sich im Kreise.

Ich stand hinter einer wohlbeleibten Dame, deren Gesicht ein rosafarbener Federschmuck beschattete; die Üppigkeit ihres Kleides erinnerte an die Epoche der Reifröcke und ihre fleckige, unreine Haut an die glückliche Zeit der Schönheitspflästerchen aus schwarzem Taft; ein Fermoir verdeckte die größte Warze an ihrem Hals. Sie sagte zu ihrem Kavalier, einem Dragonerhauptmann: »Diese Prinzeß Ligowskaja ist eine unausstehliche Person! Stellen Sie sich vor, sie stieß mich an und entschuldigte sich nicht einmal, sie drehte sich sogar noch um und musterte mich durch die Lorgnette ... C'est impayable! Worauf bildet sie sich eigentlich etwas ein? Ihr müßte ein Denkzettel verabreicht werden ...«

»Daran soll es nicht fehlen!« antwortete der dienstbeflissene Dragonerhauptmann und begab sich ins Nebenzimmer.

Ich ging sogleich zu der Prinzeß und forderte sie zu einem Walzer auf; ich nutzte die Freiheit der hiesigen Sitten, die es gestatten, auch mit einer unbekannten Dame zu tanzen.

Es kostete sie Mühe, ein Lächeln zu unterdrücken und ihren Triumph zu verbergen; es gelang ihr jedoch ziemlich rasch, eine gleichgültige und sogar strenge Miene aufzusetzen. Nachlässig legte sie die Hand auf meine Schulter, neigte ihren zierlichen Kopf leicht zur Seite, und wir tanzten. Ich kenne keine wollüstigere und biegsamere Taille! Ihr frischer Atem streifte mein Gesicht; manchmal glitt eine Locke, die sich im Wirbel des Walzers von ihren Gefährtinnen gelöst hatte, über meine glühende Wange ... Ich tanzte drei Touren mit ihr (sie kann erstaunlich gut Walzer tanzen). Ihr Atem ging hastig, ihre Augen hatten sich getrübt, ihre halbgeöffneten Lippen konnten kaum das obligatorische »Merci, Monsieur« flüstern.

Nach einigen Minuten des Schweigens sagte ich mit der unterwürfigsten Miene zu ihr: »Ich habe gehört, Prinzeß, daß ich, als ich Ihnen noch völlig unbekannt war, schon das Pech hatte, bei Ihnen in Ungnade zu fallen, und daß Sie mich fürwitzig fanden ... Ist das wahr?«

»Und Sie wollen mich wohl jetzt in dieser Meinung noch bestärken?« erwiderte sie mit einer ironischen Grimasse, die übrigens ihrem beweglichen Gesicht sehr gut stand.

»Wenn ich so unverschämt war, Sie zu beleidigen, so gestatten Sie mir die noch größere Unverschämtheit, Sie um Verzeihung zu bitten ... Und wirklich, ich wünsche sehr, Ihnen zu beweisen, daß Sie sich in mir getäuscht haben.«

»Das dürfte Ihnen ziemlich schwerfallen.«

»Weshalb?«

»Weil Sie nicht bei uns verkehren und sich diese Bälle gewiß nicht oft wiederholen werden.«

Das bedeutet also, daß mir ihre Tür auf ewig verschlossen bleibt, dachte ich.

»Wissen Sie, Prinzeß«, sagte ich ein wenig verstimmt, »man darf einen reuigen Sünder nie abweisen. Er könnte aus Verzweiflung etwas doppelt Verwerfliches tun ... und dann ...«

Schallendes Gelächter und Getuschel der Umstehenden unterbrachen meine Rede, und ich drehte mich um. Einige Schritte von mir entfernt stand eine Gruppe von Männern, unter ihnen der Dragonerhauptmann, der die feindseligen Absichten gegen die reizende Prinzeß geäußert hatte; er schien sehr zufrieden, rieb sich die Hände, lachte aus vollem Halse und zwinkerte seinen Gefährten zu. Plötzlich löste sich aus ihrer Mitte ein Herr im Frack, mit langem Schnurrbart und roter Visage, und ging mit unsicheren Schritten geradewegs auf die Prinzeß zu – er war betrunken. Er blieb vor der fassungslosen Prinzeß stehen, legte die Hände auf den Rücken, starrte sie mit seinen trübgrauen Augen an und krächzte in heiserem Diskant: »Permettez ... ach, was soll das hier! Ich engagiere Sie einfach für die Mazurka ...«

»Was wünschen Sie?« stieß sie mit bebender Stimme hervor und blickte flehentlich in die Runde. O weh! Ihre Mutter war weit weg, und keiner der ihr bekannten Kavaliere befand sich in der Nähe; nur ein Adjutant schien alles gesehen zu haben, versteckte sich aber in der Menge, um nicht in die Geschichte hineingezogen zu werden.

»Nun, was ist?« sagte der betrunkene Herr und zwinkerte dem Dragonerhauptmann zu, der ihn durch Zeichen ermunterte. »Es ist Ihnen wohl nicht angenehm? Ich habe abermals die Ehre, Sie pour mazure zu engagieren ... Sie denken vielleicht, ich habe einen Schwips? Macht nichts! Macht gar nichts! Ich kann Ihnen versichern, man fühlt sich so viel ungezwungener ...«

Noch einen Augenblick, und die Prinzeß wäre – ich sah es – vor Schreck und Entrüstung in Ohnmacht gefallen.

Ich ging auf den Betrunkenen zu, packte ihn ziemlich derb am Arm, sah ihm dabei fest in die Augen und bat ihn, sich zu entfernen, weil die Prinzeß, so fügte ich hinzu, längst mir die Mazurka versprochen habe.

»Na, da kann man nichts machen. Ein andermal«, sagte er lachend und zog sich zu seinen beschämten Kumpanen zurück, die ihn sogleich ins Nebenzimmer geleiteten.

Ein tiefer, wundervoller Blick war mein Lohn.

Die Prinzeß ging zu ihrer Mutter und erzählte ihr alles, diese suchte mich im Gedränge und dankte mir. Sie teilte mir mit, sie habe meine Mutter gekannt und sei mit einem halben Dutzend meiner Tanten befreundet gewesen.

»Wie konnte es geschehen, daß wir uns noch nicht kennengelernt haben«, setzte sie hinzu. »Aber gestehen Sie es nur, daran sind Sie allein schuld; Sie ziehen sich so von allen zurück, daß es einfach unerklärlich ist. Ich hoffe, die Luft meines Salons wird Sie von Ihrem Spleen heilen ... Was meinen Sie?«

Ich antwortete mit einer jener Phrasen, die jeder für derartige Fälle bereithalten muß.

Die Quadrillen zogen sich endlos in die Länge.

Endlich ertönten von der Empore die Klänge einer Mazurka; ich setzte mich neben die Prinzeß.

Ich erwähnte weder den Betrunkenen noch mein früheres Verhalten, noch Gruschnizki mit einem Wort. Der Eindruck, den die unerfreuliche Szene auf sie gemacht hatte, verflüchtigte sich allmählich; ihr Gesichtchen blühte auf; sie scherzte sehr liebenswürdig; ihre Unterhaltung war geistreich, ohne daß sie Anspruch darauf erhob, geistreich zu sein, lebhaft und ungezwungen, ihre Äußerungen entbehrten mitunter nicht der Tiefe ... Ich gab ihr in einer sehr verworrenen Rede zu verstehen, daß sie mir seit langem gefiele. Sie senkte den Kopf und errötete leicht.

»Sie sind ein eigenartiger Mensch!« sagte sie darauf und blickte lächelnd mit ihren samtenen Augen zu mir auf.

»Ich habe Ihre Bekanntschaft nicht gesucht«, fuhr ich

fort, »weil Sie von einer zu großen Verehrerschar umgeben sind, ich fürchtete darin unterzugehen.«

»Sie haben umsonst gebangt! Sie sind alle höchst langweilig . . .«

»Alle? Wirklich alle?«

Sie sah mich aufmerksam an, als wolle sie sich auf etwas besinnen, darauf errötete sie wieder leicht und sagte endlich entschieden: »Alle!«

»Sogar mein Freund Gruschnizki?«

»Er ist Ihr Freund?« fragte sie zweifelnd.

»Ja.«

»Er gehört natürlich nicht zu der Sorte der Langweiligen . . .«

»Sondern zur Sorte der Unglücklichen«, sagte ich lachend.

»Selbstverständlich! Kommt Ihnen das lächerlich vor? Ich wünschte, Sie wären an seiner Stelle . . .«

»Wieso? Ich bin selber einmal Junker gewesen, und wahrhaftig, das war die schönste Zeit meines Lebens.«

»Ist er Junker?« fragte sie rasch und fügte dann hinzu: »Und ich dachte . . .«

»Was haben Sie gedacht?«

»Nichts! Wer ist diese Dame?«

Das Gespräch nahm eine andere Wendung, und wir kamen nicht mehr darauf zurück.

Da endete die Mazurka, und wir verabschiedeten uns – auf ein Wiedersehen. Die Damen fuhren nach Hause . . . Ich ging zum Abendessen und traf Werner.

»Aha!« sagte er. »So einer sind Sie! Neulich wollten Sie die Bekanntschaft der Prinzeß nicht anders machen, als daß Sie sie vom sicheren Tode erretten.«

»Ich habe noch etwas Besseres gemacht«, erwiderte ich, »ich habe sie vor einer Ohmacht auf dem Ball gerettet.«

»Wie denn das? Erzählen Sie!«

»Nein, erraten Sie es – oh, Sie, der Sie alle Rätsel der Welt lösen!«

23. Mai

Gegen sieben Uhr abends ging ich auf dem Boulevard spazieren. Gruschnizki erkannte mich von weitem und kam auf mich zu – er strahlte vor närrischer Verzückung. Fest drückte er mir die Hand und sagte in tragischem Tonfall: »Ich danke dir, Petschorin ... Du verstehst mich?«

»Nein. Jedenfalls habe ich keinen Dank verdient«, entgegnete ich, da ich mir wirklich keiner edlen Tat bewußt war.

»Wieso? Und gestern? Hast du das etwa vergessen? Mary hat mir alles erzählt ...«

»Habt ihr schon alles gemeinsam? Auch die Dankbarkeit?«

»Hör zu«, sagte Gruschnizki sehr würdevoll, »unterlaß bitte deine Scherze über meine Liebe, wenn du mein Freund bleiben willst ... Du siehst, ich liebe sie, bis zum Wahnsinn ... und ich denke, ich hoffe, sie liebt mich ebenfalls ... Ich habe eine Bitte an dich, du wirst heute abend bei ihnen sein ... Versprich mir, auf alles achtzugeben. Ich weiß, du bist in diesen Dingen erfahren, kennst die Frauen besser als ich ... Die Frauen! Die Frauen! Wer kann sie verstehen? Ihr Lächeln widerspricht ihren Blicken, ihre Worte versprechen und locken, aber der Klang ihrer Stimme stößt ab ... Bald begreifen und erraten sie im Handumdrehen unsere geheimsten Gedanken, bald verstehen sie die deutlichsten Anspielungen nicht ... Sogar die Prinzeß! Gestern erglühten ihre Augen vor Leidenschaft, wenn sie mich ansahen, heute sind sie ausdruckslos und kalt ...«

»Das kann die Wirkung des Brunnens sein«, antwortete ich.

»Du siehst in allem nur das Schlechte ... du Materialist!« fügte er verächtlich hinzu. »Übrigens – ändern wir unsere Materie.« Zufrieden über seinen erbärmlichen Witz, wurde er wieder fröhlicher.

Um neun gingen wir gemeinsam zur Fürstin.

Als wir an Veras Haus vorüberkamen, sah ich sie am Fenster. Wir streiften uns mit einem flüchtigen Blick. Sie betrat kurz nach uns das Empfangszimmer der Ligowskis. Die Fürstin stellte sie mir als ihre Verwandte vor. Wir tranken Tee; es waren viele Gäste da; das Gespräch war allgemein. Ich bemühte mich, der Fürstin zu gefallen, scherzte und brachte sie ein paarmal dazu, daß sie herzlich lachte; die Prinzeß hatte ebenfalls mehrmals Lust, laut zu lachen, aber sie bezwang sich, um nicht aus ihrer Rolle zu fallen. – Sie findet, das Schmachten stehe ihr, und hat darin vielleicht nicht unrecht. Gruschnizki scheint sehr froh zu sein, daß meine Fröhlichkeit sie nicht ansteckt.

»Bist du mit meinem Gehorsam zufrieden, Vera?« fragte ich, als ich an ihr vorüberging.

Sie warf mir einen Blick voller Liebe und Dankbarkeit zu. Ich habe mich an solche Blicke längst gewöhnt, doch waren sie einmal meine Seligkeit. Die Fürstin forderte ihre Tochter auf, sich ans Klavier zu setzen; alle baten sie, etwas zu singen. Ich schwieg und benutzte das allgemeine Durcheinander, um mit Vera, die mir etwas für uns sehr Wichtiges sagen wollte, ans Fenster zu treten ... Was herauskam, war belanglos.

Unterdessen ärgerte sich die Prinzeß über meine Gleichgültigkeit, wie ich aus einem einzigen ärgerlich funkelnden Blick schließen konnte ... Oh, ich verstehe dieses stumme, aber ausdrucksvolle, kurze, aber starke Zwiegespräch erstaunlich gut!

Sie begann zu singen. Sie hatte keine schlechte Stimme, sang aber schlecht ... Ich habe übrigens nicht zugehört. Gruschnizki jedoch, der sich ihr gegenüber auf das Klavier gestützt hatte, verschlang sie mit seinen Blicken und stammelte immer wieder leise: »Charmant! Délicieux!«

»Hör zu«, sagte Vera, »ich will nicht, daß du meinen Mann kennenlernst, aber du mußt unbedingt der Fürstin gefallen. Das ist für dich nicht schwer; du kannst alles, was du willst. Wir werden uns nur hier sehen ...«

»Nur hier?«

Sie errötete und fuhr fort: »Du weißt, daß ich deine Sklavin bin; ich habe es nie verstanden, dir Widerstand zu leisten ... und dafür werde ich zu büßen haben: du wirst mich nicht mehr lieben! Ich möchte wenigstens meinen Ruf erhalten ... Nicht für mich, das weißt du sehr gut! Oh, ich bitte dich, quäle mich nicht wie früher mit unberechtigten Zweifeln und geheuchelter Kälte. Vielleicht sterbe ich bald. Ich fühle, daß ich von Tag zu Tag schwächer werde ... Trotzdem kann ich nicht an das künftige Leben denken, ich denke nur an dich ... Ihr Männer wißt das Glück eines Blickes, eines Händedruckes nicht zu schätzen ... Aber ich schwöre dir, mich erfüllt, wenn ich deiner Stimme lausche, solch eine innige, seltsame Seligkeit, wie sie selbst die heißesten Küsse nicht zu schenken vermögen.«

Inzwischen hatte Mary aufgehört zu singen. Überall erhob sich beifälliges Gemurmel; ich trat als letzter zu ihr und sagte ihr ziemlich nachlässig ein paar Worte über ihre Stimme.

Sie schnitt eine Grimasse, schob dabei die Unterlippe vor und knickste sehr spöttisch.

»Das schmeichelt mir um so mehr«, sagte sie, »als Sie mir gar nicht zugehört haben ... Aber vielleicht lieben Sie die Musik nicht?«

»Im Gegenteil. Besonders nach dem Essen.«

»Gruschnizki hat recht, wenn er sagt, Sie hätten einen höchst prosaischen Geschmack. Ich sehe, Sie lieben die Musik in gastronomischer Hinsicht ...«

»Sie irren sich abermals, ich bin gar kein Gastronom; ich habe einen verteufelt schlechten Magen. Aber Musik nach dem Mittagessen schläfert ein, und es ist gesund, nach dem Essen zu schlafen; also liebe ich die Musik in medizinischer Hinsicht. Abends dagegen peitscht sie meine Nerven zu sehr auf; ich werde davon entweder zu traurig oder zu lustig. Das eine wie das andere ermüdet, sofern kein echter Grund zum Traurigsein oder zur Freude vorliegt, und überdies ist Traurigkeit in Gesellschaft immer lächerlich und allzu große Heiterkeit ungehörig.«

Sie hörte mir nicht bis zu Ende zu, entfernte sich, setzte sich neben Gruschnizki, und zwischen ihnen entspann sich eine sentimentale Unterhaltung. Obwohl die Prinzeß den

Anschein erwecken wollte, sie höre aufmerksam zu, schien sie auf seine klugen Ergüsse ziemlich zerstreut und unpassend zu antworten, denn er blickte sie mehrmals erstaunt an und bemühte sich, die Ursache ihrer inneren Erregung zu erraten, die sich bisweilen in ihrem unruhigen Blick äußerte ...

Aber ich habe Sie durchschaut, liebe Prinzeß, nehmen Sie sich in acht! Sie wollen mir mit gleicher Münze zahlen und meine Eitelkeit verletzen – es soll Ihnen nicht gelingen! Sobald Sie mir den Krieg erklären, werde ich rücksichtslos.

Im Laufe des Abends versuchte ich absichtlich, mich mehrmals in ihr Gespräch einzumischen, aber sie nahm meine Bemerkungen ziemlich kühl auf, und ich entfernte mich schließlich in geheucheltem Ärger. Die Prinzeß triumphierte; Gruschnizki ebenfalls. Triumphiert, meine Freunde, beeilt euch damit ... Es bleibt euch nicht viel Zeit, zu triumphieren! Was kann ich dafür? Mir schwant etwas ... Wenn ich eine Frau kennenlernte, habe ich stets genau vorhergesehen, ob sie mich lieben wird oder nicht ...

Den Rest des Abends verbrachte ich an Veras Seite und unterhielt mich mit ihr ausgiebig über die alten Zeiten. Warum sie mich so liebt, weiß ich wahrhaftig nicht. Um so weniger, da sie die einzige Frau ist, die mich ganz verstanden hat, mit all meinen kleinen Schwächen und verwerflichen Leidenschaften ... Wirkt das Böse etwa so anziehend?

Ich verließ gemeinsam mit Gruschnizki das Haus; auf der Straße faßte er mich unter und sagte nach langem Schweigen: »Na, was sagst du nun?«

Du bist ein Trottel, wollte ich ihm antworten. Aber ich bezwang mich und zuckte nur mit den Achseln.

29. Mai

In all diesen Tagen bin ich kein einziges Mal von meinem System abgewichen. Die Prinzeß findet allmählich Gefallen an meiner Unterhaltung; ich habe ihr einige seltsame

Begebenheiten aus meinem Leben erzählt, und sie fängt an, in mir einen ungewöhnlichen Menschen zu sehen. Ich mache mich über alles auf der Welt lustig, besonders über die Gefühle – und das erschreckt sie. In meiner Gegenwart wagt sie nicht, sich mit Gruschnizki in sentimentale Erörterungen einzulassen, und sie beantwortete schon einige Male seine Ergüsse mit einem spöttischen Lächeln; aber ich ziehe jedesmal, wenn Gruschnizki sich ihr nähert, ein lammfrommes Gesicht und lasse die beiden allein; beim erstenmal war sie froh darüber oder gab sich den Anschein, es zu sein; beim zweitenmal ärgerte sie sich über mich und beim drittenmal – über Gruschnizki.

»Sie haben wenig Selbstbewußtsein«, sagte sie gestern abend zu mir. »Weshalb nehmen Sie an, mir gefiele es in Gruschnizkis Gesellschaft besser?«

Ich antwortete, ich opfere dem Glück meines Freundes mein Vergnügen.

»Und das meine«, setzte sie hinzu.

Ich sah sie aufmerksam an und machte ein ernstes Gesicht. Dann wechselte ich den ganzen Tag kein Wort mehr mit ihr ... Am Abend war sie nachdenklich, heute morgen am Brunnen noch nachdenklicher; als ich zu ihr trat, hörte sie gerade Gruschnizki zerstreut zu, der sich, glaube ich, begeistert über die Natur äußerte; aber kaum hatte sie mich erblickt, fing sie laut an zu lachen (sehr unpassend); dabei tat sie so, als bemerkte sie mich nicht. Ich zog mich weiter zurück und beobachtete sie heimlich; sie wandte sich von ihrem Begleiter ab und gähnte zweimal.

Es steht fest, Gruschnizki ist ihr langweilig geworden.

Ich werde noch zwei Tage nicht mit ihr sprechen.

3. Juni

Ich frage mich oft, warum ich so beharrlich nach der Liebe eines jungen Mädchens trachte, das ich nicht verführen will und nie heiraten werde. Wozu diese weibliche Koketterie? – Vera liebt mich mehr, als Prinzeß Mary mich je lieben wird; wenn ich sie für eine unnahbare Schönheit hielte, würde mich vielleicht die Schwierigkeit des Unternehmens reizen. Aber das trifft alles nicht zu. Folglich ist es nicht jenes unruhige Liebesverlangen, das uns in den ersten Jugendjahren quält, uns von einer Frau zur anderen treibt, bis wir eine finden, die uns nicht mag: Hier beginnt dann unsere Beständigkeit, die wahre unendliche Leidenschaft, die sich mathematisch mit einer aus einem Punkt ins Unendliche verlaufenden Linie wiedergeben läßt; das Geheimnis dieser Unendlichkeit liegt nur in der Unmöglichkeit, das Ziel, das heißt das Ende, zu erreichen.

Warum bemühe ich mich so? Aus Neid auf Gruschnizki? Der Arme, er verdient ihn gar nicht. Oder ist das die Folge jenes häßlichen, aber unbesiegbaren Gefühls, das uns veranlaßt, die süßen Verirrungen unseres Nächsten zu zerstören, um das kleinliche Vergnügen zu haben, ihm auf seine verzweifelte Frage, woran er glauben solle, zu antworten: »Mein Freund, mir ist es ebenso ergangen! Doch du siehst, ich esse zu Mittag, esse zu Abend, schlafe gut und hoffe, ich werde einst ohne Geschrei und Tränen zu sterben verstehen.«

Und doch liegt ein grenzenloser Genuß im Besitz einer jungen, kaum erblühten Seele! Sie ist wie eine Blume, die ihren schönsten Duft dem ersten Sonnenstrahl entgegenhaucht; man muß sie in diesem Augenblick pflücken und sie, wenn man sich an ihrem Duft satt getrunken hat, auf den Weg werfen – vielleicht hebt sie jemand wieder auf. Ich spüre in mir die unersättliche Gier, die alles verschlingt, was ihr in den Weg tritt; ich betrachte die Leiden und Freuden der anderen nur im Zusammenhang mit mir, wie eine Speise, die meine seelischen Kräfte erhält. Ich selbst bringe es nicht mehr fertig, unter dem Einfluß von Leidenschaft zu rasen; meinen Ehrgeiz haben die Verhältnisse erstickt, er ist aber in anderer Gestalt wiedererstanden, denn Ehrgeiz ist nichts anderes als Machthunger, und es bedeutet mir höchstes Vergnügen, alles, was mich umgibt, meinem Willen unterzuordnen; das Gefühl der Liebe, Ergebenheit und Furcht zu erwecken – ist das nicht erstes Anzeichen und höchster Triumph der Macht? Für einen anderen Menschen Ursache zu Leiden und Freuden zu werden, ohne wirklich dazu berechtigt zu sein – ist dies nicht die süßeste Speise für unseren Stolz? Und was ist denn Glück? Befriedigter Stolz. Wenn ich mich für besser und mächtiger als alle auf der Welt halten könnte, würde ich mich glücklich schätzen; wenn mich alle liebten, würde ich unerschöpfliche Quellen der Liebe in mir entdecken. Das Böse gebiert Böses; das erste Leiden gibt einen Begriff von dem Vergnügen, einen anderen zu quälen; die Idee des Bösen kann nicht in den Kopf eines Menschen dringen, ohne daß er sie auf die Wirklichkeit anzuwenden wünschte; Ideen sind organische Geschöpfe, hat einmal jemand gesagt – ihre Geburt gibt ihnen bereits die Form, und diese Form ist die Tat; derjenige, in dessen Kopf mehr Ideen entstehen, handelt mehr als die anderen; daher muß ein Genie, das an einen Bürotisch gefesselt ist, verkümmern oder verrückt werden, ebenso wie ein Mensch mit einem robusten Körperbau bei einer sitzenden Beschäftigung und bescheidenem Lebenswandel am Schlagfluß stirbt.

Leidenschaften sind nichts anderes als Ideen in ihrem ersten Entwicklungsstadium; sie sind nur dem Jünglingsherzen eigen, und ein Narr ist, der denkt, sie werden ihn sein Lebtag leiten. Viele ruhige Ströme beginnen als tosende Wasserfälle, doch keiner springt und schäumt bis ans Meer hinan. Diese Ruhe ist jedoch häufig das Zeichen einer großen, wenngleich verborgenen Kraft; Reichtum und Tiefe der Gefühle und Gedanken dulden keine rasenden Ausbrüche; während die Seele leidet und genießt, legt sie sich streng über alles Rechenschaft ab und überzeugt sich davon, daß es so sein müsse; sie weiß, daß sie ohne ein Gewitter in der ständigen Sonnenglut verdörren würde; sie ist durchdrungen von ihrem eigenen Leben, kost und straft sich selbst wie ein geliebtes Kind. Erst auf dieser höchsten Stufe der Selbsterkenntnis weiß der Mensch die Gerechtigkeit Gottes zu schätzen.

Beim nochmaligen Durchlesen dieser Seite bemerkte ich, daß ich mich weit von meinem Gegenstand entfernt habe ... Doch ist das schlimm? Ich schreibe ja dieses Tagebuch für mich; also wird alles, was ich darin aufzeichne, mir später einmal eine wertvolle Erinnerung sein.

Gruschnizki kam und fiel mir um den Hals. Er ist zum Offizier befördert worden. Wir tranken Champagner. Doktor Werner kam gleich nach ihm.

»Ich gratuliere Ihnen nicht«, sagte er zu Gruschnizki.

»Warum?«

»Weil Ihnen der Soldatenmantel sehr gut steht und weil – geben Sie es zu – eine Infanterieuniform, die hier im Kurort genäht wird, Ihnen nichts Interessantes verleiht ... Sehen Sie, bislang waren Sie eine Ausnahme, und nun werden Sie zur Regel.«

»Reden Sie nur, reden Sie, Doktor! Sie können mir die Freude nicht verderben; er weiß ja nicht«, flüsterte mir Gruschnizki ins Ohr, »wieviel Hoffnungen ich in diese Epauletten setze ... Oh, Epauletten, Epauletten! Eure Sternchen, Leitsternchen ... Nein! Ich bin jetzt ganz glücklich.«

»Begleitest du uns zur Schlucht?« fragte ich.

»Ich? Auf keinen Fall zeige ich mich der Prinzeß, ehe meine Uniform fertig ist.«

»Sollen wir ihr von deiner Freude erzählen?«

»Nein, sag bitte nichts ... Ich will sie überraschen.«

»Sag einmal – wie weit ist denn deine Sache mit ihr gediehen?«

Er wurde verlegen und nachdenklich; er wollte sich brüsten, lügen – und genierte sich zugleich; es war ihm peinlich, die Wahrheit einzugestehen.

»Was meinst du, liebt sie dich?«

»Ob sie mich liebt? Erlaube mal, Petschorin, was hast du für Vorstellungen? Wie sollte sie das in der kurzen Zeit? Selbst wenn sie mich liebte ... eine anständige Frau sagt das nicht.«

»Schön! Und wahrscheinlich muß deiner Meinung nach ein anständiger Mann ebenfalls über seine Leidenschaft schweigen?«

»Ach, Bruder! Alles hat seine Art; vieles spricht man nicht aus, sondern errät es ...«

»Das stimmt ... Bloß die Liebe, die wir von den Augen ablesen, verpflichtet die Frau zu nichts, ein Wort dagegen ... Sei auf der Hut, Gruschnizki, sie hintergeht dich ...«

»Sie!« antwortete er, richtete den Blick himmelwärts und lächelte selbstgefällig. »Du tust mir leid, Petschorin!«

Er ging.

Am Abend begab sich eine vielköpfige Gesellschaft zu Fuß zur Schlucht.

Nach Ansicht der ortsansässigen Gelehrten war diese Schlucht nichts anderes als ein erloschener Krater; er befindet sich am Abhang des Maschuks, eine Werst von der Stadt entfernt. Ein schmaler Pfad führt zwischen Sträuchern und Felsen hindurch dorthin; beim Aufstieg bot ich der Prinzeß den Arm, und sie ließ ihn während des ganzen Spazierganges nicht wieder los.

Unsere Unterhaltung begann mit Spöttereien, ich ging unsere anwesenden und abwesenden Bekannten durch, hob zuerst ihre lächerlichen, dann ihre schlechten Seiten hervor. Meine Galle geriet in Erregung. Scherzend hatte ich angefangen, und ich endete mit aufrichtiger Bosheit. Dies amüsierte sie zunächst, doch dann erschreckte es sie.

»Sie sind ein gefährlicher Mensch«, sagte sie zu mir, »ich möchte lieber im Walde einem Mörder unters Messer als Ihnen unter die Zunge geraten ... Ich bitte Sie allen Ernstes: Sollte es Ihnen einfallen, über mich schlecht zu sprechen, nehmen Sie lieber ein Messer und stechen Sie mich nieder. Ich denke, das dürfte Ihnen nicht schwerfallen.«

»Sehe ich etwa aus wie ein Mörder?«

»Sie sind schlimmer ...«

Ich überlegte und sagte dann mit tiefbewegter Miene: »Ja! Das war mein Schicksal von klein auf. Alle lasen in meinem Gesicht Anzeichen von schlechten Eigenschaften, die nicht vorhanden waren; aber man setzte sie voraus, und so entstanden sie. Ich war bescheiden – man erklärte, ich sei hinterhältig, und so wurde ich verschlossen. Ich besaß einen feinen Sinn für Gut und Böse; niemand liebkoste mich, alle kränkten mich, ich wurde nachtragend; ich war mürrisch, andere Kinder waren fröhlich und geschwätzig; ich fühlte mich ihnen überlegen – man schätzte mich weniger. Ich wurde neidisch. Ich war bereit, die ganze Welt zu umarmen – niemand verstand mich, und so lernte ich hassen. Meine farblose Jugend verging im Ringen mit mir selbst und mit der Welt; aus Angst vor dem Hohn verbarg ich meine besten Gefühle auf dem Grunde meines Herzens; und dort sind sie gestorben. Ich sagte die Wahrheit, man glaubte mir nicht – ich fing an zu betrügen; nachdem ich die vornehmen Salons und die Triebfedern der menschlichen Gesellschaft zur Genüge kennengelernt hatte, vervollkommnete ich mich in der Kunst zu leben und sah, wie die anderen ohne diese Kunst glücklich waren und kostenlos jene Vorteile genossen, nach denen ich unermüdlich strebte. Da wurde in meiner Brust die Verzweiflung geboren, nicht jene Verzweiflung, die man mit dem Pistolenlauf heilt, sondern die kalte, kraftlose Verzweiflung, die sich hinter Liebenswürdigkeit und einem gutmütigen Lächeln versteckt. Ich wurde ein moralischer Krüppel; die eine Hälfte meiner Seele existierte nicht mehr, sie war verdorrt, verdunstet, gestorben. Ich schnitt sie ab und warf sie weg – die andere aber regte sich und lebte jedermann zu Gefallen, und niemand merkte es, weil niemand etwas von der Existenz der gestorbenen Hälfte wußte; doch Sie haben jetzt die Erinnerung an sie geweckt, und ich habe Ihnen ihre Grabinschrift vorgetragen. Viele finden Grabinschriften überhaupt lächerlich, ich aber nicht, schon gar nicht, wenn ich daran denke, was darunter ruht. Im übrigen verlange ich nicht, daß Sie meiner Meinung beipflichten. Wenn meine seltsamen Ausführungen Ihnen töricht erscheinen – bitte schön, lachen Sie! Ich mache Sie darauf aufmerksam, daß mich das nicht im geringsten kränken würde.«

In diesem Moment begegnete ich ihrem Blick; Tränen standen in ihren Augen; ihre Hand, die sich auf meinen Arm stützte, zitterte, ihre Wangen glühten ... Ich dauerte sie! Das Mitleid, ein Gefühl, dem die Frauen so leicht verfallen, hatte seine Krallen in ihr unerfahrenes Herz geschlagen. Während des ganzen Spazierganges war sie zerstreut, kokettierte mit niemand ... Und das will etwas heißen!

Wir kamen zur Schlucht; die Damen trennten sich von ihren Kavalieren, aber sie ließ meinen Arm nicht los. Die Geistreicheleien der anwesenden Dandys brachten sie nicht zum Lachen; der steile Abgrund, vor dem sie stand, erschreckte sie nicht, während die anderen jungen Damen aufschrien und die Augen schlossen. Auf dem Rückweg nahm ich unser trauriges Gespräch nicht wieder auf; aber auf meine belanglosen Fragen und Scherze antwortete sie nur kurz und zerstreut.

»Haben Sie schon einmal geliebt?« fragte ich sie endlich.

Sie sah mich aufmerksam an, schüttelte den Kopf ... und versank abermals in Nachdenken; sie wollte offenbar etwas sagen, wußte aber nicht, wie sie beginnen sollte; ihr Busen wogte ... Was war zu tun? Ein Musselinärmel ist ein schwacher Schutz, und ein elektrischer Funke sprang von meinem Arm auf ihren über. Fast alle Leidenschaften fangen so an, und wir betrügen uns oft selber, wenn wir denken, eine Frau liebe uns unserer körperlichen oder sittlichen Vorzüge wegen; freilich, sie bereiten das Herz vor, machen es geneigt für den Empfang des heiligen Feuers. Trotzdem entscheidet die erste Berührung.

»Finden Sie nicht auch, ich war heute sehr liebenswürdig?« sagte die Prinzeß mit einem gezwungenen Lächeln, als wir von dem Spaziergang zurückkamen.

Wir trennten uns ...

Sie ist mit sich unzufrieden – sie macht sich Vorwürfe, sie sei zu kalt! Oh, das ist der erste, der wichtigste Triumph. Morgen wird sie mich entschädigen wollen. Ich kenne das alles schon, es ist so langweilig!

4. Juni

Heute sah ich Vera. Sie hat mich mit ihrer Eifersucht gequält. Der Prinzeß ist es anscheinend eingefallen, ihr ihre Herzensgeheimnisse anzuvertrauen. Eine glückliche Wahl!

»Ich ahne, wohin das alles führt«, sagte Vera zu mir, »sag mir lieber gleich, daß du sie liebst.«

»Aber wenn ich sie nicht liebe?«

»Warum stellst du ihr dann nach, verwirrst sie, erregst ihre Phantasie? Oh, ich kenne dich gut! Hör zu: Wenn du willst, daß ich dir glauben soll, dann komm in einer Woche nach Kislowodsk; wir fahren übermorgen dorthin. Die Fürstin bleibt länger hier. Nimm dir die Wohnung nebenan; wir werden in das große Haus in der Nähe der Quelle ziehen, in den ersten Stock; unten wird die Fürstin Ligowskaja wohnen. Das Nachbarhaus gehört demselben Wirt, und es ist noch nicht belegt ... Wirst du kommen?«

Ich versprach es – und noch am selben Tage ließ ich das Haus mieten.

Abends gegen sechs Uhr kam Gruschnizki zu mir und erklärte, morgen würde seine Uniform fertig sein, gerade rechtzeitig zum Ball.

»Endlich werde ich einen ganzen Abend mit ihr tanzen ... einen ganzen Abend ... Ich werde mich mit ihr aussprechen!« setzte er hinzu.

»Wann ist denn der Ball?«

»Na, morgen! Weißt du es etwa nicht? Ein großes Fest, und die hiesige Obrigkeit arrangiert es.«

»Komm, wir gehen auf den Boulevard ...«

»Kommt nicht in Frage! In diesem abscheulichen Mantel ...«

»Was, du kannst ihn nicht mehr leiden?«

Ich ging allein und bat Prinzeß Mary, als ich ihr begegnete, um die Mazurka. Sie schien erstaunt und erfreut zu sein.

»Ich dachte, Sie tanzen nur notgedrungen, wie beim vorigen Mal«, sagte sie mit einem holden Lächeln.

Sie schien Gruschnizki gar nicht zu vermissen.

»Sie werden morgen eine angenehme Überraschung erleben«, sagte ich zu ihr.

»Wodurch?«

»Das ist ein Geheimnis ... Sie werden es auf dem Ball selber erraten.«

Ich verbrachte den Abend bei der Fürstin; sie hatte keine Gäste außer Vera und einem sehr unterhaltsamen alten Herrn. Ich war in bester Stimmung, improvisierte einige ungewöhnliche Geschichten; die Prinzeß saß mir gegenüber und lauschte meinem Geschwätz mit einer derart innigen, gespannten und sogar liebevollen Aufmerksamkeit, daß es mir peinlich wurde. Wo waren ihre Lebhaftigkeit, ihre Koketterie, ihre Launen, ihre hoffärtige Miene, ihr verächtliches Lächeln, ihr zerstreuter Blick geblieben?

Vera bemerkte das alles, auf ihrem kränklichen Gesicht malte sich tiefe Trauer; sie saß am Fenster im Schatten, tief in einem breiten Sessel versunken; sie tat mir leid.

Da erzählte ich die ganze dramatische Geschichte unserer Bekanntschaft, unserer Liebe – natürlich tarnte ich meinen Bericht mit erfundenen Namen.

Ich schilderte meine Gefühle, meine Unruhe und mein Entzücken so lebendig, ich stellte ihre Handlungsweise und ihren Charakter in einem so vorteilhaften Licht dar, daß sie mir, ob sie es wollte oder nicht, meinen Flirt mit der Prinzeß verzeihen mußte.

Sie stand auf, setzte sich zu uns, wurde lebhaft ... und wir besannen uns erst um zwei Uhr nachts, daß die Ärzte verordnet hatten, um elf Uhr schlafen zu gehen.

5. Juni

Eine halbe Stunde vor dem Ball erschien Gruschnizki bei mir im vollen Glanz seiner Infanterieuniform. An dem dritten Knopf von oben war ein bronzenes Kettchen befestigt, an dem eine Lorgnette hing; die unwahrscheinlich großen Epauletten waren leicht nach oben gebogen wie die Flügel des Amor, seine Stiefel knarrten; in der Linken hielt er ein Paar braune Glacéhandschuhe und die Mütze, mit der Rechten fuhr er sich immerzu durch sein feingekräuseltes Haar; Selbstzufriedenheit und zugleich eine gewisse Unsicherheit spiegelten sich auf seinem Gesicht; ich hätte über sein feierliches Äußeres und seinen stolzen Gang laut gelacht, wenn dies meinen Absichten entgegengekommen wäre.

Er warf die Mütze und die Handschuhe auf den Tisch, strich die Falten an seinem Rock glatt und zupfte vor dem Spiegel an sich herum; ein mächtiges schwarzes Tuch, über einen unheimlich hohen Vatermörder geschlungen, auf den sich das Kinn stützte, schob sich einen Zoll breit über seinen Kragen hinaus; das genügte ihm noch nicht – er zog es bis an die Ohren; von dieser schweren Arbeit – der Kragen seiner Uniform war eng und unbequem – wurde er puterrot.

»Es heißt, du bist in diesen Tagen schrecklich hinter meiner Prinzeß her gewesen«, sagte er ziemlich geringschätzig und ohne mich anzusehen.

»Für uns Füchse hängen die Trauben zu hoch«, antwortete ich und wiederholte damit den Lieblingsausspruch eines der durchtriebensten Lebemänner vergangener Zeit, den einst Puschkin besungen hat.

»Sag mal, sitzt die Uniform gut? Ach, dieser verdammte Jude! Wie mich das unter den Achseln kneift. Hast du kein Parfüm?«

»Entschuldige, wozu brauchst du das noch? Du riechst schon so nach Rosenpomade . . .«

»Einerlei. Gib her!«

Er schüttete sich ein halbes Flakon hinter das Halstuch, ins Taschentuch und auf die Ärmel.

»Wirst du tanzen?« fragte er.

»Ich glaube kaum.«

»Ich fürchte, ich werde mit der Prinzeß die Mazurka eröffnen müssen. Ich kann fast keine Figur . . .«

»Hast du sie zur Mazurka engagiert?«

»Noch nicht . . .«

»Paß auf, daß dir keiner zuvorkommt . . .«

»Das ist wahr«, sagte er und schlug sich an die Stirn. »Leb wohl . . . ich werde sie vorm Portal erwarten.«

Er nahm seine Mütze und rannte hinaus.

Eine halbe Stunde später machte auch ich mich auf den Weg. Die Straße war dunkel und menschenleer; rings um den Klub oder das Restaurant, wenn man es so nennen will, drängte sich das Volk; die Fenster waren erleuchtet;

der Abendwind trug das klingende Spiel der Regimentskapelle zu mir herüber. Ich ging langsam; mir war schwer ums Herz. – Ist es denn, so dachte ich, meine einzige Bestimmung auf Erden, die Hoffnungen anderer zu zerstören? Seit ich lebe und handele, hat mir das Schicksal fortwährend die Lösung fremder Dramen übertragen, als könnte ohne mich keiner sterben, keiner in Verzweiflung geraten. Ich war eine unerläßliche Figur des fünften Aktes; ohne es zu wollen, spielte ich die erbärmliche Rolle des Henkers oder Verräters. Welches Ziel verfolgte das Schicksal dabei? Hat es mich etwa zum Verfasser bürgerlicher Trauerspiele und Familienromane oder zum Mitarbeiter eines Lieferanten von Geschichten, beispielsweise für die »Biblioteka dlja tschtenija«, auserkoren? Woher soll ich das wissen? Wollen nicht viele Menschen, wenn sie ins Leben eintreten, es als ein Alexander der Große oder Lord Byron beschließen, und dabei bleiben sie ihr Leben lang Titularrat?

Im Saal angelangt, tauchte ich in der Menge der Männer unter und machte meine Beobachtungen. Gruschnizki stand neben der Prinzeß und redete mit Feuereifer auf sie ein; sie war unaufmerksam, hielt nach allen Seiten Ausschau und legte den Fächer an die Lippen; ihr Gesicht drückte Ungeduld aus, ihre Augen suchten jemand; ich näherte mich ihnen behutsam von hinten, um zu hören, worüber sie sich unterhielten.

»Sie quälen mich, Prinzeß«, sagte Gruschnizki, »Sie haben sich sehr verändert, seit ich Sie das letzte Mal sah . . .«

»Sie sind auch anders geworden«, antwortete sie und maß ihn dabei mit einem schnellen Blick, aus dem er ihren verborgenen Spott nicht herauszulesen verstand.

»Ich? Ich soll mich verändert haben? Oh, niemals! Niemals! Sie wissen, daß dies unmöglich ist! Wer Sie einmal gesehen hat, wird Ihr göttliches Bild für alle Zeiten in sich tragen . . .«

»Hören Sie auf!«

»Warum wollen Sie jetzt nicht mehr hören, was Sie noch vor kurzem und so oft wohlgeneigt aufnahmen?«

»Weil ich keine Wiederholungen mag«, antwortete sie lachend.

»Oh, ich habe mich bitter getäuscht! Ich Tor wähnte, diese Epauletten würden mir wenigstens das Recht geben, zu hoffen ... Nein, ich hätte lieber mein Lebtag den verachteten Soldatenmantel tragen sollen, dem ich womöglich Ihre Aufmerksamkeit verdankte ...«

»In der Tat, der Soldatenmantel stand Ihnen besser ...«

In diesem Augenblick trat ich heran und verneigte mich vor der Prinzeß; sie errötete ein wenig und sagte rasch: »Nicht wahr, Monsieur Petschorin, der graue Soldatenmantel steht Monsieur Gruschnizki bedeutend besser!«

»Da bin ich anderer Meinung«, erwiderte ich, »in Offiziersuniform wirkt er jünger.«

Diesem Schlag hielt Gruschnizki nicht stand. Wie alle Jugendlichen hat er den Wunsch, als alter Mann zu gelten; er glaubt, die tiefen Spuren der Leidenschaften ersetzen auf seinem Gesicht das Siegel der Jahre. Er warf mir einen wütenden Blick zu, stampfte auf und entfernte sich.

»Geben Sie es getrost zu«, sagte ich zu der Prinzeß, »obwohl er schon immer sehr lächerlich wirkte, fanden Sie ihn vor kurzem noch interessant ... in seinem grauen Mantel ...?«

Sie schlug die Augen nieder und gab keine Antwort.

Gruschnizki verfolgte die Prinzeß den ganzen Abend, tanzte entweder mit ihr oder vis-à-vis von ihr; er verschlang sie mit seinen Blicken, seufzte und belästigte sie mit Bitten und Vorwürfen. Nach der dritten Quadrille haßte sie ihn schon.

»Das habe ich nicht von dir erwartet«, sagte er, während er auf mich zukam, und ergriff meinen Arm.

»Was?«

»Du wirst mit ihr die Mazurka tanzen?« fragte er in feierlichem Tonfall. »Sie hat es mir gestanden ...«

»Na und? Ist das etwa ein Geheimnis?«

»Ich hätte das natürlich von einem kleinen Mädchen, von einer Koketten, erwarten müssen ... Ich werde mich noch rächen!«

»Schimpf über deinen Mantel oder deine Epauletten, aber warum beschuldigst du sie? Was kann sie dafür, daß du ihr nicht mehr gefällst?«

»Warum hat sie mir Hoffnungen gemacht?«

»Warum hast du gehofft? Etwas wünschen und erstreben – das verstehe ich, aber wer wird denn hoffen?«

»Du hast die Wette gewonnen – aber nicht ganz«, sagte er mit einem grimmigen Lächeln.

Die Mazurka begann. Gruschnizki wählte immer nur die Prinzeß, auch die anderen Kavaliere forderten sie alle Augenblicke auf – offensichtlich hatten sie sich gegen mich verschworen. Um so besser. Sie will mit mir sprechen und wird daran gehindert – also wird sich ihr Verlangen verdoppeln.

Zweimal drückte ich ihr die Hand; beim zweitenmal entzog Prinzeß Mary sie mir, ohne ein Wort zu sagen.

»Ich werde diese Nacht schlecht schlafen«, sagte sie zu mir, als die Mazurka zu Ende war.

»Daran ist Gruschnizki schuld.«

»O nein!«

Ihr Gesicht wurde so nachdenklich, so traurig, daß ich mir schwor, ihr an diesem Abend unbedingt die Hand zu küssen.

Die ersten fuhren nach Hause. Als ich der Prinzeß in die Kutsche half, preßte ich hastig ihre kleine Hand an meine Lippen. Es war dunkel, und niemand konnte es sehen.

Ich kehrte in den Saal zurück, sehr zufrieden mit mir.

An der großen Tafel soupierten die jungen Herren, unter ihnen Gruschnizki. Als ich eintrat, verstummten alle – zweifellos hatten sie über mich gesprochen. Viele, besonders der Dragonerhauptmann, grollten mir noch vom vorigen Ball, aber nun schien sich unter Gruschnizkis Führung eine feindliche Schar gegen mich zusammenzurotten. Er gebärdete sich sehr stolz und streitbar.

Das freut mich sehr. Ich liebe meine Feinde, wenn auch nicht im Sinne der Christen. Sie belustigen mich und bringen mein Blut in Wallung. Immer auf der Hut sein, jeden Blick, die Bedeutung jedes Wortes erfassen, Absichten erraten, Verschwörungen ausheben, so tun, als sei man überlistet, und plötzlich mit einem einzigen Stoß das ganze riesige und mühsam errichtete Gebäude aus Listen und Intrigen einreißen – das ist es, was ich Leben nenne!

Im weiteren Verlauf des Abendessens tuschelte Gruschnizki fortwährend mit dem Dragonerhauptmann und zwinkerte ihm zu.

6. Juni

Heute früh ist Vera mit ihrem Mann nach Kislowodsk abgereist. Ich bin ihrer Kutsche begegnet, als ich zur Fürstin Ligowskaja ging. Sie hat mir zugenickt, in ihrem Blick lag ein Vorwurf.

Wer ist schuld? Warum gibt sie mir keine Gelegenheit, uns unter vier Augen zu sprechen? Die Liebe ist wie das Feuer – ohne Nahrung erlischt sie. Vielleicht erreicht die Eifersucht, was meine Bitten nicht vermochten?

Ich saß eine geschlagene Stunde bei der Fürstin. Mary zeigte sich nicht – sie ist krank. Am Abend war sie auch nicht auf dem Boulevard. Die neue, mit Lorgnetten bewaffnete Bande nimmt eine drohende Haltung ein. – Ich bin froh, daß die Prinzeß krank ist; sie würden sich ihr gegenüber sicherlich eine Frechheit erlauben. Gruschnizki läuft mit zerzausten Haaren herum und sieht verzweifelt aus; er scheint tatsächlich zu leiden – besonders seine Eitelkeit ist verletzt; aber es gibt Menschen, die selbst in der Verzweiflung komisch sind.

Nach Hause zurückgekehrt, stellte ich fest, daß mir etwas fehlte. *Ich habe sie nicht gesehen! Sie ist krank!* Bin ich etwa wirklich verliebt? – Was für ein Unsinn!

7. Juni

Um elf Uhr vormittags – die Stunde, zu der die Fürstin gewöhnlich in Jermolows Badeanstalt schwitzt – ging ich an ihrem Haus vorüber. Die Prinzeß saß in Gedanken versunken am Fenster; als sie mich erblickte, sprang sie auf.

Ich trat in die Diele, es war keiner von den Bedienten zu

sehen. Ich nutzte die Freiheit der hiesigen Sitten und ging unangemeldet ins Empfangszimmer.

Fahle Blässe lag auf dem hübschen Gesichtchen der Prinzeß; sie stand am Klavier, mit der einen Hand auf die Lehne eines Sessels gestützt; diese Hand zitterte ein wenig. Ich trat behutsam zu ihr und sagte: »Sind Sie mir böse?«

Sie sah mich mit einem schmerzlichen, tiefen Blick an und schüttelte den Kopf; ihre Lippen wollten sich zum Sprechen öffnen und konnten es nicht; ihre Augen füllten sich mit Tränen, sie ließ sich in einen Sessel sinken und schlug die Hände vors Gesicht.

»Was ist Ihnen?« fragte ich und ergriff ihre Hand.

»Sie achten mich nicht! Oh! Lassen Sie mich!«

Ich machte ein paar Schritte ... Sie richtete sich im Sessel auf, ihre Augen blitzten ...

Die Hand auf der Klinke, blieb ich stehen und sagte: »Verzeihen Sie mir, Prinzeß! Ich habe wie ein Wahnsinniger gehandelt ... Es wird nie wieder vorkommen, ich werde es verhindern! Wozu brauchen Sie zu wissen, was bislang in meiner Seele vorging? Sie werden es nie erfahren, und das ist besser für Sie. Leben Sie wohl.«

Als ich ging, kam es mir so vor, als hörte ich sie weinen.

Bis zum Abend streifte ich durch die Umgebung des Maschuks, wurde schrecklich müde und warf mich, als ich nach Hause kam, völlig erschöpft auf mein Bett.

Bald darauf kam Werner.

»Stimmt es, daß Sie die Prinzeß heiraten werden?« fragte er.

»Wieso?«

»Die ganze Stadt spricht davon; alle meine Patienten beschäftigen sich mit dieser wichtigen Neuigkeit, und diese Patienten sind schon ein Völkchen – sie wissen alles!«

Das ist Gruschnizkis Werk! dachte ich.

»Um Ihnen die Verlogenheit dieser Gerüchte zu beweisen, Doktor, erkläre ich Ihnen im Vertrauen, daß ich morgen nach Kislowodsk fahre ...«

»Und die Fürstin ebenfalls?«

»Nein, sie bleibt noch eine Woche hier ...«

»Also heiraten Sie!«

»Doktor, Doktor! Schauen Sie mich an – sehe ich aus wie ein Freier oder so etwas Ähnliches?«

»Das sage ich nicht! Aber wissen Sie, es gibt Fälle«, fügte er mit einem schlauen Lächeln hinzu, »in denen ein edler Mensch verpflichtet ist zu heiraten, und es gibt Mamachen, die derartige Fälle zumindest nicht verhindern. Ich rate Ihnen also als Freund, seien Sie vorsichtiger! Hier im Kurort ist eine sehr gefährliche Luft; wie viele hübsche junge Männer habe ich gesehen, die eines besseren Loses würdig waren und die von hier geradewegs zur Hochzeit fuhren ... Sogar mich, Sie werden es nicht glauben, wollten sie heiraten! Besonders darauf abgesehen hatte es so ein Mamachen aus der Provinz, deren Tochter immer sehr blaß war. Ich sagte unglücklicherweise zu ihr, die Gesichtsfarbe ihrer Tochter würde nach der Hochzeit wieder frischer werden; da bot sie mir unter Tränen der Dankbarkeit die Hand ihrer Tochter und ihr ganzes Besitztum an – es waren wohl fünfzig Seelen. Aber ich erwiderte, ich tauge dazu nicht.«

Werner ging, fest überzeugt, er habe mich gewarnt.

Ich entnahm seinen Worten, daß über die Prinzeß und mich in der Stadt bereits verschiedene niederträchtige Gerüchte verbreitet waren, und schwor mir: Das wird Gruschnizki büßen müssen!

10. Juni

Nun bin ich schon drei Tage in Kislowodsk. Täglich sehe ich Vera am Brunnen und beim Spazierengehen. Morgens, wenn ich aufwache, setze ich mich ans Fenster und richte meine Lorgnette auf ihren Balkon; sie ist schon längst angezogen und wartet auf das verabredete Zeichen. Wir treffen uns scheinbar zufällig in dem Garten, der sich von unseren Häusern bis zum Brunnen erstreckt. Die belebende Bergluft hat ihr wieder Gesichtsfarbe und Kraft verliehen. Nicht umsonst wird der Narsan Heldenquell genannt. Die hiesigen Einwohner bestätigen, die Luft von Kislowodsk schließe die Herzen auf für die Liebe und hier fänden alle

Romane, die irgendwann am Fuße des Maschuks begonnen haben, einen Abschluß. Und wahrhaftig, hier atmet alles Einsamkeit, hier wirkt alles geheimnisvoll, sowohl die dichten Schatten der Lindenalleen, die sich über den Fluß neigen, der tosend und schäumend von Fels zu Fels stürzt und sich durch die grünbewachsenen Berge einen Weg bahnt, als auch die Schluchten, die voller Nebel und Schweigen sind und sich von hier aus nach allen Richtungen verzweigen; sowohl die Frische der aromatischen Luft, die mit dem Duft der hohen südlichen Gräser und der weißen Akazie gesättigt ist, als auch das süß einschläfernde Geplätscher der eisigen Bäche, die einander am Ausgang des Tales begegnen, lustig um die Wette laufen und sich schließlich in den Podkumok ergießen; auf dieser Seite ist die Schlucht breiter und verwandelt sich in ein grünes Tal, durch das sich eine staubige Straße windet. Immer wenn ich zu ihr hinübersehe, bilde ich mir ein, eine Kutsche komme gefahren und aus dem Fenster der Kutsche schaue ein rosiges Gesichtchen. Viele Kutschen sind schon auf dieser Straße gekommen! Jene aber noch nicht. Die Siedlung, die außerhalb der Festung liegt, wird jetzt von vielen Menschen bewohnt; von dem Restaurant, das auf dem Hügel, ein paar Schritte von meiner Wohnung entfernt, steht, schimmern abends die Lichter durch die doppelte Reihe der Pappeln; das Lärmen und Gläserklingen ertönt bis tief in die Nacht hinein.

Nirgends wird soviel Kachetiner und Mineralwasser getrunken wie hier.

Gar viele mischen gern die beiden Gewerbe –
Ich bin nicht so, daß ich mir beides verderbe.

Gruschnizki randaliert fast den ganzen Tag mit seiner Bande in dem Restaurant und grüßt mich kaum.

Er ist erst seit gestern hier, hat sich aber schon mit drei alten Herren gestritten, die vor ihm ins Bad wollten. Es steht fest – Unglück macht ihn händelsüchtig.

11. Juni

Endlich sind sie gekommen. Ich saß am Fenster, als ich das Rasseln ihrer Kutsche hörte. Mein Herz erbebte ... Was geht mit mir vor? Habe ich mich wirklich verliebt? Ich bin so beschaffen, daß man diese Dummheit wohl von mir erwarten kann.

Ich habe bei ihnen zu Mittag gegessen. Die Fürstin sieht mich sehr freundlich an und weicht ihrer Tochter nicht von der Seite ... schlecht! Dafür ist Vera meinetwegen auf die Prinzeß eifersüchtig: Nun auch noch dieses Glück! Was tut eine Frau nicht alles, um ihre Nebenbuhlerin zu kränken! Ich erinnere mich, eine Frau hatte sich einst deshalb in mich verliebt, weil ich eine andere liebte. Es gibt nichts, was paradoxer wäre als der weibliche Verstand – es ist schwer, eine Frau von etwas zu überzeugen; man muß die Frauen so weit bringen, daß sie sich selber überzeugen; die Beweisfolge, mit der sie ihre Vorurteile ausmerzen, ist sehr originell; um ihre Dialektik zu studieren, muß man in seinem Hirn alle Schulregeln der Logik über den Haufen werfen. Zum Beispiel die gewöhnliche Regel: Dieser Mann liebt mich, aber ich bin verheiratet – also darf ich ihn nicht wiederlieben.

Die Frauenlogik besagt: Ich darf ihn nicht lieben, denn ich bin verheiratet. Aber er liebt mich. Also ... Hier folgen einige Pünktchen, denn nun spricht nicht mehr der Verstand, sondern es sprechen größtenteils die Zunge, die Augen und nach ihnen das Herz, sofern ein solches vorhanden ist.

Was, wenn diese Aufzeichnungen eines Tages in die Hände einer Frau fallen? »Verleumdung!« wird sie entrüstet rufen.

Seit der Zeit, da Dichter schreiben und Frauen sie lesen (wofür ihnen innigst gedankt sei), sind die Frauen so oft Engel genannt worden, daß sie in ihrer Herzenseinfalt tatsächlich dieses Kompliment ernst genommen und dabei vergessen haben, wie die gleichen Dichter für Geld Nero als Halbgott priesen ...

Es gehört sich eigentlich nicht, daß ich so boshaft über

sie rede, ich, der ich außer ihnen nichts auf der Welt geliebt habe, ich, der ich stets bereit war, ihnen meine Ruhe, meine Karriere, mein Leben zu opfern ... Aber ich versuche ja nicht in einem Anfall von Ärger und verletzter Eitelkeit, ihnen den Zauberschleier herunterzureißen, den nur ein geübter Blick durchdringt. Nein, alles, was ich über sie sage, ist eine Folge von –

Was des Verstandes Kühle fand,
Das Herz an Bitternis erfuhr.

Die Frauen sollten sich wünschen, daß alle Männer sie so gut kennen wie ich, denn ich liebe sie hundertmal mehr, seit ich sie nicht mehr fürchte und ihre kleinen Schwächen durchschaut habe.

Übrigens – Werner verglich die Frauen neulich mit dem Zauberwald, von dem Tasso in seinem »Befreiten Jerusalem« erzählt. »Tritt nur näher«, sagte er, »und dich überfallen von allen Seiten solche Schrecken, daß Gott erbarm': Verpflichtung, Stolz, Anstand, öffentliche Meinung, Spott, Verachtung ... Man darf nur nicht hinsehen, sondern muß geradeaus gehen; nach und nach verschwinden die Ungeheuer, und vor dir tut sich eine stille freundliche Lichtung auf, in deren Mitte eine grüne Myrte blüht. Wehe dir, wenn du bei den ersten Schritten den Mut sinken läßt und umkehrst!«

12. Juni

Der heutige Abend war außerordentlich ereignisreich. Drei Werst von Kislowodsk entfernt, in der Schlucht, durch die der Podkumok fließt, erhebt sich ein Felsen, Kolzo genannt; es ist ein Tor, das sich die Natur geschaffen hat; es steht auf einem hohen Hügel, und die untergehende Sonne wirft durch dieses Tor der Welt ihren letzten flammenden Blick zu. Eine vielköpfige Kavalkade begab sich dorthin, um durch das steinerne Fenster den Sonnenuntergang zu beobachten. Offen gestanden, dachte keiner von uns an die Sonne. Ich ritt neben der Prinzeß; auf dem Nachhauseweg mußten wir eine Furt des Podkumok durchqueren. Die Gebirgsbäche, selbst die seichtesten, sind besonders dadurch gefährlich, daß ihr Grund ein vollendetes Kaleidoskop ist – er verändert sich jeden Tag unter dem Ansturm der Wellen; wo gestern ein Stein lag, ist heute ein Loch. Ich nahm das Pferd der Prinzeß am Zügel und führte es in das kaum knietiefe Wasser, vorsichtig bewegten wir uns schräg gegen die Strömung hinüber. Bekanntlich soll man beim Überqueren reißender Flüsse nicht aufs Wasser sehen, weil man sonst sofort schwindlig wird. Ich vergaß, Prinzeß Mary davor zu warnen.

Wir waren schon in der Mitte, in der reißendsten Strömung, als sie plötzlich im Sattel schwankte. »Mir wird schlecht!« sagte sie mit schwacher Stimme ... Ich beugte mich schnell zu ihr hinüber und legte den Arm um ihre biegsame Taille.

»Schauen Sie nach oben«, flüsterte ich ihr zu, »es vergeht wieder. Keine Angst, ich bin bei Ihnen.«

Ihr wurde besser. Sie wollte sich von meinem Arm befreien, aber ich umschlang ihren zierlichen, geschmeidigen Leib noch fester; meine Wange berührte fast die ihre, sie war glühend heiß.

»Was machen Sie mit mir! Mein Gott!«

Ich beachtete nicht ihr Zittern und ihre Verwirrung, und meine Lippen berührten ihre zarte Wange; sie zuckte zusammen, sagte aber nichts; wir ritten als letzte – niemand hatte es gesehen. Als wir das Ufer erreichten, setzten sich alle in Trab. Die Prinzeß hielt ihr Pferd zurück; ich blieb neben ihr; mein Schweigen beunruhigte sie sichtlich, aber ich hatte mir geschworen, kein Wort zu sagen – aus Neugier. Ich wollte sehen, wie sie sich aus dieser schwierigen Situation herauswinden würde.

»Entweder verachten Sie mich, oder Sie lieben mich sehr!« sagte sie endlich mit tränenerstickter Stimme. »Vielleicht wollen Sie Ihren Spott mit mir treiben, meiner Seele die Ruhe nehmen und mich dann verlassen ... Das wäre so gemein, so niedrig, daß schon allein die Vermutung ... o nein! Nicht wahr«, fügte sie im Tonfall zärtlichen Vertrauens hinzu, »nicht wahr, in mir ist nichts, was keine Achtung verdiente? Ihre Dreistigkeit – ich muß, ich muß sie Ihnen verzeihen, weil ich sie geschehen ließ ... Antworten Sie ... reden Sie doch, ich möchte Ihre Stimme hören!« In den letzten Worten lag so viel weibliche Ungeduld, daß ich unwillkürlich lächelte; zum Glück begann es zu dämmern. Ich antwortete nichts.

»Sie schweigen?« fuhr sie fort. »Ich soll Ihnen wohl als erste sagen, daß ich Sie liebe ...«

Ich blieb stumm.

»Wollen Sie das?« fuhr sie fort und wandte sich mir jäh zu. In der Entschiedenheit ihres Blickes und ihrer Stimme lag etwas Unheimliches ...

»Wozu?« erwiderte ich achselzuckend.

Sie versetzte ihrem Pferd einen Schlag mit der Peitsche und sprengte in gestrecktem Galopp auf dem schmalen gefährlichen Pfad dahin; das ging so schnell, daß ich sie kaum einholen konnte, und das erst, als sie die übrige Gesellschaft erreicht hatte. Bis nach Hause plauderte und lachte sie unausgesetzt. In ihren Bewegungen lag etwas Fieberhaftes; mich sah sie kein einziges Mal an. Allen fiel diese ungewöhnliche Heiterkeit auf. Und die Fürstin freute sich innerlich, wenn sie ihre Tochter ansah; doch Mary hatte einfach einen nervösen Anfall, sie würde in der Nacht nicht schlafen können und würde weinen. Dieser Gedanke bereitete mir unermeßlichen Genuß. Es gibt Augenblicke, in denen ich den Vampir verstehe! Aber noch gelte ich als herzensguter Junge, und ich bin darauf bedacht, diesen Ruf zu wahren.

Die Damen saßen ab und gingen zur Fürstin ins Haus; ich war erregt und ritt in die Berge, um die Gedanken zu zerstreuen, die sich in meinem Kopf drängten. Der taufeuchte Abend atmete wohltuende Kühle. Hinter den dunklen Gipfeln ging der Mond auf; jeder Schritt meines unbeschlagenen Pferdes hallte dumpf in dem Schweigen der Schluchten; am Wasserfall tränkte ich mein Pferd, atmete zweimal tief die frische Kühle der südlichen Nacht ein und begab mich nach Hause. Ich ritt durch die Siedlung. Die Lichter in den Fenstern erloschen nach und nach; die Posten auf dem Festungswall und die Kosaken der umliegenden Piquets verständigten sich durch langgezogene Zurufe ...

In einem Haus der Siedlung, das am Rande einer Schlucht stand, bemerkte ich ungewöhnlich helles Licht; von Zeit zu Zeit erscholl wüstes Stimmengewirr und Geschrei, was darauf schließen ließ, daß dort Militärs zechten. Ich saß ab und schlich ans Fenster. Durch die schlecht geschlossenen Läden sah ich die Zecher und hörte, was sie sagten. Sie sprachen über mich.

Der Dragonerhauptmann hieb, vom Wein erhitzt, mit der Faust auf den Tisch und verlangte Aufmerksamkeit.

»Meine Herren!« sagte er. »So geht das nicht weiter; Petschorin muß eine Lehre erteilt werden! Diese Petersburger Grünschnäbel tragen die Nase nur so lange hoch, bis sie eins draufkriegen! Er bildet sich ein, er allein wisse, wie es in der großen Welt zugeht, weil er immer saubere Handschuhe und geputzte Stiefel trägt.«

»Und dieses arrogante Lächeln! Obendrein bin ich überzeugt, er ist ein Feigling – ja, er ist ein Feigling!«

»Ich bin der gleichen Meinung«, sagte Gruschnizki. »Er tut alles gern mit einem Scherz ab. Ich habe ihm einmal Dinge ins Gesicht gesagt, für die hätte ein anderer mich auf der Stelle zerrissen, aber Petschorin zog alles ins Lächerliche. Ich habe ihn selbstverständlich nicht gefordert, denn das wäre seine Angelegenheit gewesen; ich wollte auch nichts mit ihm zu tun haben ...«

»Gruschnizki ist böse auf ihn, weil er ihm die Prinzeß abspenstig gemacht hat«, sagte jemand.

»Was fällt euch ein! Ich habe mich zwar ein bißchen um die Prinzeß bemüht, aber sie bald wieder in Ruhe gelassen, weil ich sie nicht heiraten will, und ein Mädchen zu kompromittieren, das ist nicht meine Art.«

»Ich versichere euch, er ist ein erbärmlicher Feigling – das heißt Petschorin, nicht Gruschnizki. Oh, Gruschnizki ist ein Prachtkerl und außerdem mein bester Freund!« sagte der Dragonerhauptmann wieder. »Meine Herren, nimmt ihn hier niemand in Schutz? Niemand! Um so besser. Wollen wir seinen Mut auf die Probe stellen? Das wäre für uns ein Spaß . . .«

»Klar. Bloß wie?«

»Hören Sie: Gruschnizki ist auf ihn besonders wütend – ihm gebührt die Hauptrolle! Er wird einen nichtigen Anlaß benutzen und Petschorin zum Duell fordern . . . Warten Sie ab, der Witz kommt noch . . . Er fordert ihn zum Duell. Gut! Alles das – die Forderung, die Vorbereitungen und die Bedingungen – muß so feierlich und furchteinflößend wie möglich sein, das übernehme ich; ich werde dein Sekundant sein, mein armer Freund! Gut! Und nun kommt der Haken. Wir werden keine Kugeln in die Pistolen legen. Ich verbürge mich dafür, daß Petschorin Angst bekommt – ich stelle die beiden sechs Schritt voneinander entfernt auf, hol's der Teufel! Einverstanden, meine Herren?«

»Großartig ausgedacht! Einverstanden. Warum denn nicht?« erscholl es von allen Seiten.

»Und du, Gruschnizki?«

Fiebernd vor Erregung, wartete ich auf Gruschnizkis Antwort. Die kalte Wut packte mich bei dem Gedanken, daß ich zum Gespött dieser Tölpel hätte werden können, wäre mir der Zufall nicht zu Hilfe gekommen. Wenn Gruschnizki sich geweigert hätte, wäre ich ihm um den Hals gefallen. Aber er erhob sich nach längerem Schweigen von seinem Platz, gab dem Hauptmann die Hand und sagte sehr ernst: »Gut, ich bin einverstanden.«

Die Begeisterung der ganzen ehrenwerten Kumpanei läßt sich schwerlich beschreiben.

Von zwei einander widersprechenden Gefühlen bewegt, kehrte ich nach Hause zurück. Das erste war Kummer. Warum hassen sie mich alle? dachte ich. Warum? Habe ich einen von ihnen beleidigt? Nein. Gehöre ich etwa zu den Menschen, deren Äußeres schon Mißgunst erregt? Ich fühlte, wie sich grimmiger Zorn allmählich meiner Seele bemächtigte. »Nehmen Sie sich in acht, Herr Gruschnizki«, sagte ich, in meinem Zimmer auf und ab gehend. »So kann man mit mir nicht umspringen. Sie werden den

Beifall Ihrer dummen Kameraden vielleicht teuer bezahlen müssen. Ich bin nicht Ihr Spielzeug . . .«

Ich habe die ganze Nacht kein Auge zugetan. Am Morgen war ich gelb wie eine Pomeranze.

Vormittags begegnete ich der Prinzeß am Brunnen.

»Sind Sie krank?« fragte sie und blickte mich forschend an.

»Ich habe heute nacht nicht geschlafen.«

»Ich auch nicht . . . Ich habe Sie beschuldigt . . . vielleicht zu Unrecht? Aber erklären Sie sich, ich kann Ihnen alles verzeihen . . .«

»Alles?«

»Alles . . . sagen Sie mir nur die Wahrheit . . . so schnell wie möglich . . . Sehen Sie, ich habe lange nachgedacht, ich habe versucht, Ihr Verhalten zu verstehen, es zu rechtfertigen; Sie fürchten vielleicht Schwierigkeiten von seiten meiner Verwandten . . . das ist mir einerlei; wenn sie erfahren . . .« (Ihre Stimme begann zu zittern.) »Ich werde sie inständig bitten. Oder es liegt an Ihren eigenen Verhältnissen . . . Doch Sie sollen wissen, daß ich alles für den zu opfern vermag, den ich liebe . . . Oh, antworten Sie schneller, erbarmen Sie sich . . . Nicht wahr, Sie verachten mich nicht?«

Sie ergriff meine Hand. Die Fürstin ging mit Veras Mann vor uns und sah nichts; aber uns konnten die lustwandelnden Kurgäste sehen, die Klatschfreudigsten aller Neugierigen, und ich befreite meine Rechte rasch aus ihrem leidenschaftlichen Händedruck.

»Ich werde Ihnen die ganze Wahrheit sagen«, antwortete ich der Prinzeß, »ich werde mich nicht rechtfertigen und auch meine Handlungsweise nicht erklären. Ich liebe Sie nicht . . .«

Ihre Lippen wurden blaß.

»Lassen Sie mich«, sagte sie kaum vernehmlich.

Ich zuckte mit den Achseln, drehte mich um und ging.

14. Juni

Manchmal verachte ich mich selbst ... Vielleicht verachte ich deshalb auch die anderen? Ich bin edler Gefühlsregungen unfähig geworden; ich habe Angst, ich könnte mich vor mir selber lächerlich machen. Ein anderer hätte der Prinzeß son cœur et sa fortune zu Füßen gelegt! Über mich aber hat das Wort *heiraten* eine dämonische Gewalt. Ich mag eine Frau noch so leidenschaftlich lieben, sobald sie mich auch nur fühlen läßt, daß ich sie heiraten soll – dann Liebe ade! Mein Herz verwandelt sich in einen Stein, und nichts kann es wieder erwärmen. Ich bin zu allen Opfern bereit, außer zu diesem einen; zwanzigmal setze ich mein Leben, sogar meine Ehre aufs Spiel ... aber meine Freiheit verkaufe ich nicht. Warum schätze ich sie so? Was liegt mir an ihr? Worauf bereite ich mich vor? Was erwarte ich von der Zukunft? Im Grunde so gut wie nichts. Es ist eine angeborene Angst, eine unerklärliche Vorahnung ... Es gibt Menschen, die sich instinktiv vor Spinnen, Küchenschaben und Mäusen fürchten ... Soll ich's gestehen? Als ich noch ein kleines Kind war, legte eine alte Frau meiner Mutter für mich die Karten; sie sagte mir *den Tod durch eine böse Frau* voraus; das wühlte mich damals zutiefst auf; in meiner Seele entstand eine unüberwindliche Abneigung gegen das Heiraten ... Dennoch sagt mir etwas, daß ihre Prophezeiung sich erfüllen wird; ich werde jedenfalls mein möglichstes tun, auf daß sie sich so spät wie möglich erfülle.

15. Juni

Gestern ist der Zauberkünstler Apfelbaum hier eingetroffen. An der Tür des Restaurants hängt ein langes Plakat, welches das hochverehrte Publikum davon in Kenntnis setzt, daß der obengenannte vortreffliche Zauberkünstler, Akrobat, Chemiker und Optiker die Ehre haben werde, am heutigen Tage um acht Uhr abends im Saal des Adelsklubs (das heißt im Restaurant) eine großartige Vorstellung zu geben; Eintritt zwei Rubel fünfzig.

Alle werden sich einfinden, um den vortrefflichen Zauberkünstler zu sehen; sogar die Fürstin Ligowskaja hat sich eine Karte genommen, obwohl ihre Tochter krank ist.

Heute ging ich nach dem Mittagessen an Veras Wohnung vorüber; sie saß auf dem Balkon, allein; vor meine Füße fiel ein Zettel.

»Komm heute abend um zehn Uhr über die große Treppe zu mir; mein Mann ist nach Pjatigorsk gefahren und kommt erst morgen früh zurück. Meine Diener und Stubenmädchen werden nicht zu Hause sein, ich habe an alle und auch an das Personal der Fürstin Eintrittskarten verteilt. – Ich erwarte dich. Komm unbedingt!«

Aha! dachte ich. Endlich regelt sich alles so, wie ich es will.

Um acht Uhr ging ich, um mir den Zauberkünstler anzuschauen. Das Publikum fand sich kurz vor neun ein; die Vorstellung begann. In den hinteren Stuhlreihen erkannte ich die Diener und Stubenmädchen von Vera und der Fürstin. Ausnahmslos alle waren erschienen. Gruschnizki saß in der ersten Reihe, die Lorgnette in der Hand. Der Zauberkünstler wandte sich jedesmal an ihn, wenn er ein Taschentuch, eine Uhr, einen Ring oder dergleichen brauchte.

Gruschnizki grüßt mich schon einige Zeit nicht mehr, und heute hat er mich zweimal ziemlich unverschämt angesehen. All das wird ihm heimgezahlt, wenn wir abzurechnen haben.

Gegen zehn Uhr stand ich auf und ging hinaus.

Draußen war es so dunkel, daß man nicht die Hand vor den Augen sehen konnte. Mächtige, kalte Wolken lagen ringsum auf den Bergeshöhen, nur hin und wieder wehte ein sterbender Wind durch die Wipfel der Pappeln, die das Restaurant umgeben. Vor den Fenstern drängte sich das Volk. Ich ging den Berg hinab und legte, nachdem ich durch das Tor getreten war, einen Schritt zu. Auf einmal schien mir, als folge mir jemand. Ich blieb stehen und sah mich um. In der Dunkelheit war nichts zu erkennen; doch ging ich vorsichtshalber ganz um das Haus herum, so als machte ich nur einen Spaziergang. Als ich an den Fenstern der Prinzeß vorüberkam, vernahm ich abermals Schritte hinter mir, und ein Mann, in einen Mantel gehüllt, eilte an mir vorüber. Das beunruhigte mich. Dennoch schlich ich zur Haustür und lief hastig die dunkle Treppe hinauf. Oben öffnete sich eine Tür; eine kleine Hand griff nach der meinen.

»Hat dich niemand gesehen?« flüsterte Vera, sich an mich schmiegend.

»Niemand!«

»Glaubst du jetzt, daß ich dich liebe? Oh, ich habe lange geschwankt, mich lange gequält ... Aber du machst aus mir alles, was du willst.«

Ihr Herz schlug wild, ihre Hände waren kalt wie Eis. Sie machte mir aus Eifersucht Vorwürfe, beklagte sich. Sie verlangte von mir, ich solle ihr alles gestehen, und sagte, sie ertrüge mit Ergebenheit meinen Verrat, weil sie einzig mein Glück wolle. Ich glaubte das nicht ganz, beruhigte sie aber mit Schwüren, Versprechungen und dergleichen.

»Du wirst also Mary nicht heiraten? Du liebst sie nicht? Aber sie denkt ... Weißt du, daß sie wahnsinnig in dich verliebt ist ... das arme Kind!«

Gegen zwei Uhr nachts öffnete ich ein Fenster und ließ mich an zwei Schals, die ich zusammengebunden hatte, vom oberen Balkon auf den unteren hinab, wobei ich mich an einem Pfeiler festhielt. Im Zimmer der Prinzeß brannte noch Licht. Unwiderstehlich zog es mich zu diesem Fenster. Der Vorhang war nicht ganz zugezogen, und ich konnte einen neugierigen Blick ins Innere des Zimmers werfen. Mary saß, die Hände über den Knien gefaltet, auf ihrem Bett; eine spitzenbesetzte Nachthaube umschloß ihr dichtes Haar; ein großes grellrotes Tuch verhüllte ihre weißen Schultern; die kleinen Füße steckten in bunten persischen Pantöffelchen. Regungslos saß sie da, den Kopf auf die Brust gesenkt; vor ihr auf einem Tischchen lag ein aufgeschlagenes Buch, aber ihre Augen, die starr und voll unaussprechlicher Trauer waren, schienen zum hundertsten

Male ein und dieselbe Seite zu überfliegen, während die Gedanken in weite Fernen schweiften ...

In diesem Augenblick bewegte sich jemand im Gebüsch; ich sprang vom Balkon auf den Rasen. Eine unsichtbare Hand packte mich an der Schulter. »Aha!« sagte eine rauhe Stimme. »Jetzt haben wir dich! Nachts bei Prinzessinnen einsteigen – das wird dir vergehen!«

»Halt ihn fest!« zeterte ein anderer, der um die Ecke gelaufen kam.

Es waren Gruschnizki und der Dragonerhauptmann.

Ich versetzte dem Hauptmann einen Faustschlag ins Gesicht, warf ihn zu Boden und schlug mich in die Büsche; alle Pfade des Gartens, der am Hang hinter unseren Häusern lag, waren mir vertraut.

»Diebe! Wache!« schrien sie. Ein Gewehrschuß krachte; der rauchende Papppfropfen fiel fast vor meinen Füßen nieder.

Wenige Minuten später war ich bereits in meinem Zimmer, zog mich aus und legte mich zu Bett. Kaum hatte mein Diener die Tür abgeschlossen, da klopften Gruschnizki und der Hauptmann bei mir an.

»Petschorin! Schlafen Sie? Sind Sie zu Hause?«

»Ich schlafe«, antwortete ich mürrisch.

»Stehen Sie auf! Diebe ... Tscherkessen.«

»Ich habe Schnupfen«, antwortete ich, »ich fürchte, ich werde mich erkälten.«

Sie entfernten sich. Es war töricht gewesen, ihnen zu antworten, sie hätten mich bestimmt noch eine Stunde im Garten gesucht. Der Tumult schwoll immer mehr an. Aus der Festung kam ein Kosak geritten. Alles war auf den Beinen; man suchte die Tscherkessen in allen Büschen – und fand natürlich keinen. Trotzdem waren gewiß viele der festen Überzeugung, daß mindestens zwei Dutzend von den Räubern zur Strecke gebracht worden wären, wenn die Garnison mehr Mut und Schnelligkeit bewiesen hätte.

16. Juni

Heute morgen war am Brunnen von nichts anderem die Rede als von dem nächtlichen Überfall der Tscherkessen. Nachdem ich die verordnete Anzahl Gläser Narsan getrunken hatte und zehnmal die lange Lindenallee auf und ab gegangen war, begegnete ich Veras Mann, der gerade aus Pjatigorsk gekommen war. Er hakte sich bei mir ein, und wir gingen ins Restaurant frühstücken; er war seiner Frau wegen fürchterlich in Sorge. »Wie hat sie sich erschrocken heute nacht!« sagte er. »Das mußte auch ausgerechnet dann geschehen, wenn ich nicht da bin.« Wir nahmen zum Frühstück in der Nähe der Tür Platz, die in das Eckzimmer führte, in dem etwa ein Dutzend junge Männer saßen, unter ihnen auch Gruschnizki.

Das Schicksal bot mir zum zweiten Male die Gelegenheit, eine Unterhaltung zu belauschen, die sein Schicksal besiegeln sollte. Er sah mich nicht, ich konnte also nicht annehmen, er verfolge eine Absicht; aber das vergrößerte seine Schuld in meinen Augen.

»Waren es wirklich Tscherkessen?« fragte jemand. »Hat sie einer gesehen?«

»Ich werde euch die ganze Geschichte erzählen«, antwortete Gruschnizki, »aber bitte verratet mich nicht. Folgendes hat sich zugetragen: Gestern kam ein Mann, dessen Namen ich Ihnen nicht nennen werde, zu mir und berichtete, er habe abends um zehn Uhr einen Mann zum Haus der Ligowskis schleichen sehen. Ich muß bemerken, daß die Fürstin hier, aber die Prinzeß zu Hause war. Da begab ich mich mit ihm vor das Haus, um dem Glückspilz aufzulauern.«

Ich muß gestehen, ich erschrak, obwohl sich mein Tischnachbar eingehend seinem Frühstück widmete; es wären ihm ziemlich unerfreuliche Dinge zu Ohren gekommen, hätte Gruschnizki die Wahrheit erraten; aber von der Eifersucht verblendet, erriet er sie nicht.

»Wir machten uns also auf den Weg«, fuhr Gruschnizki fort, »und nahmen ein Gewehr mit, das mit Platzpatronen geladen war. Bloß um dem Kerl einen Schreck einzujagen.

Bis zwei Uhr nachts warteten wir im Garten; endlich erschien er, Gott weiß woher, jedenfalls nicht aus dem Fenster, denn das wurde nicht geöffnet, er muß durch die Glastür gekommen sein, die hinter einem Pfeiler verborgen liegt. Endlich, sage ich, sehen wir, wie sich einer vom Balkon herunterläßt ... Was ist das für eine Prinzeß? Wie? Na, ich muß schon sagen – die jungen Damen aus Moskau! Woran soll man nach so etwas noch glauben? Wir wollten ihn greifen, aber er entwand sich und verschwand wie ein Hase im Gebüsch; da schoß ich auf ihn.«

Um Gruschnizki erscholl ungläubiges Gemurmel.

»Sie glauben mir nicht?« fuhr er fort. »Ich gebe Ihnen mein heiligstes Ehrenwort, daß all das die reinste Wahrheit ist, und nenne Ihnen zum Beweis, bitte schön, den Namen dieses Mannes.«

»Sag schon, sag, wer ist es?« rief es von allen Seiten.

»Petschorin«, antwortete Gruschnizki.

In diesem Augenblick sah er auf – ich stand ihm gegenüber in der Tür; brennende Röte bedeckte sein Gesicht. Ich ging gemächlich auf ihn zu und sagte langsam und geringschätzig: »Es tut mir sehr leid, daß ich hinzukomme, nachdem Sie die widerlichste Verleumdung bereits durch Ihr Ehrenwort bekräftigt haben. Meine Gegenwart hätte Sie vor einer unsinnigen Gemeinheit bewahrt.«

Gruschnizki sprang auf und wollte ausfällig werden.

»Ich bitte Sie«, fuhr ich im selben Tonfall fort, »ich bitte Sie, sogleich Ihre Worte zu widerrufen; Sie wissen sehr gut, daß sie erfunden sind. Ich glaube nicht, daß die Gleichgültigkeit einer Frau Ihren trefflichen Vorzügen gegenüber so eine schreckliche Rache verdient. Überlegen Sie es sich gut! Beharren Sie auf Ihrer Meinung, verlieren Sie das Recht, ein Edelmann genannt zu werden, und riskieren Ihr Leben.«

Gruschnizki stand vor mir, die Augen niedergeschlagen, er war heftig erregt. Doch der Kampf zwischen seinem Gewissen und seinem Ehrgeiz dauerte nicht lange. Der Dragonerhauptmann, der neben ihm saß, stieß ihn mit dem Ellbogen an; er zuckte zusammen und antwortete mir schnell, ohne aufzublicken: »Mein Herr, was ich sage, das denke ich auch, und ich bin bereit, es zu wiederholen ... Ich fürchte Ihre Drohungen nicht und bin zu allem bereit ...«

»Das letztere haben Sie schon bewiesen«, antwortete ich ihm kalt, nahm den Arm des Hauptmanns und ging mit ihm hinaus.

»Was wünschen Sie?« fragte der Hauptmann.

»Sie sind Gruschnizkis Freund und werden sicherlich sein Sekundant sein?«

Der Hauptmann verbeugte sich sehr würdevoll.

»Sie haben es erraten«, erwiderte er, »ich bin sogar verpflichtet, sein Sekundant zu sein, weil die Beleidigung, die ihm zugefügt wurde, auch mich trifft. Ich war gestern nacht mit ihm zusammen«, fügte er hinzu und warf sich in die Brust.

»Ach, Sie waren das also, den ich so ungeschickt auf den Kopf geschlagen habe!«

Er wurde gelb und blau im Gesicht, seine Miene verriet unterdrückte Wut.

»Ich werde die Ehre haben, Ihnen noch heute meinen Sekundanten zu schicken«, setzte ich hinzu, nachdem ich mich sehr höflich verbeugt hatte, und tat, als übersähe ich seinen Zorn.

Auf der Freitreppe des Restaurants traf ich Veras Mann. Er schien auf mich gewartet zu haben.

Er drückte mir die Hand mit einer Herzlichkeit, die an Begeisterung grenzte.

»Edler junger Mann!« sagte er mit Tränen in den Augen. »Ich habe alles gehört; so ein Schuft, so ein Undankbarer! Solche Leute soll man nun nach alldem noch in ein ordentliches Haus einlassen! Gott sei Dank, ich habe keine Töchter! Aber diejenige, für die Sie Ihr Leben aufs Spiel setzen, wird Sie belohnen. Seien Sie sich meiner Diskretion gewiß«, fuhr er fort, »ich bin selbst einmal jung gewesen und habe im Militärdienst gestanden; ich weiß, daß man sich in solche Dinge nicht einmischen darf. Leben Sie wohl!«

Der Arme! Er freut sich, daß er keine Töchter hat ...

Ich ging geradewegs zu Werner, traf ihn zu Hause an und erzählte ihm alles: meine Beziehungen zu Vera und zur Prinzeß und die von mir belauschte Unterhaltung, aus der ich die Absicht dieser Herren erfuhr, mich zum Narren zu halten, indem man uns mit blindgeladenen Pistolen schießen lassen wollte. Aber nun hatte die Angelegenheit den Rahmen des Scherzhaften gesprengt; sie hatten einen solchen Ausgang wahrscheinlich nicht erwartet.

Der Doktor erklärte sich bereit, mein Sekundant zu sein; ich gab ihm einige Anweisungen bezüglich der Bedingungen des Duells; er sollte darauf bestehen, daß die Sache so geheim wie möglich vor sich ging, denn obwohl ich jederzeit bereit bin, dem Tod ins Auge zu sehen, habe ich nicht die geringste Lust, mir meine Zukunft im Diesseits für alle Zeiten zu verscherzen.

Anschließend ging ich nach Hause. Eine Stunde später kehrte der Doktor von seiner Expedition zurück.

»Es besteht tatsächlich eine Verschwörung gegen Sie«, sagte er. »Ich habe bei Gruschnizki den Dragonerhauptmann und noch einen Herrn angetroffen, dessen Name mir entfallen ist; ich blieb einen Augenblick in der Diele, um die Galoschen abzustreifen; im Zimmer wurde laut gesprochen und gestritten ... ›Ich erkläre mich auf keinen Fall einverstanden!‹ sagte Gruschnizki. ›Er hat mich öffentlich beleidigt. Damals war es etwas ganz anderes ...‹ – ›Was kümmert dich das?‹ antwortete der Hauptmann. ›Ich nehme alles auf mich. Ich habe bei fünf Duellen sekundiert und weiß, wie man so etwas macht. Ich habe alles gut überlegt. Bitte, misch dich nicht ein. Einen Schreck einjagen – das ist nichts Böses. Und warum soll man sich der Gefahr aussetzen, wenn man sie vermeiden kann?‹ – In diesem Augenblick trat ich ein. Sie verstummten sofort. Unsere Verhandlungen dauerten ziemlich lange; endlich kamen wir zu folgendem Entschluß: Fünf Werst von hier liegt eine einsame Schlucht; sie werden morgen früh um vier Uhr dorthin reiten, und wir werden ihnen eine halbe Stunde später folgen; Sie werden sich auf sechs Schritt Entfernung schießen – das hat Gruschnizki selbst verlangt. Wird einer getötet, kommt das auf die Rechnung der Tscherkessen. Nun habe ich folgenden Verdacht: Sie, das heißt die Sekundanten, haben anscheinend ihren früheren Plan ein wenig geändert und wollen einzig Gruschnizkis Pistole laden. Das sieht nach Mord aus, aber im Krieg, und besonders im asiatischen, sind Listen erlaubt; allerdings scheint Gruschnizki edelmütiger als seine Gefährten zu sein. Wie denken Sie darüber? Sollen wir ihnen zu verstehen geben, daß wir sie durchschaut haben?«

»Um nichts in der Welt, Doktor. Seien Sie beruhigt, ich lasse mich von denen nicht unterkriegen.«

»Was wollen Sie tun?«

»Das ist mein Geheimnis.«

»Passen Sie auf, daß Sie nicht doch den kürzeren ziehen! Immerhin sind es bloß sechs Schritt!«

»Doktor, ich erwarte Sie morgen um vier Uhr; die Pferde werden bereitstehen ... Leben Sie wohl!«

Ich saß bis zum Abend zu Hause, ich hatte mich in mein Zimmer eingeschlossen. Der Diener kam, um mich zur Fürstin zu bitten – ich ließ ausrichten, ich sei krank.

Zwei Uhr nachts. Ich kann nicht schlafen. Aber ich müßte schlafen, damit mir morgen die Hand nicht zittert. Im übrigen dürfte man auf sechs Schritt schwerlich das Ziel verfehlen. Ah! Herr Gruschnizki! Ihre Mystifikation wird Ihnen nicht gelingen ... wir tauschen die Rollen: Jetzt werde ich auf Ihrem bleichen Gesicht die Anzeichen geheimer Angst suchen. Warum haben Sie selbst diese verhängnisvollen sechs Schritt bestimmt? Sie denken, ich würde Ihnen widerspruchslos meine Stirn bieten ... doch wir werden das Los werfen! Und dann ... dann ... was aber, wenn sein Glück stärker ist? Wenn mich mein Stern am Ende verrät? Es wäre kein Wunder – so lange hat er meinen Launen treu gedient; es gibt im Himmel nicht mehr Beständigkeit als auf Erden.

Was dann? Wenn ich sterben soll, dann sterbe ich – es wäre kein großer Verlust für die Welt; auch ich selbst finde alles schon todlangweilig. Ich bin wie ein Mensch, der auf dem Ball gähnt und der nur deswegen nicht zum Schlafen nach Hause fährt, weil seine Kutsche noch nicht da ist. Die Kutsche ist vorgefahren? Lebt wohl!

Ich lasse in Gedanken meine ganze Vergangenheit an mir vorüberziehen und frage mich unwillkürlich: Wozu habe ich gelebt? Zu welchem Zweck bin ich geboren worden? Es hat doch sicherlich einen gegeben, und sicherlich war ich zu Hohem bestimmt, denn ich spüre in meiner Seele unermeßliche Kräfte; aber ich habe diese Bestimmung nicht erraten, habe mich von den Verlockungen hoher und undankbarer Leidenschaften hinreißen lassen; ihren Schmelzofen verließ ich hart und kalt wie Eisen, ich habe für immer die Glut edler Bestrebungen verloren, die schönste Blüte des Lebens. Wie oft habe ich seit jener Zeit schon in den Händen des Schicksals die Rolle des Henkerbeils gespielt! Wie das Richtschwert fiel ich auf das Haupt der bezeichneten Opfer nieder, oft ohne Zorn und immer ohne Erbarmen. Meine Liebe hat niemand Glück gebracht, weil ich nichts für die opferte, die ich liebte; ich liebte für mich, zu meinem eigenen Vergnügen; ich stillte nur das seltsame Verlangen des Herzens, indem ich gierig die Gefühle der anderen verschlang, ihre Zärtlichkeit, ihre Freuden und ihre Leiden, und ich wurde nie satt. So schläft ein vor Hunger Ausgezehrter erschöpft ein und sieht vor sich üppige Speisen und schäumende Weine; er verzehrt entzückt die luftigen Gaben der Phantasie und glaubt, ihm sei leichter geworden. Doch kaum erwacht er, verschwindet der Traum; es bleibt der verdoppelte Hunger und die Verzweiflung!

Vielleicht sterbe ich morgen! Dann wird auf Erden kein einziges Geschöpf zurückbleiben, das mich ganz verstanden hätte. Die einen halten mich für besser, die anderen für schlechter, als ich bin ... Die einen werden sagen: Er war ein guter Junge, die anderen – er war ein Lump! Aber das eine wie das andere entspricht nicht der Wahrheit. Lohnt es sich nach alledem noch, zu leben? Doch lebt man – aus Neugier; man erwartet etwas Neues ... Es ist lächerlich und ärgerlich!

Nun bin ich schon anderthalb Monate in der Festung N.; Maxim Maximytsch ist auf die Jagd gegangen. Ich bin allein, sitze am Fenster. Graue Wolken haben die Berge ganz verhüllt; die Sonne wirkt durch den Nebel wie ein gelber Fleck. Es ist kalt, der Wind pfeift und rüttelt an den Fensterläden. Langweilig. Ich werde mein Tagebuch fortsetzen, das ich nach so sonderbaren Erlebnissen unterbrochen habe.

Ich lese die letzte Seite noch einmal. Albern! Ich glaubte, ich würde sterben; das konnte nicht geschehen – ich habe den Kelch des Leides noch nicht geleert, und jetzt fühle ich, daß ich noch lange leben werde.

Wie klar und plastisch ist mir all das Vergangene im Gedächtnis haftengeblieben! Keinen einzigen Strich, keine Nuance hat die Zeit verwischt.

Ich entsinne mich, daß ich während der Nacht, die dem Duell voranging, keine Minute geschlafen habe. Schreiben konnte ich nicht lange, eine geheime Unruhe hatte sich meiner bemächtigt. Wohl eine Stunde ging ich im Zimmer auf und ab; dann setzte ich mich und schlug einen Roman von Walter Scott auf, der bei mir auf dem Tisch lag; es waren die »Puritaner von Schottland«. Es kostete mich zunächst einige Überwindung, zu lesen, dann vergaß ich mich, hingerissen von der zauberhaften Darstellung. Wird dem schottischen Barden nicht im Jenseits für jeden frohen Augenblick gedankt, den dieses Buch schenkt?

Endlich graute der Morgen. Meine Nerven beruhigten sich. Ich blickte in den Spiegel – fahle Blässe lag auf meinem Gesicht, auf dem sich die Spuren quälender Schlaflosigkeit abzeichneten; aber die Augen, obwohl von braunen Schatten umgeben, blitzten stolz und unerbittlich. Ich war mit mir zufrieden.

Ich ließ die Pferde satteln, zog mich an und lief zum Bad. Als ich in das kalte sprudelnde Narsan tauchte, fühlte ich, wie sich meine körperlichen und seelischen Kräfte wieder belebten. Ich verließ das Bad frisch und munter, als wollte ich zum Ball gehen. Da sage mir noch einer, die Seele hänge nicht vom Körper ab!

Als ich zurückkam, traf ich den Doktor bei mir an. Er trug graue Reithosen, eine kurze Jacke und eine Tscherkessenmütze. Ich lachte schallend, als ich den kleinen Mann unter der riesigen zottigen Mütze erblickte. Sein Gesicht, das nicht im geringsten kriegerisch aussah, war diesmal noch länger als gewöhnlich.

»Warum sind Sie so traurig, Doktor?« fragte ich ihn. »Haben Sie nicht schon hundertmal mit dem größten Gleichmut Menschen ins Jenseits begleitet? Stellen Sie sich vor, ich hätte Gallenfieber! Ich kann gesund werden, kann aber auch sterben – das eine wie das andere gehört zur Ordnung der Dinge. Versuchen Sie, mich wie einen Patienten zu betrachten, der von einer Ihnen noch unbekannten Krankheit befallen ist, dann wird Ihre Wißbegierde aufs höchste angeregt sein. Sie können an mir jetzt einige wichtige physiologische Beobachtungen anstellen ... Ist die Erwartung eines unnatürlichen Todes nicht schon eine regelrechte Krankheit?«

Dieser Gedanke beeindruckte den Arzt, und er wurde lustiger.

Wir saßen auf; Werner ergriff mit beiden Händen die Zügel, und wir ritten los. Im Nu hatten wir die Festung und die Siedlung hinter uns und ritten in die Schlucht hinein, durch die sich ein zur Hälfte von hohem Gras überwucherter Weg schlängelte, alle Augenblicke von einem rauschenden Bach unterbrochen, den wir durchqueren mußten – zum großen Entsetzen des Doktors, weil sein Pferd im Wasser jedesmal stehenblieb.

Ich entsinne mich keines Morgens, der so blau und frisch gewesen wäre wie dieser. Die Sonne stieg gerade hinter den grünen Höhen empor, und das Verschmelzen der ersten wärmenden Strahlen mit der sterbenden Kühle der Nacht überzog alle Gefühle mit einer süßen Mattigkeit. In die Schlucht drang das frohe Leuchten des jungen Tages noch nicht. Es vergoldete nur die Spitzen der Felsen, die auf beiden Seiten über uns hingen; die dichtbelaubten Sträucher, die in ihren tiefen Spalten wuchsen, überschütteten uns beim leisesten Windhauch mit einem silbernen Regen. Ich erinnere mich, in dieser Stunde habe ich die Natur mehr denn je geliebt. Wie neugierig betrachtete ich jedes Tautröpfchen, das auf einem breiten Weinblatt zitterte und Millionen regenbogenfarbener Strahlen zurückwarf. Wie gierig suchte mein Blick in die dunstverschleierte Ferne zu dringen! Dort verengte sich der Weg immer mehr, wurden die Felsen immer blauer und schauriger und schienen schließlich zu einer undurchdringlichen Wand zusammenzurücken. Wir ritten schweigend.

»Haben Sie Ihr Testament gemacht?« fragte Werner plötzlich.

»Nein.«

»Aber wenn Sie getötet werden?«

»Die Erben finden sich schon von selbst ein.«

»Haben Sie denn gar keine Freunde, denen Sie ein letztes Lebewohl senden möchten?«

Ich schüttelte den Kopf.

»Gibt es in der Welt keine Frau, der Sie ein Andenken hinterlassen möchten?«

»Wollen Sie, Doktor, daß ich Ihnen mein Herz ausschütte?« antwortete ich. »Sehen Sie, ich bin aus den Jahren heraus, in denen man mit dem Namen der Geliebten auf den Lippen stirbt und dem Freund ein Büschel pomadisierter oder nichtpomadisierter Haare vermacht. Wenn ich an den nahen und möglichen Tod denke, denke ich einzig an mich, andere tun nicht einmal das. Die Freunde, die mich morgen vergessen haben oder – noch schlimmer – von mir Gott weiß was für erlogene Geschichten erzählen werden, die Frauen, die in den Armen eines anderen über mich lachen werden, um keine Eifersucht auf den Verstorbenen zu wecken – Gott mit ihnen! Aus dem Sturm des Lebens habe ich für mich nur einige Ideen gerettet – und nicht ein einziges Gefühl. Ich lebe schon lange nicht mehr mit dem Herzen, sondern nur noch mit dem Kopf. Ich wäge und untersuche meine eigenen Leidenschaften und Handlungen mit strenger Wißbegierde, aber ohne Anteilnahme. In mir leben zwei Menschen – der eine lebt im vollen Sinne des Wortes, der andere denkt und verurteilt ihn; der eine wird sich vielleicht in einer Stunde von Ihnen und von der Welt auf ewig verabschieden, und der andere ... der andere ... Sehen Sie, Doktor, sehen Sie dort rechts auf dem Felsen die drei Gestalten? Das sind anscheinend unsere Gegner.«

Wir setzten uns in Trab.

Am Fuß des Felsens waren im Gebüsch drei Pferde angebunden; wir banden unsere ebenfalls dort an und stiegen den schmalen Pfad zu dem Plateau hinauf, auf dem uns Gruschnizki mit dem Dragonerhauptmann und seinem zweiten Sekundanten erwartete, der Iwan Ignatjewitsch hieß; seinen Familiennamen habe ich nie gehört.

»Wir warten schon lange auf Sie«, sagte der Dragonerhauptmann mit ironischem Lächeln.

Ich zog die Uhr heraus und zeigte sie ihm.

Er entschuldigte sich und erklärte, seine Uhr gehe vor.

Einige Minuten herrschte betretenes Schweigen; endlich brach es der Doktor, sich an Gruschnizki wendend: »Mir scheint«, sagte er, »daß die Herren, nachdem Sie beide die Bereitschaft, sich zu duellieren, bewiesen und damit der Ehrenpflicht genügt haben, sich erklären und diese Angelegenheit durch einen gütlichen Vergleich aus der Welt schaffen könnten.«

»Ich bin bereit«, sagte ich.

Der Hauptmann zwinkerte Gruschnizki zu, und dieser warf sich – in der Annahme, ich hätte Angst bekommen – stolz in die Brust, obwohl bis zu diesem Augenblick eine fahle Blässe seine Wangen bedeckte.

Seit wir gekommen waren, sah er mich nun zum erstenmal an; aber in seinem Blick lag eine gewisse Unruhe; sie verriet, welcher Kampf in seinem Innern tobte.

»Nennen Sie Ihre Bedingungen«, sagte er, »und alles, was ich für Sie tun kann, soll geschehen, dessen dürfen Sie sicher sein ...«

»Meine Bedingungen lauten: Sie nehmen heute noch öffentlich Ihre Verleumdungen zurück und bitten mich um Entschuldigung ...«

»Mein Herr, es wundert mich, daß Sie sich unterstehen, mir derartiges vorzuschlagen.«

»Was könnte ich Ihnen außer diesem vorschlagen?«

»Wir werden uns schießen.«

Ich zuckte mit den Achseln.

»Bitte schön. Bedenken Sie aber, daß einer von uns ganz bestimmt den Tod finden wird.«

»Ich wünsche, daß Sie es sind . . .«

»Aber ich bin vom Gegenteil überzeugt.«

Er verlor die Fassung, errötete und lachte gezwungen.

Der Hauptmann nahm ihn beim Arm und führte ihn beiseite; sie tuschelten lange miteinander. Ich war in einer ziemlich versöhnlichen Stimmung hergekommen, aber all das verdroß mich zusehends.

Der Doktor trat zu mir.

»Hören Sie«, sagte er sichtlich erregt. »Sie haben wohl die Verschwörung ganz vergessen? Ich kann keine Pistole laden, aber in diesem Falle . . . Sie sind ein sonderbarer Mensch! Sagen Sie diesen Leuten doch, daß Sie ihre Absicht kennen, und sie werden es nicht wagen . . . Was für ein Einfall! Man wird Sie wie einen Vogel abschießen . . .«

»Bitte, beunruhigen Sie sich nicht, Doktor, und warten Sie ab . . . Ich werde alles so einrichten, daß diese Leute keinen Vorteil auf ihrer Seite haben. Lassen Sie die drei getrost tuscheln . . .«

»Meine Herren, das fängt an langweilig zu werden«, sagte ich laut. »Wenn wir uns nun einmal duellieren wollen, dann duellieren wir uns; Sie hatten gestern genug Zeit, sich zu besprechen . . .«

»Wir sind fertig«, antwortete der Hauptmann. »Stellen Sie sich auf, meine Herren! Doktor, messen Sie bitte sechs Schritte ab . . .«

»Stellen Sie sich auf!« wiederholte Iwan Ignatjewitsch mit piepsiger Stimme.

»Erlauben Sie!« sagte ich. »Noch eine Bedingung. Da wir uns auf Tod und Leben schießen, sind wir verpflichtet, alles Mögliche zu tun, damit diese Sache ein Geheimnis bleibt und unsere Sekundanten nicht zur Verantwortung gezogen werden. Sind Sie einverstanden?«

»Völlig.«

»Also ich habe mir folgendes ausgedacht: Sehen Sie dort oben auf dem steilen Felsen rechts das kleine Plateau? Die gesamte Höhe des Felsens mißt dreißig Sashen, wenn nicht mehr; unten liegen spitze Steine. Wir beide treten nacheinander unmittelbar an den Rand des Plateaus; auf diese Weise wird sogar eine leichte Verwundung tödlich sein; das muß Ihrem Wunsch entsprechen, weil Sie selbst eine Entfernung von sechs Schritt bestimmt haben. Wer verwundet ist, stürzt unweigerlich ab und wird an den Felsen zerschmettert; die Kugel entfernt der Doktor. Dieser jähe Tod läßt sich dann leicht durch einen unvorsichtigen Tritt erklären. Wir werfen das Los, wer als erster schießt . . . Ich erkläre Ihnen zum Schluß, daß ich mich anders nicht duellieren werde.«

»Bitte sehr«, sagte der Hauptmann und blickte Gruschnizki vielsagend an, der zum Zeichen des Einverständnisses nickte. Sein Gesichtsausdruck veränderte sich alle Augenblicke. Ich brachte ihn in eine schwierige Lage. Beim Schießen unter gewöhnlichen Bedingungen hätte er auf mein Bein zielen, mich leicht verwunden und auf diese Weise seine Rache kühlen können, ohne allzusehr sein Gewissen zu belasten; aber jetzt mußte er in die Luft schießen oder zum Mörder werden oder gar sein schändliches Vorhaben aufgeben und sich der gleichen Gefahr aussetzen wie ich. Ich hätte in diesem Augenblick nicht mit ihm tauschen mögen. Er nahm den Hauptmann beiseite und redete sehr heftig auf ihn ein; ich sah, wie seine blau gewordenen Lippen zitterten; aber der Hauptmann wandte sich mit einem verächtlichen Lächeln von ihm ab. »Du Narr«, sagte er ziemlich laut zu Gruschnizki, »du begreifst auch gar nichts! Gehen wir, meine Herren!«

Ein schmaler Pfad führte zwischen Gesträuch hindurch zu der steilen Höhe hinauf; Felstrümmer bildeten die wakkelnden Stufen dieser natürlichen Treppe; wir kletterten hinauf und hielten uns dabei an den Sträuchern fest.

Gruschnizki ging voraus, ihm folgten seine Sekundanten, dann kamen der Doktor und ich.

»Ich bewundere Sie«, sagte Werner und drückte mir fest die Hand. »Lassen Sie sich den Puls fühlen! Oho! Etwas fiebrig ... Aber man sieht Ihnen nichts an ... Nur Ihre Augen glänzen heller als sonst.«

Plötzlich kollerten uns kleine Steine vor die Füße. Was war das? Gruschnizki war gestolpert; der Zweig, an den er sich geklammert hatte, war abgebrochen, und er wäre rücklings den Abhang hinabgerollt, hätten seine Sekundanten ihn nicht gehalten.

»Geben Sie gut acht!« rief ich ihm zu. »Stürzen Sie nicht vorher ab; das ist ein böses Omen. Denken Sie an Julius Cäsar!«

Endlich hatten wir die Höhe des vorspringenden Felsens erklommen. Das mit feinem Kies bestreute Plateau schien eigens für einen Zweikampf hergerichtet zu sein.

Ringsum drängten sich, im goldschimmernden Nebel des Morgens verschwimmend, die Gipfel der Berge wie eine zahlreiche Herde, und im Süden erhob sich das weiße Massiv des Elbrus als letztes Glied einer Kette von vereisten Gipfeln, zwischen denen schon flockige, von Osten heranstürmende Wolken flatterten. Ich trat an den Rand des Plateaus und blickte in die Tiefe, beinahe wäre mir schwindlig geworden; dort unten schien es finster und kalt wie im Grab zu sein; bemooste Felszacken, die Gewitter und Zeit hinabgestürzt hatten, lauerten auf Beute.

Das Plateau, auf dem wir uns duellieren sollten, bildete beinahe ein gleichschenkliges Dreieck. Wir maßen von dem vorspringenden Winkel sechs Schritt ab und beschlossen, daß derjenige, der als erster im Feuer des anderen zu stehen habe, dicht an den Rand treten müsse, mit dem Rücken zum Abgrund; wenn er nicht getötet sei, müßten die Gegner die Plätze wechseln.

Ich beschloß, Gruschnizki alle Vorteile zu überlassen; ich wollte ihn auf die Probe stellen; in seiner Seele könnte ein Funke von Großmut erwachen, und dann würde sich alles zum Besten wenden; aber die Eitelkeit und die Charakterschwäche sollten triumphieren! Ich wollte das volle Recht haben, ihn nicht zu schonen, wenn das Schicksal mir gnädig sein würde. Wer hat nicht schon einmal solche Vereinbarungen mit seinem Gewissen getroffen?

»Werfen Sie das Los, Doktor«, sagte der Hauptmann.

Der Doktor zog eine Silbermünze aus der Tasche und hob sie hoch.

»Zahl!« rief Gruschnizki hastig, wie ein Mensch, den plötzlich ein freundschaftlicher Stoß aufgeweckt hat.

»Adler!« sagte ich.

Die Münze flog in die Luft und fiel klingend zu Boden; alle stürzten zu ihr.

»Sie haben Glück«, sagte ich zu Gruschnizki, »Sie schießen als erster! Aber denken Sie daran: Sollten Sie danebenschießen, ich treffe! Darauf gebe ich Ihnen mein Ehrenwort.«

Er errötete; er schämte sich, einen Wehrlosen zu töten; ich sah ihn unverwandt an; einen Augenblick lang glaubte ich, er würde mir zu Füßen fallen und mich um Verzeihung bitten; aber wie soll man eine Schandtat wie die seinige gestehen? Ihm blieb nur ein Mittel: in die Luft schießen. Ich war davon überzeugt, daß er in die Luft schießen würde. Eins hätte ihn daran hindern können, der Gedanke, daß ich ein zweites Duell verlangen würde.

»Es ist Zeit«, flüsterte mir der Doktor zu und zog mich am Ärmel. »Wenn Sie jetzt nicht sagen, daß wir ihre Absichten kennen, ist alles verloren ... Sehen Sie, er ladet schon ... Wenn Sie nichts sagen, werde ich es ...«

»Um nichts in der Welt, Doktor!« erwiderte ich und hielt ihn am Arm zurück. »Sie verderben mir alles; Sie haben mir versprochen, sich nicht einzumischen ... Was kümmert es Sie! Vielleicht will ich getötet werden?«

Er sah mich erstaunt an.

»Oh! Das ist etwas anderes! Aber beklagen Sie sich im Jenseits nicht über mich.«

Der Hauptmann lud unterdessen seine Pistolen, gab die eine Gruschnizki, nachdem er ihm lächelnd etwas zugeflüstert hatte, und die andere mir.

Ich trat ans äußerste Ende des Plateaus, stemmte den linken Fuß fest gegen einen Stein und neigte mich ein wenig nach vorn, um bei einer leichten Verwundung nicht nach hinten zu stürzen.

Gruschnizki stellte sich mir gegenüber und begann auf das gegebene Zeichen hin die Pistole zu heben. Ihm zitterten die Knie. Er zielte direkt auf meine Stirn.

Unbeschreiblicher Zorn kochte in meiner Brust.

Plötzlich ließ er die Mündung seiner Pistole sinken und wandte sich, bleich wie ein Laken, an seinen Sekundanten.

»Ich kann nicht«, sagte er dumpf.

»Feigling!« entgegnete der Hauptmann.

Der Schuß krachte. Die Kugel streifte mich am Knie. Unwillkürlich machte ich ein paar Schritte nach vorn, um mich möglichst schnell vom Abgrund zu entfernen.

»Ja, Bruder Gruschnizki, du hast leider danebengeschossen«, sagte der Hauptmann, »nun ist die Reihe an dir. Stell dich auf! Umarme mich vorher noch einmal – wir werden uns nie wiedersehen!« Sie umarmten sich; der Hauptmann konnte kaum das Lachen zurückhalten. »Fürchte dich nicht«, fügte er hinzu und sah Gruschnizki listig an, »es ist alles Unsinn auf der Welt! Die Natur ist eine dumme Hure, das Schicksal ein blindes, lahmes Pferd und das Leben eine Kopeke wert!«

Nach diesem tragischen Spruch, den er mit der gebührenden Würde vorgetragen hatte, begab er sich auf seinen Platz; Iwan Ignatjewitsch umarmte Gruschnizki ebenfalls unter Tränen, und dann stand er mir allein gegenüber. Noch heute versuche ich mir zu erklären, was für Gefühle damals meine Brust erfüllten; es war die Wut der verletzten Eitelkeit, die Verachtung, der Zorn, der bei dem Gedanken aufkeimte, daß dieser Mensch, der mich jetzt so unbekümmert und mit so gelassener Frechheit ansah, vor zwei Minuten, ohne sich einer Gefahr zu unterziehen, mich hatte wie einen Hund niederschießen wollen; denn hatte die Kugel nur ein wenig schwerer mein Bein verletzt, wäre ich unweigerlich in die Tiefe gestürzt.

Ich blickte ihm einige Minuten fest in die Augen, bemüht, darin wenigstens eine kleine Spur von Reue zu entdecken. Aber mir schien, er verbiß sich ein Lächeln.

»Ich rate Ihnen, vor dem Tode zu Gott zu beten«, sagte ich da zu ihm.

»Sorgen Sie sich nicht so sehr um meine Seele als um Ihre eigene. Ich bitte Sie nur um eins: Schießen Sie bald!«

»Und Sie nehmen Ihre Verleumdung nicht zurück? Bitten mich nicht um Verzeihung? Überlegen Sie es sich gut! Schlägt Ihnen nicht das Gewissen?«

»Herr Petschorin!« rief der Dragonerhauptmann. »Erlauben Sie mir, zu bemerken, daß Sie hier nicht stehen, um eine Beichte abzunehmen ... Machen wir schleunigst Schluß; es kann zufällig jemand durch die Schlucht kommen und uns sehen.«

»Gut. Doktor, kommen Sie her zu mir!«

Der Doktor kam. Der arme Doktor! Er war bleicher, als Gruschnizki es vor zehn Minuten gewesen war.

Die folgenden Worte sprach ich absichtlich betont langsam, laut und vernehmlich, wie man ein Todesurteil spricht.

»Doktor, diese Herren haben wahrscheinlich in der Eile vergessen, eine Kugel in meinen Pistolenlauf zu stecken, ich bitte Sie, die Waffe noch einmal zu laden – aber gut!«

»Das ist unmöglich!« rief der Hauptmann. »Das ist unmöglich! Ich habe beide Pistolen geladen; vielleicht ist die Kugel aus der Ihrigen herausgefallen ... Das ist nicht meine Schuld! Aber Sie haben nicht das Recht, noch einmal zu laden ... nicht das geringste Recht ... das ist ganz gegen die Regel, ich lasse es nicht zu ...«

»Gut«, sagte ich zum Hauptmann, »wenn es so ist, werde ich mich mit Ihnen unter den gleichen Bedingungen schießen ...«

Er verstummte.

Gruschnizki stand, den Kopf auf die Brust gesenkt, verstört und finster auf seinem Platz.

»Laß sie!« sagte er schließlich zum Hauptmann, der dem Doktor meine Pistole entreißen wollte. »Du weißt doch selber, daß sie recht haben.«

Vergeblich machte der Hauptmann ihm verschiedene Zeichen, Gruschnizki wollte sie nicht sehen.

Unterdessen hatte der Doktor die Pistole geladen und gab sie mir.

Als der Hauptmann das sah, spuckte er aus und stampfte mit dem Fuß auf.

»Du bist ein Narr, mein Lieber«, sagte er, »ein ausgemachter Narr! Wenn du dich schon auf mich verläßt, dann folge mir auch ... Nun, es geschieht dir ganz recht! Krepiere wie eine Fliege ...« Er wandte sich ab und murmelte, während er zurücktrat: »Und trotzdem verstößt das ganz gegen die Regel.«

»Gruschnizki«, sagte ich, »noch ist es Zeit. Nimm deine Verleumdung zurück, und ich werde dir alles verzeihen; es ist dir nicht gelungen, mich zu foppen, und meine Eitelkeit ist befriedigt. Denke daran, wir sind einmal Freunde gewesen!«

Ihm schoß das Blut ins Gesicht, seine Augen blitzten.

»Schießen Sie!« antwortete er. »Ich verachte mich, Sie aber hasse ich. Wenn Sie mich nicht töten, werde ich Sie nachts an einer Ecke niederstechen. Für uns beide ist auf der Erde kein Platz ...«

Ich schoß.

Als sich der Pulverqualm verzogen hatte, stand Gruschnizki nicht mehr auf seinem Platz. Nur eine dünne Staubsäule schwebte noch am Rande des Abgrundes. Alle schrien auf.

»Finita la commedia!« sagte ich zum Doktor.

Er antwortete nicht und wandte sich entsetzt ab.

Ich zuckte mit den Achseln und verbeugte mich vor Gruschnizkis Sekundanten.

Als ich den Pfad hinunterging, bemerkte ich zwischen den Felsbrocken den blutüberströmten Leichnam Gruschnizkis. Ich schloß unwillkürlich die Augen.

Ich band mein Pferd los und ritt im Schritt nach Hause. Mir lag ein Stein auf der Brust. Die Sonne schien mir trübe, ihre Strahlen wärmten mich nicht.

Kurz bevor ich die Siedlung erreichte, bog ich rechts in

eine Schlucht ein. Der Anblick eines Menschen wäre für mich eine Qual gewesen; ich wollte allein sein. Ich ließ die Zügel hängen und senkte den Kopf, lange ritt ich dahin; schließlich fand ich mich in einer mir völlig unbekannten Gegend wieder. Ich lenkte mein Pferd zurück und suchte den Weg; die Sonne ging schon unter, als ich, abgehetzt auf abgehetztem Pferd, Kislowodsk erreichte.

Mein Diener sagte mir, daß Werner dagewesen sei, und überreichte mir zwei Briefe, einen von ihm und einen von Vera.

Ich öffnete den ersten. Sein Inhalt lautete folgendermaßen:

»Alles ist so gut wie möglich geregelt worden. Der Leichnam ist ganz entstellt in die Stadt gebracht, die Kugel aus der Brust entfernt worden. Alle sind überzeugt, er sei durch ein Unglück ums Leben gekommen; nur der Kommandant, der wahrscheinlich von dem Zwist wußte, schüttelte den Kopf – aber er hat nichts gesagt. Beweise gegen Sie gibt es nicht, und Sie können ruhig schlafen. *Sofern Sie es können.* Leben Sie wohl!«

Lange konnte ich mich nicht entschließen, den zweiten Brief zu öffnen ... Was kann sie mir schreiben? Eine düstere Vorahnung befiel meine Seele.

Und das ist der Brief. Jedes seiner Worte hat sich unauslöschlich in mein Gedächtnis eingeprägt.

»Ich schreibe Dir in der untrüglichen Gewißheit, daß wir uns nie mehr wiedersehen werden. Als ich vor ein paar Jahren von Dir Abschied nahm, habe ich dasselbe gedacht; aber dem Himmel hatte es gefallen, mich ein zweites Mal auf die Probe zu stellen; ich habe diese Probe nicht bestanden, mein schwaches Herz gab abermals der vertrauten Stimme nach ... Nicht wahr, Du wirst mich deshalb nicht verachten? Dieser Brief wird Abschied und Beichte zugleich sein; ich bin verpflichtet, Dir alles zu sagen, was sich in meinem Herzen angesammelt hat, seit es Dich liebt. Ich werde Dich nicht anklagen – Du hast mich behandelt, wie jeder andere Mann mich behandelt hätte. Du liebtest mich als Dein Eigentum, als eine Quelle von Freuden, Aufregungen und Leiden, die einander ablösen, ohne sie ist das Leben langweilig und eintönig. Mir war das von Anfang an klar ... Aber Du warst unglücklich, und ich habe mich in der Hoffnung geopfert, Du würdest mein Opfer eines Tages zu würdigen wissen, würdest eines Tages meine innige Zärtlichkeit verstehen, die von keinerlei Bedingungen abhängt; seitdem ist viel Zeit vergangen, und ich bin in alle Geheimnisse Deiner Seele eingedrungen ... und zu der Überzeugung gelangt, daß ich vergebens gehofft habe. Das war bitter für mich! Doch meine Liebe war mit meiner Seele verwachsen; sie brannte nicht mehr so hell, aber erlosch auch nicht.

Wir werden uns für immer trennen; dennoch sollst Du wissen, daß ich nie einen anderen lieben werde; meine Seele hat auf Dich all ihre Schätze, ihre Tränen und Hoffnungen verschwendet. Wer Dich einmal geliebt hat, kann auf die anderen Männer nicht anders denn mit einer gewissen Verachtung schauen – nicht weil Du besser wärest als sie, o nein! Aber in Deiner Natur ist etwas Besonderes, das nur Dir eigen ist, etwas Stolzes und Geheimnisvolles; in Deiner Stimme liegt – was Du auch sagen magst – eine unwiderstehliche Gewalt; keiner versteht es, so ausdauernd um Liebe zu werben; bei keinem ist das Böse so anziehend; keines Mannes Blick verheißt so viel Seligkeit, keiner versteht seine Vorzüge besser zu nutzen, und keiner kann so wahrhaft unglücklich sein wie Du, weil keiner sich so bemüht, sich vom Gegenteil zu überzeugen.

Nun muß ich Dir den Grund meiner eiligen Abreise erklären; Du wirst ihn für geringfügig erachten, weil er nur mich betrifft.

Heute morgen kam mein Mann zu mir und erzählte mir von Deinem Streit mit Gruschnizki. Anscheinend hat sich dabei mein Gesichtsausdruck sehr verändert; denn er sah mich lange und forschend an; ich wäre beinahe in Ohnmacht gefallen bei dem Gedanken, daß Du Dich heute duellieren mußt und ich die Ursache dafür bin; ich glaubte wahnsinnig zu werden ... Aber nun, da ich wieder klar zu urteilen vermag, bin ich sicher, daß Du am Leben bleibst –

es kann nicht sein, daß Du ohne mich stirbst. Es kann nicht sein! Mein Mann ist lange im Zimmer auf und ab gegangen; ich weiß nicht, was er zu mir gesagt hat, und ich entsinne mich nicht, was ich ihm geantwortet habe ... Sicherlich habe ich ihm gesagt, daß ich Dich liebe ... Ich entsinne mich nur, daß er mich am Schluß unseres Gespräches mit einem schrecklichen Wort beleidigte und dann ging. Ich hörte, wie er befahl, die Kutsche vorzufahren ... Nun sitze ich schon drei Stunden am Fenster und warte auf Deine Rückkehr ... Aber Du lebst, Du kannst nicht sterben! Die Kutsche wird gleich hier sein ... Lebe wohl, lebe wohl ... Ich bin verloren, doch was liegt daran? Wenn ich überzeugt sein dürfte, daß Du ewig an mich denken wirst ... Ich sage gar nicht: lieben – nein, nur an mich denken ... Lebe wohl, sie kommen ... ich muß den Brief verstecken ...

Nicht wahr, Du liebst Mary nicht? Du wirst sie nicht heiraten? Hör zu, Du mußt mir dieses Opfer bringen, ich habe um Deinetwillen alles auf der Welt verloren ...«

Ich rannte wie ein Besessener auf die Vortreppe hinaus, sprang auf meinen Tscherkess, der gerade über den Hof geführt wurde, und ritt in gestrecktem Galopp die Straße nach Pjatigorsk entlang. Erbarmungslos trieb ich mein Pferd an, das schnaubend und schaumbedeckt mit mir auf der steinigen Straße dahinraste.

Die Sonne verbarg sich schon hinter einer finsteren Wolke, die im Westen auf dem Kamm der Berge ruhte; in der Schlucht wurde es dunkel und feucht. Der Podkumok, der sich durch die Felsen seinen Weg bahnte, brodelte dumpf und eintönig. Ich jagte weiter, fiebernd vor Ungeduld. Der Gedanke, ich könnte sie nicht mehr in Pjatigorsk antreffen, traf mein Herz wie ein Hammerschlag! Sie eine Minute, eine einzige Minute sehen, mich von ihr verabschieden, ihre Hand drücken ... Ich betete, fluchte, weinte, lachte ... Nein, nichts kann meine Unruhe, meine Verzweiflung ausdrücken! Angesichts der Möglichkeit, Vera für immer zu verlieren, wurde sie für mich das Teuerste in der Welt, teurer als das Leben, die Ehre, das Glück;

Gott weiß, was für seltsame, was für tolle Pläne in meinem Kopf herumschwirrten ... Und unterdessen sprengte ich unentwegt dahin, erbarmungslos mein Pferd anspornend. Da bemerkte ich, daß der Atem meines Pferdes schwerer ging, zweimal war es bereits auf ebener Straße gestrauchelt ... Bis nach Jessentukow, einer Kosakenstaniza, in der ich hätte ein anderes Pferd nehmen können, waren es noch fünf Werst.

Alles wäre gerettet gewesen, hätte mein Pferd noch zehn Minuten ausgehalten! Doch beim Aufstieg aus einer kleinen Schlucht, dort, wo die Straße das Gebirge verläßt und eine scharfe Biegung macht, kam es zu Fall. Ich sprang schnell ab, wollte ihm aufhelfen und zog es am Zügel – vergeblich; ein kaum hörbarer Seufzer drang durch die zusammengebissenen Zähne; ein paar Minuten später war es verendet; ich blieb in der Steppe allein, der letzten Hoffnung beraubt. Ich versuchte, zu Fuß weiterzugehen – meine Beine versagten mir den Dienst; völlig erschöpft von den Aufregungen des Tages und von der Schlaflosigkeit, sank ich ins nasse Gras und weinte wie ein Kind.

Lange lag ich unbeweglich und weinte bitterlich, ohne mir Mühe zu geben, die Tränen und das Schluchzen zu unterdrücken; ich dachte, es würde mir die Brust zerreißen; meine ganze Festigkeit, meine ganze Kaltblütigkeit hatten sich verflüchtigt wie Rauch. Meine Seele war am Ende ihrer Kraft, die Vernunft schwieg, und wäre in diesem Augenblick jemand vorübergekommen, hätte er sich voller Verachtung abgewandt.

Als der Nachttau und der Bergwind meinen glühenden Kopf gekühlt hatten und die Gedanken wieder in die gewohnte Ordnung fanden, sah ich ein, daß es nutzlos und unvernünftig wäre, dem entschwundenen Glück nach zujagen. Wonach verlangte es mich? Wollte ich sie sehen? Wozu? War zwischen uns nicht alles zu Ende? Ein einziger bitterer Abschiedskuß würde meine Erinnerungen nicht bereichern, und danach würde uns die Trennung nur noch schwerer fallen.

Es tat mir jedoch wohl, daß ich weinen konnte. Vielleicht waren auch meine zerrütteten Nerven, die schlaflos verbrachte Nacht, die zwei Minuten, die ich vor der Pistolenmündung gestanden hatte, und der leere Magen daran schuld.

Jedes Ding hat seine guten Seiten! Dieser neue Schmerz bewirkte in mir, um mich militärisch auszudrücken, eine glückliche Diversion. Weinen ist gesund; und wenn ich nicht geritten wäre und heimwärts nicht hätte fünfzehn Werst zu Fuß zurücklegen müssen, hätte mir wahrscheinlich der Schlaf nicht die Lider geschlossen.

Ich kehrte fünf Uhr morgens nach Kislowodsk zurück, ließ mich ins Bett fallen und schlief wie Napoleon nach der Schlacht bei Waterloo.

Als ich erwachte, war es draußen schon dunkel. Ich setzte mich ans offene Fenster, knöpfte meinen Rock auf, und der Bergwind kühlte meine Brust, die der tiefe Schlaf der Erschöpfung noch nicht beruhigt hatte. In der Ferne jenseits des Flusses schimmerten durch die Wipfel der dichten Linden, die den Fluß überschatteten, die Lichter der Festung und der Siedlung. In unserem Hof war alles still; das Haus der Fürstin war dunkel.

Der Doktor trat ein. Er hatte die Stirn gerunzelt; gegen seine Gewohnheit gab er mir nicht die Hand.

»Woher kommen Sie, Doktor?«

»Von der Fürstin Ligowskaja; ihre Tochter ist krank – nervöse Erschöpfung! Aber deswegen bin ich nicht hier, hören Sie zu, die Obrigkeit ahnt etwas, und obwohl sich nichts eindeutig beweisen läßt, rate ich Ihnen, vorsichtig zu sein. Die Fürstin hat mir heute gesagt, sie wisse, daß Sie sich ihrer Tochter wegen duelliert hätten. Das hat ihr alles dieser alte Herr gesagt ... Wie hieß er doch gleich? Er war im Restaurant Zeuge Ihrer Auseinandersetzung mit Gruschnizki. Ich kam, Sie zu warnen. Leben Sie wohl, wir sehen uns vielleicht nicht wieder, Sie werden irgendwohin versetzt ...«

Auf der Schwelle blieb er stehen, er wollte mir die Hand reichen ... und hätte ich nur die geringste Bereitschaft dazu gezeigt, wäre er mir um den Hals gefallen; aber ich blieb kalt wie ein Stein, und er ging.

So sind die Menschen! Alle sind sie so! Sie kennen im voraus alle bösen Seiten einer Tat und – verhelfen, raten und ermuntern sogar dazu, wenn ihnen kein anderes Mittel brauchbar scheint. Aber hinterher waschen sie ihre Hände in Unschuld und wenden sich entrüstet von demjenigen ab, der sich erdreistete, die ganze Last der Verantwortung auf sich zu nehmen ... So sind sie alle, sogar die besten und klügsten ...!

Am nächsten Tage erhielt ich von der vorgesetzten Behörde den dienstlichen Befehl, mich zur Festung N. zu begeben. Ich suchte die Fürstin auf, um mich zu verabschieden.

Sie war erstaunt, als ich auf ihre Frage, ob ich ihr etwas besonders Wichtiges zu sagen hätte, erwiderte, ich wünsche ihr viel Glück und dergleichen mehr.

»Aber ich muß mit Ihnen ein sehr ernstes Wort reden.«

Ich nahm schweigend Platz.

Es war zu sehen, daß sie nicht wußte, wie sie beginnen sollte; ihr Gesicht überzog sich mit dunkler Röte, ihre dikken Finger trommelten auf der Tischplatte. Als sie endlich begann, versagte ihr mehrmals die Stimme: »Hören Sie, Monsieur Petschorin! Ich halte Sie für einen edelmütigen Menschen.«

Ich verneigte mich.

»Ich bin sogar davon überzeugt«, fuhr sie fort, »obwohl Ihr Benehmen einige Zweifel aufkommen läßt; aber Sie können Gründe haben, die ich nicht kenne, und die müssen Sie mir jetzt anvertrauen. Sie haben meine Tochter vor Verleumdung geschützt, haben sich ihretwegen duelliert, also Ihr Leben gewagt ... Widersprechen Sie mir nicht, ich weiß, Sie werden es nicht zugeben, weil Gruschnizki den Tod fand.« Sie bekreuzigte sich. »Gott wird ihm verzeihen, und ich hoffe – Ihnen auch! Das geht mich nichts an ... Ich wage es nicht, Sie zu verurteilen, weil meine Tochter, zwar ohne ihre Schuld, immerhin den Anlaß dazu gab. Sie hat mir alles gesagt ... ich glaube, es war alles. Sie haben

Ihre Liebe gestanden ... Sie hat Ihnen die ihre gestanden!« Hier seufzte die Fürstin tief. »Nun ist sie krank, und ich bin sicher, daß es keine gewöhnliche Krankheit ist! An ihr zehrt ein verborgener Kummer; sie gibt es nicht zu, aber ich bin gewiß, daß Sie die Ursache sind ... Hören Sie, Sie denken vielleicht, ich sei auf hohen Rang und Reichtum aus. Da irren Sie sehr! Ich will nur das Glück meiner Tochter. Ihre augenblickliche Lage ist nicht beneidenswert, aber sie kann sich ändern; Sie haben Vermögen; meine Tochter liebt Sie; sie ist so erzogen, daß sie einen Mann glücklich machen wird. Ich bin reich, sie ist meine Einzige ... Erklären Sie mir, was hält Sie zurück? Sehen Sie, ich hätte Ihnen das alles nicht zu sagen brauchen, aber ich baue auf Ihr Herz, auf Ihre Ehre. Bedenken Sie, ich habe nur eine Tochter ... eine einzige ...«

Sie fing an zu weinen.

»Fürstin«, sagte ich, »es ist mir unmöglich, Ihnen zu antworten; gewähren Sie mir eine Aussprache mit Ihrer Tochter – unter vier Augen ...«

»Niemals!« rief sie und stand in heftiger Erregung vom Stuhl auf.

»Wie Sie wünschen«, antwortete ich und machte Anstalten, zu gehen.

Sie besann sich, bedeutete mir durch ein Zeichen, ich solle warten, und ging hinaus.

Es vergingen fünf Minuten; mein Herz schlug wild, aber meine Gedanken waren ruhig und mein Kopf kühl; sosehr ich auch in meiner Brust einen Funken Liebe für die liebliche Mary suchte – meine Bemühungen waren vergebens.

Da ging die Tür auf, und sie trat ein. Mein Gott, wie hatte sie sich verändert, seit ich sie zuletzt gesehen hatte! Lag das so weit zurück?

Als sie die Mitte des Zimmers erreicht hatte, wankte sie; ich sprang hinzu, gab ihr die Hand und geleitete sie zu einem Sessel.

Ich stand vor ihr, wir schwiegen lange; ihre großen Augen, die voll unaussprechlicher Trauer waren, schienen in den meinen so etwas Ähnliches wie Hoffnung zu suchen;

ihre bleichen Lippen bemühten sich vergeblich zu lächeln; ihre zarten Hände, die auf den Knien ruhten, waren so mager und durchsichtig, daß sie mich dauerte.

»Prinzeß«, sagte ich, »Sie wissen, daß ich meinen Spott mit Ihnen getrieben habe! Sie müssen mich verachten.«

Auf ihren Wangen zeigte sich krankhafte Röte.

Ich fuhr fort: »Folglich können Sie mich nicht lieben.«

Sie wandte sich ab, stützte den Arm auf den Tisch, legte die Hand vor die Augen, und es war mir, als glitzerten darin Tränen.

»Mein Gott«, sagte sie kaum hörbar.

Es wurde unerträglich – noch einen Augenblick, und ich wäre ihr zu Füßen gefallen.

»Sie sehen also selbst«, sagte ich, so fest ich konnte und mit gezwungener Ironie, »Sie sehen selbst, daß ich Sie nicht heiraten kann; selbst wenn Sie es jetzt wollten, würden Sie es bald bereuen. Meine Unterhaltung mit Ihrer Mutter zwingt mich dazu, Ihnen das offen und so hart zu erklären; ich hoffe, sie irrt – es wird Ihnen ein leichtes sein, sie eines Besseren zu belehren. Sie sehen, ich spiele in Ihren Augen die erbärmlichste und niederträchtigste Rolle, und ich gebe es sogar zu; das ist alles, was ich für Sie tun kann. Was für eine schlechte Meinung Sie von mir auch haben mögen – ich widersetze mich ihr nicht. Sehen Sie, wie niedrig ich vor Ihnen bin. Nicht wahr, selbst wenn Sie mich geliebt haben – von diesem Augenblick an verachten Sie mich?«

Bleich wie Marmor, wandte sie sich mir zu, nur ihre Augen blitzten wunderbar.

»Ich hasse Sie«, sagte sie.

Ich dankte, verbeugte mich ehrfürchtig und ging.

Eine Stunde später brachte mich eine Troika der Extrapost von Kislowodsk fort.

Einige Werst vor Jessentukow erblickte ich am Straßenrand den Leichnam meines rassigen Pferdes, der Sattel war abgenommen, sicherlich von einem vorüberreitenden Kosaken, und statt des Sattels saßen zwei Krähen auf seinem Rücken. – Ich seufzte und wandte mich ab.

Und hier, in dieser öden Festung, frage ich mich nun oft, wenn ich in Gedanken die Vergangenheit an mir vorüberziehen lasse, warum ich diesen Weg, den mir das Schicksal gewiesen hatte und auf dem mich stille Freuden und Seelenruhe erwarteten, nicht beschreiten wollte ... Nein! Ich hätte mich mit diesem Los nicht abfinden können! Ich bin wie ein Seemann, der an Bord eines Piratenschiffes geboren und groß geworden ist; seine Seele ist mit den Stürmen und Gefechten verwachsen, und ans Land verschlagen, langweilt und sehnt er sich, wie sehr ihn der schattige Hain auch locken, wie hell die friedliche Sonne ihm auch scheinen mag; er wird den lieben langen Tag durch den Ufersand wandern und dem einförmigen Rauschen der an den Strand rollenden Wellen lauschen und in die neblige Ferne spähen, ob dort auf dem milchigen Streif, der die blaue Unendlichkeit der See von den grauen Wolken scheidet, das ersehnte Segel in Sicht käme, das anfangs der Schwinge einer Seemöwe gleicht, sich aber allmählich über die Schaumkronen der Wellen erhebt und sich in gleichmäßigem Lauf dem einsamen Hafen nähert ...

Der Fatalist

Ich verbrachte einmal zufällig zwei Wochen in einer Kosakenstaniza am linken Flügel; dort lag auch ein Infanteriebataillon; die Offiziere trafen sich abwechselnd einer beim anderen, abends wurde Karten gespielt.

Einmal, als wir des Bostons überdrüssig geworden waren und die Karten unter den Tisch geworfen hatten, saßen wir sehr lange bei Major S . . .; die Unterhaltung war entgegen der Gewohnheit recht kurzweilig. Wir sprachen darüber, daß der mohammedanische Glaube, das Schicksal eines Menschen stehe in den Sternen, auch bei uns Christen viele Anhänger finde; jeder erzählte ungewöhnliche Begebenheiten pro oder contra.

»All das beweist nichts, meine Herren«, sagte ein alter Major, »es war doch keiner von Ihnen Zeuge solcher seltsamen Begebenheiten, mit denen Sie Ihre Auffassungen zu stützen suchen . . .«

»Natürlich nicht!« sagten viele. »Aber wir haben von zuverlässigen Leuten erfahren . . .«

»All das ist Unsinn!« sagte jemand. »Wo sind diese zuverlässigen Leute, die eine Liste gesehen haben, auf der unsere Todesstunde eingetragen ist? Und wenn es tatsächlich eine Vorherbestimmung gibt, wozu sind uns dann Wille und Vernunft gegeben? Warum müssen wir über unsere Handlungen Rechenschaft ablegen?«

In diesem Augenblick stand ein Offizier auf, der bis dahin in einer Ecke des Zimmers gesessen hatte; er trat langsam an den Tisch und umfing alle mit einem ruhigen und feierlichen Blick. Er war ein gebürtiger Serbe, wie schon sein Name erkennen ließ.

Das Äußere des Leutnants Wulitsch entsprach völlig seinem Charakter. Seine hohe Gestalt und seine braune Gesichtsfarbe, sein schwarzes Haar, die durchdringenden schwarzen Augen, die große, aber gerade Nase, eine Eigenart seiner Nation, das traurige und kalte Lächeln, das ewig seine Lippen umspielte – all das schien dazu beizutragen, ihm das Aussehen eines besonderen Menschen zu verleihen, der unfähig ist, die Gedanken und Leidenschaften derjenigen zu teilen, die ihm das Schicksal als Gefährten beigesellte.

Er war tapfer, sprach wenig, aber schroff; niemandem vertraute er seine seelischen oder familiären Geheimnisse an; Wein trank er fast gar nicht, und den jungen Kosakinnen, deren Reize schwerlich zu verstehen sind, wenn man sie nicht gesehen hat, lief er niemals nach. Es hieß jedoch, der Frau des Obersten wären seine ausdrucksvollen Augen nicht gleichgültig; aber er wurde ernstlich böse, wenn man darauf anspielte.

Es gab nur eine einzige Leidenschaft, die er nicht verheimlichte, die Leidenschaft des Spiels. Am grünen Tisch vergaß er alles, und gewöhnlich verlor er; aber die ständigen Mißerfolge reizten nur seinen Trotz. Man erzählte sich, daß er einmal während einer Expedition nachts auf einem Kissen Bank gehalten habe; das sei ihm teuer zu stehen gekommen. Plötzlich krachten Schüsse, es wurde Alarm geschlagen. Alle sprangen auf und stürzten zu den Waffen. »Spiel, va banque!« rief Wulitsch, ohne aufzustehen, einem der hitzigsten Pointeure zu. – »Auf die Sieben«, antwortete dieser, enteilend. Trotz des allgemeinen Durcheinanders spielte Wulitsch die Runde zu Ende. Die Sieben gewann.

Als er die Feuerlinie erreichte, wurde dort schon heftig geschossen. Wulitsch kümmerte sich weder um die Kugeln noch um die Säbel der Tscherkessen – er suchte seinen glücklichen Pointeur.

»Die Sieben hat gewonnen!« rief er, als er ihn endlich in

der Schützenkette entdeckt hatte, die den Feind aus dem Gehölz hinausdrängte, und während er sich ihm näherte, zog er seinen Beutel und seine Brieftasche hervor und übergab beides dem Glücklichen, obwohl dieser sich entrüstet sträubte, in diesem unpassenden Augenblick das Geld anzunehmen. Nachdem Wulitsch diese unangenehme Pflicht erfüllt hatte, stürmte er vorwärts, riß die Soldaten mit sich und stand bis zum Ende des Gefechts äußerst kaltblütig im Feuerwechsel mit den Tschetschenzen.

Als Leutnant Wulitsch an den Tisch trat, verstummten alle und erwarteten von ihm eine originelle Äußerung.

»Meine Herren«, sagte er (seine Stimme war ruhig, wenngleich im Ton etwas tiefer als gewöhnlich), »meine Herren, wozu die sinnlosen Streitereien? Sie wünschen Beweise. Ich schlage Ihnen vor, es an sich selbst zu erproben, ob ein Mensch frei über sein Leben verfügen kann oder ob jedem von uns die Schicksalsstunde vorherbestimmt ist ... Wer möchte?«

»Ich nicht ... ich nicht!« erscholl es von allen Seiten. »So ein komischer Kauz! Was ihm alles einfällt ...«

»Ich schlage eine Wette vor«, sagte ich scherzend.

»Und zwar?«

»Ich behaupte, es gibt keine Vorherbestimmung«, sagte ich und schüttete dabei an die zwanzig Tscherwonzen, alles, was ich in der Tasche hatte, auf den Tisch.

»Ich nehme an«, antwortete Wulitsch mit dumpfer Stimme.

»Herr Major, Sie sollen der Schiedsrichter sein; hier sind fünfzehn Tscherwonzen – die übrigen fünf bleiben Sie mir schuldig, und Sie werden mir die Freundlichkeit erweisen, sie hinzuzulegen.«

»Gut«, sagte der Major, »ich verstehe bloß nicht recht, worum es geht ... und wie Sie die Streitfrage klären wollen ...«

Wulitsch ging wortlos in das Schlafzimmer des Majors. Wir folgten ihm. Er trat an die Wand, an der die Waffen hingen, und nahm aufs Geratewohl eine der Pistolen verschiedenen Kalibers vom Nagel; wir verstanden ihn noch nicht; aber als er den Hahn spannte und Pulver auf die Pfanne schüttete, schrien mehrere unwillkürlich auf und packten ihn am Arm.

»Was willst du tun? Hör mal, das ist Wahnsinn!« riefen sie.

»Meine Herren«, sagte er langsam, während er seinen Arm befreite, »wer möchte für mich die zwanzig Tscherwonzen zahlen?«

Alle verstummten und traten zurück.

Wulitsch ging ins Nebenzimmer und setzte sich an den Tisch. Alle folgten ihm – er forderte uns mit einer Geste auf, ringsum Platz zu nehmen. Stumm gehorchten wir ihm; in diesem Augenblick besaß er eine geheimnisvolle Macht über uns. Ich sah ihm unverwandt in die Augen; aber er begegnete meinem forschenden Blick mit einem ruhigen und unbeweglichen, und seine bleichen Lippen lächelten. Trotz seiner Kaltblütigkeit glaubte ich auf seiner bleichen Stirn das Siegel des Todes zu erkennen; ich habe beobachtet, und viele alte Krieger haben meine Beobachtung bestätigt, daß oft das Gesicht eines Menschen, der einige Stunden später sterben muß, von dem unvermeidlichen Schicksal seltsam gezeichnet ist, so daß sich das geübte Auge schwerlich täuschen kann.

»Sie werden heute sterben«, sagte ich zu ihm. Er drehte sich jäh zu mir um, antwortete aber langsam und gelassen: »Kann sein, kann auch nicht sein ...«

Dann fragte er, an den Major gewandt, ob die Pistole geladen sei. Der Major konnte sich vor Aufregung nicht mehr besinnen.

»Schluß jetzt, Wulitsch!« rief jemand. »Sicher ist sie geladen, wenn sie am Kopfende hing ... Was sollen die Scherze?«

»Ein dummer Scherz«, warf ein anderer ein.

»Ich wette fünfzig Rubel gegen fünf, daß die Pistole nicht geladen ist!« rief ein dritter.

Neue Wetten wurden abgeschlossen.

Mich verdroß diese lange Zeremonie.

»Hören Sie«, sagte ich, »entweder Sie erschießen sich,

oder Sie hängen die Pistole an ihren alten Platz, und wir gehen schlafen.«

»Ganz recht«, riefen viele, »gehen wir schlafen.«

»Meine Herren, ich bitte Sie, sich nicht von der Stelle zu rühren«, sagte Wulitsch und richtete dabei die Mündung der Pistole auf seine Stirn. Alle waren wie versteinert.

»Herr Petschorin«, fügte er hinzu, »nehmen Sie eine Karte und werfen Sie sie in die Luft!«

Ich nahm, wie ich mich heute entsinne, ein Cœur-As vom Tisch und warf es hoch. Allen stockte der Atem. Aller Augen eilten voller Entsetzen und unbestimmter Neugier von der Pistole zu dem verhängnisvollen As, das, in der Luft leise schaukelnd, langsam zu Boden sank; im selben Augenblick, als es den Tisch berührte, drückte Wulitsch ab . . . Ein Versager!

»Gott sei Dank«, riefen viele, »sie ist nicht geladen . . .«

»Das werden wir sehen«, sagte Wulitsch. Er spannte abermals den Hahn und zielte auf eine Mütze, die über dem Fenster hing. Der Schuß krachte, Rauch füllte das Zimmer! Als er sich verzogen hatte, nahm einer die Mütze ab; sie war genau in der Mitte durchschossen, und die Kugel steckte tief in der Wand.

Drei Minuten lang brachte keiner ein Wort über die Lippen. Wulitsch schüttete ungerührt meine Tscherwonzen in seinen Beutel.

Nun wurden Vermutungen darüber angestellt, warum der Schuß beim erstenmal nicht losgegangen sei; die einen behaupteten, die Pfanne sei verstaubt, die anderen flüsterten, das Pulver sei im Anfang zu feucht gewesen und Wulitsch habe hinterher frisches zugeschüttet; aber ich erklärte, daß die letztere Vermutung ungerechtfertigt sei, weil ich die Pistole die ganze Zeit nicht aus den Augen gelassen hätte.

»Sie haben Glück in diesem Spiel«, sagte ich zu Wulitsch.

»Zum erstenmal in meinem Leben«, antwortete er mit einem selbstgefälligen Lächeln, »das taugt mehr als Bank halten und Karten spielen.«

»Dafür ist es etwas gefährlicher.«

»Glauben Sie nun an die Vorherbestimmung?«

»Ja, ich glaube daran ... nur verstehe ich jetzt nicht, wieso mir schien, daß Sie heute unbedingt sterben müßten.«

Derselbe Mensch, der wenige Augenblicke zuvor ungerührt auf seine Stirn gezielt hatte, wurde plötzlich über und über rot und verlor die Fassung.

»Es genügt«, sagte er und stand auf, »unsere Wette ist entschieden, und Ihre Äußerungen scheinen mir jetzt unpassend ...« Er nahm seine Mütze und ging. Das kam mir merkwürdig vor, und nicht ohne Grund!

Bald darauf begaben sich alle nach Hause, dabei äußerte man noch dies und das über Wulitschs kuriose Einfälle, und alle nannten mich wohl einstimmig einen Egoisten, weil ich mit einem Menschen gewettet hatte, der sich erschießen wollte; als hätte er ohne mein Zutun keine entsprechende Gelegenheit gefunden!

Ich ging durch die menschenleeren Gassen der Staniza nach Hause zurück; voll und schön wie der Widerschein einer Feuersbrunst ging hinter dem gezackten Horizont der Häuser der Mond auf; die Sterne leuchteten ruhig an dem dunkelblauen Himmelsgewölbe, und ich mußte lachen, als ich daran dachte, daß es einst äußerst kluge Menschen gegeben hat, die wähnten, die himmlischen Gestirne nähmen Anteil an unseren nichtigen Streitigkeiten um einen Fetzen Land oder eingebildete Rechte! Und wie sieht es wirklich aus? Diese Lämpchen, die ihrer Meinung nach nur entzündet wurden, um ihre Schlachten und Siege zu bescheinen, erstrahlen im früheren Glanz, aber die Leidenschaften und Hoffnungen jener Menschen sind längst mit ihren Trägern erloschen, wie das kleine Feuer, das der sorglose Wanderer am Waldrand entfacht hat. Was für eine Willenskraft gab ihnen jedoch die Überzeugung, daß der ganze Himmel mit seinen zahllosen Bewohnern sie voll stummer, doch unwandelbarer Anteilnahme betrachte! Aber wir, ihre erbärmlichen Nachfahren, die wir auf der Erde umherirren, ohne Überzeugungen und Stolz, ohne Genuß und Furcht –

außer jener unwillkürlichen Angst, die das Herz bei dem Gedanken an das unvermeidliche Ende ergreift –, wir sind großer Opfer nicht mehr fähig, weder zum Wohle der Menschheit noch zu unserem eigenen Glück, weil wir wissen, daß es unmöglich ist, und gleichgültig schreiten wir von Zweifel zu Zweifel, verfallen wir wie unsere Vorfahren von einem Irrtum in den anderen, ohne daß uns gleich ihnen die Hoffnung oder wenigstens jener unbestimmbare, obgleich wahre Genuß zuteil wird, den die Seele in jedem Kampf mit den Menschen oder mit dem Schicksal empfindet.

Viele Gedanken dieser Art erwog ich; ich hielt sie nicht fest, da ich bei keinem abstrakten Gedanken verweilen mag. Und wozu soll das führen? In meiner frühesten Jugend war ich ein Träumer; ich schwelgte mit Vorliebe abwechselnd in finsteren, dann wieder in leuchtenden Bildern, die mir meine unstete und gierige Phantasie ausmalte. Aber was war mir von alledem geblieben? Nichts als eine große Müdigkeit, wie nach einem nächtlichen Kampf mit einem Gespenst, und eine verschwommene, wehmütige Erinnerung. In diesem vergeblichen Ringen zermürbte ich sowohl die Leidenschaft meines Herzens als auch die Beständigkeit meines Willens, die für das wirkliche Leben so nötig sind; ich trat ein in dieses Leben, nachdem ich es innerlich schon durchlebt hatte, und mir wurde langweilig und abscheulich zumute wie jemandem, der die schlechte Nachahmung eines Buches liest, das er schon lange kennt.

Der Vorfall an diesem Abend beeindruckte mich ziemlich tief und peitschte meine Nerven auf; ich weiß nicht genau, ob ich jetzt an die Vorherbestimmung glaube oder nicht, aber an diesem Abend habe ich fest daran geglaubt. Der Beweis war schlagend, und wenngleich ich über unsere Vorfahren und ihre bequeme Astrologie spottete, geriet ich doch unwillkürlich in ihr Fahrwasser; aber ich hielt rechtzeitig auf diesem gefährlichen Pfad inne, und da ich es mir zur Regel gemacht hatte, nichts endgültig abzulehnen und an nichts blind zu glauben, schob ich die Metaphysik beiseite und achtete auf den Weg vor mir. Diese Vorsicht kam zur rechten Zeit; ich wäre beinahe lang hingeschlagen, weil ich über etwas Dickes und Weiches, aber anscheinend Lebloses stolperte. Ich bückte mich – der Mond schien hell auf den Weg –, und was sah ich? Vor mir lag ein Schwein, das von einem Säbelhieb in zwei Teile gespalten war ... Kaum hatte ich das festgestellt, hörte ich Schritte. Zwei Kosaken kamen aus einer Nebengasse gelaufen; der eine trat auf mich zu und fragte, ob ich nicht einen betrunkenen Kosaken gesehen hätte, der hinter einem Schwein hergejagt sei. Ich erklärte ihnen, daß ich dem Kosaken nicht begegnet sei, und wies auf das unglückliche Opfer seiner Zerstörungswut.

»Dieser Halunke!« sagte der zweite Kosak. »Hat er sich mit Tschichir vollaufen lassen, haut er alles kurz und klein, was ihm über den Weg läuft. Komm, Jeremytsch, wir müssen ihn binden, sonst ...«

Sie entfernten sich, und ich setzte meinen Weg mit großer Vorsicht fort und gelangte endlich glücklich in mein Quartier.

Ich wohnte bei einem alten Unteroffizier, den ich seiner Gutmütigkeit und besonders seiner hübschen Tochter Nastja wegen gut leiden mochte.

Sie erwartete mich wie üblich an der Gartenpforte, in ihren Pelz gehüllt. Der Mond beschien ihren süßen Mund, der blau war von der Kühle der Nacht. Als sie mich erkannte, lächelte sie, aber mir stand nicht der Sinn nach ihr. »Gute Nacht, Nastja«, sagte ich im Vorübergehen. Sie wollte etwas erwidern, aber sie seufzte nur.

Ich schloß meine Zimmertür hinter mir ab, zündete eine Kerze an und warf mich aufs Bett; aber der Schlaf ließ diesmal länger als gewöhnlich auf sich warten. Im Osten wurde es schon hell, als ich einschlief, doch es stand anscheinend in den Sternen geschrieben, daß ich mich in dieser Nacht nicht ausschlafen sollte. Um vier Uhr morgens hämmerten zwei Fäuste an mein Fenster. Ich sprang auf: Was war das? »Steh auf, zieh dich an!« riefen mehrere Stimmen. Ich zog mich schnell an und ging hinaus. »Weißt du, was geschehen ist?« fragten die drei Offiziere, die mich abholten, wie aus einem Munde; sie waren bleich wie der Tod.

»Was?«

»Wulitsch ist ermordet.«

Ich erstarrte.

»Ja, ermordet«, fuhren sie fort. »Kommt, schneller!«

»Wohin denn?«

»Das erfährst du unterwegs.«

Wir gingen. Sie erzählten mir alles, was vorgefallen war, und äußerten verschiedene Ansichten über die sonderbare Vorherbestimmung, die ihn eine halbe Stunde vor seinem Tode dem unvermeidlichen Verderben entrissen hatte. Wulitsch war allein durch die dunkle Straße gegangen; da kam der betrunkene Kosak, der das Schwein getötet hatte, auf ihn zugelaufen, und er wäre vielleicht weitergetorkelt, ohne ihn zu bemerken, wenn Wulitsch nicht plötzlich stehengeblieben wäre und ihn gefragt hätte: »Bruder, wen suchst du?« – »Dich!« antwortete der Kosak, versetzte ihm einen Hieb mit dem Säbel und spaltete ihn von der Schulter bis beinahe zum Herzen . . . Die beiden Kosaken, die mir begegnet waren und den Mörder verfolgt hatten, kamen zu spät. Sie hoben den Verletzten auf, aber er stieß schon seinen letzten Seufzer aus und sagte nur noch: »Er hat recht!« Ich allein verstand den düstern Sinn dieser Worte, sie bezogen sich auf mich; ich hatte dem Armen, ohne es zu wollen, das Schicksal vorausgesagt; mein Instinkt hatte mich nicht getäuscht, ich hatte auf seinem erbleichenden Antlitz deutlich das Zeichen des Todes erkannt.

Der Mörder war in eine leere Hütte am Rande der Staniza geflüchtet. Wir gingen dorthin. Eine Menge Frauen lief wehklagend in dieselbe Richtung. Von Zeit zu Zeit kam ein Kosak, der sich verspätet hatte, auf die Straße gerannt, schnallte sich eilig seinen Dolch um und überholte uns im Laufschritt. Die Aufregung war groß.

Endlich kamen wir an Ort und Stelle an. Um die Hütte, deren Türen und Fensterläden von innen verriegelt waren, stand eine Menge Menschen. Offiziere und Kosaken redeten erregt miteinander; Weiber heulten, schwatzten und jammerten. Unter ihnen fiel mir das ausdrucksvolle Gesicht einer alten Frau auf, aus dem wahnsinnige Verzweiflung sprach; sie saß auf einem dicken Balken, hatte die Ellbogen auf die Knie gestützt und den Kopf in die Hände gelegt – das war die Mutter des Mörders. Ihre Lippen zuckten. Flüsterten sie ein Gebet oder einen Fluch?

Es galt, eine Entscheidung zu treffen und den Verbrecher dingfest zu machen. Niemand wagte es jedoch, als erster einzudringen. Ich trat an ein Fenster und spähte durch einen Spalt im Laden. Bleich lag er auf dem Fußboden, in der rechten Hand hielt er eine Pistole; der blutbesudelte Säbel lag neben ihm. Seine ausdrucksvollen Augen rollten grauenerregend; manchmal zuckte er zusammen und faßte sich an den Kopf, als erinnere er sich unklar an das gestrige Geschehen. Ich las in diesem unruhigen Blick keine große Entschlossenheit und sagte zu dem Major, er verbiete den Kosaken ohne Grund, die Tür aufzubrechen und hineinzustürmen; es sei besser, das gleich zu tun, ehe er völlig bei Sinnen sei.

In diesem Augenblick trat ein alter Jessaul an die Tür und nannte ihn beim Vornamen; er antwortete.

»Du hast gesündigt, Bruder Jefimytsch«, sagte der Jessaul, »daran ist nichts zu ändern – ergib dich!«

»Ich ergebe mich nicht«, erwiderte der Kosak.

»Fürchte Gott, du bist doch kein verfluchter Tschetschenze, sondern ein ehrlicher Christ. Wenn dich allerdings die Sünde verleitet hat, ist nichts zu machen; seinem Schicksal entgeht man nicht.«

»Ich ergebe mich nicht!« rief der Kosak drohend, und man hörte, wie ein Pistolenhahn gespannt wurde.

»He, Tante«, sagte der Jessaul zu der Alten, »sprich mit deinem Sohn! Vielleicht hört er auf dich ... So lädt er nur den Zorn Gottes auf sich. Sieh nur, die Herren hier warten auch schon zwei Stunden.«

Die Alte blickte ihn fest an und schüttelte den Kopf.

»Wassili Petrowitsch«, sagte der Jessaul und trat zu dem Major, »er wird sich nicht ergeben, ich kenne ihn. Und wenn wir die Tür aufbrechen, wird er viele von unseren Leuten umbringen. Wollen Sie ihn nicht lieber erschießen lassen? Im Laden ist ein breiter Spalt.«

In diesem Augenblick durchfuhr mich ein sonderbarer Gedanke, ich gedachte ebenso wie Wulitsch das Schicksal zu versuchen. »Warten Sie«, sagte ich zu dem Major, »ich bringe ihn lebend.«

Ich befahl dem Jessaul, sich mit ihm zu unterhalten, und stellte an der Tür drei Kosaken auf, die bereit waren, sie einzuschlagen und mir auf ein Zeichen hin zu Hilfe zu eilen. Dann ging ich um die Hütte herum und näherte mich dem verhängnisvollen Fenster. Mein Herz schlug heftig.

»Ach, du verdammter Kerl!« rief der Jessaul. »Was treibst du mit uns deinen Spott, wie? Du denkst wohl, wir werden mit dir nicht fertig?« Er schlug mit aller Kraft an die Tür. Ich spähte durch den Spalt und beobachtete die Bewegungen des Kosaken, der von meiner Seite her keinen Überfall erwartete – und plötzlich riß ich den Laden auf und stürzte mich kopfüber durch das Fenster. Der Schuß krachte dicht an meinem Ohr, und die Kugel riß mir eine Epaulette herunter. Aber der Rauch, der das Zimmer erfüllte, hinderte meinen Gegner, seinen neben ihm liegenden Säbel zu finden. Ich packte ihn bei den Armen; die Kosaken stürmten herein, und es vergingen keine drei Minuten, da war der Verbrecher schon gefesselt und unter Bewachung abgeführt. Das Volk verlief sich. Die Offiziere beglückwünschten mich – und sie hatten wirklich allen Grund dazu!

Sollte man nach alledem nicht wirklich Fatalist werden? Aber wer weiß denn genau, ob er von etwas überzeugt ist oder nicht? Und wie oft halten wir eine Täuschung der Gefühle oder eine Verirrung der Vernunft für eine Überzeugung!

Ich zweifle gern an allem; diese Eigenschaft behindert keineswegs die Entschlossenheit des Charakters – im Gegenteil; was mich betrifft, so schreite ich stets kühner voran, wenn ich nicht weiß, was mich erwartet. Etwas Ärgeres als der Tod kann keinen treffen – und dem Tod entgeht man nicht!

In die Festung zurückgekehrt, erzählte ich Maxim Maximytsch alles, was mir widerfahren war und was ich als Zeuge erlebt hatte, und wünschte, seine Meinung über die Vorherbestimmung zu erfahren; zuerst verstand er dieses Wort nicht, aber ich erklärte es ihm, so gut ich konnte, und dann sagte er, bedeutsam den Kopf wiegend: »Jaja! Natürlich! Das ist eine ziemlich verzwickte Geschichte! Übrigens versagen diese asiatischen Abzugshähne oft, wenn sie schlecht geschmiert sind oder man nicht kräftig genug durchzieht; offen gestanden mag ich auch die tscherkessischen Gewehre nicht; sie passen nicht für unsereinen, der Kolben ist so klein, daß man sich beinahe die Nase versengt ... Dafür haben sie Säbel – alle Achtung!«

Dann fügte er nach einigem Nachdenken hinzu: »Ja, schade um den armen Kerl ... Der Teufel muß ihn geritten haben, nachts einen Betrunkenen anzusprechen! Übrigens scheint ihm das von klein auf bestimmt gewesen zu sein ...«

Mehr konnte ich nicht aus ihm herausbekommen: er mag überhaupt keine metaphysischen Erörterungen.

DER KAUKASIER

Erstens, was ist ein Kaukasier und wie pflegen Kaukasier zu sein?

Ein Kaukasier ist ein halb russisches, halb asiatisches Wesen; die Neigung zu orientalischen Sitten überwiegt bei ihm, doch in Gegenwart Fremder, das heißt in Gegenwart Reisender aus Rußland, schämt er sich dieser Neigung. Er ist zumeist dreißig bis fünfundvierzig Jahre alt, sein Gesicht sonnengebräunt und etwas pockennarbig; ist er kein Stabskapitän, dann gewiß Major. Echte Kaukasier finden Sie in der Linie; jenseits der Berge, in Georgien, haben sie eine andere Abstufung; zivile Kaukasier sind selten; sie stellen zumeist eine ungeschickte Nachahmung dar, und treffen Sie einmal einen *echten* unter ihnen an, dann höchstens bei den Regimentsärzten.

Ein echter Kaukasier ist ein bewundernswerter Mensch, würdig jeder Achtung und Teilnahme. Bis zu seinem achtzehnten Lebensjahr wird er im Kadettenkorps erzogen und als ausgezeichneter Offizier entlassen, heimlich hat er im Unterricht den »Gefangenen im Kaukasus« gelesen und ist in Leidenschaft für den Kaukasus entbrannt. Mit zehn Kameraden wird er auf Staatskosten dorthin geschickt – mit großen Hoffnungen und kleinem Koffer. Schon in Petersburg läßt er sich einen Achaluchi nähen und ersteht eine zottige Mütze und eine Tscherkessenpeitsche für den Postkutscher. In Stawropol angekommen, bezahlt er einen lumpigen Dolch viel zu teuer und legt ihn in den ersten Tagen weder bei Tag noch bei Nacht ab, bis er dessen überdrüssig ist. Endlich findet er sich bei seinem Regiment ein, das in irgendeiner Staniza sein Winterquartier bezogen hat, hier verliebt er sich, wie es sich gehört, in ein Kosakenmädchen, einstweilen bis zur Expedition; alles wunderschön und so poetisch! Dann rückt man zu der Expedition aus; unser Jüngling ist überall zu finden, wo auch nur eine Kugel schwirrt. Er nimmt sich vor, zwei Dutzend Bergbewohner mit eigenen Händen zu fangen, er träumt von schrecklichen Schlachten, Strömen von Blut und Generalsepauletten. Im Traum vollbringt er wahre Heldentaten – ein Wunschbild, Unsinn, vom Feind ist weit und breit nichts zu sehen, Scharmützel sind selten, und die Bergbewohner halten, zu seinem großen Leidwesen, den Bajonetten nicht stand, lassen sich nicht gefangennehmen, sondern bringen ihre Haut in Sicherheit. Zudem ist im Sommer die Hitze schier unerträglich, im Herbst Regen und Schnee und Kälte. Langweilig! Fünf, sechs Jahre verstreichen: ein ständiges Einerlei. Er sammelt Erfahrungen, wird kaltblütig und spottet über die Neulinge, die ohne Notwendigkeit ihr Leben riskieren.

Unterdessen zieren zwar viele Kreuze seine Brust, die Beförderung aber läßt auf sich warten. Er ist düster und wortkarg geworden; er macht es sich gern gemütlich und raucht sein Pfeifchen; in Mußestunden liest er auch Marlinski und erklärt, er sei sehr gut; auf Expeditionen ist er nicht mehr versessen: Eine alte Wunde schmerzt! Die Kosakenmädchen reizen ihn nicht, eine Zeitlang hat er von einer gefangenen Tscherkessin geträumt, jetzt jedoch auch diesen fast unerfüllbaren Traum vergessen. Statt dessen hat er eine neue Leidenschaft, und gerade die macht ihn zum echten Kaukasier.

Entstanden ist diese Leidenschaft folgendermaßen: In der letzten Zeit hat er sich mit einem friedlichen Tscherkessen angefreundet und reitet nun des öfteren zu ihm in den Aul. Fremd den Raffinements des Lebens in der vornehmen Welt und in der Stadt, hat er Gefallen an dem wilden Leben gefunden, von der Geschichte Rußlands und der europäischen Politik weiß er nichts, dafür hat er eine

Vorliebe für die poetischen Überlieferungen des kriegerischen Volkes entwickelt. Die Sitten und Gebräuche der Bergbewohner sind ihm geläufig, er kennt ihre Helden dem Namen nach und hat sich die Ahnentafeln der wichtigsten Familien gemerkt. Er weiß, welcher Fürst verläßlich und welcher ein Gauner, wer mit wem befreundet ist und zwischen wem Blutsfeindschaft besteht. Er versteht ein bißchen Tatarisch; er hat sich einen Säbel, einen echten *Gurda*, angeschafft, einen Dolch, einen alten *Basalai*, eine Pistole von jenseits des Kuban, ein ausgezeichnetes Krimgewehr, das er selbst einfettet, ein Pferd, einen reinrassigen *Schalloch*, und eine vollständige Tscherkessentracht, die er nur bei wichtigen Anlässen anlegt und die ihm irgendeine wilde Fürstin genäht und zum Geschenk gemacht hat. Seine Vorliebe für alles Tscherkessische grenzt schon ans Unglaubliche. Er ist bereit, den ganzen Tag mit einem schmutzigen Usden über ein lumpiges Pferd und ein rostiges Gewehr zu reden, und es gefällt ihm sehr, andere in die Geheimnisse der asiatischen Sitten einzuweihen. Ihm sind verschiedene, höchst erstaunliche Dinge passiert, denken Sie! Kauft ein Neuling bei seinem Freund, dem Usden, eine Waffe oder ein Pferd, lächelt er nur insgeheim. Über die Bergbewohner äußert er sich so: »Ein guter Menschenschlag, aber ganz schreckliche Asiaten! Die Tschetschenen allerdings sind Lumpen, dafür sind die Kabardiner einfach Prachtkerle; auch unter den Schapsugen gibt es tüchtige Leute, allerdings können sie sich mit den Kabardinern nicht messen, weder verstehen sie es, sich so zu kleiden noch so zu reiten . . . wenn sie auch makellos leben, ganz makellos!«

Man muß die Voreingenommenheit eines Kaukasiers besitzen, um in einer Tscherkessensaklja etwas Makelloses zu finden.

Die Erfahrung langer Kriegszüge hat ihn nicht die Findigkeit gelehrt, die Armeeoffizieren sonst eigen ist; er kokettiert mit seiner Sorglosigkeit und der Gewohnheit, die Unbequemlichkeiten des Soldatenlebens hinzunehmen, er führt nur einen Teekessel mit sich, und selten wird auf seinem Biwakfeuer Kohlsuppe gekocht. Bei Hitze wie bei

Kälte trägt er unter dem Gehrock einen wattierten Achaluchi und auf dem Kopf eine Schaffellmütze; er hat eine starke Abneigung gegen Mäntel und zieht die Burka vor; die Burka ist seine Toga, darin hüllt er sich ein; der Regen tropft ihm in den Kragen, der Wind schlägt die Burka auseinander – halb so schlimm! Die durch Puschkin, Marlinski und Jermolows Porträt berühmt gewordene Burka kommt nicht von seiner Schulter, er schläft darauf und deckt sein Pferd damit zu; er greift zu den verschiedensten Listen und Schlichen, um eine echte Andijer Burka zu ergattern, namentlich eine weiße, unten mit schwarzer Borte, und dann sieht er schon mit einer gewissen Verachtung auf die anderen herab. Den eigenen Worten zufolge ist sein Pferd erstaunlich schnell – auf weiten Strecken. Lächerliche fünfzehn Werst mag er darum mit Ihnen auch nicht reiten. Fällt ihm der Dienst mitunter auch schwer, er hat es sich zur Maxime gemacht, das Leben im Kaukasus zu loben; jedem, der es hören will, sagt er, der Dienst im Kaukasus sei sehr angenehm.

Aber die Jahre vergehen, der Kaukasier ist schon vierzig, es zieht ihn nach Hause, und wenn er nicht verwundet ist, verfährt er manchmal folgendermaßen: Während eines Feuerwechsels legt er den Kopf hinter einen Stein, die Beine aber streckt er zwecks Erlangung der Pension vor; dieser Ausdruck ist dort durch den Brauch geheiligt. Die wohltätige Kugel trifft ihn ins Bein, und er ist glücklich. Der Abschied mit Pension springt dabei heraus, er kauft einen kleinen Wagen, spannt ein paar Schindmähren davor und macht sich gemächlich auf den Weg in die Heimat; auf Poststationen hält er jedoch stets, um mit den Durchreisenden zu plaudern. Wenn Sie ihm begegnen, erkennen Sie ihn sofort als *echten* Kaukasier, denn selbst im Gouvernement Woronesh schnallt er Dolch oder Säbel nicht ab, weil sie ihm nicht hinderlich sind. Der Stationsaufseher hört ihm respektvoll zu, und erst hier erlaubt sich der pensionierte Held, zu renommieren und Geschichten zu erfinden; im Kaukasus ist er bescheiden – aber schließlich und endlich, wer sollte ihm in Rußland beweisen, daß ein Pferd nicht in einem Ritt zweihundert Werst zurücklegen kann und kein Gewehr der Welt auf vierhundert Saschen ins Ziel trifft? Aber ach, meistens vermodern seine Gebeine in muselmanischer Erde. Er heiratet selten, und bürdet ihm das Schicksal doch eine Gemahlin auf, bemüht er sich, in eine Garnison versetzt zu werden, und beschließt seine Tage in irgendeiner Festung, wo ihn seine Gattin vor einer für den Russen so verhängnisvollen Gewohnheit bewahrt.

Jetzt noch zwei Worte über die anderen Kaukasier, die *nicht echten.* Der georgische Kaukasier unterscheidet sich vom echten dadurch, daß er eine große Vorliebe für Kachetinerwein und weite seidene Pluderhosen hat. Der zivile Kaukasier legt selten asiatische Kleidung an; er ist mehr mit der Seele als mit dem Leib Kaukasier: Er befaßt sich mit archäologischen Entdeckungen, verbreitet sich gern über den Nutzen des Handels mit den Bergbewohnern sowie über Mittel, diese zu unterwerfen und zu bilden. Hat er dort einige Jährchen abgedient, kehrt er für gewöhnlich mit einem Rang und roter Nase nach Rußland zurück.

DRAMATIK

MASKERADE

Versdrama in vier Akten

Personen

Arbenin, Jewgeni Alexandrowitsch
Nina, seine Frau
Fürst Swesditsch
Baronesse Strahl
Kasarin, Afanassi Pawlowitsch
Sprich, Adam Petrowitsch
Eine Maske (der Unbekannte)
Advokat
Spieler
Gäste
Diener und Dienerinnen

1. AKT

1. Szene

1. Auftritt

Spieler, Fürst Swesditsch, Kasarin und Sprich.
Am Tisch wird Bank gehalten und pointiert. Man steht im Kreis um den Tisch herum.

ERSTER SPIELER: Ich setz, wenn Sie gestatten, Iwan
Iljitsch.
BANKHALTER:
Ich bitte!
ERSTER SPIELER: Hundert Rubel!
BANKHALTER: Abgemacht!
ZWEITER SPIELER: Viel Glück!
DRITTER SPIELER:
Nicht in die Schranken fordern Sie das Glück
Mit diesem Einsatz.
VIERTER SPIELER: Nur wer wagt, gewinnt!
DRITTER SPIELER:
Los, setzen Sie!
ZWEITER SPIELER: Auf alles? Nein, zurück!
VIERTER SPIELER:
Wer heut nichts wagt, der bringt es nie zu was!
DRITTER SPIELER *zum ersten*:
Los, halt die Augen offen!
FÜRST: Ah, va banque!
ZWEITER SPIELER *zum Fürsten*:
Aus Ärger spielen, Fürst, verdirbt das Blut.
FÜRST:
Verschonen Sie mich doch mit Ihrem Rat!

BANKHALTER:
Die Karte hat verlorn!
FÜRST: Zum Teufel!
BANKHALTER: Mir das Geld!
ZWEITER SPIELER *spöttisch*:
Ich sehe Sie in Rage, Fürst, bereit,
Selbst mit dem Teufel einen Pakt zu schließen. –
Was kosten Ihre Epauletten?
FÜRST: Die?
Die sind verdient, die können Sie nicht kaufen!
ZWEITER SPIELER *leise im Weggehen*:
Bei Ihrem Unglück in so jungen Jahren,
Da wär Bescheidenheit vielleicht nicht schlecht ...
Der Fürst trinkt seine Limonade aus und setzt sich nachdenklich abseits.
SPRICH *tritt zum Fürsten, teilnahmsvoll*:
Sie brauchen Geld, Fürst, nun, ich helfe Ihnen,
Die Zinsen sind gering, ich warte Jahre ...
Der Fürst verneigt sich kühl und wendet sich ab. Sprich entfernt sich mißmutig.

2. Auftritt

Spieltisch. Arbenin, Kasarin, Sprich, Fürst Swesditsch, Spieler. Arbenin tritt ein, verneigt sich, geht zum Tisch; dann gibt er einige Zeichen mit der Hand und geht mit Kasarin beiseite.

ARBENIN:
Du spielst nicht, Kasarin?
KASARIN: Ich sehe zu.
Und du? Verheiratet und reich, ein Herr
Bist du geworden, lange schon hast du
Die Freunde, die du einst geliebt, vergessen.
ARBENIN:
Lang war ich nicht mit euch zusammen, ja.
KASARIN: Wohl immerzu Geschäfte?
ARBENIN: Nein, die Liebe
Beschäftigt mich – nicht die Geschäfte!

Kasarin: Ah –
Von einem Ball zum andern mit der Gattin?
Arbenin: Nein.
Kasarin: Ach, das Spiel?
Arbenin: Ich spiele nicht mehr, das
Warn Jugendsünden. – Doch, mein Freund, ich sehe
So viele Neue hier, sag, wer ist dieser
Verdammte eitle Stutzer da?
Kasarin: Der? Das
Ist Sprich, Adam Petrowitsch, ein Momentchen,
Ich mache euch bekannt.
Sprich kommt heran und verneigt sich.
Hier, werter Freund,
Empfehl ich Euch Arbenin.
Sprich: Angenehm,
Ich kenne Sie!
Arbenin: Sie mich? Ich kann mich nicht
An Sie erinnern.
Sprich: Doch, ich habe viel,
So dies und das, gehört von Ihnen, lange
Erhofft ich mir die Ehre, Sie …
Arbenin: Doch leider
Hörte ich nie etwas von Ihnen. Aber
Durch Sie werd sicher ich sehr viel erfahren.
Beide verneigen sich, Sprich mit unzufriedener Miene ab.
Der Kerl gefällt mir nicht; schon manche Fresse
Hab ich gesehn – doch nicht einmal im Traum
Fiele mir die Visage ein: dies Lächeln,
Die Augen wie aus Glas – das ist kein Mensch,
Doch ist er auch dem Teufel nicht sehr ähnlich.
Kasarin:
Was liegt am Äußern, Bruder? Und selbst wenn's
Der Teufel wär, wir brauchen ihn. Ein Wort –
Er borgt! Welcher Nation er ist? Ich wag's
Nicht zu behaupten. Spricht die meisten Sprachen.
Die ganze Welt kennt er, hat überall
Geschäfte. Höchstwahrscheinlich ist er Jude.
Erinnert sich an alles. Kümmert sich

Um jeden Dreck und weiß, was los ist. Oft
Bekommt er Schläge. Doch er ist
Mit Atheisten Atheist und Jesuit
Mit Jesuiten. Aber hier ist er
Ein scharfer Spieler. Ehrenhaften Männern
Kommt er stets ehrenhaft. Kurzum, du wirst
Ihn wohl noch schätzenlernen, denke ich.

ARBENIN:
Das Bild ist gut, das Original ist besser. –
Und wer ist dieser Große da mit Schnauzer
Und roten Bäckchen? Wohl ein lieber Kerl,
Ein Löwe des Salons, im Ruhestand,
Natürlich weitgereist, ein ganzer Mann.
Nicht in der Wirklichkeit, doch meisterhaft
Ins Schwarze treffend, kommt es darauf an?

KASARIN:
Beinahe hast du recht: ein aus dem Regiment
Geschaßter Offizier, versteht sich – ein
Duell, zu dem er nicht erschien. Er wollte nicht
Zum Mörder werden, die Mama war streng.
Doch dann, fünf Jahre später, wurde er
Zum zweiten Mal gefordert, diesmal schlug
Er sich tatsächlich.

ARBENIN: Dieser Kleine da,
Der Zottelkopf mit seinem Bauernlächeln,
Mit Ordenskreuz und Tabaksdose?

KASARIN: Der?
Trustschow, ein guter Kerl wie selten einer.
Verbrachte in Georgien sieben Jahre,
War strafversetzt bei einem General
Als Adjutant. Hat aus dem Hinterhalt
Dort jemanden erschossen; subaltern
Hat er fünf Jahre dort gedient, doch dann
Bekam er seinen Orden um den Hals.

ARBENIN:
Feine Bekannte habt ihr, muß ich sagen.

SPIELER *laut*:
Kasarin, Afanassi Pawlowitsch, hierher!

KASARIN *lacht*:
Ein schönes Beispiel menschlichen Versagens!
Ich komme!
ERSTER SPIELER: Schnell!
KASARIN: Was gibt's?
Einen Moment lebhafte Auseinandersetzung unter den Spielern.
ARBENIN *bemerkt den Fürsten Swesditsch und geht zu ihm*:
Was machen Sie
Hier, Fürst, wohl gar zum ersten Mal?
FÜRST *unwillig*: Und Sie?
ARBENIN:
Auf diese Frage war ich schon gefaßt.
O ich, ich bin schon lange hier bekannt
Und sah, oft vor Erregung stumm, wie sich
Das Rad des Glückes dreht: die einen hebt's,
Die anderen zerschmettert es. Zwar Neid
War mir stets unbekannt, doch hatte ich
Auch niemals Mitleid – ohne Leidenschaft
Sah ich die Jugend hoffnungsvoll und gläubig.
Und die ein einzges Ziel nur kannten – Liebe –,
Wie schnell verdarben sie vor meinen Augen.
Und nun, nun ist es mir beschieden, dieses Spiel
Noch einmal ganz von vorne anzusehn.
FÜRST *ergreift Arbenins Arm*:
Ich habe auch verspielt.
ARBENIN: Das sehe ich.
Und jetzt? Ins Wasser?
FÜRST: Ich bin ruiniert!
ARBENIN:
Da gibt es nur zwei Mittel: Schwören Sie,
Nie mehr zu spielen, oder gehen Sie
Sofort zum Tisch zurück und setzen Sie
Alles aufs Spiel: Verwandte, Freunde, Ehre.
Mit Kaltsinn müssen Sie sich selbst und Ihre
Gegner prüfen, Stück um Stück der eignen
Seele abtasten und sich angewöhnen, in
Gesichtern, die Sie vorher niemals sahn,

Zu lesen die geheimsten Regungen,
Und Ihre Finger üben, jahrelang,
Alles verachten: das Gesetz
Der Menschen, die Gesetze der Natur.
Tagsüber grübeln – abends spielen. Nie
Von Qualen frei sein, aber darauf achten,
Daß niemand diese Qualen ahnt. Wenn einer
Dann kommt, der Ihnen ebenbürtig ist,
Dann dürfen Sie nicht zittern, sondern müssen
Auf Schimpf und Schande stets gefaßt sein, auf
Das böse Ende des Erfolgs, und wenn
Man Ihnen ins Gesicht sagt: Sie, Sie sind
Ein Schweinehund – selbst dann, dann dürfen Sie
Noch nicht einmal erröten!
Schweigen. Der Fürst, sehr aufgeregt, hat nur abwesend zugehört.
FÜRST: Oh, was soll ich tun?
ARBENIN:
Na, was Sie wollen.
FÜRST: Ob das Glück vielleicht …
ARBENIN:
Das Glück? Das gibt's hier nicht!
FÜRST: Vielleicht ein Rat?
ARBENIN:
Ratschläge geb ich nie.
FÜRST: Nun gut, dann werde …
ARBENIN *nimmt plötzlich seine Hand*:
Moment, mein Freund, ich werde Sie begleiten.
Auch ich war einmal unerfahrn und jünger.
Und hätt mich einer halten wollen … oh!
Er blickt ihn eindringlich an, mit veränderter Stimme:
Jetzt geben Sie mir Ihre Hand, das andre
Ist nicht mehr Ihre Sache.
Er geht mit dem Fürsten zum Spieltisch.
Meine Herrn,
Laßt einmal noch 'nen alten Invaliden
Des Glücks hier spielen, will doch sehen,
Was so das Schicksal noch für mich bereithält,

Ob es den neuen Günstlingen der Zeit
Die alten Sklaven opfert.

KASARIN: Hast's wohl nicht
Mehr ausgehalten? *Leise.* Fall mit dem Gesicht
Nicht in den Dreck und zeige ihnen, was
Es heißt, mit einem Spieler von dereinst
Sich einzulassen.

ERSTER SPIELER: *dem zweiten ins Ohr*:
Bitte, wie Sie wünschen.
Sie sind der Hausherr – wir die Gäste. Vorsicht,
Halte die Augen offen! Dieser Wanka,
Er will mir nicht gefallen, sicherlich
Wird er mein As mit einem andern stechen!

SPRICH *führt Kasarin zur Vorbühne*:
Sie drängen sich, als ob Gewitter wäre.
Das Spiel beginnt; alle drängen sich um den Tisch, verschiedene Zwischenrufe; während des nun folgenden Gesprächs wenden sich viele unwirsch ab und entfernen sich.

KASARIN:
Für einen Monat wird er sie verschrecken!

SPRICH:
Daß er ein Meister ist – man sieht's!

KASARIN: Er war's!

SPRICH:
Und jetzt?

KASARIN: Ist er verheiratet, hat Geld
Und ist ein angesehner Mann, der wie
Ein Lamm ausschaut. Doch in ihm sitzt der Wolf!
Wer mir erzählt, man kann es überwinden,
Der ist ein Narr. Tut er auch wie ein Engel –
In seiner Seele sitzt der Teufel.
Und du, mein Freund, bist zwar vor ihm ein Kind,
Er klopft Sprich auf die Schulter.
Doch auch in dir sitzt so ein kleiner Teufel.
Zwei Spieler nähern sich in lebhaftem Gespräch.

ERSTER SPIELER:
Was hab ich dir gesagt?

ZWEITER SPIELER: Was, Bruder, tun?

Die Sense stößt auf Stein. Die List,
Die ich gebrauchte, war umsonst, er stach
Uns alles. Eine Schande, dran zu denken!

KASARIN:
Na, meine Herrn, die Lust verloren, wie?

ERSTER SPIELER:
Arbenin ist ein Meister!

KASARIN: Wenn Sie's sagen!

Aufregung unter den Spielern am Tisch.

DRITTER SPIELER:
Mein Gott! So heimst er hunderttausend ein!

VIERTER SPIELER:
Wart's ab!

FÜNFTER SPIELER: Wir werden sehen!

ARBENIN *steht auf*: Basta. Schluß.

Er nimmt das Geld und geht beiseite. Die anderen bleiben am Tisch; auch Kasarin und Sprich. Arbenin, bleich, faßt den Fürsten am Arm und gibt ihm das Geld.

FÜRST:
Das werd ich Ihnen nie vergessen, nie!
Sie retten mir mein Leben!

ARBENIN *bitter*: Und Ihr Geld!
Und es ist wirklich schwer zu sagen, was
In Ihrer Lage mehr wert ist.

FÜRST: Sie haben
Mir da ein großes Opfer dargebracht!

ARBENIN:
Ach was. Die Sache kam mir grade recht.
Ein Spaß, die Nerven anzuregen und
Ein wenig Kopf und Herz zu strapazieren.
Denn unsereins setzt sich zum Spiel grad so,
Wie Sie zu einer Schlacht ausziehen, Fürst.

FÜRST:
Sie hätten ja verlieren können …

ARBENIN: Ich?
Die Zeiten sind vorbei, ich kenn die Tricks
Und auch die Schliche, deshalb spiele ich
Schon lange nicht mehr mit.

FÜRST: Und meinen Dank
Schlagen Sie aus?
ARBENIN: Offen gesagt, den Dank
Lieb ich nicht sehr. Solang ich lebe, war
Ich niemandem verpflichtet. Wenn ich half,
Dann nicht, um Freundschaft oder Dank zu suchen.
Ich sah nur den Erfolg.
FÜRST: Das glaub ich nicht!
ARBENIN:
Niemand verlangt's. Daran bin ich gewöhnt.
Und wenn ich nicht so faul wär, müßte ich
Wohl eitel werden. Aber lassen wir's!
Er schweigt einen Moment.
Abwechslung könnte uns nichts schaden, jetzt
Ist Ballsaison bei Engelhardt ...
FÜRST: Sehr gut!
ARBENIN:
Dann fahren wir?
FÜRST: Sofort!
ARBENIN *beiseite*: Im Trubel ruh ich aus.
FÜRST:
Dort soll es Weiber geben ... Außerdem
Verkehren da, so sagt man, allerlei ...
ARBENIN:
Soll man es sagen, was geht uns das an?
Die Maske macht uns alle gleich, sie hat
Kein Herz und keinen Rang – nur Körper –,
Und mag sie das Gesicht verbergen – schnell
Zieht sie von den Gefühlen sich zurück.
Beide ab.

3. Auftritt

Die Vorigen außer Arbenin und dem Fürsten.

ERSTER SPIELER:
Das nenne ich beizeiten Schluß gemacht!
ZWEITER SPIELER:
Nicht einmal Atem holen ließ er uns!
DIENER *tritt ein:*
Das Essen wird serviert!
HAUSHERR: Ich bitte, meine Herrn,
Der Sekt wird Sie gleich den Verlust im Spiel
Vergessen lassen!
Alle außer Sprich ab.
SPRICH: Den Arbenin möchte
Ich kennenlernen. Doch erst will ich hier
Auf Kosten andrer essen.
Er legt den Finger an die Stirn. Dabei wird
Geredet werden – so erfahre ich
Noch einiges, dann geh ich auf den Ball ...
Im Selbstgespräch ab.

2. Szene
1. Auftritt

Maskenball, Masken, Arbenin, dann Fürst Swesditsch. Die Menge geht auf und ab; links ein Kanapee.

ARBENIN:
Hier in der Menge suchte ich bisher
Vergeblich nach Zerstreuung. Doch mein Herz
Blieb kalt, und schläfrig ist die Phantasie.
Wie fremd sie alle sind. Und ich, ich bin
Auch ihnen allen fremd.
Der Fürst tritt gähnend zu ihm.
Aha, da kommt
Die Jugend dieser Zeit. Mein Gott, war ich
In Ihrem Alter auch so, Fürst? Was ist?

Lief Ihnen noch kein Abenteuer übern Weg?

FÜRST:

Seit einer Stunde lauf ich hier herum!

ARBENIN:

Ach so! Sie wollen, daß das Glück Sie fängt?
Oh, die Idee ist neu! Man sollte sie
Sofort verbreiten!

FÜRST: Sind die Masken dumm!

ARBENIN:

Nein, dumme Masken gibt es nicht, sie sind
Geheimnisvoll im Schweigen, aber wenn
Sie sprechen, sind sie süß. Bedenken Sie
Die Möglichkeiten: Alles können Sie
Sich denken: Lächeln, einen Blick. Sehn Sie
Zum Beispiel diese Türkin da: der Busen
Ist füllig und der Körper hochgewachsen,
Sie atmet leidenschaftlich. Eine Fürstin,
Vielleicht auch eine stolze Gräfin … Kurz:
Diana in Gesellschaft, eine Venus
Des Maskenballs. Und es kann sein, daß sie
Sie morgen abend schon besucht. Auf jeden Fall:
Sie haben nichts verloren, oder wie? *Ab.*

2. Auftritt

Der Fürst, eine weibliche Maske.
Ein Domino kommt und bleibt stehen;
der Fürst in Nachdenken versunken.

FÜRST:

Immer das gleiche – Worte machen, leicht!
Ich aber gähn noch immer. Doch da kommt
Ein Domino – ich sprech ihn an, geb's Gott …
Eine Maske löst sich aus der Menge und gibt ihm einen Klaps auf die Schulter.

MASKE:

Ich kenne dich.

FÜRST: Doch sicher noch nicht lange!

MASKE:
Sogar woran du denkst, ist mir bekannt!
FÜRST:
Da bist du einmal besser dran als ich!
Sieht ihr unter die Maske.
Wenn mich nicht alles täuscht, hast du
Ein hübsches Mündchen.
MASKE: Oh, dann ist es schlimm.
FÜRST:
Für wen?
MASKE: Für einen von uns beiden!
FÜRST: Und wieso? –
Mit Metaphysik kannst du mich nicht schrecken.
Und bin ich auch nicht listig, krieg ich doch
Heraus, wer du bist.
MASKE: So? Dann weißt du auch,
Wie dies Gespräch, das wir hier führen, endet?
FÜRST:
Wir gehen auseinander!
MASKE: Wirklich? Und ...
FÜRST:
Ich geh nach links, und du, du gehst nach rechts!
MASKE:
Und wenn ich hier bin, einzig und allein,
Um dich zu sehen und mit dir zu sprechen?
Und wenn ich sage, daß in einer Stunde
Du schwören wirst, daß du mich nie vergißt,
Daß du dein Leben opfern wirst in dem Moment,
In dem ich geh, ein namenlos Gespenst,
Nur um von mir zu hörn: auf Wiedersehn!
FÜRST:
Du bist die klügste Maske, aber du
Machst noch zu viele Worte. Wenn du mich
Nun wirklich kennst, so sag mir, wer ich bin!
MASKE:
Du bist charakterlos, bist gottlos, böse,
Unsittlich, voller Eigenliebe, schwach.
So spiegelt sich in dir unser Jahrhundert,

Dies glänzende und nichtige Jahrhundert.
Du willst dein Leben reicher machen, doch
Du fliehst die Leidenschaften. Alles willst
Du haben, doch verstehst du nicht, zu opfern.
Wer ohne Stolz ist, den verachtest du
Und bist doch selbst ein Spielzeug dieser Menschen.
Du siehst, ich kenne dich!

FÜRST: Sehr schmeichelhaft!

MASKE:
Du tatst viel Böses.

FÜRST: Sicher, aus Versehn ...

MASKE:
Das weiß ich nicht. Doch daß dich eine Frau
Nie lieben sollte, ist gewiß.

FÜRST: O Liebe,
Oh, Liebe such ich nicht.

MASKE: Weil du's nicht kannst!

FÜRST:
Weil ich es müde bin ...

MASKE: Und doch, wenn sie
Ganz unerwartet vor dir steht und sagt:
Jetzt bist du mein! Wagst du es wirklich dann,
Ohne Gefühl zu bleiben?

FÜRST: Wer sie ist?
Ich weiß es nicht – vielleicht ein Ideal?

MASKE:
Nein, eine Frau – das andre ist nicht wichtig.

FÜRST:
So zeig sie mir, sie soll vor mir erscheinen!

MASKE:
Was du verlangst, ist viel – und überlege,
Was du gesagt hast! *Kurzes Schweigen.*
Deine Seufzer,
Bekenntnisse und Tränen, heißen Worte
Kannst du dir sparen, aber schwöre, daß
Du alles unterläßt, nach ihr zu forschen:
Wer sie ist, und über alles, was
Du noch mit ihr erleben wirst, zu schweigen.

FÜRST:
Beim Himmel und der Erde schwör ich's, und
Bei meiner Ehre.

MASKE: Komm, ich habe dich
Gewarnt. Vergiß nicht: Scherze gibt es nicht.
Sie gehen Arm in Arm ab.

3. Auftritt

Arbenin und zwei Masken. Arbenin schleppt eine männliche Maske an der Hand hinter sich her.

ARBENIN:
Was Sie mir da gerad erzählten, Herr,
Erlaubt die Ehre nicht, so hinzunehmen.
Ja, wissen Sie denn, wer ich bin?

MASKE: Ich weiß,
Wer Sie einst warn.

ARBENIN: Die Maske runter, gleich!
Sie handeln ehrlos!

MASKE: Mein Gesicht ist Ihnen
So unbekannt wie diese Maske, und
Auch ich seh Sie zum ersten Mal.

ARBENIN: Das glaub
Ich Ihnen nicht. Sie fürchten mich zu sehr.
Doch der Krawall ist unter meiner Würde.
Sie sind ein Feigling, gehen Sie!

MASKE:
Leben Sie wohl! Doch warn ich Sie:
Ein Unglück wird Sie treffen heute nacht.
Verschwindet in der Menge.

ARBENIN:
So warte ... Er ist weg! Doch wer? Ein Feind
Von vielen feigen Feinden. Manche Nuß
Gibt Gott mir noch zu knacken. Ha, ha, ha –
Leb wohl, mein Freundchen, einen guten Weg!

4. Auftritt

Sprich und Arbenin.

Sprich tritt auf. Auf dem Kanapee sitzen zwei weibliche Masken, jemand nähert sich und intrigiert, faßt die Masken an der Hand, eine reißt sich los und geht ab. Dabei gleitet ihr ein Armband vom Handgelenk.

SPRICH: Wen schleppten Sie
Da so erbarmungslos mit sich herum?
ARBENIN:
Nur einen Freund. Wir machten unsre Witze.
SPRICH:
Natürlich trieben Sie den Spaß mit ihm
Nicht nur zum Spaß. Denn als er ging,
Beschimpfte er Sie.
ARBENIN: Mit wem sprach er?
SPRICH:
Mit einer Maske.
ARBENIN: Ihr Gehör ist gut.
SPRICH:
Ich höre alles – doch ich schweige auch!
Und kümmere mich nie um Dinge, die
Mich nichts angehn.
ARBENIN: Ja, man sieht's.
Sie wissen also nichts? Und schämen sich
Auch nicht, daß Ihre Frau …
SPRICH: Was, meine Frau …
ARBENIN:
Ach was. Ich scherze nur.
SPRICH: Los, reden Sie!
ARBENIN:
Nun gut, man sagt, daß Ihre Frau …
SPRICH:
Na und?
ARBENIN *vertraulich*:
Und häufig, sagt man, kommt zu Euch
Der Dunkle mit dem Schnauzer!

Pfeift durch die Zähne und geht ab.

SPRICH: Warte, Freund!
Der Mund soll dir vertrocknen, wenn du dir
Mit mir 'nen Witz machst: Lachst du über mich,
So sollst du selbst die Hörner tragen, wart!
Er verschwindet in der Menge.

5. Auftritt

Die weibliche Maske allein. Sie kommt erregt auf die Bühne und läßt sich aufs Kanapee fallen.

MASKE:
Er hat mich nicht erkannt! Zwar wollt er mir
Die Maske runterreißen, doch gelang's ihm nicht.
Wie sollt er auch vermuten, daß die Frau,
Die von der Welt bewundert wird, sich ihm
So selbstvergessen an den Hals wirft und
Ihn bittet, ihr zwei süße Augenblicke
Zu schenken, keine Liebe fordert – nein! –
Erbarmen nur, und zu ihm sagt, frech: Ich bin dein!
Dieses Geheimnis wird er nie erfahren, was
Ist schon dabei? Ich will es nicht! Doch er
Wünscht sich ein Andenken von mir. Den Ring?
Was soll ich tun? Das Risiko ist groß.
Sie sieht das Armband und hebt es auf.
Der Fund ist gut! Mein Glück! Ein Armband, ein
Verlornes, aus Emaille und aus Gold.
Das geb ich ihm. Damit mag er mich suchen!

6. Auftritt

Die Maske, der Fürst.
Der Fürst mit einer Lorgnette drängt sich eilig durch.

FÜRST:
Da ist sie, in der Tat! Ja, ich erkenne sie!
Jetzt kenn ich dich aus Tausenden heraus,
Wart, du entkommst mir nicht!
Setzt sich neben sie aufs Kanapee und ergreift stürmisch ihre Hand.

MASKE: Ich flieh ja nicht
Vor Ihnen. Wünschen Sie noch was?

FÜRST: Sie sehn!

MASKE:
Seltsamer Wunsch! Sie sehen mich ja hier.

FÜRST:
Das ist ein übler Scherz! Doch sehe ich,
Dein Ziel ist Scherzen, mein Ziel ist es nicht!
Doch wenn du deine süßen Züge mir
Nicht sofort offenbarst, dann reiß ich dir
Die tücksche Maske runter mit Gewalt!

MASKE:
Wer kennt sich schon mit Männern aus? Sie sind
Noch nicht zufrieden? Ist es nicht genug,
Daß ich Sie liebe? Nein, Sie wollen mehr.
Sie wollen meiner Ehre spotten, wolln
Mich ihren Freunden präsentieren, mich
Auf einem Ball sehn oder auf der Straße und,
Um ihre Zweifel zu vertreiben, dann
Mit Ihrem Finger auf mich zeigen: Da,
Das ist sie!

FÜRST: Ich merk mir deine Stimme!

MASKE:
Was nützt das schon? Bei hundert Fraun
Gleicht sich die Stimme. Und Sie sind blamiert,
Wenn Sie nur wagen, eine anzusprechen,
Blamiert, und das wär mir von Herzen recht!

Fürst:
Doch ist mein Glück nicht vollständig, solang
Ich dein Gesicht nicht kenne.
Maske: Ach, wer weiß.
Dafür, daß ich die Maske aufbehalte,
Solln Sie vielleicht Ihr Schicksal segnen: Was
Für ein Gesicht würden Sie schneiden, wenn
Ich alt und häßlich wär?
Fürst: Einschüchtern willst du mich?
Jetzt, da ich deine Reize schon zur Hälfte
Erkannt hab, kann ich auch den Rest erraten!
Maske *steht auf*:
Leb wohl, du siehst mich niemals wieder!
Fürst:
Noch einen Augenblick! Hast du denn kein
Mitleid mit mir? Gib mir zum Schluß
Ein Zeichen deiner Gunst: den Ring!
Maske *weicht zurück*:
Sie haben recht! Sie tun mir leid. Drum nehmen
Zum Abschied Sie das Armband hier. Adieu!
Sie wirft dem Fürsten das Armband zu, und als er sich bückt und es aufhebt, verschwindet sie in der Menge.

7. Auftritt

Der Fürst, dann Arbenin.

Fürst *sucht vergebens die Maske in der Menge zu entdecken*:
Man könnte den Verstand verlieren. Gegen mich
Ist alles, scheint's, in dieser Nacht verschworen.
Arbenin *kommt nachdenklich heran*:
Wer war er? Ein Prophet? Doch muß er mich
Ja kennen. War's ein Scherz? Wohl kaum.
Fürst *tritt zu ihm*:
Ihr Rat war gut!
Arbenin: Da freu ich mich von Herzen.
Fürst:
Das Glück kam von allein.

ARBENIN: Das tut es stets.

FÜRST:
Doch kaum wollt ich es packen, dachte mir:
Jetzt hab ich es – da
Er pustet sich auf die Handfläche.
flog es wieder weg.
Das einzige, was ich weiß: es war kein Traum.
Ich bin ein Dummkopf.

ARBENIN: Ich entgegne nichts.

FÜRST:
Sie scherzen immer, kann denn meinem Pech
Nicht abgeholfen werden? Immer kommt
Es anders, als man denkt: sie riß sich los,
Es war ein Traum. Das einzige, was mir blieb,
Ist dieses Armband hier, ein Ende, wahr,
Sehr kläglich …

ARBENIN: Doch der Anfang war nicht schlecht!
Er nimmt das Armband.
Das Ding ist ziemlich hübsch, und irgendwo
Hab ich ein gleiches schon gesehn – doch nein,
Es ist nicht möglich, nein, ich irre mich.

FÜRST:
Wo such ich sie?

ARBENIN: Es gibt genügend hier,
Und irgendeine wird sich finden, wenn Sie nicht
Zu lange suchen.

FÜRST: Aber wenn es dann
Die Falsche ist?

ARBENIN: Auch das ist nicht sehr schlimm,
Ein Mann, wie Sie, weiß immer einen Rat!

FÜRST:
Sie haben recht, mit diesem Dingsda hier
Würd ich sie auf dem Meeresgrund erkennen.

ARBENIN:
Gehn wir sie suchen! Aber wenn sie nicht
Vollkommen dumm ist, ist sie nicht mehr hier.

3. *Szene*
1. *Auftritt*

Im Haus Arbenins. Arbenin, ein Diener.

ARBENIN *tritt ein*:
Ein blöder Abend. Und, wie jeder hier,
Verloren. Nur einen Augenblick nichts denken.
An dieses Durcheinander nicht, an diesen
Verfluchten bunten Maskentrödel nicht. Mein Kopf –
Noch dreht sich alles. Dummheit, einem Mann,
Wenn er verliebt ist, Ratschläge zu geben.
Wenn es zum Lachen wäre – gut, dann ging es noch.
Doch so: die Rätsel andrer lösen und
Für andre träumen – bin ich denn
Ein Dichter? Gott, in meinen Jahren steht
Mir so was nicht mehr zu. *Zum Diener.* Ist meine Frau
Gekommen?

DIENER: Nein.

ARBENIN: Wann kommt sie?

DIENER: Gegen zwölf,
So sagt sie, wäre sie zurück.

ARBENIN: Und jetzt?

DIENER:
Ist es gleich zwölf.

ARBENIN: Will sie dort übernachten?

DIENER:
Ich weiß nicht, Herr.

ARBENIN: Und wenn ... Geh, stell die Kerze
Dort auf den Tisch. Wenn ich dich brauchen sollte,
So ruf ich dich.
Diener ab; Arbenin setzt sich in einen Sessel.

2. Auftritt

Arbenin allein.

ARBENIN:
Wenn Gott gerecht ist, bin ich jetzt

Verurteilt, alle Sünden meiner Tage
Zu büßen: alles Leid, das ich
In der Vergangenheit den andern antat,
Wenn mich die Ehefrauen meiner Freunde
Erwarteten, erleide ich nun selber:
Jetzt warte ich auf meine eigne Frau.
Und meine Jugend, die ich einst vergeudete
Im Kreise hübscher Ehebrecherinnen –
Sie schlägt auf mich jetzt gnadenlos zurück.
Ich wurde oft geliebt, doch Gegenliebe
Vergab ich nicht, in dem Roman
Begann ich kaum zu lesen, als ich schon
Das Ende wußte und von Liebe sprach,
So wie die Kinderfrau erzählt ein Märchen.
Langweilig ist das Leben, eine Last.
Vorzeiten gab mir jemand einen Rat:
Heirate, um das heilige Recht
Der andern auch zu haben. Doch der Preis
War, keinen Menschen auf der Welt zu lieben.
Ich fand die Frau – gehorsam, zierlich, schön –,
Und wie ein Gotteslamm, das man zur Schlachtbank führt,
Führt ich sie zum Altar. Doch plötzlich war's,
Als wenn ein längst vergeßner Klang in mir
Ertönte: die schon tote Seele ward
In mir erneut lebendig, und ich sah,
Daß ich sie liebte, aber wagte nicht,
Es auszusprechen. Ich erschrak. Ach, wieder
Die Träume, Liebe – wie ein morsches Boot
Bin ich ins Meer geworfen, ohne Glück ...
Er versinkt in Nachdenken.

3. Auftritt

Arbenin, Nina.

Nina tritt auf Zehenspitzen ein und küßt ihn von hinten auf die Stirn.

ARBENIN *müde*:
Ach, Nina, es wird Zeit!
NINA: Ist's schon so spät?
ARBENIN:
Ich wart seit einer Stunde schon auf dich.
NINA:
Im Ernst? – Wie lieb du bist!
ARBENIN: Und du hältst mich
Für einen Trottel, der gemütlich wartet … ich …
NINA:
Ach, du, mein Schöpfer, bist verstimmt und siehst
Wie immer düster aus. Was kann man dir
Schon machen, daß es dir gefällt?
Bin ich nicht da, stirbst du vor Langeweile.
Wenn wir uns treffen, brummst du. Du brauchst mir
Doch nur zu sagen: Nina, kehr dich ab
Von dieser Welt, so werd ich dir
Mein Leben opfern. – Aber du, du triffst
Mit einem Gecken dich, herzlos und leer,
In ein Korsett gezwängt. Und ich, ich finde
Kaum eine Stunde täglich, wo ich dir
Zwei Worte sagen könnte. – Sprich doch, wie,
Begrabe meine Jugend auf dem Land,
Die Bälle, Moden, Aufwand, Kram, ich will
Ja gern dies Leben hier mit dir verlassen,
Nur sag's mir rundheraus wie einem Freund.
Die Ungewißheit aber macht mich krank.
Oft dachte ich, du liebtest mich, doch du
Liebst mich zu wenig, Eifersucht
Ist dir ein unbekanntes Wort.
ARBENIN *lächelt*: Was soll ich tun?
Ich bin's gewohnt, zu leben, wie ich leb,

Und Eifersucht ist lachhaft.

NINA: Ja, vielleicht.

ARBENIN:
Du zürnst?

NINA: Ich danke dir.

ARBENIN: Du bist betrübt?

NINA:
Ich sage nur, daß du mich nicht sehr liebst!

ARBENIN:
Nina!

NINA: Sie wünschen?

ARBENIN: Hör mich an: Wir sind
Durch Schicksalsbande, wie man sagt, verbunden,
Auf immer, irrtümlich vielleicht, doch können
Wir's nicht entscheiden.
Er zieht sie auf die Knie und küßt sie.
Du bist jung
An Jahren und im Fühlen. In dem Buch,
In dem ich las, als du ein Kind noch warst,
Hast du die erste Seite erst gelesen.
Vor dir liegt noch ein Meer an Gutem, Bösem,
Geh deinen Weg und hoff und träum, denn weiß
Ist die Vergangenheit, dein Leben. Du
Hast nicht gewußt, was dein und mein Herz fühlt,
Als du dich mir ergabst. Du liebtest mich,
Ich glaube es, doch du gabst dir
Noch keine Rechenschaft darüber, wie ein Kind
Mit den Gefühlen spielend, aber ich,
Ich liebe anders. Sieh, ich habe viel
Erlitten und begriffen, oft geliebt,
Doch mehr noch habe ich gehaßt. Ich wollte
Einst alles haben, doch ich lernte nur
Dies alles zu verachten. Oft verstand
Ich nicht die Welt, doch öfter noch
Verstand die Welt nicht mich, bis ich erkannt,
Auf meinem Leben liegt ein Fluch. Da schloß
Ich kalt die Arme, die die Welt
Umarmen wollten. So verging die Zeit.

Mit Ekel denk ich jetzt daran zurück,
Wenn ich mit dir zusammen bin, an diese Zeit,
In der ich meine Jugend wegwarf, lasterhaft
Und von Erregungen vergiftet. Deinen Wert
Konnte ich früher nicht ermessen, aber bald
Zerfiel die harte Kruste meiner Seele, ich
Sah nicht umsonst die Schönheit dieser Welt,
Die mir durch dich zurückgegeben ward.
Doch manchmal trägt ein böser Geist mich noch
Zurück in diese alte Zeit und wischt
Mir deine Stimme und dein Antlitz
Aus dem Gedächtnis. Dann bin ich
Im Kampf mit mir allein und werde rauh
Und finster, denn ich fürchte sehr,
Daß ich dich kränke, wenn ich bei dir bin.
Ich fürchte, daß ich dich mit einem Stöhnen
Erschrecke, einem Laut, der Qual entrungen,
Und du dann zu mir sagst: Ich lieb dich nicht!

NINA *schaut ihn zärtlich an und streichelt ihn*:
Seltsamer Mann! Wenn du so wortbegabt
Von deiner Liebe sprichst und wenn dein Kopf
Heiß ist wie jetzt und deine Augen
Von deinen eignen Worten glänzen, dann
Glaub ich dir alles ohne Mühe. Aber oft ...

ARBENIN:
Oft?

NINA: Nein, nur manchmal.

ARBENIN: Ja, wir sind
Dem Herzen nach zu unterschiedlich: deins
Zu jung und meins zu alt. Doch könnten wir
Gemeinsam fühlen. Ich erinnre mich:
In deinem Alter glaubte ich noch alles.

NINA:
Schon wieder unzufrieden? O mein Gott!

ARBENIN:
Nein, ich bin glücklich, glücklich wie noch nie.
Und bin ein Lügner, grausam, voller Spott.
Weit von der neidischen und bösen Menge,

Wenn ich bei dir bin, bin ich glücklich. Doch
Verlassen wir, was war, vergessen wir
Das böse dunkle Alte, denn es scheint,
Daß dich ein gutes Schicksal mir geschickt.
Er küßt ihre Hände und stutzt erbleichend, er hat entdeckt, daß ein Armband fehlt.

NINA:
Was ist?

ARBENIN: Wo ist das andre Armband?

NINA: O vielleicht
Hab ich's verloren.

ARBENIN: So, verloren?

NINA: Und?
Was ist da weiter schlimm? Es war nichts wert,
So fünfundzwanzig Rubel, nicht darüber.

ARBENIN *für sich*:
Verlorn? Warum erschreck ich? Der Verdacht?
War alles nur ein Traum und ich erwach?

NINA:
Ich kann dich nicht verstehn!

ARBENIN: Du sagst: verlorn?

NINA *gekränkt*:
Ich lüge!

ARBENIN *für sich*: Diese Ähnlichkeit, mein Gott!

NINA:
So lassen Sie es suchen, denn es liegt
Vielleicht noch in der Kutsche. Oh, ich hätt
Es niemals angelegt, hätt ich geahnt ...

4. Auftritt

Die Vorigen, ein Diener.
Arbenin läutet, der Diener tritt ein.

ARBENIN *zum Diener*:
Hör zu, durchsuch die Kutsche, ob dort nicht
Ein Armband liegt. Doch gnad dir Gott, wenn du
Es mir nicht bringst. *Zu ihr.*

Jetzt stehen auf dem Spiel
Die Ehre und mein Glück.
Diener ab. Nach einer Pause.
Doch was,
Wenn er das Armband dort nicht findet, was?

NINA:
Mein Gott, dann wird's vielleicht woanders sein.

ARBENIN:
Woanders? Und du weißt vielleicht auch wo?

NINA:
Noch nie warn Sie so kleinlich und so grob.
Doch daß Sie Ihre Ruhe wiederfinden,
Werd ich das gleiche Armband neu bestelln.
Der Diener kommt zurück.

ARBENIN *zum Diener*:
Die Antwort, schnell!

DIENER: Ich habe es gesucht …

ARBENIN:
Und nicht gefunden?

DIENER: Nein.

ARBENIN: Ich wußt es, geh!
Schaut Nina bedeutsam an.

DIENER:
Vielleicht ging's auf dem Maskenball verlorn …

ARBENIN *zu Nina*:
Ah! Auf dem Maskenball! Sie waren also dort?

5. Auftritt

Die Vorigen.

ARBENIN *zum Diener*: Na geh! *Diener ab. Zu Nina.*
Es mir zu sagen – oh, was hätte
Sie das gekostet? Ich bin überzeugt,
Die Ehre hätten Sie mir überlassen,
Sie dorthin zu begleiten und das Recht,
Sie auch nach Haus zu bringen, oder nicht?
Und ich versichre Sie, daß ich dort nicht

Durch abgeschmackte Zärtlichkeiten noch
Durch strenges Wesen aufgefallen wäre.
Nun, waren Sie allein?

NINA: O fragen Sie
Doch nur die Leute, die verschweigen nichts.
Die sagen alles, und noch mehr: mit wem
Zum Beispiel ich dort sprach und wer von mir
Das Armband wohl zum Pfand bekam. Genauer,
Als wenn Sie selber dort gewesen wärn,
Erfahren Sie so alles Punkt um Punkt.
Lacht. Ja, in der Tat, dies alles ist sehr komisch.
Doch sollten Sie sich schämen, wegen nichts
Alarm zu schlagen!

ARBENIN: Gebe Gott, daß dies
Noch nicht dein letztes Lachen war!

NINA: O ja!
Wenn Sie so weiterreden, sicher nicht!

ARBENIN:
Das weiß der Himmel, meine Liebe, allerdings
Bin ich wahrscheinlich komisch ... Höre zu,
Weil ich dich stark und endlos liebe, wie
Ein Mann nur lieben kann. Ist es ein Wunder?
Die andern haben Hoffnungen und Ziele,
Die einen ihr Vermögen; Wissenschaft
Erfüllt so manchen, Ränge, Orden, Ruhm
Erstreben wieder andre. Mancher liebt
Gesellschaft und Zerstreuung, andre reisen,
Erregen sich das Blut im Spiel. Und ich? –
Ich bin gereist, ich spielte, und ich war
Leichtsinnig, stürzte mich in Arbeit, hatte
Liebschaften, flüchtig, und auch falsche Freunde.
Rang wollt ich nicht, und Ruhm errang ich nicht.
Und ob ich reich war, keinen Groschen hatte:
Mich quälte überall die Langeweile.
Wohin ich sah: nur Böses! Und mein Stolz
Verneigte sich auch vor dem Bösen nicht.
Und alles, was vom Leben blieb, bist du:
Schwach, aber schön, ein Engel: deine Liebe,

Dein Lächeln, deine Augen und dein Atmen –
Solang mir die gehören, bin ich Mensch!
Doch ohne sie gibt es für mich kein Glück.
Doch wenn Sie mich betrogen haben – wenn
Sie wirklich mich betrogen haben – wenn
Ich eine Schlange wärmte an der Brust –
Und wenn die Wahrheit ich erriet, und wenn,
Von Zärtlichkeiten überschüttet, ich
Von einem andern ward mit dir verlacht –
Dann, höre, Nina, ist mein Zorn
Wie Lava, hart wie Stein, solang er nicht
Erhitzt ist, doch ein Strom, sobald
Er aufwallt; und für Sie wär's schlecht,
Ihm zu begegnen, da gibt's kein Verzeihn:
Nicht ruf ich für die Rache das Gesetz,
Zerreißen würd ich unser beider Leben
Ganz tränenlos und ohne ein Bedauern!
Er will ihre Hand ergreifen, sie weicht zurück.

NINA:
Oh, komm nicht näher – du siehst furchtbar aus!

ARBENIN:
Ich furchtbar? Nein, das scheint nur so, ein Scherz.
Ich bin ein Clown in Wirklichkeit, so lach!
So lache doch! Weshalb bleibst vor dem Ziel
Du stehn, so bleich und zitternd? Schnell,
Ruf doch den Liebhaber vom Ball, er soll
Doch seinen Spaß auch haben, er soll kommen!
Jetzt, da Sie alle Qualn der Hölle mir
Zu kosten gaben, fehlt nur diese noch!

NINA:
Ah, das ist Ihr Verdacht! Und schuld daran
Ist nur ein Armband – nicht nur ich,
Nein, eine ganze Welt lacht über Sie!

ARBENIN:
Ja, lacht nur über mich! Sie und die Dummen,
Die ich betrog mit ihren Fraun und die
Jetzt wie die Engel leben – lacht nur, lacht!
Doch du – leb wohl! Ich weiß jetzt alles! *Zu Nina.*

Geh mir aus meinen Augen! Weh, ich Esel,
Ich dacht, daß sie voll Schmerz und Reue mir
Gesteht, was sie getan hat, auf den Knien,
Ich hätt mich rühren lassen, hätt ich nur
Sie eine Träne weinen sehn – doch nein!
Das einzige, was sie tat: Sie hat gelacht!

NINA:
Wer mich verleumdet hat, ich weiß es nicht,
Und doch verzeih ich Ihnen, denn ich bin
Nicht schuldig. Helfen kann ich Ihnen nicht.
Sie tun mir leid, doch nur um Sie zu trösten,
Kann ich nicht lügen.

ARBENIN: Sein Sie still, genug!

NINA:
Hör aber, ich bin schuldlos, hör mich an …

ARBENIN:
Ich weiß im voraus alles, was du sagst!

NINA:
Du tust mir weh! Ich liebe dich, Jewgeni!

ARBENIN:
Oh, das Geständnis kommt zur rechten Zeit!

NINA:
Ich fleh dich an, hör zu, was willst du denn?

ARBENIN:
Mich rächen!

NINA: Und an wem?

ARBENIN: Die Stunde kommt!
Sie werden sich noch wundern über mich.

NINA:
Doch nicht an mir … Was zögerst du?

ARBENIN: Welch Heldentum!

NINA *mit Verachtung*:
An wem denn dann?

ARBENIN: Für wen denn fürchten Sie?

NINA:
Wie viele solcher Stunden warten denn
Nun noch auf mich? Jewgeni, höre auf,
Mit deiner Eifersucht wirst du mich töten.

Doch ich verstehe nicht zu bitten, außerdem
Bist du ja unerbittlich. Dieses Mal
Will ich dir noch verzeihen!

ARBENIN: Welche Mühe!

NINA: Oh,
Es gibt noch einen, der hier nicht verzeiht!
Nina in Tränen ab. Arbenin allein.

ARBENIN:
Bedauerlich. Da habt ihr sie, die Frau!
Ich kenne sie schon lange, alle: Zärtlichkeit
Und Vorwürfe. Doch jetzt bin ich soweit,
Daß mir Erkenntnis dämmert, doch der Preis,
Den ich für alles zahlen muß, ist hoch.
Doch sage ich mir auch, wofür
Sollt ich geliebt sein? Höchstens dafür, daß
Mein Aussehn, meine Stimme düster sind!
Er geht zu Ninas Tür und lauscht.
Was macht sie? Lacht sie? Nein, sie weint!
Die Reue kommt zu spät, wie es mir scheint. *Ab.*

Vorhang

2. AKT

1. Szene

1. Auftritt

Die Baronesse sitzt müde im Sessel; sie wirft das Buch, in dem sie gelesen hat, beiseite.

BARONESSE:

Wenn man sich's überlegt: wofür wir leben?
Etwa dafür, um ewig dem Geschmack
Der andern zu genügen? Oder um
Versklavt zu sein? George Sand hat beinah recht!
Was ist das heutzutage: eine Frau?
Spielzeug der Leidenschaften, ein Geschöpf,
Das ohne Willen ist! Von der Justiz
Geschützt, doch schutzlos vor der Welt, muß sie
Das Feuer ihrer Leidenschaft verbergen und
In ihrem Blut ersticken. Eine Frau? –
Aus ihrer Jugend losgekauft um einen Preis,
Wie man ein Opfer kauft, gezwungen,
Den einen nur zu lieben, andre noch
Zu lieben ist verboten – und das nennt
Man Leidenschaft?! Vernunft und Furcht
Verbergen, was sie wirklich denkt, und wenn
Sie doch einmal vergißt, was diese Welt
Ihr vordiktiert, und fallen läßt die Maske –
Oh, dann ist es vorbei mit Glück und Ruhe,
Denn dann reißt die empörte Welt schamlos
Geheimnisse ans Licht. – Jawohl, sie mißt
Am Äußeren die Ehrlichkeit, das Laster,
Und duldet nicht, daß die Gepflogenheiten

Beleidigt werden, und bestraft
Mit Grausamkeit, wer gegen sie verstieß.
Sie will lesen.
Nein, nein, ich kann nicht lesen jetzt. Verwirrt
Hat mich die Grübelei, wie einen Feind
Fürcht ich Gedanken dieser Art. Mein Gott –
Denk ich zurück an das, was war, so frage
Ich mich noch jetzt, wie es geschehen konnte.

2. Auftritt

Nina tritt auf.

NINA:
Ich fuhr grad mit dem Schlitten hier vorbei,
Da fiel mir ein, dich zu besuchen, mon amour!
BARONESSE:
C'est une idée charmante, vous en avec toujours!
Sie setzen sich.
Du bist noch blasser heut als sonst, trotz Wind
Und Frost. Und rote Augen? Nicht von Tränen?
NINA:
Nur schlecht geschlafen und ein wenig krank.
BARONESSE:
Dein Arzt taugt nichts, nimm einen andern!

3. Auftritt

Fürst Swesditsch tritt auf.

BARONESSE *kühl*:
Ah, Fürst!
FÜRST: Schon gestern kam ich hier vorbei,
Um Ihnen nur zu melden, daß es nicht
Stattfinden wird, das Frühstück …
BARONESSE *bietet ihm einen Sessel an*: Bitte, da.
FÜRST:
Dabei hätt ich gewettet, daß es Sie
Verstimmen wird, doch seh ich jetzt, daß Sie
Ganz ruhig sind …

Baronesse: Doch tut's mir wirklich leid.

Fürst:
Im Gegenteil, ganz ehrlich, ich bin froh,
Für einen Maskenball geb ich sehr gern
Wohl zwanzig solcher Picknicks ohne Reue.

Nina:
Sie waren auf dem Maskenball?

Fürst *verneigt sich*: Jawohl!

Baronesse:
Und Ihr Kostüm ...?

Nina *schnell*: Dort waren viele!

Fürst *zu Nina:*
Sie haben recht! Und unter mancher Maske
Erkannt ich unsre Damen – ja! –
Wo sie sich so gern schmücken ...
Er lacht.

Baronesse *aufgebracht*: Fürst!
Ich mach Sie darauf aufmerksam, daß dies
Eine Verleumdung ist und nicht zum Lachen!
Wie können Sie behaupten, eine Frau
Aus der Gesellschaft könnte sich entschließen,
Dorthin zu gehn, wo jeder Hergelaufne
Und jeder Schürzenjäger unsereins
Beleidigt und verlacht? – Drum fordre ich
Sie auf, zurückzunehmen, was Sie sagten!
Empfinden Sie nicht Scham bei solchen Worten?

Fürst:
Zurückzunehmen – dazu ist's zu spät!
Doch schämen kann ich mich – ich bin bereit!
Er verneigt sich.

4. Auftritt

Die Vorigen. Ein Advokat tritt auf.

Baronesse:
Wo waren Sie?

Advokat: In der Verwaltung, und

Ich komm in Ihrer Sache.

BARONESSE: Nun, entschieden?

ADVOKAT:

Noch nicht. Doch bald. Ich sehe, daß ich störe …

BARONESSE:

Durchaus nicht. Kommen Sie!

Sie geht mit ihm zu einem Fenster, dort sprechen sie.

FÜRST *zur Seite*: Das ist die Chance!

Zu Nina. Ich sah Sie neulich erst in dem Geschäft!

NINA:

Geschäft? In welchem?

FÜRST: Magazin d'anglaise!

NINA:

Ach dort! Und wann?

FÜRST: Vor zehn Minuten war's!

NINA:

Ich sah Sie nicht!

FÜRST: Sie waren sehr beschäftigt!

NINA *hastig*:

Ich suchte dort ein Armband. Dieses hier.

Entnimmt es ihrem Täschchen.

FÜRST:

Ganz reizend! Doch wo ist das andre?

NINA: Weg!

FÜRST:

Verloren?

NINA: Ja, verloren!

FÜRST: Seltsam! Wann?

NINA:

Vorgestern, gestern, in der letzten Woche!
Was kann es Sie denn interessieren, wann?

FÜRST:

Ich hatt da einen Einfall, seltsam, ja.
Zur Seite. Sie ist verwirrt, die Frage, scheint's,
Beunruhigt sie. Oh, diese stillen Wasser!
Zu ihr. Ich böte Ihnen meinen Dienst gern an.
Vielleicht läßt es sich finden.

NINA: Aber wo?

Fürst:
Wo Sie's verloren haben!
Nina: Weiß ich nicht.
Fürst:
Vielleicht – auf einem Ball?
Nina: Was, Ball? O nein!
Fürst:
Vielleicht – verschenkten Sie's?
Nina: Verschenken? Wie?
Fürst:
Als Angedenken!
Nina: Oh, wie kommen Sie
Darauf? Wem sollt ich's schenken? Meinem Mann?
Fürst:
Als gäb es auf der Welt nur Ihren Mann!
Sie haben Freundinnen, da ist kein Zweifel!
Doch sei's, wie's sei! Was kriegt der Mann,
Der's Ihnen wiederbringt? Kriegt er den Lohn,
Den er verdient hat?
Nina *lächelt*: Das kommt drauf an!
Fürst:
Nun gut, wenn er Sie aber liebt und sich
Entschädigen will für den verlornen Schlaf,
Wenn er um eines Lächelns willen und ein Wort
Von Ihnen sich nicht scheuen würde, selbst
Sehr irdsche Dinge zu vollbringen, und
Wenn Sie ihm gegenüber selbst einmal,
Zwar unter einer Maske, unerkannt,
Von künftger Liebe ihm gesprochen und
Mit Worten ihn gestreichelt, Sie verstehn ...
Nina:
Von alledem verstehe ich nur eins:
Daß Sie sich allzuweit vergessen haben und
Zum ersten und zum letzten Mal
Es wagten, so mit mir zu reden ...
Fürst:
Und ich, ich träumte ... Sind Sie wirklich böse?
Für sich. Jetzt wendest du dich ab, gut, doch die Stunde

Ist nicht sehr fern, wo ich mein Ziel erreiche.
Nina geht zur Baronesse. Der Advokat verneigt sich und geht ab.

NINA *zur Baronesse:*
Adieu, ma chére – bis morgen, es ist Zeit!

BARONESSE:
Du gehst, ma ange? Wir konnten ja noch nicht
Einmal zwei Worte miteinander reden.

NINA *geht:*
Du kommst ja morgen früh, ma chére. Adieu!
Ab.

BARONESSE:
Der Tag ist länger noch als eine Woche!

5. Auftritt

Baronesse, der Fürst.

FÜRST *zur Seite:*
Sie spielt die Ahnungslose! Soll denn ich
Der Dumme sein? Sie leugnet, doch ich hab
Mich nicht getäuscht!

BARONESSE: So in Gedanken, Fürst?

FÜRST *zerstreut:*
Ja, ja, ich dachte nach, Sie sagen es.

BARONESSE:
Sie stritten sich mit ihr?

FÜRST: Nein, nein – kein Streit.
Ich sagte ihr nur, daß ich sie gestern
Auf einem Maskenball getroffen habe ...

BARONESSE:
Wen?

FÜRST: Sie.

BARONESSE: Wie, Nina?

FÜRST: Ich bewies es ihr.

BARONESSE:
Und ohne eine Miene zu verziehn,
Verleumden Sie die Frauen Ihrer Freunde?

Fürst:
Ich gebe zu, ich mache das manchmal,
Das ist so eine Eigenart von mir.

Baronesse:
Dann seien Sie so gut, und schonen Sie
Die Abwesenden. Und außerdem: Sie haben
Ja keinerlei Beweise.

Fürst: Allerdings,
Doch kriegte ich ein Armband gestern abend,
Und sie, sie hat – ein Zufall! – noch das gleiche!

Baronesse:
Welch ein Beweis! Mein Gott, von dieser Art
Gibt's doch in jedem Laden welche!

Fürst: Nein!
Ich bin sie alle abgefahren, doch
Von dieser Sorte gibt's nur zwei!
Schweigen.

Baronesse: Nun gut,
Ich gebe Nina morgen gleich den Rat:
Vertrau dich keinem Schwätzer an!

Fürst: Und mir?

Baronesse:
Was Sie begonnen, fortzusetzen,
Und Frauenehre höher einzuschätzen!

Fürst:
Für diesen Rat steh ich in Ihrer Schuld! *Ab.*

6. Auftritt

Die Baronesse.

Baronesse:
Wie kann man nur mit unsrer Ehre so
Leichtsinnig scherzen? Wenn ich mich nun ihm
Eröffnet hätte, ging's mir ebenso.
Leben Sie wohl, Fürst, doch nicht ich
Führ Sie heraus aus der Verwirrung, nein, davor
Bewahr mich Gott! Nur seltsam, daß grad ich

Das Armband fand. – War Nina dort? Gewiß!
Das ist des Rätsels Lösung! – Lieb ich ihn?
Und wenn, warum? Vielleicht aus Langeweile,
Dickköpfigkeit und Eifersucht. Ich brenne
Und schmachte, und nichts freut mich mehr. Mir ist,
Als hört ich schon die blöde Menge lachen,
Dies Flüstern bösen Mitleids. – Nein!
Ich rett mich vor der Schande, sei's
Auf Kosten einer andern, und ich zahl
Für diese Schandtat mit dem Preis der Qual!
Nachdenklich.
Welch eine Kette voller Schrecken, ach …

7. Auftritt

Die Baronesse und Sprich.
Sprich tritt ein und verneigt sich.

BARONESSE:
Ah, Sprich, du kommst, wie stets, zur rechten Zeit!
SPRICH:
Ich bitte Sie! – Sie wissen doch, ich freue
Mich immer, wenn ich helfen kann, Ihr Diener,
Denn Ihr verstorbner Gatte, wie Sie wissen …
BARONESSE:
Du bist sehr liebenswürdig …
SPRICH: Der Baron,
Gott hab ihn selig, hat …
BARONESSE: … vor nun fünf Jahrn,
Ja, ich erinnre mich …
SPRICH: … sich ein paar Tausend …
BARONESSE:
… geliehn, ich weiß, und gebe dir noch heut
Die Zinsen für fünf Jahre.
SPRICH: Keine Not!
Ich bitte Sie, ein reiner Zufall, daß
Ich daran dachte.
BARONESSE: Was gibt's Neues, Freund?

Sprich:
Bei einem Grafen, grad komm ich von ihm,
Hört ich, es sei viel los in dieser Welt.
Baronesse:
Das ist nicht viel, mein Lieber, hörten Sie
Nichts über Swesditsch und Arbenins Frau?
Sprich *erstaunt*:
Nein … doch … natürlich … doch darüber hat
Die Welt gesprochen, aber aufgehört.
Zur Seite. Was aber, weiß ich nicht, ich hab's
vergessen.
Baronesse:
Nun, wenn es schon bekannt ist, wozu reden.
Sprich:
Doch, wenn's beliebt, wie denken Sie darüber?
Baronesse:
Die Welt hat ihre Meinung sich gebildet;
Doch könnt ich ihnen einen Ratschlag geben:
Ihm würd ich sagen, daß die Frau beim Mann
Beharrlichkeit und Dauer schätzt und wünscht,
Daß er sich über tausend Hindernisse
Zu seiner Auserwählten schlägt. Doch ihr,
Würd ich zu weniger Strenge raten, dafür mehr
An Sittsamkeit empfehlen. – Nun, leb wohl!
Und würd mich meine Schwester nicht erwarten,
Hätt ich noch gern geplaudert, Monsieur Sprich!
Im Abgehen zur Seite.
Jetzt bin ich raus – das ist mir eine Warnung! *Ab.*

8. Auftritt

Sprich allein.

Sprich:
Sei unbesorgt, ich habe dich verstanden!
Und warte nicht auf eine Wiederholung.
Welch ein beweglicher Verstand! Sehr klug!
Hier spinnt sich 'ne Intrige an, und ich?

Ich misch mich ein, der Fürst wird es mir danken!
Ich komm zu ihm als sein Agent, und dann
Flieg ich mit dem Bericht hierher und kriege
Vielleicht die Zinsen für fünf Jahre!

Vorhang

2. Szene
1. Auftritt

Arbenins Kabinett. Arbenin allein, dann der Diener.

ARBENIN:
Der Eifersucht ist alles klar – doch der Beweis,
Er fehlt! Ich fürchte, einen Fehler zu begehn.
Doch dulden kann ich nicht. Soll ich es denn
Dabei bewenden lassen und vergessen
Das Fieber der Minuten? Nein, das wäre
Ein Leben schlimmer als der Tod! Und doch:
Es gibt da Leute, ich hab sie gesehn,
Mit kalter Seele, die frohlocken und
Selbst bei Gewitter prächtig schlafen, welch
Beneidenswertes Leben!
DIENER *tritt ein*: Unten wartet
Ein Bote mit 'nem Brieflein für die Herrin!
ARBENIN:
Von wem?
DIENER: Von einer Fürstin.
ARBENIN: Welcher Fürstin?
DIENER:
Ich hab's nicht mitgekriegt.
ARBENIN: Ein Brief? An Nina! *Ab.*

2. Auftritt

Kasarin, der Diener.

DIENER:
Kleinen Moment noch, Herr, der Herr ist eben
Hinausgegangen, warten Sie doch, Herr.
KASARIN:
Gut.
DIENER: Ich meld Sie an. *Ab.*
KASARIN: Zehn Jahre will
Ich warten, Herr Arbenin, wenn Sie's wollen,
Denn mein Geschäft geht schlecht, ich brauch Erfolg.
Und außerdem: ich brauche einen Freund,
Großzügig muß er sein, das schadet nichts,
Dreitausend Leibeigne und Schirm und Schutz
Bei angesehnen Leuten muß er haben, kurz:
Ich muß ihn wieder an den Spieltisch bringen,
Dann wird er wieder seinem alten Freund
Die Treue halten und ihn unterstützen.
Der läßt sich nicht von diesen Jüngelchen
Ins Bockshorn jagen, doch für mich
Ist diese Jugend wie ein Dolch, denn was
Man ihr auch sagt: sie kennt den Zeitpunkt nicht,
An dem man anfängt, und auch den,
Wann's Zeit ist aufzuhören, weiß sie nicht.
Und auch den Augenblick, wo Ehrlichkeit
Zu zeigen ist und wann mit edler Miene
Ein falsches Spiel zu machen ist. Ich darf
Nicht daran denken, wie die Alten es
Durch Spiel zu Rang und Namen brachten, wie
Sie aus dem Dreck gestiegen sind. Warum?
Weil sie die Regeln achteten, Gesetze
Einhielten und den Anstand wahrten. Ja!
Sie haben heut die Ehre und – Millionen!

3. Auftritt

Kasarin, Sprich.

SPRICH *tritt ein:*
Ach! Afanassi Pawlowitsch, ein Wunder!
Sie hier zu treffen, hofft ich nicht. Die Freude!
KASARIN:
Ganz meinerseits. Du machst Visite?
SPRICH: Ja.
Und Sie?
KASARIN: Ich auch.
SPRICH: Wie sich das wirklich trifft,
Daß wir uns treffen! Denn ich muß mit Ihnen
'ne wichtge Angelegenheit besprechen!
KASARIN:
Bisher, ich weiß, sprachst du über Geschäfte,
Doch über Angelegenheiten – das ist neu!
SPRICH:
Sie haben stets Bonmots bereit, doch ist
Es wirklich dringend!
KASARIN: Gut, ich bin bereit,
Auch ich hab Dringendes mit dir zu reden.
SPRICH:
Kommen wir gütlich überein …
KASARIN: Ich weiß nicht … rede!
SPRICH:
Erlauben Sie mir nur zu fragen: Stimmt's,
Daß Ihr Freund Arbenin …
Er stellt mit den Fingern Hörner dar.
KASARIN:
Bitte, was?
Das kann nicht sein, weißt du's genau?
SPRICH: Mein Schöpfer!
Vor fünf Minuten erst hab ich vermittelt.
Ich, Teuerster, bin jetzt im Bilde!
KASARIN: Der Teufel
Ist ewig doch zur Stelle!

Sprich: Sehen Sie:
Erst dieser Tage ist die gnädige Frau
Auf einem Balle oder Maskenball,
Vielleicht sogar beim heilgen Abendmahl,
'nem jungen Fürsten in den Weg gelaufen.
Und dieser Fürst, er wußte sich schon bald
Sehr glücklich und geliebt. Doch auf einmal
Sagt sich die Schöne von ihm los. Der Fürst
Gerät in Rage, läuft herum, und überall
Erzählt er die Geschichte. Wetten wir:
Das gibt noch Ärger! Nun, dann bat man mich,
In dieser Sache zu vermitteln, das
Hab ich getan, der Fürst versprach zu schweigen
Und hat den Zettel aufgesetzt, an dem
Ihr treuer Diener dies und das
Verbessern konnte …

Kasarin: Paß nur auf,
Daß dir der Gatte nicht die Öhrchen runterreißt!

Sprich:
Ich war schon in ganz andern Sachen drin,
Doch immer ging es ab ohne Duell …

Kasarin:
Und Schläge? Schläge hast du doch bekommen?

Sprich:
Sie machen immer Späße, aber ich,
Ich sage stets, man soll sein Leben
Aufs Spiel nicht setzen ohne Ziel.

Kasarin:
So ist es, in der Tat! Ein solches Leben,
Das allen uns unschätzbar teuer ist,
Ohne ein Ziel riskieren wäre Sünde.

Sprich:
Doch das nur nebenbei – ich wollte ja
Mit Ihnen über etwas Wichtiges sprechen.

Kasarin:
Was ist es denn?

Sprich: Ein Witz! Doch hören Sie,
Worum es geht …

KASARIN: Arbenin kommt! Verschwinde
Mit deiner Angelegenheit.
SPRICH: Kein Mensch!
So hören Sie: Vor kurzem brachte man
Fünf Hunde mir, Windhunde von dem Grafen Wrut …
KASARIN:
O weh, sehr witzig, Mensch, ich lach mich tot!
SPRICH:
Und da Ihr Bruder Jäger ist, da dachte …
KASARIN:
Arbenin also, wie ein Dummkopf …
SPRICH:
So hörn Sie doch.
KASARIN: … ist in der Klemme.
Und obendrein betrogen und verspottet.
Wer da noch Mut zur Ehe hat!
SPRICH: Ihr Bruder
Würde darüber sicher sich sehr freun.
KASARIN:
Von wegen Glück und Treue! – Alles Lüge.
Ich geb dir einen Rat, Sprich: Heirat nie!
SPRICH:
Bin längst verheiratet! Doch hören Sie:
Die eine ist ein wahrer Schatz!
KASARIN: Wer? Ihre Frau?
SPRICH:
Nein, eine Hündin!
KASARIN: Du mit deinen Hunden!
Hör zu, mein lieber Freund, ob deine Frau –
Was Gott schickt, weiß man nie genau –
Doch deine Hunde wirst du hier nicht los.

4. Auftritt

Die Vorigen, Arbenin.
Arbenin tritt ein mit einem Brief; er sieht beide nicht.

ARBENIN:
O Dankbarkeit – ist es denn lange her,
Daß ich ihm Ehr und Zukunft rettete,
Ohne zu wissen, wer er ist. Und er?
Dringt wie ein Dieb ins Haus ein und bedeckt
Mit Schimpf und Schande mich. Fast glaubte ich
Den eignen Augen nicht zu traun, vergaß
Die ganze bittre Lehre vieler Tage.
Und wie ein Kind, das nicht die Menschen kennt,
Traute ich dies Verbrechen ihm nicht zu.
Ich dachte: schuld allein ist sie, er weiß
Es nicht, wer diese Frau ist, kennt sie nicht,
Wie einen Traum vergißt er diese Nacht.
Doch er vergaß es nicht. Er suchte und er fand.
Und einmal angekommen, konnte er sich nicht
Beherrschen. Dankbarkeit! Ich habe viel gesehn
In dieser Welt und wundre mich noch immer.
Er überliest den Brief.
»Ich habe Sie gefunden, aber Sie
Wolln sich nicht zu erkennen geben.« Na,
Das nenne ich Bescheidenheit! »Sie haben recht:
Nichts Schlimmres gibt's als Klatsch, wir hätten ja
Belauscht sein können. Und so las ich nicht
Verachtung, sondern Furcht in Ihren Augen.
Sie lieben das Geheimnis – und es wird
Geheimnis bleiben! Aber eher will
Ich sterben, als auf Sie verzichten!«

SPRICH:
Der Brief! Jetzt ist auf einmal alles aus!

ARBENIN:
Ein kunstreicher Verführer – in der Tat!
Ich möcht ihm eine blutge Antwort schicken.
Zu Kasarin.

Ah, du warst hier?
KASARIN: Ich wart seit einer Stunde!
SPRICH *zur Seite*:
Ich fahr zur Baronesse …
Er entfernt sich unbemerkt.

5. Auftritt

Die Vorigen ohne Sprich.

KASARIN: Sprich, und ich …
Wo ist er hin? Verschwunden. *Zur Seite.* Ah, der Brief!
Zu Arbenin. Du bist so schweigsam?
ARBENIN: Ja, ich denke nach.
KASARIN:
Wohl über die Vergänglichkeit des Glücks?
ARBENIN:
Beinah geraten: über Dankbarkeit!
KASARIN:
Dies Thema hat verschiedne Seiten, was
Man immer sich auch drunter vorstellt, ist
Des Überlegens wert!
ARBENIN: Und was denkst du?
KASARIN:
Ich denke, Dankbarkeit ist eine Sache,
Die sehr am Preise des Gefallens hängt,
Und um so mehr, als ja das Gute nicht
In unsrer Macht steht. Gestern, beispielsweise, hat
Slukin an mich verspielt fast hunderttausend,
Und ich bin ihm, bei Gott, gewiß sehr dankbar.
Und ob ich trinke, esse oder schlafe –
Ich denke stets an ihn.
ARBENIN: Du scherzt, Kasarin!
KASARIN:
Arbenin, hör mich an, ich hab dich gern
Und werde ernsthaft mit dir sprechen, doch
Sei erst so gut und mach ein milderes Gesicht,
Dann will ich dir Geheimnisse eröffnen und

Dir sagen, was ich halt von Dankbarkeit.
Doch, bitte, hab Geduld. Für mich ist diese
Welt,
Was kratzen mich Voltaire oder Descartes,
Ein Kartenspiel: das Leben ist die Bank,
Das Schicksal mischt, ich spiele, und ich wende
Die Regeln dieses Spiels an Menschen an.
Und jetzt ein Beispiel zur Erläuterung
Der obgenannten Regeln: angenommen,
Ich setz auf einmal tausend auf ein As,
Aus einer Vorahnung heraus – ich bin
Bei Karten abergläubisch – nimm nun an,
Daß dieses As gewinnt, zufällig, ohne
Betrug – ich freu mich sehr, doch trotzdem werde
Ich diesem As nicht danken, sondern schweigend
Einstecken, was die Karte mir gewann.
Ich werde setzen, bis ich müde bin;
Und dann: Bilanz, die abgenutzte Karte
Unter den Tisch! Jetzt ... aber du, du hörst
Nicht zu, mein Lieber?

ARBENIN: Ach, ich kenn das alles.
Wo man auch hinkommt: Böses und Betrug.

KASARIN:
Jetzt gehn wir mal zu einem andern Fall:
Nimm an, du wolltest dich dem Spiel erneut
In seine Arme werfen, triffst den Freund,
Der sagt: Nimm dich in acht! Und dann noch mehr
An gutgemeinten Reden, die nichts taugen.
Du aber hörst ganz zufällig auf ihn
Und machst ihn, der dich retten wollt, betrunken,
Als Dank für seine Reden nimmst du ihn
Beim Spiel dann aus. Und wenn er dich
Vor Spiel und Trunk gerettet hat, dann schnell
Gehst du zum Ball, machst seiner Frau den Hof,
Verführst sie, ohne Liebe oder mit,
Und hast ihm so den Ratschlag heimgezahlt.
In jedem Fall bist, Bruder, du im Recht
Und gibst ihm seinen Ratschlag so zurück.

ARBENIN:
Du bist ein Moralist! *Zur Seite.* Sie wissen alles!
Doch d i e s e Lehre, Fürst, zahl i c h zurück!
KASARIN *beachtet ihn nicht:*
Noch will ein letzter Punkt geklärt sein: Du
Liebst eine Frau und opferst ihr die Ehre,
Den Reichtum, Freundschaft, ja vielleicht das Leben.
Wie aber dankt sie dir? Du tatst's aus Leidenschaft,
Teilweise auch aus Eigenliebe, alles
Hast du geopfert, um sie zu besitzen,
Nicht, daß sie glücklich wird, jedoch:
Wenn du dir alles gründlich überlegst,
Dann sagst du selber: alles relativ.
ARBENIN *zerstreut:*
Ja, du hast recht, was liegt der Frau an Liebe?
Sie braucht Eroberungen, täglich neue.
Du weinst, du flehst, du bettelst. Aber sie?
Sie lacht, wenn du recht kläglich bist und klagst.
Ja, du hast recht – dumm ist, wer e i n e r Frau
Sich anvertraut und hofft, sein Glück zu finden.
KASARIN:
Du urteilst recht gesund, obwohl du doch
Verheiratet und glücklich bist.
ARBENIN:
Ja, wie du meinst.
KASARIN:
Doch etwa nicht?
ARBENIN:
Oh, glücklich, ja!
KASARIN:
Na bitte!
Und doch, obwohl's mich freut, tust du mir leid.
ARBENIN:
Wieso?
KASARIN:
Denk an die alte Zeit, als wir zu zweit
Noch unsern Kopf riskierten, den wir ja
Zu brauchen wußten. Welche Zeit, mein Gott:
Vormittags Ausruhn und Erinnerungen,
Dann Mittagessen, Wein – Rauls Ehre – in
Geschliffnen Gläsern, die Gespräche, turbulent,

Geistreiche Spitzen, nicht zu zählen, dann
In das Theater: hinter den Kulissen
Die Tänzerinnen und Aktricen – jetzt
Ist aus das Stück, wir fliegen, pfeilgeschwind,
Zu Freunden, treten ein, das Spiel
Ist schon im Gang, und auf den Tischen häuft
Das Gold sich bergeweis, die Augen glänzen,
Und andre sind schon bleicher als der Tod,
Wir setzen uns, der Kampf beginnt, ein Übermaß
Von Leidenschaft jagt durch die Seele, oft
Zieht ein gigantischer Gedanke schnell
Das Uhrwerk des Verstandes wieder auf.
Wenn du den Gegner durch dein Können schlägst,
Zwingst du das Schicksal dir zu Füßen, und
Napoleon Bonaparte selbst erscheint
Vor dir als lächerlicher Zwerg.

ARBENIN *wendet sich ab*:

Ja, wer gibt mir euch wieder, Hoffnungen?
Die Tage unausstehlich, aber feuerrot,
Für euch geb ich das Glück des braven Manns,
Sorglosigkeit und Ruhe sind für mich
Ein Nichts! Ein Ehmann ich, Familienvater?
Ich, der ich ausgekostet hab
Die Süßigkeit des Lasters und der Tat!
Hau ab, vergreiste Tugend, kenn dich nicht,
Auch du hast mich betrogen, auf der Stelle
Zerreiß ich unsern Bund!

Er fällt erschöpft in einen Sessel, schlägt die Hände vors Gesicht.

KASARIN: Jetzt ist er mein!

3. Szene
1. Auftritt

Zimmer beim Fürsten. Die Tür in ein anderes Zimmer steht offen, dort schläft der Fürst auf dem Sofa.
Der Diener Iwan, dann Arbenin.

IWAN *schaut auf die Uhr*:
Jetzt ist es sieben, hm, um acht
Befahl er, ihn zu wecken. Ja, der schläft
Noch richtig russisch, nicht, wie's Mode ist.
Da kann ich noch zum Laden gehn. Die Tür
Verschließ ich, das ist sichrer. Was denn? Wie?
Kommt wer die Treppe hoch? Ich sage, daß
Kein Mensch zu Hause ist, dann geht er wieder.
ARBENIN *tritt auf*:
Wo ist der Fürst? Ist er zu Haus?
IWAN: Nein, Herr.
ARBENIN:
Das stimmt nicht!
IWAN: Doch! Vor fünf Minuten ist
Er weggefahrn.
ARBENIN: Du lügst!
IWAN: Ich lüge nicht!
ARBENIN:
Du lügst! Denn er ist hier, ich hör ihn atmen!
Zur Seite. Noch schläft er süß, doch ist's damit bald aus.
IWAN *zur Seite*:
Der hört auch alles ... Herr, der Fürst
Befahl, ihn nicht zu wecken.
ARBENIN: Das ist gut.
Er schläft gern ... um so besser: bald
Wird er für ewig schlafen. *Zum Diener.* Hör, mir scheint,
Ich sagte, daß ich warten will, bis er erwacht!
Der Diener ab.

2. Auftritt

Arbenin allein.

ARBENIN:
Der Augenblick ist da: jetzt oder nie!
Jetzt werd ich es vollbringen, ohne Furcht und Mühe.
Beweisen werde ich, daß es in unserer
Generation zumindest eine Seele gibt,
In der die ausgesäte Kränkung Früchte trägt …
Oh, ich bin nicht ihr Diener, denn für mich
Ist es zu spät, vor ihnen mich zu beugen …
Wenn schreiend ich den Feind vor ihnen forderte,
Würden sie lachen … Aber jetzt
Wird keiner lachen! Nein, so einer bin ich nicht …
Die Stunde jener Schmach werde ich nicht
Umsonst auf meinem Haupt erdulden.
Er öffnet die Tür.
Er schläft! – Was sieht er wohl im Traum zum
letztenmal?
Er lächelt böse.
Durch einen Schlag, denk ich, wird er jetzt sterben.
Sein Kopf hängt abwärts. Das ist gut. Ich helfe
Ein wenig nach der launischen Natur!
Er betritt das Zimmer und kommt nach einer Weile bleich zurück.
Nein, nein – ich kann es nicht. Es übersteigt
Mir Kraft und Willen. Untreu bin ich mir
Geworden, hab zum erstenmal
Gezittert. Oh, wie lange bin ich schon
Ein Feigling? Feigling … Wer hat das gesagt?
Ich selber! Und es stimmt … Oh, schäm dich, schäm
Dich vor dir selber, werde rot, versink,
Verachte dich. Hat dich nun endlich auch
Dies elende Jahrhundert feig gemacht?
Du hast dich vor dir selber nur gebrüstet:
Wie kläglich aber hast du jetzt versagt!
Du konntest nicht lieben, aber wolltest Rache.

Du kamst und konntest es nicht schaffen.
Er setzt sich.
Sicher –
Das Ziel, es war zu hoch, der Weg nicht richtig …
Ein andrer Plan, in meinem Kopf, ist besser:
Gut, er wird leben, Mord ist unmodern,
Die Mörder richtet öffentlich man hin.
Ich bin ein Kind der aufgeklärten Zeit!
Und Wort und Gold sind Dolch und Gift der Zeit!
Er nimmt das Schreibzeug und schreibt einen Zettel, dann nimmt er seinen Hut. An der Tür stößt er mit einer verschleierten Dame zusammen.

3. Auftritt

Arbenin, die Baronesse.

BARONESSE:
Ach, alles ist vorbei!
ARBENIN: Was hat das zu bedeuten?
BARONESSE *reißt sich los*:
Oh, lassen Sie mich los!
ARBENIN: Was war das für ein Schrei!
Käufliche Tugend? Hier ist mehr im Spiel.
Zu ihr, ernst. Kein Wort, sonst werde ich im
Augenblick …
Welch ein Verdacht! – Den Schleier ab, solange
Wir hier allein sind.
BARONESSE: Ich hab mich geirrt.
Ich bin im falschen Haus.
ARBENIN: Gewiß, geirrt,
Doch nicht im Haus, dann eher in der Zeit.
BARONESSE:
Ich kenn Sie nicht. Ich hab Sie nie gesehn.
ARBENIN:
Warum dann die Verwirrung? Seltsam, ja.
Sie müssen sich entschleiern, schnell, er schläft,
Doch wird er jeden Augenblick erwachen.

Zwar weiß ich alles, doch ich will mich überzeugen.

BARONESSE:

Sie wissen alles?

Er wirft den Schleier zurück und tritt verwundert beiseite, kommt aber wieder zu sich.

ARBENIN: Oh, wie dank ich dem,

Der mir gestattet hat, mich heut einmal zu irren!

BARONESSE:

Was habe ich getan? Jetzt ist es aus!

ARBENIN:

Verzweiflung ist nicht angebracht. Ich gebe zu,
Spaß macht es nicht, wenn man anstatt auf Küsse
Auf eine kalte Hand trifft. Doch der Schreck
Währt nur Minuten, eine Kleinigkeit,
Demgegenüber, was passieren könnte, wenn
Ich nicht so schweigsam wäre. Danken Sie
Es mir, daß ich es bin, kein andrer, sonst
Erführ's die Stadt!

BARONESSE: Er ist erwacht, er spricht!

ARBENIN:

Doch nur im Traum. Und seien Sie beruhigt.
Ich geh. Doch eines hätt ich noch gewußt:
Wie schafft es dieser Held bei allen Weibern,
Da er doch selber wie Metall ist, kalt?
Warum liegt er vor Sehnsucht nicht vor Ihnen,
Mit Bitten, Schwüren, Tränen, sondern Sie
Kommen allein zu ihm hierher, vergessend
Die Möglichkeit der Schande, bieten sich
Ihm an? Weshalb sind andre Fraun, nicht schlechter
Als Sie, bereit, ihm Leben, Glück und Liebe
Zu opfern für ein Lächeln, für ein Wort?
Weswegen? O ich Trottel! O weshalb?

BARONESSE *entschlossen*:

Ich weiß, wovon Sie reden, weiß, weshalb
Sie hier sind …

ARBENIN: Wie, Sie wissen es? Woher?

BARONESSE:

Ich fleh Sie an, verzeihn Sie mir!

ARBENIN:
Ich hab Sie nicht beschuldigt, keineswegs!
Im Gegenteil, mich freut das Glück der andern.
BARONESSE:
Von Leidenschaft geblendet, wurd ich schuld ...
ARBENIN:
Das ist mir gleich. Was schert mich die Moral!
BARONESSE:
Wenn ich nicht wäre, gäb es nicht den Brief!
ARBENIN:
Der Brief? Was meinen Sie? Sie waren es?
Sie haben sie verkuppelt, Hurerei
Gelehrt? Wie lange treiben Sie's? Was zwingt
Sie, es zu tun? Also in dieses Haus
Verschleppen Sie die Opfer! Ich geb zu:
Sie sind was wert in den Salons! Ja, jetzt
Begreif ich die Amouren unsrer Damen!
BARONESSE:
O Gott!
ARBENIN: Ich schmeichle nicht! Was zahlt man Ihnen?
BARONESSE *läßt sich in einen Sessel fallen*:
Sie sind unmenschlich!
ARBENIN: Habe mich geirrt:
Sie tun es selbstverständlich ehrenamtlich.
Er will gehen.
BARONESSE:
Nein, warten Sie!
ARBENIN: Gut, fahrn Sie fort!
Das bringt Sie noch zu Ruhm. Sie wissen ja,
Ich werde schweigsam sein. Doch daß Ihr Gott
Sie schützen möge, sollten Sie bedenken:
Denn Sie, Sie haben alles mir genommen,
Ich werde Sie verfolgen, wo auch immer
Wir uns begegnen werden: auf der Straße
Und in Gesellschaft – oh, ich brächt Sie um!
Der Tod wär freilich noch zu gut für Sie,
Wär eine Auszeichnung, und die
Muß ich für eine andre aufbewahren.

Sie sehen, ich bin gut: anstatt der Hölle
Laß Ihnen ich Ihr irdsches Paradies. *Ab.*

4. Auftritt

Die Baronesse allein.

Baronesse *ihm nach:*
So hören Sie, ich schwör: Es war Betrug!
Sie ist nicht schuld! Das Armband – das war ich!
Jetzt ist er fort, er hört mich nicht. Ich will
Ihn retten, was es koste, will
Mich selbst erniedrigen, mich des Betrugs
Bezichtigen und des Verbrechens – oh,
Er kommt. Ich bin entschlossen – welche Qual!

5. Auftritt

Die Baronesse und der Fürst.

Fürst *im Nebenzimmer:*
Wer spricht da? Iwan! – Diese Diener!
Nicht eine halbe Stunde darf man schlafen.
Er tritt ein. Nanu, Besuch um diese Stunde? Wer?
Er erkennt die Baronesse.
Was, Baronesse? Nein! Es ist unmöglich ...
Baronesse:
Sie wundern sich?
Fürst: Ich hab Sie nicht erwartet!
Baronesse:
Das glaub ich Ihnen, seltsam wär's,
Wenn Sie auf mich gewartet hätten.
Fürst: Ich
War blind. Ich hätte alles wissen müssen.
Baronesse:
Sie wußten alles – und Sie wußten nichts.
Fürst:
Ich bin bereit jetzt, meine Schuld zu tilgen.

Und jede Strafe, die Sie mir diktieren,
Nehm ich auf mich, denn ich war blind und stumm.
Daß ich nichts ahnte, war ein Fehltritt schon.
Ich finde keine Worte ... *Faßt ihre Hand.* Ihre Hände
Sind Eis ... Und Ihr Gesicht ist Leiden ... Wie?
Sind meine Worte zweifelhaft?

BARONESSE: Sie irren sich!
Ich bin nicht um der Liebe willen hier,
Noch ein Geständnis zu erpressen, nein,
Ich bin gekommen, was uns eigen ist,
Die Furcht, die Scham vergessend, weil
Mich eine Pflicht hierher getrieben hat:
Das Leben, das ich lebte, ist zu Ende.
Ein andres wartet meiner jetzt; doch eh
Ich diese Welt verlasse, will ich noch
Ins reine bringen, was ich tat an Bösem.
Ich bin bereit, die Schande zu ertragen,
Nicht mich zu retten, sondern einen andern.

FÜRST:
Und das bedeutet?

BARONESSE: Mich jetzt zu entschließen,
Die Wahrheit auszusprechen, denn Sie warn der Grund,
Der, ohne es zu wissen, meine Qualen
Verdoppelt hat. Doch dessenungeachtet muß
Ich Sie jetzt retten, wenn ich auch nicht weiß,
Warum. Sie haben es ja nicht verdient.
Sie konnten mich nicht lieben und verstehn,
Und hätten Sie's gekonnt, hätt es vielleicht
Die Qualen nur verdreifacht. – Hören Sie:
Ich hab erfahren, daß Sie gestern an
Arbenins Frau geschrieben haben – wie
Gerüchte sagen, liebt sie Sie – doch das
Ist Lüge, glauben Sie es nicht, beim Himmel!
Sie bringt uns alle in den Abgrund, denn
Sie selbst ist ahnungslos, jedoch ihr Mann
Hat diesen Brief gelesen, und er brennt.
Er ist ein Ausbund aller Schrecken, wenn er haßt.
Er war schon hier ... er tötet Sie ... er ist

Geübt in diesem Handwerk. Sie sind jung!
FÜRST:
Sein Sie ganz unbesorgt, Arbenin ist zu klug,
Um Krach zu schlagen, er hängt viel zu sehr
An der Gesellschaft, um mit Schall und Wahn
Der leern Komödie einen Schluß zu geben,
Der blutig ist. Und wenn er zürnt: dann bitte!
Dann nehmen wir Lepages Pistolen, messen
Die ominösen zweiunddreißig Schritte,
Und, wirklich, diese Epauletten hab
Ich auf der Flucht vorm Feinde nicht verdient.
BARONESSE:
Wenn's aber jemand gäbe, dem Ihr Leben
Noch teurer wär als Ihnen selbst, und wenn
Ein andres noch dran hing? Wenn man Sie tötet …
O Gott, dann wäre ich an allem schuld!
FÜRST:
Wer, Sie?
BARONESSE: O Mitleid!
FÜRST *überlegt*: Ja, ich bin verpflichtet,
Mich ihm zu stellen, weil ich schuldig bin.
Ich kränkte seine Ehre, und obwohl
Ich es nicht wußte, sehe ich kein Mittel,
Mich zu rechtfertigen vor ihm.
BARONESSE: Doch eins!
FÜRST:
Zu lügen? Nein! Dann finden Sie ein andres!
Er will gehen.
BARONESSE:
Doch hören Sie mich an! Sie sind getäuscht!
Die Maske jenes Abends – das war ich!
FÜRST:
Wie, Sie? *Er schweigt einen Moment.* Doch Sprich …
BARONESSE *faßt sich und geht*:
Er ist an allem schuld!
Das war mein Wahnsinn – wie bereu ich ihn!
Doch jetzt ist es vorbei – vergessen Sie's!
Nur geben Sie das Armband mir zurück,

Ich fand es durch ein seltsames Geschick;
Und sagen Sie mir, bitte, noch, daß dies
Geheimnis unser bleibt. Gott wird mich richten.
Wir sehen uns nie wieder. Folgen Sie mir nicht. *Ab.*

6. Auftritt

Der Fürst allein.

FÜRST:
Ich weiß nicht, was ich denken soll, ich konnte
Aus alldem nur verstehn, daß ich
Ein dummer Schulbub bin, der seine Chance
Verpaßte, weil er nicht gehandelt hat.
Er geht zum Tisch.
Ein Zettel? Von Arbenin … Ich will lesen!
»Lieber Fürst! Komm heute abend zu N. Dort verbringen wir einen lustigen Abend. Ich wollte Dich nicht wecken, sonst schläfst Du mir am Tisch ein. Leb wohl! Ich erwarte Dich ganz bestimmt. Sehr herzlich, Dein Arbenin.«
Wahrhaftig, man muß ein besondres Auge
Besitzen, ein Kartell darin zu sehn.
Wer lädt einen zum Abendessen ein, bevor
Er ihn dann fordert zum Duell?

4. Szene

1. Auftritt

Im Hause des N. Der Hausherr, Kasarin und Arbenin setzen sich an den Spieltisch.

KASARIN:
So hast du tatsächlich die Grillen abgelegt,
Auf die die Welt so stolz ist, und den alten Weg
Beschritten! Ein vorzüglicher Gedanke …
Du mußt ein Dichter sein und obendrein,
Nach allen Merkmalen, auch ein Genie.

Der familiäre Kreis beengte dich,
Gib mir die Hand, Freund, du gehörst zu uns!

ARBENIN:
Von dem, was war, ist keine Rede mehr!

KASARIN:
Sympathisch, in der Tat, zu sehn, wie heut-
Zutage kluge Leute es verstehn:
Familienleben – schrecklicher als Ketten ...
Du machst mit mir halbpart?

HAUSHERR: Vergeßt nicht, daß
Der Fürst heut ein paar Federn lassen muß!

KASARIN:
Bestimmt! *Zur Seite.* Wir wolln dich rupfen, Adlerchen!

DIENER:
Fürst Swesditsch!

ARBENIN: Endlich!

KASARIN: Aber deine Hand,
Sie zittert ...

ARBENIN: Weil die Übung fehlt, gewiß.

2. Auftritt

Die Vorigen, der Fürst.

HAUSHERR:
Ah, Fürst, ich freue mich! Doch noch zuvor:
Ganz ungezwungen heute – ohne Titel!
Und legen Sie den Säbel ab. Der Kampf
Ist hart und schrecklich, doch die Waffen
Sind andrer Art ...

FÜRST *abwehrend*: Nein, nein – ich seh nur zu.

ARBENIN:
Sie fürchten sich vorm Spiel seit damals noch?

FÜRST:
Mit Ihnen an der Seite wirklich nicht!
Zur Seite. So sind die Regeln: mit der Ehfrau buhlen,
Dem Ehemann zu Diensten. Und selbst wenn
Ich hier verlieren sollte, dieses Spiel

Gewinn noch immer ich.
Er setzt sich an den Spieltisch.

ARBENIN: War heut bei Ihnen …

FÜRST:
Ich las den Brief. Sie sehen: ich gehorche.

ARBENIN:
… und traf dort eine Dame.

FÜRST: Sie erkannten …?

ARBENIN:
Gewiß! Und ich erriet gleich alles. Fürst,
Sie sind der exzellenteste Verführer.

FÜRST *zur Seite*:
Und er hat nichts begriffen, das ist klar!
Er legt den Säbel ab.

ARBENIN:
Ich freilich wünschte nicht, daß meine Frau
Ihnen gefallen würde.

FÜRST *zerstreut*: Und weshalb?

ARBENIN:
Nur so – weil ich die Tugend nicht besitze,
Die Sie bei andern Ehemännern schätzen.
Zur Seite. Und er ist nicht verwirrt. Nun gut, so schlag
Die süße Welt ich dir entzwei und übergieße
Mit Gift dich, Dummkopf, besser wär es noch,
Du setztest deine Seele auf das Spiel,
Und ich setzt meine gegen. Aber so …
Sie spielen, Arbenin merkt an.

KASARIN:
Ich setze fünfzig Rubel!

FÜRST: Ebenfalls!

ARBENIN:
Als ich noch jünger war, erzählte man
Mir eine Anekdote, die will mir
Seit damals nicht mehr aus dem Kopf: Es war
Einmal ein Herr – Kasarin hat gewonnen –, der
Verließ sich auf die Treue seiner Frau
Und schlief im Rausche des Vergessens – Fürst,

Sie passen zu sehr auf und werden
Gleich ordentlich verspielen –, nun, der Herr
War liebenswürdig, friedlich, Tag auf Tag
Verging, und, seltne Wonne, auch ein Freund
War ihm gegeben, denn er hatte einst
Ihm einen Dienst erwiesen, doch der Freund,
Was meint ihr, dieser edle Freund, der hat,
Ein tüchtiger Schuldner, doch der Frau des Herrn
Zu edlem Dienst sich gleichfalls angeboten ...

FÜRST:
Was tat der Herr?

ARBENIN *tut, als höre er die Frage nicht*:
Fürst, Sie verliern das Spiel!
Sie spielen, ohne hinzusehn. Doch wenn
Sie hören wollen, was er tat, der Herr:
Er nahm zum Anlaß eine Kleinigkeit
Und schlug ihn links und rechts ... Was hätten Sie getan?

FÜRST:
Das gleiche. Doch was dann, dann schoß man sich?

ARBENIN:
Nein, keineswegs.

FÜRST: Mit Säbeln?

ARBENIN: Gleichfalls nicht.

FÜRST:
Nun, sie versöhnten sich ...

ARBENIN: Auch dieses nicht.

FÜRST:
Was tat er dann?

ARBENIN: Er rächte sich und ließ
Ihn stehn mit seinen Backenstreichen.

FÜRST: Das
Ist gegen jede Regel!

ARBENIN: Das Gesetz,
Von dem Sie reden, gibt es nicht, denn Haß
Und Rache sind gesetzlos.
Sie spielen schweigend weiter.

FÜRST: Ich gewann!

Arbenin:
Erlauben Sie! Die Karte ist gefälscht!
Fürst:
Ich bitte Sie! Das ist …
Arbenin: Jetzt Schluß!
Seit Sie hier sind, wird falsch gespielt, Sie sind –
Er holt Luft –
Ein Schurke, ein Kadett …
Fürst: Sie sind verrückt!
Arbenin:
Sie widersprechen? Gut, ich werde Sie
Vor allen Leuten zeichnen. *Wirft ihm die Karten ins Gesicht, mit gesenkter Stimme.*
Wir sind quitt!
Der Fürst ist so bestürzt, daß er nicht weiß, wie er reagieren soll.
Kasarin:
Mein Gott, und das in dem Moment! Wir hätten
Zweihunderttausend holen können, jetzt!
Fürst *kommt zu sich*:
Mir nach! Sofort! Das wäscht Ihr Blut nur ab!
Arbenin:
Uns schießen? Sie? Was bilden Sie sich ein?
Fürst:
Sie feiges Schwein!
Er will sich auf Arbenin stürzen.
Arbenin: Und wennschon! Aber näher
Zu kommen rat ich Ihnen nicht – auch nicht
Zu bleiben! Wenn ich feige bin, dann brauchen
Sie sich vor einem Feigling nicht zu fürchten.
Fürst:
Ich zwing Sie zum Duell! Der ganzen Welt
Erzähl ich, was Sie sich geleistet haben,
Daß Sie – nicht ich – ein Schuft sind.
Arbenin: Ja, darauf
Bin ich gefaßt.
Fürst *kommt näher*: Ich werd erzählen, daß
Mit Ihrer Frau … Und dieses Armband – oh!

Ich sage Ihnen: Sehen Sie sich vor!
O Tollheit! Sagt, wo bin ich? Diese Welt
Scheint gegen mich verschworen. Steht mir niemand
bei?
Ich werd Sie tothaun wie ein Tier!

ARBENIN: Das steht
In Ihrer Macht. Doch rat ich Ihnen: schnell,
Sonst ist der Mut, den Sie jetzt zeigen, weg …

FÜRST:
Wo bist du, meine Ehre? Nur ein Wort,
Ich werfe mich vor Ihre Füße … Doch
Ist Ihnen ja nichts heilig. Was sind Sie:
Ein Mensch, ein Dämon?

ARBENIN: Ich? Ein Spieler.

FÜRST *läßt sich zu Boden fallen und bedeckt das Gesicht mit den Händen*:
Die Ehre, meine Ehre!

ARBENIN: Ja, die Ehre,
Sie wird nicht wiederkommen, denn die Schranke,
Die Gut und Böse trennt, die ist gefallen.
Die ganze Welt wird dich verachten, fortan
Wirst du den Weg des Ausgestoßnen gehen,
Der blutigen Tränen Süße kostend, Bürde
Wird deiner Seele deiner Nächsten Glück.
Und ewig grübeln übers Immergleiche
Wirst Tag und Nacht du, das Gefühl der Liebe,
Des Schönen wird allmählich in dir sterben,
Und keine Kunst gibt dir das Glück zurück.
Die laute Schar der Freunde fällt wie Blätter
Von dem verdorrten Zweig, errötend
Durchschreitest du die Menge, dein Gesicht
Bedeckend, denn die Scham wird dich mehr quälen
Als das Verbrechen den Verbrecher. Jetzt
Leb wohl! Ich wünsche dir ein langes Leben!

Vorhang

3. AKT

1. Szene

1. Auftritt

Ball.

ZWEITER GAST *zur Hausfrau:*
Sie warten auf die Baronesse Strahl?
Sie ist verreist!
MEHRERE: Wohin? Weshalb? Vor langem?
ZWEITER GAST:
Aufs Land, heut morgen.
EINE DAME: Warum denn so plötzlich?
ZWEITER GAST:
Das überlaß ich Ihrer Phantasie!
Sie gehen auseinander. Eine andere Gruppe, nur Männer, nähert sich.
DRITTER GAST:
Sie wissen schon: Fürst Swesditsch hat verspielt!
VIERTER GAST:
Im Gegenteil, mein Freund, doch der Gewinn
Traf ihn ganz unerwartet ins Gesicht.
FÜNFTER GAST:
Er hat sich revanchiert?
VIERTER GAST: Er konnte nicht.
DRITTER GAST:
So hat er sich entehrt!
FÜNFTER GAST: Von heute ab
Ist er mir unbekannt.
SECHSTER GAST: Mir auch! O was

Für eine üble Tat!

VIERTER GAST: Kommt er hierher?

DRITTER GAST:
Das wird er wohl nicht wagen!

VIERTER GAST: Doch, er kommt!

Der Fürst nähert sich, man begrüßt ihn kaum. Alle gehen. Nina erscheint und setzt sich auf ein Sofa.

FÜRST *für sich*:
Wir beide sind allein, Gelegenheit
Für ein paar Worte. *Zu Nina.* Nina, hören Sie,
Zwei Worte nur, Sie müssen ...

NINA: So, ich muß ...?

FÜRST:
So hören Sie, Ihr Glück hängt davon ab.

NINA:
Welch Anteilnahme!

FÜRST: Wundert Sie's, wo Sie
Der Grund zu meinem Unglück sind. Sie aber,
Sie tun mir leid, ich seh uns beide stürzen,
Erschlagen von der gleichen Hand, denn die,
Die mich schon schlug, die wird auch Sie erschlagen.
Zwar, durch gemeine Rache könnt ich mich
Noch retten – doch ich zieh es vor
Zu warten. Doch für Sie gilt Vorsicht jetzt:
Ihr Mann ist böse, gottlos, und ich fühl,
Daß Ihnen Unheil droht. Leben Sie wohl!
Noch ist er nicht entlarvt, doch kommt der Tag,
Da wird auch er bestraft – ich habe Zeit!
Hier, nehmen Sie Ihr Armband, ich muß gehn.

Arbenin schaut den beiden aus der Ferne zu.

NINA:
Fürst, sind Sie irr? Es ist nicht zu verstehn!
Auf Sie jetzt böse sein? Ich müßt mich schämen!

FÜRST:
Leben Sie wohl auf ewig ...

NINA: Ist die Reise weit?
Doch nicht zum Mond?

FÜRST: Nein, nur zum Kaukasus. *Ab.*

Hausfrau:
Fast alle sind auf einmal da, es wird
Zu eng, ich bitte Sie, Mesdames, im Saal
Ist Platz für alle, kommen Sie, ich bitte! *Sie gehen.*

2. Auftritt

Arbenin *allein*:
Wie konnte ich noch zweifeln? Jeder weiß,
Was vorgefallen ist, von allen Seiten
Bekomm ich Nadelstiche, ich bin für sie
Erbärmlich komisch ... Wo ist meine Macht,
Mit der ich sonst die Menge strafte? Wo
Sind denn die Früchte meines Tuns? O Gott!
Zwei Frauen sind ihr Opfer, eine ist
Die, die ich liebe – aber ich, ich bin
Schamlos betrogen worden. Nein, den Leuten
Trete ich sie nicht ab. Und richten werden sie
Uns nicht. Und müßt ich selber nach Sibirien – nein!
An mir vollzieh ich schreckliches Gericht.
Für sie such einen Tod ich aus – und hier *zeigt auf sein Herz*
Vollzieht sich meiner. Aber sie, sie stirbt,
Denn länger mit ihr leben kann ich nicht.
Und mich von ihr zu trennen? Nein! Es sei,
Ich ändre meinen Vorsatz diesmal nicht.
Es war ihr wohl bestimmt, in jungen Jahren
Zu sterben, wie es Schicksal war, daß ich,
Ein Bösewicht, sie liebte, und daß sie
In einen andern sich verliebte – das ist klar!
Wie könnt sie da am Leben bleiben? Gott
Ist unsichtbar – doch er sieht alles: nimm
Als meinen Unterpfand sie dir, verzeih
Ihr ihre Sünden, segne sie – doch ich,
Ich bin kein Gott, und ich verzeihe nicht!
Musik. Er geht im Zimmer auf und ab, bleibt plötzlich stehen.
Zehn Jahre ist es her. Ich ging noch auf dem Weg
Der Ausschweifung. Und eine Nacht

Wie diese war es, alles hatte ich
Verspielt, den Wert des Goldes kannte ich,
Den Wert des Lebens aber kannt ich nicht.
Ich war verzweifelt, ging und kaufte
Mir Gift, dann kehrte ich zurück
Zum Spieltisch, in der Brust kochte das Blut,
Den letzten Rubel, das geheime Pulver
In meiner Tasche, in der einen Hand
Das Glas und in der andern die Pik-Vier.
Das Risiko war groß – jedoch das Glück
War größer, und in einer Stunde hatte
Ich alles wieder. Seit der Nacht
Trag ich als Talisman bei mir dies Pulver
Für einen schwarzen Tag. Der Tag ist da! *Schnell ab.*

3. Auftritt

Gastgeberin, Nina, einige Damen und Herren, die während der letzten Worte des vorangegangenen Auftritts erschienen sind.

GASTGEBERIN:
Nicht übel wär es, etwas zu verschnaufen!
DAME *zu einer anderen*:
Es ist so heiß hier, daß ich fast zerfließe.
EIN GAST:
Nastassja Pawlowna wird uns was singen!
NINA:
Neue Romanzen kenn ich freilich nicht,
Die alten, sie sind langweilig geworden.
DAME:
Ach, wirklich, sing was, Nina, sing!
GASTGEBERIN: Du bist
So lieb, daß du uns sicherlich nicht zwingst,
Dich eine Stunde lang umsonst zu bitten.
NINA *setzt sich ans Klavier*:
Ach, des Kummers rasche Tränen seh ich
Über deine schönen Augen wandern,
Doch mir tut's nicht weh, denn dann versteh ich,
Daß nicht glücklich bist du mit dem andern.

Eines unsichtbaren Wurmes Nagen
Zehrt an deinem Leben wie ein Fieber.
Was geht's mich an? Soll ich mich beklagen,
Daß ich dich mehr als der andre liebe?

Aber wenn das Glück wie ein Gewitter
Blitzt aus deiner Augen hellem Strahlen,
Dann erleid ich heimlich immer wieder
In der Brust der Hölle bittre Qualen.

4. Auftritt

Die Vorigen und Arbenin. Arbenin tritt gegen Ende der dritten Strophe ein, kommt heran und stützt sich auf den Flügel. Sie sieht ihn und hört auf zu spielen.

ARBENIN:
Nun, spiel doch weiter.
NINA: Ich vergaß den Schluß.
ARBENIN:
Wenn's Ihnen recht ist, sag ich vor.
NINA *verwirrt*:
Nein, nein, wozu? *Zur Hausfrau leise*: Mir ist ein wenig unwohl.
Sie steht auf.
ERSTER GAST *zum zweiten*:
In diesen Liedern gibt's gewisse Wörter,
Da steht es einer Frau nur an zu schweigen.
ZWEITER GAST:
Und unsre Umgangssprache ist auch zu direkt
Und paßt nicht zu den Launen unsrer Fraun.
DRITTER GAST:
Sie haben recht: Ein Wildpferd ist die Sprache,
Gehorcht nur dem Gesetz der Freiheit, beugt
Sich nicht ins Joch, wir beugen uns freiwillig.
Es wird Eis gereicht. Die Gäste gehen auseinander, zum anderen Ende des Saals oder in andere Räume, so daß Arbenin und Nina allein bleiben. Der Unbekannte erscheint im Hintergrund.

Nina *zur Gastgeberin:*
Hier ist es heiß, ich setz mich etwas abseits.
Zu Arbenin. Geh, hol mir Eis, mein Engel.
Arbenin geht Eis holen; er kommt zurück und schüttet Gift hinein.
Arbenin *zur Seite:* Jetzt hilf, Tod!
Nina *zu ihm:*
Wie langweilig und traurig ist das alles.
Natürlich wartet jetzt auf mich ein Unglück.
Arbenin *zur Seite:*
Mitunter glaube ich der Vorahnung.
Hier, gegen Langeweile hilft
Die Medizin!
Nina *ißt:* O ja, das kühlt.
Arbenin:
Was macht man da? Damit man sich nicht langweilt
Mit diesen Leuten, muß man sich gewöhnen,
Auf Dummheit und Gemeinheit achtzugeben!
Das ist das einzige, worum die Welt
Sich dreht.
Nina: Ich glaube, du hast recht.
Doch das ist schrecklich.
Arbenin: Schrecklich ist das, ja.
Nina:
Und Menschen ohne Fehler gibt es nicht ...
Arbenin:
So ist's. Ich dachte zwar ... doch irrt ich mich.
Nina:
Was sagst du da?
Arbenin: Ach nichts. Ich sagte nur,
Daß ich einst dacht, ich kannte einen: Dich.
Nina:
Du bist so blaß.
Arbenin: Vielleicht vom vielen Tanzen.
Nina:
Besinn dich, mon ami, du tanzt doch nie!
Arbenin:
Dann kommt's daher, daß ich zu wenig tanzte.

NINA *gibt ihm das leere Schälchen:*
Da, stell es auf den Tisch.
ARBENIN: Welch Grausamkeit!
Kein Tropfen mehr für mich. *Überlegt.* Verhängnisvoller Schritt
Du wärst getan, der Rückweg schließt sich aus.
Doch soll kein andrer sterben ihretwegen.
Er wirft das Schälchen auf den Boden; es zerbricht.
NINA:
Wie ungeschickt!
ARBENIN: Ich bin ein wenig krank.
Komm, fahrn wir schnell nach Haus.
NINA: Gut, fahren wir.
Doch bist du heut so finster, Liebster, sag:
Bist unzufrieden du mit mir?
ARBENIN: Im Gegenteil.
Heut war ich einmal mit dir sehr zufrieden.
Beide ab.
DER UNBEKANNTE *allein:*
Fast könnt man Mitleid haben. Einen Augenblick –
Und aus dem Dunkel wäre ich getreten. *Er überlegt.* Nein!
Erst mag das Schicksal sich erfüllen, dann
Wird meine Zeit zum Handeln sein. *Ab.*

2. Szene
1. Auftritt

Schlafzimmer des Arbenin.
Nina tritt ein, nach ihr die Zofe.

ZOFE:
Sie sind sehr blaß.
NINA: Bin krank.
ZOFE: Und müde!
NINA *zur Seite:* Ja.
Das auch. Mein Mann erschreckt mich, doch weshalb?
Ich weiß es nicht. Er schweigt. Sein Blick ist seltsam.

Zur Zofe. Doch mir ist übel, sicher das Korsett.
Wie stand das Kleid mir heute? *Geht zum Spiegel.*
Du hast recht:
Ich bin sehr blaß, fast wie der Tod, doch wer
Ist hier in Petersburg nicht bleich? Vielleicht
Die alte Fürstin nicht, doch die
Borgt sich des Lebens Rot vom Schminktisch aus.
Nimmt die Haarnadel heraus und löst den Zopf.
Wirf sie dort hin und gib mir meinen Schal.
Setzt sich in einen Sessel.
O dieser neue Walzer! Wie berauscht
Dreht ich mich immer schneller, und es schien,
Als trüg's mich in die Ferne, daß das Herz
Sich mir zusammenzog, aus Freude? Schmerz?
Gib mir ein Buch! Und dieser Fürst! Er geht
Mir auf die Nerven. Und doch ist es schade
Um diesen unvernünftigen Jungen. Was
Hat er denn nur gesagt? Ein Bösewicht …
Bestrafen … Kaukasus … Ach, dummes Zeug!

ZOFE *zeigt auf die Sachen und Schmuckstücke*:
Befehln Sie aufzuräumen?

NINA: Laß es sein!
Sie versinkt in Nachdenken. Arbenin erscheint in der Tür.

ZOFE:
Befehln Sie mir zu gehn?

ARBENIN *leise zur Zofe*: Ja, geh!
Zofe geht nicht.
So geh!
Sie geht, Arbenin verriegelt die Tür.

2. Auftritt

Arbenin und Nina.

ARBENIN:
Du wirst sie nicht mehr brauchen.
NINA: Du hier?
ARBENIN: Ich!
NINA:
Mir scheint, ich werde krank. Der Kopf brennt. Gib
Mir deine Hand, sie glüht. Warum
Hab ich das Eis gegessen? Sicher –
Ich habe mich erkältet ... Was meinst du?
ARBENIN:
Hm, ja ... das Eis ...
NINA: Ich wollt noch mit dir sprechen.
Du hast dich so verändert, bist nicht mehr
So zärtlich, wie du früher warst. Dein Blick
Ist kalt geworden, deine Stimme hart.
O dieser Maskenball, wie ich ihn hasse!
Ich fahr zu keinem mehr, das schwör ich dir!
ARBENIN *zur Seite*:
Das ist nicht schwer: bald kommst du ohne aus!
NINA:
Was es doch heißt, mal ohne Vorsicht sein!
ARBENIN:
Ja, ohne Vorsicht ...
NINA: Dieses Unglück, ja!
ARBENIN:
Oh, hättest du's dir eher überlegt!
NINA:
Und hätt ich eher deine Art gekannt,
Dann wäre ich gewiß nicht deine Frau!
Die anderen zu quäln und selbst zu leiden –
Wie findest du das lustig bloß und hübsch!
ARBENIN:
Was liegt dir auch an meiner Liebe, was?
NINA:
Oh, wenn's nur Liebe wäre! Doch was soll

Ich noch mit diesem Leben?

ARBENIN *setzt sich neben sie*:

Du hast recht!

Was ist das schon: Das Leben? Leeres Ding!
Solang das Blut im Herzen kreist, ist alles
In dieser Welt uns Freude und Gefallen.
Doch schnell vergeht die Zeit, mit ihr
Die Wünsche, Leidenschaften, ringsum wird
Es finsterer und finsterer. O was
Ist denn das Leben? Eine längst bekannte
Scharade, für die Kinderschule tauglich:
Erstens: Geburt. Und zweitens eine Reihe:
Vorahnung, Qualen, Wunden. Und der Tod?
Das letzte! Und das Ganze ein Betrug!

NINA *zeigt auf ihre Brust*:

Hier brennt etwas.

ARBENIN: Oh, das ist weiter nichts.

Schweig und hör zu: Ich habe dir gesagt:
Das Leben ist nur schön, solang es schön ist.
Wie lange dauert das? Sieh diesen Ball.

Er nimmt ein Bällchen.

Tanzt er, ist alles lustig, doch sobald
Er ruhig liegt, ist alles aus. So ist
Auch unser Leben: kaum bist du zu Haus
Und hast das Putzzeug abgelegt, scheint alles
Dir trostlos öd, und du bist nur noch müde.
In jungen Jahren sollt man Abschied nehmen,
Solang die Seele nicht gekettet ist
An die Gewohnheit herzensloser Leere.
Im Augenblick in eine andre Welt
Zu fliegen, während der Verstand sich noch
Nicht nach Vergangnem sehnt, solang der Kampf
Noch leicht ist mit dem Tod – ja, dieses Glück
Wird wenigen zuteil!

NINA: Doch ich will leben!

ARBENIN:

Weshalb?

NINA: Jewgeni, laß mich ... diese Qual ...

Arbenin:
Oh, Qualen gibt es, schrecklicher als deine …
Nina:
Schick nach dem Arzt!
Arbenin: Wozu? Das Leben,
Es dauert ewig, doch der Tod ist schnell.
Nina:
Ich – ich will leben!
Arbenin *sie überhörend*: Ja – und wieviel Trost
Erwartet dort die Märtyrer.
Nina *voll Angst*: Hole den Arzt!
Arbenin *steht auf, kalt*:
Ich hol ihn nicht!
Nina *nach einigem Schweigen*:
Du scherzt natürlich, aber so
Zu scherzen, das ist gottlos, schicke schnell,
Ich könnte sterben.
Arbenin: Na, und wenn!
Meinst du, du stürbest ohne Doktor nicht?
Nina:
Jewgeni – ich bin deine Frau!
Arbenin: Ich weiß.
Nina:
So hab Erbarmen, denn in meiner Brust
Lodert die Hölle. Sterben muß ich!
Arbenin: Ach,
So schnell geht's nicht. *Schaut auf die Uhr.* Noch eine halbe Stunde.
Nina:
Du liebst mich nicht!
Arbenin: Wofür auch sollt ich dich
Denn lieben? Dafür, daß du mir die Hölle
In meine Brust geworfen hast? Nein, ich bin froh,
Daß du jetzt auch mal diese Qualen fühlst!
Hab ich zu wenig dich geliebt, sag's mir?
Verlangt ich denn zuviel von deiner Liebe?
Ein Lächeln wäre gut, ein schneller Blick –
Doch was fand ich? Intrige und Untreue.

Das konntst du: mich verkaufen! Meine Liebe
Den Küssen eines Trottels ... Mich, der ich
Bereit gewesen wäre, auf ein Wort
Dir meine Seele aufzuopfern, mich
Spanntest du ein in ein Geweb aus Lüge!

NINA:

Oh, wenn ich wüßte, welche Schuld ich habe!

ARBENIN:

Schweig, oder ich verliere den Verstand!
Wann endlich enden diese Qualen?

NINA: Du,

Du bist betrogen worden, nicht von mir,
Von einem Lügner. – Das Armband fand der Fürst!

ARBENIN:

Soso, ich bin betrogen worden? Ja!
Ich irrte mich ganz einfach, träumte mir
Ein Glück zusammen, wollt einmal
Geliebt sein und selbst lieben – doch vorbei ...
Die Stunde, schwarz wie das Gewölk vorm Mond
In Winternächten, ist jetzt da, und bald
Ist dieser Fiebertraum vorbei. Vielleicht
Wär ich imstand gewesen, diesen Traum
Zur Wirklichkeit zu machen, wenn ich ganz
Der Hoffnung hätt vertrauen können, und
Den Keim, der einst in meinem Herzen war,
Beleben. Doch du wolltest es nicht, du!
Jetzt weine nur! Ja, weine! Aber was
Sind Frauentränen? Wasser! Aber ich,
Ich war es, der geweint hat, ich, ein Mann,
Vor Wut und Eifersucht, vor Qual und Schande.
Du weißt ja nicht, was es bedeutet, wenn
Ein Mann weint! Wenn in solchem Augenblick
Du seinen Weg ihm kreuzt, ist Gift in seiner Hand,
In seiner Brust der Tod.

NINA *fällt weinend auf die Knie, hebt die Arme*:

Himmlischer Schöpfer,

Erbarme dich! – Er hört nicht, aber du
Hörst alles – du weißt alles, und du mußt

Mich rechtfertigen, o Allmächtiger!
ARBENIN *geht im Zimmer auf und ab, die Hände gefaltet*:
Jetzt ist nicht Zeit zum Lügen! Nina, bete!
Du stirbst in wenigen Minuten, und
Dein Ende wird Geheimnis bleiben, nur
Der Richter über uns verurteilt mich!
NINA:
Wie? Sterben? Jetzt? Sofort? – Das kann nicht sein!
ARBENIN *lacht*:
Daß dir das Kummer macht – ich dacht es mir!
NINA:
Daher das Feuer in der Brust, die Hölle …
ARBENIN:
Ja, auf dem Ball gab ich dir Gift … das Eis! *Schweigen.*
NINA:
Du machst dich lustig über mich, du bist
Kein Scheusal, nein. *Sie stürzt zu ihm.* In deinem
Herzen glimmt
Ein Fünkchen Güte noch. Mit solchem Kaltsinn
Kannst du nicht morden. Wende dich nicht ab!
Verlängre meine Qual nicht, rette,
Vergib, verjage meine Angst, zerstreue
Die Ungewißheit …
Sieht ihm in die Augen und weicht zurück.
Diese Augen, Tod!
Sie sinkt auf den Stuhl und schließt die Augen.
ARBENIN *tritt zu ihr und küßt sie*:
Du stirbst, bist bald erlöst, ich bleibe hier.
Allein, allein … die Jahre werden gehn,
Dann sterb auch ich und bleibe doch allein.
Doch du? – Hab keine Furcht: vor dir wird sich
Eröffnen eine wunderbare Welt,
Himmlische Zuflucht, wo die Engel
Schon auf dich warten. *Er weint.* Ja, ich liebe dich.
Doch dem Vergessen hab ich übergeben
All das, was war. Die Rache, sie hat Grenzen,
Hier ist sie, siehst du: wie ein Kind
Wein ich, dein Mörder, über dich.

Nina *springt auf:* Hierher!
Kommt doch zu Hilfe! Hier! Ich sterbe! Gift!
Doch keiner hört ... Ja, ich verstehe: du
Bist umsichtig und schlau. Nur eines hast
Bei alldem du vergessen: daß es doch
Ein himmlisches Gericht gibt, aber dich,
Du Mörder, dich verfluche ich!
Sie bricht zusammen, ohne die Tür erreicht zu haben.

Arbenin *lacht bitter:*
Verfluchung! Was hat es für einen Sinn,
Mich zu verfluchen? Gott hat mich verflucht.
Er tritt zu ihr.
Armes Geschöpf! Die Strafe übersteigt
Ihre geringen Kräfte.
Er steht mit gefalteten Händen.
Ah, wie bleich.
Er zuckt zusammen.
Doch ruhig ihre Züge. Aber ihr Gewissen?

Nina *schwach:*
Leb wohl, Jewgeni, doch ich sage dir:
Ich sterbe ruhig, ohne jede Schuld.

Arbenin:
Nein, nein – sprich nicht so, denn dir hilft nichts mehr,
Nicht List und Lüge, sage lieber schnell:
Du bist betrogen worden, wie dich nicht
Die Hölle besser narren konnte, denn
Ich scherzte nur mit deiner Liebe, Jewgeni.
Du schweigst? Selbst diese Rache noch
Ist deiner würdig. Doch es hilft nichts mehr.
Du stirbst, und für die Menschen bleibt
Dein Tod Geheimnis – sorg dich darum nicht.

Nina:
Jetzt ist mir alles gleich – und doch: Ich sterbe
Schuldlos vor Gott ... *Sie stirbt.*

Arbenin *tritt zu ihr und wendet sich schnell ab:*
Gut, eine Lüge mehr. *Er sinkt in den Sessel.*

Vorhang

4. AKT

1. Szene

1. Auftritt

Arbenin sitzt auf dem Sofa am Tisch.

ARBENIN:
Vom Widerstreit mit mir geschwächt, gequält
Von den Gefühlen, fand ich schließlich doch
So etwas, was man Ruhe nennen könnte, Schlaf.
Und doch: Das Herz gibt keine Ruhe, so
Als warte es auf etwas, das nicht kommt.
Ist denn nicht alles aus? Oder sollte doch
Noch mehr Leid auf mich warten? Unsinn! Die
Vergangne Zeit vergeht, Vergessen kommt
Mit Schattenhand und drückt mit seiner Kraft
Die Einbildungen nieder. Irgendwann
Wird wieder Ruhe einziehn in die Brust.
Er denkt nach, hebt plötzlich den Kopf.
Und doch: Wenn ich mich irre? Unerbittlich
Ist die Erinnerung; schon sehe ich
Sie wieder vor mir: flehend, ihre Tränen …
Geh weg, geh weg, du aufgeweckte Schlange!
Er sinkt zusammen.

2. Auftritt

Arbenin, Kasarin.
Kasarin erscheint.

KASARIN *zu sich*:
Arbenin, Komödiant, betrübt und seufzend?
Jetzt spiel dein Spiel, ich will dir's glauben!
Zu Arbenin.
Ich eilte zu dir, Freund, getrieben
Von deinem Unglück. Doch was ist
Da noch zu tun? Ein jeder muß
Sein bittres Schicksal tragen.
Schweigen.
Genug jetzt, laß die Maske fallen, senk
Jetzt deinen Blick nicht so bedeutungsvoll.
Das wirkt doch nur vor Publikum. Doch wir
Sind beide Komödianten. Sag mal, Bruder,
Du bist so blaß, man könnte meinen, du
Hättest die ganze Nacht beim Spiel verloren.
Oh, alter Gauner – doch wir sprechen schon
Darüber noch. Da, deine Sippe.
Natürlich kommen sie, von der Verstorbenen
Abschied zu nehmen. Dann adieu, bis morgen ... *Ab.*

3. Auftritt

Die Verwandten kommen.

ALTE DAME *zu einem jungen Mädchen*:
Du siehst, mein Kind, der Fluch des Herrn
Liegt eben doch auf ihm: so schlecht er war
Als Sohn, so schlecht war er als Mann.
Doch eh ich es vergeß. Erinnre mich,
Daß wir noch in die Stadt fahrn müssen,
Den Stoff fürs Trauerkleid zu kaufen. Wenn
Man heut auch keine Einkünfte mehr hat –
Für die Verwandtschaft bin ich stets bereit,

Mich endgültig zu ruinieren.
MÄDCHEN: Sagt, ma tante,
Woran starb die Cousine?
ALTE DAME: Eben daran,
Daß eure Welt so schlecht ist, deshalb werdet ihr
Auch allesamt zugrunde gehn. *Beide ab.*

4. Auftritt

Der Arzt und ein Alter kommen aus dem Zimmer der Toten.

DER ALTE: Starb sie
In Ihrem Beisein?
ARZT: Leider nein, man fand
Mich nicht rechtzeitig ... Bälle, Eis, der Trödel –
Das alles bringt nur Unglück. Ja, ich sag's
Ja immer – aber niemand hört.
ALTER:
Verschwendung! Haben Sie gesehn: der Sarg,
Mit Goldbrokat bedeckt. Mein Bruder starb
Vergangnes Frühjahr – und der gleiche Pomp! *Ab.*

5. Auftritt

Der Arzt, Arbenin.

ARZT *fühlt Arbenin den Puls*: Sie brauchen Ruhe!
ARBENIN: Ah! *Zur Seite.*
Das Herz, es schmerzt!
ARZT: Sie haben sich in dieser Nacht
Zu sehr dem Schmerz ergeben. Schlafen Sie.
ARBENIN: Ich will's versuchen.
ARZT: Sehen Sie, ich kann
Da nicht viel tun, doch achten Sie auf sich!
ARBENIN *allein*:
Macht euch nur keine Sorgen, unsereins
Ist unverwundbar, was für Hiebe auch
Mich treffen mögen: ich, ich leb noch immer ...

Ich sehnte mich nach Glück, und Gott hat mir
Es in Gestalt des Engels da geschickt ...
Doch mein verbrecherisches Atmen hat
Den Gott so tief beleidigt, daß er ihn
Mir wieder nahm. Da liegt er: kalt und tot.
Ich rettete einmal in meinem Leben
Einen mir fremden Menschen, setzte
Die eigne Ehre auf das Spiel – doch er
Ging lachend fort, ohne ein Wort, und nahm
Mir alles, alles – eine Stunde später. *Ab.*

ARZT:
Er ist sehr krank, und ich bezweifle nicht,
In diesem Kopf ist eine Riesenmenge
Von Qualen. Aber wenn er den Verstand
Verliert, verbürge ich mich für sein Leben.

6. Auftritt

Arzt, der Unbekannte, der Fürst.

DER UNBEKANNTE:
Erlauben Sie die Frage: Könnten wir
Vielleicht Arbenin sehn?

ARZT: Weiß Gott, ich wage
Nicht ja zu sagen, seine Frau starb gestern.

DER UNBEKANNTE:
Wie schade.

ARZT: Er ist sehr erschüttert.

DER UNBEKANNTE:
Auch ihn bedaure ich. Indes, ist er
Zu Hause?

ARZT: Er? Zu Hause – ja.

DER UNBEKANNTE:
Mein Anliegen an ihn ist äußerst wichtig.

ARZT: Und Sie sind seine Freunde, meine Herren?

DER UNBEKANNTE:
Noch nicht – wir sind hierhergekommen,
Um uns ein wenig mit ihm anzufreunden.

ARZT: Doch er ist ernstlich krank.
FÜRST *erschrocken*: Ist er bewußtlos?
ARZT:
Er redet, geht umher, und es besteht
Noch Hoffnung.
FÜRST: Gott sei Dank!

7. Auftritt

Fürst, der Unbekannte.

FÜRST: O endlich!
DER UNBEKANNTE: Wie
Brennt Ihr Gesicht! – Und Ihr Entschluß steht fest?
FÜRST:
Sie legen mir die Hand dafür ins Feuer,
Daß Ihr Verdacht von jedem Zweifel frei ist?
DER UNBEKANNTE:
Wir beide, hören Sie, haben das gleiche Ziel.
Wir beide hassen ihn. Sie aber kennen
Nicht seine Seele: finster, und so tief,
Ein Grab, für was es sich auch auftut, das
Wird es begraben. Als Beweise gelten
Verdächtigungen ihm – weder Verzeihen
Kennt er noch ein Erbarmen, und wenn er
Gekränkt ist, schreit er: Rache, Rache!
Das ist sein Ziel, sein einziges Gesetz.
Und dieser Tod, so plötzlich, ist kein Zufall.
Ich wußte: Sie und er sind Feinde, ich
Will Ihnen gern behilflich sein. Sie werden
Sich schlagen, ich werde zwei Schritte hinter
Euch stehen und das Bild betrachten.
FÜRST:
Doch woher wußten Sie, daß ich von ihm
Gestern beleidigt wurde?
DER UNBEKANNTE: Gerne würde
Ich Ihnen das erzählen, doch ich glaube,
Es wird Sie kaum interessieren, außerdem

Spricht schon die ganze Stadt davon.
FÜRST:
Ein unerträglicher Gedanke!
DER UNBEKANNTE: Der
Sie peinigt, allzusehr!
FÜRST: Sie wissen nicht,
Was Schmach ist!
DER UNBEKANNTE: Schmach? O nein – und die Erfahrung
Wird auch Sie lehren, sie zu ignorieren.
FÜRST:
Doch wer sind Sie?
DER UNBEKANNTE: Wozu der Name? Ich
Bin nur Ihr Kompagnon, ohne zu zögern,
Bin ich für Ihre Ehre eingetreten,
Und alles andere geht Sie nichts an.
Doch still! Man kommt ... Die Schritte schwer und langsam.
Tatsächlich – er! Entfernen Sie sich jetzt
Für einen Augenblick, ich muß mit ihm
Etwas bereden, da sind Sie als Zeuge
Entbehrlich.
Der Fürst geht beiseite.

8. Auftritt

Arbenin, der Unbekannte, etwas abseits von ihnen der Fürst.

ARBENIN *mit einer Kerze*: Tod, o Tod – das Wort ist hier
Und überall, ich bin von ihm erfüllt.
Es folgt mir. Eine ganze Stunde lang
Sah ich auf ihren stillen Leichnam, und
Das Herz war voll von unsäglicher Trauer.
In ihren Zügen Ruhe und der Kinder
Sorglosigkeit, und leise ist erblüht
Ein ewiges Lächeln, als vor ihrer Seele
Die Ewigkeit sich auftut und das Schicksal.
Sollt ich geirrt mich haben? – Nein, unmöglich,
Daß ich mich irre. Wer mir ihre Unschuld

Beweist, der lügt! Wo sind Beweise? Die
Hab ich! Ihr wollte ich nicht glauben, wem
Werde ich jetzt noch glauben? Ja, ich war
Ein Ehemann voll Leidenschaft, doch auch
Ein kalter Richter. Wird es jemand wagen,
Mich eines Bessern zu belehren?

DER UNBEKANNTE: Ich! –
Ich wage es!

ARBENIN *zuckt zusammen, geht mit erhobener Kerze auf den Unbekannten zu*: Wer sind Sie?

DER UNBEKANNTE: Rate mal!
Jewgeni, du erkennst mich nicht, wir waren
Doch gute Freunde!

ARBENIN: Aber wer sind Sie?

DER UNBEKANNTE:
Dein guter Genius! Unbemerkt war ich
Stets überall bei dir, ich wechselte
Nur mein Gesicht und meine Kleidung, doch
Ich wußte alles, was du tatst und dachtest!
Ich war es, der dich auf dem Ball gewarnt.

ARBENIN *zuckt zusammen*:
Propheten lieb ich nicht – und bitte Sie,
Sofort zu gehn. – Ich sage es im Ernst!

DER UNBEKANNTE:
Ganz recht, doch trotz dem Grollen in der Stimme
Und dem Befehl: Ich gehe nicht! Ich sehe
Jetzt klar, daß du mich noch nicht kennst.
Ich bin nicht von der Menschensorte, die
Durch einen unbesonnenen Moment
Vom lang ersehnten Ziel zu bringen ist.
Ich bin am Ziel – ich lege mich hier hin
Und sterbe, keinen Schritt geh ich zurück.

ARBENIN:
Ich bin genauso, doch ich brüste mich
Nicht obendrein damit. *Er setzt sich.* Ich höre.

DER UNBEKANNTE *zur Seite*: Bisher haben
Ihn meine Worte nicht berührt! Vielleicht
Daß ich mich irrte? Aber sehn wir weiter.

Zu Arbenin.
Vor sieben Jahren kanntest du mich noch,
Jung war ich, unerfahren, hitzig, reich.
In deiner Brust verbarg sich schon die Kälte,
Die höllische Verachtung gegen alles,
Mit der du überall dich rühmtest und
Von der wohl niemand weiß, ob du sie deinem
Verstand verdanktest oder deinem Leben.
Ich habe nicht die Absicht, deine Seele
Jetzt zu entschlüsseln, Gott wird sie begreifen,
Der eine solche Seele schaffen konnte!

ARBENIN:
Der Anfang stimmt.

DER UNBEKANNTE: Das Ende wird nicht schlechter!
Einst überredetest du mich und nahmst
Mich mit zu dir. Mein Geldbeutel war voll –
Und überdies: Ich glaubte an das Glück!
Ich setzte mich, wir spielten, ich verlor;
Mein Vater war ein Geizhals, dazu streng.
Ich wollte seinen Vorwürfen entgehen
Und spielte weiter, des Gewinnes wegen.
Doch du, noch jung, hieltst mich in deinen Klauen –
Und ich verspielte wieder alles, sicher
Erinnerst du dich noch. Ich war verzweifelt,
Ich weinte, flehte. Aber das erregte
Nur dein Gelächter. Besser wär's gewesen,
Mich zu erdolchen. Doch zu dieser Zeit
Warst du noch kein Prophet. Erst heute brachte
Der böse Same seine Frucht ans Licht!

Arbenin will aufspringen, senkt aber plötzlich nachdenklich den Kopf.

Mit diesem Augenblick verließ ich alles:
Die Fraun, die Liebe und die Lust der Jugend,
Die Zärtlichkeit, die süßen Regungen.
Und eine neue Welt tat sich mir auf,
Ein Reich der neuen, seltsamen Gefühle,
Ein Reich vergnüglicher und bittrer Qualen.
Ich sah: Das Geld ist König dieser Erde –

Und ich verneigte mich vor ihm. Die Jahre
Vergingen, alles flog davon: der Reichtum
Und die Gesundheit; ach, die Tür des Glücks
Verschloß auf alle Ewigkeit sich mir.
Da schloß ich mit dem Schicksal einen letzten Pakt,
Und so wurde ich der, der ich jetzt bin.
Du zitterst, ah, ich merke, du verstehst
Das, was ich sagte, also meine Absicht.
Nun sag noch einmal, daß du mich nicht kennst.

Arbenin:
Geh fort! Ich habe dich erkannt, erkannt!

Der Unbekannte:
Fort? Ist das etwa alles? Damals hast
Du über mich gelacht, jetzt lache ich!
Ich hörte kürzlich ein Gerücht, daß du
Jetzt glücklich bist, verheiratet und reich!
Mich überkam es bitter, und das Herz
Begehrte auf. Und lange dachte ich:
Wofür ist er denn glücklich? Ein Gefühl
Flüsterte mir vernehmlich zu: Geh hin
Und schreck ihn auf. Und ich begann,
Mich in die Menge mischend, dir zu folgen,
Immer und überall, und unermüdlich
Alles erkundend, kam ich schließlich
Ans Ende meiner Mühen. Höre nun,
Was ich erfahren habe, denn ich werde
Dir eine Wahrheit offenbaren.
Langsam, gedehnt.
Höre:
Du hast, ich sag es, deine Frau getötet!
Arbenin prallt zurück. Der Fürst kommt heran.

Arbenin:
Getötet? Ich? – Der Fürst! – O was ist das?

Der Unbekannte *zieht sich zurück:*
Ich sagte es, er sagt das übrige!

Arbenin:
Ah, ein Komplott! Großartig! Ja, ich bin
In eurer Hand. Wer wird euch daran hindern?

Niemand. Ihr seid die Sieger. Ich
Ergebe mich: Ich liege euch zu Füßen.
Vor euren Blicken zittert meine Seele.
Ich bin ein Dummkopf und ein Kind, ich kann
Euch nichts entgegenhalten, denn ich werde
Im Handumdrehn besiegt und auch betrogen.
Ich beug in Ruhe unters Beil den Nacken.
Doch ihr habt nicht bedacht, daß in mir noch
Genügend Kraft, Verstand, Erfahrung sind.
Ihr dachtet, daß ihr Tod mir alles nahm,
Daß ich es euch nicht heimzahle wie früher?
Erniedrigt bin ich jetzt nach eurer Meinung
Durch übler Nachrede Geflüster. Ja,
Die Szene ist gut arrangiert, doch ihr
Habt nicht den Schluß bedacht. Und dieser Junge –
Auch er nimmt sich heraus, mich zu verleumden.
Die eine Ohrfeige – sie war zu wenig,
Er will noch eine zweite. Sie, mein Lieber,
Bekommen alles. Dieses Leben ödet
Sie an? Kein Wunder – eines Dummkopfs Leben,
Das Leben eines Straßenschürzenjägers.
Doch trösten Sie sich: Ich werde Sie töten,
Sie werden sterben, ehrlos wie ein Schuft!

FÜRST:
Das wird sich zeigen – und sehr schnell!

ARBENIN: Gut, gehen wir!

FÜRST:
Jetzt bin ich glücklich!

DER UNBEKANNTE *hält ihn zurück*: Doch das Wichtigste …

FÜRST *hält Arbenin zurück*:
Noch einen Augenblick: Sie sollen wissen,
Daß Sie zu Unrecht mich beschuldigt haben.
Ihr Opfer ist nicht schuldig. Doch Sie haben
Mich rechtzeitig beleidigt. Eigentlich
Wollte ich Ihnen das nur sagen. Gehen wir!

ARBENIN:
Was? Wie?

DER UNBEKANNTE: Ja, Ihre Frau ist unschuldig,

Sie waren allzu streng mit ihr.

ARBENIN *lacht*: Sie scherzen.

FÜRST:

Nein, nein, ich scherze nicht, ich schwör's beim Schöpfer.
Das Armband kam durch eine Schicksalsfügung
Der Baronesse in die Hände, dann
Ward es von ihrer Hand mir übergeben.
Ich selbst war einem Irrtum aufgesessen –
Doch Ihre Frau, sie hat mich abgewiesen.
Hätt ich gewußt, daß dieser eine Irrtum
So unermeßlich Böses zeitigt, dann
Hätt niemals ich den Blick von ihr erwidert.
Die Baronesse – hier in diesem Brief
Entdeckt Sie Ihnen alles. Lesen Sie,
Doch schnell, mir sind die Augenblicke kostbar.

Arbenin senkt den Kopf und liest.

DER UNBEKANNTE *hebt scheinheilig die Augen zum Himmel*:

Das Schicksal straft den Bösewicht!
Die Unschuldige starb – wie schade!
Doch ihrer harrte hier nur Kummer,
Im Himmel aber die Erlösung!
Ich habe sie gesehen, ihre Augen
Spiegelten klar die Reinheit ihrer Seele.
Wer hätt gedacht, daß ein Moment Gewitter
Die wundervolle Blume knicken wird.
Warum so stumm, du Unglückseliger?
Reiß dir die Haare aus, winde dich, schreie!
O schrecklich, schrecklich!

ARBENIN *stürzt auf beide los*:

Du Henker, ich erwürge dich!

Er erschlafft und fällt in den Sessel.

FÜRST *gibt ihm einen Stoß*: Die Reue
Wird Ihnen nichts mehr nützen. Die Pistolen
Erwarten Sie, denn unser Streit
Ist noch nicht ausgetragen. Doch er schweigt,
Er hört mich nicht, ob er vielleicht
Seinen Verstand verloren hat?

Der Unbekannte: S' ist möglich.

Fürst:
Sie haben das Duell vereitelt!

Der Unbekannte: Wir
Gehn in verschiedne Richtungen: Ich habe
Gerächt mich, doch für Sie ist es zu spät!

Arbenin *steht auf, blickt wild um sich:*
Was haben Sie gesagt? O meine Kräfte ...
Wie wurde ich beleidigt! Und ich bin
So sicher mir gewesen, Gott, vergib!
Er lacht.
Und all die Tränen und das Klagen, Flehen?
Und du hast mir verziehn?
Er kniet nieder.
Sehn Sie: Ich falle
Vor Ihnen auf die Knie: So sagen Sie,
Daß es nicht wahr ist: Der Verrat und die
Intrige sind doch offensichtlich. Ich
Verlange, daß Sie sie jetzt schuldig sprechen.
Unschuldig – sie? Sind Sie dabeigewesen?
Was wissen Sie von meiner Seele? So,
Wie ich jetzt flehe, hat auch sie gefleht.
Ein Irrtum? Hab ich mich geirrt? Na schön!
Sie sagte mir genau dasselbe, doch
Ich sagte, es ist Lüge. *Er steht auf.* Ja, das sagte
Ich ihr. *Er schweigt.*
Jetzt werd ich Ihnen etwas sagen:
Nicht ich hab sie ermordet!
Er sieht den Unbekannten durchdringend an.
Sondern du!
Gesteh's! Nimm deinen Mut zusammen! Sprich!
Sei ehrlich, wenigstens zu mir! Mein Freund,
Warum warst du so grausam? Habe ich
Sie nicht geliebt? Nicht eine ihrer Tränen,
Wenn's möglich wäre, hätte ich dem Himmel
Freiwillig überlassen.
Er wirft sich an des Unbekannten Brust und weint.
Ich verzeihe dir!

DER UNBEKANNTE *stößt ihn von sich:*
Besinne dich, komm zu dir!
Zum Fürsten.
Schaffen wir
Ihn von hier fort. Er braucht jetzt frische Luft,
Dann wird er wieder zu sich kommen.
Er greift Arbenin unter die Arme.
Arbenin!
ARBENIN: Werden wir uns wiedersehn?
Adieu! Nun, gehen wir, ach, gehen wir …
Hierher …
Er reißt sich los und stürzt zur Tür, hinter der der Sarg steht.
FÜRST: Halt, bleiben Sie!
DER UNBEKANNTE: Auch dieser stolze Geist
Hat aufgegeben!
ARBENIN *stöhnt heftig, kommt zurück:*
Sehen Sie nur, hier!
Er läuft in die Bühnenmitte.
Ich sagte dir doch, daß du grausam bist!
Er fällt zu Boden und liegt aufgestützt mit geweiteten Augen. Der Fürst und der Unbekannte stehen neben ihm.
DER UNBEKANNTE:
Seit langem wollte ich die ganze Rache,
Jetzt bin ich ganz gerächt.
FÜRST: Ja, er ist glücklich,
Denn er hat den Verstand verlorn … Und ich?
Wo ist mein Seelenfrieden, meine Ehre?

Vorhang

ANHANG

NACHWORT

Selten hatte ein Dichter ein so stürmisches und folgenreiches Debüt wie Michail Lermontow im Februar 1837. Die Nachricht von der tödlichen Verwundung Puschkins im Duell erschütterte die Petersburger Intelligenz, die gebildeten Kreise der Stadt durchlebten die drei Tage bis zum Tod des geliebten Dichters wie im Fieber. Gerüchte über die Hintergründe des Duells, das einem Mordanschlag gleichkam, drangen durch, man wußte um die besondere Aufmerksamkeit des Zaren für jedes von Puschkin geschriebene Wort (bis zu den Privatbriefen). Die Weitsichtigen erkannten in Puschkin den ersten russischen Schriftsteller von Weltrang. Seine Dichtung war in dieser Zeit fast das einzige freie Wort, nachdem derselbe Zar Nikolai I. zehn Jahre zuvor die fünf führenden Dekabristen hatte hinrichten lassen und eine große Anzahl Gleichgesinnter in die Verbannung schickte. Wenige Monate vor dem verhängnisvollen Duell war der Philosoph Pjotr Tschaadajew auf allerhöchste Anweisung für geistesgestört erklärt worden – für einen Aufsatz, in dem dieser Schellings Identitätsphilosophie auf russische Verhältnisse anzuwenden versuchte und damit den oppositionellen Ideen neuen Auftrieb gab.

In dem Duell war die letzte Hoffnung auf eine geistige Belebung des Landes zerstört worden. Der Abenteurer d'Anthès hatte – das war sofort klar – nicht nur aus persönlichen nichtigen Motiven gehandelt, denn die Freude auf der Gegenseite war zu offensichtlich.

Noch vor dem Begräbnis Puschkins, das den Charakter einer Volksdemonstration anzunehmen drohte, verbreitete sich in Windeseile das Gedicht »Der Tod des Dichters«. Der Verfasser, der zweiundzwanzigjährige Offizier Michail Lermontow, drückte mit seiner Elegie genau die Stimmung der progressiven Kreise aus, ihren Schmerz, auch das Gefühl der Ohnmacht angesichts der Dreistigkeit des Anschlags, dem der Dichter zum Opfer gefallen war. Mit dem an Puschkins Sprache, an den Bildern von Puschkins Dichtung geschulten rhetorischen, aufrüttelnden Stil führte Lermontow die Tradition dieses Dichters fort und bekannte sich somit auch zu dessen »freier und kühner Begabung«, zu einer Auffassung, die den Dichter als Tribun begreift, als Sprecher historischer Wahrheiten, der sich notfalls auch allein gegen die »Meinungen der Welt« und ihrer Herrschenden stellt, die ihn »böse jagen«. Das freie poetische Wort und die »Welt« erschienen als unversöhnliche Antagonisten.

Lermontow war zum Zeitpunkt des Duells und in den nachfolgenden Tagen, in denen Puschkin mit dem Tode rang, krank; sein Arzt, der auch Puschkin betreute, hielt ihn auf dem laufenden. Die Erschütterung war groß und tief, die Hälfte des Gedichts sei fast in einem Zuge, in wenigen Minuten geschrieben gewesen, berichtete Lermontows Freund Rajewski, der vom Zaren ebenfalls zur Verantwortung gezogen wurde. Unter den Krankenbesuchern war auch der Kammerjunker Nikolai Stolypin, ein Verwandter Lermontows, ein aufstrebender Beamter des Außenministeriums, der es später bis zum Geheimen Rat brachte. Er hatte die Stirn, den Mörder im Streit sogar noch zu verteidigen; Lermontow spürte hinter den Argumenten die geheime Freude über das Vorgefallene, die Standesinteressen, die Interessen des Hochadels klangen deutlich aus dem Geschwätz heraus. Das bot den Anlaß für die letzten sechzehn Zeilen des Gedichts, in denen (wiederum mit Puschkinscher Sprache) die »neuen« Adelsfamilien, die den innen- und außenpolitischen Kurs Nikolais bedenkenlos unterstützten, als »Henker der Freiheit, des Genies und des

Ruhms« attackiert werden, auch das »Gesetz«, dessen Schutz sie genießen. Das war offener Aufruhr, und das Gedicht fand schnelle Verbreitung. Zeitgenossen sprachen von »Zehntausenden« Abschriften des Gedichts, eine im damaligen Rußland übliche Praxis, solche Texte weiterzugeben; derartige Abschriften gelangten in zahlreichen Privatbriefen ins Ausland.

Auch die Geheimpolizei erhielt auf diesem Wege ihre Informationen. Der Chef der Geheimpolizei, der allmächtige Graf Alexander Benckendorff, betonte in seinem Bericht an den Zaren die »schamlose, mehr als verbrecherische Freigeisterei« des Gedichts. Der Zar schrieb direkt auf den Bericht einen Befehl »an den Oberarzt des Gardekorps, diesen Herrn zu besuchen und sich zu überzeugen, ob er nicht verrückt ist«. Ein neuer Tschaadajew-Fall drohte. »Über die unerlaubten Verse, die vom Kornett des Leibgarde-Husarenregiments Lermantow (sic!) geschrieben wurden, und über deren Verbreitung durch den Gouvernementssekretär Rajewski« wurde eine Akte angelegt. Drei Wochen nach Puschkins Tod wurde Lermontow verhaftet, und schon eine weitere Woche später hatte Nikolai den Befehl für die Strafversetzung Lermontows (zur kämpfenden Truppe in den Kaukasus) und Rajewskis (in die Provinz) unterschrieben. Der junge Dichter hatte dem Regime mit dem Gedicht den Kampf angesagt, das wurde geahndet und ihm (vor allem von Benckendorff, der auch später nur mit persönlichem Haß von Lermontow sprach) nicht vergessen, der Kampf wurde nicht eingestellt, er endete mit Lermontows Duelltod am 27. Juli 1841. Das war drei Monate vor seinem siebenundzwanzigsten Geburtstag.

In diesem kurzen Leben konnte seine Dichtung nicht ausreifen, sie hat etwas sehr Jugendliches. Und doch stehen Lermontows Werke vollendet vor uns: besonders die Gedichte und Poeme (»Das Lied vom Zaren Iwan Wassiljewitsch, vom Leibwächter Kiribejewitsch und vom wackren Kaufmann Kalaschnikow« und »Mziri«) in dem von ihm selbst 1840 herausgegebenen Band, so auch die in den letzten Lebensmonaten geschriebenen Gedichte, das Poem

»Der Dämon« und natürlich der grandiose Roman »Ein Held unserer Zeit«. Alle diese Werke tragen aber den Stempel des Aufbruchs, der Veränderung. Es gibt früh verstorbene Dichter, die mit einem (meist autobiographischen) Roman oder einem einzigen Gedichtband in die Weltliteratur eingegangen sind, an deren Leistung aber auch abzulesen ist, daß sie kaum noch Bedeutenderes hervorgebracht hätten. Lermontow gehört nicht zu ihnen. Seine Werke sind nicht als Ergebnis zu begreifen, sie sind voller weiterzuführender Motive, voller Neuansätze.

Michail Jurjewitsch Lermontow wurde am 15. Oktober (nach neuem Kalender) 1814 in Moskau in einer Familie geboren, die dem mittleren Adel angehörte. Der Vater war ein relativ mittelloser Hauptmann im Ruhestand, der nach dem frühen Tod seiner Frau den Jungen der Schwiegermutter, Jelisaweta Arsenjewa, überließ, die Geld und weitreichende Beziehungen besaß, um für eine gute Ausbildung des geliebten und verwöhnten Enkels zu sorgen. Die Kinderjahre verbrachte er auf dem Gut der Arsenjews im Gouvernement Pensa, das Dorf trägt heute Lermontows Namen. Zwei Sommerreisen der Familie zu den Heilquellen im Kaukasus (1820 und 1825) machten den Jungen früh mit der geheimnisvollen Bergwelt vertraut. In den Jahren 1828 bis 1830 lernte er in der »Vornehmen Pension der Moskauer Universität«, einem der besten Gymnasien Rußlands überhaupt, an dem auch Universitätsprofessoren unterrichteten. Als Vierzehnjähriger hatte er, wie er später angab, »begonnen Verse zu schmieren«, von denen einige in den handschriftlichen Schulalmanach aufgenommen wurden; ohne Wissen des Autors erschien 1830 ein Gedicht in der Zeitschrift »Atenej«.

Lermontows Frühwerk ist außerordentlich umfangreich. Aus dem Jahr 1828 sind drei Poeme von vierzig Druckseiten erhalten; aus den beiden Schuljahren sind etwa 150 zum Teil lange Gedichte bekannt; 1830 wurden die ersten beiden Dramen, »Die Spanier« und »Menschen und Leidenschaften« (mit deutschem Titel!), geschrieben. Nicht weniger produktiv war Lermontow auch in den nachfolgenden zwei Jahren, in denen er Student der »Moralisch-politischen Abteilung« (später der Philologischen Abteilung) der Moskauer Universität war, ungefähr fünfzig Prozent des gesamten uns bekannten Lermontowschen Werks stammen aus diesen vier Schul- und Universitätsjahren.

Dennoch können diese Dichtungen nicht als unreife Versuche eines Halbwüchsigen abgetan werden. Natürlich wurde vieles in der Manier bekannter Dichter der Weltliteratur geschaffen. Bevorzugte Vorbilder waren solche, die den lyrischen Helden als oppositionell, seiner Mitwelt gegenüber geistig überlegen und einsam zugleich schilderten. Solche Helden fand Lermontow bei Puschkin und selbst bei Shukowski, bei Rousseau (auf die »Bekenntnisse« bezog er sich noch im »Helden unserer Zeit«) und Schiller. Byron war für eine ganze Zeit das alles überragende Beispiel. Doch würden wir an der Wahrheit vorbeisehen, wollten wir die Suggestivkraft dieser Dichter für Lermontows Frühschaffen allein oder vordergründig als den entscheidenden Wegweiser betrachten. Die vorgeformten literarischen Bilder sind das eine, die Lebenssituation das andere. Der junge Dichter ahnte mehr, als er wissen konnte, daß er einsam bleiben würde: als einer, der, mit neuen Gesellschaftsideen ausgerüstet, den reaktionären Charakter der herrschenden Kräfte durchschaut, mit bemerkenswertem Scharfsinn auch die Unfähigkeit des Systems zu einer Selbstkorrektur oder zur produktiven Antwort auf die Forderungen der Zeit erkennt und dabei doch um sich keine geistesverwandten Kräfte weiß, einige wenige Freunde ausgenommen. Sogar in ihnen und – noch schlimmer – in sich selbst hat Lermontow immer wieder mit dem gleichen Scharfsinn und dem gleichen kritischen Geist so viel Unfähigkeit zur Weltveränderung entdeckt, daß Spott und Ausweglosigkeit, Kämpfergeist und unfruchtbare Arroganz, historische Weit- und Klarsicht und Selbstzerstörung stets verwandte Motive seiner Dichtung blieben.

Bewundernswürdig an dieser Haltung ist, daß Lermontow nie aufgegeben, nie seine unabänderliche Lebenssituation hingenommen hat, obwohl es nach den Dekabristen keine revolutionäre Adelsbewegung mehr gab. Die nächste revolutionäre Welle, die der kleinbürgerlichen Intellektuellen, hatte erst 1860/61 ihren Höhepunkt, nachdem sie schon in den vierziger Jahren durch den europäischen Vormärz einige Impulse bekommen hatte. Die dreißiger Jahre sind eine Zeit der Suche, der Einsamkeit, des »Grübelns«, wie Alexander Herzen später in seinen Erinnerungen schreibt. Lermontows Dichtung ist Ausdruck dieser Zeit. Schonungslos hat er die Psyche seiner Zeitgenossen durchleuchtet und gleichzeitig die Zustände und ihre Sachwalter unermüdlich und heftig kritisiert, dabei die Sinnlosigkeit des Aufbegehrens klar vor Augen, ohne die Welt insgesamt als sinnlos anzusehen.

Die historischen Ereignisse von 1830 und 1831, die Jahre von Lermontows früher Lyrik also, berechtigten noch zu Hoffnungen. Die Julirevolution in Paris, die Revolution in Belgien, die antitürkische Volkserhebung in Albanien, später auch der polnische Aufstand hatten Europa aufgerüttelt und die oppositionellen Kräfte mobilisiert. Heine und Büchner sind in der deutschen Literatur die besten Zeugen. In der Ukraine mußten große Truppenteile gegen die aufständischen Bauern unter Karmeljuk zusammengezogen werden, die Erinnerung an den großen Pugatschow-Aufstand während der siebziger Jahre des vorangegangenen Jahrhunderts wurde immer lebendiger. In Rußland kamen, vor allem im Sommer und Herbst 1830, spontane Bauernrevolten hinzu, die ein für die Zeitgenossen unverständliches Bild boten: die Quarantänemaßnahmen gegen die sich ausbreitende Cholera, vom zaristischen Beamtenapparat mit der üblichen Geistlosigkeit durchgeführt, wurden von den Bauern vielerorts als neuerliche Drangsalierung angesehen, und sie waren der Anlaß für einen wilden, anarchistischen Ausbruch des Volkszorns. Michail Lermontow wurde durch die Quarantäne auf dem Landgut der Großmutter festgehalten und hörte von niedergebrannten Gutshäusern in der ferneren Umgebung, später kam die Nachricht vom Tode des Bruders der Großmutter während dieser Unruhen: N. A. Stolypin war als Gouverneur von Sewastopol während der Revolte erschlagen worden. In seinen Gedichten »Prophezeiung«, »30. Juli. (Paris) 1830« und anderen läßt der sechzehnjährige Dichter keinen Zweifel am Sturz der Zarenkrone, wobei er eine in Europa verbreitete Auffassung vom Verlauf eines Volksaufstands vertritt (so hatte man den Verlauf der Revolution von 1789 verstanden): eine Volkserhebung stürzt die Herrscher, doch bringt sie auch einen länger andauernden Zustand von Anarchie mit sich, der schließlich durch das Auftreten einer herausragenden Persönlichkeit beendet wird, die als Ordnungsträger und Vollstrecker des Volkswillens gleichermaßen gilt. Dieses Hervorheben des großen Einsamen hat stilistische Konsequenzen. In den Gedichten, die die Traditionen der europäischen Romantik aufnehmen, herrscht oftmals eine Stimmung der Trauer und des Pessimismus vor, eine unbegründete pauschale Opposition zur ganzen Welt. Selten nur (aber doch vernehmbar) ist Sehnsucht nach Freunden ausgedrückt oder der Wunsch, die erzwungene Einsamkeit möge ein Ende finden. Auch die Liebesgedichte, in denen mal die schwarzen Augen der Katja Suschkowa, die später für ihren Leichtsinn gescholten wird, mal das geheimnisvolle, unbeständige Mädchen N. F. I. besungen werden, zeugen von Einsamkeit. So werden die Tagebuchgedichte das passende Genre; die unablässige Selbstanalyse darin führt einerseits zur Festigung des Verhältnisses zur Welt, andererseits zur beginnenden kritischen Einschätzung des selbstgenügsamen lyrischen Helden. Beide Tendenzen sind für die weitere Entwicklung des Dichters von Bedeutung. Das belegen zwei Werke, die aus dem Frühschaffen herausragen: die ersten Fassungen der Poeme »Der Dämon« und »Mziri« (unter dem Titel »Die Beichte«). Einsame, überlegene Weltverachtung, die einer Prüfung durch die Liebe unterzogen wird, und nicht zu bändigende Auflehnung eines Gefangenen – das sind die durchaus gegensätzlich aufzufassenden Grundhaltungen.

Mit solchen Ideen und poetischen Erfahrungen wurde Lermontow 1830 Student der Moskauer Universität, wo zu gleicher Zeit auch Belinski, der Philosoph und Kritiker Stankewitsch, die Schriftsteller Gontscharow, Herzen und Ogarjow studierten. Die beiden letzteren hatten 1827 auf den heutigen Leninbergen in Moskau zum Andenken an die hingerichteten Dekabristen den Schwur abgelegt, ihr Leben der Befreiung des russischen Volkes zu widmen, dementsprechend war ihre Haltung als Studenten und ihre Auffassung von den politischen Zeitereignissen. Um Herzen bildete sich ein Studentenzirkel, der sich mit den Ideen des utopischen Sozialismus beschäftigte und dem auch einige Freunde Lermontows angehörten. Solche Aktivitäten der Studenten boten damals mehr geistige Anregungen als die teilweise recht bescheidenen wissenschaftlichen Leistungen der Lehrkräfte. 1831 waren Herzen und Lermontow an den Aktionen zur Suspendierung eines reaktionären und unfähigen Professors beteiligt. In den Prüfungen zeigte Lermontow, wie die Protokolle beweisen, Belesenheit, gleichzeitig aber auch Unkenntnis des Vorlesungsstoffes, Kommilitonen berichten von Debatten des Prüflings mit seinen Examinatoren, und auf einer Liste des Jahres 1832 steht der Vermerk »consilium abeundi«: der Student möge die Bildungsanstalt verlassen.

Dies geschah, und unvermittelt fand sich Lermontow in der poetisch unfruchtbaren Atmosphäre einer Petersburger Gardeoffiziersschule wieder, deren Abschluß glänzende Aussichten für eine Karriere versprach. Wie Lermontow später schrieb, waren es »zwei schreckliche Jahre« bis zur Entlassung als Kornett (Unterleutnant) in das Leibgarde-Husarenregiment im Dezember 1834, kurz nach seinem zwanzigsten Geburtstag. Die Disziplin war ungewohnt, und das weitgehende Fehlen einer geistigen Atmosphäre unter den Lehrkräften und Schülern mußte auf den jungen Dichter bedrückend wirken. Einige wenige nur interessierten sich für Literatur, so der Russischdozent, der gelegentlich Literaturkritiken veröffentlichte. Er las Lermontows Gedichte, gab ihm sogar poetische Aufgaben, und eines Tages verkündete er der Klasse, man fände in diesem Kreis »den zukünftigen Dichter Rußlands«. Freunde erinnerten sich später, daß Lermontow sich mitunter abends in ein leeres Klassenzimmer zurückzog, doch war das natürlich keine systematische dichterische Arbeit. Das Prosastück »Wadim« wurde weitergeschrieben, das Kaukasuspoem »Hadschi Abrek« entstand, die Arbeit am »Dämon« wurde fortgeführt, Gedichte wurden nur wenige geschrieben. Gleichzeitig verfaßte er »Antipoesie«: »Poeme« über gedachte und wirkliche erotische Abenteuer, mit Naturalismen und Offiziersjargon durchsetzt, die bei Gelagen vorgetragen wurden und den Beifall der unreifen jungen Leute fanden. Doch bedeuteten solche Spielereien zugleich den Abschied von der epigonalen romantischen Geste. Die Zeit forderte in ganz Europa das Studium der realen sozialen Verhältnisse, und das hatte eine schnelle Überwindung der Traumwelt zur Folge, auch des reinen Ablehnens der Zustände. E. T. A. Hoffmann leistete das mit dem Betonen der Widersprüchlichkeit von Realem und Irrealem, Heine mit einer ironischen Konfrontation des Träumers und der realen Zustände, Puschkin mit der Einbeziehung des Volkslebens in die große Dichtung.

Das erste Werk in dieser neuen Schaffensperiode Lermontows ist das Drama »Maskerade«. Es ist auch die erste Arbeit, um deren Drucklegung er sich selbst ernsthaft bemüht hat: im Oktober 1835 reichte er eine Fassung bei der »Dramatischen Zensur bei der III. Abteilung der Privatkanzlei Seiner Kaiserlichen Majestät« (die III. Abteilung war die politische Polizei Benckendorffs) ein. Einen Monat später bekam er das Manuskript »zwecks nötiger Änderungen« zurück. Auch die zweite Fassung (in vier Akten) erhielt er im Januar 1836 mit Benckendorffs persönlichem Wunsch zurück, die Vergiftung Ninas solle entfallen und durch »eine Versöhnung zwischen Herrn und Frau Arbenin« ersetzt werden. Im November 1836 wurde dann auch die dritte Variante (in fünf Akten), die dem Wunsch natürlich nicht entsprach, verboten; das Stück konnte erst nach Lermontows Tod gedruckt werden, zunächst noch mit starken Streichungen. Versuche aus den Jahren 1843, 1846, 1848, die »Maskerade« auf eine Bühne zu bringen, wurden gleichfalls von der Zensur unterbunden, und noch 1862 hatte das Moskauer Kleine Theater Schwierigkeiten mit den Behörden.

Natürlich nahm der Chef der Gendarmerie Anstoß an der Satire, mit der der Hochadel attackiert wurde. Unschwer ist zu erkennen, daß der Titel des Stücks den Charakter der Gesellschaft meint, in der die Menschen Eigenes, sofern es überhaupt vorhanden ist, sorgsam hinter Masken verbergen und die eingelernten Spielregeln wichtiger sind als menschliches Gefühl. Noch bei der Lektüre der Szenen aus dem Adelsleben in Tolstois Romanen denkt man an das Lermontowsche Jugendstück, das seinerseits an Gribojedows Komödie »Verstand schafft Leiden« erinnert. Auch die Entstehungsgeschichte weist Parallelen auf: beide Autoren verbrachten ganze Monate auf Adelsbällen, in exklusiven Gesellschaften, auf Empfängen; die Eindrücke verdichteten sich allmählich zu literarischen Typen. Doch zum Unterschied von dem elf Jahre älteren Werk, das noch von den Dekabristenideen angeregt worden war, setzt Lermontow in neuer Situation die widersprüchliche Einschätzung der progressiven Adligen fort, die Puschkin zwischenzeitlich mit seinem »Eugen Onegin« weit vorangetrieben hatte: dieser ist durch seine kritische Sicht des Adelslebens weit über die Zeit hinaus – und lebt in ihr, den Konventionen und dem maskenhaften Gebaren durchaus folgend. Lermontow trug sich eine Zeitlang mit dem Gedanken, dem Stück den Namen der Zentralgestalt zu geben. Der Spötter Arbenin hat seine Sphäre weit hinter sich gelassen, einem Hamlet gleich kann er das Maskenspiel sogar selbst inszenieren und die Figuren nach seinem Willen agieren lassen, jedenfalls durchschaut er alles – bis auf eine Kleinigkeit, die erweist, wie eng er selbst in den Konventionen gefangen ist, wie wenig menschliche Substanz in ihm steckt. Hamlet trug die große Welt der Renaissance-Ideale in sich, deren realer Gehalt ihm Schwierigkeiten machte, Arbenin ist ein Spieler – nichts mehr, er nennt sich selbst so. Kein Ideal, kein Lebensziel, keine Taten, und so kehrt sich auch das Spiel in eine »Othello«-Handlung um, in der eine Intrigenwelt dem Helden sein Glück neidet. Arbenin ist kein Held, er ist geschickter im Intrigieren als seine Gegner, wirksamer beim Verleumden, brutaler beim Zerstören des menschlichen Glücks, auch des eigenen.

Das ist alles von Lermontow selber durchlebt. Seit seiner Ernennung zum Gardeoffizier nützte er die gebotenen »gesellschaftlichen« Möglichkeiten weidlich aus, drang in immer »höhere« Kreise vor, sich dabei auch auf die Beziehungen der Großmutter stützend. Dort war er seines scharfen Geistes und seiner spitzen Zunge, seiner lebendigen Art wegen bald geliebt und gehaßt zugleich. Jetzt fand die schon lange andauernde Liebesgeschichte mit »Miß Black-Eyes«, der schwarzäugigen Katja, ein für Lermontow unrühmliches Ende. Ohne sie eigentlich zu lieben, bemühte er sich am Ende des Jahres 1834 lange um sie, bis sie ihm ein Liebesgeständnis machte (was eine Dame nicht tun durfte). Nun schrieb er ihr einen anonymen Brief, der ihr die Erfüllung ihrer Wünsche unmöglich machte. Die überlegene Spötterin des Jahres 1830 war zum wehrlosen Opfer geworden. Da haben wir Arbenin in jugendlicher Ausführung: die Macht über die Mitmenschen wird erprobt, die Spielregeln der Gesellschaft werden beherrscht, die eigene Liebe wird in den Schmutz getreten. Und es ist noch mehr: selbstquälerisches Studium solcher »dämonischer« Kräfte, denn in der kritischen Sicht auf Arbenin liegt Bejahung seines überlegenen Spotts und Verneinung der Ideallosigkeit, darüber hinaus aber auch noch die dumpfe Erkenntnis, daß die eigene Weltsicht nichts Positives an sich hat. In so verzweifelter Situation war selten ein Dichter.

Puschkins Duelltod erschütterte ihn besonders tief, schuf aber auch einen höheren Grad von Verantwortung gegenüber seiner von ihm selbst inzwischen nicht mehr angezweifelten dichterischen Begabung. Immer häufiger fand Lermontow zu intensiver Arbeit. Er ließ sich, wie ein Freund berichtete, während seines etwa zehntägigen Arrests den Proviant in Papier verpackt bringen, »und auf diesen Fetzen schrieb er mit Wein, Ruß und Streichhölzern einige Stücke«, zu denen neben den Gefängnisgedichten

»Der Gefangene« (das ist eine Neufassung eines Textes von 1832) und »Der Nachbar« die zauberhaften, hingebungsvollen Daktylen des »Gebets« gehören und die kunstvoll über sechzehn Zeilen gebaute syntaktische Periode »Wenn das Getreide reifend wogt am Waldessaume . . .«, wo die heimatliche Natur (mal im Herbst, mal im Frühling) Ruhe und Glück verheißt.

Offenbar noch vor den Versen auf Puschkins Tod schrieb Lermontow sein Gedicht »Borodino«, das – die Schwerfälligkeit der Amtsmaschine machte das möglich – im Mai 1837 mit Lermontows Namen in Puschkins Zeitschrift »Sowremennik« erschien, als er selbst bereits in der Verbannung im Kaukasus war. Das Gedicht fand wegen der patriotischen Idee allerhöchsten Beifall, was zur schnellen Begnadigung im November des gleichen Jahres beitrug. Dabei wurde aber übersehen, daß hier nicht schlechthin eine patriotische Hymne zum 25. Jahrestag der großen Schlacht gegen Napoleons Heere verfaßt worden war. Einem Teilnehmer des Ereignisses, einem bärbeißigen Veteranen von 1812, offenbar aus einfachsten Verhältnissen, wird das Wort zum kunstvollen Bericht erteilt – der Dichter läßt einen Menschen aus dem Volk große Geschichte beurteilen. Das war von so epischer Substanz, daß Lew Tolstoi später das Gedicht als »Samenkorn« für »Krieg und Frieden« bezeichnen konnte. Lermontow läßt den Sprecher die Rede seines ehemaligen, auf dem Schlachtfeld gefallenen Regimentskommandeurs zitieren: »Auf, Kinder, hinter unserm Rücken liegt Moskau – alles klar! Wie's unsrer Väter Ruhmeserben geziemt, so laßt uns heute werben um Sieg und Tod!« Diese Worte bekamen im Winter 1941 bei der Verteidigungsschlacht vor Moskau schicksalhafte Bedeutung. Lermontow schätzt in seinem epischen Gedicht die Kraft der Volksmassen sehr hoch, er würdigt das Volk als Retter der Nation.

War ein solcher demokratischer Blickpunkt gar die nötige, so dringend nötige Basis für die poetische Bewältigung der Welt? Der Dichter bezieht das Geschehen von 1812 sogar ganz vordergründig auf die Gegenwart, deren Inhaltslosigkeit offenbar wird, ohne daß er darüber mit Weltschmerzgeste klagt. Doch nicht nur die Gesellschaftszustände entsprechen der historischen Tradition nicht, auch die Charaktere der Klügsten und Unzufriedensten, zu denen Arbenin gehört, zu denen aber auch Lermontow selbst gerechnet werden konnte. Die Isolierung des Dichters sollte nicht von Dauer sein.

In dieser Hinsicht war – so paradox verläuft mitunter Geschichte – die Verbannung in den Kaukasus für Lermontow etwas sehr Wichtiges. Gewiß, der Unterschied zwischen dem Leben eines begüterten jungen Gardeoffiziers in der Hauptstadt und dem entbehrungsreichen Dasein eines Frontoffiziers, fern von dem gewohnten Kreis, der vielfältige geistige Anregungen zu vermitteln vermochte, war groß. Hier war Krieg, die Bergvölker verteidigten ihre Unabhängigkeit, die Verluste der russischen Truppen waren zeitweilig hoch. Doch bedeutete diese Veränderung – noch stärker die zweite Verbannung im Jahre 1840 – einen weiteren Schritt hin zu Werten, auf die man sich stützen konnte. Dazu zählt der Heldenmut »einfacher« Menschen in beiden kämpfenden Lagern: der unbändige »Bandit« Kasbitsch und Belas Bruder im Roman »Ein Held unserer Zeit« sind beste Zeugnisse für Lermontows Berührung mit den Bergvölkern, der Stabskapitän Maxim Maximytsch aus dem gleichen Roman gleicht einem nachgelieferten Porträt des unsichtbaren Sprechers in »Borodino«.

Nicht minder wichtig ist der Eindruck der grandiosen Berglandschaft für die ganze weitere Entwicklung Lermontows. Der junge Dichter hatte immer schon gern gezeichnet und sich auch an Ölbildern versucht. Der Kaukasus machte ihn im Sommer 1837 zu einem Maler, dessen Bedeutung für die nachromantische russische Landschaftsmalerei noch keine entsprechende Wertschätzung gefunden hat. Die Stadtbilder von Tbilissi und Pjatigorsk fügen sich in eine Welt aus braunen, weißen, lila Bergen ein, die Abendstimmung auf dem Bild einer Bergsiedlung mit Kamelen erinnert an Caspar David Friedrich, das Gemälde

»Auf dem Kreuzpaß« (das ebenso wie eine »Erinnerung an den Kaukasus« im Jahr darauf in Petersburg vollendet wurde) betont neben der Schönheit die Übermacht der Bergwelt und die Gefahr für den Menschen. »Die Bergluft ist für mich wie Balsam«, schrieb er am Ende dieses Jahres an Rajewski über ein Bergsteigerabenteuer, »der ganze Weltschmerz geht zum Teufel, das Herz schlägt, und die Brust weitet sich, man ist in dieser Minute wunschlos glücklich. Ich könnte ein Leben lang so dastehen und nur schauen.«

In seinen poetischen Werken finden sich von nun an auch solche Bilder. Der junge Klosternovize (»Der Mziri«) fühlt sich eins mit der im Sonnenschein wie im »feindlichen« Gewitter unermeßlich schönen Natur. Wenn der Dämon für solche Schönheiten keinen Blick hat, so ist das zwar verständlich und schmerzlich, wird aber zugleich zu einem Argument gegen die zu überwindende subjektivistische Welthaltung. In den Frühgedichten waren die meist knappen Naturbilder als Vergleichsmaterial zur Erhellung unklarer emotionaler Inhalte nötig. Jetzt rücken die Naturmotive in den Vordergrund, und die Empfindungen entwickeln sich aus verselbständigten Landschaftsbildern, dabei kann auf die direkte Beschreibung des Gefühls (ursprünglich das eigentliche Material des Gedichts) ganz verzichtet werden (»Die drei Palmen«, »Das Blatt«, »Der Felsen«).

Die Schönheit der poetischen Naturbilder Lermontows ist immer wieder gerühmt worden. Franziska Kugelmann erinnerte sich, daß Karl Marx seine Freude über die Meisterschaft des Landschaftsdichters Lermontow bekundete. Sergej Kirow, der spätere Sekretär der Leningrader Parteiorganisation, der den Kaukasus gut kannte, schrieb 1911 in einem Brief aus dem zaristischen Gefängnis über die »erstaunliche Darstellungskraft, Beobachtungsgabe und Gefühlstiefe« Lermontows, die sich in seinen dichterischen Landschaftsbildern offenbaren. Die beiden ersten Kosmonauten, Juri Gagarin und German Titow, gaben ihren Empfindungen über die Schönheit unseres Planeten und der als so nah empfundenen Sterne mit Lermontows Versen Ausdruck.

Der krasse Wechsel von den Petersburger Salons zur südlichen Natur veränderte entscheidend das Weltbild des jungen Poeten, in dem der Eigenwert einer objektiv existierenden Natur und der Menschen jetzt besonders hervortrat. Die Dichtung stützte sich nun in hohem Maße auf ein gewissenhaftes Studium der Realität. Die auf Fichte orientierte Philosophie, die den Dichter gegen eine abzulehnende Welt stellte, löste jetzt ein objektiver Idealismus Schellingscher Prägung ab, mit dem Lermontow sich schon im Gymnasium vertraut gemacht hatte. Der Physiklehrer M. Pawlow, der gleichzeitig als Professor an der Universität tätig war, sprach zu seinen Schülern immer wieder von Schelling und Oken. Hier und später an der Universität hat Lermontow wahrscheinlich vom Kreis der Ljubomudry, der »Weisheitsfreunde«, gehört, die (was zu den unerwünschten und später gar verbotenen Beschäftigungen gehörte) 1823 bis 1825, in der Zeit der Dekabristenbewegung, die deutsche Philosophie und besonders Schelling studierten. Ihr Wortführer, der vor allem auf die deutsche Romantik orientierte Schriftsteller Wladimir Odojewski, wurde später Lermontows Freund und Förderer, und ihre »Streitgespräche« (so Odojewski) über Religion und Philosophie bedeuteten für beide viel. Zweifellos kannte Lermontow das Schicksal Tschaadajews, der mit dem Autor der Identitätsphilosophie in München lange und fruchtbare philosophische Gespräche geführt hatte. Solche Gespräche mit Schelling hatte auch der Diplomat Iwan Gagarin, mit dem Lermontow 1839 in Petersburg häufig zusammenkam. Und schließlich muß der Student Lermontow gewußt haben, daß sich der Kreis der Studenten der Naturwissenschaft um Herzen und Ogarjow mit philosophischen Problemen beschäftigte. Schelling war auch für sie noch die letzte Autorität des philosophischen Denkens.

Es ist verständlich und folgerichtig, daß Lermontow nach der Überwindung subjektivistischer Lebensvorstellungen gelegentlich die Objektivität der Welt und der ihr eigenen Gesetze überbetonte. Gesetze der Ewigkeit scheinen auf uns auszustrahlen im »Streit« (einem der letzten Gedichte Lermontows) zwischen dem »Graukopf« Elbrus und dem mit einer Wolkenkappe bedeckten Kasbek. Im letzten Teil des »Helden unserer Zeit«, der Erzählung »Der Fatalist«, wird die Abhängigkeit des Menschen von unabänderlichen Gesetzen ·ins Extrem getrieben, das fast keinen Handlungsspielraum mehr zuläßt.

Der unbekümmerte Subjektivismus der ersten Jugendjahre war ein für allemal überwunden. Die Leichtigkeit, mit der der zaristische Machtapparat die Einzelgänger, so auch Lermontow selbst, ausgeschaltet hatte, war nicht ohne Wirkung geblieben. Ihm strömten in den Kaukasusmonaten von allen Seiten geistesverwandte Kräfte zu. Er hatte mehrere Begegnungen mit ehemaligen Dekabristen, die in den Kaukasus verbannt worden waren. Wie ein Nekrolog-Gedicht auf einen von ihnen, den Dichter Alexander Odojewski, zeigt, entwickelte sich sogar eine tiefe Freundschaft. Odojewski hatte in seiner Antwort an Puschkin aus der sibirischen Verbannung der Überzeugung Ausdruck gegeben, daß »aus dem Funken die Flamme schlagen« und des Zaren Macht zerbrechen werde. Er und seine Leidensgenossen bildeten in den Kaukasusorten Sammelpunkte für die progressive Intelligenz. Auch hiervon sind Andeutungen in den Roman eingegangen: vor allem in der Person des Skeptikers Dr. Werner, der in dem Dr. Maier aus Stawropol einen Prototyp hat. Eine Freundschaft verband Lermontow auch mit Nikolai Satin, mit dem er im Gymnasium und an der Universität studiert und der zu der Zeit schon eine Verhaftung und Verbannung hinter sich hatte. Dieser brachte ihn mit Belinski zusammen, doch dieses Gespräch war ohne innere Nähe.

Ein Teil des Lermontowschen Alltags im Kaukasus läßt sich an der Figur des Petschorin, an seinem Lebenswandel in Pjatigorsk, in der Festung und auf der Taman-Halbinsel ablesen. Freilich ist der Autor nur noch in wenigen Zügen mit seinem Helden identisch, der Abstand ist (auch weil der Roman zwei Jahre später niedergeschrieben wurde) größer als der zwischen Arbenin und dessen Schöpfer. Vor allem verlief die intensive geistige Arbeit Lermontows zum Unterschied von der Petschorins nicht ohne Ergebnisse. Nikolai Satin erinnerte sich später, Lermontow habe in dieser Zeit die »Prinzeß Mary« verfaßt, die größte Erzählung für den »Held unserer Zeit«, doch gibt es keine direkten Belege dafür, ebenso wie für den Hinweis eines anderen Bekannten, die Erzählung »Taman« sei im Herbst 1837 in Stawropol niedergeschrieben worden. Frühe Manuskripte des Romans, Entwürfe oder andere Materialien sind nicht erhalten. Sehr wahrscheinlich ist, daß es kaum solche Materialien gab, daß der Lyriker Lermontow, seiner sonstigen Arbeitsmethode entsprechend, alles im Gedächtnis hatte und das intensive »Grübeln« dann die relativ schnelle Endfassung hervorbrachte.

Aufgeschrieben hat der Dichter in Pjatigorsk, als er gezwungen war, wegen des Rheumas dort zu bleiben, »Das Lied vom Zaren Iwan Wassiljewitsch, vom Leibwächter Kiribejewitsch und vom wackren Kaufmann Kalaschnikow«. Hier ist Volksdichtung zu großer Literatur geworden: auf der Grundlage »historischer Lieder«, freier epischer Gesänge, in denen historische Ereignisse und authentische Personen verwendet werden, entstand ein Poem mit kräftigen Charakteren, die auf ähnliche Weise mit der Gegenwart konfrontiert wurden wie zuvor die Helden von Borodino. In sich konsequent ist der junge Adlige, der Opritschnik Kiribejewitsch, der sein Leben für ein Gefühl einsetzt, ebenso aber auch der Kaufmann Stepan Paramonowitsch, der, unterstützt durch seine Brüder, seine Ehre und die seiner Frau zu wahren weiß. Immerhin wird hier erstmalig für die russische Literatur an einem persönlichen Konflikt eine Klassenauseinandersetzung gestaltet, in der einem Mann des dritten Standes der Sieg gehört. In sich konsequent ist schließlich Iwan der Schreckliche, dessen grausame Entscheidung ganz seiner Lebensaufgabe, der Konsolidierung des Staates, entspricht.

Das ist in jeder Hinsicht volksverbundene Dichtung. Als hätte Lermontow sich lange Jahre mit Folkloristik beschäftigt, nützt er die traditionellen negativen Vergleiche (»Keine rote Sonne am Himmel steht, und die blauen Wolken bewundern sie nicht: Mit der goldenen Krone zu Tische sitzt der gestrenge Zar Iwan Wassiljewitsch«), die epischen Wiederholungen der Verben und Substantive, die aus einer Zeile in die nächste gezogen werden, die feststehenden Epitheta (rote Sonne, treuer Diener, scharfer Säbel, eichene Tür), die für Bylinen und historische Lieder üblichen Beginn- und Schlußformeln, didaktylischen und hyperdaktylischen Zeilenenden und versetzt uns so in die Vorstellungswelt des Volkes.

Kaum bemerkt wurde bisher, daß Lermontow zur gleichen Zeit das gleiche Sujet wiederholte, und zwar in einer komischen Variante. Die Verserzählung »Die Schatzmeisterin von Tambow« schildert im leichten Plauderton der Puschkinschen »Onegin«-Strophe, wie ein Gouvernementsbeamter seine Ehefrau am Kartentisch an einen Offizier verspielt, gerade an den Offizier, der sie durch seine Aufdringlichkeit ebenso bloßgestellt hatte wie der junge Kiribejewitsch die Frau des Kaufmanns Kalaschnikow. Hinter dem Spaß verbarg sich jedoch bittere Wahrheit: wo sollten auch im Rußland der Gegenwart Männer von der Art eines Stepan Paramonowitsch herkommen? Doch nicht aus dem Provinzbürgertum. Dem siegreichen Stabsrittmeister gehört die Sympathie des Lesers gleichfalls nicht, denn er spielt mit um die Frau, den Gegenstand seines Abenteuers.

Beide Werke erschienen fast gleichzeitig im Druck, beide anonym und durch Vermittlung Shukowskis, das humoristische Stück mit starken Kürzungen der satirischen Stellen durch die Zensur. Shukowski, der am russischen Hof eine ähnliche Stellung einnahm wie einst Wieland in Weimar, hatte all seinen Einfluß eingesetzt, um den jungen Dichter aus der Verbannung zu holen; Anfang November notierte er den ersten Erfolg seiner Bemühungen im Tagebuch. Im Januar 1838 war Lermontow wieder (zunächst auf Urlaub) in Petersburg, und drei Monate später erhielt er die Epauletten des Garderegiments zurück. Er registrierte mit Genugtuung, daß man sich jetzt in den hauptstädtischen Salons um ihn riß, daß er in Mode war, doch inzwischen wußte er das Wesen dieser Kreise nüchtern zu beurteilen. Es kam aber nicht wieder zur Selbstisolierung, der Freundeskreis um ihn wuchs. Er traf sich mit Shukowski, mit Wladimir Odojewski, mit dem Dichter Wjasemski, mit einem Kreis von Intellektuellen um die Tochter Nikolai Karamsins, mit Verlegern wie dem Liberalen Krajewski, wenig später auch mit dem Moskauer Slawophilen-Zirkel um Aksakow, Samarin, Chomjakow, in dem auch Gogol verkehrte. Hier hing man sehr an Vergangenem, doch wurden gleichzeitig manche fruchtbaren demokratischen Ideen entwickelt, die später auch auf Dostojewski ihre Wirkung nicht verfehlten. Im Mai 1840 las Lermontow in diesem Kreis seinen »Mziri«, und Gogol war begeistert von dem Poem. Im Jahr 1840 kam es auch zu einer erneuten Begegnung mit Belinski, die jener gesucht hatte, und das Gespräch war von grenzenloser Offenheit, Lermontow berichtete von seinen Schaffensplänen. Geringeren ideologischen Wert hatte ein Zirkel von Freunden um Lermontow, der sich wegen der Zahl seiner (gar nicht so konstanten) Teilnehmer einfach »Le seize«, die Sechzehn, nannte und der sich zwischen 1838 und 1840 häufig abends nach dem Theater traf. Wichtig war dem Dichter auch sein Erfolg bei intelligenten Damen, zu denen er ein freundschaftliches Verhältnis (abgesehen von einem gelegentlichen Flirt oder gar einem tiefen Gefühl) unterhielt; die Verse an die Dichterin Jewdokija (»Dodo«) Rostoptschina und an Maria Stscherbatowa zeugen davon. Das letztere Gedicht aus dem Jahr 1840 gehört zu den schönsten aus Lermontows Feder. Statt der für solche Widmungen üblichen Parallele zweier Geisteswelten, deren Verwandtschaft meist mit sehr traditionellen Formeln besungen wird, sieht Lermontow die Schönheit und die Kindlichkeit, den Stolz, die Gefühlsbeständigkeit der jungen Frau in Verbindung mit ihrer ukrainischen Heimat. Das gelingt nicht nur durch die Gegenüberstellung der »ukrainischen Weiten« und der »kalten, hochmütigen Welt« der ermüdenden Bälle, sondern auch mit dem Apostrophieren der »trauernden Heimat« der

Fürstin – im offiziellen Verständnis hatte jeder Bürger des russischen Imperiums dasselbe Vaterland. Wie das Volk der Ukraine (das Wort wird sogar ukrainisch, nicht russisch geschrieben) »wird sie Fremde um Hilfe nie bitten, ohne Stolz zu verlieren, hat Bosheit und Spott sie erlitten«. Deutlich sind Anklänge an Stilelemente der ukrainischen Volksdichtung zu bemerken.

»Sie lacht unter Tränen. Liebt Lermontow«, hatte ein Zeitgenosse nach einem Gespräch mit Maria Stscherbatowa notiert. Im Gedicht wird darüber nicht gesprochen, der Leser spürt statt dessen aus den Vergleichen die Tiefe der Gefühlsbeziehungen: »Wie der Sterne Gefunkel, mit ukrainischen Nächten im Bunde, erfüllt sich das Dunkel der Worte aus ihrem Munde. Aus ihren Blicken strahlt die Glut von südlichen Sternen, ihre Lippen beglücken wie Winde aus den Steppenfernen.« Aus einer tiefen, ganz irdischen und sicher unwiederholbaren Empfindung wird ein Weltverhältnis erahnbar. Dieser Dichter ist nicht mehr einsam zu nennen. Der Freundeskreis um Lermontow war Ermunterung an sich, man erwartete stets Neues von ihm. Gemessen an der nationalen Resonanz, die große Dichtung zum Leben braucht, erscheint das natürlich sehr wenig. Es förderte die Arbeitsatmosphäre, nicht mehr, vermittelte keine Impulse von geschichtlicher Tragweite, kein Wirkungsfeld. Die zwei Petersburger Jahre (von 1838 bis 1840) sind fruchtbare Jahre gewesen (trotz des Militärdienstes); »Arbeitsgegenstand« waren die Einsamkeit und die Wirkungslosigkeit der jungen Intelligenz, Ergebnis ein Sammelband mit Gedichten (November 1840, Auflage 1000 Exemplare), der Roman »Ein Held unserer Zeit« (im Mai des gleichen Jahres, mit schnell darauffolgender Nachauflage) sowie die weitere Arbeit am Poem »Der Dämon«. Die Wirkung der Werke erhöhte sich durch Vorausveröffentlichungen in den Zeitschriften, die sich ihm jetzt bereitwillig öffneten, und seit Januar 1839 durfte er auch unter seinem Namen publizieren.

Der Gedichtband von 1840 zählt zu den schönsten der Weltliteratur. Mit absolutem poetischem Geschmack wurden aus dem vorhandenen umfangreichen Material nur solche Gedichte ausgewählt, die tatsächlich bis in die Gegenwart lebendig geblieben und für uns heute nicht nur von historischem Interesse sind. Nicht einmal die weltberühmten Verse von dem einsam blinkenden Segel, das um Sturm bittet, konnten vor Lermontows selbstkritischem Blick bestehen. Nicht gedruckt wurden die herrlichen Liebeszeilen von 1838 »Schau deine Augen ich, lasurblaue Abgründe, so drängt meine Seele fort aus der Brust dorthin, und mir ist seltsam froh, ich weinte am liebsten, und möchte fallen gleich in deine Arme dann« – jeder andere Dichter hätte in solchen Versen, die den Herzschlag im Rhythmus wiedergeben, eine Bereicherung seiner Sammlung gesehen. Balakirew, Dargomyshski, Rubinstein haben das Gedicht vertont. Auch andere Gedichte aus der glei chen Zeit wie »Sie singt, die Laute, sie zergehen auf ihren Lippen, Küssen gleich ...« scheinen ihm offenbar nicht gut genug. Natürlich war an eine Veröffentlichung des Puschkin-Nekrologs wie anderer aufsässiger publizistischer Verse oder gar der satirischen Epigramme nicht zu denken.

Die schließlich aufgenommenen 26 Gedichte sind in 26 verschiedenen Versmaßen geschrieben – wieder und wieder fand der Dichter auch im Jahr darauf immer neue rhythmische Melodien für die immer neuen Empfindungen. Erstaunlich die thematische Spannweite: die beiden schon genannten Gefängnisgedichte finden ihre Vertiefung in dem Poem »Der Mziri«, die historische moskowitische Folklore des »Lieds vom Zaren Iwan Wassiljewitsch« findet ihr Gegenstück in einem Wiegenlied aus der Volkspoesie der Kosaken des Nordkaukasus; der ebenfalls schon erwähnte feinsinnige Odojewski-Nachruf ehrt die Helden des 14. Dezember; neben die beiden »Gebete« wird die »Hebräische Melodie« gestellt, mit der Lermontow seinem Vorbild Byron Dank abstattet. »Wanderers Nachtlied« von Goethe ist Lermontows schönste Nachdichtung. Statt der Ilmenauer Berge sah er vor sich die Hügel des Kaukasus-Vorlands, mit »Tälern voller frischer Finsternis«. Das Nicht-Singen der Vögel in Goethes Gedicht wird durch das

Nicht-Stauben der (südrussischen) Landstraße ersetzt, aus dem beruhigenden langen »u« des Originals sind dumpfe o-Laute geworden. (Lermontow übersetzte, konsequenter als andere Lyriker, nur solche Gedichte, zu denen er einen inneren Zugang hatte, Heines »Fichtenbaum« und »Sie liebten sich beide, doch keiner wollt' es dem andern gestehn« gehören dazu, auch eins von Mickiewicz' Gedichten aus der Verbannung, was als politische Tat und poetische Leistung gleichermaßen gewertet werden darf.)

Zwei Gedichte über die Bestimmung des Dichters betonen die eigene Einsamkeit und die gesellschaftliche Wirkungslosigkeit der Dichtung, eine Ausweglosigkeit gar, in die der echolose »krankhafte, irrsinnige Schrei« den Autor bringen muß; gleichzeitig wird deutlich, daß eine solche Ausweglosigkeit die einzige mögliche Lebensform des Dichters in eben solcher Zeit ist. Ein anderes Gedicht, in dem das poetische Wort mit einem Dolch verglichen wird, nimmt Lermontow jedoch nicht mit in seine »Ausgabe letzter Hand« auf, vermutlich deshalb, weil das Bild nicht auf seine Gegenwart anwendbar war. Mehr entsprach »Der Prophet« der Situation des Dichters; das ist das letzte Gedicht Lermontows. Er bekräftigt seine gottgegebene Berufung, wenn er dafür auch den Haß der Umwelt (der »Nächsten«) ertragen muß.

In den Versen mit Künstlerthematik geht es nicht nur um die Rolle der Dichtkunst allein; daneben und dahinter verbirgt sich die Zeitanalyse. »Und einsam und traurig, und niemand steht helfend bereit, im Leide die Hand dir zu reichen« wurde zur Losung der ganzen Epoche, die vielen betonten »u« machen das Bekenntnis zu etwas unsäglich Resignativem. »Das Leben, wie kühl und bedächtig man um sich auch blickt, ist nichts als ein Scherz nur, so leer und so nichtig.« Diese kalte Aufmerksamkeit ist Lermontows charakteristische Haltung. Der nur wenig jüngere Turgenjew berichtet, wie ihn während eines Salongesprächs die kalten Augen auf dem lachenden Gesicht des berühmten Dichters erschreckt hatten, und er fand, daß der gleiche Widerspruch in Petschorins Porträt zu bemerken war. Die unablässige bohrende Analyse (»refleksia« nennt das Belinski in einem seiner Aufsätze über Lermontow), die auch und vor allem Selbstanalyse ist, wird das schärfste – eigentlich einzige – Mittel zur Erfassung der Zeit. Sie hat Lermontow auch zum Meister der psychologischen Prosa und Lyrik werden lassen.

Das Gedicht »Betrachtung« ist das bezeichnendste Ergebnis dieser Arbeit. »Duma« (Gedanke, Nachdenken) heißt es im Original, und der Titel erinnert an die »Dumy« des hingerichteten Dekabristen Rylejew. Das unterstreicht den historischen Blick auf die Gegenwart: die »Generation« der Lermontowzeit wird zu den »Ahnen«, den »Vätern«, aber auch den »Nachkommen« in Bezug gesetzt: »Wir« wiederholen nur die Fehler der Väter, hinterlassen keine Spur im Land, die Nachfahren werden uns verachten. Der Lebensüberdruß junger Leute, das Verbergen von Hoffnung, Gefühl und Aufrichtigkeit hinter Zynismus, die Paralyse der Empfindung durch den zweifelnden Geist, der nichts hervorbringt, Kleinmut angesichts von Gefahren, sklavische Haltung vor der Macht – so schonungslos konnte nur ein Dichter mit seinen Zeitgenossen umgehen, der ihnen voraus war und in der Satire, aus der Negation heraus, ein Menschenideal zu entwerfen vermochte, das damals nicht Realität werden konnte. »Verflucht sei für alle Zeiten die Regierungsperiode Nikolais I.«, schrieb Herzen später, und er meinte nicht nur die Unterjochungsmaschine, sondern auch das Fehlen von geeinten progressiven Kräften, deren Kampf wenigstens von Zeit zu Zeit die muffigen Verhältnisse »zum Tanzen« gebracht hätte.

Die Kunst kann dort Parabeln einsetzen, wo die »direkte« Gestaltung der Gegenwart auf Grund der Verhältnisse oder wegen des politischen Drucks nicht möglich ist. Lermontow, der den aktiven Helden in der russischen Geschichte gefunden hatte, gestaltete ihn auch in dem Gleichnis von dem aus dem Kloster entflohenen Novizen (»Mziri« im Georgischen). Den alten Text des Poems »Die Beichte« hatte er zwischenzeitlich schon einmal in einer allerdings recht »literarisch« eigenwillig interpretierten russi schen Geschichtslandschaft ansiedeln wollen (»Der Bojar Orscha«, 1835/36). Die Bekanntschaft mit den freiheitsliebenden Bergvölkern und der wilden Natur des Kaukasus bereiteten eine bessere Grundlage für diesen Stoff. Ein Gespräch mit einem Klosterdiener in Georgien war der unmittelbare Anstoß dafür, außerdem lieferte die georgische Volksdichtung vielfach variierte Berichte über den Sieg eines jungen Mannes im Kampf mit einem Raubtier. Das dichterische Resultat ist eines der unbändigsten freiheitsliebenden und freiheitsverkündenden Werke der russischen Literatur, vergleichbar mit Gorkis »Sturmvogel«. Die von der Zensur vorgenommenen Streichungen konnten den Grundton des Poems nicht verändern, der Aufruhr war in jeder Zeile, ohne daß ein direkter Angriff auf das zaristische Regime formuliert war.

Ein noch nicht geweihter Mönch, der seit der Kindheit im Kloster lebt, flieht in einer Gewitternacht aus seinem Gefängnis, irrt zwei Tage auf der Suche nach dem Heimatdorf durch die Berge, sieht ein Mädchen von fern, erlegt ohne Waffe einen Panther – und findet sich, zu Tode entkräftet, vor den Toren seines Klosters wieder. Das ist schon die ganze Handlung, sie wird vom Dichter in gedrängtester Form erzählt. Die Psyche des Helden wird in der Selbstdarstellung einer Beichte, nach der Rückkehr, offenbar, in dieser Beichte liegt die Aussage des Poems. Seine Freude am lebensgefährlichen Kampf mit dem Raubtier, seine Freude an der wilden, unerschlossenen, unermeßlich reichen Natur, seine Bestätigung der Richtigkeit des Ausbruchs, trotz der unvermeidlichen Niederlage, sind Zentrum und Zweck des Poems. Der traditionelle vierfüßige Jambus erreicht durch die konsequent maskulinen Endungen (750 Verse mit nur männlichen Reimen, die auch noch zu dreifachen Reimen erweitert und durch Binnenreime ergänzt werden!) ungewöhnliche Durklänge, trotz des Monologs, der nur wenig Aktion, viel Nachdenklichkeit, auch Entkräftung wiedergibt. Ein Sterbender, Scheiternder hält dennoch entschieden fest an seinem Aufbegehren. Maxim Gorki sah das »glühende Streben zur Tat, zur aktiven Einmischung in das Leben« als eine entscheidende Tendenz in Lermontows Poesie.

»Ich lebte kurz – und das in Haft; zwei solche Leben gäb ich für eins, wenn's möglich wär, doch eines voll Erlebnis, her« – ein kurzes Kämpferleben wird dem langen Hindämmern in Zweifel und Resignation vorgezogen. Es muß freilich ein Kämpferleben in der »Geistesverwandtschaft« mit der wilden Natur sein. Paradoxerweise steht dem jungen Novizen der Panther, sein Todfeind, »geistig« näher als der Beichtvater. Mit der Ballung von Personifizierungen der Natur und Naturalisierungen der Person, von Vergleichen und Hyperbeln, von synästhetischen Synonymketten und von Lautmalereien auf nur wenigen Seiten erreicht der Dichter, daß sich der Leser eins fühlen kann mit einer so stolzen, gleichermaßen aufrührerischen Natur.

Das ist bestes geistiges Erbe der Französischen Revolution und der Philosophie der Aufklärung, die »Natur« und »Natürlichkeit« dort setzte, wo von würdigem Menschendasein die Rede sein sollte. Belinski schrieb begeistert: »Was für einen mächtigen Geist, was für eine Hünennatur hat dieser Mziri!« Und sofort konterte einer der Dunkelmänner, Stepan Buratschok: »Genug nun von dem ›mächtigen Geist‹! Der ›mächtige Geist‹ in einem Bären, in einem Panther ... in Robespierre, in Pugatschow, in dem wilden Bergjungen, ... ist ein und derselben Art: ein wilder, ungezügelter Wille, der für ein Tier natürlich, für einen Menschen jedoch verbrecherisch ist.« Dem Verzweifelnden, Tatenlosen war hier ein historisch neuer Typ an die Seite gestellt worden.

Mit dem Gedichtband von 1840 hatte die russische Dichtung nach Puschkin und in der Tradition Puschkins einen Schritt nach vorn getan. Die Beziehungen zwischen den Empfindungen und der Situation des Landes waren enger, die Selbstbeobachtung feiner, die bohrenden Fragen waren dringlicher geworden, sie verlangten Antworten. Wenige Wochen vor dem Erscheinen des Bandes schrieb Belinski an Botkin: »Weiß der Teufel – schrecklich zu sagen, aber mir scheint, daß sich in diesem Jüngling der *dritte* russische

Dichter vorbereitet und daß Puschkin nicht ohne Erben gestorben ist.« Öffentlich verkündete er zur gleichen Zeit: »Unsere Literatur gewinnt eine starke und eigenständige Begabung.«

Diese prophetische Einschätzung fand ihre Bestätigung durch die Gedichte und den Roman. Man hat den Eindruck, daß die russische Sprache selbst nach der eben erst vollzogenen großen Sprachreform Puschkins, der die hohe Adelskultur Rußlands und das geistige Erbe Europas mit dem russischen Volksleben »amalgamiert« (Thomas Mann) hatte, noch geschmeidiger und feiner geworden ist. Selbst nach den großen lyrischen Leistungen des Älteren wird man davon sprechen können, daß Lermontow in noch höherem Maße der Aufgabe der Lyrik gerecht wird: im individuellen Gefühl, das gar nicht erst zur Sentenz gerinnen muß, die epochalen Aufgaben und Wege zu spüren und diese Spannweite auch dem Leser nachempfindbar zu machen. Was für ein Meisterwerk ist doch der Zwölfzeiler »Die Wolken«, das der Dichter (wie erzählt wird), einen Fuß auf einem Stuhlsteg, im Dämmerlicht des Karamsinschen Salons auf dem Knie in sein Notizbuch geschrieben hat, als man seine zweite Kaukasusverbannung im April 1840 mit einer Abschiedsfeier beging! Die traurigen, schleppenden Daktylen beschwören eine gleichsam tröstende Parallele zwischen Dichter und Wolken, die mit schroffer Geste in der dritten Strophe gleich zweimal zerrissen wird: ihnen ist's im Norden einfach langweilig geworden, und gleich danach: sie sind gänzlich ohne Empfindungen, und die bohrenden Fragen der zweiten Strophe richten sich nun an den Dichter allein. Der Alogik der Parallele, die keine ist, entspricht der alogische sprachliche Aufbau, indem schon in der zweiten Zeile eine scheinbare, noch durch dreisilbigen Binnenreim bekräftigte Parallelkonstruktion der einfachsten linguistischen Analyse nicht standhält: »*über* die Azursteppe, *wie* eine Perlenkette . . .« müßten wir übersetzen. Die Lyrik entfernt sich von klarer Logik und fließt dahin als lockender Empfindungsstrom, dem man sich überläßt, um später erst aufzuschrecken angesichts der gefährlichen Situation. Georg Herwegh, von Alexander Herzen in Paris mit Lermontows Dichtung vertraut gemacht, hat es ausgezeichnet verstanden, das kleine Gedicht »Warum«, das gleichfalls in der Sammlung enthalten war, gerade von dieser Alogik der Empfindung her anzugehen und in deutsche Verse zu setzen. Rilke spricht vom »Einfluß«, den neben anderen russischen Dichtern Lermontow auf ihn ausgeübt habe. Fontane, der die russische Sprache vor allem anhand der Lyrik erlernte, erklärte Lermontow zu seinem »besonderen Liebling«. Franz Liszt empfand die Musikalität solcher Verse selbst noch in der gewiß nicht originalgetreuen Nachdichtung Friedrich Bodenstedts, er vertonte eins der beiden »Gebete« aus dem Sammelband. Auf diese Weise erfuhr der Lermontowtext weite Verbreitung in Deutschland.

Bezeichnend für die geistige Situation im Rußland jener Zeit ist, daß das Poem »Der Dämon« nicht in der Lyriksammlung gedruckt werden konnte, es erschien in Rußland erst 1860, vorher allerdings schon in zwei unterschiedlichen russischsprachigen Fassungen 1856 und 1857 in Karlsruhe. Bezeichnend für Rußland ist aber auch, daß es ebenso wie das Gedicht auf Puschkins Tod in unzähligen Abschriften im Lande Verbreitung fand, und selbst der Thronfolger ließ durch Vermittler bei dem offiziell wieder in Ungnade gefallenen Dichter im Jahre 1841 eine Abschrift bestellen, die dann jedoch wenig Beifall fand: das Sujet sei nicht angenehm, und der Poet solle doch weiter so schreiben wie im Gedicht »Borodino« oder im »Lied vom Zaren Iwan Wassiljewitsch ...«. Verständlich ist diese Ablehnung schon: die »stolze Feindschaft mit dem Himmel« war das Hauptthema. Lermontow hat an dem Poem zeit seines Lebens gearbeitet, die erste Fassung von knapp hundert Zeilen entstand bereits in der Schulzeit, 1829 bis 1834 schrieb er jedes Jahr eine neue Redaktion, wobei er vor allem immer neue Argumente gegen den Herrscher der Welt einarbeitete. Poetische Größe bekam das Anliegen durch die Einbeziehung der Kaukasuslandschaft als Handlungshintergrund. Im September 1838 sollte der Schlußpunkt gesetzt werden, doch drei Monate später war eine neue Fassung fertig. Schließlich änderte Lermontow auch noch, als er die Abschrift für den Zarenhof herstellte.

Der Dichter gewann aus verschiedenen Anregungen der Weltliteratur (zu denen Goethes Mephisto zählt) eine ganz originale, eigene Interpretation der Legende vom »gefallenen« Engel, der sich der Macht Gottes entgegenstellt. Nicht das absolute Prinzip des Bösen, sondern das absolute Prinzip der Verneinung wird damit gefaßt, und zwar in kosmischer Größe, zunächst noch als vorhegelsches Prinzip, ohne die schöpferische, tätige, dadurch auch weniger schroffe dialektische Vermittlung von Bejahung und Verneinung als zweier Kräfte, die der Weiterentwicklung dienen. Lermontow verneint, entschieden und kategorisch; deshalb wirkte das Poem so begeisternd auf die Zeitgenossen, und deshalb war es nicht druckbar. Botkin schrieb 1842 an Belinski, hier komme »die Verneinung alles Patriarchalischen, jeglicher Autorität, Überlieferung, der bestehenden gesellschaftlichen Bedingungen und Bindungen« zum Ausdruck. Solche Worte entsprachen dem beginnenden Vormärzdenken in Europa, und Lermontow hatte dafür den Anlaß geboten.

Der Dichter legt seine ganze emotionale Kraft in die Worte des Dämon, doch sind sie anderer Art als die des Mziri. Dieser hatte sich leidenschaftlich der Welt geöffnet, der Dämon verschließt sich ihr. Dort ist Kampf ein Augenblick wirklichen Daseins, hier Verneinung, Zweifel, Unmöglichkeit einer Tat. Den welthistorischen Legenden entsprechend, die den auf ewig Verfluchten (etwa dem Fliegenden Holländer) eine Errettung durch Liebe gewähren, scheint auch für den Dämon eine solche Rettung möglich, die ihm jedoch, zum Unterschied von seinen Leidensgenossen, im Augenblick der Verfluchung nicht verheißen worden war. Der Dämon, großartig in seiner Verneinung von Anbeginn, gewinnt noch an innerer Größe und (kalter) Leidenschaftlichkeit, als er die schöne Tamara sieht. Das betörende Liebeslied am Ende des ersten Teils, dann das Gespräch mit der Geliebten, der große Monolog darin und der Schwur am Ende dieses Gesprächs mit der mächtigen Beschwörungsformel »Ljubi menja!« (Liebe mich!) – das sind Verse von beispielloser emotionaler Kraft, denen sich kaum ein Leser entziehen kann, Himmel und Hölle scheinen gleichermaßen alle Register eines gewaltigen seelischen Instruments zu ziehen, um derartige Gefühlseruptionen möglich werden zu lassen. Wiederum scheint solche Größe aller normalen menschlichen Sprachlogik zu spotten, gerät man in die Faszination der unerhörten, alles in Frage stellenden Worte, die nichts, aber auch gar nichts gelten lassen. Nur wenige Dichter der Welt haben Seelenerlebnisse so groß gestaltet, weite kosmische Räume und gar die Kulturgeschichte der Menschheit mobilisiert, um ein Gefühl adäquat wiederzugeben.

Glück ist jedoch unmöglich für einen solchen dämonischen Charakter, der Fluch ist so absolut wie die Verneinung, und der Dämon trägt das Seinige zur Tragödie bei; er kann nicht anders. Mit brutaler Hand wird der Bräutigam Tamaras aus dem Wege geschafft, damit er sich ihr nähern kann – die Situation ist die gleiche wie in Lessings »Emilia Galotti«, wo der Mord gleichfalls am Hochzeitsmorgen und auf gleiche Art geschieht. Der Allesverneinende plötzlich im Gewand des Prinzen von Guastalla? Welche Abgründe! Wieder und wieder drängt sich der Dämon in Tamaras Seelenkämpfe, und er schreckt vor nichts zurück, reicht es ihm doch aus, daß *er* liebt. Sie, die »das tödliche Gift seiner Liebkosung« wohl spürt, kommt gar nicht dazu, sich (etwa mit dem Gefühl der Autopferung für seine Errettung oder um im Leben wenigstens einen großen Augenblick, den einer erfüllten Liebe, zu spüren) zu einer Empfindung durchzuringen, und so wird der große Moment zur Tragödie, in der alles unlösbar verquickt ist: Liebe, Leid, Vorwurf, Bitte, hoffnungsloser Abschied. Dem Engel, der zuvor noch leicht durch die Liebe des Dämon aus dem geweihten Raum vertrieben werden konnte, gelingt es nun mühelos, ihre Seele zu entführen, und die Tragödie des großen Unglücklichen ist unermeßlich größer als vorher; die Tragödie ist von nun an ewig. Auch das ist vom

Dichter tief empfunden, diese Qualen sind seine eigenen.

Mit fortschreitender Arbeit zeigte sich aber auch, daß Lermontow über seine Figur hinausgehen mußte. Dmitri Mereshkowski hat, unter dem Einfluß von Nietzsche, Lermontow zum Dichter des Übermenschentums und der absoluten Verneinung machen wollen, zum »Nachtgestirn der russischen Poesie«. Eine solche Apostrophierung übersah die Widersprüchlichkeit in der Situation des Dichters und schmälerte seine Leistung. Schon am Anfang des Poems läßt uns Lermontow die Schönheit der georgischen Landschaft empfinden, die auch heute für jeden unvergeßlich bleibt, der nach langer Fahrt über fast unwegsame Straßen, an kahlen Felsen und ewigem Schnee vorbei, oder nach langem Flug sich plötzlich, von einer Minute zur andern, im duftenden Paradies vorfindet, mit rauschenden Bächen voll verschiedenfarbener Steine, mit schlanken Zypressen und weitausholenden, efeubewachsenen Platanen, mit einer tausendstimmigen Vogelwelt, mit dem Odem »Tausender von Pflanzen« – alle menschlichen Sinne werden vom Dichter aktiviert. Doch »außer kühlen Neidgefühlen bewegte nichts der Landschaft Pracht in des Verbannten Brust, der dürren – kein Fühlen, keine neue Kraft«, auch dafür hat der Dämon nur Verachtung und Haß. Die gleiche Einstellung zu den Menschen: das Los eines irdischen Geschöpfs, so beschwört er Tamara, sei eines Augenblicks ihrer Sorge nicht wert. Dummköpfe oder Heuchler seien die Menschen, Kleingläubige oder Kalte, scheinbare Freunde oder Feinde, die nicht hassen noch lieben können, ohne dabei Angst zu bekommen. Frei von Mitleid und Teilnahme müsse man auf diese Welt schauen, die wahres Glück und bleibende Schönheit nicht kennt. »Die Menschen? Ach, was bleibt zurück? Sie gingen hin, gehn ewig hin . . .« Natürlich ist das nicht Lermontows Weltbild, dessen Lyrik unverkennbar reicher ist, der sich um die Menschen sorgt, die Widersprüche der Welt in seinem Herzen, seinen intimsten Empfindungen wiederfindet – und doch nicht weiß, wie die Misere zu beseitigen ist, mit wem, in wessen Namen, ob Besseres möglich und wie es erreichbar wäre. Der Schmerz des Dichters wurde nicht geringer dadurch, daß er selbst in seinen letzten Lebensjahren die Allgemeingültigkeit des Prinzips der kühnen, totalen Verneinung in Frage stellte. War überhaupt eine andere Welt denkbar? Waren andere Menschen möglich als die unfruchtbaren Skeptiker?

Die Antworten darauf konnte auch der Roman »Ein Held unserer Zeit«, Lermontows wohl bekanntestes Werk, nicht geben. Das Buch liest sich so frisch wie nach seinem ersten Erscheinen. Gewiß ist die Situation unserer Intellektuellen heute eine andere, und wir haben nicht mehr zu beklagen, daß eine ganze Gesellschaftsschicht der Klügsten sich als überflüssig ansehen muß. Und doch steht vor jeder Generation die Frage nach dem eigenen Beitrag in der Menschheitsgeschichte. »Wozu habe ich gelebt? Zu welchem Zweck bin ich zur Welt gekommen?« fragt Petschorin sich selbst (denn wen könnte er sonst fragen?) vor dem Duell. Das sind die größten Fragen, die in der Weltliteratur möglich sind.

Lermontow setzt die Erfahrungen der Weltliteratur in Bewegung (zitiert werden neben anderen Rousseau, Goethe, Byron, Scott, Balzac, Gribojedow und Puschkin), um in einer kunstvollen Komposition alles auf die Frage nach dem Sinn des Daseins zuzuspitzen. Der Buchtitel orientiert zunächst auf ein Porträt des Zeitgenossen; die tieferliegende ethisch-philosophische Fragestellung darf nicht übersehen werden. Die Handlungschronologie wird unterbrochen, die Geschichten sind so angeordnet, daß wir uns gleichsam auf Petschorin zubewegen, immer näher an ihn heranrücken, die Selbstaussagen im Tagebuch stellen ihn unmittelbarer vor, als es die Betrachtungen Maxim Maximytschs oder die Beobachtungen des Erzählers vermögen. Als Ergebnis steht keineswegs eine eindeutige Einschätzung des »Helden« Petschorin vor uns, was damals so viel Verwirrung anrichtete, daß Lermontow für die zweite Auflage noch ein Vorwort zum Roman schrieb, mit einer Polemik gegen die rechtsgerichteten Literaturkritiker. Schewyrjow, konservativer Slawophile und Literaturprofessor an der Moskauer Universität, sah in der Gestalt des Petschorin nur Amoral, der Autor müsse doch begreifen, daß Rußland die westlichen Untugenden des Materialismus und Skeptizismus nicht mitgemacht habe. »In Rußland gibt es eine solche Krankheit nicht«, wurde kategorisch erklärt. Buratschok, ein in der Literatur dilettierender Schiffbauingenieur, dessen negatives Urteil über den »Mziri« bereits zitiert wurde, rügte das ungesunde Interesse des Schriftstellers an der moralischen Krankheit, noch mehr das fehlende Bemühen, den Kranken zu heilen. Und selbst der in früheren Jahren so progressive Nikolai Polewoi wollte einen positiveren Helden als jene »kranke Schöpfung«. Aufgabe der Kunst sei es, dem Menschen in seinem Widerstreit zwischen den irdischen und himmlischen Prinzipien zu helfen, und das sei nicht der Fall. Die Kritiker konnten nicht wissen, daß ihr Urteil mit dem des Zaren übereinstimmte. Der nämlich schrieb am 24. Juni 1840 an seine Frau, er sei enttäuscht, daß nicht Maxim Maximytsch als Held aus dem Roman hervorgehe, und erklärte kategorisch: »Solche Romane verderben die Sitten und verderben den Charakter ... Das ist ein klägliches Buch, das die große Verdorbenheit des Autors zeigt.«

So blieb es vor allem Belinski vorbehalten, die tiefe Erschütterung der klügeren und unvoreingenommenen Leser auszudrücken und den Roman als einen Fortschritt in der Entwicklung der russischen Literatur zu würdigen. Der bestehe vor allem in der Wahrheit, mit der gesellschaftliche Probleme der russischen Wirklichkeit dargestellt werden. Offenbar war der Roman auch für Belinskis eigene Entwicklung von Bedeutung: gerade in jener Zeit verließ der Kritiker und Philosoph die Position einer »Aussöhnung« mit der Wirklichkeit, fand er zu einer tieferen kritischen Sicht der Realität, auf deren Studium es letztlich ankomme. Belinski gelangte wenig später zur revolutionär-demokratischen Ideologie. Im Verlaufe des Jahres 1840 schrieb er sechs Rezensionen und Aufsätze über Lermontow.

Der kritische Geist und die Unmöglichkeit, sich mit der Wirklichkeit abzufinden, sind für uns heute das Hervorstechende in Petschorins Charakter. Das erforderte von Lermontow ein Übermaß an Energie. Es darf aber nicht übersehen werden, daß diese Energie sich in Selbstzerstörung aufbrauchen muß, wie das bedeutend später auch Nastassja Filippowna in Dostojewskis »Idiot« erlebt. Das wird nicht nur deutlich an waghalsigen Unternehmungen wie der Überwältigung des Amok laufenden Kosaken im »Fatalist«, sondern auch an den Proben seiner Überlegenheit über Frauen, die er gar nicht oder nur halbherzig liebt. Und während er in Ermanglung von sinnvoller Tätigkeit zweifelhafte Bravourleistungen vollbringt, wird in paralleler geistiger Aktion über das Vollführte nachgedacht. In Petschorin stecken, wie er selbst (im Moment der Lebensgefahr) an sich beobachtet, wirklich zwei Menschen: Tat und Reflexion, scharfsinnige Zeitkritik und leere Aktion, Opposition zur Adelsgesellschaft und fatale Integration – man denke nur daran, wie er sich in der mondänen Schar der Kurgäste bewegt, als einer, der dazugehört. Diese innere Widersprüchlichkeit, die für die Tolstoische »Dialektik der Seele« eine wesentliche Voraussetzung war, hatte Puschkin bei der Analyse seines Onegin schon sehr weit entwickelt. Lermontow bezieht sich auch offen darauf: die Petschora ist gleich der Onega ein nordrussischer Fluß, doch sie ist nördlicher, reißender als der ruhigere Wasserlauf in der Nähe von Petersburg. Zudem war die Petschora damals kaum schiffbar, ihre gewaltigen Energien konnten nicht genutzt werden.

Widersprüchlich ist auch der kompositionelle Aufbau des Buches, ständig setzt der Verfasser konträre Charaktere gegeneinander, so daß die Handlung zielstrebig vorangeht. Petschorin steht gegen Maxim Maximytsch, er ist aber auch das Gegenteil Gruschnizkis. In dem einen hätte er einen Freund gewinnen können, doch ist er zur Freundschaft nicht geschaffen. Zu dem anderen hätte sich eine ebenso tiefe Feindschaftsbeziehung entwickeln können, aber nicht einmal einen richtigen Gegner kann die Zeit dem Helden entgegenstellen, und so bleibt es bei läppischen Spöttereien Petschorins über dessen Eitelkeit, beim

Belauschen von Gesprächen, beim rechtzeitigen Enträtseln von kleinlichen Intrigen – was für eine inhaltlose Aktivität! Und hatten wir oben angemerkt, daß die Komposition des Buches kunstvoll auf die Frage nach dem Sinn des Daseins hinarbeitet, so müssen wir hier präzisieren: das Duell ist der kompositionelle Höhepunkt, auf den alles zuläuft. Ein Duell um eine Frau, die keiner der beiden liebt! Man kann den Felsen noch besichtigen, auf dem die Tragödie (oder soll man »Farce« sagen? – oder »Mord«?) sich abspielte, der Roman dient dabei gleichsam als Reiseführer, und man staunt über die Sensibilität Petschorins für die Schönheit der Landschaft. Das unterscheidet ihn vom Dämon, er hat ein tiefes Naturempfinden. Und doch ist er fähig, nach den »ehernen« Ehrenregeln der Intrigengesellschaft diese Schönheit zu schänden. Natürlich gehört dazu Mut: das Plateau ist nicht größer als ein Schulzimmer, und nach allen Seiten hin sind die Abhänge schroff.

Noch ein starkes Gefühl zeichnet Petschorin aus: seine Liebe zu Vera. Man darf vermuten, daß Lermontow hier auf seine eigene Beziehung zu Warwara Lopuchina anspielt, die er schon seit der Studentenzeit kannte und liebte, die dann aber den Traditionen gemäß mit einem älteren Mann verheiratet wurde, der die Briefe, Zeichnungen und Gedichte Lermontows an sie vernichtete; später übergab sie anderes noch erhaltenes Material an eine Freundin. Dieser Warwara sind einige Gedichte gewidmet, auch an vielen anderen Stellen, wo von tiefer, uneingeschränkter Liebe gesprochen wird, ist sie gemeint. Und doch hat Vera recht, wenn sie sich in ihrem erschütternden Abschiedsbrief über solche Art zu lieben beklagt. Wie peinigend muß es für sie gewesen sein, das erfolgreiche Werben ihres Geliebten um eine andere Frau (auch diese beiden stehen als Gegensätze zueinander) mitzuerleben und ständig den endlosen Kurklatsch um diese »Liebe« mit anzuhören! Als Petschorin in der Nacht von Vera weggeht, kann er sich nicht enthalten, ins Fenster der anderen hineinzuschauen, um zu sehen, wie sie seinetwegen leidet – was für Eitelkeiten in einem Charakter, der zu Großem fähig schien! »Du liebtest mich wie Dein Eigentum«, wirft Vera ihm vor, »wie eine Quelle von Freuden, Aufregungen und Schmerzen, die miteinander wechselten, ohne die das Leben langweilig und eintönig ist.« Die Vorwürfe, die die Fürstentochter Mary oder die wilde Tschetschenin Bela ihm machen könnten, sind beträchtlich größer.

Auch Maxim Maximytsch könnte Petschorin Vorwürfe machen. Der schon nicht mehr junge Stabskapitän, der wie andere seiner Art mit größter Selbstverständlichkeit die Bürden des zaristischen Kolonialkrieges trägt, als ginge es um eigene Lebensinteressen, kann weder die Probleme verstehen, die der aufregende junge Mann mit sich herumschleppt, noch die Seelenkälte, die in ihm steckt. Eine Idealisierung dieses Mannes aus dem Volk, wie sie in der Lermontow-Literatur gelegentlich anzutreffen ist, ist nicht begründet. Wäre er von Lermontow als eine Art Ausweg aus der gesellschaftlichen Misere gesehen worden, hätte er die Reihenfolge der Erzählungen so anordnen müssen, daß die Gespräche mit ihm den Kulminationspunkt bilden und nicht das Duell. Über der Selbstlosigkeit und Herzensgüte des Stabskapitäns darf seine geistige Anspruchslosigkeit nicht vergessen werden. Wie schon vorher Puschkin, so konnte auch Lermontow sich den Geschichtsverlauf nicht als eine alternative Entscheidung Rußlands für eine von den beiden vorhandenen Kräften vorstellen, sondern als wechselseitige Weiterentwicklung. Die hohen Lebensansprüche, das hohe geistige Niveau, die europäische Bildung dürfen auch dann als Werte nicht aufgegeben werden, wenn sie den adligen Helden in eine Krise geführt haben. Aus der Krise der Tatenlosigkeit, der sinnlosen Vergeudung kostbaren Lebens können nur Kräfte führen, die nichtadliger Herkunft sind. Woher sollten diese damals, am Ende der dreißiger Jahre, kommen?

Bei aller Nähe Lermontows zu seiner Figur ist eine Identifikation von beiden nicht zulässig. Die aber wurde vielfach hineininterpretiert, vor allem in Deutschland, wo man mit bürgerlichem Maß an den Roman heranging, und eine solche Deutung trifft man häufig auch noch in der heutigen Zeit. Arthur Luther erklärte in den zwanziger Jahren, in Petschorin sei »Lermontows innerstes Wesen verkörpert«, und andere sprachen nach ihm von »Petschorin alias Lermontow« oder vom »autobiographischen« Helden des Romans. So linear geht es bei Lermontow aber nicht zu. Das Widerspruchsdenken war damals in Rußland, geschult an den Denkleistungen Voltaires und der deutschen Philosophen sowie an den Großen der europäischen Literatur, im geistigen und literarischen Leben hoch entwickelt, und auch Lermontows Leistung ist nur zu erschließen, wenn das bedacht wird.

Weit interessanter und komplizierter ist eine andere Linie in der europäischen Lermontow-Rezeption: die im Schaffen jener Schriftsteller, die sich im zwanzigsten Jahrhundert über die Niveau- und Ausweglosigkeit des geistigen Lebens im Bürgertum beklagen, ohne daß sie sich über dessen Grenzen zu erheben vermochten. Knut Hamsun hatte es noch mit einem Trend zum Übermenschen versucht. Er erlebte während einer Kaukasusreise 1903 nicht nur eine gewaltige Natur, sondern auch das Werk Lermontows, den er nun zu den »größten Giganten der Poesie« zählte. Schon zehn Jahre vorher hatten der kompositionelle Aufbau des Lermontowschen Romans wie auch der Charakter Petschorins manche Anregung für den Roman »Pan« und seinen machthungrigen Helden, den Offizier Glan, gegeben. Das Drama »Königin Tamara« (1903) könnte neben georgischer Folklore auch Lermontows Poesie zur Quelle haben.

Noch weniger bekannt ist, daß sich James Joyce in jungen Jahren intensiv mit Lermontows Roman beschäftigte. In zwei Briefen vom 18. und vom 24. September 1905 schrieb er an seinen Bruder Stanislaus über die Arbeit an einem Roman, der »Stephen Hero« (»Stephen der Held«) heißen sollte, Fragment blieb und später in das autobiographische Buch »A Portrait of the Artist as a Young Man« (Ein Porträt des Künstlers als junger Mann) einging. »Das einzige vergleichbare Buch, das ich kenne, ist Lermontows ›Held unserer Zeit‹«, schreibt er. »Natürlich, mein Buch ist viel länger, und Lermontows Held ist Aristokrat – ein müder Mann und ein tapferes Tier. Aber in Absicht und Titel und zuweilen in der beißenden Behandlung des Sujets gibt es eine Ähnlichkeit.« Selbst die Titelgebung geschah im Hinblick auf Lermontow, denn den jungen James Joyce quälten – auf anderer Gesellschaftsstufe zwar, aber in typologisch ähnlicher Situation – Petschorins Probleme. Aber bei Joyce wird Lermontows Duelltod, von dem er nur Ungenaues weiß, auf eine falsche Freundschaft in seinem eigenen Leben bezogen. In dem anderen Brief ist ohne sichtbaren Zusammenhang Lermontows Verweis auf Rousseau erwähnt. Er dachte also immer wieder an Petschorin, als er an die Bewältigung seiner großen, von dieser Sicht aus nicht zu bewältigenden Lebensprobleme heranging.

Das wird von Albert Camus fortgesetzt (der zweifelsohne von Joyce' Jugendlektüre nichts wußte). Er kannte die russische Literatur ausgezeichnet, und so assoziierte er seinen »gefallenen« Engel Luzifer, den Winkeladvokaten und Erzähler aus dem Buch »Der Fall«, nicht nur mit Stawrogins »Beichte« (aus Dostojewskis »Die Dämonen«), sondern auch mit Petschorin (möglicherweise sogar mit dem »Dämon«). Ein Satz aus dem »Helden unserer Zeit« sollte ursprünglich dem Buch als Motto vorangestellt werden. Auch wenn es bei dieser Idee blieb, verdeutlicht der Gedankenbezug doch, daß es wieder um das Porträt einer fruchtlosen »Generation« gehen sollte. Fruchtlos bleibt das Leben von Intellektuellen, die ihre Verfallszeit scharf zu kritisieren wissen, die herrschende Amoral intensiv empfinden, trotzdem aber nur in den Maßstäben zu denken vermögen, die die Zeit vorgibt – diese Erkenntnis gehört zu den großen Leistungen Puschkins. Sein Schüler Lermontow hat sie vertieft, schärfer und bitterer vor Augen geführt, so daß sie heute noch unter bestimmten Umständen als gegenwärtig nachempfunden werden kann, und entsprechend der inneren dialektischen Widersprüchlichkeit der Stimmungen sind verschiedene Traditionslinien denkbar. Die bestimmende Linie für die Aufnahme in Deutschland, die wir mit den Namen Herwegh, Marx, Liszt, Fontane und Rilke schon andeuteten, stützt sich neben den bohrenden Fragen vor allem auf die Antworten Lermontows, auf sein Aufbegehren, sein Suchen nach einem Leben und nach Lebensinhalten, die den damals herrschenden entgegengesetzt sein sollten. Der Aufgeschlossenheit Karl August Varnhagen von Enses für die russische Kultur war es zu verdanken, daß ihn zunächst der russische Kritiker Melgunow, dann Boris Ixkul, ein junger Russe aus Lermontows Umgebung, der damals (zusammen mit Turgenjew und Bakunin) in Berlin Hegel studierte, auf die gerade in der Zeitschrift »Otetschestwennye sapiski« erschienene Erzählung »Bela« aufmerksam machten, Ixkul half bei ihrer Übersetzung. Die erschien noch im gleichen Jahr 1840 in Varnhagens »Denkwürdigkeiten«, Band 6, und stellt die früheste Übersetzung eines Lermontowschen Werkes in eine westeuropäische Sprache dar.

Friedrich von Bodenstedt setzte die besten Bestrebungen seines nicht unbegrenzten Talents für Lermontows Einführung in Deutschland ein; viel für die Aufnahme Lermontows in Deutschland leistete der Journalist Wilhelm Wolfsohn mit Nachdichtungen und mit Aufsätzen zur russischen Literatur. Rosa Luxemburg bezeichnete im Vorwort zu ihrer Korolenko-Übersetzung, die im Gefängnis entstanden war, die »so jäh emporgesprossene russische Literatur« als eine Literatur mit tiefem geistigem Gehalt, als eine »schöpferische und bewegende soziale Kraft«, die im öffentlichen Leben dank ihrer oppositionellen Haltung, dank ihrem Kampfgeist zu einer Macht geworden war. Erich Weinert übersetzte in den Jahren 1939 und 1940 in der sowjetischen Emigration einen ganzen Zyklus von Lermontow-Gedichten (darunter den »Dämon«), wobei ihm die kämpferischen Tendenzen besonders gut gelangen. Der Schauspieler Heinrich Greif ließ sich gleichfalls in der Emigrationszeit durch ein Frühgedicht Lermontows zu einer deutschen Übertragung anregen. Stephan Hermlin schrieb im Jahr 1949 für die Zeitschrift »Aufbau« einen Aufsatz mit dem Titel »Lermontow an der Schwelle der

Revolution«, in dem eine einfühlsame Darstellung des Dichters mit treffenden, knappen Charakteristiken seiner Werke gegeben wird. Solche produktiven Begegnungen deutscher Intellektueller mit Lermontows Dichtung wird es immer wieder geben.

Lermontows tragischer Tod, offner Ausdruck seiner unglücklichen Lebenssituation, hat häufig den Anlaß zu diesem Interesse für sein großes Werk gegeben. Der Dichter hat sich, provoziert durch das überhebliche Gebaren des Sohnes des französischen Botschafters de Barante, auf ein läppisches Duell mit ihm eingelassen, das am 1. März 1840 stattfand. Der Baron verfehlte sein Ziel, Lermontow schoß in die Luft. Relativ spät noch wurde alles entdeckt. Nikolais »allerhöchster Befehl« über die neuerliche Versetzung zur kämpfenden Truppe im Kaukasus erging am 25. April, und im Mai reiste Lermontow ab. Anfang des nächsten Jahres erhielt er einen zweimonatigen Urlaub nach Petersburg, doch eine Begnadigung oder Entlassung aus dem Armeedienst war nicht in Aussicht. Ende April fuhr er das letzte Mal aus Petersburg fort. Man hat errechnet, daß Lermontow in seinem kurzen Leben 365 Tage auf Reisen war und daß er eine Entfernung zurücklegte, die der Äquatorlänge entspricht. Er nahm an heftigen Gefechten teil und wurde für seine Tapferkeit zu einer Auszeichnung vorgeschlagen, die ihm jedoch verwehrt wurde. Bei einer Dienstreise von einem Truppenteil zum anderen erkrankte er, man erlaubte ihm, sich in Pjatigorsk, dem wichtigsten Handlungsort seines Romans, behandeln zu lassen. An einem Julitag kam es zu einem Streit mit N. Martynow, einem Gruschnizki-Typ, den der Dichter seit der Offiziersschule kannte. Ursachen, Hintergründe und Verlauf des Streits sind nie geklärt worden; im offiziellen Bericht an den Zaren wird betont, daß keiner der Anwesenden beleidigende Äußerungen gehört hat. Naheliegende Vermutungen, daß Benckendorff, der in jenen Monaten gegen Lermontow rücksichtsloser vorging als der Zar selbst, diesbezügliche Aufträge erteilt hatte, haben sich bis heute nicht bestätigen lassen. Am Abend des 27. Juli 1841, während eines heftigen Gewittergusses, fand das Duell statt, mit Pistolen des größten Kalibers und auf kürzeste Entfernung. Man vermutet, daß Lermontow in die Luft schießen wollte, doch sein Gegner traf sofort und gut. Arzt oder Kutsche waren nicht zur Stelle, und spätere Hilfe kam zu spät. Auch diesen Duellplatz kann man heute noch besichtigen, er liegt am Fuß des Bergs Maschuk, der sich über die Stadt erhebt, und bei schönem Wetter sieht man von dort aus die beiden weißen Gipfel des Elbrus. Der »dritte russische Dichter«, der »Nachfolger Puschkins«, war tot. Was galt schon ein Poet in diesem Land!

Nur etwa fünfundzwanzig Gedichte hat Lermontow in seinem letzten Lebensjahr geschrieben, daneben noch allerlei kurze Prosanotizen und Entwürfe. Doch was sind das für poetische Meisterstücke! Vor der letzten Abreise aus Petersburg bekam er von Wladimir Odojewski ein Notizalbum geschenkt mit dem Auftrag, es bald mit Gedichten zu füllen und zurückzugeben. Dem erfahrenen älteren Freund tat es leid, zu sehen, wie Lermontow bedenkenlos seine Gedichte, die oft auf fliegende Blätter oder in zufällig hingehaltene Poesiealben geschrieben wurden, verschenkte, ohne Abschriften gemacht zu haben. In dieses Heft hat Lermontow elf Gedichte eingetragen, die jedes für sich unvergeßlich bleiben und unverwechselbar sind. Charakteristisch ist, wie (etwa in »Des Meerkönigs Kind«) das Balladeske der Folklore aufgelöst und auf die Gegenwart zubewegt wird, so entsteht eine bildhafte Variante zur elegischen »Betrachtung«. Zu dem »Odojewski-Zyklus« zählen auch die beiden oben genannten Heine-Nachdichtungen.

Vor das Gedicht »Der Streit« wurde auf ein leeres Blatt das Wort »Osten« geschrieben; es wird vermutet, daß die drei Gedichte zu orientalischer Thematik (»Der Streit«, »Tamara«, »Das Stelldichein«, und vielleicht kann man auch »Ein Traum« dazuzählen, in dem offenbar daghestanische Volksdichtung verarbeitet ist) zu einem Zyklus vereint werden sollten. Über die nationale Problematik, das Zusammenleben von unterschiedlichen Kulturkreisen und über die Schicksale des »Ostens« wie auch Rußlands hat Lermontow in dieser Zeit viel nachgedacht.

Der Kontrast zwischen dem Kaukasus und dem Norden hat ihn bei seiner letzten Urlaubsfahrt nach Petersburg zu dem zauberhaften Gedicht »Das Vaterland« angeregt, in dem sich ein Patriotismus neuer Art ausprägt, in nachdenklichen Langzeilen hingesprochen. Vor allem im Schlußteil, der in kürzerem und regelmäßigem Rhythmus gehalten ist, könnte man bei einem Gedicht dieser Thematik Pathetisches erwarten, und die Spannung zwischen diesem zu vermutenden Ton und der tatsächlichen Schilderung tatsächlicher Bilder überrascht: dieser Dichter hat zu den russischen Bauern ein neues Verhältnis, frei von adlig-intellektueller Hybris, frei aber auch von Idealisierung. Lermontow »versteht die Liebe zum Vaterland wahrhaft, heilig und vernünftig«, schrieb der revolutionäre Demokrat Dobroljubow in der Zeit der politischen Krise Rußlands um 1860 über dieses Gedicht, der Dichter versteht, daß die »Rettung ... nur im Volke liegt«. In diese Richtung gingen auch die Gespräche mit dem demokratischen »Westler« Belinski und dem demokratischen »Slawophilen« Samarin 1840, und etwas später schrieb Lermontow in das Odojewski-Heft: »Rußland hat keine Vergangenheit, es ist ganz in der Gegenwart und Zukunft.« Zur Erklärung wird ein bekanntes russisches Sagenmotiv erzählt: »Jeruslan Lasarewitsch saß und saß zwanzig Jahre und schlief tief, doch im einundzwanzigsten Jahr erwachte er aus dem schweren Schlaf und stand auf und ging fort ... und er traf 37 Könige und siebzig Helden, und er schlug sie, und er setzte sich, über sie zu herrschen.« – »So ist Rußland«, wird am Schluß noch hinzugefügt. Das darf nicht als Chauvinismus interpretiert werden. Das Duell mit dem überheblichen Franzosen und Lermontows Reaktion auf den Mord an Puschkin zeigten vielmehr die Erbitterung darüber, daß Fremde ungestraft Rußland beleidigen konnten. Man mußte sich auf die schlafenden Kräfte des Landes besinnen, die aber erst nach Ablauf einer schicksalhaft vorherbestimmten Zeit geweckt werden konnten. Der an der hohen geistigen Kultur Europas geschulte Dichter wollte dabei seine Rolle spielen. Samarin hatte nach einem Gespräch mit Lermontow dessen Worte notiert: »Das Schlimmste ist nicht, daß einige Menschen geduldig leiden, sondern daß die riesige Mehrheit leidet, ohne das zu wissen.« Lermontow war auch in den letzten Lebensmonaten in dauernder geistiger Entwicklung, und es deuten sich Ideen und Bestrebungen an, die ihn auf die Betrachtung der historischen Wege Rußlands hätten bringen können.

Das zeigt nicht zuletzt das lange Briefgedicht aus dem Sommer 1840, das den Titel »Walerik« trägt, nach dem Namen des Bergflüßchens, an dem im Juli entscheidende Kämpfe stattfanden. »Fluß des Todes« heißt die Übersetzung des tschetschenischen Namens, und das Gedicht handelt auch vom Sterben, vom »Sinn« eines solchen Aggressionskrieges und vom Sinn des Lebens überhaupt. Es darf, so meine ich, nirgends fehlen, wo über die Rolle der Weltliteratur im Friedenskampf gesprochen wird. Unter dem Eindruck des massenhaften Heldentums und massenhaften Todes findet eine gründliche Umbewertung der Werte statt. Aus dem traditionellen Sendschreiben der Liebe ist eine Kontrastdarstellung geworden zwischen der Adelswelt und dem Leben des Landes in ihren extremen Ausprägungen. Der gewohnte Rousseauismus hat sich in die Selbstverständlichkeit der Existenz einer objektiven, »ewigen« Natur gewandelt, die vom Menschen und seinen eitlen Mordabsichten geschändet wird. Solche Gedanken wiederholt später Andrej Bolkonski aus Tolstois Roman »Krieg und Frieden«, als er schwerverwundet auf dem Schlachtfeld liegt. Die Soldaten sind im Aussehen und Auftreten Bauern, die hier eine widernatürliche und gefährliche Arbeit machen, und der Dichter, einer ihrer Kommandeure, hat zu ihnen ein enges Verhältnis. Der Tod kennt in diesem Krieg keine Standesunterschiede, und statt der nationalen Gegensätze, wie sie die offizielle Ideologie betonte, erklärt der Dichter seine Liebe zu den gelben Gesichtern mit dunklen, schlauen Augen, zu ihrer kehligen Sprache.

»Einsam trat ich auf den Weg, den leeren ...« ist mein

Lieblingsgedicht. Hier werden große Bilder gesetzt, von geradezu kosmischen Ausmaßen. Erhabenheit herrscht in dieser Beschreibung, die fast ohne Adjektive auskommt und unrationales Empfinden in sprachlichen »Unrichtigkeiten« und unlogisch konfrontierten Stimmungen festhält: Nebel liegt auf dem Weg, dennoch sind oben die Sterne ganz hell zu sehen, die Kieselsteine glitzern, die Erde schläft im blauen Schein. Die Sehnsucht nach Freiheit und nach Ruhe wird dadurch als widersprüchliche Einheit möglich. Beides scheint erreicht durch das Liebeslied, das sich mit dem Rauschen der Eiche vermischt und dadurch doch nicht gestört wird. Michail Bulgakow hat vermutlich aus diesem Gedicht vieles für die Schlußvision seines unsterblichen Romans »Meister und Margarita« gewonnen. Doch ist bei beiden die Einheit mit der Natur nicht total, denn die Aktivität des »Ich gehe heraus . . .« (so wäre das erste Wort des Originals zu übersetzen) wird von der Natur nicht geteilt, und während hoch oben ein Stern mit dem anderen spricht, ist der Dichter allein, wie schon vorher in seinem Gedicht »Die Wolken«. Nur erklingt am Ende die süße Stimme des Lieds. Das Gedicht selbst ist wie ein Lied: hört man genau hin, so hört man nicht regelmäßige fünffüßige Trochäen, sondern ein dreifüßiges Versmaß, das mit einem zweisilbigen Auftakt beginnt, zwei benachbarte Betonungen hat, denen am Ende der Zeile noch eine folgen kann. Maler haben sich durch die poetischen Bilder anregen lassen, unter den zahlreichen Vertonungen ist eine zum Volkslied geworden, sechzehn verschiedene deutsche Nachdichtungen sind bekannt, und davon ist die Hälfte angefertigt worden, als die zauberhaften »Strophen« Rilkes schon bekannt waren. Solche Verse muß man im Original lesen, und die deutsche Ausgabe versteht sich vor allem in ihrem lyrischen Teil als eine hinführende Anregung.

Roland Opitz

Leipzig, Januar 1986

9 *Mandyas* – (pers.-griech.) Ein bis zur Erde reichendes kirchliches Gewand von pelerinenartiger Form.

10 *Heilige Pforte* – In orthodoxen Kirchen die zum Allerheiligsten führende Haupttür (die Mitteltür).

12 *Pugatschow* – Jemeljan Iwanowitsch Pugatschow (1742–1775), Führer des großen Bauern- und Kosakenaufstandes im Ural- und Wolgagebiet (1773–1775), wurde am 10.(21.) 1. 1775 in Moskau hingerichtet.

13 *Schlacht von Poltawa* – Peter I. errang bei der Schlacht von Poltawa (1709) den entscheidenden Sieg über den schwedischen König Karl XII. im Nordischen Krieg (1700–1721).

22 *alten Rechtsstreit um Ländereien* – Nach Irakli Luarsabowitsch Andronikow liegt der von Wadim erzählten Geschichte der Rechtsstreit zugrunde, den auch Puschkin zum Fabelkern seines *Dubrowski* wählte. Er wurde zwischen den Tambower Gutsbesitzern S. P. Krjukow und I. J. Jakowlew ausgetragen und erregte wegen des empörenden Fehlurteils in Moskau großes Aufsehen.

24 *Goldmäntel* – Gemeint ist der Ikonenbeschlag (russ. oklad) aus Gold- oder Silberblech, der zum Teil nur Gesicht und Hände der Heiligen frei läßt.

28 *Leibcompagnie* – Grenadierkompanie (364 Mann) des Preobrashenski-Garderegiments, das an der Palastrevolution von 1741 beteiligt war. Es wurde 1762 aufgelöst.

45 *von der großen Katharina* – Katharina II. (1729–1796).

60 *über den Falschnamigen* – Gemeint ist Pugatschow, der sich in einem Manifest für den angeblich nicht ermordeten Zaren Peter III. ausgab und auf diese Weise seine Anhängerzahl beträchtlich vergrößerte.

61 *Hummel* – Johann Nepomuk Hummel (1778–1837), deutscher Komponist, Dirigent und Pianist, Schüler Mozarts, der 1811 mit großem Erfolg in Moskau und Petersburg konzertierte.

Field – John Field (1782–1837); berühmter Dirigent und Komponist irischer Herkunft; hielt sich von 1802 an in Moskau und Petersburg auf.

63 *Belborodko* – Offenbar eine Anspielung auf einen Pugatschow nahestehenden Führer der Bewegung, den Ataman Iwan Naumowitsch Beloborodow. Allerdings ist

dieser nachweislich nicht am rechten Wolga-Ufer in Erscheinung getreten.

64 *Leonidas* – Spartanischer König, fiel 480 v. Chr. mit 300 Spartiaten bei der Verteidigung des Küstenpasses der Thermopylen gegen die Perser.

66 *Groschen* – Alte Münze, in der Zeit von 1657 bis 1838 etwa 2 Kopeken wert.

78 *Zwischenboden* – (russ. polati) Unter der Decke vom Ofen bis zur gegenüberliegenden Wand gezogene Bretter, die als Schlafstätte dienen.

85 *»didi« und »lado«* – Refrainworte der altslawischen Lieder an die Frühlingsgöttin Lada.

89 *jener unförmigen Götzenbilder* – Es handelt sich um die archaischen Steinfiguren, die man auf den Hügeln des südrussischen Steppengebietes antrifft und die auch Steinweiber genannt werden.

92 *Lasciate ogni speranza voi ch'entrate!* – (ital.) Laßt, die ihr eingeht, alle Hoffnung fahren! – Vers aus Dantes *Göttlicher Komödie* (Inferno, 3. Gesang, Vers. 9).

96 *Madonna dolorosa* – Folterwerkzeug des Mittelalters, Schmerzensmadonna; in Deutschland unter dem Namen »Eiserne Jungfrau« bekannt.

122 *das keineswegs schlechter ist als der Wolf* – Anspielung auf den Ausspruch »Der Mensch ist dem Menschen ein Wolf« des englischen Philosophen Thomas Hobbes (1588–1679).

151 *Iwan Weliki* – Glockenturm innerhalb des Moskauer Kremls.

159 *O geh, o geh, ein Schrei erklang!* – Zitat aus Alexander Puschkins Versroman *Eugen Onegin* (1833).

162 *Lavater* – Johann Kaspar Lavater (1741–1801), Schweizer Schriftsteller und Theologe; versuchte in dem Werk *Physiognomische Fragmente zur Beförderung der Menschenkenntnis und Menschenliebe* (1775–1778) eine Verbindung zwischen den Gesichtslinien und dem Charakter des Menschen herzustellen.

165 *jenseits des Balkangebirges* – Anspielung auf den Russisch-Türkischen Krieg (1828/29).

Iwanow – Nikolai Kusmitsch Iwanow (1810–1880), russischer Sänger.

166 *Porträt Laras* – Lara ist die Titelgestalt eines Poems von George Byron (1814).

168 *»Die Stumme von Portici«* – Oper von Daniel François Auber (1828).

171 *Apoll von Belvedere* – Von dem griechischen Erzgießer und Bildhauer Leocharches (4. Jh. v. Chr.) geschaffene Statue, die sich heute im Vatikan befindet.

175 *Saloppe* – Mantel.

186 *Il est très aimable* – (franz.) Er ist sehr liebenswürdig.

197 *La bande joyeuse* – (franz.) Fröhliche Bande.

199 *Nowik* – Sohn der Zarin Sofja Alexejewna und des Fürsten Golizyn. Der historische Roman *Der letzte Nowik* von Iwan Lashetschnikow (1833) wurde damals viel gelesen.

202 *Einnahme von Warschau* – Mit der Besetzung der Stadt am 20. September 1831 schlugen die russischen Truppen den polnischen Aufstand endgültig nieder.

204 *À la chinoise* – (franz.) Chinesisch.

À la Sévigné – (franz.) Wie bei Madame Sévigné. – Marie de Rabutin-Chantal, bekannt als Madame de Sévigné (1626–1696), französische Schriftstellerin.

À la Jeune-France – (franz.) Im Stil des Jungen Frankreich. – Gemeint ist ein Kreis von französischen Schriftstellern der Romantik, die durch einen aufsehenerregenden Theaterskandal 1830 dazu beitrugen, den Klassizismus von der Bühne zu vertreiben und die Literatur von den Fesseln der traditionellen Regeln zu befreien. Einer ihrer Wortführer war Théophile Gautier (1811–1872), der in Erinnerung an dieses Vorkommnis, jedoch bereits mit Abstand, 1832 einen Erzählungsband *La Jeune-France* (Junges Frankreich) herausgab. Mit den Augen des Malers schildert er in seinen Werken die weibliche Schönheit.

À la Titus – (franz.) Wie bei Titus. – Gemeint ist der römische Kaiser Titus Flavius Vespasianus (39–81).

»Welch Kleider und Gesichter Pracht!« – Zitat aus Alexander Puschkins Poem »Die Räuberbrüder« (1822).

209 *Brüllows Gemälde »Der letzte Tag von Pompeji«* – Karl Brüllow (1799–1852), russischer Maler, war für dieses Gemälde (1833 in Italien fertiggestellt) zum Mitglied der Mailänder Akademie gewählt worden. Im März 1834 wurde das Bild in Paris ausgestellt, im August 1834 wurde es nach Petersburg gebracht.

214 *À la St.-Simonienne* – (franz.) Im Stil der Jünger Saint-Simons.

216 *Zahl 666* – In der Offenbarung des Johannes, Kap. 13, gilt die Zahl 666 als mystisches Zeichen des Antichrist.

218 *»Die leichteste Art ...«* – Ein solches Buch ist nicht nachweisbar. Lermontow parodiert das ganze damals populäre Genre solcher Belehrungen.

226 *Et savez-vouz, ma chère, qu'il est très bien!* – (franz.) Und wissen Sie, meine Liebe, er ist sehr anständig.

231 *Blue stockings* – (engl.) Blaustrümpfe.

235 *Elle a l'air bourgeois* – (franz.) Sie hat das Aussehen einer Kleinbürgerin.

236 *Geschmack, mein Lieber ...* – Zitat aus Alexander Gribojedows Komödie *Verstand schafft Leiden* (1823).

257 *Ossete* – Angehöriger eines iranischen Volkes im Kaukasus.

258 *Kabardinerpfeife* – Die Kabardiner sind Angehörige eines kaukasischen Volksstammes, der die sogenannte Kabarda, ein Gebiet im Nordkaukasus, bewohnt.

259 *Alexej Petrowitsch* – Alexej Petrowitsch Jermolow (1772–1861), russischer General, in den Jahren 1816 bis 1827 Oberkommandierender der russischen Truppen im Kaukasus.

260 *Saklja* – Hütte, Behausung kaukasischer Gebirgsbewohner.

Burka – Umhang aus schwarzem langhaarigem Filz, Oberbekleidung der Männer im Kaukasus.

261 *Tschetschenzen* – Angehörige eines kaukasischen Volksstammes. Das Gebiet, das sie bewohnen, wird nach ihnen Tschetschnja genannt.

263 *Busa* – Ein leicht alkoholisches Getränk aus Hirse, Buchweizen oder Gerste, das im Kaukasus weitverbreitet ist.

264 *Tscherwonez* – Im 19. Jahrhundert russische Goldmünze mit einem Wert von drei Rubeln.

Kunak – Freund, Gastfreund. Die Kunaks waren gegenseitig zu Gastfreundschaft und Hilfe verpflichtet und mußten die Beleidigung oder Ermordung des anderen rächen. Die Sitte blieb sehr lange bei den kaukasischen Völkern erhalten.

Aul – Dorfsiedlung der Turkvölker im Kaukasus.

265 *Kunazka* – Zimmer oder Haus, das zur Unterbringung von Fremden oder Gastfreunden bestimmt ist.

Mulla – Niedriger Geistlicher des Islam.

Dschigitowka – Vorführung von Reiterkunststücken.

265 *Dschigiten* – Berittene kaukasische Krieger, die sich durch besondere Kühnheit auszeichneten.

266 *Abreken* – Bei den Völkern des Nordkaukasus aus der Sippe Ausgeschlossene, die ein Vagabunden- oder Räuberleben führten. Nach der Unterwerfung des Nordkaukasus nannte man auch die Trupps, die noch vereinzelt gegen die zaristische Verwaltung und die russischen Truppen kämpften, Abreken.

Beschmet – Kaftanartiger Leibrock der Tataren, der von Männern und Frauen getragen wird.

267 *Jakschi tche, tschek jakschi* – Gut, sehr gut.

268 *Giaur* – Ungläubiger; abfällige Bezeichnung für jeden, der nicht mohammedanischen Glaubens ist.

yok – (türk.) nein.

269 *Gurda* – Wertvoller alter kaukasischer Säbel.

Padischah – Titel der türkischen Sultane bis 1922.

273 *Tschadra* – Orientalisches Kleidungsstück, ein Umhang, der den Körper der Frau von Kopf bis Fuß mit Ausnahme des Gesichts einhüllt.

Urus jaman, jaman! – Der Russe ist schlecht, ist schlecht!

276 *Peri* – In der persischen Mythologie ein zauberhaftes Wesen, das die Menschen vor bösen Geistern schützt; wird als eine Frauenfigur mit Flügeln dargestellt.

279 *Usdenen* – Feudaladlige bei den Völkern des Nordkaukasus; in Dagestan wurden auch die freien Bauern so genannt.

283 *Gamba* – Jacques-François Gamba (1763–1833), französischer Weltreisender. In den Jahren 1817 und 1819 bereiste er Südrußland und gab 1824 ein zweibändiges Buch, *Voyage dans la Russie méridionale* ... (Reise durch Südrußland), heraus. Gamba gab den Namen des Berges falsch an, wahrscheinlich weil sich das Wort »Krestowaja« bei schneller Sprechweise, bei der die Endungen verschluckt werden, ähnlich wie »Christophe« anhört.

Räuber Solowej – Sololwej = (russ.) Nachtigall, Held der russischen Volksdichtung. Er saß auf neun oder dreimal neun Eichen, betäubte seine Gegner durch ein gellendes Pfeifen und jagte sie so in die Flucht. Besiegen konnte ihn nur der tapferste Held des russischen Volksepos, Ilja Muromez.

286 *Lesginka* – Tanz, der bei den Lesginern und anderen kaukasischen Völkern weitverbreitet ist.

289 *Nagaika* – Kurze Riemenpeitsche, in die auch Kugeln eingeflochten sein können.

297 *Termalama* – Dichtes Seiden- oder Halbseidengewebe, das in der Türkei und in Persien hergestellt wird.

298 *Schapsugen* – Angehörige eines tscherkessischen Volksstammes im Nordkaukasus an der Schwarzmeerküste.

300 *Kachetiner* – Wein aus der georgischen Landschaft Kachetien.

312 *Rousseaus »Bekenntnisse«* – Werk des französischen Schriftstellers, Pädagogen und Philosophen der Aufklärung Jean-Jacques Rousseau (1712–1778).

319 *Russalka* – Nixe oder Wassernymphe in der slawischen Volksdichtung.

321 *Junges Frankreich* – Vgl. Anm. zu S. 204.

324 *Sashen* – Altes russisches Längenmaß; 1 Sashen = 2,13 m.

327 *»letzte Wolke ...«* – Zitat aus Puschkins Gedicht »Die Wolke«

329 *Junker* – In der zaristischen Armee Unteroffiziersrang für Adlige.

331 *gris de perles* – (franz.) perlgrau.

332 *couleur puce* – (franz.) flohbraun.

Mon cher, je hais les hommes ... – (franz.) Mein Lieber, ich hasse die Menschen, damit ich sie nicht verachten muß, denn sonst wäre das Leben eine allzu widerliche Farce.

333 *Mon cher, je méprise les femmes ...* – (franz.) Mein Lieber, ich hasse die Frauen, damit ich sie nicht lieben muß, denn sonst wäre das Leben ein allzu lächerliches Melodrama.

336 *Endymion* – In der griechischen Sage der schöne Geliebte der Mondgöttin Selene, dem Zeus ewigen Schlaf und ewige Jugend gewährte.

Phrenologe – Anhänger der Phrenologie, einer Pseudowissenschaft, die von der Schädelform des Menschen auf seinen Charakter schließt.

338 *die römischen Auguren* – Altrömisches Priesterkollegium, das bei wichtigen Staatshandlungen den Willen der Götter zu erforschen und Himmelszeichen zu deuten hatte. Im Laufe der Zeit wurde Mißbrauch mit dieser Einrichtung getrieben, und die Auguren glaubten oft selbst nicht an das, was sie weissagten. Daher bezeichnet man das Lächeln Eingeweihter über die Gläubigkeit der großen Menge als Augurenlächeln. Der Ausdruck geht zurück auf ein Wort Catos, das Cicero in *De divinatione* zitiert.

344 *Archimedes* – (um 287–212 v. Chr.) bedeutender griechischer Physiker und Mathematiker; entdeckte unter anderem die Hebelgesetze.

346 *Nielloring* – Niello ist eine Metallschmucktechnik, bei der Verzierungen in das Metall eingraviert und mit einer schwarzen eingeschmolzenen Masse aus Kupfer, Blei und Schwefel ausgefüllt werden.

349 *fièvre lente* – (franz.) schleichendes Fieber.

350 *Tscherkeska* – Langer, gegürteter Überrock der Tscherkessen und anderer kaukasischer Völker.

en pique-nique – (franz.) zum Picknick.

351 *Mon Dieu, un Circassien!* – (franz.) Mein Gott, ein Tscherkesse!

352 *Ne craignez rien ...* – (franz.) Fürchten Sie nichts, Madame, ich bin nicht gefährlicher als Ihr Begleiter.

nogaische Arba – Die Arba ist ein zweirädriger hoher oder ein vierrädriger langer Wagen. Die Nogaier sind ein tatarisches Volk am Nordwestrand des Kaukasus und in der nördlich angrenzenden Steppe.

354 *Subskriptionsball* – Öffentlicher Ball, dessen Teilnehmer um Eintrittskarten schriftlich nachsuchen mußten und sie auf ihren Namen ausgefertigt erhielten.

Fermoir – (franz.) Hier: Verschluß einer Halskette.

355 *C'est impayable!* – (franz.) Hier: Das ist beispiellos!

356 *Permettez* – (franz.) Gestatten Sie.

pour mazure – Richtig: pour la mazourka = (franz.) zur Mazurka.

360 *Charmant! Délicieux!* – (franz.) Reizend! Entzückend!

372 *eines der durchtriebensten Lebemänner ...* – Gemeint ist wahrscheinlich P. P. Kawerin (1794–1855), ein Husarenoffizier, der in der Mode tonangebend war und dessen geistreiche Witze in der Petersburger Gesellschaft kursierten. Puschkin widmete ihm mehrere Gedichte und erwähnte ihn im »Eugen Onegin«.

373 *»Biblioteka dlja tschtenija«* – Russische Literaturzeitschrift, die von 1834 bis 1865 in Petersburg erschien und unter den kleinen Gutsbesitzern und der Provinzbeamtenschaft weitverbreitet war. Sie veröffentlichte Erzählungen, die auf einen anspruchslosen Geschmack zugeschnitten waren. Ihr Herausgeber und Redakteur O. S. Senkowski (1800–1858), der selbst unter dem Pseudonym Baron Brambeus

schrieb, trat gegen die fortschrittlichen Strömungen in der russischen Literatur auf und wurde von Lermontow als Vertreter des kleinbürgerlichen Lagers abgelehnt.

379 *»Gar viele mischen ... .«* – Zitat aus der Komödie *Verstand schafft Leiden* von Alexander Gribojedow (1795–1829).

381 *Was des Verstandes Kühle ...* – Zitat aus Puschkins *Eugen Onegin.*

Tasso – Torquato Tasso (1544–1595), bedeutender italienischer Dichter. In seinem Hauptwerk, dem Versepos *Das befreite Jerusalem,* das den ersten Kreuzzug behandelt, versucht er die humanistischen Ideen der Renaissance mit religiösen Problemen in Einklang zu bringen.

383 *Vampir* – Gemeint ist der unheimliche Held der Erzählung *Der Vampir* (1819), die Byron zugeschrieben wurde, aber von einem gewissen Polidori stammt, der mit Byron die Schweiz bereiste und von diesem die Fabel des *Vampir* gehört haben will.

384 *Piquet* – Feldwache.

387 *son cœur et sa fortune* – (franz.) sein Herz und sein Vermögen.

403 *Denken Sie an Julius Cäsar* – Der römische Geschichtsschreiber Sueton berichtet in seinen Kaiserbiographien, vor der Ermordung von Gajus Julius Cäsar im Jahre 44 v. Chr. hätten mehrere Omen auf den Tod hingewiesen.

407 *Finita la commedia!* – (ital.) Die Komödie ist zu Ende!

418 *Pointeur* – Setzender Spieler beim Glücksspiel.

424 *Tschichir* – Kaukasischer Rotwein.

426 *Jessaul* – Offiziersrang im Kosakenheer; entspricht einem Rittmeister der Kavallerie oder einem Hauptmann der Infanterie.

431 *Linie* – Bezeichnung für die Ketten der Wachtposten, Forts und Festungen entlang der russischen Grenze im Kaukasus im 19. Jahrhundert.

Achaluchi – Gegürteter Halbrock der georgischen Männertracht mit Knöpfen, Kragen und Ärmeln; wird unter der Tschocha getragen.

432 *Marlinski* – Alexander Bestushew (1797–1837), Teilnehmer am Dekabristenaufstand von 1825, schrieb in der Verbannung unter dem Pseudonym Marlinski in den dreißiger Jahren romantische Erzählungen im schwülstigen Stil, die sehr populär wurden.

472 *C'est une idée* … – (franz.) Eine glänzende Idee, solche haben Sie immer.

INHALT

Prosa

Dramatik

Anhang

Zu dieser Ausgabe

insel taschenbuch 1223
Michail Lermontow
Ausgewählte Werke in zwei Bänden
Band 2: Prosa und Dramatik

Der Text folgt der Ausgabe: Michail Lermontow, Ausgewählte Werke in zwei Bänden. Herausgegeben von Roland Opitz. Rütten & Loening, Berlin 1987, Band 2: Prosa und Dramatik.

Die Nachdichtungen besorgten:

Werner Creutziger
Kerib der Spielmann 239
Heinz Czechowski
Maskerade 439
Marga Erb
Wadim 7
Barbara Heitkam
Das Panorama Moskaus 149; Die Fürstin Ligowskaja 157; Der Kaukasier 429
Günther Stein
Ein Held unserer Zeit 253

Literatur und Reisen
im insel taschenbuch

Johann Friedrich Abegg: Reisetagebuch von 1798. Mit zahlreichen Abbildungen. Herausgegeben von Walter und Jolanda Abegg in Zusammenarbeit mit Zwi Batscha. it 1013

Alt-Prager Geschichten. Gesammelt von Peter Demetz. Mit Illustrationen von Hugo Steiner-Prag. it 613

Alt-Wiener Geschichten. Gesammelt von Joseph Peter Strelka. Mit sechs farbigen Abbildungen. it 784

Ernst Batta: Obelisken. Ägyptische Obelisken und ihre Geschichte in Rom. it 765

Berlin im Gedicht. Herausgegeben von Barbara und Walter Laufenberg. it 851

Capri. Ein Lesebuch. Hans Bender und Hans Georg Schwark. it 1077

Hans Carossa: Erinnerungen an Padua und Ravenna. Zwei Kapitel aus ›Italienische Aufzeichnungen‹ von 1947. it 581

Chicago. Die Stadt der Superlative. Herausgegeben von Esther Gallwitz. Mit zahlreichen Abbildungen. it 769

Dublin. Herausgegeben von Elsemarie Maletzke. it 807

Gustav Faber: Denk ich an Deutschland. Neun Reisen durch Geschichte und Gegenwart. Mit Abbildungen. it 628

Das Ferienbuch. Literarische Souvenirs, aufgelesen von Vera Pagin und Hans-Joachim Simm. it 1082

Dominique Fernandez: Süditalienische Reise. Aus dem Französischen von Julia Kirchner. Mit Fotografien von Martin Thomas. it 1076

Florenz. Lesarten einer Stadt. Herausgegeben von Andreas Beyer. Mit zahlreichen Illustrationen. it 633

Theodor Fontane: Jenseit des Tweed. Bilder und Briefe aus Schottland. Herausgegeben von Otto Drude. Mit zahlreichen Abbildungen. it 1066

Georg Forster: Ansichten vom Niederrhein von Brabant, Flandern, Holland, England und Frankreich im April, Mai und Junius 1790. Herausgegeben von Gerhard Steiner. it 1136

– Reise um die Welt. Herausgegeben und mit einem Nachwort von Gerhard Steiner. it 757

Manuel Gasser: Spaziergang durch Italiens Küchen. Mit Bildern von Manfred Seelow. it 391

Johann Wolfgang von Goethe: Italienische Reise. 2 Bde. Mit vierzig Zeichnungen des Autors. Herausgegeben und mit einem Nachwort versehen von Christoph Michel. it 175

– Tagebuch der Italienischen Reise 1786. Notizen und Briefe aus Italien. Mit Skizzen und Zeichnungen des Autors. Herausgegeben und erläutert von Christoph Michel. it 176

158/1/7.88

Literatur und Reisen
im insel taschenbuch

Johann Wolfgang von Goethe: Tagebuch der ersten Schweizer Reise 1775. Mit den Zeichnungen des Autors und einem vollständigen Faksimile der Handschrift, herausgegeben und erläutert von Hans-Georg Dewitz. it 300

Heidelberg-Lesebuch. Stadt-Bilder von 1800 bis heute. Herausgegeben von Michael Buselmeier. it 913

Heinrich Heine: Italien. Mit farbigen Illustrationen von Paul Scheurich. it 1072

Hermann Hesse: Mit Hermann Hesse durch Italien. Ein Reisebegleiter durch Oberitalien. Mit farbigen Fotografien. Herausgegeben von Volker Michels. it 1120

Alexander von Humboldt: Vom Orinoko zum Amazonas. 2 Bde. in Kassette. Reise in die Äquinoctial-Gegenden des neuen Kontinents. Herausgegeben von Ottmar Ette. Mit zahlreichen Abbildungen. it 990

Im fernen Osten. Forscher und Entdecker in Tibet, China, Japan und Korea 1689-1911. Herausgegeben von Georg Adolf Narciß. it 853

Istanbul. Herausgegeben von Esther Gallwitz. Mit Illustrationen von Thomas Allom. it 530

Samuel Johnson: Reisen nach den westlichen Inseln bei Schottland. Nach einer anonymen Übertragung aus dem Jahr 1775. Herausgegeben von Volker Wolf und Bernd Zabel. Mit zahlreichen Abbildungen. it 663

Erhart Kästner: Griechische Inseln. Aufzeichnungen aus dem Jahre 1944. Mit einem Nachwort von Heinrich Gremmels. it 118

– Kreta. Aufzeichnungen aus dem Jahre 1943. Mit einem Nachwort von Heinrich Gremmels. it 117

– Die Lerchenschule. Aufzeichnungen von der Insel Delos. it 57

– Ölberge, Weinberge. Ein Griechenland-Buch. Mit Zeichnungen von Helmut Kaulbach. it 55

– Die Stundentrommel vom heiligen Berg Athos. it 56

Kairo. Die Mutter aller Städte. Herausgegeben von Ursula Beyer. Mit zahlreichen Abbildungen. it 696

Kennst du das Land, wo die Zitronen blühn. Italien im deutschen Gedicht. Herausgegeben von Peter Hamm. it 927

Leipzig. Ein Städtelesebuch. Herausgegeben von Esther Gallwitz. it 1083

Carl von Linné: Lappländische Reise. Mit Zeichnungen des Autors. Aus dem Schwedischen übersetzt von H. C. Artmann unter Mitwirkung von Helli Clervall. it 102

158/2/7.88

Michail Lermontow, geboren am 15. Oktober 1814 in Moskau, ist am 27. Juli 1841 im Duell in Pjatigorsk gefallen.
»Und einsam und traurig, und niemand steht helfend bereit, im Leide die Hand dir zu reichen.« In seiner Lyrik, in der Prosa, im Drama *Maskerade*, in den Poemen, die in den *Ausgewählten Werken* versammelt sind, wagte Michail Lermontow, das zu bekennen, was er im Leben hinter der Maske des Menschenverächters verbarg. Die Einsamkeit des Menschen, der sich aus der Gesellschaft ausgrenzt und dennoch auf sie angewiesen ist; den für die Gegenwart vergeblichen Kampf des Dichterpropheten, dessen Worte mit Zensur und Strafe geahndet werden. Lermontows formenreiches Werk vereinheitlichen Themen wie die menschliche Gleichgültigkeit, die Leere, die Unfähigkeit zur Liebe und die Hoffnung, das Böse ließe sich durch die Liebe wandeln und das Himmlische könne das Dämonische besiegen; der Tod, den er mit 27 Jahren im Duell erlitt.
Es sind Gedanken und Motive, die den russischen Romantiker mit der westeuropäischen Romantik verbanden. »Lermontow war natürlich Byronist, aber infolge seiner überragenden, eigenständigen poetischen Kraft ein Byronist besonderer Art – spöttisch, kapriziös und mürrisch, immer ungläubig, sogar hinsichtlich seiner eigenen Inspiration, seines eigenen Byronismus.«
(Fjodor Dostojewski)

insel taschenbuch 1223
Michail Lermontow
Ausgewählte Werke
Band 1

Michail Lermontow
Ausgewählte Werke in zwei Bänden

Herausgegeben von
Roland Opitz

Insel Verlag

Michail Lermontow
Gedichte und Poeme

Insel Verlag

insel taschenbuch 1223
Erste Auflage 1989
Insel Verlag Frankfurt am Main

Nutzung der deutschsprachigen Übersetzung
mit freundlicher Genehmigung von Rütten & Loening, Berlin 1987
Der Abdruck der im Inhaltsverzeichnis mit Sternchen versehenen
Gedichte erfolgte mit Genehmigung des
Verlages Philipp Reclam jun.

Hinweise zu dieser Ausgabe am Schluß des Bandes
Vertrieb durch den Suhrkamp Taschenbuch Verlag
Umschlag nach Entwürfen von Willy Fleckhaus
Druck: Nomos Verlagsgesellschaft, Baden-Baden
Printed in Germany

1 2 3 4 5 6 – 94 93 92 91 90 89

GEDICHTE

1828

DIE SCHALMEI

Sahst Wandrer du am Wasser nah der Berge Hang
Wohl die geheime Laube tief im Schattengang,
Wo Wehmutsträume unterm Dome der Akazien
Ausruhen? Ein Altar der Musen und der Grazien
Stand dort einst, und ein Frühjahrsrosenstrauch,
Beim süßen Duft der Traubenkirsche scherzte auch
Der Zephir hin und wieder mit der Uferweide,
Fröhlich wie ausgelaßne Kinder spielten beide.
Dort nährte einstmal meiner letzten Liebe Glut
Das Herz mir wunderbar und wärmte mir das Blut.
Verborgen hat sich dies nun alles, so entziehen
Die Wiesennebel morgens sich der Sonne Glühen.
Verschwunden ist es wie ein Spuk, und du nur bist
Trost, Rettung, alles, was mir noch geblieben ist,
Erinnerung der Seele, heilig, unvergeßlich!
Friedvolles Dach, du hütest alles mir verläßlich
Aus Tagen, da das Leiden mich noch nicht gekannt,
Des Schicksals Wüten nahm mir nicht dies Unterpfand,
Die Heiterkeit, wenn mich auch schon die Gräber mahnen,
mit klagender Schalmei das rostge Schwert der Ahnen.

1829

AN P...

Ich bitt dich, lieber Peterson,
Halt frühen Irrtum mir zugute:
Die Welt verdient nicht der Verachtung Knute,
Ist Leben auch nur eines Traums Minute,
Der Tod auch nur gesprungner Saite Ton.
Mein Geist wird jetzt die Welt in andre Werte fügen,
Weil von uns keiner je die Welt erspäht,
Wo Freunde Freunde nicht betrügen,
Wo Liebe Liebe nicht verrät.
Wozu verwerfen wildentschlossen,
Nicht Glück zu finden und Gewinn:
Mein Freund, auch irdsche Wege tragen Rosen,
Nicht alles rafft die böse Zeit dahin.
Fällt auch die Tugend in den Staub,
Erreicht den Schöpfer niemals unser Flehen,
Stirbt auch der Genius ewig, glaub,
Das schlichte Volk wird überall noch Freuden sehen.
Doch der, auf dem der Stempel der Verzagtheit liegt,
Der jung verlor die goldnen Sommer wieder,
Wird auch durch Liebe nicht erquickt,
Und auch durch Freundschaft nicht und nicht durch Kampfeslieder.

WIDMUNG FÜR N.N.

Nimm, Freund, von meiner trägen Muse Früchten!
Ich schenk dir einen Anflug von Gefühl,
Willst du auf Freundschaftsbande auch verzichten,
Verachtest meiner Seele Glut als Spiel ...
Ich weiß, leichtfertig bist du, unbesonnen,
Ein falscher Freund zog dich bereits ins Netz,
Doch denk, wie schwer der Weg zum Glück gewonnen
Aus jenem Land, wo Laster ward Gesetz.
Ich bin bereit und willens, dich zu retten,
Ich schwor's, und zum Verderben ward's mir fast,
Du aber schwiegst in deines Argwohns Ketten,
Empfandest meine Worte nur als Last.
Doch kommt für dich die Stunde, wie für jeden,
Und du erkennst, was meine Seele spricht,
Dann flieh, vergeude keine leeren Reden,
Dein Urteil fällte schon das Weltgericht.

ROMANZE

Mit seinem Leben unzufrieden,
Wo er nur Trug und Tücke fand,
Flieht nach Italien, in den Süden
Er, der sich freiwillig verbannt.
Wie könnt ich, Freunde, euch vergessen,
Vergessen dich, des Nordens Wein,
Wenn beieinander wir gesessen
Und er uns froh gestimmt? O nein!

Den Sturm, des Schnees gewaltge Menge,
Der Mädchen Moskaus Feuerblick,
Der Balalaika süße Klänge,
Die Nacht voll träumerischem Glück?
O Seele, meine Seele, können
In der Erinnrung schwinden dort
Das ferne Land, das Leid, die Tränen,
Verachtungswürdger Menschen Wort?

Nein, unter grünen Myrtenzweigen
Fern auf Helvetias Felsgestein,
Wie auch in Roms verwirrtem Reigen
Wirst du mir stets vor Augen sein.
So sprach er, und die Kutsche jagte
Mit ihm davon auf öder Bahn,
Und das eintönge Glöckchen klagte
Noch lange und verstummte dann.

PORTRÄTS

1

Er ist nicht schön, von kleiner Statur,
Doch glüht sein Auge liebeverheißend.
Und in die Wangen hat die Natur
Den Zug der Leidenschaften gemeißelt.
Das Haar pechschwarz, der Mund aschefahl
Und schmal, doch zart, von zierlichem Schwunge;
Ob offen, ob geschlossen – egal,
Stets tönt aus ihm die göttliche Zunge!
Und zürnt mit ihm der Erdenperun,
So wirft er sich ihm zornig entgegen.
Ein Achselzucken wert ist ihm Ruhm.
Er lacht kaum. Dunkler Schwermut erlegen,
Doch stolz und freiheitlich wacht sein Geist.
Die Welt der Menschen, in ihr verwaist,
Mit ihrer Liebe, Tücke, Intrige
Verwirft er als ein Lügengefüge.
Nie suchte, hatte er einen Freund.
Natur nur ist ihm freund und vertraut.
So treibt der Steppenwind und beweint
Sein Opfer, ein entwurzeltes Kraut.

2

Und dieser Held – von Gewicht, mein Leser!
Der Brustkorb füllig, das Sitzteil wuchtig.
Oft Spaßvogel, öfter Trübsalbläser,
Gefällig, gutmütig, manchmal fuchtig.
Auch er – geweiht mit dem Musenkuß.
Die Schönen Moskaus belächeln ihn.
So schwingt er sich auf Gaul Pegasus
Und fliegt ins Luftschloß der Phantasien.
Gekleidet modisch, leicht geckenhaft.
Die Augen klein, wenig augenscheinlich.

»Die Bäckchen – Pflaumen im besten Saft«,
So höhnt die Welt, sich im Hohn gern einig.

3

Voll Mißgunst, wild, kalt, eigenherrlich,
Vor Mensch und Gott so hoch zu Thron,
Daß mancher sich bekreuzt; nie ehrlich,
In seiner Freundlichkeit gefährlich,
Kurzum, ein finsterer Patron.

4

Alles auf Erden ist, richtet er, nichtig, gering, gemein.
Höhere Seelen erstreben ein Höhres – berühmt zu sein.

5

Nur heiter, mit sonnigem Lächeln,
Dem Leben hold, der goldnen Jugend,
Doch nicht ohne wahre Gefühle!
Geradsinnig, freiherzig, lauthals
Und taub für die magische Sprache
Der Leidenschaft und der Natur.

6

Er liebt den Schlummer in Plüsch und Plünne
Und niederer Leute Brüderschaft,
Liebt süßes Nichtstun, den Rausch der Sinne.
Und haßt die verfluchte Leidenschaft!
Das dunkle Haar hängt in Stirn und Wangen,
Und unter dem Strähnenschleier schaut
Der Blick vor – verzärtelt, selbstbefangen.
Und selten entspringt dem Mund ein Laut.

KLAGEN EINES TÜRKEN

Brief. An einen ausländischen Freund

Kennst du das öde Land in heißer Sonnenglut,
Wo blühend Feld und Hain trostlos verdorren muß?
Wo der Bewohner Herz vor Leidenschaft, Genuß
Erbebt, wo Selbstzufriedenheit der Roheit zollt Tribut
        Und wo zuweilen unverhofft
Gemüter kalt und hart wie Felsgestein sich zeigen?
Es drückt die Schwermut ihre Kraft nur allzu oft
Herab und läßt der Güte helle Stimme schweigen.
Früh wird das Leben dort zur Qual und Vorwurf folgt
Auf die Zerstreuung; wie kann der Mensch sich da noch
                                                                retten?
Er stöhnt allüberall in Sklaverei und Ketten! . . .
        Freund! Dieses Land ist meine Heimat!

PS Ach, wenn du mich verstehst,
        Verzeih mein freies Dichten!
        Auch wenn verhüllte Wahrheit du verschmähst:
        Wir alle sind nur Menschen! – Wer will richten? . . .

MEIN DÄMON

Sein Element ist – alles Böse.
Stolz schwebt er durch den Wolkenraum
Und heischt des Donnersturms Getöse
Und Waldesgraus und Brandungsschaum.
Inmitten farblos dürrer Blätter
Hat er errichtet seinen Thron,
Es flammt um ihn blitzwildes Wetter,
Stumm ist sein Mund, sein Blick spricht Hohn.
Durch Zweifel trübt er jede Freude,
Verachtet reine Liebesglut,
Ihn rührt kein Flehn in tiefstem Leide,
Und kalten Blickes sieht er Blut.
Durch Leidenschaft zur Erde drücken
Kann er der Seele Himmelsschwung.
Und schaudernd steht vor seinen Blicken
Die Muse der Begeisterung.

EIN MONOLOG

Es ist ein Glück, ein Nichts zu sein auf Erden!
Was nutzt uns tiefes Wissen, heiße Ruhmsucht,
Talent und liebestarkes Freiheitsstreben,
Wenn diese Gaben nicht verwertbar sind?
Des Nordens Kinder, gleichen wir den Pflanzen
Des Nordens: unsre Blütezeit währt kurz,
Denn unaufhaltsam schnell verwelken wir ...
Der Wintersonne gleich am grauen Himmel
Ist unser armes, nebeltrübes Leben,
Und bald vollendet stockt der Stunden Lauf ...
Beklommen ist's dem Herzen in der Heimat,
Beengt und schwer, und Sehnsucht schwellt die Brust ...
Fremd ist die Liebe uns und süße Freundschaft,
In eitlen Stürmen bricht der Jugend Kraft,
Vergiftet von dem Zweifelsgroll der Seele.
Und bitter schmeckt der Kelch des schalen Lebens,
Und keine Freude kennt das müde Herz ...

1830

MEIN KAUKASUS

Ich war noch ein Kind, als ich von euch schied,
Ihr südlichen Berge! – Doch wer euch gekannt,
Behält euch im Herzen so wie ein Lied,
Ein Lied von der Heimat, vom Vaterland.
Mein Kaukasus, du meine Liebe!

Ein Kind war ich, als ich die Mutter verlor.
Doch klingt mir noch heut, wenn der Abend naht,
Der Widerhall ihrer Stimme ins Ohr,
Als rufe mich zu deiner Gipfel Grat,
mein Kaukasus, du meine Liebe.

Ihr Felsen, ihr Schluchten, wie glücklich ich war
Mit euch, und ich sehne mich nun zurück
Nach jenem göttlichen Augenpaar,
Nach ihrem mein Herz beglückendem Blick . . .
mein Kaukasus, du meine Liebe!

NACHT (II)

Der Tag erlosch! – Und Finsternis bedeckte
Den Himmelsgrund, so wie man Tote zudeckt.
Die Dunkelheit durchflimmerten sich drehend
Die pünktchengroßen Lichter,
Mit denen sich auch unsere Erde drehte;
Auf ihr, gehüllt in eine tiefe Ruhe,
Schlief alles ein – ich war allein, der nicht schlief.
Nur ich schlief nicht – und in dem Graus des Zwielichts,
Im Widerstreit von Freude und von Trauer
Zog sich mein Herz zusammen – und ich wünschte,
Entweder Frohmut oder Gram zu mehren,
Erschlagenes Leben ins Gedächtnis rufend.
Das Letztere jedoch war freilich leichter ...

Vom Westen ein *Gerippe* unermeßlich
Kam, über schwarze Wasser sich erhebend,
Und es verdunkelte die Sterne ...
Und ganze Welten brachen vor ihm nieder,
Und berstend krachte alles von den Schritten.
Armseligkeit blieb übrig hinter ihnen.
Und jetzt auch nahte sich der Erdenkugel
Gewaltig der Gigant – und alle schliefen,
Und keine Sorge störte ihren Schlaf – nur einer,
Ein Sterblicher nur sah, was Gott nicht lasse
Ein lebendes Geschöpf erblicken ...

Und da hob *der* empor die Knochenhände,
Und einen Menschen hatte er in jeder,
Der zitterte – ich kannte diese Menschen,
Und einen Blick warf ich auf sie – und weinte.
Und eine Stimme plötzlich dröhnte: »Kleinmütiger!
Staubsohn, Sohn des Vergessens, warst nicht du es,
Der einer übergroßen Qual erliegend,
Mich rief – hier bin ich, bin der Tod!
Und uferlos ist meine Herrschaft!

Die beiden hier – du kennst sie – liebtest sie ...
Den du bestimmst, der stirbt. – Du hast die Freiheit,
Dem Unausweichlichen den Weg zu weisen.
Auch du wirst einst ins Ewige vergehen.
Und nirgends sie zum zweiten Male sehen –
Denn wisse, wie die Zeit gehn hin die Menschen,
Die sie geboren hat – nur Gott ist ewig ...
Entscheide, Unglücklicher!«

Da erfaßte
Ein Beben unwillkürlich meinen Körper,
Die Zähne, aufeinanderschlagend, hemmten
Die Worte, die sich hart der Brust entrissen;
Doch endlich dann, den Schrecken überwindend,
Schrie das Skelett ich an: »Nimm beide! beide!
Kein Wiedersehen – also keine Trennung!
Sie haben ja genug gelebt, daß ewig
Nun dauere so ihre Strafe.
Ach! – Laß auch mich, den Erdenwurm, nicht leben –
Die Erde selbst zertritt, das Nest des Lasters,
des Wahnsinns und der Trauer!
Sie nimmt uns alles, nimmt uns, was wir glaubten,
Und schenkt uns nichts, als daß sie uns entbindet!
Verflucht sei das Geschenk des Lebens!
Wir haben erst dank ihm von dir erfahren.
Erfahren auch das arme, eitle Dasein,
Von Hoffnung leer – von Ängsten überladen.
Sie solln vergehn, vergehn solln meine Freunde!
Nur eines ist, daß ich noch weine:
Warum nicht schon als Kinder!«
Und jetzt sah ich, wie in den Knochenhänden
Die Freunde er zerdrückte – sie verschieden –
Selbst die Phantome schwanden und die Schatten ...
Des Todes Bild umwölkte sich mit Nebel
Und – so zog es nach Norden. Lange, lange,
Die Hände ringend und die Tränen schluckend,
Stritt gegen Gott ich, in der Furcht zu beten!

EINSAMKEIT

Wie schrecklich ist es, wenn man einsam
Des Lebens Fesseln tragen muß.
Vergnügen teilt man gern gemeinsam,
Doch Leiden nie und nie Verdruß.
Ich bin, wie Gott in Himmelsräumen,
Allein; mein Herz ist voller Leid.
Schicksalergeben fliehn, gleich Träumen,
Die Jahre hin, vergeht die Zeit.
Und neu, vergoldet mit den Jahren,
Kommt stets der alte Traum herauf,
Schon seh den Sarg ich einsam harren;
Was hält auf Erden mich noch auf?
Und sterb ich, wer wird mich beklagen?
Man wird (das ist mir nur zu klar)
An meinem Tod mehr Freude haben,
Als daß die Mutter mich gebar.

DAS GEWITTER

Es rast der Sturm und Wolken dampfen
Über dem schwarzen Meeresschlund.
In wilder Gischt die Wellen stampfen
Und drängen zischend sich zum Grund.
Rings um des Riffes Felsenspalten
Windet des Blitzes Schlange sich,
Es bersten die Naturgewalten,
Doch unbeweglich stehe ich.

Hier steh ich – könnte der erbeben
Im Rasen überirdscher Kraft,
Den immer nur betrog das Leben
Um seines Fühlens Leidenschaft?
Um den sich der Verleumdung Gifte
Wie tollgewordne Vipern ziehn,
Wie du dich schlingst um Felsenklüfte,
O Flamme, du Verderberin?

Fliegt nur dahin, ihr Himmelsfeuer,
Tobt nur, ihr Stürme, ungehemmt,
Ich harre voller Gleichmut euer,
Denn Ängste waren stets mir fremd.

FRAGMENT

Vor Lebenshoffnung fürcht ich mich,
Stein unter Steinen leb ich hier,
Mit meinen Klagen geize ich,
Vermodern mögen sie in mir.
Ich brüst mich nicht mit meiner Pein,
Entrüste nicht der Menschen Ohr.
Dringt etwa, poltert Stein auf Stein,
Der Lärm bis in ihr Innres vor?

Die Flamme, nicht von dieser Welt,
Bewahre ich von Kindheit an,
Doch ist vom Schicksal ihr bestellt,
Wie sie gelebt, zu schwinden dann.
Ich harrte ihrer Früchte schon
Und sprach auch gern mit mir allein.
Verstummen wird der Herzenston,
Ich werde immer einsam sein.

Tiefsten Gedanken opfert ich
Der Liebe und des Ruhmes Pfad,
Alles, was mir – ein wenig – mich
Hervorzutun ermöglicht hat;
Als ärmster Erdenbürger bloß
Bleib ich zurück im Menschenkreis,
Auf ewig ihrer Würden los
Und meiner Tugend gleicherweis.

Zwei Leben lebt man bis zum Tod:
Der Genius: Höher als Verstand –
Und Liebe, Hoffnung, Rache, Not,
Dies alles steht in seiner Hand.
Denn dort erbaute er sein Haus,
Wo uns Erinnerung besucht,
Sagt uns den Untergang voraus,
Wenn es zu spät ist für die Flucht.

Zu quälen liebt er immer schon,
Sein Wort trägt oft der Lüge Spur,
Er tötet uns wie ein Skorpion,
Ich glaubte ihm, was glaubt ich nur?
Seht meine Stirn, der Augen Licht,
Die bleichen Wangen, schaut gut hin,
Mein Antlitz sagt euch sicher nicht,
Daß ich erst fünfzehn Jahre bin.

Bald wird das Alter mich zum Grab
Hinführen, o wie bald! Ich schau
Aufs Leben – faule Frucht! – herab,
Ich kenn Vergangenes genau:
Der wahre Freund der Gräber tritt
Mit seiner kalten Schönheit ein;
Was ich geliebt, wofür ich litt,
Wird dann für mich nur Traum noch sein.

Ob es ein einzges Grab nur sei,
Das allen mit Vernichtung droht?
Vielleicht entzündet sich aufs neu
Das Lachen eines, der halbtot?
Ein fremder Klang und Heiterkeit
Gesellt sich meinen Worten wohl,
Daß ich um meine Jugendzeit
Nicht vor dem Ende trauern soll.

Es wurde nicht die große Welt
Geschaffen für den Menschen bloß,
Auch unsre Spur mit uns zerfällt,
Das ist Gesetz und unser Los.
In uferloses Nichts entführt
Den Geist des Weltalls wilder Wind,
Und weich durch unsre Asche wird
Das Land für die, die reiner sind.

Sie werden nicht verdammen, nicht
Nach Gold noch Ehren steht ihr Sinn,

Wie Kindertage, rein und schlicht,
So fließen ihre Tage hin.
Des Anstands Ketten fesseln nie
Der Freundschaft und der Liebe Gut,
Mit Hohngelächter opfern sie
Niemals der Brüder heilges Blut.

Zu ihnen (wie zu jeder Zeit)
Gesellen sich die Engel noch.
Wir sehen diese Herrlichkeit
Gefesselt überm Abgrund doch.
Des Neides Vorwurf, Sehnsuchtsgier,
Ein ewges Ziel, das in uns wohnt;
Hier büßen für Äonen wir
Die Frevel, brodelnd unterm Mond.

ELEGIE

Nächtliche Welle, o zerschelle,
Daß sich die Gischt am nebligen Gestade bricht.
Ich stehe hier am Meeresufer dicht
Nachdenklich auf des Felsens Schwelle.
Ich bin allein, den Menschen fremd, verließ die Welt
Und glaube niemandem der Trauer Tränenquelle.
In meiner Nähe ist der Fischer Zelt;
Ein gastlich Feuer schimmert dort, indessen
Sich die Familie sorglos ringsherum gesellt;
Derweil ein Alter leis erzählt,
bereitet man ein Abendessen.
Doch ich bin weit entfernt von ihrem Glück,
ich denke an der Hauptstadt Eitelkeiten,
Versunkne Vielzahl von verderbter Lust zurück,
Und eine Träne fühl ich niedergleiten,
Und Reue regt sich wild in meiner Brust – gewiß,
Sie lauern stets, die Jahre, die zugrund gegangen,
Der Blick, gedankenvoll und unbefangen –
Sag ich der Seele auch: Vergiß,
Er bleibt vor mir, vergebens fleh ich, voller Bangen ...
O wär geboren ich an diesem Ort,
Bei diesen Menschen, die nicht Arglist dulden,
Wie gerne hielte meinem Schicksal ich dann Wort,
Jetzt kann ich keine Dankbarkeit ihm schulden!
Beklagenswert, wer jung und unbeschwert
Der alten Stirn unnötge Falten hat beschert,
Der alle lieben Wünsche hintanstellte,
Dem eine einzge dunkle Reue nur gewährt,
Der wie ich fühlte, um zu wissen, was ihn quälte,
Der früh die Welt erkannte, diese Leere so
– Wie ich die Küsten meines Heimatlandes – floh,
Freiwillig die Verbannung wählte.

AN ***

Weil meine Worte dumpf und traurig klingen,
Weinst du und nennst mich elend – nein,
Es sollte dieses schmerzlich bittre Ringen
Nur Vorgefühl des größern Leides sein.

Jung bin ich, doch es kocht im tiefen Herzen,
Nach Byrons Lorbeer schweift der kühne Blick,
Mein ist sein Geist, mein seine Schmerzen,
O wäre mein auch sein Geschick!

Wie er will ich vergessen, frei mich träumen,
Wie er fühlt ich als Kind der Liebe Kraft;
Die Berge liebt ich, der Gewässer Schäumen,
Die Wut des Sturmes und der Leidenschaft.

Wie er such ich nach Ruhe hier vergebens,
Und ein Gedanke jagt mich allerwärts:
Ich seh zurück – mich ekelt jenes Leben,
Und seh voraus ich – finde ich kein Herz.

PROPHEZEIUNG

Das Jahr wird kommen, Rußlands schwarzes Jahr,
Da mit der Zarenkrone stürzt der Zar;
Des Pöbels Liebe folgt des Pöbels Wut,
Und vieler Nahrung ist nur Tod und Blut,
Da das Gesetz, gebrochen, nicht mehr nützt,
Die Kinder nicht und nicht die Frauen schützt,
Da Pestgestank von toten Leibern rinnt
Und seinen Zug durch Dorf und Stadt beginnt.
Aus allen Hütten ruft der schwarze Tod,
Das arme Land versinkt in Hungersnot,
Und Feuerschein der Flüsse Wellen bräunt:
Bis eines Tags ein mächtger Mann erscheint.
Du siehst ihn und begreifst mit einem Mal,
Warum in seinen Händen blinkt der Stahl:
Und wehe dir, dein Weinen und dein Schrein
Erscheint ihm sicher lächerlich und klein;
Im schwarzen Mantel, schrecklich anzusehn,
Wird er erhobnen Hauptes vor dir stehn.

10. JULI (1830)

Von neuem, Stolze, steht ihr, zu erfechten
Die Unabhängigkeit des Lands,
Und wiest den Autokratenknechten
Den Säbel eures Widerstands.
Von neuem hat des Sieges blutiges Zeichen,
Die Fahne Freiheit, euch geeint,
Ein Höheres als Lorbeer zu erreichen.
Suworow war ihr ärgster Feind.

DER BETTLER

Vor einer Klosterpforte stand
Ein Armer, um Erbarmen flehend,
Von Qualen ausgedörrt, verbrannt,
Vor Durst und Hunger fast vergehend.

Er bat – in seinem Blick lag Pein –,
Daß man ein Ränftlein Brot ihm spende,
Doch einer legte einen Stein
In seine ausgestreckten Hände.

Wie er mit Schmerz, mit Trauerlast
Hab deine Liebe ich erbeten,
Die innigsten Gefühle hast
Betrogen du, hast sie zertreten.

30. JULI (PARIS) 1830

Du konntst ein guter König sein,
Du wolltest nicht. – Du glaubtest schlicht,
Dem Volk gebührt das Joch allein.
Du kanntest die Franzosen nicht!
Auch Könige kommen vor Gericht.
Es hat dich deines Throns beraubt;
Und zitternd flohst du, armer Wicht;
Da fiel die Krone dir vom Haupt.

Ein Kampf entbrannte, heiß und schwer;
Der Freiheit Fahne, windumwallt,
Geht vor der stolzen Menge her.
Ein Klang durch alle Ohren schallt;
Paris vergoß sein teures Blut.
Wer wird dich retten nun, Tyrann,
Vor jenem Blut, vorm Bürgerblut,
Vorm Blut, das schuldlos hier verrann!

Wenn die Posaune des Gerichts
Des Himmels blauen Dom zerschmeißt,
Die Gräber springen und des Lichts
Gewalt dich aus der Asche reißt;
Und wenn der große Richter gar
Legt auf die Waage dein Gewicht . . .
Stehst du nicht mit gesträubtem Haar?
Und zittern deine Hände nicht? . . .

Du Narr! Was wird erst dort mit dir,
Wo du schon heut von Schande voll?
Ein Höllenspott, ein Schattentier,
Das nie zur Ruhe kommen soll!
Wenn dich die ewige Wunde brennt
Und rings dein Blick nach Hilfe sucht,
Der Opfer Schattenregiment
Ruft: Schuldig, Schuldig! Sei verflucht!

NOWGOROD

Schneesöhne, Slawensöhne, sagt, warum
Denn eure Tapferkeit erstarb?
Weshalb? ... Euer Tyrann kommt um,
Wie jeglicher Tyrann verdarb.
Denn bei dem Namen Freiheit lodert
Und bebt das Herz bis heut euch unbesiegt ...
Wohl gibt es eine arme Stadt, wo Völker
Das sahn, dem euer Geist entgegenfliegt.

1831

11. JUNI 1831

I

Von Kind an hing mein Herz mit allen Fasern
Dem Zauberischen an. Ich liebte die
Verheißungen des Daseins, doch das Dasein
Im Fluche seiner Flüchtigkeiten nie.
Und diese Flüchtigkeiten, nichtigen, rohen,
Voll Qual, nahm ich hinauf in meinen hohen
Geheimen Traum, doch dieses Traumgesicht
Verdunkelte sich, wie die Welt, mir nicht.

3

Wie läßt mit kalter Letter sich erklären
Des Denkens Streit . . . Kein Menschenlaut so rein
Und mächtig, zu erklärn mein Glücksbegehren.
So hohe Leidenschaft in mir – doch nein:
Das Wort in mir versagt, von ihr zu sagen.
Und nah bin ich, das Leben auszuschlagen,
Im Opfer einen Schatten, sei es blassen,
Von mir im anderen zu hinterlassen.

9

Und niemand, der mich werthält auf der Welt.
Und selber bin ich mir, wie andern, Bürde.
Auf meiner Stirn haust Trauer. Und es hält
Die Menge mich für meine Kälte, Würde

Für herzlos, gar gefährlich – doch was schert's
Die Herzlose, was fleddert sie mein Herz?
Wozu sie einlassen in mein verschloßnes Reich?
Ob Licht in ihm, ob Nacht – es ist ihr gleich.

16

Das Steppenland, wie liebe ich's bis heute:
Sein Wind, der über kahle Hügel schweift,
Von Wolkenschatten fleckig – seine Weite,
Sein Adler, wie er steigt, kreist, stürzt und greift ...
Kein Joch zwingt nieder seine wilden Pferde,
Und aus der Höhe freut sich jäh der Erde
Der raubgewohnte Segler. Kein Revier,
Wo mutiger die Wolke fliegt als hier.

22

So leer – ein Leben ohne Kämpfen, Wollen.
Im Einstigen wirst du, zurückgewendet,
Nichts Rechtes mehr erkennen – fort, verschollen!
Im Jetzt der Reife – nichts, was Freude spendet.
Ich will die Tat – für die Unsterblichkeit,
Als Schatten eines großen Helden, Streit
Zu wagen, mich zu schlagen. »Ruh und Rast« –
Das ist so fern und fremd mir wie verhaßt.

23

In Aufruhr ewig, gehen die Gedanken.
Und Zuversicht und Mut wechselt – welch Sturz –
Mit Schwermut, Leere, bodenlosem Wanken.
Und doch die Furcht, mein Leben sei zu kurz,
Es könnte, eh ich's auch nur halb erfülle,
Zerbrechen. Ja, mein Daseins-, Tatenwille
Ist stärker als das Dasein, das mich bricht.
Wie andre leben aber will ich nicht.

DER KELCH DES LEBENS

Wir trinken aus dem Kelch des Seins,
    Die Augen fest verbunden,
Und Tränen netzen statt des Weins
    Den goldenen und runden.

Wenn aber vor dem Tode fällt
    Herab die Augenbinde,
Und alles Blendwerk aus der Welt
    Muß schwinden mit der Binde,

Dann sehen wir, wir führten leer
    Den goldenen Kelch zum Munde,
Und daß sein Trank – ein Traum daher,
    Und daß er – nicht der unsere.

DER HIMMEL UND DIE STERNE

Klarer, nächtlicher Himmel,
Ferne, helle Gestirne,
Hell wie das Glück eines Kindes –
Oh, warum darf ich euch nimmermehr grüßen:
Sterne, ihr leuchtet so hell, wie mein Glück!

Was ist dein Unglück?
Fragen die Menschen.
Das ist mein Unglück:
Himmel und Sterne sind – Himmel und Sterne,
Ich aber bin nur ein sterblicher Mensch!

Immer beneidet
Der Mensch seinen Nächsten;
Ich aber neide
Euch euer Los nur, ihr herrlichen Sterne,
Möchte an eurer Stelle nur sein!

DER ENGEL

Um Mitternacht flog, flog am Himmel entlang
Ein Engel und leise er sang.
Und Sterne und Mond und die Wolken all,
Sie lauschten dem heiligen Hall.

Von seligen, sündlosen Seelen er sang
Im Schatten von Eden; so erklang
Das Lob des allmächtigen Gottes fürwahr
Im Lied ungeheuchelt und klar.

Er trug eine junge Seele im Arm
Zur Welt, hin zu Trauer und Harm.
Der Klang dieses Liedes, er blieb für und für
Ganz wortlos lebendig in ihr.

Sie quält sich auf Erden in bitterem Los.
Wie war ihr Verlangen so groß!
Vergaß sie beim irdischen Trauergesang
Doch nie jenen himmlischen Klang.

LIED

Welkes Blatt bebt an dem Zweige
Vor dem Sturme;
Armes Herz erbebt im Busen
Vor dem Unglück.

Nun, was tut es, wenn die Winde
Welkes Blatt der blühnden Linde
Fern verschlagen?
Wird darum der Zweig am Stamme
Trauernd klagen?

Soll der Bursch sein Los bedauern,
Wenn er schmählich muß verderben
Und im fremden Lande sterben?
Wird darum das schöne Mädchen
Klagend trauern?

1830-1831

DAS GASTMAHL ASMODIS

Eine Satire

Der Satan gibt ein Fest. Die Teufel springen
Mit dem Gesindel eiligst hin zum Schmaus,
Indes die Höllenköche Speisen bringen,
Stehn fröstelnd schon die Höflinge im Haus,
Nach Dienstgrad nimmt man Platz (vor allen Dingen!),
Und der Lakai teilt die Kartoffeln aus,
Wie's fordert Herr Tyrann von Mephistofel,
Als echter Deutscher liebt er die Kartoffel.

Zur Rechten Pawel saß, der Zugereiste,
Zur Linken Faust, der höchste Doktorgrad,
Ein Mann von ganz hervorragendem Geiste
(Der Dummen Meinung zu verbreiten hat
Er sicherlich für uns getan das meiste),
So saß man, als sich jäh die Tür auftat,
Und drei Dämonen traten, tief sich neigend
Hin vor den Thron, ihre Geschenke zeigend.

I. Dämon

Hier ist ein Frauenherz: Was sie verbrochen,
Verbarg sogar sie vor dem Himmel scheu,
Wie vielen hatte sie dies Herz versprochen,
Doch ließ sie nie zum Geben sich herbei,
Das Elend sollte sie nicht unterjochen,
Der Bosheit nur war bis zum Schluß sie treu.

Nimm dies bescheidne Ding, das wir bekamen,
Verdient es auch noch nicht mal seinen Namen.

C'est trop commun! Der Satan tobte mächtig,
Sein Lächeln war voll Hohn und Bitterkeit:
»Ja, dein Geschenk ist wohl im Grunde prächtig,
Doch Neuheit ist die Herrin dieser Zeit!
Geschah denn jüngst nicht mehr? Das ist verdächtig,
Für beßre Botschaft wär es wohl soweit,
Ich glaub, es hörten hundertmal die Wände
Von solchen Treuebrüchen ohne Ende.«

2. Dämon

Den Wein der Freiheit hab ich hergetragen,
Doch niemand hat mit ihm den Durst gestillt,
Und man begann die Kronen zu zerschlagen,
Als sich das Volk daran betrank wie wild.
Dagegen ist wohl sicher nichts zu sagen?
Soll man beschwichtgen der Zerstörung Bild?
Nimm diesen Trank, o Herrscher du und Hüter,
Mein einzger Zar, großmächtiger Gebieter.

In Wut gerieten hierauf alle Zaren
Und sprangen hoch vom Tisch mit einem Satz:
Wenn sich betranken dieser Teufel Scharen,
Verjagte man auch sie von ihrem Platz.
Die Höflinge erkannten die Gefahren,
Und sie verdrückten sich in wilder Hatz.
Den Trunk jedoch mit heldischer Gebärde
Vergoß der Obersatan auf die Erde.

3. Dämon

Nach Moskau war die Cholera gedrungen,
Die Ärzte nahmen gleich sich ihrer an,
Sie hätten wohl die Seuche gern bezwungen,

Doch statt zu heilen, töteten sie dann.
Einer, der einst als Diener uns gedungen,
Erinnerte rechtzeitig sich daran,
Hat Chlor als Medizin für gut befunden
Und schickte zu den Ahnen manch Gesunden.

Das Glas, das so verhängnisvoll geworden,
Reicht er dem Herrscher nun mit eilger Hand.
»Dies also ist die Möglichkeit zum Morden,
Ärztlicher Künste teures Unterpfand.
Ich danke dir! Obwohl aus fernem Norden,
Ist dies Geschenk mein liebster Gegenstand!«
So sprach Asmodi, und er lachte, lachte,
Bis man das Festmahl spät zu Ende brachte.

AN ***

Genug, dem Laster zu verzeihn,
Der Königsmantel sei kein Schild!
Ein Dummkopf mag *dem* Ruhm verleihn,
Für den ein ander Lied nur gilt.
Du aber, Sänger, halte ein,
Der goldne Kranz, er ist nicht dein!

Du sollst dich mit Verbannung wie
Mit Freiheit gleichermaßen rühmen,
Denn die Natur hat dir schon früh
Den Geist geschenkt, den ungestümen;
Hast dich im Unheil stolz gezeigt,
Die Stirn dem Bösen nicht geneigt.

Du sangst von Freiheit trotz Despoten,
Gottes Gericht nur fürchtend, sangst
Du, wenn sie mit dem Tod auch drohten,
Doch frei von aller Erdenangst.
Glaub mir, es gibt in diesem Land
Noch einen, der dein Lied verstand.

DER QUELL

Ach, meiner Leidenschaften Quell
Ist tief und voller Wunder;
Die Oberfläche blau und hell,
Silberner Sand darunter.
Doch ständig kreist der Strömung Lauf
Und wirbelt ihn vom Grunde auf,
Verhüllt von Wolkenwehen
Sind rings die Himmelshöhen.

Das Leben selbst zeugt diesen Quell,
Der mit dem Leben schwindet;
Im einen schwach, im andern schnell,
Doch alle er entzündet.
Glück spürt der Schwache auch. Mein Sinn
Jedoch gäb jede Ruhe hin
Nur für ein paar Sekunden
Voll Wonnen oder Wunden.

LIED

Ein klagendes Glöckchen,
Ein weinendes Mädchen,
Der Rosenkranz tränenbenetzt.
    Gewaltsam,
    Gewaltsam
Ward sie aus der Welt in ein Kloster gebracht,
Ohne Hoffnung ihr Leben, schlaflos die Nacht.

Mein Herz, es erschauert
Und klopft in der Brust mir
Und hämmert und hämmert entsetzt.
    Das Schicksal,
    das Schicksal
Verlangt, daß die Lieb ich im Herzen zerstör,
Doch das Mädchen vergesse ich nimmermehr.

Unsterblichkeit, Tod
Und Leben und Untergang
Sind dem Herz und dem Mädchen wohl gleich.
    Das Herz und
    Das Mädchen
Kennen ein Leid nur, das fast sie zerbricht:
Das Herz braucht das Glück und das Mädchen
das Licht.

Den Dichter mögen schuldig sprechen
Die Laune und der Spott der Welt.
Es wird ihr Urteil niemand brechen,
Die meiner Antwort sich nicht stellt.
Für mich nur lebte ich mein Leben,
Es eilte frei dahin mein Lied,
Ein Vogel, über Wüsten schwebend,
Ein Boot, das aus den Blicken zieht.
Und womit soll die Welt mich rühren,
Wenn du hier sitzt, mir zugewandt,
Und meine Hände Wärme spüren
Von deiner zauberhaften Hand.
Wenn ich im Paradies, du Schöne,
Nur eine Stunde bin zu Gast,
Mit Furcht und Leiden mich versöhne
Und meinen Blick nicht von dir laß.

DER NACHBAR

Der Tag verlischt am Firmament,
Der Abend gießt sein stilles Licht;
Was müht mein armer Nachbar sich?
Durchs Gärtchen, Busch und Baum, getrennt,
Erkenn ich hinterm Fensterrahmen
Ein schwaches Leuchten; schlichte Zelle
So fern dem Gram der Weltlust Elle;
Drum mag ich ihn, den Mann ohne Namen.
Die Leute sehen ihn so und so
Und neigen doch zum Naserümpfen,
Es kann ihr Wort in Nachbars Ohr
Die Lampe nicht früher, später zünden.
Erblicke ich das Licht des Lämpchens
Begeb ich mich an meinen Platz.
Sogleich ist die Empörerseele
Von stiller Freude aufgekratzt.
Ich denke, daß wir uns verstehen,
Daß ich und er, mein armer Nachbar
Dasselbe leiden, dran vergehen
Und uns kennen, schon manches Jahr.

1832

Ich habe Glück! – Ein Gift treibt heimlich durch mein
Blut.
Die grausige Krankheit droht mit tödlichem Verderben.
Geb Gott, daß es so kommt . . . Der Liebe Glut
Und Qual zu fliehen, will ich sterben.
Sechs Bretter hat das Glück mir zugemessen,
Da lieg ich, weiß von nichts, verlassen und vergessen.
Mein stilles Reich mir nicht verstör
Der Ehre Ruf noch deine Stimme mehr!

I

Komm zu mir, schöner Knabe, ach, du mußt
Nicht schüchtern sein. Liegt deine Hand so warm
Zum ersten Mal auf einer Frauenbrust?
Schon eine Stunde halt ich dich im Arm.
Schämst du dich immer noch vor mir? Ich glaub
Am Herzen ist's doch schöner als im Staub
Zu meinen Füßen! O umarme mich,
Was soll mir Gold? Ich liebe, liebe dich!

2

Du bist so schön! Ich saß bisweilen da
An meinem Fenster abends wie gewohnt,
Du gingst vorbei, so war es damals, ja,
Entsinnst du dich? Hoch zog der Silbermond
Im Kreis Verstoßner wie ein Engel rein,
Und du erstrahltest hell in seinem Schein;
Diese Rivalin hat mich stolz gemacht,
Als Himmelswesen zieht sie durch die Nacht.

3

Es flammt ein Schandmal auf der Stirne mir,
Doch ist das Urteil dieser Welt gerecht?
Was soll die Tugend, gilt auf Erden hier
Ein Fehltritt gleich als schimpflich oder schlecht.
Glaub ja nicht, daß es keusche Frauen gibt.
Nur Zufall ist's, wenn man sich ewig liebt.
Zu lieben ist nicht Sünde, einerlei,
Ob's viele wären, ob es einer sei.

4

Ich kannte meine wahren Eltern nicht,
Es zog mich eine fremde Alte auf.
Verwehrt war mir der Kindheit heitres Licht,
Ich war sehr schön, doch niemals stolz darauf.
Mit fünfzehn Jahren war's um mich geschehn,
Ich wurd an einen Mann verkauft. Nicht Flehn
Noch Tränen halfen mir – seit dieser Stund
Geh ich von Tag zu Tag zugrund, zugrund.

5

Ich liebe meine Schmach, gibt sie mir doch
Das Recht dazu, daß ich dich heute küß,
Daß ich erleichtre deiner Sorgen Joch,
Du bist mein Herr, genieße nur, genieß!
Und wäre es womöglich dir bestimmt,
Daß mir dein Kuß den letzten Atem nimmt,
Ein solcher Tod mir nur als Glück erscheint,
Was trägt die Liebe nicht, mein süßer Freund.

Blaue kaukasische Berge, seid mir gegrüßt! Ihr habt meine Kindheit genährt, mich auf eurem verwilderten Rückgrat getragen, in Wolken gehüllt, mit dem Himmel vertraut mich gemacht, und so träumt ich seitdem nur von euch und dem Himmel. Ihr Throne der großen Natur, von denen wie Rauch die gewitternden Wolken sich lösen, wer da auch immer in euren Gefilden, und sei es nur einmal, dem Schöpfer sich neigte, verachtet sein Leben, obwohl er soeben sich seiner gerühmt.

Oft erblickte ich bei Sonnenaufgang Schneefelder, Gletscher und felsige Grate; wie leuchteten sie in den Strahlen der steigenden Sonne. In rosiges Glänzen gekleidet, verkündeten sie dem Wandrer den kommenden Tag, während drunten noch alles in Dunkelheit ruhte. Das rosige Licht glich der Farbe der Scham, die das Antlitz von Mädchen verhüllt, wenn ein Mann sie beim Bad überrascht und sie also verwirrt ihre weißen Gewänder nicht überzuwerfen vermögen, die Brust zu bedecken.
Wie liebt deine Stürme ich, Kaukasus, jene brüllenden Stürme der Wildnis, denen gleich Wächtern der Nacht alle Berghöhlen dröhnend die Losung vertrauten! ... Auf platter Anhöhe erhebt sich ein einsamer Baum, wird vom Wind und dem Regen zur Erde gedrückt, und dort in der Schlucht rauscht ein Weinstock; der Pfad, der verborgen am Abgrund sich zieht, wo ein schäumendes Bächlein ohne Namen dahineilt, und der unerwartete Schuß und die Angst nach dem Schuß: ob der grausame Feind das wohl war, oder einfach ein Jäger? ... Alles, das alles ist in diesem Lande schön.

Die Luft ist dort rein, wie der Kuß eines Kindes. Die Menschen, sie leben so frei und so sorglos wie Vögel; ihr Element ist der Kampf; aus den dunklen Falten ihrer Gesichter spricht Seele. In rauchigen Hütten, die Erde – zuweilen auch Schilf – deckt, verbergen sich Frauen und Mädchen und putzen die Waffen und sticken mit Silber – so welkt in der Stille, vom namenlos' Schicksal in Ketten geschlagen, ihre südliche wünschende Seele dahin.

ROMANZE

Ein grauer Fels stand dort am Ufer dicht am Meer;
Auf seine Stirn herab fiel einst der Blitz des Himmels
schwer,
Sein Haupt zerspaltend: Auf dem neuen Pfade, aus dem
Tor
Zersprungner Steine schießt eisgrau des Wassers Flut
hervor.
Nichts eint die Klippen wiederum, jedoch für immer
bleibt
Des frühren Bundes Spur, die tief der Risse Linie
schreibt.
Durch böse Zungen sind wir zwei getrennt wie jener
Stein,
Und dennoch werde ich für dich niemals ein Fremder
sein.
Nie mehr werd ich dich sehn; wenn einer später von mir
spricht
Aus Zufall, fragst du, wer ich sei, als kenntest du mich
nicht.
Und meinem Leben fluchend, rufst Vergangnes du, rufst
mich
In dein Gedächtnis und verfluchst unwillentlich auch
dich.
Laß ab: In der Erinnerung wirst niemals du entbunden
Von meinem Fühlen, meinem Wort und den vergangnen
Stunden.

Ich bin nicht Byron, nein, ich bin ein andrer,
Ein noch ganz unbekannter Auserwählter.
Ich bin, wie er, ein von der Welt gequälter,
Jedoch ein russischer, ruhloser Wandrer.
Ich habe früh begonnen, ende früh.
Vergebens strebt mein Geist Vollendung an.
Es treibt auf meiner Seele Ozean
Die tote Last verlorner Lebensmüh.
O wer vermag der Menge zu verkünden,
Was meine Brust empfindet? O wer kann
Dein Rätsel lösen, finstrer Ozean?
Wenn nicht ein Dichter, wird sich keiner finden.

AN ***

Zufall, Schicksal führte uns zusammen,
Daß der eine sich im andern fänd,
Seele hat in Seele sich gefangen,
Sei es, daß ihr Weg sich einst auch trennt.

So ist frühlingsklar der Strom ein Spiegel
Für das ferne blaue Firmament,
Glänzend er mit sanftem Wellenhügel,
Bebend, wenn ihn Sturmbö überrennt.

Sei, o sei mein Himmel mit Begleiter,
Der mit meinen grausen Stürmen zieht,
Selbst noch, wenn sie donnernd uns entzweiten,
Leben ward mir niemals ohne sie.

Alle Welt, mein Los ist's, sei der Zeuge
Meines Scheiterns oder meines Siegs,
Doch mit dir, mein Strahl, dem ich mich beuge,
Menschenlob und Spott mir gleichviel wiegt.

Ihre Seelen faßten nicht den Sänger,
Und sie liebten nicht, dem sie gelauscht,
Nicht begriffen sie, was ihn bedrängte,
Nahmen niemals teil an seinem Rausch.

Einst zählt ich an Küssen die Zeit
Meines glücklichen Lebens ab,
Doch das Glück ermüdet mich heut,
Da ich keine Liebe mehr hab.

Einst zählt ich an Tränen die Zeit
Meines stürmischen Lebens ab.
Ich liebte – doch anders ist's heut,
Da ich keine Liebe mehr hab.

Beim Zählen verlor ich mich weit
Und greif zum Vergessen heut.
Ach, würd ich vom Herzen befreit,
Ich gäb meine Ewigkeit!

Ich möchte leben! Möchte leiden,
Als gäb es Liebe nicht noch Glück;
Verzärtelt ward mein Geist von beiden
Und allzu sorglos mein Geschick.

Mag nur der Hohn der Welt verjagen
Der Ruhe trügerischen Wahn;
Was ist ein Dichter ohne Plagen?
Was ohne Sturm der Ozean?

Er lebt nur um den Preis von Qualen,
Den Preis von Kummer ganz allein,
Und Ruhm möcht ehrlich er bezahlen,
Des Himmels Töne kauft er ein.

VERLANGEN

Öffnet mir die Kerkermauern,
Daß der Tag mir licht sich dehnt,
Gebt ein Kind mit schwarzen Augen
Und ein Pferd mir, schwarzgemähnt.
Laßt mich einmal galoppieren
Auf dem Pferd durchs blaue Feld,
Laßt mich einmal Freiheit spüren,
Näher mich das Leben fühlen,
Als ein Los, das mir nicht fällt.

Gebt mir einen Kahn aus Brettern,
Faul und morsch sei drin die Bank,
Und sein Segel grau, gefleddert
In des Sturmes rauhem Sang,
Auf das Meer hinauszugleiten,
Unbekümmert und allein,
Triebe ich umher in Weiten
Und den strudelnden Gezeiten
In verwegenem Streit vereint.

Gebt ein Schloß mir, hohe Zinnen,
Von des Gartens Grün umwellt,
Daß die Trauben reifend schimmern
Aus den Schatten, bernsteingelb,
Daß ein Brunnen plaudernd rieselt
Im Gewölb des Marmorsaals,
In der Träume Paradiese
Mich mit kühlen Staubes Brise
Überschäumt und weckt einmal.

Verrückt bin ich! Und ihr seid weise!
Unsterblichkeit auf Erden glaubt
Der Narr und hofft, daß man ihn preise,
Wo ihr doch glücklich seid im Staub.
Der an der Kette ich gerissen
Der Vorurteile – Torheit, die
Den Wundbrand von Gewissensbissen
Hielt für die Glut der Poesie!
Nein, freilich gleich ich keinem *Dichter.*
Ich täuschte mich, ich seh es ein.
Wie er bin ich zwar fremd der lichten
Welt – doch auch dem Himmelsschein.
Ich weiß, daß ich nichts Schönes sage,
Doch ihr versteht den Sinn ja nicht.
Entreiß dem Herzen ich die Klage,
Entreiße ich ihm, was es bricht.
Nein, soll ich Herrscher sein der Seelen
Und wend mein Leben auf dafür?
Ich kann mich über euch erheben,
Doch kann ich fortgehen auch von mir?
Und künftig selbstherrlich vergessen
Der ausgebrannten Liebe Leid,
All das, was ich geglaubt vermessen
Und nicht zu glauben wag erneut?

DAS SEGEL

Wo Meer und Himmel sich vereinen,
Erglänzt ein Segel, weiß und weit –
Was trieb es aus dem Land der Seinen?
Was sucht es in der Einsamkeit?

Es pfeift der Wind. Die Wellen drohen.
Es knarrt der Mast. Das Segel schwebt –
Nicht vor dem Glück ist es geflohen.
Es ist nicht Glück, wonach es strebt.

Strahlt auch in Gold der Himmelsbogen,
Und glänzt auch noch so blau das Meer –
Das Segel lechzt nach Sturm und Wogen,
Als ob in Stürmen Ruhe wär.

RUSSALKA

I

Und Russalka schwamm durch den blauen Fluß
In des Vollmondes strahlendem Kuß;
Sie versuchte zum Monde zu spritzen den Schaum
Von der silbernen Welle Saum.

2

Und brodelnd und wirbelnd wiegte der Fluß
Im Spiegel der Wolken Gruß;
Und Russalka sang, ihrer Stimme Klang
Flog die steilen Ufer entlang.

3

Und Russalka sang: Bei mir auf dem Grund
Spielt das Flimmern des Tages so bunt;
Da tummeln die Fischlein sich überall
Und Städte gibt's aus Kristall.

4

Und auf einem Kissen aus leuchtendem Sand
An des schattenden Röhrichts Rand
Schläft ein Held, den die neidische Welle verschlang,
Schläft ein Held aus der Fremde schon lang.

5

Wir kämmen der seidenen Locken Pracht
So gerne im Dunkel der Nacht,
Und wir küssen den Schönen auf Stirn und Mund
Nicht nur einmal zur Mittagsstund.

6

Doch trotz aller Küsse – ich weiß nicht warum –
Bleibt er immer nur kalt und stumm.
Er schläft – und auf meine Brust geneigt,
Kein Flüstern, kein Atem sich zeigt.

7

Und am blauen Fluß voll Trauer erklang
Noch lang Russalkas Gesang.
Und wirbelnd und schäumend wiegte der Fluß
Im Spiegel der Wolken Gruß.

1833

GEBET EINES JUNKERS

Himmlischer Zar!
Kraft deiner Gunst
Vor Drill mich bewahr
Und Feuersbrunst.
Vom Aufmarschiern
Befreie mich,
Zum Paradiern
Befiehl mich nicht.
Mach, daß im Spalier
Aljoschas Organ
Nur hin und wieder
Uns fahre an.
Noch ein Gebet
Bitt ich, nimm an:
Daß ich mich verspät,
Wenn sonntags es kräht,
Nimm's als wohlgetan.
Ich, höchster Zar,
Bin schon darum nicht schlecht,
Daß ich dich nicht länger
Belästigen möcht.

1836

DER STERBENDE GLADIATOR

I see before me the gladiator lie . . .
Byron

Das ungestüme Rom brüllt im Triumph Hurra,
Vom Beifallklatschen dröhnen der Arena Weiten,
Doch er, die Brust durchbohrt, liegt stumm und reglos da,
In blutgetränkten Sand und Staub die Kniee gleiten . . .
Kein Mitleid seines matten Blickes Flehen fand,
Der stolze Günstling und sein Schmeichler, der Senator,
Krönen mit Lob den Sieg – er aber liegt im Sand,
Was gilt der eitlen Welt ein sterbender Gladiator,
Geschmäht, verhöhnt, ein ausgepfiffner Komödiant.

Sein Blut verrinnt, die letzten Augenblicke fliehen,
Das Ende naht, da sieht er jäh vorüberziehen
In seiner Seele hell der Donau blaues Band . . .
Er sieht die Heimat blühn, des Lebens freies Land,
Er sieht die Seinen, die er ließ des Kampfes wegen.
Der Vater streckt die steifen Hände ihm entgegen,
Des Alters Stütze rufend, die es nicht mehr gibt,
Die Kinder spielen, seine Kinder, heiß geliebt;
Alle erwarten ihn zurück mit Ruhm und Beute.
Umsonst. Ein Sklave, fiel er wie ein wildes Tier
Als flüchtige Belustigung der rohen Meute.
Ade, sündhaftes Rom – leb wohl, o Heimat mir.

So bist du nicht, o nein, Europas Welt,
Zum Abgott der entflammten Träumer einst bestellt,

Heut stehst du ruhmlos schon auf deines Grabes Stufen,
Zerquält im Kampf der Zweifel und der Leidenschaft,
Ein Kinderspielzeug, ohne Glauben, ohne Kraft,
Verspottet von der wilden Menge Jubelrufen.

Vor deinem Ende aber wandtest du den Blick,
Da Reueseufzer dich erfüllen,
Auf deine krafterfüllte Jugendzeit zurück.
Die du verdrängtest um der Bildung Mühen willen,
Vergaßest für des stolzen Luxus eitles Glück:
In dem Bemühn, zu lindern deine letzten Leiden,
Lauschst du begierig auf die alten Lieder noch,
Der zauberhaften Tradition der Ritterzeiten,
Höhnischer Schmeichler Träume, unerfüllbar doch.

1837

BORODINO

Sag, Alter, nicht umsonst in Flammen
Brach Moskau, unser Stolz, zusammen
    Von der Franzosen Hand?
Es wurde hart gekämpft, gerungen,
Der Ruhm Borodinos, gesungen
Von tausend, aber tausend Zungen,
    Tönt fort im Russenland.

»Ja, dazumal gab es noch Recken,
Der Heimat Schirm, der Feinde Schrecken,
    Nicht Schwächlinge wie ihr!
Ein hartes Los ward ihnen allen:
Und wen'ge sah man heimwärts wallen ...
Doch Moskau wäre nicht gefallen,
    Wenn Gott gewollt wie wir!

Wir waren lang zurückgewichen;
Unmutig ihren Schnurrbart strichen
    Die Alten murrend so:
›Was? Will man uns schon einquartieren,
Statt gen den Feind uns gleich zu führen,
Daß wir das Bajonett probieren
    An unserm Freund Musjö!‹

Zur Walstatt ward zuletzt erwählt
Ein weites ebenes Feld; neu beseelt
    Verschanzten wir uns schnell.

Wir waren wachsam wie die Spitze;
Kaum traf das Frühlicht die Geschütze,
Des Berges Stirn mit hellem Blitze,
Da war der Feind zur Stell.

Ich trieb ins Rohr die Ladung mächtig:
Will dich bewirten, nur bedächtig,
Freund Franzmann, drauf die Hand!
Zum Kampfe! Was ist da zu klügeln?
Hinab zum Sturm von Wall und Hügeln,
Mit unsrem Leben zu besiegeln
Den Schwur fürs Vaterland!

Zwei Tage währt die Kanonade;
Mir war's ums viele Pulver schade,
Es kam doch nicht zur Schlacht;
Und durch die Reihen meiner Brüder
Rief es: Kartätschen! hin und wieder,
Und auf die blutige Walstatt nieder
Sank rabenschwarz die Nacht.

Ich legte mich bei der Lafette
Und hörte bis zur Morgenröte
Die Feinde jubeln, schrein.
Doch unser Lager längst verstummte.
Der schärfte noch sein Schwert und brummte
Ingrimmig vor sich hin, der summte
Ein Lied beim Feuerschein.

Kaum färbte lichtes Rot den Himmel,
Begann ein emsiges Gewimmel,
Bereit war Mann und Pferd;
Ein Vater uns, getreu dem Zaren,
Ein Held in Kämpfen und Gefahren
War unser Oberst, ach, seit Jahren
Ruht er in kühler Erd!

Er sprach zu uns mit Flammenblicken;

›Auf, Kinder, hinter unserm Rücken
Liegt Moskau – alles klar!
Wie's unserer Väter Ruhmeserben
Geziemet, laßt uns heute werben
Um Sieg und Tod!‹ – ›Sieg oder Sterben!‹
Knapp unsre Antwort war.

Das war ein Tag! Im stärksten Feuer,
Durch Pulverrauch und Nebelschleier
Drang kühn der Feind heran:
Ulanen, bunt mit Schnüren, Streifen,
Dragoner mit den Pferdeschweifen
Ansprengen und die Flucht ergreifen
Wir blitzesschnell sie sahn.

Solch eine Schlacht kehrt nimmer wieder!
Es schwankten auf und ab die Glieder
Wie Schatten durch das Tal.
Der Schwerter Pfeifen, Kugeln Singen,
Müd ward der Arm, das Schwert zu schwingen,
Die Kugeln konnten nicht durchdringen
Der Leichen blutgen Wall.

An diesem Tage mocht erkennen
Der Feind, was Handgemenge nennen
Die Russen wutentfacht.
Wie unsre Brust, so auch die Erde dröhnte,
Rings um uns her es ächzte, stöhnte,
Kanonendonner übertönte
Doch das Getös der Schlacht.

Es dunkelte. Wir fielen nieder.
Früh morgens – dachten wir – gilt's wieder,
Da tut uns Stärkung not!
Da hörten wir die Trommeln schallen –
Der Feind zog ab. Nun ward von allen
Gezählt, wer in der Schlacht gefallen –
Verwundet oder tot.

Ja, dazumal gab es noch Recken,
Der Heimat Schirm, der Feinde Schrecken,
Nicht Schwächlinge wie ihr!
Ein hartes Los ward ihnen allen,
Und wen'ge sah man heimwärts wallen ...
Doch Moskau wäre nicht gefallen,
Wenn Gott gewollt wie wir!«

DER TOD DES DICHTERS

Der Dichter fiel! – Von Schurken wähnte
Er seiner Ehre sich beraubt.
Er traf ins Herz, der ihn verhöhnte,
Und sterbend sank sein stolzes Haupt!
Nicht mehr ertrug das Herz des Dichters
Der Schwätzer niederträchtiges Spiel,
Gegen die Meinung des Gelichters
Stand einsam er wie je ... und fiel!
Er fiel! ... Was hilft's, daß ihr nun sammelt
Unnützes Lob und ihn beleckt,
Daß ihr Entschuldigungen stammelt? –
Zu spät, das Urteil ist vollstreckt!
Wer trieb ihn denn? War es nicht euer
Boshaftes Spiel, das ihn verführt,
Das des Genies bewahrtes Feuer
Zu offnen Bränden angeschürt?
Ihr habt's erreicht ... Er ging verbittert
Zugrund an Qual und Überdruß;
Das Licht erlosch, das Laub verwittert
Am Blütenkranz des Genius.

Der ihn gemordet, kalten Blutes
Hat er's getan ... Er schoß gewandt;
Sein leeres Herz war rohen Mutes,
Und nicht gezittert hat die Hand.
Was Wunder auch? ... Aus fernen Reichen
Kam er als Abenteurer her,
Und hundert andre so wie er,
Sich Glück und Ämter zu erschleichen;
Er schätzte unser Land gering,
Sein Recht und Brauch, sein Wort und Wissen,
Hätt gern uns Ruhm und Ehr entrissen;
Wie konnte der beim Abschuß wissen,
An wem sich seine Hand verging! ...

Nun ist er tot, vom Grab verschlungen,
Wie jener Sänger, vom Geschick bezwungen,
Weil Eifersucht sein Herz verbrannt,
Den er mit wunderbarer Kraft besungen,
Erschlagen wie auch er von mitleidloser Hand.

Weshalb ließ er das Glück und stiller Freundschaft Kerzen
Und trat in diese Welt, die ungebundne Herzen
Und glühnde Leidenschaft in faulem Dunst erstickt?
Weshalb gab er die Hand nichtsnutzigen Ehrbesudlern,
Weshalb denn glaubte er den schmeichlerischen Hudlern,
Er, der als Kind doch schon der Menschen Herz
durchblickt?

Man riß den Kranz ihm fort – gehüllt in Lorbeer, schenkten
Sie ihm den Dornenkranz, der einer Krone glich:
Doch die verborgnen Dornen senkten
Tief in die edle Stirne sich;
Vom tückischen Geraun, vom Hohn der Ignoranten
War ihm vergiftet noch sein letzter Augenblick.
Er fiel – da Ehrgefühl und Rachedurst ihn brannten,
In hoffnungslosem Gram um sein verlornes Glück.
Nun schweigt sein Lied, das uns beflügelt.
Der wunderbare Glanz ist aus:
Des Sängers Lippen sind versiegelt,
Und eng und düster ist sein Haus.
Doch ihr, die von verrufnen Vätern
Herkommt und abgelernt Betrug und Niedertracht,
Ihr Ehrabschneider, ihr Gewürm von Missetätern,
Die ihr die Edelsten verlacht und elend macht!
Ihr, die ihr dicht am Thron euch prügelt um die Plätze,
Der Freiheit und dem Geist dient ihr als Henkersknecht!
Versteckt euch nur im Schatten der Gesetze,
Denn wo es euch angeht – da schweigt das Recht! . . .
Doch gibt's noch ein Gericht, Günstlinge der Verbrechen!
Ein mächtiger Richter steht bereit;
Der ist mit Gold nicht zu bestechen,
Der hat von eurem Plan und eurem Tun Bescheid.

Dann mögt vergebens ihr nach einem Retter haschen,
Verleumden noch mit frechem Mut:
All euer schwarzes Blut vermag nicht abzuwaschen
Des Dichters unschuldvolles Blut!

DER ZWEIG
AUS PALÄSTINA

So sag mir, Zweig aus Palästina,
Wo einst dein Baum in Blüte stand;
Sag, welches Tal und welchen Hügel
Hast du geschmückt im Heilgen Land?

Hat an des Jordans klaren Fluten
Der Frühstrahl zärtlich dich berührt;
Hast du im Libanongebirge
Des Nachtwinds harte Hand verspürt?

Sprachen, als Zions arme Söhne
Verflochten einst dein Blätterkleid,
Still ein Gebet sie, oder sangen
Sie Lieder aus der alten Zeit?

Lebt jene Palme dort noch immer?
Und lockt sie, wenn der Sommer glüht,
Mit ihrer dicht belaubten Krone
Den noch, der durch Wüsten zieht?

Oder verdorrte an der Trennung
Freudlos wie du einst auch ihr Laub,
Legt auf die gelb gewordnen Blätter
Begierig sich der Erdenstaub?

Sag mir, wer dich in diese Lande
Gebracht hat einst mit frommer Hand,
Hat er, dich schauend, oft getrauert,
Hat seine Träne dich verbrannt?

Ob er im heilgen Heer ein Streiter
Mit heitrer Stirn der Kühnste war?
Wie du vor Gott und vor den Menschen
Würdig des Himmels immerdar.

Da mancher Hand geheime Sorge
Dir, Zweig aus Palästina, gilt,
Du stehst als ein getreuer Wächter
Vor der Ikone goldnem Bild.

Alles um dich ist voller Frieden
Und Trost: des ewgen Lämpchens Schein,
Die Dämmrung und das heilge Zeichen
Des Kreuzes und der Heilgenschrein.

DER GEFANGENE

Könnt ich fliehn aus dieser Zelle,
Bräche auf des Kerkers Tor,
Und mein Rappen wär zur Stelle,
Und die Liebste stünd davor! –
All mein Elend wär vergessen,
An die Brust würd ich sie pressen.
Spräng mit ihr aufs Pferd geschwind
Und enteilte wie der Wind!

Doch vergittert ist der Kerker,
Und verriegelt ist die Tür,
Fern die Liebste, hält im Erker
Ausschau Tag und Nacht nach mir!
Auf dem heimatlichen Hügel
Tummelt sich ohn Zaum und Zügel
Windumbraust mein schnelles Pferd,
Weidet frei und unbeschwert.

Während ich in finstren Wänden
Meine Tage sehe enden.
Bei der Kerze Dämmerschein
Hör ich trostlos und allein
Draußen Türen laut zufallen,
Schwere Schritte dumpf verhallen,
Wenn der Posten in der Nacht
Seine stumme Runde macht.

DER NACHBAR

Wer du auch seist, mein Nachbar, du im Stein,
Ich liebe dich, wie einen Jugendfreund,
Der Trauer Dank, die uns vereinigt,
Hält auch das Schicksal nichts für uns bereit,
Als was uns trennt in alle Ewigkeit,
Die Mauer nun, dann das Geheimnis.

Und wenn das Dämmerlicht, gefärbt von Glut,
Ins Kerkerfenster seinen Abendgruß
Mir sendet vor dem Untergehen,
Und, auf die Waffe stützend sich, die klirrt,
In seines alten Lebens Sinn verwirrt,
Der Wächter träumt und einschläft stehend,

Lehn ich die Stirne an die feuchte Wand,
Und in der stummen Dunkelheit gebannt
Hör, Bruder, ich dein Lied ertönen.
Ich weiß nicht, was du singst, doch Ton um Ton,
Erfüllt von Sehnsucht, fließt dahin, ein Strom
Von Tönen wie ein Strom von Tränen.

Und in der Brust beleben sich erneut
Die Hoffnungen, die Liebe früherer Zeit,
Von Leidenschaft und süßem Wähnen
Beflügelt wieder, eilt voraus der Geist,
Berauscht das Blut – und aus den Augen heiß
Die Tränen gleich den Tönen strömen.

Wenn das Getreide reifend wogt am Waldessaume,
Wenn mit dem kühlen Tann der leichte Wind sich neckt,
Und wenn im Garten sich die himbeerrote Pflaume
Im Schatten eines zarten grünen Blatts versteckt,

Und wenn am rosgen Abend und am goldnen Morgen
Das Maiglöckchen, mit erstem, zartem Tau bestickt,
Unter dem Busch hervor, der zärtlich es verborgen,
Mit seinem silberweißen Köpfchen freundlich nickt,

Wenn dann dem Hang entgegenspringt die klare Quelle
Und mir, in wirren Traum mich tauchend, unverweilt
Geheime Kunde zuraunt von der schönen Stelle,
Dem friedevollen Land, aus dem sie hergeeilt,

Dann wird auch meine Seele wieder ruhig werden,
Dann glätten auch die Falten meiner Stirne sich,
Und endlich find ich wieder alles Glück auf Erden,
Und meinen Gott im hohen Himmel sehe ich.

GEBET

O Muttergottes, als Betender stehe ich
Andächtig vor deinem Bilde, dem blendenden,
Doch nicht um Rettung, nicht vor der Schlacht flehe
ich,
Auch nicht aus Dank oder Reu, der nie endenden.

Nicht für mich selbst drängt zu dir meine Seele sich,
Nicht für den irrenden Pilger am Ende hier,
Nein, eine unschuldge Jungfrau befehle ich
Gütge Beschützerin in deine Hände dir.

Daß in der kalten Welt Freundschaft ihr glücken mag
Und daß ihr strahlende Jugend beschieden sei,
Daß sie ein ruhiges Alter erblicken mag
Und daß ihr Herz voller Freude und Frieden sei.

Wenn dann die Stunde des Abschieds gekommen ist,
Sei es am lauten Tag, sei's in der leisen Nacht,
Sende ihr, da sie zu Tode beklommen ist,
Den besten Engel dann kraft deiner weisen Macht.

Wir trennten uns, doch dein Porträt
Bewahr am Busen ich bis heut.
Erfreut's mir doch das Herz wie eh
Als blasses Abbild schönrer Zeit.

Da schon in andrer Liebe Joch
Ich ging, vergessen konnt ich's nicht.
Verlaßner Dom bleibt Kirche noch,
Gott bleibt, wenn auch sein Bild zerbricht.

Ich will nicht, daß die Welt ihn liest
Geheimnistoll, meinen Roman.
Wie ich geliebt, wofür ich litt,
Geht Gott nur, das Gewissen an.

Nur ihnen fühl ich Rechenschaft,
Sie ruft mein Herz um Milde an;
Drum sei's, daß jener mich bestraft,
Der meine Qualen fein ersann.

Narrenschelte, Menschenworte
Beschwern die hohe Seele nicht;
Mag toben sie, die Meereswoge,
Es bricht der Fels sie doch zu Gischt.

Die Spitze ragend in den Wolken,
Ist doppelt finster er verankert,
Und außerm Sturm und dem Gewitter
Tauscht er mit keinem die Gedanken.

Verlach nicht meinen Seherschmerz;
Ich weiß: das Schicksal wird mich nicht schonen;
Ich weiß: den Kopf, von dir geherzt,
    Werden sie mit dem Richtbeil belohnen;
Ich sage dir: nicht Glück, noch Ruhm
Kann ich auf dieser Erde finden – die Blutstunde kommt,
    Und ich werd fallen; und Feindeslist
Wird lächelnd die Knospe meines Genius verleumden;
    Vergehen werd ich ohne Spur
    der Hoffnung und Qual, so nicht erträumten;
Doch furchtlos erwart ich das frühe Ende.
    Schon lang ist's Zeit, die neue Welt zu sehn;
    Mag die Menge meinen Kranz mit Füßen schänden:
        Den Sängerkranz, dornenversehn!
        Mag sie! Ich hänge nicht an ihm.

Die Zukunft nebelhaft verloren,
Voll Qualen die Vergangenheit . . .
Ach, warum bin ich nicht geboren
Zu spätrer oder frührer Zeit?

Der Schöpfer formte mich – weswegen
Stellt er der Hoffnung sich entgegen,
Die meine Jugend gab mir ein?
Hat Gutes, Schlechtes mir gegeben,
Versprach: Ich mache schön dein Leben,
Wirst ruhmreich unter Menschen sein.

Ich glaubte seinem Wort, indessen
In meiner Leidenschaften Drang
Hab ich die Zukunft abgemessen
Mit meiner Seele Überschwang,
Mit Heilgem stritt das Böse, Schlimme,
Ich hab erstickt die heilge Stimme,
Mein Herz von Tränen leergepreßt;
Wie junge Früchte ohne Säfte
Welkt es im Sturm der Schicksalkräfte,
In Daseinsglut, die nichts ihm läßt.

In Tätigkeit mich zu erfüllen,
Drang ich ins Herz der Menschen weit
Durch all die sonderbaren Hüllen
Der Leidenschaft, der Schicklichkeit.

Nordwärts eilend, ferne Lande
Mir im Rücken, fremd und mild,
Biete meinen Gruß ich Wandrer
Dir, Kasbek, des Ostens Schild.

Die zerfurchte Stirn umwindet
Dir ein Turban, zeitgebleicht.
Was ein Mensch dir murmelnd kündet,
Nie dein stolzes Ruhn erreicht.

Doch des stillen Herzens Flehen
Trägt dein Fels über den Paß
In dein Reich hin, sternentlegen,
Zu dem ewigen Thron Allahs.

Kühle, fehl ich, überzöge
Glut des Tals und Staub des Wegs.
Daß in trostverlaßner Öde
Mittags ich mich niederleg.

Fleh, daß Wetter mich nicht suchen,
Donnernd, mit bewehrtem Troß,
Im Darjal, in finstren Schluchten,
Mich und das erschöpfte Roß.

Doch ein Wunsch ist mir geblieben,
Den mein Herz nur zitternd nennt,
Was, wenn mich, seit ich vertrieben,
Meine Heimat nicht mehr kennt!

Find Umarmung ich wie früher,
Alten Gruß mir zum Empfang,
Kennt ihn Freund und Bruder wieder,
Der so fern war jahrelang?

Oder tritt bei kühlen Gräbern
Heimatlichen Staub mein Fuß
Jener Braven, Tollen, Edlen,
Die geteilt der Jugend Lust?

Wär es so! Den Schnee laß tosen
Über mich, Kasbek, mit Wucht,
Weh den Staub, den heimatlosen,
Ohne Mitleid durch die Schlucht.

1838

AN N.I. BUCHAROW

Beeil dich, Bucharow, laß fahren
Zarskoje Selos Nachtigall,
Im trauten Kreise der Husaren
Erwartet stets dich dein Pokal.
Schöner als Nachtigallen Flöten
Ist deiner Stimme Donnerklang,
Sind deines Schnurrbarts Silberfäden,
Ist deine Pfeife, ellenlang.
Wir wissen, du hast Mut wie keiner,
Und deiner Seele Feuerschein
Ist frisch entkorktes Naß aus einer
Flasche voll edlem alten Wein.
Relikt aus vorigem Jahrhundert
Und letzter Sproß eines Geschlechts
Ruhmreicher Ahnen, viel bewundert,
Held des Banketts wie des Gefechts.

DER DOLCH

Ich liebe dich, mein Dolch – mein Damaszener
Gefährte von so kalter strenger Blässe.
Dich schmiedete ein zorniger Grusiner
Und schliff ein Kind der Freiheit, ein Tscherkesse.

Dich reichten mir zwei Hände dar als Gut
Des Andenkens, zum Abschied – lilienschöne.
Da rann von dir zum erstenmal statt Blut
Des Leidens Perle – eine Träne.

Und schwarze Augen sahn mich an (ach, wie
Umwölkt von Trauer ihre Brauenschwünge),
Mal schimmerten sie matt, mal blitzten sie
Wie neben flackerndem Feuer deine Klinge.

Pfand stummer Liebe, mir gegeben zum Gefährten,
Dem Wanderer ein Gleichnis guter Wahl:
Ja, stark sein, unbeirrt! Herz und Gedanken härten
Und stählern sein wie du, mein Freund aus Stahl.

Aufs Künftige seh ich mit Schrecken,
Auf das Vergangene mit Schmerz,
Such, gleich dem Mörder vorm Vollstrecken
Des Urteils, ein verwandtes Herz.
Kommt denn nicht bald der Bote Edens,
Des Hoffens Ziel, den Sinn des Lebens,
Des Liebens Sinn mir kundzutun?
Und auch, was Gott mir noch gewährte,
Wozu ins Gegenteil verkehrte
Er meiner Jugend Hoffnung nun?

Tribut hab ich der Welt gegeben
Für Gutes, Böses, Lieb und Leid.
Ich bin bereit zu andrem Leben
Und harre stumm: Es kommt die Zeit.
Und keinen Bruder muß zurück ich lassen.
Nur Kälte, Finsternis umfassen
Mein müdes Herz. Gleich einer Frucht,
Aus der schon früh die Kräfte schwinden,
Verdorrte es in Schicksals Winden
Und in der sonnenheißen Luft.

Hör deine Stimme ich,
Klingend von Zärtlichkeit,
Das Herz will springen,
Wie ein Star im Käfig.

Schau deine Augen ich,
Lasurblaue Abgründe,
So drängt meine Seele
Fort aus der Brust dorthin,

Und mir ist seltsam froh,
Ich weinte am liebsten,
Und möchte fallen gleich
In deine Arme dann.

Es strahlt der Blick in deinem Auge
Azurnen Himmelsgruß,
Und deine Stimme tönt Verheißung
Gleich erstem Liebeskuß.

Für eines deiner Zauberworte,
Für einen einzigen Blick
Gäb ich dahin den Damaszener,
Des Kriegers Stolz und Glück.

Wohl blitzt mir Mut ins Herz die Klinge,
Wohl weckt ihr heller Klang
Das Blut zu stürmisch heißer Wallung,
Zu jugendkühnem Drang –

Doch bringt der Kampf und Streit des Lebens
Mir künftig mehr kein Glück:
Denn Frieden tönt aus deiner Stimme
Und Frieden strahlt dein Blick!

Sie singt – die Laute, sie zergehen
Auf ihren Lippen, Küssen gleich,
Sie blickt – und Firmamente wehen
In ihrer Augen göttlich Reich.
Und geht sie, so scheint all ihr Regen,
Und spricht ein Wort sie, jeden Zug
Gefühl und Ausdruck zu bewegen,
So voller Schlichtheit, ohne Trug.

BETRACHTUNG

Ich seh uns, Mitgeborene, mit düstern Blicken!
Leer oder dunkel ist die Zukunft; die Gewalt
Von Zweifel und Erkenntnis will uns niederdrücken:
Wir werden nutzlos und untätig alt.
Der Väter Fehler und ihr später Geist
Vergiften jeden, eh die Wiege er verläßt;
Das Leben quält uns: Weg, der uns kein Ziel verheißt,
Wie ein Gelag auf einem fremden Fest.
Zum Guten und zum Bösen jeder Regung bar,
Am Anfang unsres Werks zum Welken schon gebracht
Kampflos; kleinmütig, schmachbedeckt vor der Gefahr
Und als verachtenswürdge Sklaven vor der Macht.
So hängt die dürre Frucht, zur Unzeit reif,
Vom Auge unbegehrt, verschmäht vom Munde,
Als Fremdling unter Blüten so verwaist;
Und ihrer Schönheit Tag ist ihres Fallens Stunde.

Wir dörrten aus den Geist, hörig den Wissenschaften,
Hehlten vor Freunden und den Nächsten neidentfacht
Die beste Hoffnung und den Ruf der Leidenschaften –
Unglaube hat sie lächerlich gemacht.
Kaum nippend je von des Genusses Schalen,
Bewahrten wir doch damit nicht die Jugendkraft,
Aus Furcht vor Übersättigungen stahlen
Der Freude wir für immer ihren besten Saft.
Träume der Poesie, Kunstwerke: nie erfahren
Wird unser Geist durch sie je der Begeistrung Glut;
Ein Quentchen an Gefühl habsüchtig wir in unsrer Brust verwahren
Und – unter Geiz verscharrt – wird es ein nutzlos Gut.
Der Zufall läßt uns lieben, läßt uns hassen;
Wir zolln der Bosheit nicht, der Liebe nicht Tribut;
Geheime Kälte kommt, die Seele zu umfassen,
Doch Flammen lohn in unserm Blut.
Öd sind die prächtigen Vergnügungen der Ahnen;

Gewissenhaft und kindisch ihre Laster; ohne Glück
Und Ruhm, so eilen wir, den Weg zum Grab zu bahnen,
Und spöttisch blicken wir zurück.

Als finstre, schnell vergeßne Schar gehn wir durchs
Leben
Fast lautlos, hinterlassen keine Spur im Land.
Nichts haben der Epoche wir an Geist gegeben,
Kein Werk, begonnen von des Genius Hand.
Der Nachfahr mit der Strenge eines Richters zeiht
Der Schande unsern Staub – mit einem Hohngedicht
Geht der betrogne Sohn voll Bitterkeit
Mit dem bankrotten Vater ins Gericht.

AN A.G. CHOMUTOWA

Ein Blinder, inspiriert durch Leiden,
Schrieb diese schönen Verse Euch.
Begeisterung vergangner Zeiten
Hob er aus der Erinnrung Weiten,
Beschenkte Euch damit so reich.
Er sah Euch nicht, doch Eure Reden,
Nachhall der Jugend, tief vertraut,
Verknüpften neu die alten Fäden
Bei der Begegnung erstem Laut.
Und dankbar streckte er die Hände –
Da ihm verwehrt der Blicke Tausch –
Daß er die liebe Stimme fände,
Euch nun entgegen wie im Rausch.

Und ich, zufälliger Vertrauter
Der Hoffnung, die sein Leben flicht,
Wahr sein Geheimnis rein und lauter
Mit leiser Wehmut im Gesicht.
Die Jahre haben zu vernichten
Und auszulöschen nicht gewußt,
Was an Gedanken und Gedichten
Ihr wecktet in der edlen Brust.
So werde Segen Euch zum Lohne,
Ihr nahmt für einen Augenblick,
Daß ihn des Alters Qual verschone,
Von seinem Haupt die Dornenkrone
Und gabt die Jugend ihm zurück.

ANBLICK DER BERGE AUS DER KOSLOWER STEPPE

PILGER:

Wollt Allah in die Wüste stellen
Festungen aus erstarrten Wellen
Als seiner Engel Zufluchtsort,
Oder befahl ein Schicksalswort
Der Diven dies Massiv als Posten
So urgewaltig anzustaun,
Den Weg den Sternen zu verbaun
Auf ihrem Zug von Nord nach Osten?
Der Himmel ward ein Feuermeer.
Brennt dort nicht Zargrad? Oder bannte
Dich mitternächtges Licht der Herr
Fest an dem hohen Himmelrande,
Daß man als Leuchtturm es erkannte
Für der verirrten Sterne Heer?

MIRZA:

Dort war ich. Seit der Schöpfungsstunde
Tobt dort ein Schneesturm immerfort,
Ich sah der Flüsse Wiege dort,
Des Atems Dampf gefror am Munde.
Kühn hab ich meine Spur gelegt,
Wo auch kein Adler sich mehr regt,
Wo Donner schlummern über Schluchten,
Wo über mir nur leere Fluchten,
Ein einzger Stern erglänzte da,
Der Tschatyr Dagh war's

PILGER: Ah!

DER DICHTER

Vom goldnen Zierat blinkt mein Dolch; und Zuverlaß
Ist auf die Klinge, gut geschlagen;
Im damaszierten Stahl wirkt noch geheimer Haß
Des Kriegers, der ihn einst getragen.

Er diente manches Jahr, ein treuer Kampfgesell,
Und meinen Ritter nicht verließ er;
Er ritzte seine Spur in manches Kriegerfell,
Und manches Panzerhemd durchstieß er.

Doch auch am leichten Tag, gewärtig jedes Drucks,
Kam er zuvor der Feinde Listen;
In jenen Tagen wohl mocht er so reichen Schmucks
Sich eher schämen als sich brüsten.

Doch ein Kosak erschlug am Terek seinen Herrn;
So ward dem Fremden er zum Raube.
Und lange hing er nun, dem Schicksal fremd und fern,
In des Armeniers Krämerlaube.

Der Scheide nun beraubt, die ihm der Kampf entwand,
Ward aus des Helden Wegbegleiter
Ein traurig Ding und blinkt nun ruhmlos von der Wand,
Ein goldnes Spielzeug und nichts weiter.

Und keine Hand ist mehr, die ihn mit weichem Tuch
Liebkost, daß nicht sein Glanz verglühe;
Auch liest kein Beter mehr den eingegrabnen Spruch
Inbrünstig in der Morgenfrühe.

Geht es dir, Dichter, nicht in unsrer schlaffen Zeit
Genau so, daß dein Mut verrauschte,
Daß du für Gold dein Wort, dein männliches, entweiht,
Dem einst die Welt mit Andacht lauschte?

Es war zu jener Zeit dein mächtiges Wort allein
Der Krieger flammende Drommete;
Es brauchte dich das Volk wie zum Pokal den Wein,
Wie süßen Weihrauch zum Gebete.

Wie Himmelsatem flog dein Lied, das jede Brust
Mit redlichem Gefühl begnadet,
Wie eine Glocke, die vom Turm zu Kampf und Lust
Die Menge zur Versammlung ladet.

Doch heut, wie langweilt uns dein tönend leeres Wort,
Nur Feuerwerk und Zeitvertreiber;
So lügt die alte Welt sich heut die Runzeln fort
Mit Schminke wie die alten Weiber.

Und schläfst du immer noch, erniedrigte Gestalt?
Und reißt, in der Vergeltung Tagen,
Aus goldner Scheide nicht die Klinge, scharf und kalt,
Von der Verachtung Rost beschlagen?

1839

Dem neugebornen Sohn entgegen
Eilt dies verspätete Gedicht von mir.
Mit ihm sei aller Engel Segen
Sowohl im Himmel als auf Erden hier.
Er soll des Vaters würdig werden,
Wie seine Mutter so geliebt und schön!
Nichts soll des Geistes Ruh gefährden,
Ein Cherub soll er in der Wahrheit stehn.
Nicht vor der Zeit soll ihn bedrücken
Des Ruhmes Habsucht und der Liebe Qual,
Und ohne Vorwurf soll er blicken
Auf Trug und Prunk in diesem Erdental.
Auch soll er keine Gründe finden
Für eignes Glück und fremde Leidenschaft,
Frei aus dem Sumpf der Welt sich winden
Soll seiner Seele unversehrte Kraft.

Que nous font après tout les vulgaires abois
De tous ces charlatans qui donnent de la voix,
Les marchands de pathos et les faiseurs d'emphase
Et tous les baladins qui dansent sur la phrase?

A. Barbier

O trau dir, trau dir, junger Schwärmer, nicht, und flieh
Begeisterung gleich Eiterschwären:
Nur deiner kranken Seele Ausgeburt ist sie,
Gefangener Gedanken Gären.
Des Himmels Zeichen suchst vergeblich du darin:
Dein Blut wallt nur, du strotzt vor Kräften!
Verschleiß dein Leben, bring's in Sorgen lieber hin,
Gieß aus den Trank aus Giftes Säften!

Entspringt dereinst in einem heilgen Augenblick
Im Herzen, das so lang geschwiegen,
Ein bisher nie gekanntes, jungfräuliches Glück,
Mit schlichtem Ton dich einzuwiegen,
So lausch nicht diesem Quell, entzieh dich seiner Macht,
Umhüll dein Glück mit dem Vergessen:
In eisig-kalter, abgemeßner Verse Pracht
Läßt so Bedeutungsschweres sich nicht pressen.

Schleicht ins Geheimnis deines Herzens sich ein Weh,
Kommt Leidenschaft dahergefahren
Und droht mit Hagel, Sturm und Donnerschlag, dann geh
aufs Fest nicht unter Menschenscharen.
Erniedrige dich nicht. Es hindre dich die Scham,
Zu schachern mit dem Zorn und Leide,
Zur Schau zu stellen stolz des wunden Herzens Gram,
Daß sich der Pöbel daran weide.

Was kümmert uns dein Glücksverlangen und dein Leid,
Des Herzens Sehnen und sein Trauern,

Das dumpfe Hoffen unbeschwerter Jugendzeit
    Und kühl-vernünftiges Bedauern?
Schau: Feiertäglich-heiter, auf gewohntem Pfad
    Siehst du vor dir den Pöbel gehen.
Auf seinem Antlitz wirst du kaum der Sorgen Saat,
    Kaum unerlaubte Tränen sehen.

Und doch, kaum einer ist wohl unter dieser Schar,
    Dem Folter nicht die Stirn zerpflügte,
Dem weder Schuld noch ein Verlust gebleicht das Haar,
    Den Kummer nicht zu Boden drückte.
Glaub mir: Von ihnen erntest du nur Hohn
    Mit deiner einstudierten Klage,
Gleich einem tragisch aufgeputzten Musensohn,
    Der sein Kartonschwert zückt zum Schlage.

DIE DREI PALMEN

Eine morgenländische Legende

In fruchtloser Weite arabischen Lands
Ergrünten drei Palmen zu hohem Glanz.
Und ihnen zu Füßen, aus körniger Welle,
Entsprang dem ärmlichen Grund eine Quelle:
Im Schatten schirmender Wedel geschützt
Vor sonniger Glut, die den Sand erhitzt.

In Stille verweht war Jahr um Jahr,
Doch niemals nahte an dürrem Stab
Ein wegmüder Wanderer aus fernen Zonen,
Genetzter Brust unterm Palmzelt zu wohnen;
Und langsam schon dorrte der Sonne Kraft
Die üppigen Blätter, den wispernden Bach.

So murrten die drei alsbald über Gott:
„Soll Dürre sein unsres Lebens Los?
Nutzlos gewachsen, erblüht in der Wüste,
Vom Winde bewegt, von Sonne geröstet,
Ganz ohne jemands schätzenden Blick?
Zu hart wär, Himmel, dies Geschick!“

Kaum waren sie stumm, da stiebte im Blau
Der Goldsand zu turmhoher Säule auf,
Erscholl das Klingelgeläut von Glöckchen,
Schimmerten Teppiche, Ballen, Päckchen;
Es kam, gewiegt wie ein Kahn auf dem Meer,
Kamel um Kamel übern Sandbusen her.

Und schaukelnd zwischen den Höckern geschwellt
Hing, bunt gerändert, manch Wanderzelt.
Bisweilen fuchtelten klein dunkle Hände,
Funkelten schwarzer Augen Brände;
Die ranke Gestalt zum Sattel geneigt,
Hat der Araber den Rappen gepeitscht.

So bäumte sich hin und wieder das Pferd,
Sprang wie ein Panther, pfeilversehrt;
Die Falten des schönen, weißen Gewandes
Bauschten sich über der Schulter des Faris,
Und schreiend und pfeifend über dem Glast
Warf er den Speer und fing ihn am Schaft.

Umlärmt ist der Zug zu den Palmen gelangt:
Im Schatten legte das Lager man an.
Und Wasser ergoß sich hell in die Krüge –
Würdig die lauschigen Häupter wiegend
Begrüßten die Palmen den fröhlichen Krach.
Und emsiger Schankwirt war der Bach.

Jedoch in der Stunde des sinkenden Tags
Beklopfte die biegsamen Wurzeln die Axt,
Der leblos die Riesen zu Füßen fielen!
Die Kinder begannen die Stämme zu schälen,
Darauf zerhackte man ihren Leib,
Der langsam verbrannte im Morgenstreif.

Waren die Schleier vom Himmel gefegt,
Nahm auf die Karawane den Weg;
Als triste Spur auf dem wüsten Boden
Glommen veraschend die Palmenkloben;
Die Sonne sengte den letzten Rest,
Und Winde zerbliesen das graue Nest.

Heute liegt alles verödet und leer –
Kein Blattmund flüstert der Quelle mehr;
Vergebens erfleht vom Propheten sie Schatten:
Nur siedender, glühender Sand deckt die matte,
Derweil des scheuen Geiers Schopf
Auf ihr seine aasige Beute rupft.

EIN GEBET

Wenn mir das Herz voll Trauer ist
Und es erstickt vor Qual,
Dann spreche ich ein zaubrisches
Gebet ihm jedes Mal.

Es singt eine Segen spendende
Macht im lebendigen Wort,
Und atmet unverständliche
Heilige Anmut dort.

Die Seele regt und weitet sich
befreit, der Zweifel weicht –
Und glauben kann und weinen ich,
und leicht ist mir, so leicht . . .

DES TEREKS GABEN

Tobend durch die Felsenspalten
Bricht des Tereks wilder Lauf,
Heult, als wenn sich Stürme ballten;
Tränen sprühn wie Tropfen auf.
Breiter werdend in der Steppe,
Stiller, schaut verschlagen er;
Und so raunt er freundlich schmeichelnd
Leise zu dem Kaspi-Meer:

»Meergreis, Alter, tritt zur Seite,
Öffne dich den Wellen nun!
Ich durchmaß voll Lust die Weite,
Zeit ist's für mich auszuruhn.
Hoch am Kasbek einst entsprang ich,
Nährt mich an der Wolken Brust,
Mit der Macht der Menschen rang ich,
Der mir fremden, selbstbewußt.
Deinen Söhnen zum Vergnügen
Hab zerstört ich den Darjal,
Trieb herbei und ließ sie liegen
Kieselsteine ohne Zahl.«

Doch der Kaspi schwieg, als schlafe
Er am Ufer; wie zuvor
Raunt der Terek, und er flüstert
Schmeichelnd in des Alten Ohr:
»Hab durchaus nicht nur mit kleinen
Gastgeschenken dich bedacht:
Und so bring ich, bring dir einen
Kabardiner aus der Schlacht.
Trägt ein Hemd, aus Stahl getrieben,
Stahl er an den Armen trägt:
Darauf sind, in Gold geschrieben,
Worte des Korans geprägt.
Und er runzelt seine Brauen

Finster, und die edle Flut
Färbt die Spitzen seines Schnurrbarts
Rot mit seinem heißen Blut.
Und sein Blick, so fest und starr,
Alte Feindschaft offenbart;
Schwarzgelockt trägt er das Haar
Nach althergebrachter Art.«

Doch der Kaspi lehnt am Ufer,
Träumt und schweigt, als hört er nicht;
Sich erregend nun der Terek
Wiederum zum Alten spricht:

»Höre, kostbar ist die Gabe!
Was zählt jede andre, sag?
Drum geheim gehalten habe
Dies ich bis zum heutgen Tag:
Zu dir tragen nun die Wellen
Der Kosakin junge Leiche.
Sieh den goldnen Zopf, den hellen.
Sieh die Schulter, ach, die bleiche,
Sieh, ihr Antlitz ist verhangen,
Still ihr Auge schlummernd sinnt,
Auf die Brust aus schmaler Wunde
Purpurrot ein Bächlein rinnt.
Um die Junge, um die Schöne
Dort am Flußlauf alle weinen,
Trauern die Kosakensöhne
Der Grebener bis auf einen.
Und sein Rappe ward gesattelt,
Im Gebirg harrt sein die Schlacht,
Wo der Dolch ihn des Tschetschenzen
Tödlich trifft im Kampf bei Nacht.«

Schwieg der Fluß, ließ ab zu rechten;
Und aus ihm, wie Schnee so weiß,
Stieg ihr Kopf, gelöste Flechten
Wiegten sich im Wasser leicht.

Donnergrollend stieg der Alte
Schroff empor im Glanz der Kraft;
In die blauen Augen traten
Tränen voller Leidenschaft.
Freudig ließ die Flut er schwellen,
Liebestrunken raunte er;
Und die brandenden, die Wellen
Schloß in seine Arme er.

DEM ANDENKEN A.I. ODOJEWSKIS

1

Ich kannte ihn. Wir wanderten zu zweit
Durchs östliche Gebirg, und der Verbannten
Not trugen wir gemeinsam. Doch die Zeit
Der Prüfung war für mich bald überstanden,
Nach all den Qualen war ich heimgekehrt.
Doch er erlebte nicht die süße Stunde,
Ihn traf der Krankheit unheilbare Wunde
Unter dem Marschzelt, arm und ausgezehrt,
Nahm er mit sich den Schwarm von unbeschwert
Naivem Jubel, köstlichem Erschauern,
Getäuschter Hoffnungen und bitterem Bedauern.

2

Er war geboren für die Poesie
Wie für das Glück, und voll beseßnen Strebens
Entschlüpfte er den Kinderkleidern früh
Und warf sich in das wilde Meer des Lebens.
Gott zog ihn nicht aus diesem Weltentanz,
Doch bis zum Schluß, in Not und Quälereien,
In Menschentrubel, leeren Wüsteneien
Verlosch das Flämmchen des Gefühls nie ganz,
Bewahrte er der blauen Augen Glanz,
Sein Kinderlachen, seiner Lippen Beben,
Den Glauben an die Menschen und ein andres Leben.

3

Doch fern von allen Freunden starb er jetzt,
Mein lieber Sascha! Deinem Herzen Frieden!
In fremder Erde einsam beigesetzt
Sei dir, wie unsrer Freundschaft, Ruh beschieden,
So wie in der Erinnrung Grabesschoß.
Still starbst du, wie so viele andre Kranke,

Doch tapfer. Leise löste ein Gedanke
Geheimnisvoll von deiner Stirn sich los,
Als sich dein Aug zu ewgem Schlafe schloß,
Und deine letzten kaum gehauchten Worte
Verstand kein einziger an jenem fremden Orte.

4

Ob es ein Gruß war an das Heimatland,
Ein Freundesname im Moment des Scheidens,
Ob sich ein Sehnen nach der Jugend fand,
Oder ein Aufschrei deines letzten Leidens,
Wer weiß es? Deiner letzten Worte Hauch,
Ihr tiefer bittrer Sinn traf taube Ohren,
Dein Tun, dein Wissen gingen nun verloren,
Deine Gedanken, ach, sie schwanden auch
Wie jener Abendwolken letzter Rauch,
Den schon die Winde wieder weitertragen.
Wo sind sie hin? Warum? Wer wird sie fragen?

5

Spurlos verschwanden sie im Weltenraum
Wie eines Kindes hoffnungslose Liebe,
Wie der dem Freunde vorenthaltne Traum,
Daß er sich tief in das Gedächtnis schriebe . . .
Was tut's? Mag auch die Welt nun nebenbei
Das ihr so fremde Dasein ganz vergessen.
Was wären solche Kränze dir gewesen,
Die Dornen ihrer leeren Heuchelei?
Du hast ihr nicht gedient, du wußtest frei
Von ihren Ketten immer dich zu zeigen,
Du liebtest Meeresrauschen, blauer Steppen Schweigen,

6

Der wilden Berge schwarzgezackte Höhn,
Die um dein Grab sich rings zu schließen scheinen.
So konnte, was dein Leben reich und schön
Gemacht, das Schicksal wunderbar vereinen:
Die Steppe schimmert ewig blau und stumm,
Der Riese Kaukasus – mit finstren Blicken
Scheint er sich über seinen Schild zu bücken –
Schlingt seinen Silberkranz um sie herum
Und lauscht der Wanderwellen alten Mären ...
Das Schwarze Meer rauscht ewig, ohne aufzuhören.

Gedankenvoll saß er, es zechte wild
Die lose Freundesschar, die ihn verlassen,
Im Geiste suchte er in seinen Blick zu fassen
Die ferne Zukunft, uns verhüllt.

Und ich entsinne mich, erfüllt von Trauer,
Wie zwischen Becherklingen, Ruf, Gesang
Des lauten Festgelags sein Wort erklang,
Prophetisch, mitten in des Lachens Schauer.

O Freunde, sprach er, jauchzt! Es sei euch gleich,
Erliegt die Welt, schon kraftlos, den Geschicken ...
Die Streitaxt schwebt euch über den Genicken,
Jedoch, was soll's! ... Ich seh's als einziger von euch.

1840

1. Januar

Wenn in der bunten Menge eines Raums
An mir, wie aus dem Dämmer eines Traums,
Im Lärm von Tanz, Gelächter, Schwatzen,
Zum Flüstern, Zischen floskelnder Auguren
Vorüberschillern leblose Figuren,
Des Anstands hoffärtige Fratzen,

Wenn Hände, zarte, doch der Gabe längst benommen,
Vor Zärtlichkeit zu beben, lässig unbeklommen
Die meinen streifen, kalte, strenge –
Wie oft dann, äußerlich ergeben all dem Tand,
Beschwöre ich in mir ein fernes heiliges Land,
Verblichner Jahre Bilder, Klänge.

Und glückt es mir für kurz, zu fliehn von hier im Innern,
Dann fliegt, ein freier freier Vogel, mein Erinnern
In dieses freie Land hinaus.
Ich sehe mich als Kind, seh die vertrauten Orte:
Das hohe Herrenhaus, den Garten mit der Pforte,
Das halbverfallne Pflanzenhaus . . .

Der Teich, verschlafen, blind, bedeckt von grünem Schorf,
Und hinterm Teich, im Rauch der Rauchfänge, das Dorf
Und fern, schon nebelfahl, die Wiesen.
Ich geh in der Allee, durch dunkle Sträucher schnellen
Auffunkelnd letzte Strahlen, Laub in hellen Wellen
Rauscht leise unter leichten Füßen.

Und eine nie gefühlte Sehnsucht ist in mir,
Ich liebe, hoffe, weine, trachte bang nach ihr,
Der Schöpfung meiner Wünsche, Träume:
Die Augen hold und heiß, zwei Becher Himmelsbläue,
Das Lächeln rosig, wie das Leuchten, erste scheue,
Des jungen Tages durch die Bäume.

So, dieses Zauberbilds allmächtiger Herr und Meister,
Versonnen, saß ich oft – ein freudenreich Verwaister.
Und denk ich inständig daran,
Wenn Schmerz, Verzweiflung, Zweifel, Leidenschaften
wüten,
Dann winkt es mir wie eine frische Insel mitten
In einem wüsten Ozean.

Erwach ich aber, flieht das Bild, verblaßt,
Gejagt vom Lärm der Menge wie ein Gast,
Der gröblich brach den guten Ton –
Wie möcht ich ihnen da die Lust vergällen
Und ihnen Verse um die Ohren schellen
Voll Abscheu, Bitterkeit und Hohn!

UND EINSAM UND TRAURIG

Und einsam und traurig, und niemand steht helfend bereit,
  Im Leide die Hand dir zu reichen ...
Was nützt es, vergebens nur Wünsche zu nähren allzeit,
  Indes deine Jahre, die besten, verstreichen!

Und lieben ... nur wen denn? ... Bloß flüchtig – der Mühe nicht wert,
  Doch ewig zu lieben – unmöglich.
Schau in dich – der Blick aufs Vergangene ist dir versperrt:
  Und alles dort – Qualen und Freude – ist kläglich ...

Ob früher, ob später, der Leidenschaft Wonne erstickt
  Beim Wort der Vernunft, das gewichtig;
Das Leben, wie kühl und bedächtig man um sich auch blickt,
  Ist nichts als ein Scherz nur, so leer und so nichtig ...

KOSAKISCHES WIEGENLIED

Schlafe, schlaf mein schönes Kindchen,
Bajuschki-baju.
Schaut der Mond durch stille Wipfel
Deinem Schlummer zu.
Märchen will ich dir erzählen,
Summ ein Lied dazu;
Du, mein Lieb, magst Schäfchen strählen,
Bajuschki-baju.

Über Felsen braust der Terek,
Schwappt der Wogenkamm;
Ein Tschetschene schlüpft ans Ufer,
Wetzt den Dolch am Klamm.
Hart sind deines Vaters Narben,
Die der Kampf ihm schlug:
Schlafe, schlaf in deinem Nachen,
Bajuschki-baju.

Selber wirst du eines Tages
In das Schlachten ziehn;
Kühn besteigen deinen Rappen,
Das Gewehr am Knie.
Bald bereite ich dir einen
Seidnen Sattel zu . . .
Schlafe, schlaf mein liebes Kindchen,
Bajuschki-baju.

Gleichen wirst du einem Recken,
Fühlen als Kosak.
Dich geleitend, vor die Hecke
Tret ich, wink dir nach.
Weinen werd ich bittre Tränen,
Nachtlang ohne Ruh!
Schlafe, schlaf mein lieber Engel,
Bajuschki-baju.

Sehnsucht wird nach dir mich quälen,
Trostlos Tag um Tag.
Betend werd ich Stunden zählen,
Nächtens wahr ich sag.
Denken werd ich, trägst wohl Kummer
In der Fremde du ...
Schlafe, schlaf den Kinderschlummer,
Bajuschki-baju.

Will einst auf den Weg dir geben
Klein ein heilig Bild:
Stell es, wenn zu Gott du betest,
Immer vor dich hin;
Und wenn du zum Streit dich bindest,
Denk an deine Mu.
Schlafe, schlaf mein schönes Kindchen,
Bajuschki-baju.

AN M.A. STSCHERBATOWA

Sie vertauschte das helle
Erblühen ukrainischer Weiten
Mit der Pracht großer Bälle
Und den höfischen Eitelkeiten.

Inmitten der kalten
Hochmütigen Welt lauter Feste
Hat sie sich erhalten
Des Südens warmherzige Geste.

Wie der Sterne Gefunkel,
Mit ukrainischen Nächten im Bunde,
Erfüllt sich das Dunkel
Der Worte aus ihrem Munde.

Aus ihren Blicken
Strahlt die Glut von südlichen Sternen,
Ihre Lippen beglücken
Wie Winde aus Steppenfernen.

Der Pflaume im Reifen
Gleicht das zarte Rot ihrer Wangen,
Und Sonnenstreifen
Hält ihr lockiges Haar gefangen.

Treu ist sie immer
Der trauernden Heimat gewesen,
Sie wird nie und nimmer
Vom Kinderglauben sich lösen.

Wie zu Hause die Ihren
Wird sie Fremde um Hilfe nie bitten,
Ohne Stolz zu verlieren,
Hat Bosheit und Spott sie erlitten.

Begierden und Triebe
Lassen ihr Herz nicht entbrennen,
Sie braucht Zeit für die Liebe,
Und nie wird sie grundlos sich trennen.

Worte, die nichtig
Und dunkel verrauschen,
Werden gewichtig,
Wenn tiefer wir lauschen.

Von Sehnsucht sie dröhnen,
Wie von Gewittern,
Von Abschiedstränen,
Von Wiedersehnszittern.

Das Wort, das aus Jubel
Und Flammen geboren,
Im weltlichen Trubel
Ist es verloren.

Wo immer ich wäre,
In Kirchen, in Schlachten,
Wo immer ich's höre,
Ich muß darauf achten,

Muß Antwort ihm geben,
Das Beten verkürzen,
Aus Donner und Beben
Entgegen ihm stürzen.

JOURNALIST, LESER UND DICHTER

Les poètes ressemblent aux ours,
Qui se nourrissent en suçant leur
patte. *Inédit*

Zimmer des Dichters; heruntergelassene Rouleaus. Er sitzt in einem großen Sessel vor dem Kamin. Der Leser, mit einer Zigarre, steht mit dem Rücken zum Kamin. Der Journalist tritt ein.

JOURNALIST:
Krank sind Sie? Oh, das freut mich sehr:
Im Lärm der Welt, geplagt von Sorgen,
Leuchten die göttlich schönen Träume
Im Geist des Dichters bald nicht mehr.
Eindrücken ausgesetzt, verschwendet
Er sein Gefühl, bis er als Opfer
Der öffentlichen Meinung endet.
Wann, von Vergnügungen getrieben,
Soll er ein reifes Werk durchdenken? . . .
Jedoch – es wär ein hohes Glück,
Sollte der Himmel das Geschick
Der Haft ihm und Verbannung schenken,
Sollt lange Krankheit ihn befallen:
Bald wird in seiner Einsamkeit
Ein wonnevolles Lied erschallen!
In seine schmucke Traurigkeit
Wird er sich manchmal jäh verlieben.
Jedoch, was haben Sie geschrieben?
Nun?
DICHTER.
Gar nichts . . .
JOURNALIST:
Ihr vertut die Zeit!

DICHTER:
Was soll ich schreiben? Längst besungen
Haben die Dichter Ost und Süd,
Schmähten den Pöbel, und im Lied
Ist der Familie Lob erklungen;
Gen Himmel flogen ihre Seelen,
Sie beteten mit stillem Flehn sodann
N. N., die unbekannte Schöne, an,
Um schrecklich uns damit zu quälen.
LESER:
Mut braucht es schon, das muß ich sagen,
Euer Journal nur aufzuschlagen
(fast schändete's die Hände mir)!
Zunächst: dies gräuliche Papier!
Zwar sauber ist's, doch sollt man's lassen,
Es ohne Handschuh anzufassen!
Druckfehler wimmeln, welch ein Heer!
Die Verse sind so öd und leer;
Sinnlos die Worte, das Gefühl verbannt,
Die Phrasen künstlich aufgesetzt,
Und – unter vorgehaltner Hand! –
Oft wird beim Reim die Form verletzt.
Und dann die Prosa! – Übersetzt!
Triffst endlich du Novellen an,
Die sich auf unserm Feld ergehn,
So können Moskau sie sodann
Nur höhnen und Beamte schmähn.
Wen haben sie nur porträtiert?
Werden Gespräche so geführt?
Wär's auch dem Autor widerfahren,
Sollt er uns doch davor bewahren ...
Wann findet man im unfruchtbaren
Rußland, befreit aus nichtger Haft,
Die schlichte Sprache der Gedanken,
Die Stimme edler Leidenschaft?
JOURNALIST:
Ja, eben das bewegt auch mich.
Wie Sie schau mit empörtem Blick

Auf Rußlands arme Muse ich.
Zu lesen steht's in der Kritik!
LESER:
Ich las: seichte Beschuldigungen
Von Schrift, Druckfehlern und Vignetten,
Anspielungen, so fein und leis
Auf das, was keiner kennt noch weiß.
Vergnügt die große Welt sich nur
In euren Tinten, nicht von fern
Bleibt euch von Galle eine Spur,
Nur schmutzges Wasser, meine Herrn.
JOURNALIST:
Auch das muß man wohl eingestehn,
Glauben Sie mir, wie froh wär ich,
Müßt Tadeln nicht mein Handwerk sein.
Was soll ich tun? ... Man tadelt mich.
Sehn Sie genau hin, bitte sehr:
Uns lesen auch die untren Kreise;
Die nackte, ungeschlachte Weise
Kränkt nicht ein jegliches Gehör.
Geschmack und Anstand sind bedingt,
Und nichts, was mir mehr Geld einbringt.
Glauben Sie mir: Das Schicksal hält
In Ketten uns armselge Weisen.
Wie solln, um alles in der Welt,
Wir all den Mist, all diese Bücher lesen!
Wozu? Um Ihnen dann zu sagen,
Es tut nicht Not, sie aufzuschlagen! ...
LESER:
Wie anders können wir empfinden,
Und freier atmen Geist und Brust,
Wenn wir – was ist's für eine Lust! –
Ein frisch-lebendig Büchlein finden!
Zum Beispiel, den zum Freund ich hab,
Er hier schreibt einen guten Stil,
Und Gott, der Allerhöchste, gab
Ihm Reichtum an Gedanken und Gefühl.

JOURNALIST:
Gewiß; doch scheint ein Unglücksstern:
Nichts, gar nichts schreiben diese Herrn.
DICHTER:
Worüber schreiben? ... Es gibt Tage,
Die uns befrein von Sorg und Plage,
Begeistrungsvoller Arbeit Zeiten,
Die Geist und Herzen uns erfüllen.
Die Reime reihen sich und gleiten
Wie Wogen murmelnd leis herbei
Einträchtig, stetig, leicht und frei.
Ein Himmelslicht, so königlich,
Strahlt auf in der erwachten Seele.
An kräftig atmende Gedanken
Reihen wie Perlen Worte sich ...
Des Dichters Blick, von Mut erfüllt,
Aufs neue frei ins Künftge fliegt,
Da in erhabner Träume Bild
Die Welt geläutert vor ihm liegt.
Doch diese wunderlichen Werke
Liest der Poet zu Haus allein,
Und wirft sie ohne ein Bedauern
Hernach in den Kamin hinein.
Sollten solch kindische Gefühle,
Unsinnige Phantasterein
Der strengen Kunst denn würdig sein?
Die Welt verspottet solche Spiele ...

Doch Nächte voller Qual erscheinen:
Traumlos; die heißen Augen weinen,
Gierig der Gram das Herz bedrängt;
Bebend das Kissen, heiß, umfängt
Die kalte Hand; unwillentlich
Sträuben vor Angst die Haare sich;
Ein kranker Schrei bricht aus der Lunge
Wie Wahn hervor; laut lallt die Zunge,
Sinnlos und, ohne zu erlahmen,
Stamnelt sie längst verschollne Namen;

Schöne Gesichter, längst vergessen,
Im Glanze, den sie einst besessen,
Malt das Gedächtnis eigenwillig:
Im Aug steht Liebe, Falsch im Munde.
Erneut glaubst wider Willen du;
Erheiternd ist's und dennoch schmerzlich,
Zu öffnen eine alte Wunde ...
Dann schreibe ich. Verstand die Feder führt,
Da das Gewissen mir diktiert,
Im Zorn: Verlockender Bericht
Verborgner Taten, heimlicher Gedanken;
Der Lasterbilder kalte Farben,
Törichter Jugendtage Brauch,
Die unerweckbar, nutzlos auch
In flachen Leidenschaften starben –
Bei Kämpfen, zäh und unsichtbar,
Verführerinnen, Ignoranten,
Wo Hoffnungen buntschillernd brannten,
Wo falsch der schwarze Zweifel war.
Durch Zufall sitz ich zu Gericht,
Fremdes Geheimnis acht ich nicht,
Und gebe durch des Anstands Bande
Verhülltes Laster preis der Schande,
Zeig streng und grausam sein Gesicht ...
Die bittren Zeilen, die ich schrieb,
Dem überraschten Blick zu zeigen –
Das, freilich, laß ich lieber bleiben.
Nun sagt, worüber soll ich schreiben?

Daß Haß und Wut des undankbaren,
Des Pöbels gegen mich entbrennt?
Daß die prophetisch helle Rede
Man Tücke und Verleumdung nennt?
Daß Gift, das aus den Zeilen lobt,
Des Kindes stillen Traum bedroht?
Und daß der Strom, der wütend schwillt,
Fortreißt die schwachen Herzen wild?
Verdunkeln soll mein Denken ein

Verbrecherischer Traum mitnichten.
Ihr bietet Ruhm dafür? – O nein,
Nie werd ich diesen Preis entrichten.

DAS GEISTERSCHIFF

Nach Zedlitz

Kaum funkeln am Himmel die Sterne
Und blinken im tiefblauen Meer –
Da schwebt mit geblähten Segeln
Ein einsames Schiff einher.

Nicht knarren die ragenden Masten,
Nicht flattern die Wimpel zur Stund –
Doch dräuend gähnt durch die Luken
Der Kanonen eherner Mund.

Nicht folgen Matrosen der Stimme
Des Kapitäns auf dem Schiff –
Doch scheut es keine Sandbank,
Noch Sturm und Klippenriff.

Im Meer liegt ein Felseneiland
In wüster Wogen Hut;
Ein Grab ist auf dieser Insel,
Darin ein Kaiser ruht.

Nicht erwies man ihm kriegrische Ehren,
Da man ihn senkte hinab;
Man wälzte auf ihn einen Felsblock,
Daß er nicht entsteige dem Grab.

Und um die Jahreswende,
Da ihn der Tod übermannt,
Fliegt über die nächtigen Wogen
Das Schiff zum Inselstrand.

Mit seinem dreieckigen Hute
Und grauen Waffenrock
Entsteigt der Kaiser dem Grabe –
Ihm wehrt kein Felsenblock.

Gekreuzt die mächtigen Hände,
Das Haupt auf die Brust gesenkt,
Betritt er das Schiff und setzt sich,
Ergreift das Steuer und lenkt.

Er jagt zu Frankreichs Gestade,
Wo er gelassen den Thron,
Die alte treue Garde
Und seinen Erben, den Sohn.

Und kaum gewahrt er durchs Dunkel
Die Heimat, da jubelt im Glück
Und zittert seine Seele
Und Flammen sprüht sein Blick.

Er steigt ans hohe Ufer
Und schreitet ohne Scheu;
Die Waffenbrüder ruft er,
Ruft die Marschälle herbei.

Doch seine Grenadiere
Sie schlafen am Elbestrand,
In Rußlands Schneegestiebe
Und Afrikas sengendem Sand.

Auch hören ihn nicht die Marschälle:
Die starben den Heldentod,
Die brachen ihm die Treue,
Verrieten ihn in der Not.

Und grimm die Erde stampfend,
Schreitet er hin und her
Und ruft mit lauter Stimme –
Doch Antwort nur rauscht das Meer.

»O komm, mein Sohn, meine Hoffnung!
Dein Vater erwartet dich!

Ich gebe die halbe Welt dir –
Nur Frankreich behalt ich für mich!«

Doch in der Jugend Blüte
Sank längst der Sohn ins Grab:
Und lange schreitet voll Sehnsucht
Der Kaiser auf und ab.

Dann steht er und seufzt, bis sich rötet
Der östliche Himmelsrand;
Und glühende Tränen rollen
Hinab in den kalten Sand.

Und mit gesenktem Haupte
Und trostlos schmerzlichem Blick
Besteigt er sein Schiff und lenkt es
Zum einsamen Eiland zurück . . .

DIE NACHBARIN

Ob je ich die Freiheit erfahre?
Die Tage der Haft sind wie Jahre.
Das Fenster – hoch angebracht,
Die Türe – vom Posten bewacht.

Hier träf mich das Jüngste Gericht,
Wär die liebe Nachbarin nicht.
Das Morgenrot weckt uns beide,
Ich nicke ihr zu von der Seite.

Der Kerker uns schied und verband.
So macht uns das Schicksal bekannt,
Da der gleiche Wunsch in uns zittert,
Doch das Fenster ist zweifach vergittert.

Kaum seh ich hinaus am Morgen,
Den Blick voller Sehnsucht und Sorgen,
Als auch schon ihr Fensterchen klirrt
Und der Vorhang gelüftet wird.

Sie blickt hinüber verschmitzt,
Das Kinn in die Hände gestützt.
Ihr Schultertuch hat sich verschoben,
Als hätt es der Wind gehoben.

Doch blaß ist die junge Brust,
So seufzt sie oft unbewußt,
Es verbirgt sich im Herzen der Schönen
Doch das nämliche Freiheitssehnen.

Liebe Nachbarin, du mußt hoffen!
Wenn du willst, ist der Käfig offen,
Und wir fliegen hinaus in die Flur
Wie zwei Vögel in Gottes Natur.

Mußt dem Vater die Schlüssel vertauschen,
Laß die Wache am Wein sich berauschen,
Den Posten vor meiner Tür,
Den überlasse nur mir!

Eine dunkle Nacht mußt du wählen,
Dem Vater ein Märchen erzählen,
Häng dein Tüchlein, wenn alles bereit,
In dein Fenster, dann weiß ich Bescheid.

DER GEFANGENE RITTER

Schweigend im Kerkerturm sitzend, erspähe
Ich durch die Luke des Himmels Blau:
Frei spielen Vögel dort in der Höhe,
Scham quält und Schmerz mich, wenn ich sie schau.

Lippen, kein sündig Gebet murrt ihr wild;
Niemals ein Lied, die Geliebte zu preisen,
Früherem Kampf die Erinnerung gilt,
Dir, schwerem Schwert, und dir, Rüstung von Eisen.

Stein ist mein Harnisch, der jetzt mich umhüllt,
Und auf mein Haupt ist ein Steinhelm gesenkt;
Schwert- ist und pfeilverwunschen mein Schild,
Weh mir, mein Pferd trabt, von keinem gelenkt.

Denn die geschwinde Zeit ist mein Pferd,
Und mein Visier ist die Schießschartenblende,
Schild sind die Turmtüren, eisenbewehrt,
Rüstung die hohen, steinernen Wände.

Fliegende Zeit, stürme schneller dahin,
Schwül, ach, und heiß wird's im Panzer mir.
Tod hält mein Pferd, wenn am Ziele ich bin.
Ich sitz ab und klapp auf das Visier.

AN M.P. SOLOMIRSKAJA

Zuweilen wird die sündge Seele,
Hinirrend überm Höllenschlund,
Sie lesend, vor der Himmelspforte,
Der heilgen Inschrift Lettern kund.

Und oftmals sie geheime Freude
In erdennaher Qual verspürt,
Wenn über festgefügte Mauern
Ein Traum sie, eine Sehnsucht führt.

So war ich frei für Augenblicke,
Als ich, erfüllt von Traumes Macht,
Das fremde Antlitz mir erschlossen,
Das mir im Kerker Licht gebracht.

Ein Unterpfand ersehnter Freiheit,
Ein Hoffnungsstrahl im Meer der Qual,
Ward mir ihr Gruß, der namenlose,
Und unvergeßlich mir zumal.

WARUM

Ich bin traurig, weil ich dich liebe –

Und ich weiß, der Bosheit Zunge
Wird dein Leben, auch das junge,
Nicht verschonen, so blühend es ist.

Ich bin traurig, weil ich dich liebe –

Jeglichen Tag, heiter und rein,
Jeglichen süßen Augenblick,
Ach, mit Tränen und tiefster Pein
Mußt du ihn zahlen dem Geschick.

Ich bin traurig, weil du fröhlich bist.

DANKBARKEIT

Für alles will ich dir, für alles dankbar sein,
Für alles, was im Leben mir mißlang, bezahlen! . . .
Für all die Seelenglut, vertan in Wüstenein,
Für all das Gift geheimer Herzensqualen,
Für den Verrat der Freunde und der Feinde Rache,
Der Tränen Bitternis und den verlognen Kuß
Will ich dir ewig dankbar sein, doch mache,
Daß ich dir nicht mehr allzu lange danken muß.

EINEM KINDE

Durch Jugendträume, die in der Erinnrung leben,
Heimliche Freude spürend, heimliches Erbeben,
Schau ich, bezaubernd schönes Kind, dich an ...
O wüßtest du, wie lieb ich dich gewann!
Wie teuer ist dein junges Lächeln mir,
Die flinken Augen und der Locken Zier,
Die süße Stimme ... Ist's nicht so? Es heißt sogar,
Daß du ihr ähnlich seist ... Dahin fliegt Jahr um Jahr:
Früh, viel zu früh hat sie verändert all ihr Leid;
Ein treuer Traum hat dieses Bild vergangner Zeit
In mir bewahrt, und auch noch heute spüre ich
Den Blick voll Feuer. – Aber du, sag, liebst du mich?
Langweilt dich nicht der unerbetnen Zärtlichkeiten
Spiel,
Sind mein Küsse auf die Äuglein dir nicht allzuviel?
Brennt deine Wange nicht von meiner Träne Leid? –
Hör zu, sprich nicht zu ihr von meiner Traurigkeit
Und nie von mir ... Warum? Der kindliche Bericht
Könnt sie erzürnen oder schrecken; sag es nicht ...

Mir aber kannst du glauben. Wenn die Nacht sich naht,
Wenn sie, verneigend sich, vor die Ikone trat,
Ans Bett, das kindliche Gebet zu flüstern, kam,
Und deine Hand, damit du dich bekreuzigst, nahm;
Und nannte die vertrauten, lieben Namen sie,
Die du ihr nachsprachst, sag mir, hat sie dabei nie
Für einen andern dich gelehrt zu beten? Sprach
Den Namen sie erblassend aus, den du danach
Vergessen hast ... Geschah dies je? Ach, so erinnere
dich nicht.
Was ist ein Name? Schall und Rauch, nichts von Gewicht!
Geb Gott, daß er verborgen bliebe immerdar ...
Doch wird er dir durch Zufall einmal offenbar –
Dann ruf die Kindertage, die vergangen sind,
Wieder zurück und ach, verwünsch ihn nicht, mein Kind!

AN A.O. SMIRNOWA

In meiner Herzenseinfalt strebte
Ich Ihnen nah zu sein und wert.
Ach, diese schöne Hoffnung lebte
Nur kurz in mir – so ungenährt.
Kaum fort, will viel ich Ihnen sagen,
Kaum da – Sie hören, jeden Hauch.
Doch schweigt Ihr Blick, und ich, geschlagen
Von Ihrer Strenge, schweige auch.
Was tun? Mein armes Wort, so bar
An Kunst, erregt nur Ihr Bedauern.
Zum Lachen wär es, wär's nicht gar
Zu sehr und mehr zum Trauern.

AN EIN PORTRÄT

Ein Wildfang mit lockigem Kopf,
Ein Schmetterling, bunt und entzückend ...
Umschmeichelt sie irgendein Tropf,
Dann lächelt sie süß und bestrickend.

Doch schneller stets ist sie entflohn
Als Schmuck sie wechselt und Kleider ...
Sie huscht wie die Schlange davon,
Sie schwingt wie die Schwalbe sich weiter.

Wie kindlich die Stirn, das Gesicht
Wie herrisch! ... Bald Himmel, bald Hölle!
Die Augen so strahlend, so licht,
Doch abgründig dunkel die Seele.

Bald herzlos, bald zärtlich und mild,
Als könnte sie keinen betrüben ...
Ein Rätsel, das niemand enthüllt,
Und doch muß ein jeder sie lieben.

WOLKEN

Wolken, ihr schweifenden, niemals verweilenden,
Hoch über Steppen und Wäldern Geborene,
Ach, ihr vom Norden dem Süden zu Eilende,
Seid ihr – wie ich – in der Fremde Verlorene?

Treibt euch das Schicksal, ihr ewigen Wanderer,
Heimlicher Neid oder Bosheit, unsägliche?
Ist's ein Verbrechen, ein Ränkespiel anderer,
Freundesverrat bis ins schier Unerträgliche?

Nein, ihr verlaßt nur die trostlosen Ebenen,
Frei seid ihr, kalt seid ihr, fühlt keiner Heimat Band,
Ihr – keiner Leidenschaft jemals Ergebenen,
Gibt es Verbannung für euch – ohne Heimatland?

WALERIK

Ich schreibe Ihnen; doch weswegen?
An einem triftigen Grund gebricht's,
Ich hab kein Recht, es ist verwegen,
Und auch zu sagen hab ich – nichts.
Daß Ihrer ich gedenk – mein Himmel!
Sie wissen's längst schon, und dabei
Ist's Ihnen völlig einerlei.

Auch drängt es Sie wohl kaum zu wissen,
Wie's in der Wildnis mir ergeh,
Das alte Band ist längst zerrissen,
Und selbst: verstanden wir uns je?
Wenn ich jetzt kühl verblichne Seiten
Betrachte in dem Buch der Zeiten,
Erwäge ruhig jeden Fall,
Find ich Enttäuschung überall.
Und töricht ist's, Versteck zu spielen
Mit seinem Herzen durch die Jahre hin,
Die Welt zu täuschen hätt noch Sinn,
Doch wozu fruchtlos Sehnen fühlen
Nach dem, was längst geschwunden hin?
Wozu getrennt auf Liebe hoffen
In unsrer Zeit von Unbestand?
Ihr Bild jedoch – ich sag es offen –
Aus meinem Herzen nie verschwand.
Denn erstens habe ich Sie lange
Und tief geliebt voll Innigkeit,
Darauf in schwerem Leidensgange
Gebüßt für diese schöne Zeit;
Und dumpfer Reue lange Jahre
Ich schwer in Büßerketten ging;
Jetzt denk ich ruhig und gewahre,
Daß alle Lebenslust verging.
Des frohen Mutwillens letzter Schimmer
Verschwand, mit ihm die Poesie,

Den Menschen trau ich nunmehr nie,
Doch Sie vergessen konnt ich nimmer.

Mit dem Gedanken nun vertraut,
Trag ich mein Kreuz jetzt ohne Klage –
Ob's anders besser – ist die Frage.
Ich hab des Lebens Grund erschaut.
Vom Schicksal, wie der Muselman,
Nehm ich mit Gleichmut alles an,
Von Gott werd ich kein Glück erflehen
Und lass das Unglück stumm geschehen;
Das Land vielleicht, wo ich verkehre,
Hat des Propheten Glaubenslehre
Mir unwillkürlich nah gebracht,
Auch kann das stete Wanderleben,
Beständige Sorgen Tag und Nacht,
Zum Denken keine Muße geben.
Die kranke Seele kehret um
Zu träger Ruh; das Herz wird stumm.
Nicht Phantasie kann sich erweiten,
An Arbeit fehlt es dem Verstand ...
Dafür ruh ich an Weinbergs Rand
Im Gras vom Schatten einer breiten
Platane vor der Sonne gedeckt;
Rings weiße Zelte auf der Erde,
Die struppigen Kosakenpferde
Stehn stumpf und schläfrig angepflöckt.
Die Mannschaft schläft bei den Geschützen,
Fern stehn die Posten paarweis da,
Die Bajonette fern und nah,
Vom Sonnenstrahl getroffen, blitzen.
Horch, in dem Zelte nebenan
Von früher Zeit erzählt dort man:
Wie noch Jermolow kommandiert,
Schlug der Tschetschenen wilden Stamm
Und manch gewaltigen Streich geführt,
Auch manche Schlappe selbst bekam.
Abseits, gehorsam dem Propheten

Vertieft in eifrigen Gebeten,
Steht an dem Flüßchen ein Tatar,
Und dort im Kreis der andern Schar.
Ich lieb die Farbe dieser Wangen,
Gelbbraun so wie ein Lederstück,
Die hohen Mützen, ihren Blick,
So listig, schlau und doch befangen,
Und ihrer Sprache Gurgellaut.
Wie ist mir alles so vertraut!
Horch! – Fern ein Schuß ... Vorüber summt
Die Kugel jetzt ... Wie schön das klingt!
Ein leiser Schrei – doch gleich versinkt
In Schweigen alles und verstummt.
Zur Tränke läßt man die Rosse bringen,
Es sammelt sich die Infantrie,
Kommandoruf und Lärm erklingen:
»Wo bleibt die zweite Kompanie?«
»Was, satteln?« – »Was, Herr Hauptmann?« – »Wen?«
»Schafft rasch die Wagen von der Stell!«
»Saweljitsch!« – »Nun?« – »Mach Feuer schnell!«
Wild klingt der Feldmusik Gedröhn,
Die Trommel schlägt, und rasselnd fahren
Kanonen zwischen Fußvolkscharen;
Der General an ihrer Reih
Mit seiner Suite sprengt vorbei ...
Ein Schwarm Kosaken, wie die Bienen,
Sich mit Geschrei im Feld zerstreut.
Ein Fähnchen blinkt am Waldsaum weit,
Noch eins und mehr sind jetzt erschienen.
Und da sieht man einen Murid
Im roten Wams und Turban reiten.
Sein Schimmelhengst voll Feuer sprüht;
Er winkt und ruft: Heran zum Streiten!
Wer wagt mit ihm den blutigen Strauß?
Sogleich – in wenig Augenblicken
Sprengt ein Kosak ins Feld hinaus,
Die Büchse reißt er von dem Rücken,
Er ist schon nah – ein Schuß, ein Krach.

»Ihr da, Kosaken, jagt ihm nach!« –
»Verwundet? Was?« – »Nichts von Belang.«
Und das Scharmützel war im Gang.
Es ist bei solcher Plänkelei

Wohl mancher Spaß, doch Sinn hat's keinen;
Tut nicht zu heiß die Sonne scheinen,
So unterhält man sich dabei,
Auch ohne blutdürstiges Grauen,
Als sei's ein tragisches Ballett.
Doch dafür andres gab's zu schauen,
Wie's eure Bühne schwerlich hätt!

Es war bei Gechi, und wir zogen
Durch einen dichten, finstern Wald,
Die Sonne brannt vom Himmelsbogen
Mit unbarmherziger Gewalt.
Gar heiße Kämpfe vor uns standen,
Fern aus Itschkeriens Bergeslanden
Zu den Tschetschenen manche Schar
Verwegnen Volks gestoßen war.
Dort, ob des Urwalds höchsten Zweigen,
Die Feuerzeichen hier und da
Man in der Ferne leuchten sah
Und ihren Rauch gen Himmel steigen.
Doch bald belebte sich der Wald,
Ein wildes Rufen laut erschallt
Im Dickicht hundertjährger Eichen.
Kaum daß der Troß zur Lichtung kam,
Hei, da begann's! Schon bittet man
Geschützt zur Nachhut; aus den Büschen
Schleppt man Verwundete, dazwischen
Tönt lauter Ruf: Ein Arzt herbei!
Da aufs Geschütz mit wildem Schrei
Wirft sich der Feind vom Waldessaume,
Und aus dem Forst von jedem Baume
Erkracht ein Schuß; wie Hagelschlag
Beschüttet uns der Kugelregen.

Doch vorn bleibt's still – da lief ein Bach,
Zu dem wir vorwärts uns bewegen.
Man schießt ein paar Granaten ab –
Doch vorn herrscht Schweigen wie im Grab.
Nur durch der Büsche Blätterspitzen
Schien's wie Gewehrlauf durchzublitzen,
Als ob ein Kopf hervor dort blickt
Und gleich ins Gras sich wieder drückt.
Das war ein grauenvolles Schweigen,
Zwar währte diese Ruh nicht lang.
Doch manches Antlitz tat erbleichen,
Und manches Herz schlug angst und bang.
Die Salve kracht – und Reihen fallen,
Tod und Verderben ringsumher!
Zum Bajonett, was braucht man mehr?
Drauflos, ihr Freunde! hört man's schallen,
Es hält das Herz im Schlagen an,
Die Offiziere stets voran . . .
Auf das Verhau stürzt sich zu Roß,
Wer nicht vom Pferd mehr springen kann,
Und Kolben hier – dort Dolchesstoß,
»Hurra« zuerst, und stumm wird's dann.
Im Flußbett nun begann das Morden,
Zwei Stunden rissen sich die Horden
Wie Tiere, schweigend, Brust an Brust.
Der Fluß von Leichen war verlegt;
Den Durst zu stillen hatt ich Lust,
Den brennend heiß in mir erregt
Der Kampf, die Hitze – doch die Flut
War warm und rotgefärbt von Blut.
Dort, wo der Eichenschatten dichter,
Gleich bei des ersten Walles Rand
Am Ufer eine Gruppe stand.
Es kniete einer, die Gesichter
Erschienen rauh und finster zwar,
Doch manches Aug blinkt tränenklar.
In seinen Mantel eingehüllt –
Ein Eichenstamm dient ihm als Lehn –

Im Sterben lag ihr Kapitän.
In wenig Tropfen nur entquillt
Aus zwei kaum sichtbarn Wunden Blut,
Dort irrte wild in Fieberglut
Sein Aug; in schweren Atemzügen
Hob sich die Brust, er flüstert leis:
»Helft, Brüder! . . . Laßt mich nicht hier liegen . . .
Der General . . . Wie ist mir heiß! . . .«
Erst deutlich, dann unhörbar leis
Die Worte sich der Brust entrangen –
Und Gott hat seine Seel empfangen.
Gestützt auf der Gewehre Lauf,
Umstanden ihn die bärtgen Greise
Und weinten still: man deckte drauf
Ihn mit dem Mantel sorgsam; leise
Hob man den toten Krieger auf
Und trug ihn fort; in stummem Gram
Schaut ich ihm nach, verschränkt die Arm.
Und seufzend wurden nun genannt
Gefährten, Freunde, die gefallen;
Jedoch in meinem Herzen fand
Ich Trauer, Mitleid nicht mit allen.
Jetzt alles still – zu einem Hauf
Türmt man die toten Körper auf;
Und rauchend Blut am Boden quillt,
Von dem Geruch ist angefüllt
Die Luft. Der General im Schatten
Abseits auf einer Trommel saß,
Indem er die Berichte las.
Den Wald die Pulverwolken hatten
Wie dichter Nebel eingehüllt.
Doch dort – ganz fern – zeigt sich den Blicken
In ewiger Ruh der Berge Rücken;
Kasbek vor allem sichtbarlich
Ragt stolz empor zu Himmelshöh.
Mir ward ums Herz so schmerzlich weh:
Armseliger Mensch, so dachte ich,
Was will er denn mit seinem Streben? . . .

Hell ist das hohe Himmelszelt,
Platz gibt's für alle in der Welt,
Er aber steht sein ganzes Leben
Im Kampf und ringt so ohne Ruh
Und immer fruchtlos – doch wozu? –
Mich tat aus meinem Traume reißen,
Galub, der auf den Arm mich schlug –
Er war mein Gastfreund, und ich frug,
Wie dieser Ort wohl sei geheißen?
»Der ›*Walerik*‹«, er drauf versetzt,
»In eure Sprache übersetzt
Wär's ›Todesbach‹, wohl alter Zeiten
Erinnrung mag der Name sein.«
»Wieviel wohl waren heut beim Streiten?«
»Siebentausend mögen's sein.«
»Und wie viele wurden erschlagen?«
»Zählt selbst, ich weiß es nicht zu sagen.«
– »Ja, ja!« – fiel ein hier irgendwer –
»Sie werden dieses Tags gedenken.«
Sein Haupt tat der Tschetschene senken
Und blickte listig vor sich her.

Doch fürcht ich, schreibe ich zu lange,
In Ihrer Welt man lächelnd sieht
Auf eines Kriegers rauhes Lied,
Nicht sind mit dem Gedankengange
An Tod und Sterben Sie vertraut,
Auf Ihrem jungen Antlitz schaut
Die Spur der Trauer man noch schwerlich,
Noch ward Euch Sorge nie gefährlich,
Wohl kaum habt Ihr – es ist erklärlich –
Noch sterben sehn – o seht es nie!
Das gebe Gott – es gibt für Sie
Auch andre Stürme durchzumachen.
Im Selbstvergessen wär's so schön
Zum ewgen Schlafe einzugehn
Mit Hoffnung auf ein nah Erwachen.

So lebt denn wohl! – Wenn's mir gelang,
Daß Sie mein einfach schlichter Sang
Wenn auch ein wenig nur erfreute,
Ich meinen schönsten Lohn empfing;
Wenn nicht – verzeiht, legt ihn beiseite.
Und flüstert leise: Sonderling!

VERMÄCHTNIS

Mit dir alleine spräch ich gern
Kamrad, noch einmal hier.
Man sagt, gezählte Tage wärn
Nur noch geblieben mir.
Du fährst nun sicher bald nach Haus.
Sieh dann nur zu . . . doch grad heraus
Die Wahrheit dir zu sagen:
Man wird mich kaum beklagen.

Und fragt dich einmal irgendwer,
So sag ihm, wer's auch sei,
Daß in die Brust getroffen schwer
Mich hat der Kugel Blei.
Daß für den Zarn ich ehrlich starb,
Der Pfuscher Arzt mich ganz verdarb,
Daß ich nun sterben müsse
Und meine Heimat grüße.

Die Eltern triffst, die alten Leut,
Du kaum noch lebend an.
Und ehrlich, Freund, mir tät es leid,
Sie zu betrüben dann.
Wenn doch noch eins am Leben blieb,
Sag, daß das Schreiben ich nicht lieb,
Daß auf dem Marsch wir wären
Und heim so bald nicht kehren.

Da ist noch eine Nachbarin . . .
Schon lang sind wir getrennt . . .
Längst bin ich ihr schon aus dem Sinn;
Gleich, ob sie meinen Namen nennt,
Sag nur die ganze Wahrheit ihr,
Dein Mitleid, das erspare dir;
Und sollt sie auch wehklagen,
Das hat nicht viel zu sagen!

1841

RECHTFERTIGUNG

Wenn einzig auch Erinnerungen
An Irrnisse der Leidenschaft,
Statt eines Namens, ruhmumklungen,
Dein Freund den Menschen einst vermacht –

Wenn stumm dann in die Erde legt sich
Dies Herz, in dem das Blut einst drang,
Und so verwegen, so vergeblich
Die Liebe mit der Mißgunst rang –

Wenn vor die Menge du getrieben,
Verurteilt schweigst, den Kopf gesenkt
Und deine unschuldige Liebe
Die allgemeine Schmach bedrängt –

Jener, der Laster und Begierde
Um deine jungen Tage spann,
Ach, daß sein Bild in dir nicht rührte
Nur höhnische Verachtung dann.

Doch sag der schlau-gerechten Meute,
Daß eines andern Spruch uns harrt
Und daß von dir erkauft Verzeihen,
Das heilige Recht, durch Leiden ward.

DAS VATERLAND

Ich liebe dieses Land, doch mit besondrer Liebe!
Vergebens nur erforscht sie mein Verstand.
Nicht Ruhm, vom Rauch der Opfer trübe,
Noch satter Hochmut, nur, weil es mein Vaterland,
Noch leerer Götzendienst um Überlieferungen –
Davon hat nie mein Herz in Schwärmerei gesungen.

Doch lieb ich es – warum? Ich weiß es nicht! –
Ich liebe seiner Steppen kaltes Schweigen,
Der endlos weiten Wälder Wipfelneigen,
Den Fluß, der frühlingswild aus seinen Ufern bricht . . .
Auf einem Bauernkarrn zu poltern durch die Weiten,
Tief in die Nacht zu senken mein Gesicht,
Wo mir herüberblinkt aus ruhnden Dunkelheiten
Mit trübem Blick der Dörfer stilles Licht.
Ich lieb den Rauch der Stoppelbrände,
Die dunkle Föhre nachts am Wald,
Im golden wogenden Gelände
Der Birken schimmernde Gestalt.
Mit Wonne, die nur wenige kennen,
Seh ich die Bauernhütten klein,
Mit Stroh gedeckt, die vollen Tennen,
Der Fensterläden Schnitzerein;
In Lieb, in Feierabendkühle
Zu sitzen, wo die Jugend schwärmt
Und stampft und pfeift im Tanzgewühle,
Und wo man singt und trinkt und lärmt.

DES TOTEN LIEBE

Der kalten Erde schwere Schollen
Bedecken mich –
Doch meine Seele schwebt, Geliebte,
Allzeit um dich.
Das Grab heischt Ruhe, heischt Vergessen –
Doch friedlos kreist
In liebesehnender Erinnrung
Mein armer Geist.

Das Glück erhofft ich von dem Grabe
Und schied von hier
Mit festem Mut – doch auch im Tode
Vereint sind wir!
Ich sah die körperlose Schönheit,
Doch fand ich nicht
In den verklärten Engelszügen
Dein Angesicht.

Es strahlte mir des Himmels Glorie
So kalt und bleich:
Ich nahm die irdischen Leidenschaften
Ins Edenreich.
Ich lebe nur in der Erinnerung
Und denke dein;
Ich weine eifersüchtige Tränen
In Sehnsuchtspein.

Streift fremder Atem deine Wangen
Begehrlich heiß –
Erzittert gramvoll meine Seele,
Erstarrt zu Eis.
Und flüstert einen fremden Namen
Im Traum dein Mund –
Durchflammt mich mit des Schmerzes Gluten
Das Wort zur Stund.

Du darfst nicht einen andern lieben:
Du bist vermählt
Mir mit dem Eid der Treue, bin ich
Auch entseelt!
Um meinen Seelenfrieden beten
Gilt dir als Pflicht?
Laß ab – Vergessenheit und Ruhe
Begehr ich nicht!

DIE LETZTE RUHESTÄTTE

Da Frankreich mit Applaus und wilden Freudenmetten
Der kalten Asche dessen nun entgegenzieht,
Der – lang ist's her – mit stummen Qualen und in Ketten
Im düsteren Exil verschied;
Und da die Welt, lobhudelnd dienstbesessen
Für später Reue Rausch hält ihren Kranz bereit
Und sich die Menge selbstgefällig rühmt: vergessen
Habe längst sie die Vergangenheit, –
Will mein Gefühl ich länger nicht in Fesseln schlagen,
Unnützer Sorgen Eitelkeit quält mich nicht mehr,
Und voll Empörung will dem großen Volk ich sagen:
Armselig bist du, Volk, und leer!
Armselig bist du, denn Genie und Glauben, Ruhm
Trafst du mit dummem Hohn, hast mit den einsichtslosen,
Den Zweifeln, alles Edle, jedes Heiligtum
Der Welt jäh in den Staub gestoßen.
Zum Spiel der Heuchelei ließ'st du den Ruhm verkommen,
Zum Henkerswerkzeug machtest du die Freiheit – und
Die Ideale, von den Vätern übernommen,
Richtetest du, entweihend sie, zugrund; –
Zugrunde gingst auch du! – Da sollte Er erstehen.
Der Finger Gottes brannte ihm ein Zeichen ein,
Einmütig wurde Er von euch zum Führer ausersehen,
In Ihm nur sollte euer Leben sein;
Ihr wurdet stark im Schatten seines Herrschertums
Von neuem; schweigend sah die Welt, die Furcht erfüllte,
Auf jenes Prachtgewand der Größe und des Ruhms,
Mit dem euch Seine Hand umhüllte.
Allein, allgegenwärtig, kalt, unwandelbar,
Als Vater von ergrauten Heeren, Liebling von Legenden,
Stand Er am Nil, vor Wien, das Ihm gefügig war,
Im Schnee vor Moskaus Flammenbränden!

Doch ihr, was tatet ihr, als Er zugrunde ging
In fremdem Land? Was tatet ihr in jener Zeit?

Warft ihr die Macht ab, die als Bürde an euch hing,
Schärftet den Dolch ihr in der Dunkelheit?
In letzten Kämpfen und Verzweiflungstaten,
Wie der, der eigne Schmach nicht zu ermessen weiß
Vor Furcht, so habt ihr Ihn nach Frauenart verraten,
Wie Sklaven gabt ihr Ihn drum preis.
Nun seiner Bürgerrechte, seines Stands beraubt,
Den eignen Sohn euch lassend als sein Unterpfand,
Riß Er, aufgebend sie, die Krone sich vom Haupt;
Ihr gabt den Sohn in Feindeshand!
In Ketten führten sie, in schändlichen, in schweren,
Den Helden fort – wie trauerte sein Heer,
Und auf den fremden Felsen hinter blauen Meeren
Starb einsam und vergessen Er.
Gequält von unstillbarem Durst nach Rachetaten,
Allein, von stolzer Trauer stumm bewegt,
starb Er – im Feldrock gleich dem einfachen Soldaten,
Von fremder Hand ins Grab gelegt.

Die Jahre flohn, das wankelmütige Geschlecht
Schreit nun: »Wir wollen seine heilge Asche haben!
Wolln reicher Ernte Samen – dies ist unser Recht –
In Mauern, die er rettete, begraben!«
Und in die Heimat kehrte Er zurück – in Schwärmen
Drängen sie zu Ihm so wie früher unentwegt;
In einen Prunksarg wird – die Hauptstadt hört man lärmen –
Das, was noch von ihm blieb, gelegt.
Erfolg ward einem späten Wunsch so zubemessen!
Schon wendet die Begeistrung sich, die sie belebt;
Wild, selbstgefällig lachend: sie zertreten dessen
Asche, vor dem sie einst gebebt.
Und traurig werd auch ich, wenn ich bedenke,
Die heilge Stille dessen ist nunmehr zerstört,
Der sehnlichst in der Öde durch so viele Jahre
Nur Schlaf und Ruhe hat begehrt.
Und flög des Imperators Geist, um sie zu sehen,
Zur neuen Gruft, wo seine letzte Hülle ruht,

Bei ihrem Anblick wüchs Empörung,
In Ihm, entflammte Zornesglut!
Wie trauert nun um seine heiße Insel Er,
Die unterm Himmel ferner Länder liegt,
Wo ihn bewacht das weite, das erhabne Meer,
Das wie er selber unbesiegt.

AUS DEM ALBUM DER S.N. KARAMSINA

Ich liebte auch, in der Bravour
Der Jugend, Unschuld, Seelenkraft,
Die lauten Stürme der Natur,
Die heimlichen der Leidenschaft.

Ihr Rätsel Schönheit ohne Wesen
Durchschaute ich, und bald verdroß
Mich ihre Sprache: unerlesen,
Zusammenhanglos, zügellos.

Heut lieb ich friedlichere Dinge –
Daß kleine Wünsche sich erfüllen:
Der Morgen klares Wetter bringe,
Der Abend ein Gespräch im stillen.

Ich liebe Ihre Aberwitze,
Ihr Ha-ha-ha und Hi-hi-hi,
Den Charme der S., die Geistesblitze
Von Sascha. Und M.s Poesie . . .

AN DIE GRÄFIN ROSTOPTSCHINA

Ich weiß, uns galt, als wir geboren,
Desgleichen Sternes Gegenwart,
Dergleiche Weg ward uns erkoren,
Dergleiche Traum hat uns genarrt.
Mich aber riß vom hohen Ziele
Der Sturm der Leidenschaft zu weit.
Im wirren Kampf verlor ich viele
Wunschbilder meiner Jugendzeit.
Die ewge Trennung ahnt ich lange
Und halte fest mein Herz im Zaum,
Aus Angst, verräterischem Klange
Anzuvertrauen meinen Traum.

Einmütig strömen so zwei Wellen,
Gepaart vom Zufall, frei daher
Im endlos weiten blauen Meer.
Der Südwind läßt sie sichtlich schwellen,
Bis unerwartet im Moment
Sie eine Felsenklippe trennt.
In ihren immer kühlen Händen
Verschlagen sie zu fernen Stränden
– Lieblos und ohne daß sie's reut –
Ihr murmelndes verspieltes Träumen,
Ihr falsches Gleißen, Rauschen, Schäumen
Und ihre stete Zärtlichkeit.

ABSPRACHE

In ihren Augen Schmach und Schande
Sei unser unbegriffener Bund,
Und flechte nicht Familienbande,
Wie es voraussagt dir ihr Mund.

Wie du kann ich nicht niederknieen
Vor den Idolen dieser Welt.
Von Zorn nicht, noch von Liebe glühen
Macht uns, was ihre Welt erhält.

Wie du treib ich im heiteren Trubel,
Und gleichviel gilt mir, wer es sei:
Mit Tollen teile ich und Klugen,
Nur meinem eigenen Herzen treu.

Wir wissen uns kein Glück im Leben,
Beendet ist die Menschenlehr;
Uns selbst sind beide wir ergeben.
Enttäuschen kann uns niemand mehr.

Die in der Menge sich erkannten,
Geeint jetzt, trennen sich erneut.
Und scheiden werden ohne Leid,
Die nicht für Liebe Freuden nannten.

Leb wohl, mein Rußland, schmutzges Land,
Wo Herren nur und Sklaven leben,
Ihre Uniformen, bunter Tand,
Du Volk, gehorsam und ergeben!

Vor deinen Paschas mög der Wall
Des Kaukasus mich still vergraben,
Die doch die Augen überall
Und überall die Ohren haben.

DER FELSEN

Schlief ein goldnes Wölkchen unter Sternen
An des Felsenriesen Brust geborgen,
Schwebte fröhlich fort am frühen Morgen
Übers Meer, zu blauen Himmelsfernen.

Doch ein Schimmer schien von ihm geblieben
In des Felsen Furchen, feucht wie Tränen,
Die der Alte, einsam nun, voll Sehnen
Weint um sie, die jäh der Wind vertrieben.

DER STREIT

Einst ein großer Lärm inmitten
Alter Berge scholl,
Denn Kasbek und Elbrus stritten
Sich in altem Groll.
»Nimm in acht dich«, sprach der Graukopf
Elbrus zum Kasbek,
»Vor dem Menschen, denn der Schlaukopf
Kommt dir ins Geheg!
Rauch wird aus den Hütten steigen,
Die er um dich baut;
Und in deiner Schluchten Schweigen
Dröhnt der Axthieb laut;
Mit dem Eisenspaten sprengt er
Dir die Brust von Stein,
Und nach Gold und Kupfer drängt er
Tief in dich hinein.
Über deinen Felsenristen
Karawanen gehn,
Wo jetzt nur die Adler nisten
Und die Nebel wehn.
Schlau der Mensch! Und wenn auch schwierig
Es im Anfang stand,
Hüte dich! An Völkern rührig
Ist das Morgenland!«
Der Kasbek sprach: »Aus dem Morgen
Droht mir nicht Gefahr!
Denn dort schläft man ohne Sorgen
Fast neunhundert Jahr.
Schau: im Schatten der Platane
Schlief der Grusier ein,
Seines Schals bestickte Fahne
Näßt der süße Wein.
Pfeife rauchend auf des schönen
Diwans Blütenplan,

Unter perlenden Fontänen
Schlummert Teheran.
Schau: Jerusalems Gelände,
Wie von Gott verbrannt,
Schweigend, reglos, ohne Ende,
Nichts als totes Land;
Weiter: ewig ohne Schatten,
Ohne Sinn und Ziel,
Alter Pyramiden Platten
Wäscht der gelbe Nil.
Auch der Beduine drückt sich
Bei den Zelten müd,
Zählt die Sterne nur und schmückt sich
Mit der Väter Lied.
Sieh, was auch die Blicke fassen,
Alles schätzt die Ruh . . .
Nein, die altersschwachen Rassen
Setzen mir nicht zu!«

»Lieber nicht zu früh gejubelt!«
Sprach der Elbrus: »Schau,
Dort im Norden, wie es trubelt
Hinterm Nebelgrau!«

Der Kasbek war stumm geworden,
Als er dies vernahm,
Schaute, was vom dunklen Norden
Dort herüberkam;
Und nun sieht er, vor Erregung
Ward ihm heimlich bang,
Sieht er seltsame Bewegung,
Hört er Klirr und Klang.
Vom Ural in riesigem Kreise
Bis zum Donaustrand,
Naht es, regimenterweise,
Wogt es übers Land.
Und als wenn die Steppen dampfen,
Federbüsche wehn,

Schlachtenbataillone stampfen,
Mächtige Armeen;
Durch den Staub hin der Ulanen
Bunte Rotte saust.
Und voran ziehn ihre Fahnen,
Und die Trommel braust.
Mächtige Reihen Kupferschlünde
Dröhnen Rohr an Rohr,
Und die Lunte raucht, als stünde
Schon der Kampf bevor.
Der sie führte, focht mit ihnen
Schon so manches Mal,
Und es blitzt das Aug dem kühnen
Alten General.
Und das Heer, in breiten Zügen
Braust es, unverwandt,
Schneller als die Wolken fliegen,
Nach dem Morgenland.

Der Kasbek, mit düstrer Seele,
Wandte sein Gesicht,
Daß er seine Feinde zähle,
Doch vermocht er's nicht.
Traurig schaut er, wie verloren,
Ins Gebirg ringsum,
Zog die Kappe* auf die Ohren –
Und blieb ewig stumm.

* Kappe nennen die Bergbewohner die Wolken, die ständig den Gipfel des Kasbek umhüllen. (Anm. d. Verf.)

EIN TRAUM

In Daghestan, im Brand der Mittagsstunde
Lag still ich da, im Herzen das Geschoß;
Es rauchte noch die tiefe Todeswunde,
Draus sickernd tropfenweis mein Blut entfloß.

Still lag ich da im heißen, gelben Sande,
Und scheitelrecht der Strahl der Sonne traf
Die Felsen rings; doch ihre Glut verbrannte
Vergebens mich; ich träumt im ewigen Schlaf.

Es träumte mir: Von hellen Feuern glänzend,
Die Heimat nächtlich lag; im Festgewirr
Die Menge summte; festlich sich bekränzend
Die Mädchen schelmisch plauderten von mir.

Nur eine will nicht plaudern, will nicht scherzen,
Sie sitzt allein und sinnt und atmet kaum,
Und quälend lastet auf dem jungen Herzen
Ein ahnungsvoller, wunderbarer Traum.

Es träumte ihr: Im fernen Talesgrunde
Ein wohlbekannter Körper einsam ruht;
Es klafft in seiner Brust die Todeswunde,
Und schon erkaltend sickert draus sein Blut.

TAMARA

Wo der Terek mit Brausen und Toben
Bei Darjál durch die Schluchten sich wühlt,
Hat früher ein Turm sich erhoben
Auf des Felsens zerklüftetem Schild.

Dort saß, in die Ferne blickend,
Tamara, die Königin wohl,
Wie ein Engel, so schön und berückend,
Wie ein Teufel, so tückisch und toll.

Durch des Nebels nächtliche Feuchten
Spielte ein goldener Schein,
Dem Wanderer sollte er leuchten,
Lud ihn zum Rasten auch ein.

Und hört er Tamaras Singen,
War seine Sehnsucht erwacht,
Das Herz wollt ihm schier zerspringen,
Durchdrungen von Zaubermacht.

Die verborgene Stimme zu suchen
Kam Krieger, kam Kaufmann, kam Hirt,
Von einem schwarzen Eunuchen
Alsbald zu der Herrin geführt.

Sie lag auf seidenen Kissen
Voll Perlen und Edelstein;
Den späten Gast zu begrüßen
Kredenzt sie ihm edlen Wein.

Zwei Arme ihn glühend umschlangen,
Es preßte sich Mund auf Mund,
Und wilde Laute erklangen
Vom Turme zu nächtlicher Stund,

Als ob in dem leeren Gemäuer
Hundert Paare in Saus und Braus
Sich träfen zur Hochzeitsfeier
Oder zum Leichenschmaus.

Doch erst als die Dämmerung wieder
Den neuen Morgen entließ,
Sank plötzlich Schweigen hernieder,
Fiel alles in Finsternis.

Nur der Terek tief in den Schluchten
Dröhnend die Stille durchbrach,
Trieb Welle die Welle zu Fluchten,
Stürzt Welle der Welle nach.

So trugen mit Klagen und Trauern
Den stummen Körper sie fort,
Es schimmerte weiß von den Mauern,
Wie Lebewohl klang's von dort.

Wie zärtliches Abschiedswehen
Ertönte der Stimme Laut,
Als gäb es ein Wiedersehen
Und Liebe, so süß und so traut.

DAS STELLDICHEIN

1

Erloschen ist das Abendlicht,
Es schlummern Berg und Tal,
Nur fahl sich in Kaskaden bricht
Der heißen Quelle Strahl.
Die Gärten rings erfüllen sich
Mit süßem Lebenshauch,
Die Gipfel all verhüllen sich,
Und Tiflis schweigt nun auch.
Alpträume lassen schaudern dann
Die Sündgen nah und fern,
Schutzengel aber plaudern dann
Mit allen Kindern gern.

2

Hinter der alten Feste Hort
Im dunklen Bergrevier
Lieg ich im Schutz der Äste dort,
Den Teppich unter mir.
Beim Überlegen fällt mir ein:
Hast du im Traume wohl
Mir anberaumt dies Stelldichein
Des Nachts geheimnisvoll?
In dieser Stund, geheimnisschwer,
Für Liebe süß jedoch,
Rufen dich meine Träume her,
Mein Freund, mein einzger noch.

3

Auf jener Brücke funkeln nur
Wachtfeuer durch die Nacht,
Die Türme stehn in dunkler Spur
Wie Posten auf der Wacht.

Und aus so manchem Badehaus
Kommen mit zagem Schritt
Die jungen Frauen grad heraus
Zu zweien und zu dritt.
Durch jene Straße, breit und leer,
Gleiten und schlendern sie . . .
Doch unterm Schleier, weit und schwer,
Erkenne ich dich nie.

4

Dein Häuschen mit dem ebnen Dach
Steht wie ein ferner Gruß.
Die morschen Stufen geben nach
Und baden sich im Fluß.
Und in der Kühle, die vom Rand
Der blauen Kura steigt,
Umspinnt ein Efeunetz die Wand,
Die schimmernd grün sich zeigt.
Hinter der Pappel, lang und schmal,
Kann ich ein Fenster sehn,
Doch nicht ein einzger sanfter Strahl
Scheint von ihm auszugehn.

5

So warte ich, im Zweifel noch,
Vergebens schweift der Blick,
Zerfetze dann – zum Teufel doch!
Den Teppich Stück für Stück.
Fruchtlose Sehnsucht peinigt mich,
Das Herz ist stumm und schwer,
Mit Nebelnaß vereinigt sich
Der Wind von Osten her.
Mit Rot sich überzogen hat
Der Gipfel grau Gezack,
Kaufleute ziehen aus der Stadt
Hinaus mit Sack und Pack . . .

6

Fort, fort, schmachvolle Träne hier,
Vergiß nicht deine Wut!
Zur Schlange ward die Schöne mir,
Das weiß ich nur zu gut!
Ich weiß, wie er getröstet war,
Als gestern ungeniert
Wie ein Beseßner der Tatar
Nach Hause galoppiert.
Denn nicht umsonst stolzierte er
Vor deinem Haus unlängst;
Dein Vater kokettierte sehr
Mit seinem Perserhengst.

7

Zur langen Flinte greif ich nun
Und geh hinaus zum Tor,
Im Felsenschatten streif ich nun
Zur engen Biegung vor.
Bei der Kapelle harre ich
Bis mittags aus versteckt,
Und auf die Straße starre ich,
Die Flinte angelegt.
Zutiefst will sich mein Herz empörn
Umsonst – still lieg ich da . . .
Ha, nahes Stampfen ist zu hörn:
Schurke, da bist du ja!

DAS BLATT

Es ward einst ein Blatt von der heimischen Eiche
geschlagen
Und ward von dem Sturme zur baumleeren Steppe
getragen;
Es welkte vor Gram und vor Hitze und Kälte geschwind,
Da trug es endlich zum Schwarzen Meere der Wind.

Hier sieht es am Meer eine junge Platane aufsteigen –
Sanft säuselt der Wind durch die Blätter und spielt
mit den Zweigen;
Es wiegen Paradiesvögel sich auf den Ästen und singen,
Der Meeresprinzessin zum Ruhm ihre Lieder erklingen.

Schüchtern naht sich das wandernde Blättchen dem
blühenden Baume
Und fleht um Obdach und Schutz in dem schattigen
Raume,
So spricht es: »Ich bin das verwaiste Blatt einer Eiche,
Vom Sturme entrissen der Heimat rauhem Bereiche;

Ganz einsam und ziellos, so flog ich im endlosen Kummer,
Nicht Obdach konnte ich finden, nicht Nahrung noch
Schlummer –
In deinen smaragdenen Blättern erlös mich der Plagen,
Ich will dir's vergelten; kenn viele Geschichten und
Sagen . . .«
»Du, heb dich hinweg!« sprach der Baum – »du bist von
den Wettern
Vergilbt und verdorrt und gleichst nicht meinen übrigen
Blättern.
Hast vieles gesehn, doch was soll ich mit deinem
Erzählen?
Ich muß mich genug mit dem Singsang der Vögel schon
quälen.

Nein, geh deinen Weg – bei mir wirst du umsonst dich bemühen!
Mich liebt die Sonne – und ihr nur gehört mein Blühen;
Stolz sind meine Zweige empor zum Himmel gebogen,
Die Wurzeln mir waschen des Meeres dienstbare Wogen.«

1

Einsam tret ich auf den Weg, den leeren,
Der durch Nebel leise schimmernd bricht;
Seh die Leere still mit Gott verkehren
Und wie jeder Stern mit Sternen spricht.

2

Feierliches Wunder: hingeruhte
Erde in der Himmel Herrlichkeit . . .
Ach, warum ist mir so schwer zumute?
Was erwart ich denn? Was tut mir leid?

3

Nichts hab ich vom Leben zu verlangen,
Und Vergangenes bereu ich nicht:
Freiheit soll und Friede mich umfangen
Im Vergessen, das der Schlaf verspricht.

4

Aber nicht der kalte Schlaf im Grabe.
Schlafen möcht ich *so* jahrhundertlang,
Daß ich alle Kräfte in mir habe
Und in ruhiger Brust des Atems Gang.

5

Daß mir Tag und Nacht die süße, kühne
Stimme sänge, die aus Liebe steigt,
Und ich wüßte, wie die immergrüne
Eiche flüstert, düster hergeneigt.

DES MEERKÖNIGS KIND

Badet der Königssohn sein Roß im Meer,
Hört er: »Du, Königssohn, sieh auf mich her!«

Spitzt die Ohren das Roß bei dem Wort,
Plätschert und spritzt und schwimmt hastig fort.

Hört er: »Zu Wonnen begehre ich dein,
Ich bin des Meerkönigs Töchterlein.«

Taucht eine Hand aus dem Wasser und faßt
Schnell nach des seidenen Zaumes Quast.

Siehe, da zeigt sich ein jugendlich Haupt,
Die goldnen Haare mit Seeschilf durchlaubt.

Hell aus den Augen strahlt Liebeslust,
Perlen erschimmern auf Hals und auf Brust.

Denkt da der Königssohn: Du kommst mir recht!
Greift mit der Hand nach des Haares Geflecht.

Wie sie auch flehte und weinend sich wand,
Hält seine Beute mit mächtiger Hand.

Schwimmt zum Ufer mit seinem Roß,
Ruft der Gefährten mutigen Troß.

»Heda, ihr Freunde, herbei und schaut her –
Seht die Beute: ich fing sie im Meer . . .

Wohl mögt ihr staunend festgebannt stehn –
Habt ihr noch nie solche Schönheit gesehn?!«

Sprach es frohlockend und schaute zurück –
Stumm ward der Mund, und starr ward der Blick.

Sah, wie sich auf dem goldigen Sand das Meereswunder
Mit grünlichem Schweif wand.

Schlangenschuppen bedecken den Schweif,
Er schmiegt sich, zittert und rollt sich zum Reif.

Perlender Schaum entströmt dem Haar,
Der Tod umschleiert das Augenpaar.

Die Hände scharren im sandigen Grund,
Seltsame Vorwürfe flüstert der Mund . . .

Fort sprengt der Königssohn, düster gestimmt,
Nimmer vergißt er des Meerkönigs Kind.

DER PROPHET

Seit der Allmächtige in mich
Gesenkt hat des Propheten Wesen,
Muß in der Menschen Augen ich
Gehässigkeit und Laster lesen.

Der Wahrheit und der Liebe Mund,
Tat kund die Lehre ich, die reine;
Die Nächsten wurden zornig, und
Sie warfen auf mich Steine.

Aufs Haupt mir Asche streuend: arm
Ich Stadt um Stadt verlassen habe.
Die Wüste, wo ich lebe, nährt,
Wie Vögel, mich mit Gottes Gabe.

Gottes Vermächtnis wahr ich, so
Ist jedes Wesen mir ergeben;
Mir lauschen alle Sterne, froh
Im Spiel sie ihre Strahlen heben.

Doch lasse vom Gedränge ich
Mich durch die Stadt, die laute, tragen,
Verspotten selbstgefällig mich
Greise, die zu den Kindern sagen:

»Der Narr darf euch kein Vorbild sein,
Er wollt nicht friedlich mit uns leben;
Log, was er sage, hab allein
Ihm der Allmächtge eingegeben.

Seht, Kinder, so geht er einher,
Finster und bleich, schon halb verschmachtet,
Fast nackt und bettelarm ist er,
Den jeder nur verachtet.«

Nicht dich lieb ich mit solcher Leidenschaft und Glut.
Und nicht für mich ist deiner Schönheit Strahlen.
Ich lieb in dir nur die vergangnen Qualen,
Die Jugendzeit, die längst vergessen ruht.

Wenn ich verstohlen manchmal schau auf dich,
In deine Augen mich versenk mit langem
Blick, nimmt stumme Zwiesprach mich gefangen,
Doch nicht zu dir sprech mit dem Herzen ich.

Sprech mit der Freundin, meiner Jugend Glück,
In deinen Zügen such ich andre zu erblicken,
In deinen Lippen längst verstummte Lippen,
Erloschner Augen Glut in deinem Blick.

EPIGRAMME UND ALBUMVERSE

Der Tor, die alte Hure sind aus einem Guß,
Hier rot, da weiß geschminkt ist aller Weisheit Schluß.

*

Genau derjenige ist leer,
Der von sich selbst erfüllt zu sehr.

*

Ein Dichter (und auch das ist Bürde)
Vom Journalist zu werden glückte dir nicht mehr,
Wie man gleichzeitig schimpfen, schmeicheln, lügen
würde,
Offen gesagt, das ist sehr schwer.

*

Lügner verschämen, auf Kosten von Deppen
Spotten und streiten mit Weibsbildern heißt
Wasser vom Brunnen im Fischernetz schleppen –
Davor bewahr uns der Heilige Geist.

MEIN STOSSGEBET

Verschon mich Gott mit Essigfliegen,
Mit Jungfern, die die Lust nicht kennen,
Mit Freunden, die für mich entbrennen,
Und Alten, die im Ohr mir liegen.

EINER DUMMEN SCHÖNEN

1

Es kam, daß Amor mich verführte
Und hielt den Kelch an meinen Mund,
Obwohl ich keinen Durst verspürte,
Trank ich ihn aus bis auf den Grund.

2

Heut aber wünschte ich vergebens,
Daß ich dies süße Naß verzehr,
Denn dieser Kelch blutvollen Lebens
Ist wie dein Kopf – genau so leer.

N. F. I.

Ihr mögt, geb's Gott, niemals erfahren,
Wovon so manch ein Dummkopf schnarrt,
Vor Kummer mag er Euch bewahren
Durch Sporen, Degen, Zwirbelbart.
Geb's Gott, Ihr wolltet nicht gewahren
Der Konkurrentin falsche Art,
Damit zu Euren Füßen scharen
Sich Sporen, Degen, Zwirbelbart.

AN ALJABJEWA

Es hüllt der Schönheit Strahlenkranz
Sie ein,
Scheint Trug auch Ihrer Augen Glanz
Zu sein.
Doch liebte man *Sie* jemals ganz
Allein?

AN DODO

Die Herzen machst du glutvoll beben
In Liebesglück und Liebesnot;
Das Lächeln deiner Huld heißt Leben,
Das Lachen deines Stolzes – Tod!
Wie weißt du Gnade zu erweisen
Mit deinem Blick so sonnenschön!
Erniedrigen kannst du den Weisen,
Den Toren neidenswert erhöhn!
Wie Reime spielend sich gesellen,
Wie auf den abgrundtiefen Wellen
Sich sorglos wiegt der leichte Kahn –
So schwebst du frei auf freier Bahn.
Dich trieb vom heimischen Altar
Das Los ins kalte Nordgefild –
Du fremder Gottheit Gnadenbild,
Du Segenstag im Unglücksjahr!

AN STSCHERBATOWA

Sie wollen, nein, ich kann's nicht fassen,
Die Stadt, wo man als Kind Sie ja
Vergöttert schon, umschwärmt, verlassen,
Aus Moskau fort an die Newa?
Dort ist es freudlos, fad beinah.
Kann wirklich man die Zeit vertreiben
Sich leichter dort, gibt's Bälle mehr?
Nein! Ich als Kenner Sie beschwör:
Viel besser wäre es zu bleiben.

AN SABUROWA

Sie kränkten straflos den Poeten?
Drei Jahre scherzten Sie doch dreist
Mit seiner Liebe tiefen Nöten,
Mit seinem Herzen, seinem Geist.
Sie ahnten nicht, wie Sie ihn trafen,
Verstanden seine Träume nie;
Gott hat Sie für die Welt geschaffen,
Den Dichter aber nicht für Sie.

Wer kennt ihn nicht, den Fürsten Peter?
Er tanzt, er schreibt von Zeit zu Zeit.
Vor seinen Füßen, seiner Feder
Hat Ruh nicht Moskaus Weiblichkeit.
Längst müßt er müde sein, der Tropf.
Die Füße schon, doch nicht der Kopf!

EPIGRAMM AUF F. BULGARIN

Faddej verhökert Rußland
Nicht erstmals, wie ihr wißt.
Bald bringt er Frau und Kinder zum Marktstand,
Die Erde und das Paradies.
Sein Gewissen noch würd in Umlauf gebracht,
Wär's nicht bereits zu Geld gemacht.

Dieser makkabäische Wassertrinker, Worte stellt er wie Netze,
Der finstere Herzensfänger! der Prediger in der Wüste,
Die strohichten Muskeln verrenkt er, lauernd auf Beute.
Den Pfropf aus geschultem Ohr gezogen, hofft er,
Schmähungen zu erlauschen, wild das graugrüne Auge rollend,
Zähneschnalzend, den obren am untren, schwarzen.

AN E.K. MUSSINA-PUSCHKINA

Die Gräfin Emilie
Ist weiß wie die Lilie.
Schlanker ist keine Frau
Auf diesem Erdenrund,
Italiens Himmelsblau
Zeigt ihrer Augen Grund.
Doch der Bastille gleich
Schließt sie ihr Herz vor euch.

DEM VERFASSER DER »KURDJUKOWA« INS ALBUM

Verdrießlich seh die Damen,
Unsere kühlen, ich,
Figuren fader Dramen,
Stocksteif, es widert mich.
Die Dame Kurdjukowa,
So lieb, wie sie erzählt,
Nehm ich ihr jedes Wort ab,
Wie gut ist es gewählt.
Zu ihr hüpft Geist und Nerven,
Und nahe war ich oft,
Mich an den Hals zu werfen
Madame de Kurdjukow.

AN A.A. UGLIZKAJA

Ma chère Alexandrine,
Bitte verzeihen Sie,
Daß Offizier ich bin,
Das, was je vous écris;

Ich wünsch Euch dieses nur,
Viel Glück und wenig Gram,
Surtout beaucoup d'amour,
Quand vous serez *Madame*.

POEME

DAS LIED
VOM ZAREN IWAN WASSILJEWITSCH, VOM LEIBWÄCHTER KIRIBEJEWITSCH UND VOM WACKREN KAUFMANN KALASCHNIKOW

Oh, Iwan Wassiljewitsch, ruhmreicher Zar,
Dir zu Ehren haben ein Lied wir gemacht
Von dem Lieblingsleibwächter Kiribejewitsch
Und vom tapferen Kaufmann Kalaschnikow.
Nach der alten Art haben wir's gemacht
Und wir sangen es zu der Gusli Klang.
Und wir plauderten viel und erzählten dann,
Und das russische Volk hatte Freude dran.
Der Bojar Matwej Romodanowski
Hat uns Krüge kredenzt mit schäumendem Met,
Und die schöne, edle Bojarin sein
Überreichte auf einem Silbertablett
Uns ein frisches Handtuch mit Seide bestickt.
Man bewirtete uns drei Tage lang,
Und man lauschte und lauschte unserm Gesang.

I

Keine rote Sonne am Himmel steht,
Und die blauen Wolken bewundern sie nicht:
Mit der goldenen Krone zu Tische sitzt
Der gestrenge Zar Iwan Wassiljewitsch.
Die Lakaien und Diener stehn hinter ihm,
Gegenüber Bojaren und Fürsten dann,
Und zu beiden Seiten die Leibwächter stehn.

Der gestrenge Zar schmaust zu Gottes Ehr
Und zu seinem eignen Vergnügen auch.
Und mit freundlichem Lächeln ließ der Zar
Seinen goldenen Becher füllen sogleich
Mit dem süßen überseeischen Wein.
Seinen Leibwächtern wurde er dann gereicht.
Alle tranken davon zu des Zaren Ruhm.
Aber einer von diesen Leibwächtern nun,
Ein gar wilder Kämpfer, ein tapfrer Mann,
Netzte nicht seinen Schnurrbart im goldnen Kelch.
Seine dunklen Augen zu Boden er schlug,
Und er senkte den Kopf auf die breite Brust,
Denn ein schwerer Gedanke bedrückte sein Herz.
Seine Brauen runzelte nun der Zar,
Und er warf einen scharfen Blick auf ihn.
Ja, so späht wohl der Habicht aus Himmelshöhn
Nach dem hellgraugeflügelten Täuberich.
Doch der junge Kämpfer hob nicht den Blick.
Auf den Boden stieß nun der Zar seinen Stab,
Daß die eiserne Spitze zum guten Teil
Noch die mächtigen Eichendielen durchstieß.
Doch der junge Kämpfer erzitterte nicht.
Da entfuhren gar zornige Worte dem Zar,
Und der brave Bursche sah endlich auf.
»Kiribejewitsch, treuer Diener du,
Hat ein finstrer Gedanke dich wohl gefaßt,
Oder neidest du uns den Ruhm vielleicht,
Oder wird dir der ehrliche Dienst zur Last?
Wenn der Mond sich erhebt, freun die Sterne sich,
Hoch am hellen Himmel spazieren zu gehn,
Aber wer sich hinter ein Wölkchen steckt,
Fällt wohl Hals über Kopf auf die Erd hinab . . .
Es geziemt dir nicht, Kiribejewitsch,
Bei des Zaren Freude nicht mitzutun,
Aus Skuratows edlem Geschlecht bist du,
Von Maljutas Sippe erzogen doch . . .«
Vor dem grimmigen Zaren verneigt sich tief
Kiribejewitsch und antwortet ihm:

»O Iwan Wassiljewitsch, großmächtger Zar,
Tadle deinen unwürdigen Sklaven nicht,
Denn kein flammendes Herz wird mit Wein gelöscht,
Noch mit Speise besänftigt ein finstrer Sinn.
Und erzürnte ich dich, so gescheh, was du willst,
Und zum Henker schicke dies schuldge Haupt.
Auf den Schultern des Hünen lastet es schwer,
Senkt von selbst sich zur kühlen Erde hinab.«
Zar Iwan Wassiljewitsch sprach zu ihm:
»Sag, was macht dir, Bursche, denn solche Not?
Ist denn etwa zerschlissen dein Seidenwams?
Ist zerknittert die Zobelmütze vielleicht?
Oder ist etwa deine Börse leer?
Wurde schartig dein klirrender Säbel denn?
Hinkt dein edles Roß, weil man's schlecht beschlug?
Oder schlug dich ein wackerer Kaufmannssohn
Gar im Faustkampf hinter dem Moskwa-Fluß?«
Kiribejewitsch schüttelt das Lockenhaupt,
Und dies gibt er dem Zaren zur Antwort dann:
»Nein, es gibt eine Faust so voll Zauberkraft
Unter Kaufleuten oder Bojaren nicht.
Auch mein edler Hengst trabt vergnügt dahin,
Und mein scharfer Säbel leuchtet wie Glas,
Und Dank deiner Gnade schmücken wir uns
Auch nicht schlechter als andre am Feiertag.
Wenn ich auf das unbändge Roß mich schwing,
Um zu reiten hinter den Moskwa-Fluß,
Und ich leg mir den seidenen Gürtel um,
Kniffe keck meine samtene Mütze mir,
Die mit schwarzen Zobel so reich besetzt,
Stehn sogleich vor den Türen aus Eichenholz
All die schönen Mädchen und jungen Fraun,
Und sie raunen bewundernd, wenn sie mich sehn.
Aber eine, die staunt nicht und flüstert nicht,
Zieht nur dichter den Schleier übers Gesicht . . .
Unser heiliges Mütterchen Rußland birgt
Eine solche Schönheit kein zweites Mal:

Wie die Schwänin schwebt und gleitet sie weich
Und voll Sanftmut blickt sie dem Täubchen gleich,
Ihre Stimme ist hold wie die Nachtigall;
Wie an Gottes Himmel des Morgenrot
So erglühen die rosigen Wangen ihr;
Ihre Zöpfe wie fein gesponnenes Gold,
Sind durchflochten mit kostbarem buntem Band;
Um die zarten Schultern ringeln sie sich
Ihr gar zärtlich zu küssen die weiße Brust . . .
Einer Kaufmannsfamilie die Schöne entstammt,
Und Aljona Dmitrewna wird sie genannt.
Oh, ich bin wie von Sinnen, wenn ich sie seh,
Meine starken Arme sinken herab,
Meine hellen Augen verdüstern sich;
Die Verzweiflung ergreift mich, rechtgläubiger Zar,
So allein mich zu mühen in dieser Welt.
Wie verleidet ist mir mein leichtes Pferd,
Wie verleidet mein golden gesticktes Gewand,
Wozu brauch meine goldene Börse ich:
Mit wem teile ich denn diese Börse jetzt?
Und wem zeige ich denn meinen Wagemut?
Für wen prunk ich im kostbaren Festgewand?
In die Steppen der Wolga laß gehen mich,
Als ein freier Kosake zu leben dort.
Dann verlier ich mein armes verwirrtes Haupt
Durch die Speere der Muselmänner gewiß;
Und es teilt unter sich das Tatarenpack
Meinen scharfen Säbel, mein gutes Roß,
Und den schmucken Tscherkessischen Sattel auch.
Meine Augen voll Tränen der Geier frißt,
Meine bleichen Knochen wäscht Regen aus,
Und die armselge Asche wird ohne Grab,
Unbestattet in alle vier Winde verweht . . .«
Doch da lachte Iwan Wassiljewitsch:
»Mein getreuer Diener, ich will doch sehn,
Wie ich deinem Kummer abhelfen kann.
Meinen Ring sollst du haben mit dem Achat,
Auch die Kette aus schimmernden Perlen nimm,

Eine Kupplerin ziehe erst noch zu Rat,
Und die kostbaren Gaben schicke sodann
Zu Aljona Dmitrewna, der Schönen, hin.
Und gewinnt sie dich lieb, soll die Hochzeit sein,
Und gewinnt sie dich nicht lieb, so zürn ihr nicht.«
O du ruhmreicher Zar Iwan Wassiljewitsch,
Voller Arglist belog doch dein Sklave dich,
Denn die halbe Wahrheit nur sagte er dir.
Er verschwieg dir eins: diese Schöne ist
In der Kirche Gottes schon längst getraut,
Ist mit einem jungen Kaufmann vermählt,
Wie das heilige Christengesetz es will ...

Ei, ihr Leute singt, laßt hell die Gusli klingen!
Ei, ihr Leute trinkt, das Handwerk soll gelingen!
Unsern guten Bojaren sollt ihr erfreun
Und die wunderschöne Bojarin sein.

2

Und der Kaufmann Stepan Paramonowitsch,
Dieser Wackre mit Namen Kalaschnikow,
Sitzt zur Arbeit hinter dem Ladentisch,
Und er legt seine seidenen Stoffe aus,
Lockt mit freundlichem Zuruf die Kunden an,
Zählt die Münzen alle aus Silber und Gold.
Aber heut ist für ihn ein schlechter Tag,
Denn die reichen Adligen gehn vorbei,
Ohne jemals in seinen Laden zu schaun.
Das Geläute der Abendmesse verklang,
In den Bergen schwelt schon das Abendrot,
Hoch am Himmel jagen die Wolken sich,
Denn der singende Schneesturm treibt wild sie an.
Rings der weite Kaufhof hat sich geleert,
Auch Stepan Paramonowitsch macht nun Schluß.
Er verschließt seine schwere Eichentür,
Hängt ein deutsches Federschloß noch davor.
Seinen bissigen Wachhund legt er dann

An die eiserne Kette zur Sicherheit.
In Gedanken vertieft, geht nach Hause er
Zur Gemahlin hinter dem Moskwa-Fluß.
    Aber als er sein hohes Haus betritt,
Ist befremdet Stepan Paramonowitsch:
Seine junge Gemahlin empfängt ihn nicht,
Auch der Eichentisch ist nicht weiß gedeckt,
Und die Kerze vor der Ikone blakt.
Schleunigst ruft er die alte Dienerin:
»Jeremejewna, sage du mir doch,
Wo nur hält sich Aljona Dmitrewna auf
Zu so später Stunde, wo mag sie sein?
Und wo sind die geliebten Kinder denn,
Haben sie sich etwa schon müd gespielt
Und zu zeitiger Stunde zur Ruh gelegt?«
    »O mein Herr Stepan Paramonowitsch,
Etwas Sonderbares sage ich dir:
Deine Frau ging zur Messe wie immer sonst.
Längst nach Haus ging der Pope mit seiner Frau,
Ihre Kerze brennt schon zum Abendbrot.
Doch Aljona Dmitrewna kehrte bis jetzt
Aus der Kirche noch immer nicht wieder heim.
Und was deine geliebten Kinder betrifft,
Ach, sie schlafen noch nicht, und sie spielen nicht,
Nein, sie weinen und schluchzen nur jämmerlich.«
    Da ergriff den Kaufmann Kalaschnikow
Schwere Unruhe und Erregung doch.
Und er ging zum Fenster und sah hinaus:
Aber finster und leer liegt vor ihm die Nacht,
Nur der Schnee breitet überall weiß sich aus,
Und verdeckt eines jeden Menschen Spur.
    Plötzlich hört er das Klappen der Tür im Flur,
Und schon nähern eilige Schritte sich.
Und da schaut er sich um: Beim ewigen Gott,
Seine junge Gemahlin steht dort vor ihm.
Ja, da steht sie, barhäuptig und totenblaß,
Ihre langen blonden Zöpfe gelöst,
Überzogen von schmelzendem Schnee und Reif.

Wie im Irrsinn flackern die Augen ihr,
Und ihr heiseres Flüstern versteht man kaum.
»Meine Frau, so sag mir, wo treibst du dich rum,
Und auf welchem Hofe, auf welchem Platz,
Daß so völlig zerwühlt ist dein goldenes Haar,
Daß dein kostbares Kleid so in Fetzen hängt?
Hast wohl tüchtig gefeiert und auch vielleicht
Mit den reichen Bojarensöhnchen gezecht?
Doch für so etwas haben wir nicht, o Frau,
Vor den heilgen Ikonen uns einst vermählt,
Miteinander die goldenen Ringe getauscht ...
Hinter Schloß und Riegel setze ich dich,
Hinter diese eisenbeschlagne Tür,
Daß du nie wieder Gottes Licht erblickst,
Meinen ehrlichen Namen nie wieder befleckst ...«
Und Aljona Dmitrewna, das arme Ding,
Sie erbebte bei diesen Worten zutiefst.
Sie begann zu zittern wie Espenlaub,
Während sie noch die bittersten Tränen vergoß,
Warf sogleich ihrem Mann sie zu Füßen sich.
»Mein Gebieter du, meine Sonne rot,
Hör mich an, oder gib mir auch gleich den Tod.
Deine Reden gleichen dem scharfen Dolch,
Du zerschneidest mein armes Herz damit.
Oh, ich fürchte nicht den grausamen Tod,
Auch der Leute Gerede fürcht ich nicht,
Deine Ungnade nur macht mir Angst und Not.
Von der Abendmesse ging ich nach Haus,
Ging wie immer allein die Straße entlang,
Plötzlich schien es, als knirsche der Schnee hinter mir,
Und ich sah mich um, ein Mann lief mir nach.
Meine schwachen Kniee versagten mir,
In den seidenen Schleier hüllte ich mich,
Doch da hielt er mich schon an den Armen fest:
›Ach du Liebste, du Schönste, erschrick doch nicht,
Denn ich bin kein Dieb oder Mörder gar,
Des strengen Zaren Diener bin ich,
Und mein Name ist Kiribejewitsch,

Bin der ruhmreichen Sippe Maljutas Sproß . . .‹
Aber nun erschrak ich noch mehr als zuvor,
Und es wurde schwarz vor den Augen mir,
Als zu herzen und streicheln er mich begann,
Und zu mir unter tausend Küssen sprach:
›Bitte antworte mir, was wünschst du dir,
Meine süße und einzige Liebe du,
möchtest bunte Seide du oder Gold
Und Geschmeide aus Perlen und Edelstein?
Einer Zarin gleich will ich kleiden dich,
Daß der Neid alle andern erfassen soll!
Laß als armen Sünder mich sterben nicht:
Meine Liebe, umarme und küsse mich
Doch ein einziges Mal nur zum Abschied noch!‹
Und so küßte und herzte er mich aufs neu,
Und auf meinen Wangen brennen noch jetzt
Wie verzehrende lodernde Flammen heiß
Seine wilden verfluchten Küsse mir . . .
Unsre Nachbarn sahen es durch das Tor,
Und sie zeigten lachend mit Fingern auf uns . . .
Als ich endlich mich seinen Armen entriß,
Um ins Haus zu stürzen in größter Hast,
Blieben dort in den Händen des Räubers zurück
Mein gesticktes Tuch, ein Geschenk von dir,
Und mein seidener Schleier aus Buchara.
Oh, wie hat er geschmäht und geschändet mich,
Die so unschuldig ist und so ehrenhaft –
Und was sagen die bösen Nachbarn jetzt?
Und wem kann vor die Augen ich treten noch?
Mein Gemahl, oh, laß deine treue Frau
Von den bösen Zungen verhöhnen nicht!
Auf wen kann ich denn hoffen, wenn nicht auf dich,
Wen denn sonst kann um Hilfe wohl bitten ich?
Eine Waise bin ich auf dieser Welt,
In der Erde mein lieber Vater ruht,
Und mein Mütterchen längst zur Seite ihm.
Auch mein älterer Bruder, du weißt es selbst,
Ohne Spur in der Fremde verschollen ist.

Und mein kleiner Bruder ist noch ein Kind,
Nur ein unvernünftiges hilfloses Kind ...«
Dieses sagte Aljona Dmitrewna zu ihm,
Und verzehrende Tränen vergoß sie dabei.
Und da schickte Stepan Paramonowitsch
Nach den beiden jüngeren Brüdern aus.
Und da kamen die Brüder, verneigten sich,
Und sie richteten diese Frage an ihn:
»Unser älterer Bruder, eröffne uns,
Was für großes Unheil dir denn geschah,
Daß du holen uns ließest in tiefer Nacht,
Daß du nach uns schicktest bei Eis und Schnee?«
»O geliebte Brüder, ich sag euch gleich
Welch ein furchtbares Unglück mich heute traf.
Unsres Zaren Leibwächter Kiribejewitsch
Hat geschändet unser ehrliches Haus.
Solche Kränkung können nicht dulden mehr
Eines wackeren Mannes Seele und Herz.
Findet morgen nun aber der Faustkampf statt
Hinterm Moskwa-Fluß vor dem Zaren selbst,
Und ich trete dann gegen den Leibwächter an,
Wird ein Kampf es werden auf Leben und Tod.
Wenn er mich besiegt, tretet ihr hervor
Für die heilige Mutter Gerechtigkeit.
Ihr geliebten Brüder, habt keine Furcht,
Ihr seid jünger als ich, ihr seid stärker als ich,
Und ihr tragt nicht so vieler Sünden Last,
Möge Gott im Himmel euch gnadig sein!«
Und die Brüder gaben zur Antwort ihm:
»Ja, wohin auch der Wind am Himmel weht,
dorthin jagen auch alle die Wölkchen gleich.
Wenn die Stimme des blauen Adlers gellt,
Und ins blutige Tal der Schlachten ruft
Zum Gelag, zur Bestattung der Toten all,
Sind die Adlerjungen sofort zur Stell.
Unser ältrer Bruder und Vater du,
Deinem Wissen und Willen nach handle nun,
Niemals lassen wir dich, unser Blut, im Stich!«

Ei, ihr Leute singt, laßt hell die Gusli klingen!
Ei, ihr Leute trinkt, das Handwerk soll gelingen!
Unsern guten Bojaren sollt ihr erfreun
Und die wunderschöne Bojarin sein.

3

Über Moskaus goldenen Kuppeln all
Und der Kremlmauer so strahlend weiß,
Hinter Wäldern und fernem Gebirg hervor,
Auf geschnitzten Dächern in hellem Glanz,
Graue Wölkchen vertreibend, erhebt sich nun
Schon die Morgenröte im Purpurschein.
Ihre goldenen Locken hat sie gelöst,
Wäscht mit rieselndem Schnee sich die Augen aus,
Und als ob eine Schöne ins Spieglein blickt,
Sieht sie lächelnd zum klaren Himmel auf.
Warum, Morgenröte erwachtest du?
Welche Freude läßt dich hier spielen heut?
    Und es trafen um diese Stunde nun
Viele wackere Kämpfer von Moskau sich
Dort zum Faustkampf hinter dem Moskwa-Fluß.
Zu des Feiertags großer Freude und Lust,
Und mit seinem Gefolge erschien der Zar,
Mit den Leibwächtern und den Bojaren auch.
Eine silberne Kette er spannen ließ,
Ihre Glieder waren in Gold gefaßt,
Und man steckte fünf mal fünf Faden ab
Für den edlen Wettkampf Mann gegen Mann.
Und der Zar Iwan Wassiljewitsch ließ
Dann mit lauter Stimme verkünden den Kampf:
»He, ihr wackeren Burschen, wo seid ihr denn,
Unsren Zar, unser Väterchen zu erfreun!
Tretet hier in den weiten Kreis hinein.
Die Belohnung erhält der Sieger vom Zar,
Dem Verlierer aber vergebe Gott.«
    Kiribejewitsch tritt sogleich hervor.
Vor dem Zaren verbeugt sich der Wackre stumm,

Von den Schultern den Mantel er gleiten läßt,
In die Hüfte stützt er die rechte Hand,
Schiebt die purpurne Mütze sich noch zurecht,
Und so steht in Erwartung des Gegners er ...
Und der laute Ruf ertönte dreimal,
Doch noch immer rührte kein Kämpfer sich,
Alle stehn nur und stoßen einander an.
        Auf dem Platz geht der Leibwächter auf und ab
Und verspottet die feigen Kämpfer rings:
»Es ist still geworden, man zögert wohl?
Also gut, ich versprech es, weil Feiertag ist,
Gegen Buße laß ich am Leben euch,
Nur dem Zaren möcht ich gefällig sein.«
Aber plötzlich teilt sich die Menge doch,
Und hervor tritt Stepan Paramonowitsch,
Jener tapfere Kämpfer, der junge Held,
Jener junge Kaufmann Kalaschnikow.
Er verneigt sich zuerst vor dem großen Zar,
Vor dem Kreml, den heiligen Kirchen rings,
Vor dem ganzen russischen Volk sodann.
Seine Falkenaugen in Flammen stehn,
Auf den Leibwächter sieht er mit festem Blick.
Und er stellt sich ihm gegenüber auf,
Seine Kampfhandschuhe zieht er sich an,
Und er reckt in den mächtigen Schultern sich,
Und dann streicht er sich über den lockigen Bart.
        Kiribejewitsch aber spricht zu ihm:
»So eröffne mir, guter Bursche denn,
Welchen Stammes und welchen Geschlechts du bist,
Deinen Namen sag, daß ich dann auch weiß,
Wem die Totenmesse ich lesen soll,
Und welch kühner Tat ich mich rühmen kann?«
        Und Stepan Paramonowitsch antwortet ihm:
»Nun, man nennt mich Stepan Kalaschnikow,
Und ein ehrlicher Vater zeugte mich,
Immer hab ich nach Gottes Gesetz gelebt,
Niemals schändete fremde Frauen ich,
Und des Nachts ging auch niemals auf Raub ich aus.

Niemals braucht ich zu scheuen der Sonne Licht.
Doch die ganze Wahrheit hast du gesagt:
Denn die Totenmesse für einen von uns
Liest man spätestens morgen zur Mittagsstund,
Und nur einer von uns kann sich rühmen dann
Mit den wackren Freunden beim Siegesfest ...
Zum Vergnügen der Leute steh ich heut
Ganz bestimmt nicht vor dir, Busurmanensohn,
Nein, zum letzten furchtbaren Kampf tret ich an!«
　　Bei den Worten ward Kiribejewitsch
Nun so bleich wie der erste Schnee im Herbst.
Seine flinken Augen, sie trübten sich,
Und der Frost überlief seine Schultern jäh,
Und im Munde erstarb ihm das Wort sogleich ...

Auseinander gehen die beiden stumm,
Und der Kampf der beiden Hünen beginnt ...
　　Kiribejewitsch holte gewaltig aus,
Schlug als erster den Kaufmann Kalaschnikow,
Seine Faust traf genau auf die breite Brust,
Und da krachte es in des Tapfren Brust
Und da wankte Stepan Paramonowitsch.
Um den Hals ein kupfernes Kreuz er trug
Mit den heilgen Reliquien aus Kiew darin.
Da verbog sich das Kreuz und drang in die Brust,
Und wie Tau troff darunter das Blut hervor,
Und Stepan Paramonowitsch dachte nun:
Was mir vorbestimmt ist, das wird auch geschehn.
Bis zum letzten steh ich hier für das Recht!
Und er faßt sich ein Herz und bereitet sich vor,
Nimmt noch einmal zusammen all seine Kraft,
Den Verhaßten schlägt er mit wilder Wucht
In die linke Schläfe mitten hinein.
　　Und der junge Leibwächter stöhnte nur,
Sackte tot zu Boden dann ohne Laut.
Auf den kalten Schnee stürzte er hinab
Einer Tanne gleich auf den kalten Schnee,
Einer Tanne gleich, die man tief im Wald

Plötzlich über der harzigen Wurzel kappt.
Als nun dieses Iwan Wassiljewitsch sah,
Stampfte rasend vor Wut mit dem Fuß er auf,
Seine schwarzen Brauen runzelte er
Und befahl, diesen Kaufmann zu fassen nun
Und vor seine Augen zu führen gleich.
Und mit lauter Stimme befragt ihn der Zar:
»Gib auf Ehr und Gewissen nun Antwort mir,
Hast mit Absicht du oder ungewollt
Meinen treuesten Diener erschlagen hier,
Meinen tapfersten Mann Kiribejewitsch?«
»Eines sage ich dir, rechtgläubiger Zar:
Mit der vollsten Absicht erschlug ich ihn,
Doch wofür und weshalb, das sag ich dir nicht,
Weil nur Gott allein darum wissen soll.
Nimm mein schuldbeladenes Haupt dafür,
Laß es tragen sogleich zum Richtblock hin,
Doch entzieh meinen unschuldgen Kinderlein,
Meiner Witwe und meinen zwei Brüdern nicht
Deine Gnade, o du großmächtiger Zar ...«
»Du mein Söhnchen, wohl dir, o du Menschenkind,
Du mein wackerer Kämpfer und Kaufmannssohn,
Daß gewissenhaft du mir Antwort gabst.
Deine junge Frau und die Waisen auch
Will aus meinem Staatsschatz versorgen ich,
Deine Brüder dürfen von heute an
In dem ganzen mächtigen Zarenreich
Handel treiben ohne Gebühr und Zoll.
Doch du selber, du wackeres Menschenkind,
Geh hinauf auf die hohe Richtstatt nun,
Auf den Block lege dann dein verwegnes Haupt.
Oh, ich lasse gehörig schärfen das Beil,
Und der Henker wird kostbar gekleidet sein.
Auch befehl ich der großen Glocke Geläut,
Alle Menschen in Moskau erfahren dann,
Daß auch du meiner Gnade teilhaftig bist ...«
Und das Volk versammelt sich ringsumher,

Herzzerreißend jammert der Glocke Ton –
Schnell verbreitet die schlimme Kunde sich.
Auf der hohen Richtstatt am weiten Platz,
Mit der leuchtenden Schnalle am roten Hemd,
Ihm zur Seite das scharf geschliffene Beil,
Seine nackten Hände sich reibend, geht
Schon der Henker frohgemut auf und ab
Und erwartet den tapferen Kämpfer dort.
Und der junge Kaufmann, der kühne Held,
Er nimmt Abschied von seinen Brüdern noch:
»Meine Brüder, ihr Freunde von meinem Blut
Laßt umarmen noch einmal und küssen euch
Zu dem letzten und ewigen Abschied jetzt.
Sagt Aljona Dmitrewna den herzlichsten Gruß,
Und sie möge sich nicht zu sehr grämen um mich,
Möge nichts meinen Kindern erzählen von mir.
Nun verneigt euch vor unserem Elternhaus
Und verneigt euch vor unsren Freunden all,
Für die sündige Seele verrichtet dann
In der Kirche Gottes ein stilles Gebet.«
Und man richtete Stepan Kalaschnikow,
Mit dem schändlichsten Tod ward gerichtet er;
Und so fiel denn das unglückselige Haupt,
Auf die Richtstatt rollte es hin im Blut.
Man begrub ihn hinter dem Moskwa-Fluß,
Wo drei Straßen sich teilen, auf freiem Feld:
Nach Wladimir, nach Tula und nach Rjasan.
Und man schüttete dort einen Hügel auf,
Und man setzte ein Ahornkreuz darauf.
Und es jagen die Winde dort auf und ab
Und verwehen das namenlose Grab.
Und es gehen auch gute Menschen vorbei:
Ist's ein Alter – so schlägt er gewiß ein Kreuz,
Ist's ein Junger – so tritt er aufrecht heran,
Eine Jungfrau dagegen – faßt Wehmut dann,
Sind es Spielleute – fangen zu singen sie an.

Hej, ihr wackren Leut,
Guslispieler jung
Heller Stimmen Klang!
Schön begannt ihr heut, bringt's zum guten Schluß
Recht und Ehre jedem zuteil werden muß.

Der freigebige Bojar soll leben,
Und seine schöne Bojarin soll leben,
Das ganze christliche Volk soll leben.

DER MZIRI*

Ich habe ein wenig Honig gekostet,
Und siehe, ich muß daran sterben.
1. Samuelis, 14,43

I

Verflossen ist so manches Jahr,
Da stand, wo, wie ein Schwesternpaar,
Lärmend Aragwa und Kurá
Verschmelzen, ihren Fluten nah,
Ein Kloster. Heute sieht noch da
Vom Berg der Wanderer das Tor,
Das einbrach, ragen noch empor
Türme und Kuppel überm Chor;
Doch wölkt sich nicht mehr Weihrauchduft
Süß schwelend in der Kirchenluft,
Und kein Gesang zu später Stund
Betet für uns aus Mönches Mund.
Ein Greis, vergessen von der Welt,
Vom Tod vergessen, Wache hält
In den Ruinen: und er fegt
Den Staub, der sich auf Gräber legt,
Wo manche Inschrift Kunde trägt
Versunknen Ruhms – wie dazumal
Ein König, müd der Herrscherqual –
So sagt die Inschrift auf dem Grab –
Sein Volk an Rußland übergab.

Und Gottes Segen kam ins Land
Georgien, das in Blüte stand

* Mziri ist das georgische Wort für Novize. (Anm. d. Verf.)

Seither in schattger Gärten Kleid,
Von aller Feindesfurcht befreit,
Durch Freundes Wehr in Sicherheit.

2

Einst zog ein russ'scher General
Vom Bergland nach Tiflis zu Tal.
Er führt ein Kind gefangen mit.
Des weiten Weges Mühsal litt
Es länger nicht; zusammenbrach
Der Bub, wie schwankes Rohr so schwach
Und scheu wie Gemsen im Gestein –
Sechs Jahre mochte er wohl sein.
Doch all sein Leiden weckt und speist
In ihm den trotzig-stolzen Geist
Der Väter. Ohne Klagen litt
Er alles, und kein Stöhnen glitt
Von seinen Kinderlippen. Trank
Und Speise wies er ab, so lang,
Bis er in Todesdämmern sank.
Von Mitleid mit dem Kind erfaßt,
Pflegte ein Mönch ihn; und als Gast
Blieb er, liebreich bewahrt vorm Tod,
Im Kloster, das ihm Obdach bot.
Doch mied er Spiel und Kinderglück
Und zog von allen sich zurück,
Streifte allein umher und stand,
Seufzend den Blick nach Ost gewandt,
Wo er, von dunkler Pein durchwühlt,
Voll Sehnsucht seine Heimat fühlt.
Doch schließlich fügt er sich; vertraut
Wird ihm der fremden Sprache Laut,
Getauft vom Freund im Priesterhemd,
Will er, dem Welt und Leben fremd,
Schon in der Jugend frühem Blühn,
Als Mönch in seine Zelle ziehn.
Da kam's, daß plötzlich er verschwand

In einer Herbstnacht. Dunkel stand
Der Wald im Bergland ringsumher.
Drei Tage suchte man und mehr;
Dann aber fand man endlich schwer
Bewußtlos ihn auf weiter Trift
Und brachte ihn zurück ins Stift.
Er war erschreckend schwach und bleich
Und mager, einem Kranken gleich
Nach langem Hungern und Beschwer.
Er gab nicht Antwort beim Verhör
Und schwand mit jedem Tage mehr;
Schon stand sein Ende nah bevor.
Da kam der Mönch zu ihm; sein Ohr
Hört fromme Tröstung, Gottes Lob.
Stolz hört er zu, und dann erhob
Der Kranke sich; emporgerafft
Sprach lange er mit letzter Kraft:

3

»Du bist gekommen her zu mir,
Die Beichte hörn; ich danke dir.
's ist besser, wenn du jemand hast,
Vom Herz zu reden alle Last.
Doch tat ich niemand Böses an –
Drum, wenn ihr hört, was ich getan,
Hilft's euch nicht viel – auch weiß ich nicht,
Wie man von seiner Seele spricht.
Ich lebte kurz – und das in Haft;
Zwei solche Leben ohne Saft
Gäb ich für eins, wenn's möglich wär,
Doch eines voll Erleben, her.
Mir gab nur ein Gedanke Kraft,
Nur eine heiße Leidenschaft
Hat fressend Seele und Gemüt
Mir ausgehöhlt und ausgeglüht;
Sie rief den Geist, daß er entflieht
Aus dumpfer Zellen Weihrauchdampf

Ins Traumland voll Gefahr und Kampf,
Wo Felsen drohn im Wetterwind
Und Menschen frei wie Adler sind.
Mit Tränen in der Nächte Schoß
Wurd diese Leidenschaft so groß,
Und ich bekenn sie rückhaltlos
Vor Gottes und der Welt Gericht –
Und um Vergebung bitt ich nicht.

4

Wie oft schon, Greis, hab ich gehört,
Daß du den Tod von mir gewehrt.
Wozu? ... Einsam, voll Bitternis,
Ein Blatt, das Sturm vom Stamme riß,
Wuchs ich in düstern Mauern auf,
Ein Mönch schon durch des Schicksals Lauf.
War niemand, der mir Vater hieß,
Noch der mich Mutter sagen ließ.
Du freilich, Greis, du hast gewollt,
Daß ich im Stift vergessen sollt
Der heilgen Worte süßes Glück.
Umsonst: sie sind von mir ein Stück,
Mit mir geboren. Andre fand
Mit Eltern ich und Vaterland,
Mit Heim und Freund – für mich nur gab
Es nicht einmal ein teures Grab!
Da trug ich tränenlos mein Leid
Und schwur mir zu mit heilgem Eid:
Nur einen Augenblick, einmal
Preß ich die Brust in ihrer Qual
An eine andre Brust, verwandt
Und traut mir, wenn auch unbekannt.
O Traum, du warst so groß, so schön!
Es ist vorbei – nie wird's geschehn;
Und wie ich lebte, sterb ich: Knecht
Und Waise ohne Heimatrecht.

5

Mich schreckt das Grab nicht; man erzählt:
Dort schläft das Weh, das uns gequält,
In stiller, kühler Ewigkeit. –
Doch um das Leben ist mir leid.
Jung bin ich, jung ... Hast du's erlebt,
Wie maßlos Jugend träumt und strebt?
Hast du's versäumt, vergessen gar,
Wie glühend Haß und Liebe war?
Wie laut dein Herz schlug, heiß entbrannt
Vom Blick in sonnensattes Land
Vom hohen Eckturm, wo so rein
Und frisch die Luft, und wo im Stein
Der Mauer manchmal, wenn es blitzt
Und stürmt, ein junges Täubchen sitzt,
Ein scheues Kind aus fernem Land,
Fest angepreßt und furchtgebannt?
Mag sein: die schöne Welt ward kalt
Für dich, denn du bist grau und alt
Und weißt nicht mehr, wie Sehnsucht webt.
Was schadet's, Greis? – *Du* hast gelebt!
Aus Fülle kamst du zum Verzicht;
Du hast gelebt – warum *ich* nicht?

6

Du möchtest wissen, was ich sah
In Freiheit? – Wiesen sah ich da
Voll Blumen, Hügel, überdeckt
Von Bäumen, schlank emporgereckt
Und rauschend, wie in frischem Kranz,
Brüder im frohen Reigentanz.
Sah dunkle Felsen, die der Bach
In Sturzflut auseinanderbrach;
Mein innres Auge wurde wach,
Tief in ihr Herz hineinzusehn:
Wie sie, erstarrt in Sehnsucht, stehn

Schon lange in versteinter Lust
Sich zu vereinen, Brust an Brust.
Die Tage fliehn, der Jahre Reihn –
Und niemals wird Erfüllung sein!
Ich sah der Berge Grate, nackt
Wie Märchenträume, wild gezackt;
Im Morgengrauen, wunderbar
Stieg Rauch, wie Weihrauch vom Altar,
Von ihren Zacken hoch ins Blau;
Und kleine Wölkchen, die der Tau
Erweckte aus verborgner Ruh,
Segelten still dem Osten zu –
Wie weißer Vögel hoher Flug
Aus fernem Land im Wanderzug!
Ich sah, hoch überm Nebeltrug,
Grau aus dimantnem Funkensprühn
Den Kaukasus im Gletscherglühn.
Mir wurde es – weiß nicht, wieso –
So frei ums Herz, so leicht und froh!
Und eine Stimme, traumentschwebt,
Sprach mir: Dort hab ich einst gelebt.
Und immer klarer sah mein Blick
In die Vergangenheit zurück.

7

Ich sah mein Vaterhaus, das Tal,
Und rings, geschützt vom heißen Strahl
Der Sonne, unser Dorf verstreut;
Hört heimwärtsziehend das Geläut
Der Herden, wenn der Abend graut,
Bekannter Hunde fernen Laut.
Sah das verwitterte Gesicht
Der Greise, die im Mondenlicht
Mit ernster Miene ruhten aus
Abends vor meines Vaters Haus;
Und über langen Dolchen sprüht
Beschlag der Scheiden ... All dies zieht

Wechselnd in wirrer Bilderreih
Gleich einem Traum an mir vorbei.
Mein Vater! So wie lebend stand
Er da in seinem Kampfgewand;
Ich hörte, wie sein Panzer klingt,
Sah seine Waffe, wie sie blinkt,
Den stolzen Blick, voll Trotz und Mut,
Und meine Schwestern ... Zärtlich ruht
Ihr Aug auf meiner Wiege; rein
Klingt ihre Stimme, lullt mich ein
Mit Liedern und mit Plauderein ...
Und dort, im Grund des Tales lief
Der Bach, laut rauschend, doch nicht tief;
Zum Spiel an seinem Ufer rief
Zu Mittag mich der goldne Sand;
Wenn Regen kam, sah ich am Strand
Den Schwalben zu – ihr Flügel streift
Die Welle, die vorüberläuft.
Sah, wie der Tag zum Abend reift
Vor unserm Haus; erzählend schweift
Da mancher, der das Wort ergreift,
In alte Zeit – wie's wunderbar
Und wie die Welt *noch* schöner war.

8

Du möchtest wissen, was ich tat
In Freiheit? Lebte! – Schal und fad
Wär ohne diese Gnadenzeit
Mein Leben, nur dem Tod geweiht
Wie deines Alters Müdigkeit. –
Schon lange träumte ich, zu sehn,
Wie reich die fernen Felder stehn;
Zu schauen, ob unsre Erde schön,
Ob wir zur Haft geboren sind,
Ob frei zu sein wie Berg und Wind,
Und nachts, als im Gewitterdrohn
Ihr zitternd zum Altar geflohn,

Als ihr, von Angst und Graun gejagt,
Betend auf euren Stirnen lagt,
Entkam ich. Gern hätt ich beglückt
Den Bruder Sturm ans Herz gedrückt.
Mein Blick flog hoch ins Wolkenland,
Und nach dem Blitz griff meine Hand.
Was bietet zum Ersatz ihr, sprich,
Für diesen Augenblick, da ich,
Den Sturm im Herzen, schrankenlos
Mit dem Gewitter Freundschaft schloß?

9

Lang lief ich so; wo, weiß ich nicht,
Und nicht, wohin. Kein Stern gab Licht
Auf meinem schweren Weg. So gut
Und froh zugleich war mir zumut,
Da die zerquälte Brust die Flut
Nachtfrischer Waldluft atmend trank.
Und nichts sonst. Viele Stunden lang
Lief ich; und legte endlich müd
Mich hin in hohes Gras und Ried.
Ich lauschte: niemand folgt. Vorbei
Ist das Gewitter. Schwarz wie Blei
Himmel und Land; dazwischen lag
In blassem Streifen früher Tag.
Wie Spitzenmuster konnt ich sehn
Die Zacken ferner Berge stehn;
Ich lag in reglos stiller Ruh.
In einer Schlucht rief ab und zu
Ein Schakal, weinte wie ein Kind;
Mit Schuppen, die wie Silber sind,
Kroch eine Schlange durchs Gestein,
Doch schnürte keine Furcht mich ein:
Den Menschen fremd, selbst wie ein Tier,
Kroch und verbarg ich mich gleich ihr.

10

Tief unter mir im Dunkel scholl
Der Strom, der vom Gewitter schwoll,
Wie hundert dumpfe Stimmen, voll
Von Zorn. Wie's spricht und widerspricht,
Verstand ich, wenn auch Worte nicht
Aufbrausten, wenn der Strom sich bricht
Am Trotz der Steine. Bald verhallt
Der ewge Streit, und lauter bald
Rauscht in der Stille sein Gedröhn.
Und jetzt erklingt in Nebelhöhn
Gesang der Vögel; golden glüht
Der Osten, und im Windhauch sprüht
Der Tropfenfall von Strauch und Baum;
Aufatmen Blumen aus dem Traum,
Und so wie sie aus tiefer Ruh
Hob ich den Kopf dem Tage zu.
Ich sah mich um – und war erstarrt
Vor Schrecken, denn ich lag ganz hart
Am Abgrund; drunten heulte laut
Der Strom; wie in den Fels gehaut
War eine Stiege aufgebaut. –
Nur Satan hat sich ihr vertraut,
Als er, gestürzt aus Himmelshöhn,
Mußte hinab zur Hölle gehn.

11

Ein Paradies war rings um mich.
Die Tränenspur des Himmels wich
Noch nicht vom Regenbogenkleid
Der Pflanzen; Reben lockten weit
Von Baum zu Baum sich; Sonne fiel
Durch ihrer Blätter grünes Spiel;
Und Trauben hingen voll und reich,
Kostbaren Ohrgehängen gleich,
An ihren Ranken; manchmal war

Zu Gast der Vögel scheue Schar.
Und wieder lag ich auf dem Grund.
Und wieder lauschte ich im Rund
Den Stimmen, fremd und zauberhaft;
Sie flüsterten in Busch und Schaft
Und schienen vom Geheimnis voll,
Das Erd und Himmel hüten soll.
Und alle Stimmen der Natur
Erklangen dort. Es fehlte nur
In dieser Stunde Preisgesang
Der Menschenstimmen stolzer Klang.
Was damals ich gedacht, gefühlt,
Ist ohne Spur hinweggespült.
Gern wüßt ich's – denn erzählen heißt
Erleben, wenn auch nur im Geist.
Der hohe Himmel war so klar
An diesem Morgen, daß sogar
Ein scharfes Auge hätt genau
Der Engel Flug gesehn; so blau
Und tief war er, so still und rein.
Beseligt tauchte ich hinein
Mit Aug und Seele, bis im Schein
Der Mittagsglut der Traum zerrann
Und Durst zu quälen mich begann.

12

Da fing ich an, von Felsenband
Zu Felsenband die steile Wand
Hinabzusteigen, festgekrallt,
Wie's ging, an zäher Büsche Halt.
Löst unterm Fuße sich ein Stein,
Saust er hinab – und hinterdrein
Geröll und Erde, staubumraucht;
Und dann, in weitem Sprunge, taucht
Er in den Wellen unter. Hoch
Über dem Abgrund hing ich; doch,
Von freier Jugendkraft durchloht,

Schien ohne Schrecken mir der Tod!
Kaum war aus schroffen Höhen ich
Herabgestiegen, grüßte mich
Kühl atmend schon der Strom; ich sank
Gierig zum Wasser hin und trank!
Da: eine Stimme! Schritte nahn ...
Ein jähes Zittern fiel mich an;
Schnell barg ich im Gebüsch mich. Scheu
Hob ich den Blick, zu sehn was sei,
Und lauschte gierig. Näher klang
Und immer näher der Gesang
Einer Georgierin; oh, so
Voll Jugend, kunstlos-lebensfroh
War ihre Stimme, zärtlich frei,
Als ob sie nur geschaffen sei
Zu trauter Namen Schmeichelei.
Ganz schlicht und einfach war das Lied,
Doch drang es tief mir ins Gemüt.
Kaum wird der Tag im Dämmern müd,
Singt mir ein Geistermund ihr Lied.

13

Auf schmalem Pfad zum Ufer hin
Kam schreitend die Georgierin,
Auf ihrem Kopf den Krug. Und hin
Und wieder lacht sie, wenn ihr Schritt
Zwischen den Steinen plötzlich glitt.
Arm war ihr Kleid und leicht ihr Gang;
Des Schleiers faltigen Behang
Warf sie zurück. Vom warmen Licht
Des Sommers waren ihr Gesicht
Und ihre Brust in Gold getaucht;
Und heiß von Mund und Wange haucht
Des Tages Glut. Das dunkle Lohn
Der Augen war so tief, so von
Geheimnissen der Liebe voll,
Daß heiß das Herz mir überquoll

Und mich betäubte. – Nur den Klang
Des Krugs, in den das Wasser sprang,
Behielt ich, wie er tönt und spricht;
Und dann noch ein Geräusch – mehr nicht.
Als vom gestauten Blute sich
Das Herz befreite und ich mich
Wieder besann, war sie schon weit;
Langsam und doch voll Leichtigkeit
Schritt sie mit ihrer Last den Pfad,
Wie eine Pappel schlank und grad. –
Nicht fern, in kühlem Schatten, stand
Wie angewachsen an die Wand
Ein trautes Hüttenpaar; und kraus
Quoll aus dem einen Dach heraus
Ein Wölkchen Rauch in blauem Flaus.
Ich seh es noch wie jetzt vor mir,
Wie still sich öffnete die Tür
Und wieder schloß. Dann blieb sie zu.
Ich weiß: nie wirst den Kummer du,
Den Schmerz verstehn, der mich bedräut.
Und wenn du's könntest – wär mir's leid!
Was dieser Augenblick mir gab,
Ich nehm's in mir, mit mir ins Grab.

14

Ich lag im Schatten unterm Baum,
Erschöpft vom Sturm der Nacht. Ein Traum
Schloß mir die Augen, schön und mild.
Wieder sah ich im Traum das Bild
Der lieblichen Georgierin.
Und wieder waren Herz und Sinn
Von fremder, süßer Sehnsucht wund.
Schwer rang ein Seufzer sich vom Grund
Der Seele; ich erwachte. Licht
Sah schon der Mond mir ins Gesicht;
Und eine Wolke, *eine* bloß,
Jagt nach dem Mond und läßt nicht los,

Was ihre Gier umschlungen hält.
Schweigsam und dunkel war die Welt.
Nur ferne sah ich scharf und fein
Gezackter Höhn verschneite Reihn
Leuchtend vor mir im Silberschein;
Und tief im Bett der Bergstrom blinkt.
In der bekannten Hütte springt
Manchmal ein Licht auf – und verlischt.
So stirbt, vom Himmel weggewischt,
Um Mitternacht ein heller Stern.
Dort in die Hütte wollt ich gern;
Doch wagte ich es nicht. Es stand
Ein Ziel vor mir: ins Heimatland
Zurückzufinden. Ich bezwang
Des Hungers Pein, so weit's gelang;
Und scheu und schweigsam stieg ich grad
Zum Tal hinab den dunklen Pfad.
Doch bald verlor der Berge Grat
Im Wald ich aus den Augen; ich
Kam ab vom Weg, verirrte mich.

15

Vergebens riß in meiner Wut
Am Dorngestrüpp ich, daß das Blut
Mir aus verkrampften Händen quoll;
Nur doppelt dicht und schreckenvoll
War nichts als Urwald fern und nah.
Mit tausend schwarzen Augen sah
Aus jedem Busch mit starrem Bann
Das Dunkel tiefer Nacht mich an –
Bis sich mein Kopf zu drehn begann.
Ich stieg auf Bäume – doch auch dann
Sah ich nur Wald – in Zacken stand
Er endlos bis zum Himmelsrand.
Da fiel ich in der Erde Schoß
Und weinte wild und fassungslos;
In ihre feuchte Brust grub ich

Die Zähne; heiß ergossen sich
Wie Tau die Tränen über sie;
Doch Menschenhilfe sucht ich nie,
Glaub mir's; ein ewig Fremder wie
Ein wildes Tier war ich für sie.
Kein Laut der Zunge gab mich preis;
Sonst hätt ich sie, schuldig des Schreis,
Mir ausgerissen – glaub mir's, Greis!

16

Du weißt, wie ich in acht mich nahm
Als Kind, daß keine Träne kam;
Dort aber weint ich ohne Scham.
Wer sah's? Der Wald, der dunkel ruht,
Der Mond in hoher Himmelsflut.
Von seinem Strahl erhellt, mit Moos
Und Sand bedeckt, und lückenlos
Von einer dunklen Wand umfaßt,
Lag eine Lichtung, wie zur Rast,
Vor mir. Auf einmal drüben hin
Huschte ein Schatten, Funken sprühn
Aus einem Flammenpaar ... und dann
Sprang aus des Waldes dunklem Bann
Mit *einem* Satz ein Tier, und rollt
Sich spielend in des Sandes Gold.
Das war der Wildnis ewger Gast,
Der Panther. Schnurrend, ohne Hast,
Nagt er an einem Knochen. Ganz
Voll Zärtlichkeit rollt er den Schwanz,
Und silbern ist sein Fell durchwebt,
Wenn er den blutgen Blick erhebt
Zum Vollmond, der am Himmel schwebt.
In Händen einen knotgen Ast,
Harrt ich des Streites, jäh erfaßt
Von Kampflust, heiß das Herz entbrannt
Von Blutdurst – ja! Des Schicksals Hand
Hat mich auf andre Bahn geführt ...

Doch weiß ich heut und hab's gespürt:
Ich wär, in meiner Väter Reich,
Ein Kämpfer, dem nicht viele gleich.

17

Ich wartete. Da witterte
Den Feind er; es erzitterte
Plötzlich die Nacht, wie Stöhnen klang
Klagend sein Heulen, laut und lang.
Er fing im Sand zu wühlen an,
Bäumte sich auf, duckte sich dann,
Und flog in wildem Satz heran. –
Doch ich, von grauenvollem Tod
Bedrängt, erwehrte mich der Not.
Mein Hieb saß schnell und gut, und fast
Wie eine Axt zerschlug mein Ast
Des Panthers breite Stirn im Streich.
Aufstöhnt er, einem Menschen gleich,
Und überschlug sich. – Doch begann
Aufs neue, wenn sein Blut auch rann
In breitem Strome, dick und rot,
Der Kampf auf Leben oder Tod.

18

Er stürzt mir an die Brust; doch stieß
Ich in den Schlund ihm noch als Spieß
Den knotgen Ast – und zweimal ließ
Ich ihn sich drehn. – Aufheulte er
Und warf sich todwund auf mich her. –
Zwei Schlangen gleich, zum Knäul vereint,
Fester umarmt als Freund mit Freund,
Fielen wir hin. Im Dunkel dort
Ging nun der Kampf am Boden fort.
Furchtbar war ich, von Wut erfüllt;
So wie der Panther, bös und wild
Auflodernd, heulte ich wie er,

Als ob ich selbst geboren wär,
Dem Wolf und Panther gleich an Blut,
In tiefer Wälder kühler Hut.
Es war, als hätt ich nie gewußt
Der Menschen Wort; aus meiner Brust
Kam dieses Schreis furchtbares Drohn.
Als wär seit früher Kindheit schon
Kein andrer Laut mir je entflohn.
Mein Feind erschlaffte mehr und mehr,
Er wand sich, atmete nur schwer,
Und preßte mich zum letztenmal ...
Auf blitzten noch in wildem Strahl
Die starren Augen – schlossen dann
Sich still zum ewgen Schlafe. Mann
An Mann dem Feinde, der gewann,
Im Kampf, als stolzer Streiter, bot
Er bis zuletzt die Stirn dem Tod.

19

Du siehst die tiefe Spur gewiß,
Die mir des Panthers Pranke riß.
Noch schlossen sich die Wunden nicht;
Doch wird der Erde feuchte Schicht
Sie heilen, bald befrein vom Blut,
Der Tod macht sie für immer gut.
Damals vergaß ich sie; ich schlug
Mit letzter Kraft mich durch den Trug
Des Walds, durch den ich irrend strich.
Doch mit dem Schicksal kämpfte ich
Vergebens: es verhöhnte mich.

20

Ich trat ins Freie. Da erwacht
Der Tag, der Sternenglanz der Nacht
Verglomm in seinen Strahlen bald.
Und aus dem nebelfeuchten Wald

Erklangen Stimmen. Ferner blaut
Rauch überm Dorf. Da lief ein Laut,
Vom Wind verweht, das Tal entlang ...
Doch als ich lauschend saß, verklang
Zusammen mit dem Wind der Laut.
Ich sah mich um: Die Gegend schaut
Mir so bekannt aus und vertraut.
Es graute mir; und meinem Blick
Glaubt ich es lang nicht, daß zurück
Zum Kerker mich mein Weg gebracht,
Daß ich vergeblich Tag und Nacht
In Qual und Dulden, leidverzehrt,
Meinen geheimen Traum genährt. –
Wozu? ... Daß ich, zum Mann gereift,
Kaum daß mein Blick die Welt gestreift
Und ich, vom Lied des Walds umspült,
Der Freiheit selges Glück gefühlt,
Mit mir zum Grabe trag den Brand
Der Sehnsucht nach dem Heimatland,
Betrogne Hoffnung, die zerbrach,
Und eures Mitleids schale Schmach!
Noch dachte ich, vom Zweifel bang,
Es sei ein böser Traum; da drang
Auf einmal wieder Glockenklang
Durch tiefe Stille zu mir her.
Und da gab's keinen Zweifel mehr.
Oh, ich erkannte ihn sogleich!
Wie oft hat er dem Kind das Reich
Lebender Träume doch zerstört
Von Lieben, die mir angehört,
Von Steppenwildnis, weit und frei,
Von wilder Rosse Raserei,
Von Heldenkampf im Felsgestein,
Wo ich war Sieger, ich allein!

Ich lauschte, kraft- und tränenlos.
Mir schien's, daß sich der Klang ergoß
Aus meines Herzens tiefer Qual,

Durchbohrt von eines Feindes Stahl.
Und damals hab ich dumpf erkannt,
Daß auch die letzte Hoffnung schwand
Auf Heimkehr in mein Heimatland.

21

Ich war ein andres Los nicht wert.
In fremder Steppe wirft das Pferd
Den schlechten Reiter ab und eilt
Zur fernen Heimat unverweilt,
Des graden Weges wohl bewußt . . .
Und ich? . . . Vergebens ist die Brust
Von Sehnsucht und Verlangen schwer:
Kraftloses Fieber, hohl und leer,
Traumspiel, erkrankten Geistes Qual!
Gezeichnet von des Kerkers Mal,
Bin ich der Kerkerblume gleich:
Sie sproß empor, einsam und bleich,
In nasser Platten Spalt; und lang
Blieben die jungen Blätter bang
Geschlossen; auf des Lebens Licht
Harrte sie stets und kannt es nicht.
Bis eine gütge Hand, geführt
Von Mitleid, zärtlich sie berührt
Und in den Rosengarten bringt.
Atmend von allen Seiten dringt
Des Lebens Wonne auf sie ein. –
Was half's? Im ersten Morgenschein
Verbrannte heiß ein Sonnenstrahl
Die Blume mit dem Kerkermal.

22

Wie sie von Glut verzehrt, erlag
Auch ich dem mitleidlosen Tag.
Vergeblich barg ich müd das Haupt
Im Gras; ein Halm, verdorrt, verstaubt,

Der sich zur Dornenkrone flicht,
Umwand den Schädel mir, und dicht
In mein verborgenes Gesicht
Schlug mir der Erde Atemglut.
Und hoch in wilder Tänzerwut
Wirbelten Funken – Dampfhauch stieg
Von weißem Fels. Die Schöpfung schwieg
In starrem Bann und stöhnte kaum
In der Verzweiflung schwerem Traum.
Oh, wär doch nur ein Wachtelschlag
Zu hören, surrend durch den Tag
Libellenflug! Das Lallen doch
Des Quells! – Nur eine Schlange kroch,
Im Grase raschelnd, aus dem Loch;
Ihr gelber Rücken schimmert matt,
So wie ein schmales Degenblatt,
Mit goldner Inschrift dicht bedeckt;
Im Staube Furchen ziehend, streckt
Sie lauschend sich – und dann im Sand
Voll Wollust spielend, dreifach wand
Zum Reif sie ihres Leibes Band;
Auf einmal, wie von jähem Strahl
Versengt, zuckt sie und sprang – und stahl
Sich fort ins Buschwerk, fern und dicht . . .

23

Und alles war im Himmel licht
Und still – zwei ferne Berge sahn
Schwarz durch den blauen Dunst mich an.
Auf einem dieser Berge stand
Schimmernd des Klosters Zackenwand.
Und drunten, wie ein Silberband
Umsäumend grünes Inselland,
Durch leise raunendes Gebüsch
Eilten wie Schwestern, leicht und frisch
Zu Tal Aragwa und Kurá,
Die ich aus weiter Ferne sah.

Ich wollte aufstehn. Wild um mich
Drehte die Welt im Wirbel sich.
Ich wollte schrein. Kein Laut entwich
Der trocknen Zunge, schwer wie Blei.
Ich starb. Es bannte mich dabei
Ein Traumgesicht:
                                        Mir war's, ich lag
Auf kühlem Grunde, fern dem Tag,
In tiefem Strom. Und weit und breit
Geheimnisvolle Dunkelheit.
Zu stillen ewgen Durstes Glut,
Ergoß sich, kalt wie Eis, die Flut
In meine Brust. Mir war nur bang,
Daß nicht mein Glück im Schlaf versank –
So süß, so wohl war mir zumut.
Hoch über mir drängt sich die Flut
Im Wellenspiel, das niemals ruht,
Und im Kristall der Welle bricht
Sich Sonne, mild wie Mondes Licht.
Und Fischlein spielten manches Mal
In buntem Schwarm im Sonnenstrahl.
Ich sah noch eines aus der Schar,
Das freundlicher als alle war
Und mich liebkoste. Hell und hold
Glänzte sein Schuppenkleid aus Gold.
Und über meinem Haupte schwamm
Es, wenn es immer wieder kam;
Und voll von zärtlich-tiefem Gram
Sah's mich mit grünen Augen an ...
Und seltsam flüsternd sang mir dann –
(Ich lauschte in des Wunders Bann) –
Sein Silberstimmchen manches Wort;
Bald war es da, bald war es fort.

Es sprach: ›Mein Kind, bleib da bei mir
            Zu ewgem Aufenthalt,
So frei ist es im Wasser hier,
            So friedlich und so kalt.

Ich rufe meine Schwesterlein!
Wenn dich ihr Tanz umkreist,
Wird's deinen düstern Blick erfreun
Und deinen müden Geist.

Schlaf ein! Dein Bett ist weich und weit,
Die Decke durchzuschaun,
Es fliehen Zeit und Ewigkeit
In süßen Traums Geraun.

Mein Liebster, ich verhehl es nicht,
Ich lieb dich, dich allein,
Lieb dich wie's Wasser, wie das Licht,
Lieb dich wie's Leben mein‹

Und lange, lange lauschte ich;
Es schien mir, als vermengten sich
Des goldnen Fischleins Worte mit
Des Wassers leisem Wellenlied.
Da schwand mein Sinn. Der Schöpfung Licht
Erlosch mir. Und das Traumgesicht
Des Leibes tiefer Ohnmacht wich . . .

24

So fand man und so barg man mich . . .
Was weiter war, ist dir bekannt . . .
Ich bin zu End. Was ich gestand,
Glaub's oder nicht, mir ist es gleich.
Mich schmerzt nur eins: daß im Bereich
Der Heimat nicht in Grabes Hut
Mein kalter, stummer Leichnam ruht,
Und daß, von Mauern taub umringt,
Die Kunde meiner Qual verklingt
Und niemand, kummervoll bewegt,
Um mich Vergeßnen Trauer trägt.

25

Vater, leb wohl ... gib mir die Hand:
Du fühlst, die meine ist in Brand ...
Die Flamme ist's, die unsichtbar
In meiner Brust seit Kindheit war;
Nun hat sie nichts mehr, was sie nährt,
In ihrer Glut hat sie verzehrt
Den eignen Kerker, und sie kehrt
Zu dem zurück, der alles lenkt
Und Leid sowohl wie Frieden schenkt ...
Was liegt mir dran? – Und wenn auch gleich
Der Seele hoch im Himmelreich,
Im heilgen, Platz bereitet ist –
Weiß Gott: nur für Minutenfrist
In wilder Felseneinsamkeit,
Die meiner Kindheit Spiel betreut,
Gäb Himmel ich und Ewigkeit ...

26

Wenn ich jetzt sterbe – (sei nicht bang,
Dein Warten dauert nicht mehr lang) –
Dann bringt mich in den Garten hin,
Dort, wo die zwei Akazien blühn
In großen Büschen, weiß und licht ...
Bei ihnen ist das Gras so dicht!
So voll von Duft, so frisch und kühl
Ist dort die Luft, wo durch das Spiel
Der Blätter Gold der Sonne fiel.
Dort legt mich hin. Zum letztenmal
Leer ich den strahlenden Pokal
Des blauen Tags. Und auch die Höhn
Des Kaukasus sind dort zu sehn!
Mag sein, von seinen Gipfeln dringt
Ein kühler Wind zu mir und bringt
Mir seinen Abschiedsgruß. Vielleicht,
Daß sterbend mich ein Laut erreicht,

Der wieder mich der Heimat eint.
Ich werde denken, daß ein Freund,
Ein Bruder bei mir kniet und leis
Von meiner Stirn den kalten Schweiß
Des Todes wischt mit guter Hand.
Und daß er vom geliebten Land
Mit stiller Stimme singt für mich. –
So sink ich, wenn das Leben wich,
In Schlaf, und niemand fluche ich!«

DER DÄMON

Eine orientalische Erzählung

TEIL 1

I

Voll Gram flog über sündigen Landen
Der Dämon, der Verbannung Geist,
Vor ihm in Scharen sich einfanden
Erinnerungen besserer Zeit;
Der Zeit, als in des Lichtes Stätten
Er konnt, ein reiner Cherub, glühn,
Als im Vorüberziehn Kometen
Im Gruße froh zu tauschen pflegten
Ein zärtlich Lächeln noch mit ihm,
Als durch der ewigen Nebel Wallen
Erkenntnissüchtig er verfolgt
Die weithinziehenden Karawanen
Der Himmelslichter glanzumwogt;
Als Glaub und Liebe ihn durchloht,
Der Schöpfung glücklich Erstgebornen!
Den Groll und Zweifel nicht verdorben,
Und des Verstand noch nicht verstört
Der Zeitalter fruchtlose Mengen ...
Und vieles andere ... er entbehrt
Der Kraft, all dessen zu gedenken!

2

Ein längst Verstoßener, irrt er in
Der Welteinöde ohne Obdach:
Jahrhundert um Jahrhundert rinnt,
Minute der Minute folgt, ach,
Im monotonen Nachvollzug.
Beherrschend all den Erdentrug,
Säte er freudlos aus das Böse.
Und nie traf er mit seiner Kunst
Etwas, das Widerpart gewesen –
Verlor am Bösen schon die Lust.

3

Und über des Kaukasus Höhen
Der Paradiesvertriebene flog:
Kasbek, ein Diamantensprühen,
In ewigem Schnee vorüberzog,
Und unten tief, sich schwärzlich wölbend,
Felsspalt, wie eine Drachenhöhle,
Durch Berge der Darjal sich bog;
Der Terek, springend wie die Löwin
Mit zottiger Mähne auf dem Grat,
Brüllte – das Berggetier, die Vögel,
Sich drehnd im Himmelsazurbad,
Der Rede seiner Wasser lauschten;
Und leuchtendgoldenes Gewölk
Aus Ländern südlich, von fernher,
Begleitete das Wellenrauschen;
Die Felsen in gedrängter Schar,
Von heimlichtiefem Schlaf umfangen,
Sie beugten weit ihr Haupt hinab,
Der Wasser Schimmern nachzuhangen;
Die Burgwarttürme im Gebirg
Sahn drohend durch das Nebelwogen –
Vorm Tor des Kaukasus postiert,
Als Riesenwache aufgezogen!

Und wild und wunderbar und weit
Die Gotteswelt; der stolze Geist
Sah mit verachtungsvoller Miene
Auf seines Gottes Schöpfungsreich,
Und in des Dämons hohe Stirne
Prägte sich nichts von all dem ein.

4

Nun blühten eines anderen Bildes
Lebhafte Farben vor ihm auf:
Georgiens prächtige Gefilde
Streckten, ein Teppich, bunt sich aus;
O glücklich-üppiger Erdenraum!
Wie Säulen reihn sich Pappeln zierlich;
Tönender Bäche hell Gerausch
In Betten aus vielfarbigen Steinen
Und Rosengänge, Nachtigalln
Besingen Schöne, dort, wo feine
Liebesgeflüster bald verhalln;
Verzweigter Schatten der Platanen,
Von dichtem Efeu reich umkränzt,
Und Grotten, drin, wenn Sonne sengt,
Die scheuen Hirsche sich verschanzen;
Und Glanz und Leben, Laubgetön,
Ein hundertstimmiges Gedröhn,
Der Odem Tausender von Pflanzen!
Des Mittags glühender Wollusthauch
Und die vom reinen duftigen Tau
Allzeit getränkten frischen Nächte
Und Sterne hell wie Augen glänzend,
Wie Blicke von Georgierfraun! ...
Doch außer kühlen Neidgefühlen
Nichts weckte jener Landschaft Pracht
In des Verbannten Brust der dürren –
Kein neues Fühlen, keine Kraft;
Und alles, was von dort ihm winkte,
Er haßte es, ihm schien's geringe.

5

Ein hohes Haus mit weitem Hof
Gudal, weißhaarig schon, sich baute ...
Das Werk raubte viel Müh und Tränen
Dem stets fügsamen Knechtetroß.
Es legt der Schatten dieses Hofs
Sich früh auf nahe Bergeshänge.
Stufen sind eingehaun in Felsen;
Vom Eckturm führen sie hinab
Zum Flusse, manchmal huscht darüber,
Verhüllt von einer weißen Tschadra*,
Tamara, jungfräuliche Fürstin,
Die Wasser schöpft an der Aragwa.

6

Stets schweigend blickte auf die Täler
Das düstere Haus vom Fels herab;
Doch heute gibt's ein Festgelag –
Der Wein strömt, die Surna** klingt jäher –
Der Tochter warb Gudal den Mann,
Zum Schmause die Verwandtschaft kam.
Und auf dem Dach, auf schönen Persern,
Die Braut sitzt in der Freunde Chor.
Bei Spielen und Gesang entfloh
Die Mußezeit. Die fernen Berge,
Sie schoben schon dem Licht sich vor;
Und rhythmisch klatschend in die Hände
Sie singen – ihren Tamburin
Nimmt jetzt die junge Braut behende.
Schwingt überm Kopf in Kreisen ihn
Und stürmt bald schnellen Laufs dahin,
Als wär sie leichter als ein Vöglein,
Bald hält sie inne, und sie blickt –

* Ein schleierartiger Umhang (Anm.d. Verf.)
** Eine Art Dudelsack (Anm. d. Verf.)

Man sieht der feuchten Augen Blitz
Unter den eifersüchtigen Wimpern;
Bald hebt sie ihre schwarzen Braun,
Bald neigt sie sich herab ein bißchen,
Berührt die Erd doch schwebend kaum
Ihr unvergleichlich schönes Füßchen;
Ein Lächeln tritt auf ihr Gesicht,
Von Heiterkeit des Kinds es spricht.
Doch kann der Mondstrahl auf der Feuchte,
Der glänzend manchmal leicht erbebt,
Sich diesem Lächeln nicht vergleichen,
Wie Leben, Jugendzeit es lebt.

7

Ich schwör beim Stern der Mitternacht,
Beim Sonnenuntergang und -aufgang,
Des goldnen Persiens mächtiger Schah
Nicht und kein König und kein Zar
Hat je geküßt zwei solche Augen;
Des Harems steingefaßte Quelln,
Nie haben sie beim Sommerwetter
Mit ihres frischen Taues Perlen
Erquickt ein Mädchen, ähnlich schön!
Und keine Menschenhand hienieden
Hat, irrend über teure Züge,
Ein solches Haar je aufgelöst;
Seit der Zeit, als die Welt verwirkte
Das Paradies, niemals erblühte
Im Süden etwas noch so schön.

8

Heut tanzte sie zum letzten Male.
Denn, ach! Beim ersten Morgenstrahle
Die Erbin von Gudal erwartet –
Der Freiheit ausgelassenes Kind –
Das trübe Schicksal einer Sklavin,

Verwandte, die ihr Fremde waren,
Und neue Heimat unbestimmt.
Und oft verdüsterte ihr heimlich
Zweifel die Züge des Gesichts;
Und sie bewegte sich so reizend
Graziös und dennoch schlicht und einfach,
Von tiefem Ausdruck stets erfüllt,
Daß, wenn der Dämon flög vorüber
Und schenkte ihr nur einen Blick,
Gedenkend seiner einstigen Brüder,
Er seufzte, wendend sich zurück . . .

9

Der Dämon sah . . . Im Augenblicke
Er fühlte jählings sich ergriffen
Von seltsamer Erregung wild.
Es war der stummen Seele Ödnis
Von wundersamem Klang erfüllt –
Erneut die Heiligkeit begriff er
Von Schönheit, Güte und von Lieb!
Er weidete sich an dem Bilde,
Das süß war – und von frühem Glück
Schwebte der alten Traumgebilde
Kette so still an ihm vorbei,
Wie vieler Sterne lange Reih.
Bewegt von unsichtbaren Mächten,
Ward Traurigkeit ihm neu vertraut;
Und das Gefühl begann zu sprechen
In einer Sprache einst gebraucht.
War es von Neugeburt ein Zeichen?
Denn keines seiner listenreichen
Versuchungsworte sich mehr bot . . .
Vergessen? – Nicht schenkt es ihm Gott:
Würd zu vergessen sich auch weigern!

Erschöpfend sein erprobtes Roß,
Zum Hochzeitsfest beim Abendrot
Der Bräutigam eilt ungeduldig.
An der Aragwa grüne Ufer,
Zum Wasser kommt er voller Glück.
Unter der Gaben Last gebückt,
Mit Müh und Not noch voranschreitend,
Folgt der Kamele Zug ihm nach,
Am Weg sich aneinanderreihend;
Der Glöckchen Ton hört man gemach.
Er selbst, von Sinodal der Herrscher,
Führt diese Karawane an.
Ein Riemen schlingt sich um ihn schlank;
Des Säbels und des Dolchs Beschläge
Erglänzen ihn, der umgehängt
Die Damaszenerflinte trägt.
Der Wind spielt leise mit den Ärmeln
Der Tschucha*, welche ganz und gar
Ringsum geschmückt mit Tressen ward,
Bestickt mit bunten Seidenfäden
Der Sattel; Quasten reich am Leder;
Und unter ihm das Pferd im Schaum,
Ein Goldfuchs, kostbar anzuschaun.
Aus Karabach ein flinker Sprößling,
Er regt die Ohren und blickt ängstlich
Laut schnaubend von dem schroffen Hang
Zur schäumenden Wasserflut hinab.
Gefahrvoll, schmal der Weg am Ufer,
Zur Linken Felsenwirrnis klafft,
Und rechts der Abgrund trotzigen Flusses.
Spät ist's. Auf schneeigen Gipfeln dunkelt
Das Abendglühn; der Nebel wogt . . .
Und schneller wird der Tiere Trott.

* Ein Kleidungsstück mit Ärmeln, die man zurückschlagen kann. (Anm. d. Verf.)

II

Es steht ein Kirchlein dort am Wege ...
Hier ruht schon lang in Gottes Segen
Ein Fürst, mit Heiligkeit bedacht,
Weil Frevlerhand ihn umgebracht!
Seitdem, ob nun zum Fest, zum Kampfe
Der Reiter oder Wanderer eilt,
Er ein Gebet zum Himmel sendet
Stets, wenn er vor der Kirch verweilt;
Und das Gebet, bewahren soll's ihn
Vor eines Moslems jähem Dolche.
Der Bräutigam schlug in den Wind
Den Brauch von Vätern, allzu kühn.
Es wiegte heimtückisch in Träume
Der Dämon ihn mit arger List:
Er meinte, daß er liebesseufzend
Des Nachts der Braut die Lippen küßt.
Auf einmal huschten zwei vorüber,
Noch mehr – ein Schuß dröhnt! – Was passierte?
Stellt in den klingenden Bügeln* rasch
Sich auf, drückt fester den Papach,
Doch spart der tapfere Fürst die Worte,
In seiner Hand die Waffe gleißt,
Die Peitsche klatscht – und adlergleich
Stürzt er voran ... Ein Schuß von dorther!
Ein wilder Schrei, ein Stöhnen dumpf
Verhallen in des Tales Tiefen –
Bald ruft der Feinde Schar Triumph,
Die zaghaften Georgier fliehen!

* Die Steigbügel der Georgier ähneln Schuhen aus klingendem Metall. (Anm. d. Verf.)

12

Und Stille ward, in wirrem Hauf
Starrten jetzt ohne Schreckenslaut
Kamele auf entseelte Reiter;
Es klang im Steppenschweigen auf
Nur ihrer Glöckchen dumpf Geläute.
Geplündert man den Reichtum sieht,
Und über jenen Leichen zieht
Ein Nachtraubvogel seine Kreise!
Begräbnis nicht nach Christenweise
In Klostergrüften ihnen ward,
Wo ihrer Väter Asche harrt;
Nicht werden Mütter kommen, Schwestern,
Von Trauerschleiern dichtverdeckte,
Mit Wehmut, Schluchzen und Gebeten,
Zu ihrem Sarg aus weiter Welt!
Jedoch wird von beflissenen Händen
Am Wegrand, an des Felsens Ende,
Zur Mahnung hin ein Kreuz gestellt;
Und Efeu, den die Lenze spenden,
Voll Zärtlichkeit es dann umschlingt
Mit seinen grünsmaragdnen Netzen;
Und oft wird sich ein Wandrer setzen,
Wenn er vom steilen Weg abbiegt,
Dort, wo sich Gottes Schatten wiegt . . .

13

Das Roß flieht schneller als die Hindin,
Es schnaubt, als wollt zum Kampf sich's finden;
Doch hält es bald jäh an im Lauf,
Voll Sorge es dem Winde lauscht,
Und weit sich seine Nüstern blähen;
Bald auch versetzt's dem Boden Schlage
Mit seinem klingenden Hufbeschlag,
Und schüttelnd die zerzauste Mähne,
Stürmt es besinnungslos talab.

Ein Reiter, stumm darauf sich lehnend!
Der aus dem Sattel bald sich hebt,
Sein Haupt dicht an die Mähne legt.
Er läßt die Zügel schleifen,
Dem Steigbügel entglitt der Fuß,
Und schon strömt hin in breiten Streifen
Auf die Schabracke, ach, sein Blut.
Verwegner Renner, ihn zu retten,
Trugst aus der Schlacht ihn wie ein Pfeil,
Doch hat die Kugel des Osseten
Den Herrn im Finstern jäh ereilt!

14

Bei Gudals Leuten Weinen, Stöhnen,
Das Volk sich auf dem Hofe drängt:
Wem mag das müde Pferd gehören,
Das dort am Tor zu Boden fällt?
Und wer ist der entseelte Reiter?
Es trug das braune Antlitz weiter
Die Spuren vom Tumult der Schlacht.
Und blutgetränkt warn Kleid und Waffen;
In letztem tollwütigem Raffen
Die Hand sich in die Mähne krallt.
Des Jungverlobten hat nicht lange
Geharrt, o Braut, dein suchend Blick:
Sein fürstlich Wort hat er gehalten,
Zum Hochzeitsmahl gelenkt den Ritt ...
O weh! Doch niemals wird der Tapfre
Die Zügel mehr des Rosses halten! ...

15

Die sorgenlose Sippe schlug
Wie Wetterstrahl göttliche Strafe!
Tamara, ach, das Mädchen schluchzt,
Auf ihre Kissen sinkt die Arme:
Die Tränen rinnen ihr hinab,

Nur mühsam kann sie Atem schöpfen;
Und meint auf einmal doch zu hören,
Wie eine Zauberstimm ihr sagt:
»Kind, weine nicht, du weinst vergebens!
Versengen nicht wird deine Träne,
Belebend Tau, den Leichnam stumm:
Kann nur den klaren Blick vernebeln
Und brennen auf dem Antlitz jung!
Er ist weit fort, wird nichts erfahren,
Ach, deine Trauer schätzt er nicht;
Den körperlosen Blick der Augen
Liebkost ihm jetzt das Himmelslicht;
Er hört des Paradieses Weisen ...
Was sind des Lebens kläglich Traum,
Was einer armen Jungfrau Weinen
Dem Gast von Paradieses-Aun?
Nein, das Geschick sterblicher Schöpfung,
Mein irdischer Engel, glaube mir,
Nicht eines Lidschlags Augenöffnung
Des teuren Kummers steht dafür!
    In der Lüfte Ozeanen,
    Ohne Zweck und ohne Ziel,
    Schwebt harmonisch auf den Bahnen
    Sternenchor im Nebel still;
    Über Fluren unabsehbar
    Ziehn im Himmel ohne Spur
    Vieler Wolken unerreichbar
    Faserwollene Herden nur.
    Stund der Trennung, des Begegnens –
    Ihnen bringt nichts Freud noch Leid;
    Für die Zukunft kein Begehren,
    Trauer nicht vergangener Zeit.
    Richte nur auf sie den Sinn;
    Irdschem schenk nicht Anteilnahme,
    Sorglos zieh wie sie dahin!
Sobald die Nacht mit ihrem Schleier
Die Höhn des Kaukasus bedeckt,
Sobald die Welt hebt an zu schweigen,

Von einem Zauberwort verzückt;
Sobald der Wind am Felsenhange
Das dürre Gras macht leise schwanken,
Und 's Vöglein, das sich dort verbirgt,
Fröhlicher flatternd aufwärts fliegt;
Und unter Weines jungen Reben
Der Nacht geheime Blüte sprießt,
Die Himmelstau schlürft mit Begehren,
Sobald der goldene Mond dort zieht
Hinter dem Berg herauf ganz leise,
Dich ansieht auf verstohlene Weise, –
Dann schwebe ich zu dir hinab;
Dein Gast bis zu des Morgens Röte,
Und auf die seidenen Wimpern flößen
Will goldene Träume ich gemach ...«

16

Verhallt die Worte in der Ferne,
Ersterbend leise Klang um Klang.
Sie sprang vom Bett auf, blickte bang ...
Und unaussprechlich schwer bedrängte
Bestürzung ihre Brust; Begeisterungsbrand,
Ja, Schrecken, Trauer – nichts ihm ähnelt.
Gefühle wogten jähen Drangs;
Die Seele sprengte ihre Fesseln,
Ein Feuer durch die Adern rann,
Und diese Stimme neu, befremdlich,
Es schien, als ob sie noch erklang.
Erst vor dem Morgen schloß ersehnter
Schlaf ihre müden Augen zu;
Doch fand ihr Denken keine Ruh,
Ein Traum kam ihr, seltsam, prophetisch.
Ein Fremdling, nebelhaft und stumm,
In überirdischer Schönheit Glanz,
Beugte zu ihrem Haupt sich nieder,
Sein Blick sah sie mit solcher Liebe
So unverwandt und traurig an,

Als ob er Mitleid selbst empfand.
Es war der Engel nicht vom Himmel,
Ihr göttlicher, der sie beschirmte;
Ein Regenbogen-Strahlenkranz
Verlieh der Haarflut keinen Glanz.
Nicht war's der Geist furchtbar der Hölle,
Ein Märtyrer des Bösen nicht!
Er ähnelte des Abends Helle:
Nicht Tag, nicht Nacht – nicht Schwarz, nicht
Licht!

TEIL 2

I

»O Vater, Vater, laß das Schelten,
Und droh deiner Tamara nicht;
Ich weine: siehst du meine Tränen,
Vergieß doch nicht die ersten ich.
Vergeblich Bräutigame reisen
Aus ferner Ortschaft bis hierher . . .
Georgien hat der Bräute mehr;
Und keines Gattin werd ich heißen!
Schilt nicht Tamara, Vater mein.
Gewahrst es selbst: Tagaus, tagein
Ich welke hin – durch böse Gifte!
Ein tückischer Geist mir Qualen stiftet
In stetem, hinreißendem Traum;
Ich geh zugrund, gib Mitleid Raum!
In eines Klosters heilige Stätte
Die unvernünftige Tochter gib;
Dort schützt mich unser aller Retter,
Vor ihm die Trauer leichter fließt.
Es nahm die Welt mir alle Freude . . .
Und unter heiliger Stätte Schutz
Die düstere Klause dort beizeiten
Dem Grabe gleich mich bergen muß . . .«

2

Und in ein Kloster abgeschieden
Brachten sie die Verwandten hin,
Man ließ das härene Hemd der Büßer
Über die junge Brust sie ziehn.
Doch auch im Klosterfraungewande
Wie unter prunkendem Brokat,
Von unerlaubtem Traum geplagt,
Schlug ihr das Herz, wie's schlug schon lange.
Beim Kerzenschein, vor dem Altar,

In Stunden feierlichen Sanges,
Ja, oft beim Beten selbst, erklang es,
Dies Flüstern, das vertraut ihr war.
Und unter dem Gewölb des Tempels
Glitt die Gestalt stets gleich dahin,
Lautlos und spurlos schwand sie hin
Im leichten Weihrauchdunst behende;
Sie strahlte wie ein Stern ganz still,
Sie mahnte, rief sie . . . doch – wohin?

3

In zweier Hügel Schattenkühle
Das heilige Kloster sich verbarg.
Platanen, Pappeln eng sich schmiegten
An seine Mauern – manches Mal,
Wenn Dunkel in die Schlucht sich senkte,
Schien durch das Laub, aus Klausenfenstern,
Der jungen Sünderin Lampenstrahl.
Rings, in der Mandelbäume Schatten,
Wo traurig reihn sich Kreuzeslatten,
Auf allen Gräbern stumm auf Wacht,
Grüßte der Vogelchor die Nacht.
An Steinen rauschte und zerschellte
Der Quellen eisigkalte Flut,
Vereinend freundlich in der Schlucht
Sich unterm Überhang von Felsen,
Und strömte unter Büschen hin,
Welche Reifperlen überziehn.

4

Im Norden das Gebirg erglühte.
Beim Schein der morgenroten Frühe,
Wenn bläulich da ein Wölkchen Qualm
Emporsteigt aus des Tales Tiefe,
Und, gegen Osten fromm gewandt,
Zum Beten rufen Muezzine,

Und vollen Tons der Glocke Mund
Erzittert und das Kloster aufweckt;
In feierlicher, stiller Stund,
Wenn das Georgiermädchen aufsteht
Und mit dem hohen Wasserkrug
Vom Berg herabkommt in die Schlucht,
Zeichnet sich unter schneenem Tuch
Als lila Wand der Berge Wucht
Ab vor dem fleckenlosen Himmel,
Indes sie bei des Abends Schimmer
Den roten Schleier um sich schlägt;
Doch in der Mitte, aus den Wolken,
Ragt, der das Haupt am höchsten trägt,
Kasbek, der Berge Herrscher droben,
Im Turban und im Priesterhemd.

5

Erfüllt von frevelhaftem Sinnen,
Tamaras Herz wußt zu verriegeln
Vor dem Entzücken sich. Es gab
Für sie nichts mehr als düsteren Schatten;
Zur Qual mußt alles ihr geraten –
Des Morgens Strahl, das Schwarz der Nacht.
Und manches Mal, sobald die Erde
Die schlafestrunkene Nacht umfing,
Fiel sie im Wahn, flehnder Gebärde,
Vor heiliger Ikone hin
Und schluchzte; in der Nächte Schweigen
Ihr langes und trostloses Weinen
Zum Wanderer drang in Bergesweiten.
Er dachte: Wie der Geist dort stöhnt,
Der in der Höhle angekettet!
Und schärfer spannte er's Gehör,
Begann sein müdes Pferd zu hetzen . . .

6

Von Zittern und von Weh erfüllt,
Tamara oft am Fenster sitzt
Vertieft in einsame Gedanken
Und schaut mit regem Aug, und bangen
Seufzens harrt sie den ganzen Tag . . .
Ihr flüstert jemand zu: Er naht!
Nicht kosten sie vergebens Träume,
Vergebens nicht er ihr erschien,
Mit Augen, die von Trauer leuchten,
Und zarter Worte herrlich Glühn.
Seit langem schon ist sie voll Sehnen;
Versteht sie selbst auch nicht den Sinn;
Will sie die Heiligen anflehen,
Ihr Herz fleht doch nur stets zu *ihm;*
Will, von dem steten Kampf entkräftet,
Sie sinken auf das karge Bett:
Ist's heiß, erstickend ihr, und ängstlich
Erhebt sie sich, die heftig bebt;
In Glut stehn ihre Schultern, Brüste,
Nach Atem ringt sie, kann nichts sehn,
Die Arme streben zu berühren,
Auf den Lippen Küsse sanft zergehn . . .

7

Schon sah des Abenddüsters Schleier
Georgiens Höhn man überziehn.
Der süßgewordenen Sehnsucht weichend,
Der Dämon flog zum Kloster hin.
Doch lange, lange schaudert's ihn,
Das Heiligtum der stillen Stätte
Zu stören. Dann war es, als hätte
Er sich entschlossen, sei gestimmt,
Den Plan, den furchtbarn, aufzugeben.
Fing an, sich grübelnd zu ergehen
An Klostermauern: Und sein Schritt

Ließ ohne Wind das Laub erzittern.
Er hob den Blick: Ihr Fensterglas
Ist hell von einem Lämpchen, glitzert;
Sie harrt schon lang auf einen Gast!
Und nun, im allgemeinen Schweigen,
Von des Tschingurs* geschlagenen Saiten
Ertönten Klänge eines Lieds;
Der Töne Reigen fließt und fließt,
Wie Tränen – eine nach der andern;
So zärtlich diese Weise klang,
Als ob sie, für des Menschen Sang
Verfaßt, herab vom Himmel drang!
War's nicht ein Engel, der den lange
Vergessenen Freund gern sehn gewollt,
Und heimlich hier herniederflog,
Von Tagen singend, hingeflohn,
Zu schenken Lindrung seinen Qualen?
Der Liebessehnsucht jäh Aufwallen,
Der Dämon fühlt's zum erstenmal;
Voll Furcht will er sich rasch entfernen ...
Die Schwingen können sich nicht regen!
Seltsam! Aus Augen ohne Strahl,
Wie tot, rollt eine große Träne ...
An jener Klosterzelle ist
Noch heutigentags ein Stein zu sehen,
Versengt von einer Feuerträne,
Wie sie kein menschlich Aug vergießt!

8

Und er tritt ein, bereit zu lieben,
Die Seele will sich Gutem weihn,
Er meint, daß für ein neues Leben
Die Zeit, ersehnt, gekommen sei.
Verstohlenes Beben des Erwartens,
Der Ungewißheit stumme Angst,

* Eine Art Gitarre. (Anm. d. Verf.)

Es scheint, daß sie schon jetzt gewannen
Über des Stolzen Seele Macht.
Wie Vorbedeutung ihn durchdrang es!
Er ging hinein, doch vor ihm stand
Ein Cherub, paradiesentsandt,
Die schöne Sünderin zu beschirmen,
Er stand mit leuchtendheller Stirn,
Und lächelnd hielt er seine Schwinge
Zu mächtigem Schutz über sie hin;
Ein jäher Strahl göttlichen Lichtes
Traf blendend den verworfenen Blick,
Nicht tönt ein Gruß von Lippen lieblich,
Ein Vorwurf hielt ihn streng zurück:

9

»Geist, schweifender, Geist der Verderbnis,
Wer ist's, der dich zur Nacht herrief?
Dich anzuflehn es keinen trieb,
Die böse Tat hat keine Macht hier;
Den Schritt, den ruchlosen, erspar dir,
Zum Heiligtum, zu meiner Lieb.
Wer rief dich denn?«
Als Antwort ließ
Der böse Geist ein Grinsen sehen;
Vor Eifersucht sein Aug rot blitzt;
Und es begann sich neu zu regen
In ihm des alten Hasses Gift.
»Nein, mein ist sie!« so sprach er drohend,
»Laß ab von ihr, denn sie ist mein!
Beschützer, bist zu spät gekommen,
Kannst ihr, wie mir, kein Richter sein.
Dem Herz, das ganz von Stolz erfüllt ist,
Ich prägte ihm den Siegel auf;
Dein Heiligtum nicht länger ist es,
Hier herrsche und hier lieb ich auch!«
Der Engel sah tieftraurigen Blickes
Des Bösen armes Opfer an,

Bis er, die lichten Flügel schwingend,
Im Himmelsäther ganz verschwand.

10

TAMARA:
Oh! Wer bist du? Dein Wort – gefährlich!
Schickt dich mir Hölle, Paradies?
Was willst du von mir?
DÄMON:
Du bist herrlich!
TAMARA:
Doch sag, wer bist du? Antwort gib . . .
DÄMON:
Ich bin, dem du Gehör geschenkt hast
Oft in der Ruh der Mitternacht,
Des Denken deine Seel bedrängt hat,
Des Traurigkeit du vag gesehn hast,
Des Antlitz dir den Traum gebracht.
Ich, der die Hoffnung läßt zerstieben:
Ich, welchem keiner schenkt die Liebe;
Ich, Geißel meiner irdischen Sklaven,
Herrscher der Freiheit und Erkenntnis,
Des Himmels Feind, das Böse nenn mich,
Und, siehst du – dir zum Dienst erschaffen!
Ich brachte dir zu deiner Rührung
Der Liebe still hingebend Flehn,
Die erste irdische Leidberührung,
Ließ dich mein erstes Weinen sehn.
Oh! Hab Erbarmen doch und hör mich!
Könntest zurück mit einem Wort
Zum Guten mich, zum Himmel leiten.
In deiner Liebe heiligem Kleide
Ich würde froh erscheinen dort,
Ein Engel neu im Strahlenscheine;
Oh! Höre mich nur an, ich fleh –
Seit dem Tag, da ich dich gesehn –
Bin ich dein Sklave – muß dich lieben!

Zu hassen fühl ich mich getrieben
Unsterblichkeit und Machtbegehrn.
War unwillkürlich eifersüchtig
Auf unvollkommnes Erdenglück;
Anders als du zu leben – nichtig,
Und furchtbar – leben ohne dich.
Im Herzen, blutleer, neu erwachte
Ein unerwartet frischer Strahl,
Es regt die Trauer, wie ein Drache,
Am Grund sich einer alten Qual.
Und ohne dich, die Ewigkeiten,
Was sind sie, meines Reiches Weiten?
Ein klangvolles, doch leeres Wort,
Ein Tempel prächtig – ohne Gott!
TAMARA:
Verlasse mich, du Geist der Arglist!
O schweig, dem Feinde glaub ich nicht ...
Mein Schöpfer ... Ach! Verderblich Gift,
Am Beten hindert's mich ... Und schwach ist,
Von ihm umfangen, mein Verstand!
Hör, wirst mich in den Abgrund ziehen;
Dein Wort ist Feuer, übler Trank ...
Wozu, o sprich, willst du mich lieben!
DÄMON:
Wozu, du Schöne? – Ach, ich weiß
Es nicht! ... Erfüllt von neuem Leben,
Vom Haupt, das ruchlos ist, mich treibt's
Den Dornenkranz stolz abzulegen,
Warf das Vergangene in den Staub:
Find Himmel, Höll in deinem Aug.
Mit einer Leidenschaft lieb ich dich
Vom Jenseits, du vermagst es nicht:
Mit dem Entzücken, starkem Triebe
Des ewigen Denkens, Traumgesichts
In meiner Seele ist dein Bildnis
Vom Weltanfang her eingeprägt,
Es schwebte vor mir unentwegt
In ewigen Äthers öder Wildnis.

Er störte längst mein Denken auf
Und klang mir, ach, so süß, dein Name;
In Paradieseswonnen auch
Fühlt ich um deinetwillen Mangel.
Oh, könntest du es nur verstehn,
Dies bittere Schmachten ohne Ende;
Von Jahr- bis zu Jahrhundertwende
Genießen, leiden, nie vergehn,
Kein Lob für Missetaten sehn,
Und für das Gute kein Entgelten;
Leben für sich, im Überdruß
Am Kampf, der ewig fortgehen muß,
Und kein Triumph und kein Versöhnen!
Verwünschen stets, doch ohne Wunsch,
Und alles wissen, sehn und fühlen,
Zu hassen alles sich bemühen,
Verachtend dieses Erdenrund!
Im Augenblick, als sich erfüllte
Des Himmels Fluch, am gleichen Tag
Sind der Natur versengende Küsse
Auf ewig mir geworden kalt;
Es blaute vor mir ohne Grenzen;
Ich sah das hochzeitliche Glänzen
Der Himmelslichter altvertraut.
Mit goldenen Kränzen sie dort schwebten;
Doch wie? Den einstigen Gefährten
Hat keins der ihren angeschaut.
Und die Verbannten, die mir glichen,
Verzweiflungsvoll rief ich sie an,
Die Worte, Blicke und Gesichter
Voll Bosheit – hab ich nicht erkannt.
In meiner Angst die Flügel rührend,
Ich jagte fort – wohin? warum?
Ich weiß es nicht ... die einstigen Brüder
Verschmähten mich; wie Eden nun
Ward auch die Welt mir taub und stumm.
Dem willkürlichen Gang der Strömung
Folgt so das leckgeschlagene Boot,

Dem Segel tun und Steuer not,
Und weiß vom Ort nicht der Bestimmung;
So fliegt zu morgendlicher Zeit
Einer Gewitterwolke Teil
Schwärzlich in azurblauen Höhen
Allein und wagt nicht anzulegen,
Hat keine Spur und hat kein Ziel,
Gott weiß, woher, wohin sie will!
Nicht lang mußt ich die Menschen lenken,
Die Sünde lehrt ich sie nicht lang,
Erhabenes, mußt's mit Schmach bedenken,
Lästrung hat Herrliches umgarnt;
Nicht lang . . . des reinen Glaubens Flammen
Für ewig ich auslöschen konnt . . .
Doch hat es denn der Müh gelohnt
Bei diesen Toren, Heuchlern allen?
In Schluchten hockt ich, im Gebirg,
Bin wie ein Meteor geirrt
Im Schwarz der tiefen Mitternächte . . .
Vorüber da ein Reiter hetzte,
Genarrt von diesem nahen Licht;
Als mit dem Roß zu Tod er sich
Stürzt, hallt sein Schrei – die Spur des Blutes
Zieht sich dahin auf steilem Hang . . .
Der Bosheit finsteres Vergnügen
Ergötzte mich nicht allzu lang!
Ich trieb im Kampf mit den Orkanen,
Emporwirbelnd von Staub ein Meer,
Gehüllt in Blitz und Nebelschwaden,
In Wolken lärmend mich umher,
Um in der Elemente Aufruhr
Des Herzens Klage einzululln,
Damit der Zwang zu denken aufhört,
Vergäß, was unvergeßlich, nun!
Die ewige Mär von der Verfolgung,
Und aller Menschen Not und Müh,
Die längst gewesen und noch kommen,
Was sind sie vor dem Augenblick

Meiner noch nie erkannten Foltern?
Die Menschen? Ach, was bleibt zurück?
Sie gingen hin, gehn ewig hin ...
Die Hoffnung bleibt – gerecht Gericht;
Verzeihen kann's, wenn es auch urteilt!
Doch meine Trauer schwindet nicht,
Sie, wie auch ich, besteht und bleibt;
Sie wird nicht schlafen selbst im Grab!
Wie eine Schlange kost sie bald,
Bald brennt und lodert sie wie Feuer,
Bald lastet sie wie Felsgemäuer –
Verlorener Hoffnung, Leidenschaft
Grab, aus dem niemand Ausgang schafft!
TAMARA:
Was muß ich deinen Kummer wissen?
Weshalb beklagst du dich bei mir?
Du sündigtest ...
DÄMON:
War's gegen dich denn?
TAMARA:
Man kann uns hörn!
DÄMON: Allein sind wir.
TAMARA:
Und Gott!
DÄMON:
Wird keinen Blick uns schenken:
Er sieht den Himmel, nicht die Erd!
TAMARA:
Man muß der Höllenqual gedenken!
DÄMON:
Was fürchtest du? Bleibst doch bei mir!
TAMARA:
Wer du auch bist, Freund, unverhoffter –
Die ewig ich gemacht zunicht
Die Ruh mir; freudig, ungewollt noch,
Hör, Dulder, heimlich ich auf dich,
Doch wenn dein Wort voll Hinterlist ist,
Doch wenn im Schild du führst Betrug ...

Erbarme dich! Welch Ruhm ist dieser?
Wozu brauchst meine Seele du?
Kann ich dem Himmel teurer scheinen
Als alle, die du noch nicht sahst?
O weh! An Schönheit sie mir gleichen;
Nicht ist wie hier vom Tod gezeichnet
Die jungfräuliche Lagerstatt ...
Nein! Du sollst mir beim Schicksal schwören ...
Sprich, kannst du meine Schwermut sehen,
Des Weibes Träume, du siehst sie!
Die Furcht liebkost du wider Willen ...
Der alles du verstehn kannst, wissen –
Erbarmen zeigen wirst du mir!
So schwör mir ... daß du willst verzichten
Auf ruchlose Eroberung.
Gibt's keine Schwüre, kein Versprechen,
Die unbefleckt von Lug und Trug?
DÄMON:
Ich schwör beim ersten Tag der Schöpfung,
Ich schwör bei ihrem letzten Tag,
Bei des Verbrechens Schmach ich schwöre,
Und alledem, was ewig wahr.
Ich schwöre bei der Qual des Sturzes,
Beim schnellhinfliehenden Traum vom Sieg;
Bei der Begegnung heut mit dir
Und bei der Trennung, die bedroht uns.
Ich schwör bei meiner Geister Schar,
Dem Los der Brüder, die mir dienen,
Dem Traum der Engel, die nicht lieben,
Den Feinden, die stets wachsam harrn;
Ich schwör beim Himmel und der Hölle,
Beim irdisch Heiligen, bei dir:
Bei deinem letzten Blick ich schwöre,
Der ersten Träne dein, die fiel,
Beim sanften Odem deiner Lippen,
Bei deiner Seidenlocken Welln,
Bei dem, was selig und erlitten,
Bei meiner Liebe will ich schwörn,

Ich sagte ab der alten Rache,
Absagte ich dem stolzen Sinn;
Nun wird das Gift schmeichelnder Arglist
Niemandes Geist mehr reißen hin;
Ich will dem Himmel mich versöhnen,
Will lieben, will zum Schöpfer flehen,
An alles glauben, was ist gut.
Mit Reuetränen tilg ich nun
Vom Antlitz mir, das deiner würdig,
Des Himmelsfeuers alte Spur –
In Ahnungslosigkeit verblühen
Mag ohne mich die Welt voll Ruh!
Oh! Glaube mir: Allein nur habe
Ich dich begriffen und geschätzt:
Zu meinem Heiligtum dich nahm ich,
Und hab dir meine Macht geschenkt.
Als Gabe hoff ich deine Liebe,
Geb Ewigkeit hin dem Moment;
Tamara, Lieb und Bosheit, siehe,
Sind in mir groß und ohne End.
Dich nehm ich, freier Sohn des Äthers,
In Reiche jenseits jeden Sterns;
Wirst Herrscherin von allen Welten,
Erste Gefährtin du mir wärst;
Wirst ohne Mitleid und Bedauern
Hinab auf diese Erde sehn,
Wo Schönheit niemals ist von Dauer
Und wahres Glück nicht kann bestehn,
Wo nur Vergehen sind und Strafen,
Wo nichtig Leidenschaft nur lebt;
Wo man nicht lieben kann und hassen,
Ohne daß zagend man erbebt.
Hast du denn niemals noch erfahren
Der Menschen flüchtige Liebesglut,
Des jungen Blutes rasch Aufwallen –
Doch fliehn die Tage, stockt das Blut!
Wer kann der Trennung widerstehen,
Wird nicht von Schönheit neu verführt,

Wer wider Überdruß sich wehren
Und Eigensinn des Traumgebilds?
Nein, wisse! Dir nicht, der Gefährtin,
Ist es vom Schicksal vorbestimmt,
Zu welken unter Sehnsuchtsträumen,
Sklavin des rohen Eifersinns,
Inmitten kleiner, kalter Menschen,
Heuchelndem Freund, erklärtem Feind,
Fruchtloser Hoffnungen und Ängste,
Leerem und lästigem Tätigsein!
Sollst traurig hinter hohen Mauern
Nicht ohne Leidenschaft verblühn,
Nicht betend vor Altären kauern,
Dich Gott und Menschen hier entziehn.
O nein! Du herrlich Werk der Schöpfung,
Du bist zu anderem bestimmt;
Ein andres Leiden dir sich öffnet,
Andren Entzückens tiefer Sinn;
Laß deine frühen Wünsche fahren.
Die kleine Welt verdient ihr Los;
Sollst dich statt dessen mit mir wagen
Zum Abgrund der Erkenntnis stolz.
Die Schar der Geister, die mir dienen,
Führ ich vor deine Füße hin;
Bezaubernd leichte Dienerinnen
Dir Schönen dann zu eigen sind;
Vom Stern des Ostens will ich ziehen
Für dich den goldnen Kranz herab;
Den Mitternachtstau von den Blüten
Nehm ich, bespreng den Kranz vor Tag.
Den Leib will mit dem Abendrote
Ich dir umschlingen, einem Band,
Will mit dem Odem der Arome
Tränken die Luft, die uns umfängt;
Will allstündlich dein Ohr erquicken
Mit köstlich wundersamem Spiel,
Gemächer prunkvoll dir errichten
Von Bernstein gelb und von Türkis;

Will tauchen auf den Grund des Meeres
Und über Wolken fliegen licht,
Ich geb dir alles auf der Erde –
Nur liebe mich!

II

Berührte sacht
Mit seinen glühendheißen Lippen
Den Mund, ihm zitternd dargebracht,
Und mit verführerischen Silben
Er ihrem Flehen Antwort gab.
In ihre Augen drang der mächtge
Sengende Blick. Im Schwarz der Nächte
Er funkelte dicht über ihr,
Dem Dolchstoß gleich, nicht zu pariern.
Der böse Geist, er triumphiert!
Das Gift, das tödliche, des Kusses,
Drang jählings in die Brust ihr ein.
Qualvoll und schrecklich dann ein Schrei
Zerriß die nächtlich tiefe Ruhe.
In ihm lag alles: Liebe, Kummer,
Vorwurf mit letztem innigen Flehn
Und hoffnungslosem Abschiedsgruße –
Abschied vom jungen Leben, Gehn.

12

Zu dieser Zeit die Runde machte
Der Mitternachtswächter ganz allein,
Wie stets mit seiner Eisentafel,
Entlang den Klostermauern steil,
Und vor des jungen Mädchens Zelle
Verlangsamte er seinen Schritt,
Die Hand zum Läuten an der Schelle,
Beklommenen Sinns er innehielt.
Und in dem nächtlich tiefen Schweigen
War es, als ob er leis vernähm,

Wie Lippen sich im Kuß vereinten,
Flüchtigen Schrei und schwach Gestöhn.
Da ward von frevelhaftem Argwohn
Des Alten Herz miteins erfüllt ...
Ein Augenblick nur, und dann war schon
Von neuem alles ringsum still;
Es trug allein der sanfte Wind
Zu ihm der Blätter leises Rascheln;
Es flüsterte mit den Gestaden
Traurig der Fluß vom Hochgebirg.
Des heiligen Gottesknechts Gebete
Spricht er, von Furcht ergriffen, rasch,
Daß er die Lockungen des Bösen
Aus seinem Sünderherz verjag,
Und von dem bösen Trugbild zitternd,
Schlägt er das Kreuz auf seiner Brust,
Doch schweigend und mit schnellen Schritten
Gewohnten Weg er fortgehn muß.

13

Wie eine Peri süßen Schlafs,
Lag sie gebettet weich im Sarge,
Reinweißer als die Decke war
Des Angesichtes matte Farbe.
Auf ewig sind gesenkt die Wimpern ...
Wer aber hätte nicht gesagt,
Daß unter ihnen schlummernd läg
Der wunderschöne Blick, im Harrn
Auf Küsse, auf der Frühe Schimmern?
Vergebens glitt des Tages Strahl
Über sie hin als Goldstrom schmal,
Umsonst der Mund der Anverwandten
Bedeckt mit Küssen sie im Grame.
Nein! Aller Kräfte reichen nicht,
Des Todes Siegel keiner bricht!

14

Wohl niemals in der Freude Tagen
Sah prächtiger und bunter man
Tamaras festliches Gewand.
Die Blumen aus dem Heimattale
(Ein alter Brauch es so verlangt)
Verströmten ihren Überschwang,
Als hätten in der Hand der Toten
Sie selbst den Abschiedsgruß entboten!
Nichts war in ihrem Angesicht
Von dem, was einem Tod entspricht
In Glut der Leidenschaft, Berauschung;
All ihre Züge waren still
Von jener Schönheit nur erfüllt,
Die gleich dem Marmor ohne Ausdruck,
Bar des Gefühls ist und Verstands,
Wie der Tod selbst, Geheimnis ganz.
Ein seltsam Lächeln dort erstarrt war,
Als ob es noch dem Mund entflohn.
Von kummervollen Dingen sprach es
Den Blicken, die zu sehn gewohnt:
Es lag der Seele kühl Verachten
Darin, bereitet zu verdorrn,
Der Ausdruck der letzten Gedanken,
Und auch ein stummes Lebewohl.
Abglanz vergeblich einstigen Lebens,
Dies Lächeln war erstorbener noch
Und hoffnungsloser jedem Herzen
Als ihrer Augen Blick, der losch.
So glänzen in den Abendstunden,
Wenn schon im Meer von Gold versunken
Des Tages leuchtend Wagen ist,
Des Kaukasus beschneite Höhen,
Bewahrend einen Augenblick
Rötlichen Glanz in düstern Fernen.
Doch dieser Strahl, der kaum noch lebt,
Hat Widerschein nicht in den Öden

Und kann auch keinen Weg erhellen,
Der von den eisigen Gipfeln geht!

15

Zum traurigen Wege die Verwandten
Und Nachbarn sammelten sich zuhauf,
Gudal, stumm an die Brust sich schlagend,
Sein schütteres Lockenhaar zerrauft;
Und er besteigt zum letzten Male
Dies weißgemähnte treue Pferd;
Der Zug setzt sich in Marsch. Es währt
Der Ritt drei Nächte und drei Tage:
Wo ruht der Vorfahren Gebein,
Soll ihre letzte Heimstatt sein.
Ein Ahne von Gudal gelobte,
Der Bauern, Pilger einst beraubt,
Als Siechtum ihn aufs Bett geworfen
Und seiner Reue Stund genaht,
Zur Buße für begangene Sünden
Ein Gotteshaus kühn hinzustelln
Hoch oben auf granitenem Fels,
Wo man vernimmt das Lied der Stürme,
Wo nur der Geier baut sein Nest.
Bald auf Kasbeks beschneiten Höhen
Ragte ein Tempel einsam auf,
Und die Gebeine jenes Bösen
Hat man der ewigen Ruh vertraut;
Es wurde so zu einem Friedhof
Der Felsen wolkendunstumbraut:
Als ob in Himmelsnäh gebaut,
Des Todes Statt mehr Wärme böt?
Als ob von allen Menschen fern
Der letzte Schlaf nicht mehr zu stören . . .
Von Trauer und von Freud nicht können
Die Toten alte Träume nährn.

16

Hoch in des blauen Äthers Weiten
Der heiligen Engel einer flog,
Die Flügel spreitend ganz von Gold,
Die sündige Seele zu geleiten,
Trug er sie in den Armen fort.
Mit Worten süß und zuversichtlich
Ließ ihre Zweifel er verwehn,
Mit Tränen wusch er vom Gesicht ihr
Die Spur von Leiden und Vergehn.
Man konnte schon des Paradieses
Wohlklänge hörn – als unverhofft,
Den freien Weg dorthin verschließend,
Der Höllengeist dem Schlund entflog.
Er war voll Macht wie Sturmesrauschen,
Er glänzte wie ein Wetterschein,
Und in Vermessenheit ohnegleichen
Sprach er mit Stolz: »Halt, sie ist mein!«

An des Beschützers Brust sich schmiegte,
Betend, Entsetzens Herr zu sein,
Tamaras Seele in Sündenpein.
Das künftige Schicksal nun entschied sich,
Und wiederum er vor ihr stand,
Doch, Gott, wer hätte ihn erkannt?
Wie war sein Blick unendlich böse,
Ganz angefüllt vom Gifte tödlich
Der Feindschaft, die ohn Ende ist –
Und eine Grabeskälte strömte
Von seinem reglosen Gesicht.

»Von hinnen, finsterer Geist des Zweifels!«
Rief ihm des Himmels Bote zu:
»Triumph genossest du genug,
Doch des Gerichtes Stunde schlug –
Und gütig Gott der Herr entscheidet!
Die Zeit der Heimsuchung verrann,

Mit dem vergänglichen Gewand
Fieln von ihr auch des Bösen Fesseln.
Wisse! Schon lang wir sie ersehnen!
Zu jenen ihre Seele zählt,
Deren Geschick, aus tiefsten Qualen
Und Freuden nie erreichbaren,
Ein Augenblick ist, der vergeht:
Der Schöpfer zeugt aus bestem Äther
Von Lebenssaiten ein Geweb,
Doch nicht für jene Erdenwelt er
Schuf sie, für sie nicht jene Welt!
Mit unerbittlich hohem Preise
In ihrem Leid und ihrer Liebe
Sie sühnte den verzehrenden Zweifel ...
Wer liebt, gehört dem Paradiese!«

Der Engel mit gestrengem Blicke
Letztmals auf den Verführer sah,
Und freudig seine Flügel schwingend,
Entschwebte er in Himmelsstrahln.
Doch der besiegte Dämon fluchte
Den wahnwitzigen Träumen sein,
Und voller Hochmut blieb er wieder,
Im Weltall fliehnd dahin wie früher,
Ohn Lieb und Hoffen, ganz allein!

An eines felsigen Berges Hang,
Hoch übern Koischaur-Talgründen,
Erheben sich noch heutigentags
Altehrwürdiger Mauern Zinnen.
Geschichten, bunter Sage voll,
Erzählt man, die die Kinder schrecken ...
Gespenstisch, sich im Wald versteckend,
Das stumme Denkmal blickt hervor,
Ein Zeuge wundersamer Tage.
Verstreut liegt unten der Aul,
Es blüht und grünt im ganzen Tale;
Der Stimmen dumpf verworrn Gesurr

Verliert sich, und die Karawanen
Nähern sich, läutend schon von fern.
Und durch den Nebel Wege bahnend,
Es braust und schäumt der Fluß und glänzt.
Und an dem ewig jungen Leben,
An Kühle, Sonne, Frühlingsweben,
Erfreut sich spielend die Natur,
Wie's Kind, das Sorge nicht erfuhr.

Doch traurig ist das altersschwache
Schloß, einem armen Greise gleich,
Wenn längst zur letzten Ruh gebracht ist
Der Lieben und der Freunde Kreis.
Die unsichtbaren Burgbewohner
Erwarten nur den Mondaufgang:
Fest sind und Freiheit angebrochen!
Ein Trippeln, Summen nun hebt an.
Als neuer Einsiedler die Spinne
Webt ihre Kettenfäden-Ringe;
Das grüne Eidechsengezücht
Spielt fröhlich auf dem brüchigen Dache,
Die umsichtige Schlange kriecht
Dorthin aus finsterem Gemache,
Wo eine Treppenplatte liegt.
Bald rollt zum Dreifachring sie sich,
Bald streckt sie sich zum stählernen Bande,
Sie glänzt, ein Damaszenerschwert,
Das man vergessen einst im Feld,
Vonnöten nicht dem Held im Sande!
Und alles wuchert; Spurn nicht fand
Man alter Zeit; Jahrhunderthand
Hat sie hinweggefegt seit langem,
Und nichts erinnert mehr an ihn,
Den Ruhmreichen, Gudal mit Namen;
Nichts von der lieben Tochter blieb!

Die Kirche aber auf den Höhen,
Wo ihr Gebein, der Erd vertraut,

Von heiligen Mächten wird bewahrt,
Kann man noch zwischen Wolken sehen.
An ihren Toren stehn auf Wacht
Die schwarzen und granitenen Blöcke,
Der Schnee mit Mänteln sie bedeckte;
Und auf der Brust als Harnisch strahlt
Das Scholleneis jahrhundertalt.
Lawinen hängen, Massen schläfrig,
Verdüstert, groß, wie Wasserfälle,
Vom Hieb des Frostes jäh gepackt,
Am Steilhang ringsherum herab,
Der Schneesturm macht dort seine Runde,
Er bläst von grauen Mauern Staub,
Bald fängt er an, ein Lied zu summen,
Bald ruft er die Wachtposten auf;
Und nur die Wolken eiln, zum Beten,
Von Osten kommend, noch hierher,
Wenn sie im fernen Land die Mär
Vom Tempel wunderbar vernehmen;
Doch vor der Grabsteinplatten Schar
Seit langem niemand trauernd stand,
Kasbeks, des finsteren, Fels zerklüftet
Die Beute geizig stets bewacht,
Des Menschen ewig tönende Klag
Stört nicht die ewige Ruh der Grüfte.

ANHANG

ANMERKUNGEN

10 *An P . . .* – Gerichtet an Dmitri Wassiljewitsch Peterson, Lermontows Mitschüler am Adelspensionat der Moskauer Universität.

11 *Widmung für N. N.* – Michail Iwanowitsch Saburow, ein Mitschüler an ebendieser Lehranstalt.

16 *Mein Dämon* – Das Gedicht wurde zugleich mit dem Beginn der Arbeit am Poem »Der Dämon« geschrieben und kann als ein erster Entwurf des Poems gelten. Die Beschäftigung mit diesem Thema, das in der russischen Poesie in den zwanziger und dreißiger Jahren wiederholt gestaltet wurde, geschah zweifellos unter dem Einfluß des Puschkin-Gedichts »Der Dämon« (1823).

27 *An**** – Im Manuskript hatte Lermontow neben der Überschrift vermerkt: »Nachdem ich das Leben Byrons gelesen.« Gemeint ist die Byron-Biographie von Thomas Moore. Lermontow war in diesem Jahr (1830) besonders bemüht, Gemeinsamkeiten mit dem großen englischen Dichter herauszufinden. Zwei Jahre später jedoch erklärte er in einem Gedicht: »Ich bin nicht Byron, nein . . .« (Vgl. das Gedicht S. 69).

29 *10. Juli (1830)* – Der unvollständige Text läßt eine genaue Festlegung, von welchem Aufstand die Rede ist, schwer zu; möglicherweise bezieht sich Lermontow auf die Ereignisse der Julirevolution in Frankreich oder den Aufstand der Bergvölker im Kaukasus.

31 *30. Juli (Paris) 1830* – Geschrieben unter dem Eindruck der Revolution in Frankreich, die Lermontow als Volksaufstand begrüßte.

33 *11. Juni 1831* – Das Gedicht trägt autobiographischen Charakter. In dem Aufruf zum Kampf drückt Lermontow seine geistige Solidarität mit Belinski und seinen Freunden aus.

40 *C'est trop commun!* – (franz.) Das ist banal!

42 *An**** – Der genaue Adressat ist nicht bekannt. Wegen des scharfen politischen Inhalts des Gedichts wird angenommen, daß es sich an Puschkin wendet.

54 *An**** – Gerichtet wahrscheinlich an Warwara Alexandrowna Lopuchina, Lermontows Cousine, zu der er immer wieder in Liebe entflammte.

63 *I see before me the gladiator lie . . .* – (engl.) Ich sehe vor mir den Gladiator liegen. – Das Epigraph entstammt Byrons Poem »Childe Harold's Pilgrimage« (1812–1818).

65 *Borodino* – Geschrieben zum 25. Jahrestag der Schlacht bei Borodino, der schwersten Schlacht der russischen Armee unter Kutusow gegen das Napoleonische Heer, die keine Entscheidung brachte. Kutusow zog sich einem taktischen Plan zufolge hinter Moskau zurück, Napoleons Einmarsch in Moskau war der Beginn seiner Niederlage.

69 *Der Tod des Dichters* – Geschrieben auf den Tod Alexander Puschkins (10. 2. 1837), der in einem von höchsten Kreisen inszenierten Duell tödlich verwundet wurde und sieben Tage später starb. Lermontows Gedicht, das in Tausenden von Abschriften Verbreitung fand, war Grund für ein Gerichtsverfahren gegen den Dichter und die anschließende Strafversetzung zu einem Regiment in den Kaukasus.

84 *An N. I. Bucharow* – Nikolai Iwanowitsch Bucharow diente zusammen mit Lermontow im Husarenregiment.

92 *An A. G. Chomutowa* – Gerichtet an Anna Grigorjewna Chomutowa, die Schwester des Befehlshabers des Grodnoer Husarenregiments, in dem Lermontow diente. A. G. Chomutowa liebte ihren Cousin, den Dichter Iwan Iwanowitsch Koslow. Nach ihrer Trennung 1812 trafen sie sich erst 1838 wieder, als Koslow schon schwerkrank und blind war.

93 *Koslower Steppe* – Genannt nach Koslow, einer Küstenstadt auf der Krim, heute Jewpatorija.

97 *Que nous font . . .* – (franz.) Was macht uns schließlich das grobe Gekläff aller dieser marktschreierischen Scharlatane, die mit Pathos Handel treiben und tönende Worte fabrizieren, aller dieser Hanswurste, die auf Phrasen seiltanzen? – Zitat aus Auguste Barbiers »Jamben und Poeme« (1831), wobei Lermontow »uns« statt »mir« schreibt, wie es im Original heißt.

105 *A. J. Odojewski* – Das Gedicht entstand im Herbst 1839, als Lermontow vom Tod Odojewskis erfuhr, der an einem im Kaukasus grassierenden Fieber gestorben war. Der Dichter Alexander Iwanowitsch Odojewski (1802–1839) gehörte zum Nordbund der Dekabristen und wurde nach der Zerschlagung des Aufstandes im Dezember 1825 zu zwölf Jahren Zwangsarbeit verurteilt. Aus Sibirien wurde er 1837 in ein Dragonerregiment abkommandiert, das im Kaukasus stationiert war, wo Lermontow mit ihm Freundschaft schloß. Auf

Puschkins »Sendschreiben nach Sibirien« hatte Odojewski mit einem Gedicht geantwortet, dessen Zeile »Aus dem Funken wird die Flamme schlagen« zum Motto für Lenins Zeitung »Iskra« wurde.

114 *An M. A. Stscherbatowa* – Maria Alexejewna Stscherbatowa war eine Schönheit und außerordentlich gebildet. Lermontow fühlte sich im Winter 1839 besonders von ihr angezogen.

117 *Les poètes ressemblent* . . . – (franz.) Die Dichter ähneln den Bären, die sich sättigen, indem sie an ihren Tatzen saugen.

129 *An M. P. Solomirskaja* – Marja Petrowna Solomirskaja, die Frau von Wladimir Dmitrijewitsch Solomirski, dessen Bruder das Leibgardehusarenregiment befehligte. Lermontow traf 1839/40 auf Gesellschaften häufig mit ihr zusammen. Sie hatte ihm offenbar aufmunternde Zeilen geschrieben, als er wegen des Duells mit dem Sohn des französischen Gesandten E. de Barante in Haft war.

133 *An A. O. Smirnowa* – Alexandra Ossipowna Smirnowa stand in freundschaftlichen Beziehungen zu vielen russischen Dichtern, so zu Puschkin, Gogol und Shukowski. Lermontow lernte sie im Winter 1839/40 in Petersburg kennen.

152 *Aus dem Album der S. N. Karamsina* – Sofja Nikolajewna Karamsina, die Tochter des Schriftstellers und Historikers Nikolai Michailowitsch Karamsin, eine kluge und gebildete Frau, mit der Lermontow besonders in den letzten Jahren seines Lebens eng befreundet war.

153 *An die Gräfin Rostoptschina* – Jewdokija Petrowna Rostoptschina (1811–1858), auch genannt »Dodo«, war eine bekannte Dichterin jener Zeit.

157 *Der Streit* – Das Gedicht zeugt von der Reife der gesellschaftlich-historischen Ansichten Lermontows in der Frage der Angliederung des Kaukasus an Rußland. Die Angliederung des Kaukasus, dessen Völkern Lermontow große Sympathien entgegenbrachte, betrachtete er als historisch unausweichlich und progressiv für das wirtschaftliche und kulturelle Leben dieser Völker.

178 *N.F.I.* – Gemeint ist Natalja Fjodorowna Iwanowa, die Tochter des Moskauer Dramatikers F. F. Iwanow

179 *An Aljabjewa* – Alexandra Wassiljewna Aljabjewa, eine Schönheit, wurde von mehreren Zeitgenossen, auch von Puschkin, besungen.

180 *An Dodo* – Vgl. Anm. zu S. 189.

181 *An Stscherbatowa* – Vgl. Anm. zu S. 146.

184 *Epigramm auf F. Bulgarin* – Faddej Wenediktowitsch Bulgarin, reaktionärer Journalist und Schriftsteller, diente 1812 in der Napoleonischen Armee und arbeitete dann mit der zaristischen Geheimpolizei zusammen. Er gab später ein Buch unter dem Titel »Rußland in historischer, statistischer und literarischer Beziehung« heraus, das in Wirklichkeit von N. A. Iwanow stammte.

186 *An E. K. Mussina-Puschkina* – Emilia Karlowna Mussina-Puschkina, geb. Schernwal, war eine bemerkenswerte Schönheit und hatte, obwohl aus einer armen Adelsfamilie stammend, eine gute Bildung erhalten.

187 *Dem Verfasser der »Kurdjukowa« ins Album* – Gemeint ist der Dichter Iwan Petrowitsch Mjatlew (1796–1844), der zahlreiche ironische Couplets verfaßte und 1841 mit dem Roman »Sensationen und Bemerkungen der Frau Kurdjukowa im Ausland, dans l'étranger« Aufsehen erregte. Dieser Roman war im Stil der sogenannten makkaronischen Dichtung geschrieben, die sich auf eine Vermischung verschiedener Sprachen gründete.

188 *An A. A. Uglizkaja* – Alexandra Alexandrowna Uglizkaja, eine Verwandte Lermontows. Die Zeilen schrieb der Dichter aus Anlaß ihrer bevorstehenden Hochzeit im makkaronischen Stil.

INHALT

Gedichte

Epigramme und Albumverse

Poeme

Zu dieser Ausgabe

insel taschenbuch 1223
Michail Lermontow
Ausgewählte Werke in zwei Bänden
Band 1: Gedichte und Poeme

Der Text folgt der Ausgabe: Michail Lermontow, Ausgewählte Werke in zwei Bänden. Herausgegeben von Roland Opitz. Rütten & Loening, Berlin 1987, Band 1: Gedichte und Poeme.

Die Nachdichtungen besorgten:

Andreas Ascharin

Borodino 65

Friedrich Bodenstedt

Das Blatt 166

Annemarie Bostroem

Die Schalmei 9; An P... 10; Widmung für N.N. 11; Romanze 12; Das Gewitter 22; Fragment 23; Elegie 26; Prophezeiung 28; Das Gastmahl Asmodis 39; An *** (Genug, dem Laster zu verzeihn ...) 42; Der Quell 43; Lied (Ein klagendes Glöckchen ...) 44; Komm zu mir, schöner Knabe, ach, du mußt ... 48; Einst zählt ich an Küssen die Zeit ... 55; Russalka 60; Der sterbende Gladiator 63; Wenn das Getreide reifend wogt am Waldessaume ...* 76; Gebet (O Muttergottes, als Betender stehe ich ...) 77; Die Zukunft nebelhaft verloren ... 81; An N.I. Bucharow 84; An A.G. Chomutowa 92; Anblick der Berge aus der Koslower Steppe 93; Dem neugeborenen Sohn entgegen 96; Dem Andenken A.I. Odojewskis 105; An M.A. Stscherbatowa* 114; Worte, die nichtig ...* 116; Die Nachbarin 126; Wolken* 135; An die Gräfin Rostoptschina* 153; Tamara 161; Das Stelldichein 163; Der Tor, die alte Hure sind aus einem Guß ... 175; Genau derjenige ist leer ... 175; Ein Dichter (und auch das ist Bürde) ... 175; Einer dummen Schönen 177; An Aljabjewa 179; An Saburowa 182; An E.K. Mussina-Puschkina 186; An A.A. Uglizkaja 188; Das Lied vom Zaren Iwan Wassiljewitsch, vom Leibwächter Kiribejewitsch und vom wackren Kaufmann Kalaschnikow 191

Stefan Döring

Den Dichter mögen schuldig sprechen ... 45; An *** (Zufall,

Russische Literatur im insel taschenbuch

Alexander N. Afanassew: Russische Volksmärchen. Übertragen von Werner von Grimm. Mit farbigen Illustrationen von Ivan Bilibin. it 1058

Fjodor Michailowitsch Dostojewski: Sämtliche Romane und Erzählungen. 16 Bände in Kassette. Aus dem Russischen von Hermann Röhl und Karl Nötzel. it 961-976

– Band 1: Arme Leute. Roman. Aus dem Russischen von Hermann Röhl. it 961

– Band 2: Der Doppelgänger. Ein Petersburger Poem. Netotschka Neswanowa. Aus dem Russischen von Hermann Röhl. it 962

– Band 3: Onkelchens Traum. Aus der Chronik der Stadt Mordassow. Roman. Aus dem Russischen von Hermann Röhl. it 963

– Band 4: Das Gut Stepantschikowo und seine Bewohner. Aus den Aufzeichnungen eines Unbekannten. Roman. Aus dem Russischen von Hermann Röhl. it 964

– Band 5: Erniedrigte und Beleidigte. Ein Roman in vier Teilen. Mit einem Epilog. Aus dem Russischen von Hermann Röhl. it 965

– Band 6: Aufzeichnungen aus einem Totenhause. Aus dem Russischen von Hermann Röhl. it 966

– Band 7: Aus dem Dunkel der Großstadt. Aufzeichnungen. Aus dem Russischen von Hermann Röhl. it 967

– Band 8: Der Spieler. Aus den Aufzeichnungen eines jungen Mannes. Aus dem Russischen von Hermann Röhl. it 968

– Band 9: Schuld und Sühne. Roman. Aus dem Russischen von Hermann Röhl. it 969

– Band 10: Der Idiot. Roman. Aus dem Russischen von Hermann Röhl. it 970

– Band 11: Der lebenslängliche Ehemann. Erzählung. Aus dem Russischen von Hermann Röhl. it 971

– Band 12: Die Teufel. Roman. Aus dem Russischen von Hermann Röhl. it 972

– Band 13: Werdejahre. Roman. Aus dem Russischen von Hermann Röhl. it 973

– Band 14: Die Brüder Karamasow. Roman. Dritter und vierter Teil. 2 Bde. Aus dem Russischen von Hermann Röhl. it 974

– Band 15: Der ehrliche Dieb. Und andere Erzählungen. Aus dem Russischen von Hermann Röhl. it 975

– Band 16: Der Traum eines lächerlichen Menschen. Und andere Erzählungen. Aus dem Russischen von Hermann Röhl. it 976

– Die Sanfte. Eine phantastische Erzählung. Aus dem Russischen von Wolfgang Kasack. it 1138

154/1/7.88

Russische Literatur
im insel taschenbuch

Nikolai Wassiljewitsch Gogol: Der Mantel. Und andere Erzählungen. Aus dem Russischen übersetzt von Ruth Fritze-Hanschmann. Mit Illustrationen von András Karakas. Mit einem Nachwort von Eugen Häusler und Frank Häusler. it 241

– Die Nacht vor Weihnachten. Mit Illustrationen von Monika Wurmdobler. it 584

– Die toten Seelen. Erzählung. Aus dem Russischen von Hermann Röhl. it 987

Iwan Gontscharow: Oblomow. Mit Illustrationen von Theodor Eberle. Revidierte Übersetzung aus dem Russischen von Reinhold v. Walter. it 472

Maxim Gorki: Der Landstreicher und andere Erzählungen. Aus dem Russischen von Arthur Luther. Mit einer Einführung von Stefan Zweig und Illustrationen von András Karakas. it 749

Alexander Herzen: Die gescheiterte Revolution. Denkwürdigkeiten aus dem 19. Jahrhundert. Ausgewählt von Hans Magnus Enzensberger. it 1097

Nikolai Lesskow: Weihnachtsgeschichten. Ausgewählt von Angela Martini-Wonde. it 1128

Julius Meier-Graefe: Dostojewski. Der Dichter. it 1099

Leo N. Tolstoj: Anna Karenina. 2 Bde. Nach der Moskauer Akademie-Ausgabe aus dem Russischen übersetzt von Gisela Drohla. Mit Illustrationen von Theodor Eberle. it 308

– Auferstehung. Roman. Aus dem Russischen von Adolf Hess. Mit Illustrationen von Theodor Eberle. it 791

– Familienglück. Mit Illustrationen von Theodor Eberle. Übertragung von Hermann Röhl, bearbeitet von Gisela Drohla. it 902

– Die großen Erzählungen. Mit einem Nachwort von Thomas Mann. Aus dem Russischen übersetzt von Arthur Luther und Rudolf Kassner. it 18

– Kindheit. Knabenalter. Jünglingsjahre. Aus dem Russischen von Hermann Röhl. Revidiert und herausgegeben von Gisela Drohla. it 203

– Die Kreutzersonate. Erzählung. Aus dem Russischen von Arthur Luther. Mit Illustrationen von Hugo Steiner-Prag. it 763

– Krieg und Frieden. Ein Roman in vier Bänden. Aus dem Russischen von Hermann Röhl. Mit Illustrationen von Theodor Eberle. it 590

– Der Morgen eines Gutsbesitzers. Aus dem Russischen von Gisela Drohla. Mit Illustrationen von Theodor Eberle. it 1056

– Nach vierzig Jahren. Volkserzählung. Aus dem Russischen von Rahel bin Gorion. Mit einem Nachwort von Emanuel bin Gorion und Illustrationen von Günter Knuhr. it 691

154/2/7.88

Russische Literatur
im insel taschenbuch

Leo N. Tolstoj: Rede gegen den Krieg. Politische Flugschriften. Herausgegeben von Peter Urban. it 703

– Der Tod des Iwan Iljitsch. Aus dem Russischen von Gisela Drohla. Mit Illustrationen von Theodor Eberle. it 864

– Der Überfall. Und andere Erzählungen. Aus dem Russischen übersetzt von Gisela Drohla. Illustrationen von Theodor Eberle. it 367

– Vater Sergius. Mit Illustrationen von Theodor Eberle. it 1159

Tolstojs letzte Jahre. Achtunddreißig Fotografien. Texte ausgewählt und übersetzt von Gisela Drohla. it 1040

Anton P. Tschechow: Die Dame mit dem Hündchen. Und andere Erzählungen. Mit Zeichnungen von András Karakas. Ausgewählt und mit einem Nachwort versehen von Werner Berthel. Aus dem Russischen von Reinhold Trautmann. it 174

– Das Duell. Aus dem Russischen vn Waldemar Jollos. Mit Illustrationen von Gabriele Kuhnke. it 597

– Der Fehltritt. Und andere Erzählungen. Mit Illustrationen von Lutz Siebert. Ausgewählt von Werner Berthel. Aus dem Russischen von Reinhold Trautmann. it 396

Iwan Turgenjew: Erste Liebe. Und andere Novellen. Aus dem Russischen von Ena von Baer und Ekkehard Jäkel. Mit einem Nachwort von Friedrich Schwarz. it 257

– Väter und Söhne. it 64

Der versiegelte Engel. Erzählungen zu Ikonen. Mit farbigen Abbildungen. Ausgewählt und mit einem Nachwort versehen von Angela Martini-Wonde. it 1132

154/3/7.88

Englische und amerikanische Literatur
im insel taschenbuch

Jane Austen: Die Abtei von Northanger. Aus dem Englischen von Margarete Rauchenberger. Mit Illustrationen von Hugh Thomson. it 931

– Anne Eliot. Aus dem Englischen von Margarete Rauchenberger. Mit Illustrationen von Hugh Thomson. it 1062

– Emma. Aus dem Englischen von Charlotte Gräfin von Klinckowstroem. Mit Illustrationen von Hugh Thomson. it 511

– Stolz und Vorurteil. Aus dem Englischen von Margarete Rauchenberger. Mit Illustrationen von Hugh Thomson und mit einem Essay von Norbert Kohl. it 787

Harriet Beecher-Stowe: Onkel Toms Hütte. In der Bearbeitung einer alten Übersetzung. Herausgegeben und mit einem Nachwort versehen von Wieland Herzfelde. Mit 27 Holzschnitten von Georg Cruikshank aus der englischen Ausgabe von 1852. it 272

Ambrose Bierce: Aus dem Wörterbuch des Teufels. Auswahl, Übersetzung und Nachwort von Dieter E. Zimmer. it 440

– Mein Lieblingsmord. Erzählungen. Mit einem Nachwort von Edouard Roditi. Aus dem Amerikanischen von Gisela Günther. it 39

Anne Brontë: Agnes Grey. Aus dem Englischen von Elisabeth von Arx. it 1093

Charlotte Brontë: Jane Eyre. Eine Autobiographie. Aus dem Englischen von Helmut Kossodo. Mit einem Essay und einer Bibliographie herausgegeben von Norbert Kohl. it 813

– Shirley. Aus dem Englischen von J. Reiher und H. Wolf. it 1145

Emily Brontë: Die Sturmhöhe. Aus dem Englischen von Grete Rambach. it 141

Edward George Bulwer-Lytton: Die letzten Tage von Pompeji. Aus dem Englischen von Friedrich Notter. it 801

Lewis Carroll: Alice hinter den Spiegeln. Mit einundfünfzig Illustrationen von John Tenniel. Übersetzt von Christian Enzensberger. it 97

– Alice im Wunderland. Mit zweiundvierzig Illustrationen von John Tenniel. Übersetzt und mit einem Nachwort von Christian Enzensberger. it 42

– Briefe an kleine Mädchen. Herausgegeben und übersetzt von Klaus Reichert. Erweiterte Ausgabe mit dreißig Fotografien des Autors. it 172

– Geschichten mit Knoten. Herausgegeben und übersetzt von Walter E. Richartz. Mit Illustrationen von Arthur B. Frost. it 302

– Die Jagd nach dem Schnark. Übersetzt und ausgeleitet von Klaus Reichert. Mit Illustrationen von Henry Holiday. it 598

153/1/7.88

Englische und amerikanische Literatur
im insel taschenbuch

Geoffrey Chaucer: Die Canterbury-Erzählungen. Vollständige Ausgabe. Aus dem Englischen übertragen und herausgegeben von Martin Lehnert. Mit Illustrationen von Edward Burne-Jones. it 1006

Gilbert Keith Chesterton: Pater-Brown-Geschichten. it 1149

James Fenimore Cooper: Der Lederstrumpf. Vollständige Ausgabe. 5 Bände in Kassette. Deutsch von C. Kolb, in einer Bearbeitung von Rudolf Drescher. Mit Illustrationen von O. C. Darley. it 760

Daniel Defoe: Glück und Unglück der berühmten Moll Flanders. Deutsch von Martha Erler. Mit Illustrationen von William Hogarth und einem Essay von Norbert Kohl. it 707

– Robinson Crusoe. Mit Illustrationen von Ludwig Richter. In der Übersetzung von Hannelore Novak. it 41

Charles Dickens: Bleak House. Aus dem Englischen von Richard Zoozmann. Mit Illustrationen von Phiz. it 1110

– David Copperfield. Mit Illustrationen von Phiz. it 468

– Detektivgeschichten. Aus dem Englischen von Franz Franzius. it 821

– Eine Geschichte aus zwei Städten. Mit Illustrationen von Phiz. it 1033

– Große Erwartungen. Aus dem Englischen von Margit Meyer. Mit Illustrationen von F. W. Pailthorpe. it 667

– Harte Zeiten. Aus dem Englischen von Paul Heichen. Mit Illustrationen von F. Walker und Maurice Greiffenhagen. it 955

– Das Leben unseres Herrn Jesus Christus. Von Charles Dickens geschrieben für seine eigenen Kinder. Aus dem Englischen von Hans Mardersteig. Mit Zeichnungen von Gunter Böhmer. it 1154

– Oliver Twist. Aus dem Englischen von Reinhard Kilbel. Mit einem Nachwort von Rudolf Marx und 24 Illustrationen von George Cruikshank. it 242

– Die Pickwickier. Mit Illustrationen von Robert Seymour, Robert William Buss und Phiz. it 896

– Der Raritätenladen. Aus dem Englischen von Leo Feld. Mit Holzschnitten von George Cattermole, H. K. Browne, George Cruikshank und Daniel Maclise. it 716

– Weihnachtserzählungen. Mit Illustrationen von Leech, Stanfiels, Stone u. a. it 358

Charles A. Eastman: Indianergeschichten aus alter Zeit. Deutsch von Elisabeth Friederichs. Mit einem Nachwort herausgegeben von Dietrich Leube. Illustrationen und Anmerkungen von Frederick Weygold. it 861

153/2/7.88

153/3/7.88

Englische und amerikanische Literatur im insel taschenbuch

Thomas de Quincey: Der Mord als eine schöne Kunst betrachtet. Herausgegeben und eingeleitet von Norbert Kohl. Mit zeitgenössischen Illustrationen. Nach der Übersetzung von Alfred Peuker bearbeitet von Ursula Fischer. it 258

Walter Scott: Im Auftrag des Königs. Die gefährlichen Abenteuer des Quentin Durward. Mit Illustrationen aus dem neunzehnten Jahrhundert und einem Nachwort von Traude Dienel. it 188

– Ivanhoe. Roman. Deutsch von Leonhard Tafel. Textrevision und Nachwort von Paul Ernst. it 751

William Shakespeare: Hamlet. Prinz von Dänemark. Aus dem Englischen von August Wilhelm von Schlegel. Durchgesehen von Levin L. Schücking. Mit Illustrationen von Eugène Delacroix. Herausgegeben und mit einem Essay versehen von Norbert Kohl. it 364

William Shakespeare: Richard III. Aus dem Englischen von Thomas Brasch. it 1109

Mary W. Shelley: Frankenstein oder Der moderne Prometheus. Mit einem Essay von Norbert Kohl. it 1030

Laurence Sterne: Leben und Meinungen von Tristram Shandy Gentleman. In der Übersetzung von Adolf Friedrich Seubert. Durchgesehen und revidiert von Hans J. Schütz. Mit einem Essay von Norbert Kohl. Illustrationen von George Cruikshank. it 621

– Yoricks Reise des Herzens durch Frankreich und Italien. Aus dem Englischen übersetzt und mit einem Nachwort versehen von Helmut Findeisen. Mit zwölf Holzschnitten nach Tony Johannot. it 277

Robert Louis Stevenson: Entführt oder Die Erinnerungen des David Balfour an seine Abenteuer im Jahre 1751. Mit einem Vorwort von E. Y. Meyer. Aus dem Englischen übersetzt von Michael Walter. Mit den Illustrationen der Erstausgabe. it 321

– Die Schatzinsel. Aus dem Englischen von Karl Lerbs. Mit Illustrationen von Georges Roux. it 65

– Der seltsame Fall von Dr. Jekyll und Mr. Hyde. Deutsch von Grete Rambach. Mit Illustrationen von S. G. Hulme Beaman. it 572

Bram Stoker: Dracula. Aus dem Englischen von Karl B. Leder. it 1086

Jonathan Swift: Ausgewählte Werke in drei Bänden. Herausgegeben, eingeleitet und kommentiert von Anselm Schlösser. Mit einem Essay von Martin Walser. it 654

– Ein bescheidener Vorschlag, wie man verhindern kann, daß die Kinder der Armen ihren Eltern oder dem Lande zur Last fallen und andere Satiren. Mit einem Essay von Martin Walser. Übersetzt von Felix Paul Greve. Revision der Übersetzung von Walther Freisburger und Klaus Reichert. it 131

153/4/7.88

Englische und amerikanische Literatur im insel taschenbuch

Jonathan Swift: Gullivers Reisen. Mit Illustrationen von Grandville und einem Vorwort von Hermann Hesse. Aus dem Englischen übersetzt von Franz Kottenkamp. Vervollständigt und bearbeitet von Roland Arnold. it 58

William Makepeace Thackeray: Das Buch der Snobs. Aus dem Englischen von H. Conrad. Mit Illustrationen von W. M. Thackeray. Herausgegeben von Norbert Kohl. it 372

– Jahrmarkt der Eitelkeit. Ein Roman ohne Held. 2 Bde. Mit Illustrationen von Thackeray. Herausgegeben und mit einem Nachwort von Norbert Kohl. Dem deutschen Text wurde eine Übertragung aus dem Nachlaß von H. Röhl zugrunde gelegt. it 485

Mark Twain: Gesammelte Werke in 10 Bänden. Ausgewählt und zusammengestellt von Norbert Kohl. it 831-840

– Band 1: Durch dick und dünn. Deutsch von Hans J. Schütz. Mit Illustrationen von Klaus Ensikat. it 831

– Band 2: Tom Sawyers Abenteuer. Bearbeitet von Karl Heinz Berger. Mit Illustrationen von True W. Williams. it 832

– Band 3: Tom Sawyer im Ausland. Tom Sawyer als Detektiv. it 833

– Band 4: Bummel durch Europa. Deutsch von Gustav Adolf Himmel. Mit Illustrationen der Erstausgabe von W. Fr. Brown, True W. Williams, B. Day, u. a. it 834

– Band 5: Prinz und Bettelknabe. Deutsch von Walter Scherf. Mit Illustrationen der Erstausgabe von Frank T. Merill, John J. Harley und L. S. Ipsen. it 835

– Band 6: Leben auf dem Mississippi. Deutsch von Helene Ritzerfeld. Mit Illustrationen von Klaus Ensikat. it 836

– Band 7: Huckleberry Finns Abenteuer. Deutsch von Barbara Cramer-Nauhaus. Mit Illustrationen von Edward W. Kemble. it 837

– Band 8: Ein Yankee am Hofe des Königs Artus. Deutsch von Maja Ueberle. Mit Illustrationen der Erstausgabe von Daniel C. Beard. it 838

– Band 9: Der berühmte Springfrosch der Provinz Calaveras und andere Erzählungen. it 839

– Band 10: Der geheimnisvolle Fremde und andere Erzählungen. Deutsch von Walter Hasenclever u. a. Mit Illustrationen der Erstausgabe von Lucius Hitchcock, W. T. Smedley und N. C. Wyeth. it 840

Horace Walpole: Die Burg von Otranto. Aus dem Englischen von Joachim Uhlmann. Mit farbigen Illustrationen der Ausgabe von 1796, einem Aufsatz von Walter Scott, einem Essay und einer Bibliographie von Norbert Kohl. it 1087

153/5/7.88